영국 노동계급의 형성 상

영국 노동계급의 형성 상

E. P. 톰슨 지음

나종일·노서경·김인중·유재건·김경옥·한정숙 옮김

창비

일러두기

1. 외국의 인명과 지명 등은 현지 발음에 따라 우리말로 표기하고 괄호 안에 원어를 병기하였다.
2. 인명의 경우, 독자의 이해를 돕기 위해 원서에 없는 first name, 생몰연도 등을 괄호 안에 밝혀두었다.
3. 독자의 이해를 돕기 위해 본문의 괄호 안에 방주로 옮긴이 주를 달고 '옮긴이'라고 표시하였다. 시나 노래의 옮긴이 주는 약물(＊)을 삽입하고 각주로 처리하였다.
4. 인용문에서 필자가 괄호 안에 방주를 달아놓은 경우 '필자'라고 표시해두었다.
5. 원서의 이탤릭체 강조는 고딕체로, 대문자 표시는 굵은 명조체로 구분하여 표시하였다.
6. 뜻이 다양하거나 적절한 번역어를 찾기 어려운 용어에 대한 '용어해설'을 첨부하였다.
7. 독자의 이해를 돕기 위해 원서에 없는 '브리튼' '런던과 웨스트민스터' 지도를 첨부하였다.
8. 독자의 이해를 돕기 위해 원서에 없는 '1750~1850년 연표'를 첨부하였다.

도로시와 죠우지프 그리널드에게

머리말

　이 책의 제목은 비록 어색하지만, 그래도 책의 목적과는 잘 부합되는 제목이다. **형성**(making)이라 한 것은 이 책이 진행중인 어떤 과정에 관한 연구이기 때문인데, 진행중인 과정은 여건에 의해 좌우되기도 하지만 그 활동의 주체에 의해서도 좌우된다. 노동계급은 정해진 어느 시간에 태양이 떠오르듯이 정해진 어떤 시간에 떠오른 것이 아니다. 그것은 노동계급 자신이 만들어내는 과정 속에서 나타난 것이다.

　'계급들'이라 하지 않고 계급이라 한 데에도 몇가지 이유가 있다. 그 이유를 검토하는 것이 이 책의 한가지 목적이다. '계급들'이라는 말과 '계급'이라는 말 사이에는 물론 차이가 있다. '노동계급들'이란 말은 기술(記述)적 용어로서, 이 말에는 뜻을 분명히하는 점도 있지만 동시에 흐리게 하는 점도 있다. 그것은 따로따로 분리된 일군의 현상들을 느슨하게 한데 묶는 말이다. 이곳에 있는 양복제조공들과 저곳에 있는 직조공들, 이들이 다 합쳐 노동계급들을 형성한다.

　나는 계급을 하나의 역사적 현상이라 이해하고 있는데, 그것은 생생한 경험자료(raw material of experience)상으로나 의식(consciousness)상으로나 서로 분리되어 있고, 서로 연결되어 있지 않은 것처럼 보이는 여러 사건들을 하나로 통합하는 현상이다. 나는 그것이 역사적 현상이라는 점을 강조한다. 나는 계급을 어떤 '구조'(structure)라고 보지 않을 뿐 아니라, 심지어 어떤 '범주'(category)라고도 보지 않는다. 오히려 나는 그것을 인간관계에서 실제로 일어나는 (그리고 일어났음을 보여줄 수 있는) 그 어떤 것이라고 본다.

그뿐만 아니라 계급이란 개념에는 역사적 관계란 개념이 뒤따른다. 관계라고 하면 으레 다 마찬가지지만, 역사적 관계란 것도 우리가 만일 그것을 어느 특정 순간에 죽은 것으로 고정시켜놓고서 그 구조를 해부하려 든다면 제대로 분석할 수 없는 어떤 흐름(fluency)이다. 제아무리 정교하게 짜여진 사회학적 이론의 틀을 가지고서도 계급의 순수한 표본을 제시할 수는 없다. 그것은 그러한 이론의 틀을 가지고서도 순수한 복종심(deference)이나 사랑하는 마음의 순수한 표본을 제시할 수는 없는 것과 마찬가지다. 관계란 언제나 실재하는 사람들과 현실적인 맥락 안에서 구체화될 수밖에 없다. 더욱이 우리는 서로 다른 두 계급을 각기 독립적인 존재로 보아오다가 나중에 가서 이 둘을 어떤 관계 속으로 상호 연결시킬 수는 없다. 사랑하는 사람들 없이 사랑은 존재할 수 없으며, (복종심을 주고받는—옮긴이) 스콰이어들(squires, 원래는 기사와 요우먼 사이의 사회계층을 가리켰지만 근대에 들어오면서 중위의 지주층을 지칭하는 말—옮긴이)과 노동자들(labourers) 없이 복종심이란 것이 존재할 수도 없다. 그래서 계급은, 어떤 사람들이 (이어받은 것이건 또는 함께 나누어가진 것이건) 공통된 경험의 결과 자신들 사이에는 자기들과 이해관계가 다른(대개 상반되는) 타인들과 대립되는 동일한 이해관계가 존재함을 느끼게 되고 또 그것을 분명히 깨닫게 될 때 나타난다. 계급적 경험은 사람들이 태어나면서부터 맺게 되는, 바꿔 말하면 자기의 의도와는 상관없이 그 속에 들어가게 되는 그러한 생산관계에 의해서 주로 결정된다. 계급의식이란 이러한 경험들이 문화적 맥락에서(in cultural terms) 조정되는 방식, 즉 전통, 가치체계, 관념, 그리고 여러 제도적 형태 등으로 구체화되는 방식이다. 경험은 결정된 모습을 띠지만, 계급의식은 그렇지 않다. 유사한 경험을 겪고 있는 유사한 직업집단들의 대응태도에서 우리는 어떤 **논리**(logic)를 볼 수는 있지만, 어떤 **법칙**(law)을 확인할 수는 없다. 계급의식은 서로 다른 시간과 다른 장소에서 동일한 방식으로 일어나지만 결코 완전히 동일한 방식으로 일어나지는 않는다.

오늘날에는 계급을 하나의 사물(thing)이라고 생각하려는 경향이 늘 존재한다. 맑스가 그 자신의 역사적 서술에서 의도한 바는 이것이 아니었는데도 이같은 잘못이 생겨나 훗날의 '맑스주의적' 서술을 크게 그르치고 있다. '그것', 즉 노동계급은 어떤 실재하는 존재(real existence)를 지닌다고 가정되고 있는데, 그러한 실재 존재는 가령 생산수단에 대해서 특정한 관계를 지니고 있는 얼마만큼의 사람들이라는 식으로 거의 수량적으로 규정될 수 있다고 생각되고 있다. 일단 이렇게 가정하고 나면, '그것'(노동계급—옮긴이)이 자신의 지위와 진정한 이해관계를 제대로 인식하고 있을 때 마땅히 가져야 할 (그러나 실제로 가지고 있는 경우는 거의 없는) 계급의식이 무엇인가를 연역해낼 수 있게 된다. 그런데 어떤 문화적 상부구조가 있어서 이를 거치게 되면 앞에서 말한 진정한 이해관계에 대한 인식은 제대로 떠오르지 못하게 된다. 이같은 문화적 '지체'(lag)와 왜곡(을 제대로 다루는 일—옮긴이)이 골치아프기 때문에 (계급을 사물로 생각하는 논자들은—옮긴이) 이 문제(노동계급 자체에 관한 문제—옮긴이)를 떠나 일종의 대체이론으로 쉽사리 옮아가곤 하는 것이다. 곧 계급의식을 있는 그대로가 아니라 마땅히 있어야 할 어떤 것으로 들춰내는 정당이나 분파나 이론가 등으로 옮아가는 것이다.

그러나 이데올로기적으로 이와 반대되는 편에서도 유사한 잘못이 노상 저질러지고 있다. 이러한 잘못의 한가지 형태는 단순한 부정이다. 맑스에게서 연유한다는 조잡한 계급 개념을 비판하는 것은 별로 어려운 일이 아니기 때문에 계급 개념은 어느 것이나 다 왜곡된 증거에 입각한 형편없는 이론적 구성물로 간주된다. 도대체 계급이 나타났다는 사실 자체가 부인되고 있는 것이다. 또다른 형태의 잘못에서는 기이한 역전이 일어나 동태적 계급관에서 정태적 계급관으로 옮아가는 수가 있다. 이 계급관에 따르면

'그것'(즉, 노동계급)은 존재하는 것이며, 어느정도까지는 정확하게 그것을 사회구조의 한 구성요소라고 규정하는 것도 가능하다. 그러나 계급의식은 자리에서 밀려난 지식인들이 지어낸 못된 물건이다. 왜냐하면 서로 다른 '사회적 역할'을 수행하는 여러 집단의 조화로운 공존을 방해하는 것(그럼으로써 경제적 성장을 지연시키는 것)은 무엇이나 '옳지 못한 혼란징후 (disturbance-symptom)'로서[1] 비난받아 마땅하기 때문이라는 것이다. 문제는 '그것'이 그 사회적 역할을 받아들일 조건을 얼마나 잘 갖출 수 있는가, 그리고 그들의 불만이 얼마나 잘 '돌봐지고 조정될(channelled)' 수 있는가를 규정하는 일이다.

계급이란 것은 관계이지 사물이 아니라는 점을 상기한다면 그런 식으로는 생각할 수 없다. '그것'(계급―옮긴이)은 관념적 이해관계나 의식을 가지고 있거나 접골사의 시술대 위에 환자로서 누워 있거나 하는 그런 식으로 존재하지는 않는다. 우리는 또 대상(matter)을 물구나무 세우듯 거꾸로 세울 수는 없다. 한 권위있는 대가가 이같은 물구나무 세우기를 한 바 있는데 그는 (병적일 만큼 방법론에만 집착한 나머지 단일한 실제적 계급 상황을 실제의 역사적 맥락에서 검토하는 일은 제쳐놓은 한 계급연구서에서) 우리에게 다음과 같이 알려주고 있다.

계급들은 일정한 지위와 결부된 합법적인 권력상의 차이들, 즉 그들이 누릴 것으로 기대할 수 있는 권위(authority expectation)와 관련된 사회적 역할들의 구조에 입각하고 있다. … 개인은 권위라는 관점에서 보아 합당한 어떤 사회적 역할을 수행함으로써 한 계급의 구성원이 된다. … 그는 한 사회조직 안에서 어떤 지위를 점유하기 때문에 어떤 계급에 속한다. 다시 말해서 계급의 구성원 자격은 어떤 사회적 역할을 맡는 데서

---

1) 이 책이 다루는 시기에 관한 이러한 접근의 한 보기가 탤콧 파슨즈(Talcott Parsons) 교수의 한 동료의 저작 속에 발견된다. N. J. Smelser, *Social Change in the Industrial Revolution* (1959).

유래한다.[2]

　물론 문제는 그 개인이 어떻게 이러한 '사회적 역할'을 맡게 되었으며, (재산권과 권위구조를 가진) 특정한 사회조직이 어떻게 존재하게 되었는가 하는 점이다. 그런데 이런 것들은 역사적 질문들이다. 우리가 만일 역사를 어느 특정 지점에서 정지시켜버리면 그때엔 계급들은 존재하지 않고 오직 다양한 경험을 가진 다양한 개인들의 무리만 남게 될 뿐이다. 그러나 이 사람들을 사회변동이 일어날 만한 일정 기간에 걸쳐 관찰할 때 우리는 그들의 관계, 관념, 제도들 안에서 여러 양식들을 보게 된다. 계급이란 사람들이 자신의 역사를 살아가는 과정에서 사람들에 의해 규정된다. 그리고 결국은 이것이 그 유일한 규정인 것이다.

　내가 비록 어떤 사회학자들의 방법론적 천착을 제대로 이해하지 못하고 있었는지는 몰라도, 나는 이 책이 계급을 이해하는 데 그 나름의 공헌을 하였다고 인정받게 되기를 희망한다. 왜냐하면 내가 확신하기에는 계급이란 것은 하나의 사회적·문화적 구성체로 보지 않고서는 이해할 수 없으며, 그러한 사회적·문화적 구성체는 일련의 과정들을 거쳐 대두하는 것으로서 이 과정들에 대한 검토는 상당한 역사적 기간에 걸친 그 과정들의 작용이 완료되어야 비로소 검토가 가능하기 때문이다. 1780년에서 1832년에 이르기까지의 여러 해 동안에 영국의 노동자들은 자신들이 그들의 지배자와 고용주들에 맞서서 자기네들 사이에 동일한 이해관계를 가지고 있다고 느끼게 되었다. 이 지배계급 자체는 크게 분열되어 있었는데, 실은 바로 이 기간 동안에 반항적인 노동계급에 직면함으로써 자기네들 사이의 특정한 적대관계들이 해소되었기 때문에 (또는 대수롭지 않은 것으로 줄어들었기 때문에) 겨우 결속력을 획득하게 되었던 것이다. 그래서 1832년에 노동계

2) R. Dahrendorf, *Class and Class Conflict in Industrial Society* (1959), 148~49면.

10

급의 존재가 영국의 정치생활에서 가장 중요한 요소로 작용하였던 것이다.

이 책은 다음과 같이 씌어 있다. 제1부에서는 18세기 내내 계속되면서 1790년대의 중요한 자꼬뱅 운동에 영향을 미친 민중적 전통들을 고찰한다. 제2부에서는 주관적 영향에서 객관적 영향으로 눈을 돌려 산업혁명 기간 동안의 노동자집단의 경험들 가운데 특히 중요하다고 생각되는 것을 고찰한다. 또한 새로운 산업상의 작업규율의 성격 그리고 이것과 감리교 교회와의 관계에 대한 평가도 시도된다. 제3부에서는 서민대중의 급진주의에 관한 이야기를 택하되, 러다이트 운동을 거쳐 나뽈레옹전쟁 말기의 영웅적 시대까지 다룬다. 마지막으로 1820년대와 1830년대의 정치이론과 계급의식에 관한 몇가지 측면을 논의한다.

이 책은 차례대로 이어지는 서술이라기보다는 관련된 주제들에 대한 연구들을 모은 것이다. 이러한 주제들을 선택하면서 때때로 나는 널리 인정되고 있는 정통학설의 압력에 맞서 쓴다는 의식을 가졌다. 그중에는 페이비언(Fabian)적 학설이 있는데, 이에 따르면 노동자들은 멀리 내다볼 수 있는 눈을 가진 한줌의 조직자들(특히 프랜시스 플레이스Francis Place와 같은 사람)을 제외하고는 그 절대 다수가 자유방임(laissez faire) 정책으로 해를 입은 수동적 희생자들이다. 또한 경험주의적 경제사가들의 학설이 있는데 이 학설에서는 노동자들이 하나의 노동력이나 이민들, 즉 통계적 수계열의 한 자료로 간주된다. '천로역정'의 학설이 또한 있는데 이에 의하면 이 시대는 복지국가의 개척자들, 사회주의 공화국의 조상들, 또는 (좀더 최근에는) 합리적 산업관계의 초기 선례들 등등의 선구자들이 발견되는 시대이다. 이러한 정통학설들은 제각기 나름대로의 어떤 타당성을 지니고 있다. 그 모두가 우리의 지식에 무언가 보탬을 주었다. 첫번째 학설과 두번째 학설에 대한 나의 반론은 그것들이 역사를 만들어나가는 과정에서 노동자들의 주체적 역할, 그들이 자각적인 노력에 의하여 역사를 만들어나가는 데 기여한 정도를 무시하는 경향이 있다는 것이다. 세번째 학설에 대한 반론은 그것이 역사를 훗날의 관심사라는 견지에서 바라보지 실제 일어난 대로 보지 않는다는 것이다. (뒤에 오는 발전을 예견케 하는 소망을 품었던 사람들이라는 뜻에서) 성공한 사람들만이 기억된다. 가망없는 일, 패배한 주의 주장, 그리고 패배자들 자신은 잊혀지고 만다.

나는 가난한 양말제조공, 러다이트 운동에 가담한 전모공(cropper), '시대에 뒤떨어진' 수직공(hand-loom weaver), '유토피아적' 장인(artisan) 등과 아울러, 심지어는 꼬임에 빠진 죠우애너 싸우스컷(Joanna Southcott)의 추종자까지도 후손들의 지나친 멸시(condescension, 내심으로는 멸시하면서 겉으로는 대우하는 척하는 태도—옮긴이)에서 구해내려는 것이다. 그들의 재주와 전통기술은 사라져가고 있었을지도 모른다. 새로운 공업화에 대한 그들의 적대감은 퇴영적 관점이었을지도 모른다. 그들의 공산사회 지향적 이상들은 공상에 불과했을지도 모른다. 그들의 폭동 모의들은 무모한 짓이었을지도 모른다. 그러나 그들은 이 격심한 사회적 혼란기를 살아넘겼다. 우리가 살아넘긴 것이 아니다. 그들의 소망은 그들 자신의 경험에서 볼 때 타당한 것이었다. 그리고 만일 그들이 역사의 희생자였다면, 그들은 그들 자신의 생존시에 그렇게 선고받은 채 지금까지도 여전히 희생자로 남아 있다.

한 사람의 행위가, 뒤따르는 발전이란 관점에 비추어보아 정당한 것인가 아닌가의 여부를 우리의 유일한 판단기준으로 삼아서는 안된다. 결국은 우리 자신도 사회적 발전의 종점에 있는 것은 아니다. 산업혁명기 사람들의 실패한 주의 주장들 가운데 몇가지에서는 우리가 아직도 치유하지 못하고 있는 사회악의 본질에 대한 통찰을 찾아낼 수도 있다. 더욱이 오늘날 세계의 더 넓은 지역에서는 여전히 공업화 문제, 민주적 제도의 형성 문제 등 산업혁명기에 우리 자신이 경험한 것과 여러모로 유사한 문제들을 겪고 있다. 잉글랜드에서 패배한 주의 주장이 아시아나 아프리카에서는 혹시 승리할지도 모른다.

끝으로 스코틀랜드와 웨일즈의 독자들에게 한가지 변명의 말을 해야겠다. 내가 이들 지역의 역사를 다루지 않은 것은 쇼비니즘에서가 아니라 이 지역들을 중시하는 마음에서였다. 그것은 계급이란 하나의 경제적 구성채일 뿐 아니라 문화적 구성체이기도 하므로 잉글랜드의 경험을 넘어서서 일반화하는 일을 삼가왔기 때문이다. (나는 아일랜드인을 다루었지만 아일랜드에 거주하는 사람들이 아니라 잉글랜드로 이주한 사람들을 다루었다.) 특히 스코틀랜드의 기록은 우리 자신의 기록과 마찬가지로 매우 극적이며 고난에 찬 것이다. 스코틀랜드의 자꼬뱅 운동은 더욱 격렬하고 영웅적이었다. 그러나 스코틀랜드의 이야기는 사뭇 다른 이야기이다. 19세기 초에 깔뱅교와 감리교 중 어느 것이 더 나쁜 것이었는지는 말하기 어렵지만, 깔뱅교가 감리교와 똑같은 것은 아니었다. 잉글랜드에는 하일랜드(Highland)의 이주민들에 비길 만한 농민이 없었다. 그리고 민중문화도 크게 달랐다. 적어도 1820년대까지는 잉글랜드의 경험과 스코틀랜드의 경험은 각기 다른 것이었다고 생각할 수 있다. 왜냐하면 (스코틀랜드에서는—옮긴이) 노동조합과 정치적 유대가 항구적이지 못했고 또 미성숙했기 때문이다.

이 책은 요크셔에서 씌어졌다. 그래서 때때로 웨스트 라이딩(West Riding)의 자료로부터 받은 영향을 드러내고 있다. 몇년 전에 이 책의 집필을 위한 연구를 시작할 수 있게 해준 리즈대학과 S. G. 레이보울드(Ray-bould) 교수에 대하여 깊은 사의를 표하며, 또 이 작업을 완수할 수 있도록 연구비를 제공해준 리버흄 재단(Leverhulme Trustees)에 대해서도 심심한 사의를 표한다. 내가 지도한 학생들에게서도 많은 것을 배웠는데, 나는 이 책에서 다룬 여러 주제들을 그들과 함께 논의해왔다. 미간행 자료나 판권 소유의 자료들에서 인용하는 것을 허락해준 여러 관계 당사자들에게도 감사의 뜻을 전하고자 한다. 개별적 사의는 초판본 말미에 적어두었다.

그밖의 많은 사람들에게도 감사드려야겠다. 크리스토퍼·힐(Christopher Hill)씨, 에이서 브릭즈(Asa Briggs) 교수, 그리고 존 쎄빌(John Saville)씨는 이 책의 초고의 일부에 대해서 오류를 지적해주었다. 그러나 나의 판단에 관해서 그들이 어떤 책임을 지고 있는 것은 결코 아니다. R. W. 해리스 (Harris)씨는 이 책을 편집하는 데 애를 많이 썼다. 애당초 이 책이 출간되기로 계획된 총서의 분량을 훨씬 넘어섰기 때문이다. 페리 앤더슨(Perry Anderson)씨, 데니스 버트(Denis Butt)씨, 리처드 코브(Richard Cobb)씨, 헨리 콜린즈(Henry Collins)씨, 데릭 크로슬리(Derrick Crossley)씨, 팀 인라이트(Tim Enright)씨, E. P. 헤녹(Hennock) 박사, 렉스 러슬(Rex Russell)씨, 존 렉스(John Rex) 박사, E. 씩스워스(Sigsworth) 박사, H. O. E. 스위프트(Swift)씨 등도 다른 여러가지 점에서 나를 도와주었다. 또한 결혼이란 인연으로 나와 맺어져 있는 역사가 도로시 톰슨(Dorothy Thompson)에 대해서도 감사해야겠다. 각 장마다 그녀와 함께 토론하였다. 비단 그녀의 생각뿐만 아니라 그녀의 공책에 있는 자료까지도 곧잘 빌려 쓰곤 했다. 그녀의 협력은 이런저런 특정한 문제에서가 아니라 문제 전체를 바라보는 방식에서 찾아볼 수 있다.

1963년 8월, 핼리팩스에서

1980년판 머리말

1959년 8월에 나와 빅터 걸랜츠(Victor Gollancz) 회사 사이에 계약이 체결되었을 때, 그것은 '노동계급의 정치, 1790~1921'에 관해서 '대략 6만 단어 분량'의 책을 쓰기로 한 것이었다. 나는 이 책을 그 제1장이라고 생각하고 있는데, 출판사가 방대하고 너저분한 내 원고를 호의적이며 격려하는 마음으로 받아들여준 데 대하여 감사드린다. 돌이켜보건대 1959년부터 1962년까지 나는 초기 신좌파(New Left)의 활동, 반핵운동 등에도 깊이 몰두하고 있었기 때문에 언제 어떻게 이 책을 쓸 수 있었는지 짐작이 가지 않는다. 그전의 10년 동안 웨스트 라이딩에서 공개강좌의 튜터(tutor)로 일하는 과정에서 연구의 일부가 이미 이루어졌기 때문에 겨우 이 집필은 가능했던 것이다. 몇가지 실제 정치활동과 이러한 강의에서의 토론 덕택에 나는 정치의식과 정치조직의 문제를 특정한 방식으로 바라볼 수 있게 되었음에 틀림없다.

많은 독자들이 지적하기를 이 책은 두 측면에서의 비판으로 구성되어 있다고들 한다. 한편으로는 당시 좀더 보수적이며 아카데믹한 경제사학파들 사이에 지배적이었던 실증주의적 정통학설 그리고 더욱 최근에는 '근대화이론'이라는 이름 아래 팔리고 있는 그러한 정통학설에 대한 비판이며, 다른 한편으로는 이른바 '맑스주의적' 정통학설이라는 것(당시 이 나라에서는 그 영향력이 쇠퇴해가고 있던 학설)에 대한 비판인데 이 학설에 따르면 노동계급은 새로운 생산력과 생산관계에서 생겨난 대체로 자연발생적인 세대로 간주되고 있다. 첫번째 학설을 신봉하는 비판자들 중에는 이 책을 말썽거리로 본 사람도 있다. 그래서 나는 1968년의 펠리컨(Pelican)판에 붙인 추록에서 그들의 비판 중 몇가지에 대하여 대답한 바 있는데(이 책에 재록되어 있다), 그것은 내 저작이 비판의 대상이 될 수 없다고 생각해서가 아니라 거기엔 중대한 원칙문제가 걸려 있다고 생각했기 때문이다. 두번째 학설을 추종하는 비판자들에 관해서 말하자면, 나는 몇해 동안 그들과 좀더 이론적인 성격의 논쟁을 계속해왔는데 그것은 『이론의 빈곤』(*The Poverty of Theory*, Merlin Press 1978)이란 책으로 마무리되었다.

지난 10년 동안의 새로운 업적들을 훑어보면서 또다른 추록을 쓰고 싶은 마음은 없다. 이 책은 그동안 너그러운 대접을 받아왔으며, 그리고 이제는 지나간 역사적 논설이 되었다. 그래서 나 자신이 발견한 것들에 비추어서 다른 학자들을 심판하고 판결하는 짓은 자만행위가 될 것이다. 그렇지만 이 책의 출판과정중에도, 교정쇄(刷)가 보여주는 바와 같이, 나 자신의 연구는 계속되었다. 그리하여 18세기의 군중과 그 통상적인 의식에 관한 작업을 하면서 나는 처음 네 장의 자료들 중 일부를 부연도 하고 수정도 하였다. 그 사이에 많은 새로운 중요 저작들이 출간되었는데, 논문의 형태로 제출되어 있거나 앞으로 제출될 저작들은 더욱 많다. 1790년대에 관한 작업이 재개되었는데 그것은 앨버트 구드윈(Albert Goodwin) 교수의 무게있는 연구 『자유의 벗들』(*The Friends of Liberty*, Hutchinson 1979)에 실린 문헌목록에서 살펴볼 수 있다. 리처드 브러더즈(Richard Brothers)와 죠우애너 싸우스컷의 예언자적 역할에 대해서는 이제 해리슨(J. F. C. Harrison)의 책 『재림』(*The Second Coming*, Routledge & Kegan Paul 1979)에서 완벽한 고찰이 이루어졌다. 런던의 장인들, 런던의 급진적 정치, 그리고 캐럴라인 (Caroline) 여왕 사건에 관한 나의 설명에 대한 가장 중요한 수정과 부연은 존 가스트(John Gast)에 관한 요어웨어트 프로더로우(Iorwerth Prothero)

16

박사의 연구, 『19세기 초 런던의 장인과 정치』(*Artisans and Politics in Early Nineteenth-Century London*, Dawsons 1979)에서 이루어지고 있다. 인지 없는 신문의 투쟁을 연구하는 '역사가가 아직 없다'는 나의 언급을 두개의 훌륭한 연구, 즉 패트리셔 홀리스(Patricia Hollis)의 『빈민신문』(*The Pauper Press*, Oxford University Press 1970)과 죠우얼 H. 위너(Joel H. Wiener)의 『인지 없는 신문 전쟁』(*The War of the Unstamped*, Cornell University Press 1969)이 이제는 뒤엎은 것을 기쁘게 생각한다.

다른 분야들은 좀더 논란의 여지가 많은 상태로 남아 있다. 아마도 다음과 같은 점을 간략하게 언급해야만 할 것 같다. 즉, 여러 비판이 있음에도 불구하고 나는 전쟁(나뽈레옹전쟁—옮긴이) 시기에 소규모의 '지하' 자꼬뱅주의자가 존재했다는 나 자신의 견해를 그대로 유지한다는 점, 러다이트 운동에 관한 맬컴 토미스(Malcolm Thomis) 박사의 몇몇 연구가 나 자신의 해석을 바꾸게 하지는 않았다는 점, 그리고 나에게는 『수직공』(*The Hand-loom Weavers*, Cambridge University Press 1969)에 관한 덩컨 바이털(Duncan Bythell) 박사의 연구——그중 어떤 부분은 내 책의 제9장에 대한 비판으로 구성되어 있다——는 전반적인 주장과 세부적 사항에서 잘못되었다고 생각된다는 점 등이 그것이다. 그렇지만 이러한 문제들 중 어느 것도 완전히 추구하려면 증거에 대한 면밀하고 지속적인 검토가 요청된다 할 것이다.

연구작업과 비판작업은 계속될 것이다. 그리고 혹시 내가 중요한 업적을 언급하지 않고 지나쳐버렸다면, 그것은 자칫 문헌소개만으로 그쳐버릴지도 모른다는 오직 그 한가지 염려에서 그리된 것이다. 이 책의 주요한 주장들은 나 자신에게도 여전히 가설로서 제시되고 있는 것이며, 이것들 또한 결코 정통학설로 고정되어서는 안된다는 점을 말하고자 할 뿐이다.

1979년 10월, 우스터에서

차 례

하권 차례

제1부

자유의 나무

"당신이 인류의 적들과 싸우는 것은 단순히 당신 자신만을 위한 일이 아닙니다. 당신은 어쩌면 완전한 자유의 날을 보지 못하게 될 수도 있기 때문입니다. 당신의 싸움은 가슴에 매달린 자식을 위한 것입니다."

런던교신협회가 순회대표들에게 내린 지침, 1796

"야수와 갈보가 제멋대로 지배하고 있다."

윌리엄 블레이크, 1798

1
제한 없는 회원수

'우리 회원의 수에는 제한이 없다.' 이것은 런던교신협회(London Corresponding Society)의 정관 제1조로서, 협회의 간사는 1792년 3월 셰필드에 있는 유사한 성격의 단체와 서신교류를 시작하면서 이 말을 인용하였다.[1] 런던교신협회의 첫 회합은 그보다 두 달 전에 스트랜드(Strand)가(街) 옆 골목의 한 선술집 — 엑시터(Exeter)가에 있는 '더 벨'(The Bell)이란 술집 — 에서 열렸는데, 여기에는 아홉명의 '선량하고 건실하며 근면한 사람들' 이 참석하였다. 이 협회의 창설자이자 초대간사였던 토머스 하디(Thomas Hardy)는 훗날 이 회합에 대하여 다음과 같이 회상하였다.

여느 때와 마찬가지로 빵과 치즈 그리고 흑맥주로 저녁을 들고 나서 파이프담배를 피우면서 어려운 시절이라는 얘기며, 생활필수품이 모두 비싸다는 이야기 등을 잠시 나누고 나자 … 이 회합의 개최 목적인 안건이 제출되었다. 그날의 안건이었던 의회개혁 — 이것은 그런 계급의 사람들이 숙고하고 다루어야 할 중요한 주제였다.

참석자 아홉명 가운데 여덟 사람은 그날 밤 창립회원이 되어(나머지 한 사

---

1) *Memoir of Thomas Hardy... Written by Himself* (1832), 16면.

람은 심사숙고한 뒤 그 다음주에 가입하였다) 첫번째 주(週)회비 1페니씩을 기부하였다. 하디(그는 회계도 겸임하고 있었다)는 이 단체의 기금 전액인 8페니를 호주머니에 넣고 피커딜리(Piccadilly)가 9번지에 있는 자기 집으로 돌아갔다. 이 돈은 같은 취지를 가진 국내의 여러 모임들과 서신교류를 하기 위한 종이를 사는 데 쓸 예정이었다.

2주일 동안 스물다섯명의 회원이 등록하였으며 회계의 수중에 들어온 회비 총액은 4실링 1페니가 되었다. (협회측 주장에 따르면 6개월 후에는 회원수가 2,000명 이상에 이르렀다.) 회원가입 절차는 간단해서 세 가지 질문에 대해 그렇다고 대답을 하면 되었는데, 그중에서도 가장 중요한 질문은 다음과 같았다.

당신은 이 왕국들(잉글랜드, 스코틀랜드 및 아일랜드─옮긴이)의 복지를 위해서는 이성을 가지고 있으며, 범죄로 인해 자격을 상실하지 않은 모든 성인이 의원선출을 위한 투표권을 가져야 한다고 굳게 믿습니까?

창립 첫달에 이미 협회는 '직종인(tradesman, 직종에 속하는 사람이라는 의미로 보통 수공업 마스터와 직인을 합쳐 tradesman이라 불렀지만, 수공업자 외에 상인도 tradesman에 포함되기도 하였다. 용어해설 참조─옮긴이), 상점주(shopkeeper) 그리고 숙련직인(mechanic, 직종에 속해 있는 숙련기술을 지닌 유복한 직인을 주로 말하지만, 기계를 제작하고 수리하는 기계공을 의미할 때도 있다. 용어해설 참조─옮긴이)인 우리가 도대체 의회개혁을 성취할 권리를 가지고 있는가?' 하는 물음을 놓고 닷새 밤을 계속해서 토론하였다. '이 주제와 관련하여 마음속에 떠올릴 수 있는 온갖 관점에서' 이를 숙고한 뒤 그들은 자신들이 그러한 권리를 가지고 있다고 결론지었다.

그로부터 2년이 지난 1794년 5월 12일, 국왕의 사자(使者), 두명의 런던 중앙경찰재판소 경관, 내무장관 던대스(Henry Dundas)의 개인비서 및 다른 고관들이 제화공 토머스 하디를 대역죄로 체포하기 위해 피커딜리가 9번지에 도착하였다. 관리들이 방을 뒤지고, 개폐식 책상을 부수어 열고, 하디 부인(그녀는 임신중이어서 계속 침대에 누워 있었다)의 옷가지들 사이를 샅샅이 뒤져 커다란 비단 머릿수건 네개에 편지를 가득 담고 곡식포대에 팸플릿이며 책, 원고 등을 잔뜩 담아넣는 동안 하디와 그 가족들은 그냥 바라보고만 있었다. 바로 그날 교신협회들의 치안교란 행위에 대한 국왕의 특별교서가 하원에 전달되었으며, 이틀 후 이 제화공의 서류를 검토하기 위한 하원의 비밀위원회(Committee of Secrecy)가 지명되었다.

제화공 하디는 추밀원으로부터 직접 여러 차례의 신문을 받았다. 그는 이 대면에 대한 기록을 거의 남기지 않았다. 그러나 그의 동료 수감자 가운데 한 사람이 자기가 이 나라 최고의 국정자문기관으로부터 받은 신문을 극의 형식으로 재구성하여 독자들을 즐겁게 해주었다. 바로 그 동료 존 셀월(John Thelwall)은 다음과 같이 이야기하고 있다. "나는 불려들어가, 극도로 어지럽게 이리저리 널려 있는 온갖 강연록이며 원고들 더미에 … 묻혀 턱까지 푹 빠져 있는 모든 등장인물들을 바라보았다." 그곳에는 대법관, 내무장관, 그리고 수상(피트William Pitt, 1759~1806)이 모두 자리해 있었다.

검찰총장 (낮은 목소리로) 셀월씨, 세례명은 뭐지요?
셀월 (약간 뚱하게) 존이오.
검찰총장 (여전히 낮은 목소리로) 끝에 'l'이 둘 붙소, 하나만 붙소?
셀월 둘이오. 하지만 그건 중요치 않습니다. (방심한 태도로. 그러면서도 좀 뚱하게, 혹은 그 비슷하게.) 각하는 털끝만큼도 수고하실 필요가 없으실 겝니다. 본인은 그 어떤 질문에도 대답치 않을 작정이니까요.
피트 저자가 뭐라고 그럽니까? (실내의 다른 쪽으로부터 와서 주변을 대단히 매섭게 둘러보며, 대법관 옆자리에 앉으면서.)
대법관 (은근하고 부드럽게, 거의 속삭이듯 꺼져들어가는 목소리로) 어떤 질문에도 대답치 않겠답니다.
피트 뭐라고? — 뭐라고? — 뭐? (사납게) …[2]

<hr>

2) *Tribune*, 1795년 4월 4일자. 셀월의 조사에 대한 추밀원 자체의 기록과 비교해보라. "추밀원 서기관이 그의 이름 철자가 어떻게 되느냐고 묻자 그는 이렇게 대답했다. 자기는 어떤 종류의 질문이건 전혀 대답하지 않을 테니 서기관은 자기 쓰고 싶은 대로 그의 이름을 써도 좋다고…." *Treasury Solicitor's Papers*, II, 3509 f. 83.

그런 다음 존 셸월은 존엄한 좌중으로부터 등을 돌린 채 "수채화 한 폭을 감상하기 시작하였다". 수상은 셸월을 내보내고 셸월 일가와 함께 거주해 왔던 열네살 난 소년 헨리 이튼(Henry Eaton)을 조사하기 위해 소환하였다. 그러나 이 소년은 소신을 굽히지 않은 채 "피트씨를 대단히 신랄한 어조로 비판하는 정치적인 열변을 토하기 시작하였다. 무지막지하게 많은 세금을 민중에게 부과하였다고 그를 꾸짖으면서 …".[3]

그 다음 세기(世紀)의 기준으로 볼 때 이들 적대적인 등장인물들은 기이하리만큼 미숙하고, 자기네 역할에 대한 명확한 자각이 없으며, 극히 개인적인 충돌의 상황에서 장래의 대대적인 비개인적 충돌을 예행연습하고 있기라도 한 것처럼 보인다.[4] 거기에는 정중함과 독기가 한데 뒤섞여 있으며, 계급적 증오에서 솟아나는 악의 옆에는 개인적 친절에서 비롯되는 행위들이 끼여들 여지가 여전히 남아 있다. 셸월과 하디, 그리고 다른 열명의 수감자들은 런던탑에 갇혔다가 나중에는 뉴게이트(Newgate) 감옥에 수감되었다. 이곳에 있는 동안 셸월은 일시 납골당에 감금되기도 하였다. 하디 부인은 '교회와 국왕'(Church and King, 17세기 및 18세기에 스튜어트 왕조 지지자들이 내걸었던 구호. 이후 이 구호는 기성교회 및 군주체제를 함께 옹호하는 지극히 보수적인 세력의 표어가 되었다—옮긴이)파 폭도들이 그녀 집에 난입했을 때 받은 충격으로 말미암아 출산중에 죽고 말았다. 추밀원은 대역죄라는 죄목을 밀어붙이기로 결정하였다. 대역죄인에 대한 극형은 목을 매달고 목숨이 아직 붙어 있는 동안 칼로 내려치며 내장을 끄집어내고(그 내장은 본인의 면전에서 불태워진다), 그런 다음 목을 치고 온몸을 네 토막으로 찢어버리는 것이었다. 존경할 만한 런던 시민들로 이루어진 대(大)배심원단은 이렇게까지 하는 것이 마음에 내키지 않았다. 9일간에 걸친 재판 끝에 하디는 무죄방면되었다. 그것은 1794년, 가이 포크스 사건 기념일(Guy Fawkes Day, 가

---

3) *Morning Post*, 1794년 5월 16일.
4) 그후 자꼬뱅주의자인 존 빈즈(John Binns)가 재판 없이 글로스터 카슬(Gloucester Castle)에 투옥되었을 때는 내무장관이 자기 부인과 두 딸을 대동하고 빈즈를 특별면회하였다.

이 포크스는 카톨릭교도로서 1606년 11월, 잉글랜드 의회를 폭파하고 국왕 제임스 1세를 암살하기 위한 모의였던 이른바 '화약음모사건'Gunpowder Plot에 가담하였다가 체포되어 처형당했다. 11월 5일은 이 사건의 기념일─옮긴이)의 일이었다. 배심장은 하디의 '무죄'를 공표한 후 졸도해버렸으나 런던의 군중은 열렬히 열광하면서 하디를 이끌고 의기양양하게 거리를 휩쓸며 행진하였다. 혼 투크(J. Horne Tooke, 1736~1812)와 셀월의 무죄방면(및 다른 건들에 대한 기소 포기)이 뒤따랐다. 그러나 군중의 축하행렬은 때이른 것이었다. 그 다음해에는 개혁운동가들 ── 이들은 '자꼬뱅들'(Jacobins, 프랑스혁명 당시 로베스삐에르M. Robespierre를 중심으로 하여 급진적 개혁을 단행하고 공포정치를 펼친 자꼬뱅당에 빗대어 영국의 급진파에 붙인 명칭─옮긴이)이라 불리기도 했다 ── 에 대한 단호한 탄압이 재개되었기 때문이다. 그리하여 1790년대 말경에는 선동활동 전체가 풍비박산나버린 것처럼 보였다. 런던교신협회는 불법단체로 낙인찍혀 있었다. 토머스 페인(Thomas Paine, 1737~1809)의 『인간의 권리』(*Rights of Man*)는 판금되었으며 집회는 금지당했다. 하디는 코번트 가든(Covent Garden) 근처에서 구둣방을 경영하면서, 자기의 옛 공로를 감안해서 자기 단골손님이 되어달라고 과거의 개혁운동가들에게 청을 넣고 있었다. 존 셀월은 싸우스 웨일즈(South Wales)의 한 외딴 농장에 은거해 있었다. 그러고 보면 역시 직종인이니 상점주니 숙련직인이니 하는 사람들은 의회개혁을 성취할 권리를 전혀 가지지 못한 존재인 듯했다.

흔히 런던교신협회가 영국에서 형성된 최초의 명백한 노동자계급 정치조직이라고들 주장해왔다. 굳이 현학적 논의를 하고자 함은 아니지만(셰필드Sheffield, 다비Derby 및 맨체스터Manchester 협회가 런던 협회보다 먼저 결성되었다), 이같은 판단은 명확한 규정을 요한다. 한편으로는, 노동자들이 참여하는 토론협회는 아메리카독립전쟁(1775~81) 당시부터 런던에 산발적으로 존재하고 있었다. 그런가 하면 다른 한편으로는, 런던교신협회는 '노동계급적' 협회였다기보다는 '민중적 급진파'(popular Radical) 협회였다고 생각하는 편이 더 정확할지 모른다.

하디는 분명히 장인(artisan, 주로 수공업분야에 종사하는 숙련기술자를 가리킨다.

용어해설 참조—옮긴이)이었다. 1752년에 태어난 그는 스털링서(Stirlingshire)에서 제화공으로서의 도제수련을 거친 후 캐런(Carron) 철공소에서는 벽돌쌓기공으로서 새로운 공업화의 맛을 좀 보기도 했으며(그는 철물업 마스터 로우벅의 집에서 일하던 도중 발판이 무너지는 바람에 거의 죽을 뻔한 적도 있었다), 아메리카독립전쟁이 일어나기 직전에 젊은 나이로 런던에 왔다. 런던에서 그는 직인(職人, journeyman, 용어해설 참조—옮긴이)이 독립할 날을 바라볼 수 있고, 운이 좋으면——하디 자신이 마침내 그렇게 된 것처럼——그야말로 마스터(master, 어떤 수공업이나 상업에 숙달하여 그 직종에 독립적으로 종사하며 직인과 도제를 고용하고 감독하는 사람. 용어해설 참조—옮긴이)가 되는 것까지도 바라볼 수 있는 저 수많은 직종(trade, 숙련노동이 필요한 수공업과 소규모 상업 같은 정기적으로 행해지는 직업활동. 용어해설 참조—옮긴이) 가운데 한 직종에 종사하였다. 그는 어느 목수 겸 건축공의 딸과 결혼하였다. 그의 동료 가운데 하나로 런던교신협회 의장을 지낸 프랜시스 플레이스(Francis Place)는 그때 양복제조 마스터(master-tailor)가 되어가고 있던 참이었다. 직인과 소(小)마스터(small master) 사이의 경계는 흔히 쉽게 넘나들 수 있는 것이었다. 1795년에는 부츠 및 구두 제조 직인들이 소(小)고용주(small employer)로서의 새로운 역할을 하게 된 하디에 맞서서 파업을 일으켰는가 하면, 플레이스는 양복제조 마스터가 되기 전인 1793년에 반바지제조 직인들의 파업을 함께 조직하기도 했었다. 독립적 지위의 장인(그의 작업실은 또한 그의 '가게'이기도 하였다)과 소(小)상점주(small shop-keeper) 내지 직종인 사이의 구분은 더욱 희미하였다. 이 집단으로부터 단 한 발자국만 더 나아가면 윌리엄 샤프(William Sharp)나 윌리엄 블레이크(William Blake, 1757~1827) 같은 자영 판화공이라든가 인쇄공 및 약종상, 교사, 저널리스트, 외과의사 및 반국교파(反國敎派, Dissenters, 영국국교회에 따르지 않는 교파. 용어해설 참조—옮긴이) 성직자들의 세계가 열리고 있었다.

런던교신협회는 이렇듯 한쪽 끝으로는 피커딜리가, 플리트(Fleet)가 및 스트랜드가 근처의 커피점, 술집 및 반국교파 교회 등 독학으로 지식을 쌓은 직인들이 인쇄공, 상점주, 판화공 혹은 젊은 소송대리인 들과 어깨를 맞비빌 수 있는 곳에 닿아 있었다. 그런 한편, 다른 쪽 끝 즉 동부 런던 및 템즈강 남쪽으로는 이보다 더 오래된 노동계급 거주지역들——워핑(Wapping)의 부두노동자들, 스피틀필즈(Spitalfields)의 견직공들, 써더크(Southwark)에 있는 반국교도들의 유서 깊은 거점 등——과 맞닿아 있었다. 지난 200년 동안 언제나 '런던의 급진파'(Radical London)는 두세 종류의 주요 산업을 중심으로 모여 있던 미들랜즈(Midlands)나 북부 잉글랜드의 중심지들에 비해 그 사회적·직업적 성격이 더 이질적이고 더 유동적이었다. 런던의 민중운동은 흔히 하나의 지역공동체 전체가 공통된 직업적·사회적 긴장관계 속에 들어감으로써 생겨나는 응집력과 끈기는 결여하곤 했던 반면에 일반적으로 지적이고 '이념적인' 동기들에 의해 한층 민감하게 좌우되어왔다. 이곳에는 이념의 전파에 귀기울이는 청중이 북부지방에 비해 더 많았다. 런던의 급진주의는 다양한 선동활동을 공동의 운동으로 얽어넣어야 할 필요성 때문에 일찍부터 좀더 세련된 성격을 가지게 되었다. 새로운 이론, 새로운 주장 들은 전반적으로 볼 때 처음에는 일단 런던의 민중운동과 접합을 이루고 그런 다음에 런던을 벗어나 지방의 중심지들로 퍼져나갔다.

런던교신협회는 이러한 유형의 접합점이었다. 아울러 우리는 이 협회의 첫 조직자가 워핑이나 써더크가 아니라 피커딜리에 살았다는 사실도 기억해야만 한다. 그러나 또 한편으로는 이 협회의 첫 회합에 관한 짤막한 서술 가운데서도 이미 하나의 새로운 종류의 조직이 출현하게 되었음을 알려주는 특징들, 곧 (1790~1850년의 시대적 맥락에서) '노동계급 조직'의 본질을 규명하는 데 도움을 주는 특징들을 찾아볼 수 있다. 즉 이 조직에서는 노동자가 간사로 일하고 있고, 주회비 액수가 낮으며, 경제적 주제와 정치적 주제——'어려운 시절' 문제와 의회개혁 문제——가 한데 섞여 있다. 회합은 사교적 교제의 기회가 되어주는 동시에 정치적 활동의 중심지 역할을 하고 있으며, 절차상의 규정들에 대해 실무적인 주의가 기울여지고 있다. 그리고 무엇보다도 여론을 전파하고 새로운 지지자들을 조직한다는 확고한 결의가 표명되고 있으니, 이 결의가 바로 '우리 회원의 수에는 제한이 없다'는 정관 속에 구현된 정신인 것이다.

오늘날 우리는 그같은 정관을 상식적인 것으로 여겨 간과해버릴 수도 있다. 그러나 이 조항이야말로 역사가 바뀌고 있음을 알려주는 전환점 가운데 하나이다. 이는 배타성을 고수하려는 그 어떤 발상, 정치활동을 특정한 세습적 엘리뜨집단 혹은 재산소유집단의 전유물인 양 생각하는 그 어떤 발상에도 종지부를 찍는 것이었다. 이 정관 조항에 동의한다는 것은 곧 런던 교신협회가 정치적 권리와 재산권을 동일시하는 케케묵은 사고방식에 등을 돌리고 있음을 의미하였으며, 또한 '폭도'들이 그 자체의 목적 추구를 위해 **스스로** 조직을 이룬 것이 아니라 자파 세력을 강화하고 당국의 간담을 서늘케 할 목적을 띤 파당——이것이 심지어는 급진주의적 파당일 수도 있기는 했지만——의 단속적(斷續的)인 행동으로 치닫는 시절이었던 '윌크스와 자유'(Wilkes and Liberty) 시절의 급진주의에도 등을 돌리고 있음을 의미하였다. 이러한 '무제한의' 방식으로 선전과 선동에 문을 활짝 연다는 것은 민주주의에 대한 새로운 인식을 뜻하는 것이었다. 다시 말해 이는 케케묵은 금기사항들을 내던져버리고 일반민중 사이에서 이루어지는 자발적 활동과정과 자발적 조직과정을 신뢰하는 것이었다. 이같은 혁명적 도전이야말로 대역죄라는 죄목을 낳을 수밖에 없었던 것이다.

물론 이러한 도전의 목소리는 그전에도 이미——17세기의 수평파 (Levellers)에 의해——울려나온 바 있었다. 당시 이 쟁점은 크롬웰파의 장교 및 사병대표(Army agitator)들 사이에서 1790년대의 갈등을 예견케 하는 용어들로 치열하게 논의되었다. 퍼트니(Putney)에서 벌어진 결정적인 논쟁(1647년 10~11월에 크롬웰의 군대인 신형군New Model Army 내에서 사병대표 및 소장 장교 대표들이 크롬웰의 측근 장군들과 벌인 논쟁—옮긴이)에서[5] 사병대표들은 자신들이 승리를 거두었으므로 자신들도 혜택을 얻어 민중 투표권의 대폭 확대를 인정받아야 한다고 주장하였다. 수평파의 일원인 레인버러 (Rainborough) 대령의 주장은 잘 알려져 있다.

왜냐하면 본인은 잉글랜드에서 가장 가난한 자일지라도 가장 위대한 자나 마찬가지로 살아야 할 자기 삶을 가지고 있다고 진정으로 생각하기

---

5) A.S.P. Woodhouse, *Puritanism and Liberty* (1938), 53면 및 그 이하.

때문입니다. 또한 그러므로 나으리, 본인은 진실로, 정부 아래 살아야 하는 모든 사람은 명백히 무엇보다 자기 자신의 동의에 의해서 비로소 스스로를 그 정부 아래 두어야 한다고 생각합니다. … 이같은 것을 의심하려 드는 자가 있다면 본인은 그가 과연 잉글랜드인인지 의심할 도리밖에 없겠습니다.

크롬웰(Oliver Cromwell, 1599~1658)의 사위인 아이어튼(Ireton) 장군 — '거물들'(Grandees)의 대변자 — 의 대답은 "이 왕국 내에서 항구적인 확고한 이해관계를 가지고 있지 않은 사람은 그 누구도 왕국의 현안들을 처리하는 데 관심을 가지거나 이에 참여할 권리를 가지지 못한다"는 것이었다. 레인버러가 그를 계속 몰아붙이자 이번에는 아이어튼이 격해졌다.

내가 주장하고자 하는 가장 중요한 요점은 재산을 중시하고자 하는 나의 입장에서 비롯되오. 나는 우리가 서로 이기려고 다투는 사태가 벌어지지 않게 되길 바라오 — 그럴 게 아니라 각자는 자기가 모든 재산을 박탈해버리는 길로 가지는 않도록 잘 생각해봐야 할 거요. 왜냐하면 여기서 문제가 되고 있는 것은 이 왕국의 국가체제(constitution)의 가장 근본적인 부분이기 때문이오. 이것을 당신들이 폐기해버린다면 이로써 당신들은 모든 것을 다 폐기해버리는 셈이 될 거요.

그는 계속해서 이렇게 말했다. "만일 구분 없이 아무 사람이나 허용한다면 하원의 대다수는 현지의 항구적인 이해관계를 가지지 않은 사람들로 선출될 것이오." "이런 사람들이 일체의 재산에 반대하는 투표를 하지 않을 것 같소? … 당신이 어디까지 가서 멈추게 될지 말해보시오. 그때 가서 당신이 이 규정으로 재산 가진 사람을 어떻게 하나라도 보호하게 될지 말해보시오."

정치적 권리와 재산권을 동일시하는 이같은 노골적인 주장은 격렬한 항의를 불러일으켰다. 쎅스비(Sexby)로부터는 다음과 같은 반응이 나왔다.

수천명이나 되는 우리 병사들은 목숨을 걸고 싸웠습니다. 소유지로 말한다면 이 국내에 거의 아무 재산도 가지고 있지 않지만 우리는 생득권(生得權, birthright)을 가지고 있습니다. 그러나 지금 이 왕국 내에서는 확실한 토지를 가진 사람말고는 그 누구도 아무 권리를 가지지 못하는 모양이군요. … 우리가 통째로 사기당한 게 아닌가 의심스럽습니다.

여기에 레인버러가 빈정거리는 어조로 끼여들었다.

나으리, 그렇다면 모든 재산권을 폐기하지 않는 한 자유를 얻는 것이 불가능하게 되겠군요. 그것이 규정으로 확립된다면 … 그렇게 될 수밖에 없겠지요. 하지만 본인은 정말 알고 싶습니다. 병사들이 이 기간 내내 도대체 무엇을 위해 싸웠는지 말입니다. 그들은 스스로 예속상태에 빠지기 위해, 재산 있는 자·토지를 가진 자에게 권력을 주기 위해, 스스로를 영원한 노예로 만들기 위해 싸운 꼴입니다.

이같은 주장에 대해 아이어튼과 크롬웰은 마치 1688년의 타협(명예혁명 및 권리장전의 승인과 더불어 이루어진 국왕과 당시 영국 지배계급 사이의 정치적 타협—옮긴이)을 예견하면서 이를 변호하기라도 하는 듯한 논거를 가지고 대답하였다. 일반 병사는 세 가지를 위해 싸웠다. 첫째 인신적 권리와 양심의 자유를 침해하는 국왕의 대권을 제한하기 위해, 둘째 비록 사병들 자신은 대표선출에 직접 참여치 못한다 할지라도 대표들에 의해 통치받을 권리를 가지기 위해, 셋째 '돈을 벌고 또 이 돈으로 토지를 얻기 위해 영업을 할 수 있는 자유를 가지기 위해' 그리고 이와같은 방식으로 정치적 권리를 획득할 수 있는 자유를 가지기 위해. 이런 조건들하에서라면 '자유를 가질 수 있되 재산은 파괴되지 않을 것이었다'.

1688년 이후 100년 동안 이 타협—토지재산과 상업적 재산 소유자들의 과두정—은 요지부동으로 유지되었다. 물론 그동안에도 써 루이스 네이미어(Sir Lewis Namier)와 그의 학파가 그 복잡한 내역을 훌륭하게 기록했던 바대로 부패와 매수, 이해관계의 뒤얽힘이 심해져만 가기는 했지만 말이다. 수평파의 도전은 철저하게 분쇄되었다. 비록 수평파 부활이란 망령이 종종 되살아나곤 하는 바람에 잉글랜드의 국체라는 훌륭한 배가 수평파라는 스킬라(Scylla)와 그 맞은편, 곧 교황파(Papists)와 제임즈 복위파(Jacobites, 1688년의 명예혁명으로 축출된 스튜어트 왕조의 제임즈 2세와 그 후손의 지지자들. 명예혁명 이후 1745년경까지 상당한 영향력을 가지고 있었다―옮긴이)라는 카리브디스(Charybdis) 사이를 헤쳐가며(스킬라와 카리브디스는 그리스 신화에 나오는 괴물과 험준한 바위로서, 이 둘 사이에 있다는 것은 진퇴양난의 상황을 나타낸다―옮긴이) 항로를 잡아가야만 하는 형편에 이르곤 했던 것은 사실이지만 말이다. 그러나 18세기의 마지막 4분기에 이르기까지 '18세기식 공화파(共和派)'(Eighteenth-Century Commonwealthsman)의 온건한 공화주의적·자유지향적(libertarian) 충동은 아이어튼이 내린 정의의 테두리 내에 단단히 오금박혀 있었던 것으로 보인다.[6] 1790년대에 개혁운동가와 정부당국 사이에서, 그리고 상이한 여러 개혁집단들 사이에서 오고 간 논쟁을 읽노라면 퍼트니 논쟁이 되살아나는 듯한 느낌을 받게 된다. 이때에 이르면 잉글랜드에서 '가장 가난한 사람'이 가지는 '생득권'은 『인간의 권리』로 등장한다. 그런가 하면 '제한 없는' 회원들의 선동은 버크(Edmund Burke, 1729~97)의 눈에 '돼지 같은 떼거리'(swinish multitude)의 위협으로 비치고 있었다. 개혁운동가들을 위축케 할 목적으로 설립된 반(半)관립 어용단체는 '공화파와 수평파에 맞서 자유와 재산을 지키는' 협회(Association for 'Protecting Liberty and Property against Republicans and Levellers')라 불렸다. 요크셔(Yorkshire)의 온건한 개혁운동가였던 크리스토퍼 위빌(Christopher Wyvill) 목사는 그 헌신적 태도에 관한 한 의심의 여지가 없는 인물이었지만, 그럼에도 불구하고 보통선거(universal suffrage)의 원칙에 입각한 개혁은 '내란 없이는 이루어질 수 없을 것'이라고 믿고 있었다.

열띤 정치적 논쟁의 시대에 무지하고 난폭한 대중에게 선거권이 주어지

---

6) Caroline Robbins, *The Eighteenth-Century Commonwealthsman* (Harvard 1959)을 보라.

면 이는 소란과 혼돈을 초래할 것입니다. … 가장 수치스러운 부패로 먹칠되고 가장 격렬한 소동으로 어지럽혀진 일련의 선거를 치르고 난 이제, 우리는 잉글랜드 대중의 소란스러움이나 돈으로 좌우되는 성향이 국민에게 대단히 큰 역겨움을 불러일으킴으로써 국민은 타락한 민주정의 견딜 수 없는 폐해를 제거하기 위해 독재권력의 보호 아래에서 … 피난처를 구하게 되리라고 예상합니다.[7]

1792년에는 그는 또 이와같이 썼다. "페인씨가 하층계급을 들고일어나게 하는 데 성공하는 날이면 그들의 개입은 십중팔구 난폭한 짓거리들로 점철될 것이며 사유재산이건 공적 자유건간에 우리가 지금 소유한 일체의 것은 무법적이고 광포한 어중이떠중이의 손아귀에 쥐어지게 될 것입니다."[8]

이것은 해묵은 논쟁의 계속이다. 존재하고 있는 것은 똑같은 열망, 똑같은 두려움, 그리고 똑같은 긴장관계이다. 그러나 이같은 것들은 새로운 맥락에서 새로운 언어와 논거로 그리고 변화된 세력균형과 더불어 대두하고 있다. 우리는 두 가지 모두를, 다시 말해 지속되고 있는 전통과 아울러 변화된 맥락을 또한 이해하고자 노력하지 않으면 안된다. 무릇 어떤 경우건 무엇인가를 설명하고자 할 때는 반드시 어떤 특정한 출발점에서부터 시작해야 하는 법이기 때문에 우리는 단지 새로운 사항들에만 주의를 돌리는 적이 너무 많다. 1789년부터 시작한다고 하자. 그럴 때는 잉글랜드의 자꼬뱅주의는 프랑스혁명의 부산물처럼 보이게 된다. 또한 1819년의 피털루(Peterloo) 사건(1819년 맨체스터의 쎄인트 피터즈 필즈St. Peter's Fields에서 노동자들이 회합을 갖자 요우먼리가 기마병으로 나서서 무자비하게 진압한 결과 수명이 사망한 일을 말한다. 'Waterloo'에서 'loo'를 따서 'Peterloo'라고 명명함. 이 책 하권 제15장 322~33면 참조—옮긴이)부터 시작하는 경우 잉글랜드의 급진주의는 산업혁명의 자연발생적인 산물인 것처럼 보이게 된다. 프랑스혁명이 새로운 선동을 촉진했다는 것은 틀림없는 일이고, 이 선동이 성장해가는 제조업(manu-

---

7) C. Wyvill to John Cartwright, 1797년 12월 16일자, C. Wyvill의 *Political Papers*, V (York, 1804), 381~82면.
8) 같은 책, V, 23면.

facturing)지역들에서 새로운 경험으로 형성된 근로인민 사이에서 뿌리를 내리게 되었다는 것도 틀림없는 사실이다. 그러나 문제는 여전히 남는다 ——이들 사건에 의해 그렇게도 급속하게 촉진되었던 요소들은 어떤 것들이었는가? 여기서 우리는 당장 도시 장인과 직종인들의 오랜 전통, 곧 조르주 뤼데(George Rudé)가 빠리의 군중 중에서 가장 흥분하기 쉬운 혁명적 인자라고 손꼽았던 서민대중(menu peuple)들과 아주 흡사한 이들의 전통을 발견하게 되는 것이다.[9] 세 가지 문제를 뽑아내보면 이들 지속되고 있는 전통의 복합체 비슷한 것을 볼 수 있게 될 것이다. 그 세 가지란 곧 반국교도의 전통 및 감리교의 부흥에 따른 이 전통의 수정, 잉글랜드인의 '생득권'이란 이념 속에 결합되어 있는 저 모든 느슨한 민중적 개념들로 이루어진 전통, 그리고 위빌에게는 두려움의 대상이었던 반면 하디가 보기에는 위원회라든가 분회들로 모아들이고 책임이 따르는 시위 속에 끌어들여 조직해낼 대상이었던 18세기 '폭도'의 성격 불분명한 전통이다.

---

9) G. Rudé, *The Crowd in the French Revolution* (1959)을 보라.

2
크리스천과 아폴리언

　반국교라고 하는 것은 오해를 불러일으키는 용어이다. 이 말은 수많은 분파, 상충하는 수많은 지적·신학적 경향을 포괄하고 있으며 상이한 사회적 환경 가운데서 아주 많은 상이한 형태로 나타난다. 왕년의 반국교도, 곧 퀘이커교도(Quakers)나 침례교도(Baptists) 같은 집단들은 명예혁명 이후 어느정도 유사한 발전경향을 보여주고 있다. 박해 대신 좀더 폭넓은 관용조치가 취해지게 되자 회중(會衆)은 그전보다 열성적인 면은 덜해진 반면 더 유복해졌다. 1670년에 스펜 밸리(Spen Valley)의 직물업자들과 농장주(farmer, 원래는 정액지대firma를 지불하는 상당한 규모의 차지농을 말하는데, 보통 독립적으로 농장을 경영하는 농민에 대한 총칭이다. 때로는 단순한 농부를 일컫기도 한다. 용어해설 참조―옮긴이)들이 남의 눈을 피해 한밤중에 '구내'(Ye Closes) 혹은 '신도창고'라 불리던 한 농장건물에서 회합을 가지곤 하던 바로 그곳에 100년 후에는 죠우지프 프리스틀리(Joseph Priestley)라고 하는 유복한 집사가 재직하는 탄탄한 교회가 세워져 있었다. 프리스틀리는 그의 신앙일기에 아래와 같이 속마음을 털어놓고 있다.

　세상은 미소짓는다. 나는 이 직책 덕분에 몇가지 유쾌한 임무를 맡게 되었다. '나의 주님께 무엇을 바쳐야 할까' 하는 것이 리즈(Leeds)로 갈 때 내가 되뇌던 말이었다. 나는 그리스도의 빈민(Christ's poor)들에게 너덧

바리의 밀을 주기로 결정했다. 오늘 나의 모든 생각 속에서 하나님을 나보다 앞세우지 못한 것이 참으로 유감스럽다. 바쁘게 돌아가는 업무 속에서 그렇게 하기란 힘든 노릇이다. …

그리고 그 다음주,

오늘 아침 나는 … 한결같이 구원의 길에 대해서는 무지해 보이는 한 무리의 장교들과 함께 식사를 했다. 꽤 기쁜 마음으로 이사야서 45장을 읽었다. … 오버다이어(Obadiah) 형제에게 일러 그리스도의 빈민들에게 밀 한 바리를 나누어주도록 하였다.[1]

이 프리스틀리 집사만 해도 비록 약간의 죄의식에 시달리고 있기는 했지만 그래도 어쨌든 여전히 깔뱅주의자였다. (오버다이어 형제 또한 분명히 깔뱅주의자였다.) 그러나 마찬가지로 죠우지프 프리스틀리라는 이름을 가진 그의 친척동생 한 사람이 이 당시 대번트리(Daventry) 신학교에서 공부하고 있었는데 여기서 그는 합리적 계몽사상의 정신에 감염되어 유니테리언파(Unitarian, 그리스도의 삼위일체설과 신성의 교리를 거부하고 보편 인격을 지지하는 파. 영국에서는 1813년까지 형사처벌을 받았다—옮긴이) 신자이자 과학자, 정치적 개혁가가 됨으로써 그의 친척들 및 교회에 깊은 실망을 안겨주었다. 1791년에 버밍엄(Birmingham)에서 '교회와 국왕'파 폭도들에 의해 소장도서들과 실험실이 파괴당하는 일을 겪은 사람이 바로 이 프리스틀리였다.

이상은 반국교도 전통의 일부에 대한 아주 간단한 약술이다. 양심의 자유는 허용받았지만 '심사법 및 단체법'(Test and Corporations Acts) 때문에 공적 생활에서는 여전히 권리를 가지지 못하고 있던 반국교도들은 18세기 내내 여러 시민적·종교적 자유를 획득하기 위한 노력을 계속하였다. 18세기 중엽에 이르면 교육받은 젊은 세대 목사들 다수가 자기네의 관대한 합리적 신학을 자부하고 있었다. 박해받은 분파 특유의 깔뱅주의적 독선은

---

1) Frank Peel, *Nonconformity in Spen Valley* (Heckmondwike, 1891), 136면.

버리고 그들은 아리우스파(Arian, 예수의 본질은 신과 인간의 중간적 존재라고 하여 그리스도의 신성을 부정함으로써 니께아 공의회에서 이단자로 규정되고 추방당한 4세기 초기의 신학자 아리우스Arius의 교의를 따르는 일파―옮긴이) 및 쏘치누스파(Socinian, 삼위일체·그리스도의 신성·인간의 원죄 등을 부정한 16세기 이딸리아의 신학자 쏘치니Lelio and Fausto Sozzini의 교의를 따르는 일파―옮긴이) '이단'을 거쳐 유니테리언주의로 기울어졌다. 유니테리언주의에서 이신론(理神論)까지는 불과 한 발자국 사이였다. 비록 1790년대까지 실제 이 발걸음을 옮겨놓은 사람은 얼마 되지 않았지만, 그리고 18세기 후반에 회의론을 공공연히 언명하려는 생각을 품거나 또 실제로 이같은 공언을 감행한 사람은 더더욱 적었지만 말이다――1763년에 70세의 교사 피터 애닛(Peter Annet)은 볼떼르(Voltaire, 1694~1778)의 저술을 번역하고 '자유사상적' 소책자들을 대중적 형태로 발간했다는 이유로 투옥되고 목에 칼을 쓰는 형벌을 당했으며, 그 얼마 후에는 '로빈 후드 토론협회'(Robin Hood Debating Society)가 폐쇄당했다. 자유주의적 원칙들이 주창된 것은 쏘치누스파 혹은 유니테리언파의 입장에 입각해서였다. 그중에서 유명한 인물은 아메리카독립전쟁 기간중 출간한 책『시민적 자유에 대한 고찰』(Observations on Civil Liberty, 1776)이 몇달 만에 60,000부가 팔리는 괄목할 성과를 이룩했고 계속 생존하여 프랑스혁명을 환영하는 연설을 함으로써 버크를 격노케 한 바 있는 프라이스(Richard Price) 박사, 프리스틀리 및 좀 덜 두드러진 여남은 명의 인물들이었는데, 이들 가운데 몇몇――보울턴(Bolton)의 토머스 쿠퍼(Thomas Cooper)와 케임브리지(Cambridge)의 윌리엄 프렌드(William Frend) 등――은 1790년대의 개혁을 위한 선동활동에 적극적으로 참여하였다.[2]

여기까지는 이야기가 분명한 것처럼 보인다. 그러나 이는 진상을 제대로 알려주지 못한다. 이같은 자유주의적 견해들은 반국교파 성직자들, 교사들 및 교육받은 도시민들 사이에 널리 퍼져 있었다. 그러나 많은 목사들의 경

---

2) Anthony Lincoln, *Social and Political Ideas of English Dissent, 1763~1830* (Cambridge, 1938); R. V. Holt, *The Unitarian Contribution to Social Progress in England* (1938)를 보라. 좀더 간략한 개관으로는 Caroline Robbins, *The Eighteenth-Century Commonwealthsman* (Harvard 1959), 7장; H. W. Carless Davis, *The Age of Grey and Peel* (Oxford, 1929), 49~58면을 보라.

우, 그들의 회중은 그대로 뒤에 남겨져 있었다. 유니테리언주의로 기울어지는 충동이 가장 강하게 감지되었던 것은 장로교회(Presbyterian Church) 내에서였는데 공교롭게도 이 교회야말로 다른 반국교도 집단에 비해 세력이 아주 현저하게 약화되고 있었다. 18세기 중엽에 장로교파와 독립교회파(Independents, 분리파라고도 하며 16, 7세기에 영국국교회로부터 떨어져나와 독립된 교회를 형성하고자 한 잉글랜드 기독교도들을 말한다. 크롬웰 자신도 독립교회파에 속해 있었다—옮긴이)가 (한데 합쳐서) 가장 득세한 곳은 서남부(데븐셔 Devonshire, 도싯 Dorset, 글로스터셔 Gloucestershire, 햄프셔 Hampshire, 써머셋 Somerset, 윌트셔 Wiltshire), 북부 공업지대(특히 랭커셔 Lancashire, 노섬벌런드 Northumberland 및 요크셔), 런던, 이스트 앵글리어(East Anglia, 특히 에식스 Essex와 써퍼크 Suffolk) 등지였다. 침례교파는 이들 거점 가운데 몇군데에서 세력을 다투고 있었으며 베드퍼드셔(Bedfordshire), 버킹엄셔, 켄트(Kent), 레스터셔(Leicestershire), 노샘프턴셔(Northamptonshire) 등에서도 든든한 기반을 확보하고 있었다. 따라서 장로교파와 독립교회파는 상업중심지 및 양모제조업 중심지에서 가장 세력이 컸던 것으로 볼 수 있으며, 반면 침례교파는 소(小)직종인(petty tradesman), 소(小)농장주(small farmer) 및 농업노동자 들이 그 회중의 일부를 이룰 수밖에 없는 지역들에서 지반을 확보하고 있었다.[3] 그리스도의 신성을 부인하는 입장 및 유니테리언주의 쪽으로 기울어지는 경향을 가지고 있던 관대하고 '합리적'인 종교가 가장 급속하게 뻗어가면서 동시에 회중들의 지지를 잃어버리게 된 것은 최대의 구(舊)양모업 중심지, 즉 웨스트 컨트리(West Country) 지방에서였다. 데븐셔에서는 18세기 말에 이르기까지 스무 군데도 넘는 장로교파 집회소가 폐쇄되었으며, 1809년에는 반국교도의 역사를 쓴 두 역사가가 다음과 같이 선언하였다.

---

3) D. Bogue and J. Bennett, *History of Dissenters*, III (1809), 333면에서는 다음과 같은 평가가 내려지고 있다. 1760년에 유파를 막론하고 모든 반국교파의 '주요 세력'은 직종인들 및 몇몇 주의 경우 농장주들 사이에서 찾을 수 있으나 "그들 회중의 대다수를 구성하고 있었던 것은 도시에서는 모든 부류의 숙련직인들이었고 농촌 촌락에서는 농업노동자들이었다".

아리우스파의 요람인 데븐셔는 아리우스파 반국교도의 무덤이 되어왔다. 그리하여 이 인구 많은 주(州, county)에는 초창기에 존재하던 장로교도의 20분의 1도 채 남아 있지 않다.[4]

그러나 다른 곳에서는 이야기가 달랐다. 교회조직의 문제에서 반국교 교파들은 흔히 현지 교회의 자율권이라는 원칙을 무정부상태에 가까운 지경으로까지 몰고 가곤 하였다. 그 어떤 중앙집권화된 권력도——심지어는 교회들 상호간의 협의나 연합까지도——'반(反)그리스도적인 중대한 배교행위를 초래하는 것'으로 간주되었다.

이같은 배교행위는 인류의 시민적·종교적 자유, 특히 용감한 구(舊)청교도들 및 비국교도(非國敎徒, Non-conformist. 용어해설 참조—옮긴이)들의 자유에 대해 너무나 치명적이어서 종교회의니 총회니 종교평의회니 종교법규집이니 하는 말들만 들어도 건전한 개신교파 반국교도는 귀가 멍멍해질 정도이다.[5]

랭커셔나 요크셔의 일부 지역들처럼 깔뱅주의자들의 전통이 강한 곳에서는 회중들이 교회가 유니테리언파로 기울어지는 경향에 맞서 싸웠으며, 완강한 집사 및 재산관리인 그리고 '오버다이어 형제' 같은 신도들은 자기네 목사들의 이단적 교리를 조사한다든가 그들을 면직시켜버린다든가 아니면 자기네가 그들로부터 분리해나가서 더욱 의로운 교파들을 형성한다든가 하면서 이들 목사를 못살게 들볶았다. (토머스 하디가 얻은 몇가지 최초의 조직경험은 러슬Russell가 근처 크라운 코트Crown Court에서 벌어진 장로교파 회중의 분파투쟁에서 겪은 것이었다.) 그러나 프라이스 박사로부터는 정신적 깨우침을 얻고, 프리스틀리 집사로부터는 밀바리를 원조받고 있던 저 '그리스도의 빈민들'의 경우는 어떠한가? 스펜 밸리는 인구가 밀집해 있고 확장세를 타고 있던 제조업지역의 중심지에 자리하고 있었기에,

---

4) 같은 책, IV, 319면.
5) J. Ivimey, *History of the English Baptists*, IV (1830), 40면.

이곳에서라면 반국교 교회들이 박해의 시기를 견뎌온 보람을 마침내 거두게 되었으리라 기대할 수도 있겠다. 그러나 '그리스도의 빈민들'은 기성교회의 영향도, 구(舊)반국교파의 영향도 거의 받지 않은 것으로 보인다. 존 웨즐리(John Wesley, 1703~91. 영국 감리교파의 창시자—옮긴이)는 1757년에 말을 타고 허더스필드(Huddersfield) 근처를 지나갔을 때 그의 『일지』(Journal)에 이렇게 적고 있다. "나는 잉글랜드 내에서 이보다 더 거친 사람들을 결코 본 적이 없다. 우리가 말을 타고 지나가는 동안 남자, 여자, 어린아이 들이 거리를 메우고 있었는데, 그들은 금방이라도 우리를 잡아먹을 듯이 보였다."

'솔직담백함'을 좋아하고 '열광'을 불신하는 특징을 가지고 있던 유니테리언파의 합리적 기독교는 런던의 일부 직종인과 상점주들 그리고 대도시의 이 비슷한 집단들 사이에서 호감을 얻고 있었다. 그러나 도시나 농촌의 빈민들에게 이야기가 먹히기에는 이 교리는 지나치게 차갑고 지나치게 멀고 지나치게 세련되었으며 유복한 계급의 안락한 가치들과 지나치게 밀접히 결부되어 있었다. 이 교파의 어법 및 어조 자체가 장벽이 되고 있었다. "요크셔 지방을 위한 설교로는 양심에 뇌성벽력을 내리치는 저 옛날식 설교말고는 적당한 게 없습니다. 세련된 설교는 이곳에서는 득이 된다기보다 오히려 해를 끼칩니다"라고 존 넬슨(John Nelson)은 웨즐리에게 이야기한 바 있다. 그렇지만 구(舊)깔뱅주의 또한 그것대로 일체의 복음전도적 열성을 가로막는 장벽을 세운 바 있다. 박해받고 있던 이 교파는 당연지사처럼 자체의 배타성을 곧 미덕으로 내세우게 되었거니와, 이것이 다시금 깔뱅주의 교리 가운데 가장 강경한 신조를 강화시키게 되었던 것이다. 싸보이 신앙고백(Savoy Confession, 1658년에 조합교회 교파들이 공동으로 발표한 신앙고백—옮긴이)의 한 조항은 다음과 같이 되어 있다. "선택은 타락한 속중(俗衆)이나 인간대중의 눈으로는 예견할 수 없다." '그리스도의 빈민'과 '타락한 속중'은 물론 같은 사람들을 가리키는 말이었다. 다른 각도에서 보자면 빈민들의 '난폭성'은 그들이 은총의 테두리 바깥에서 살고 있다는 징조인 셈이었다. 곧, 선택받은 깔뱅주의자들은 일종의 편협한 친족동아리로 되어가는 경향을 보이고 있었다.

이같은 과정이 이어지는 데는 또다른 이유들이 있었다. 일부 사람들은 공화국시절 수평파의 패배에까지 소급해서 이 이유를 찾곤 한다. 성자들이 다스리는 세상이 오리라는 천년왕국적 희망이 박살나버리자 빈민들의 청교주의(Puritanism) 내에서도 현세적 열망과 영적 열망 사이에는 엄격한 구분이 그어지게 되었다. 왕정복고가 이루어지기 전인 1654년에 이미 총회파 침례교도(General Baptist) 총단은 (그들 중의 제5왕국설 신봉자들을 겨냥하여) 자기들이 보기에는 최후의 심판에 이르기 전까지는 "성자들 자신이 세상의 지배권과 통치권을 그들 수중에 두어야 한다고 기대할 하등의 이유"가 없다고 천명하는 선언문을 발표한 바 있다. 그 시기가 올 때까지는 "어느 곳에선가 세속 정부의 지배권을 얻기보다는 … 참을성있게 세상의 고통을 당하는 것이" 성자들의 몫이었다.[6] 공화국 말기에 도덕률폐기론파(Antinomians, 구약성경의 율법을 폐기하고 오로지 내적 믿음만을 중시할 것을 주창한 신앙운동의 일파―옮긴이)의 저항적 전통은 '그 모든 요구들을 철회해버렸다'. 열렬한 종파 신도들, 그들은 한때 극성스러운 아니 좀더 정확히 말하자면 무자비한 사회적 정원사였지만 이제는 태평스럽게 이와같이 말하고 있었다. "가라지를 (만일 그게 가라지라 하더라도) 밀과 더불어 그냥 자라게 두라"고.[7] 디거즈(Diggers, 청교도혁명기였던 1649~50년에 윈스턴리의 지도 아래 활동하였던 일군의 농업공산주의자들. 버려진 공유지를 점거하여 경작한 데서 이 '땅 가는 사람들'이라는 명칭을 얻었다. 급진주의적·평등주의적·민주주의적 사상을 실천에 옮기고자 했으나 1650년 3월 말 탄압을 받고 해산하였다―옮긴이)였던 제라드 윈스턴리(Gerrard Winstanley)의 다음과 같은 말은 '밖의 왕국'으로부터 '내면의 왕국'으로 선회해가는 감정의 움직임을 파악할 수 있게 해준다.

살아 있는 영혼, 창조적인 정신은 하나가 아니라 나누어져 있다. 그 하나는 자기 밖의 왕국을 구하고 있고 다른 하나는 그로 하여금 자기 안의 왕국을 구하고 기다리도록 끌어당기고 있나니, 이 자기 안의 왕국은 좀벌레나 녹도 갉아먹을 수 없고 도적들도 부수어버리거나 훔쳐갈 수 없다.

---

6) A. C. Underwood, *History of the English Baptists* (1947), 84~85면.
7) G. Huehns, *Antinomianism in English History* (1951), 146면.

이는 멸망치 않고 오래 지속될 왕국이나, 바깥의 왕국은 그대가 빼앗길 수밖에 없다.[8]

이같은 물러섬 ——그리고 물러섬에도 불구하고 여전히 보존되고 있는 것 ——에 대한 이해는 18세기를 이해하는 데, 그리고 그후의 노동계급 정치활동에서 지속되고 있는 요소를 이해하는 데 결정적으로 중요하다. 어떤 의미에서 이 변화는 우리가 청교주의의 적극적 활력과 반국교도의 자기보존적 후퇴라는 두 개의 낱말을 들을 때 머리 속에 떠올리게 되는 상이한 연상들에서 찾아볼 수 있다. 그러나 우리는 또한, 스스로의 '지배와 통치'를 획득할 희망을 단념하면서 '참을성있게 세상의 고통을 당하기로' 하겠다는 교파들의 결의가 그들로 하여금 정치적 은둔주의와 일종의 잠재적 급진주의 ——설교와 소책자들 중의 비유적 표현들 및 민주적 조직형태 등에 보존되어 있는——를, 그러니까 한층 희망적인 상황하에서는 다시 한번 불길로 타오를 수도 있는 그러한 급진주의를 결합시킬 수 있게 해주었음도 간파해야만 한다. 이같은 현상은 퀘이커교도나 침례교도들 사이에서 가장 두드러지게 찾아볼 수 있으리라고 기대함직도 하다. 그러나 1790년대 무렵에는 퀘이커파는 영국 전체를 통틀어 채 20,000명도 되지 않았으며, 한때 릴번(Lilbourne)이니 폭스(Charles James Fox, 1749~1806. 내각 및 의회에서 활동한 영국의 귀족 출신 정치가. 대내외 정치에서 일체의 억압에 반대하여 자유를 수호하려 한 경향으로 유명하며 아메리카독립전쟁, 프랑스혁명을 지지한 데에서도 알 수 있듯이 국왕정부의 정책에 대립되는 입장을 견지함으로써 국왕정부와 잦은 마찰을 빚었다——옮긴이)니 펜(Penn) 같은 사람들을 배출했던 교파라고는 거의 생각하기 힘들 정도의 형편이 되어 있었다. 그들은 지나치게 유복해져버렸고, 계속되는 미국으로의 이민대열 속에서 자기네의 가장 정력적인 정신의 소유자들 일부를 잃어버렸다. 국가와 권위에 대한 그들의 적의는 형식적인 상징 ——국왕에 대한 충성선서를 거부한다거나 삭발을 거부하는 등——의 수준으로 격하되었으며, 계속 이어지고 있는 전통도 민중운동보다는 기껏해야 중간계

---

8) *Fire in the Bush, Selections... from Gerrard Winstanley*, ed. L. Hamilton (1944), 30~31면.

급(middle class)의 사회의식에 기여하는 바가 더 많았다. 18세기 중엽에는 그래도 젊은 시절의 토머스 페인이 (그 자신의 공언에 따르면) '아주 훌륭한 도덕교육을 받았던' 세트퍼드(Thetford)의 케이지 레인(Cage Lane)에 있는 집회소——이 집회소는 목에 쓰는 칼이며 참수형집행대 등을 갖춘 감옥과 맞붙어 있었다——에서 모이던 회중과 같은 하층민 출신 회중들이 아직 존재하고 있었다. 그러나 1791년에 페인이 인류에의 봉사에 대한 바로 그들 자신의 몇가지 견해들을 『인간의 권리』의 비타협적 어조 속에 표현했을 때 이에 응하여 선뜻 앞장서 나아온 퀘이커교도는 거의 없었던 것으로 보인다. 1792년에 『계간 요크셔 교우회보』(*Yorkshire Quarterly Meeting of Friends*)는 그 회원들에게 "현재 우리나라에 만연해 있는 불안정상태" 속에서 "마음의 진정한 평정"을 찾을 것을 촉구하고 있었다. 그들은 한데 뭉쳐 정치적 결사를 형성해서도 안되며, "우리가 그들 아래서 살면서 수많은 특권과 혜택을 누리고 있는만큼 감사한 마음으로 복종해야 하는 국왕과 정부에 대한 불만의 정신"을 조장해서도 안될 터였다.[9]

그들의 선조들은 복종을 용납하지 않았으며 감사한 마음으로라는 단어를 허용하지도 않았을 것이다. '밖의' 왕국과 '내면의' 왕국 사이의 긴장은 공존이 불가피한 대목들을 제외하고는 지배권력에 대한 거부를 의미하는 것이었다. 그리고 한때는 무엇이 양심에 '적법한' 것이며 무엇이 그렇지 않은가 하는 문제에 대해 깊은 논의가 많이 이루어졌다. 침례교도들은 아마도 가장 일관된 자세를 보여주었다고 할 수 있을 것이다. 또한 그들은 신학적으로는 가장 깔뱅주의적이었으며, 신도 또한 가장 평민적인 성분으로 이루어져 있었다. 그리고 18세기를 통해 내내 보존되어 19세기에 몇번이고 되풀이하여 터져나오곤 했던 잠재된 급진주의를 발견하게 되는 것은 무엇보다도 번연(John Bunyan, 1628~88)의 책에서이다. 『천로역정』(*Pilgrim's Progress*)은 『인간의 권리』와 더불어 잉글랜드 노동계급 운동의 양대 기본 문헌 가운데 하나이다. 번연과 페인은 코벳(William Cobbett, 1763~1835) 및 오웬(Robert Owen, 1771~1858)과 더불어, 1790년에서 1850년까지의 노동계급 운동의

---

9) Rufus M. Jones, *The Later Periods of Quakerism*, I (1921), 315면.

기본 바탕을 이룬 이념 및 입장의 형성에 가장 크게 기여하였다. 수천 수만의 젊은이들에게 『천로역정』은 그들이 맨 처음으로 택하는 모험담이었으며, 그들은 이 책이야말로 자신들의 '책 중의 책'이라고 한 차티스트(Chartist) 토머스 쿠퍼(Thomas Cooper, 레스터 차티스트 운동의 지도자―옮긴이)의 말에 동의했을 것이다.[10]

"나는 불후의 순결한 유산, 정해진 시간이 오면 열심으로 그것을 찾아온 사람들에게 주어질 수 있도록 … 하늘 위에 안전히 보존되어 있는 … 사라지지 않을 유산을 구한다. 그대 그것을 원한다면 나의 책에서 그것을 읽으라." 여기에는 "좀벌레와 녹도 갉아먹을 수 없는" 윈스턴리의 왕국이 있으며 "이 세상의 고통을 참을성있게 당해야만" 하는 성자들의 내세적 천년왕국이 있다. 여기에서는 퍼트니 논쟁에서 패배한 사람들, 1688년의 협정에서 아무런 몫도 얻지 못한 사람들의 "애처로운 절규"―"어떻게 하오리까"―가 울리고 있으며, 또한 여기에는 저 늙은이 **교황**의 모습 곧 크리스천이 느끼기에 바로 그의 선조들에 의해 기가 꺾여버린데다 이젠 "관절마다 너무나 병약해지고 뻣뻣해져서" 자기 동굴의 입구에 나앉아 순례자들에게 "너희는 너희 중 더 많은 자가 불로 태워질 때까지 결코 개심치 않으리라"라고 말하는 것 이외에는, 그리고 순례자들이 지나갈 때 그들을 공격할 수 없기 때문에 그저 상을 찡그리며 자기 손톱을 물어뜯는 것밖에는 거의 할 일이 없는 교황의 모습이 보인다. 또 여기에는 가난한 사람의 반국교주의―침례교파 설교사들 중에 포함돼 있던 '양복제공들, 가죽장수들, 비누제조공들, 양조업자들, 직조공들 그리고 땜장이들의' 반국교주의[11]―의 내면적 정신세계의 풍경, 바깥세상에서의 이러한 정열의 좌절로 인해 더욱더 이글이글 불타는 듯이 보이고 격렬한 활력과 갈등으로 뒤덮인 듯이 보이는 풍경 곧 바알세불(Beelzeboul, 신약성서에 나오는 악귀의 우두머리. 사탄이라는 뜻―옮긴이)의 성, 거대한 피투성이 인간들, 커다란 나무망치와 선(善)함의 살해자, 곤경의 언덕, 의심의 성, 허영의 시장, 마술 걸린 땅 즉

10) Q. D. Leavis, *Fiction and the Reading Public* (1932), 2장.
11) Rufus M. Jones, *Studies in Mystical Religion* (1923), 418면; J. Lindsay, *John Bunyan* (1937)도 보라.

"유혹과 함정과 올가미와 덫으로 가득한 길"이 그려져 있으며, 더 나아가 크리스천의 적(敵)인 귀족들——"색욕의 쾌락 경(Lord Carnal Delight), 사치호화경(Lord Luxurious), 헛된 명예욕 경(Lord Desire of Vain Glory), 노(老)호색경(old Lord Lechery), 탐욕경(Sir Having Greedy) 및 그 나머지 모든 우리 사회 귀족들"——이 등장한다. 그리고 여기에는 번연의 독자들이 가게 될 굴욕의 골짜기(Valley of Humiliation), "순례자의 삶을 사랑하는 사람들 외에는 그 누구도 걷지 않는 계곡"이 그려져 있다. 다음과 같이 말하는 것은 **자비**(MERCY)이다.

> 나는 마차의 덜커덩 소리, 바퀴의 삐거덕 소리가 들리지 않는 그러한 곳에 있기를 좋아합니다. 내 생각으로는 이곳에서는 큰 방해를 받지 않으면서 자신이 누구인가, 자신이 어디서부터 왔으며 무엇을 했던가를 생각할 수 있습니다. … 이곳에서는 눈이 '헤슈본의 양어장'처럼 될 때까지 생각할 수 있고 마음을 활짝 열 수 있으며 자신의 정신 속에 녹아들 수 있지요.

이에 대해 박해받고 실패한 자의 정신적 자부심을 가지고 다음과 같이 말하는 것은 **위대한 마음**(GREAT-HEART)이다. "옳은 말씀입니다. … 나는 이 골짜기를 수없이 오르내렸지만 이곳에 있을 때보다 더 좋은 기분을 느낀 적은 한번도 없습니다."

그러나 정신의 세상——의로움과 정신적 자유의 세상——은 끊임없이 다른 세상으로부터의 위협 아래 놓여 있다. 첫째, 이 세상은 국가권력으로부터 위협을 받고 있다. **아폴리언**(APOLLYON, 마왕을 가리킴—옮긴이)의 모습을 처음 대하게 되면 우리는 마치 환상의 세계에 온 듯한 느낌을 받게 된다.

> 그는 물고기처럼 비늘로 몸을 감싸고 있으며(그런데 바로 이것이 그의 자랑거리이다) 용과 같은 날개, 뱀과 같은 발을 가지고 있고 그의 배에서는 불과 연기가 뿜어져나왔다. …

그러나 이 괴물이 ('경멸에 찬 표정으로') **크리스천** 쪽으로 몸을 돌리자 이 괴물은 영락없이, 주장과 위협을 번갈아 해대며 번연으로부터 야외설교를 그만두겠다는 약속을 받아내고자 애쓰는 저 당황한 시골의 치안관 (magistrate, 지방의 하급 사법권과 행정권을 지닌 관리. 용어해설 참조—옮긴이)과 흡사해 보이게 된다. **아폴리언**은 입을 열어 ──그 입은 '사자의 입'과 같았다 ──아주 숨죽인 소리로 으르렁거린다. "지금이라도 너희가 방향을 돌려 돌아가고자 하기만 한다면 나는 너희 모두의 곁을 그냥 지나쳐갈 용의가 있다." 설득이 실패하자 그때에야 비로소 그는 두 발을 벌려 "그 넓은 길을 온통" 가로막고 외친다. "지옥의 내 동굴에 두고 맹세하나니 너희는 더이상 나아갈 수 없다." 그런데다 **아폴리언**은 그의 교활함 덕분에 **크리스천**의 일행 및 동료 순례자들 사이에서 동맹자들을 발견할 수 있게 된다. 이 동맹자들──그들은 수가 가장 많으며 가장 믿지 못할 자들이다──이야말로 **크리스천**의 불후의 유산을 위협하는 두번째 원천이다. 번연은 **아폴리언**과 반국교도 간의 유착의 길을 준비하는 모든 매끄러운 위안과 타협의 주장들을 하나씩 차례로 눈앞에 제시하고 있다. 여기에는 '달변의 꿍꿍이속 씨'(Mr. By-ends of Fair-Speech), 세상장악씨(Mr. Hold-the-world), 금전사랑씨(Mr. Money-love) 및 자린고비씨(Mr. Save-all), 그리고 '북부 탐욕주(county of Coveting)의 상업도시인 소득사랑(Love-gain)시의 교사'의 모든 제자들 등이 등장하고 있다. '지나치게 의로운' 사람들을 힐난하는 것은 꿍꿍이속씨이다.

꿍꿍이속씨 왜냐, 그들은 … 어떤 날씨에도 무조건 여행으로 몰리지만 나는 바람과 알맞은 조류를 기다리는 데 찬성한다 이 말씀입니다. 그들은 단 한번에 하나님을 위해 모든 위험을 무릅쓰고자 하지만 나는 나의 생명과 소유지를 안전히 보장받기 위해 모든 이점을 활용하고자 합니다. 그들은 다른 모든 사람들이 그들을 반대하더라도 자기네 사고방식에 매달리고자 합니다만 나는 시대와 나의 안전이 허용하는 범위 내에서, 그 한도 안에서만 종교를 옹호합니다. 그들은 종교가 남루한 옷을 걸치고 경멸받을 때에 종교를 옹호합니다만 나는 종교가 황금의 슬리퍼를 신고

갈채를 받으며 햇빛 속을 거닐 때 종교를 옹호하는 것이지요.

세상장악씨 옳다마다요. 하지만 거기 좀 잠잠히 계셔주십쇼, 친애하는 꿍꿍이속씨. … 우리 뱀처럼 슬기로워집시다. 때를 놓치지 않는 게 상책이니까요. …

자린고비씨 내 생각으로는 우리 모두가 이 문제에선 의견이 일치하는 것 같군요. 따라서 이에 대해선 더이상 왈가왈부할 필요도 없겠어요.

금전사랑씨 없지요. 이 문제에 대해선 정말이지 더이상의 말이 필요없습니다. 왜인고 하니 성경도 믿지 않고 이성도 믿지 않는 자는 (그런데 잘 아시겠지만 우리는 이 두 가지 모두를 우리 편에 가지고 있습니다) 그 자신의 자유도 알지 못하며 자신의 안전을 구하지도 않기 때문이니 말씀입니다.

이것은 18세기 반국교파의 발전과정에서 나타날 그 많은 현상들을 예견케 하는 절묘한 대목이다. 번연은 어떤 의미에서는 꿍꿍이속씨의 친구들이 정말로 성경과 이성 모두를 자기네 편에 두고 있음을 알고 있었다. 번연은 이들이 내세운 변론 속에 안전, 안락함, 개명, 자유 등의 주장을 집어넣어 짜맞추었다. 그들이 잃어버린 것은 자신들의 도덕적 고결함과 동정심이었다. 투쟁의 유산이 잊혀지는 한 불후의 정신적 유산은 보존될 수 없었던 것으로 보인다.

『천로역정』이 이야기하는 것은 이것만이 아니다. 베버(Max Weber)가 지적했던 대로 이 책의 "기본적 분위기"는 "내세가 현세에서의 삶의 모든 관심사들보다 더 중요할 뿐 아니라 또한 여러모로 이보다 훨씬 더 확실한 것으로 여겨지는" 그런 분위기이다.[12] 그리고 이는 내세에 대한 믿음이 빈민들에게 위안이 되어줄 뿐 아니라 또한 현재의 고통과 슬픔에 대한 어느정도의 정서적 보상도 되어준다는 것을 우리에게 상기시켜준다. 미천한 사람이 자신이 받을 '보상'을 상상하는 것이 가능했을 뿐 아니라 압제자들이 장차 당할 고통을 상상함으로써 일종의 복수를 즐기는 것 또한 가능했다.

---

12) M. Weber, *The Protestant Ethic and the Spirit of Capitalism* (1930), 109~10, 227면; A. Kettle, *Introduction to the English Novel* (1951), 44~45면도 보라.

여기에 한가지 덧붙일 것이 있다. 우리는 번연의 비유적 표현들 가운데서 긍정적인 것을 강조하느라 그것과 불가분하게 얽혀 있는 명백히 부정적인 측면들——과장된 감동, 현세에서의 복종적 태도, 개인적 구원에 대한 자기 중심적 추구 등——에 대해 거의 이야기하지 않았다. 그런데 이같은 양면성은 18세기에 하층민들이 따르는 비국교주의의 어법 속에 오랜 기간 계속 이어지고 있었다. 뱀퍼드(Samuel Bamford, 1788~1872. 개혁가 시인, 노동계급을 옹호하는 시들을 썼다—옮긴이)에게 이 이야기는 "일식 상태의 태양으로부터 나오는 빛줄기가 그러한 것처럼 슬픔에 찬 위안을 안겨주는 것"으로 보였다. 상황이 희망적이고 대중적 선동이 일어날 때는 이 전통의 활력적인 기운이 대단히 뚜렷이 드러난다. 크리스천은 현실의 세상에서 아폴리언과 싸운다. 그러나 패배와 대중적 무관심의 시절에는 빈민들의 숙명론을 강화시키면서 은둔주의가 우세하게 된다. 크리스천은 마차의 덜커덩거리는 소리로부터 멀리 떨어져 파괴의 도시에 등을 돌리고 영혼의 도시 시온(Zion)으로의 길을 찾으면서 굴욕의 골짜기에서 고통을 겪는다.

더욱이 번연은 타협으로 유산이 침식당해버릴까 두려워하여, 그렇지 않아도 접근하기 어려울 정도인 청교도적 금욕성만으로는 모자란다는 듯 '곧고 좁은' 오솔길에 대한 그 자신의 상징적인 묘사를 덧붙였는데, 이는 구원받기로 선택된 깔뱅교도의 배타적인 종파주의를 강조해서 보여주고 있다. '그리스도의 빈민들'에게 가장 충실하고자 하던 바로 그 종파들이 1750년 경에는 새로운 개종자들에게 가장 냉담하였으며, 또 기질적으로도 복음전도에 가장 미온적이었다. 반국교주의는 두 가지 대립되는 경향 사이에서 긴장관계에 놓여 있었는데 이 양자는 다 어떠한 민중적 호소력과도 거리가 멀었다. 그 하나는 합리적 인도주의와 세련된 설교를 중시하는 경향으로서 빈민들이 접근하기에는 지나치게 지적이고 품위가 있었다. 또다른 편에 있는 것은 엄격한 선민들로서 그들은 교회 외부의 사람들과는 통혼을 해서도 안되었으며, 모든 교리위반자와 이단을 내쫓으면서 지옥에 떨어지기로 예정된 '타락한 무리'로부터 멀리 떨어져 서 있었다. "전자의 깔뱅주의는 해체되고 있었고, 후자의 깔뱅주의는 돌처럼 경직되어가고 있었다"고 알레비(Elie Halévy)는 지적한 바 있다.[13]

심지어 변연으로 대표되는 침례교도들조차 이런 식으로 깊이 분열되어 있었다. 즉 아르미니우스(Arminius)주의(깔뱅의 결정론에 대해서 인간의 자유의지의 의미를 인정하는 네덜란드의 신학자 아르미니우스(1560~1609)의 교리―옮긴이)를 신봉하는 총회파 침례교도들은 극성스러운 깔뱅주의자들인 분리파 침례교도(Particular Baptist, 노샘프턴셔, 베드퍼드셔, 링컨셔Lincolnshire 등을 기점으로 하고 있던)들에게 기반을 잃어가고 있었지만, 그런 한편으로는 분리파 침례교도들의 깔뱅주의 바로 그 자체가 이 종파의 광범한 전파를 가로막고 있었다.[14] 1770년에 가서야 비로소 분리파 침례교도들은 그들 자신의 교조의 올가미를 찢기 시작하여 복음주의와 구원선택의 이념을 양립 가능한 것으로 만들어주는 규정이 들어 있는 회람용 서신을 (노샘프턴셔로부터) 발표하였다. "구원을 받고자 그리스도께로 오는 모든 영혼은 … 격려를 받아야 할 것이다. … 그리스도께로 오는 영혼은 자신이 선택받지 못하지나 않았나 하는 두려움을 가질 필요가 없다. 왜냐하면 선택받은 사람 외에는 누구도 기꺼이 오고자 하지 않는 법이므로." 그러나 부흥은 느리게 이루어졌다. 게다가 침례교도들을 다시금 빈민들에게로 향하게 한 것은 내적인 추동력이었다기보다 오히려 감리교도(Methodist)들과의 경쟁이었다. 나이 다섯살 때부터 갱내에서 일해온 요크셔의 채탄부로서 감리교로 개종해 있던 댄 테일러(Dan Taylor)는 1760년대에 복음주의적 성향의 침례교 종파를 찾아 두루 살폈으나 적합한 종파를 발견해낼 수 없었다. 그는 헵든 브리지(Hebden Bridge) 위쪽에 있는 황무지로부터 돌을 캐내 직접 등에 지고 날라서 자기 자신의 집회소를 세웠다.[15] 그런 다음 그는 직조업 도시인 헤프턴스톨(Heptonstall, 이곳은 내란기간 동안 청교도들의 거점이었다)로부터 링컨셔와 노샘프턴셔로 걸어내려가면서 반골적인 침례교파 그룹들과 접촉하였으며, 마침내 1770년에는 침례교 신종파(Baptist New

---

13) E. Halévy의 탁월한 요약서, *A History of the English People in 1815*, III (Penguin판), 28~32, 40~48면을 보라.

14) D. Bogue and J. Bennett, 앞의 책, III, 332~33면; J. Ivimey, 앞의 책, III, 160면 이하.

15) 존 웨슬리는 그의 『일지』(1766년 7월 31일자)에 "감리교 배교자들이 처음에는 깔뱅교도가 되었다가 그 다음에는 재세례교도가 되어 헤프턴스톨에서 혼란을 일으켰다"고 기입하고 있다.

Connexion)를 형성하였다. 그 다음 몇해 동안에는 25,000마일을 여행하면서 20,000번의 설교를 행하였으니, 이 테일러야말로 웨즐리 및 화이트필드(Whitefield)와 나란히 기억되어야 할 인물이다. 그러나 그는 분리파 침례교 출신도, 총회파 침례교 출신도 아니었다. 정신적으로는 아마도 번연의 유산을 물려받았겠지만, 문자 그대로 그는 땅에서 솟아났던 것이다.

우리는 프라이스 박사와 댄 테일러 두 사람을 다 기억해야만 한다. 또한 우리는 그들이 **실제로** 양심의 자유를 향유하고 있었으며, 종교재판을 받거나 '바빌론의 진홍빛 창녀'[16]의 지하감옥에 감금당할 위협을 받지 않았다는 사실도 기억해야만 한다. 자치적인 교회를 가지고 있고 분열되어 있던 구반국교도들의 무정부상태, 바로 그 자체야말로 가장 예상치 못했고 가장 비정통적인 사상들이 갑자기 —링컨셔의 촌락에서, 미들랜즈의 시장도시에서, 그리고 요크셔의 탄갱에서— 출현할 수 있다는 것을 의미하였다. 써머셋의 양모업 도시 프룸(Frome)에서는 (웨즐리가 1768년에 그의 『일지』에 기록한 바에 따르면) "재세례파(Anabaptists), 퀘이커교도, 장로교도, 아리우스파, 도덕률폐기론파, 모라비아파(Moravians, 근대 초 보헤미아, 모라비아, 폴란드에서 성행하여 기타 유럽지역, 아메리카 등에 퍼진 종파. 여타 개신교와 두드러지게 구분되는 교리상의 차이는 별로 없되 그리스도를 특히 강조한다는 점이 특징이라 할 수 있다—옮긴이), 기타 모든 견해의 소유자들이 한데 뒤섞여 있었다". 스코틀랜드의 직종인들 및 장인들이 잉글랜드에 또다른 종파들을 도입하였다. 18세기의 마지막 몇십년 동안에는 배타적인 교회규율, "공민생활에서의 차별이 교회에서는 없어지며" 교회의 소속원이라고 하는 것은 곧 어느정도의 재산공동체를 함의한다고 하는 믿음, 그리고 —비판자들의 견해에 따르면— 지나친 정신적 자부심과 "가난하고 무식하며 멸망해가는 다중에

---

16) 이는 에라스뚜스주의(Erastianism, 종교가 국가에 종속해야 한다는 주장—옮긴이)를 가리키는 반국교도들의 용어로서, 가장 우선적으로는 교황제도 및 로마교회를 가리키지만 그외에도 영국국교회라든가 혹은 마치 매춘부처럼 정신적 가치를 국가와 세속권력 측에 팔아넘긴다는 비난을 받는 교회라면 그 어떤 것에 대해서도 종종 붙여지곤 하였다. 코벳은 이와같이 회상한 바 있다. "소년시절에 나는 교황이 개신교도들의 피로 적셔져 새빨갛게 된 무시무시한 옷을 차려입은 굉장한 여인이라고 철석같이 믿었다." *Political Register*, 1821년 1월 13일자.

대한 무시"를 특징으로 하는 글라스파(Glasites) 혹은 일명 쌘디먼파(Sandemanians, 쌘디먼Sandeman은 스코틀랜드의 종교지도자로서 그의 장인 글라스Glas와 함께 새로운 종교집단을 형성했다—옮긴이)가 꽤 세력을 얻었다.[17] 18세기에는 런던, 노팅엄(Nottingham), 리버풀(Liverpool), 화이트해븐(White-haven) 및 뉴카슬(Newcastle)에 쌘디먼파 단체가 결성되어 있었다.

반국교파의 지성사는 충돌과 분열 그리고 변신으로 점철되어 있다. 그리고 이를 살펴볼 때, 정치적 급진주의의 잠재적 씨앗은 그 안에 이미 깃들여 있어 유리하고 희망적인 사회적 상황에 뿌려지기만 하면 언제라도 즉각 싹틀 수 있게 되어 있었다는 느낌을 자주 받게 된다. 쌘디먼파 가정에서 자라난 토머스 스펜스(Thomas Spence, 1750~1814. 인간의 권리는 사회적 영역으로까지 확대되어야 한다고 주장하면서 토지공유, 남녀평등, 연방 형태의 민주정부를 주장했다—옮긴이)는 1775년에 뉴카슬 철학회(Newcastle Philosophical Society)에서 강연을 한 바 있는데, 이 강연 내용은 그의 농업사회주의의 전체 교의를 개괄적으로 담고 있었다. 그러나 그가 본격적으로 일반인들을 상대로 선전활동을 시작한 것은 1790년대에 이르러서였다. 퀘이커적인 배경을 가지고 있던 톰 페인은 루이스(Lewes)에서 물품세 징수원으로 평범한 생활을 하고 있던 동안에는 자신의 극도로 이단적인 정치적 견해의 기미를 거의 비치지 않고 있었다. 이 당시에는 상황은 절망적이었으며 정치란 것은 단지 일종의 '협잡질'로 여겨지고 있었던 것이다. 아메리카에 도착한(1774년 11월) 지 1년도 안되어 그는 『상식』(Common Sense)을 출판하였으며 또한 『인간의 권리』에서 개진될 모든 주장들을 이미 담고 있는 논문들을 『위기』(Crisis)지에 게재하였다. "군주정은 인간의 존엄성을 너무나도 심하게 손상시키므로 나는 이를 혐오한다"라고 그는 쓴 바 있다. "그러나 아주 최근까지 나는 나의 사상으로 다른 사람들을 성가시게 한 적이 한번도 없으며 잉글랜드에서는 내 생애 동안 단 한마디도 출판한 적이 없다." 변한 것은 페인이 아니라 그가 저술하고 있는 상황이었다. 『인간의 권리』의 씨는 잉글랜드적인

---

17) D. Bogue and J. Bennett, 앞의 책, IV, 107~24면. 비록 전반적으로 엄격하다는 특징을 가지고 있기는 했지만 쌘디먼파는 몇몇 사회적 계율에 대해서는 다른 반국교도들만큼 완미(頑迷)하지 않았으며 연극관람도 허용하였다.

것이었다. 그러나 그것이 뿌리를 내릴 수 있었던 것은 오로지 아메리카혁명 및 프랑스혁명이 가져다준 희망 덕분이었다.

만약에 존 웨즐리가 아니라 구반국교도의 어떤 종파가 복음전파의 부흥을 선도해냈더라면 19세기의 반국교주의는 좀더 지적이고 민주적인 형태를 취하게 되었을 것이다. 그러나 깔뱅주의의 금기를 깨뜨리고 "그대들은 영혼의 구원에 힘쓰기만 하면 된다"는 단순한 호소를 가지고 맨 처음으로 '그리스도의 빈민'들에게 손을 뻗은 것은 웨즐리, 곧 정치적으로는 강경 토리파(High Tory)이며 조직문제에서는 성직자중심주의적인 입장을 취하고 있던 바로 그 웨즐리였다.

> 뭇인간 중 버림받은 자들, 그대들을 나는 부른다,
>   창녀들, 술집 주인들 그리고 도둑들!
> 그분은 그대들 모두를 안으려 팔을 뻗으신다,
>   죄인들만이 홀로 그분의 영광을 받으리니.
> 의로운 이들에겐 그분이 필요치 않은 법,
>   그분은 길 잃은 자들을 찾고 구하러 오셨다.
>
> 오라, 오 나의 죄 많은 형제들,
>   죄의 짐 아래 신음하는 형제들이여 오라!
> 그분의 피 흘리시는 심장이 그대들에게 방을 주고,
>   그분의 찔린 옆구리가 그대들을 받아들이리니,
> 그분은 지금 그대들을 부르시고 집으로 초대하신다.
> 오라, 오 나의 죄 많은 형제들이여, 오라.

물론 복음전파의 부흥이 기성 국교회 내부로부터 출발했다는 사실에는 그럴 만한 이유가 있다. 베버와 토니(Richard Henry Tawney, 1880~1962. 영국의 역사가, 노동자 교육에 관계하여 노동당 정책 형성에 공헌했으며 요우먼층의 형성과 분해를 논한 『16세기의 농업문제』『종교와 자본주의의 대두』 등을 저술하였다—옮긴이)가 지적한 대로 '소명'에 대한 청교도들의 강조는 유복하고 근면한 중간계급이나 쁘띠부르주아 집단들의 경험에 특히 잘 먹혀들어갔다. 루터교적인 특징이 좀더 강한 영국국교의 전통은 배타적인 '구원선택'의 교리에는 그리 잘 맞아들어가지 않았지만, 그런 반면 이 교회는 기성교회로서 빈민들의 영혼에 대한 특별한 책임——바로 말하자면, 빈민들에게 복종과 근면의 미덕을 주입시킬 의무——을 지고 있었던 것도 사실이다. 결국 18세기 국교회는 너무나 심한 무기력증과 물질주의에 휩싸여 있었기 때문에 복음전파의 부흥은 마침내 웨즐리 자신의 희망과는 달리 감리교회라는 별도의 교회 성립으로 귀결되기는 했다. 그러나 감리교에는 그 기원으로부터 비롯되는 특징이 깊이 새겨져 있었다. 즉 번연이나 댄 테일러 그리고——그후의——초기 감리교도(Primitive Methodist)로 이어지는 빈민의 반국교주의가 빈민의 종교였던 데 반해, 정통파 웨즐리교는 출발 당시와 마찬가지로 시종 빈민을 위한 종교였던 것이다.

설교사나 복음전도사로서는 화이트필드라든가 다른 초기의 야외설교사들이 웨즐리보다 더 깊은 인상을 남겨주었다. 그러나 타의 추종을 불허할 정도로 능란한 조직자이자 행정가이며 규칙수립자였던 것은 존 웨즐리였다. 그는 민주주의와 규율, 교리와 감정고양(感情高揚, emotionalism)을 꼭 적절한 비율로 결합하는 데 성공하였다. 그가 거둔 성과는 히스테릭한 부흥회식 집회(타이번Tyburn 사형집행장의 세기였던 18세기에 이는 드문 현상이 아니었다)에 있었다기보다는 교역 및 시장 중심지들 그리고 광산업과 직조업 공동체 및 노동자공동체에 자립적인 감리교도 단체들을 조직해낸 데 있었는데, 이들 단체 회원들이 교회 활동에 민주적으로 참여하는 것은 한편으로는 지원을 받으면서도 또한 동시에 엄격한 감독과 규제를 받고 있었다. 웨즐리는 일체의 종파적 교리의 장벽을 일소함으로써 이들 단체에 가입하는 일을 수월하게 하였다. 어떤 사람이 이들 단체에 가입하고자 하는 경우 감리교도들은 "그에게 그 어떤 의견도 강요하지 않는다"고 그는 쓰고 있다.

그들로 하여금 개별적 혹은 일반적 속죄에 대한 믿음을, 절대적 혹은 조건부 계율을 고수하게 하라. 그들이 국교도건 반국교도건, 장로교도건 독립교회파 교도건 그대로 두자. 그런 것은 아무런 장애도 되지 않는다. … 독립교회파 교도나 재세례파 교도는 그 자신의 예배방식을 취한다(취할 수 있다—필자). 퀘이커교도도 마찬가지이다. 누구도 이 문제에 관해 이들과 시비를 벌이지 않을 것이다. … 하나의 조건, 오직 하나의 조건만이 요구될 뿐이다——그것은 자신들의 영혼을 구하고자 하는 진정한 바람이다.[18]

그러나 일단 감리교 단체에 들어오고 나면 개종자는 더 배타적인 깔뱅주의 종파들에 비견될 만한 규율에 복종해야 했다. 웨즐리는 감리교도들이 '특수한 사람들'이 되기를 바라고 있었다. 즉 그들은 단체 외부의 사람들과의 결혼은 삼가야 했고, 그들의 복장 및 말씨와 태도의 정중함에서 남과 구분될 정도가 되어야 했으며, 친척이라 할지라도 아직 '사탄의 왕국'에 있는 사람들과는 교유하지 말아야 한다는 것이었다. 회원들은 경거망동하거나, 신성모독적 언사 내지 불경한 욕설을 하거나, 분반회합에의 출석을 게을리하는 경우 내쫓김을 당했다. 신앙고백을 위한 찬양대 모임, 분반회합 제도, 야경제도, 심방제도 등을 갖추고 있던 감리교 단체들은 싸우디(Robert Southey, 1774~1843. 영국의 시인이자 작가, 1813~43년 계관시인—옮긴이)가 지적한 대로, 말하자면 '정신의 경찰'이 그 어떤 타락의 징조에 대해서도 끊임없는 경계의 눈초리를 보내게 되어 있는 일종의 평신도교단을 이루고 있었던 셈이다.[19] 그 임원이 직종인들 및 근로인민들로 채워져 있는 감리교 단체들의 '풀뿌리' 민주주의(grass roots' democracy)는 교리문제라든가 교회운영 영역에는 전혀 적용되지 않았다. 웨즐리가 반국교주의의 전통과 가장 심한 단절을 보인 것은 그가 지역교회의 자율권에 반대하고 그 자신에 의한, 그리고 자기가 임명한 목사들에 의한 권위주의적 교회운영을 내세운 점에 있었다.

그런데도 감리교가 빈민들 사이에서 급속하게 세력을 확대해간 것은 흔히 반국교주의의 전통이 오래된 지역들——브리스틀(Bristol), 웨스트 라이

---

18) R. Southey, *Life of Wesley and the Rise of Methodism* (1890년판), 545면.
19) 같은 책, 382, 545면.

딩(West Riding), 맨체스터, 뉴카슬──에서였다. 1760년대, 프리스틀리 집사와 오버다이어가 아직도 깔뱅주의적 독립교회파의 한 교회를 지원하고 있던 헤크먼드와이크(Heckmondwike)로부터 2마일 정도 떨어진 곳에서는 브리스틀의 석공 존 넬슨이 개인적 구원의 새로운 복음을 전파하면서 이미 직물노동자들 및 광산노동자들로 이루어진 대규모 회중을 모아들이고 있었다. 채석장에 일하러 나가는 길에 넬슨은 구반국교파 목사의 집을 지나가면서 서적들을 교환하거나 죄, 은총, 예정에 의한 구원 등의 교리를 놓고 논쟁을 벌이곤 하였다. (후일 정통파 감리교 신학이 점점 더 기회주의적이고 반지성주의적이며 구태의연한 것으로 되어감에 따라 이같은 논쟁은 점점 더 드물어지게 되었다.) 넬슨은 런던에 체류하는 동안 무어필즈(Moorfields)에서 존 웨즐리의 설교를 듣고 개종한 사람이다. 그의 『일지』는 프리스틀리 집사의 『일지』와는 크게 다르다.

어느 날 밤 … 나는 요크셔에서 작업복 차림으로 집에 가고 있는 꿈을 꾸었다. 폴 챔피언의 집 앞을 지나갈 때 나는 절박한 고난에 처해 있는 수많은 사람이 지르는 듯한 굉장한 외침소리를 들었다. … 갑자기 그들은 비명을 지르며 한 사람씩 굴러나자빠졌다. 나는 무슨 일인가고 물었다. 그러자 그들은 사탄이 그들 사이에서 날뛰기 시작했다고 말했다. … 그때 나는 마치 밭에 서 있는 곡식들 사이를 헤치고 달리는 짐승처럼 붉은 황소 모양을 하고 사람들 사이를 달리는 사탄을 보았다고 생각했는데, 그러나 사탄은 그들 누구도 찌르지 않은 채 마치 그의 뿔로 나의 심장을 들이받으려는 듯 곧장 나를 향해 달려들었다. 그때 나는 "주여 나를 도우소서"라고 크게 외친 후 곧바로 사탄의 뿔을 움켜잡고서, 1천명이나 되는 사람들이 지켜보는 가운데 나의 오른발을 그 목 위에 올려놓고는 그의 몸을 뒤쪽으로 잡아비틀었다. …

그는 식은땀을 흘리며 기진맥진한 채 이 꿈으로부터 깨어났다. 또 어느 날 밤에는 "내 영혼이 신의 사랑에 대한 느낌으로 너무나 충만하여 나는 그만 그분 앞에서 울고 말았다"고 그는 쓰고 있다.

꿈에 나는 요크셔에 있었는데 고머설(Gomersal) 언덕 꼭대기에서 클렉히튼(Cleckheaton)으로 가고 있던 참이었다. 길 중간쯤에서 키가 크고 시커먼 사람의 형상을 하고 뱀 같은 머리카락을 한 사탄이 나를 향해 오고 있는 것 같았다. ⋯ 그러나 나는 계속 나아가면서 옷을 열어젖혀 맨가슴을 그에게 드러내 보이며 말했다. "보라, 여기에 그리스도의 피가 있다." 그때 나는 그가 산토끼처럼 재빨리 도망쳐 달아났다고 생각했다.

존 넬슨은 대단히 진지한 사람이었다. 그는 군입대를 강요당했으나 복무하기를 거부했으며, 자기 부인과 더불어 선교활동중에 폭도들의 습격을 받아 돌로 얻어맞기까지 하였다. 그러나 그 모든 것에도 불구하고 넬슨의 사탄은 아폴리언이 가진 불과 비늘을 다 감안하고 보더라도 번연의 아폴리언에 비해 좀더 공상적인 세계에 속한다는 느낌을 준다. 그리고 이 공상은 ──개종에 흔히 따르게 마련인 감정적 발작과 더불어[20]── 감리교 부흥운동의 특징 중 하나인 히스테리와 손상되고 좌절된 성적 욕구를 바탕에 깔고 있었다. 번연이 치안관들, 교리위반자들 그리고 타협에 대한 세속적 변명들이 판치는 현실세계에서의 아폴리언의 도전을 폭로했던 것이라면, 이 감리교적 사탄은 육신으로부터 분리되어 심령 그 어느 구석엔가 깃들여 있는 힘으로서, 내적 성찰을 통해 발견되거나 혹은 부흥회운동의 절정을 이루곤 하는 집단 히스테리의 회오리바람 속에서 그리스도의 사랑의 여성적 이미지에 대립되는 음경(陰莖)의 이미지로 튀어나온다.

어떤 측면에서 볼 때 이 사탄은 18세기 빈민들이 겪고 있던 가난과 절망의 표현이라고 볼 수도 있을 것이다. 그러나 또다른 측면에서 볼 때 우리는 사회생활에서 적절한 출구를 봉쇄당하고 청교주의의 현세부정적 교의들 때문에 억눌린 에너지들이 인간정신에 대해 가하는 무시무시한 복수를 보고 있는지도 모른다. 우리는 감리교를 17세기 랜터파(Ranters, 울부짖으며 말

---

20) W.E.H. Lecky, *History of the English People in the 18th Century*, III (1891), 582~88면을 보라. 20세기에 씌어진 글들도 대단히 많지만 감리교에 관한 한, 레키와 싸우디의 설명이 여전히 필수적인 독서자료이다.

하는 사람들이라는 뜻. 예배의 열광적이고도 진지한 성격 때문에 이런 이름이 붙었다—옮긴이)에까지 거슬러올라가는 저 전통의 한 변형으로 볼 수 있는데, 랜터파의 사촌뻘이라 할 수 있을 모라비아파는 웨즐리에게 아주 깊은 영향을 미쳤던 것이다. 그러나 '사랑'의 숭배를 강조하다 보니 '사회적 종교'임을 변함없이 확언하는 측면과 좌절된 사회적·성적 충동의 병적 착란이라는 측면이 팽팽히 맞서는 지경에까지 이르게 되었다. 한편으로 '창녀들, 술집 주인들 그리고 도둑들'에 대한 진정한 연민이 있었다면, 다른 한편으로는 죄 및 죄인의 신앙고백에 대한 병적인 강박관념이 있었다. 한편으로 실제의 잘못에 대한 실제의 자책이 있었다면, 다른 한편으로는 자기 내면에 깃들여 있다고 여겨지는 죄를 한껏 부풀려 멋들어지게 내보이는 태도도 없지 않았다. 한편으로는 몇몇 초기 감리교 단체들의 진정한 동료애가 있었다면, 다른 한편으로는 공적 생활에서 출구를 얻지 못한 채 종교를 표방하는 감정상의 수음으로 방출되는 사회적 에너지가 뒤섞여 있었다. 이 종교는 한편으로는 하층민들에게도 지방의 설교사 및 분반지도자로서 활동할 수 있게끔 영역을 마련해주며 그들에게 읽기를 가르쳐주며 또한 그들에게 자존심을 안겨다주고 연설 및 조직 경험을 쌓게 해준 종교이다. 그러나 또 한편으로는 그것은 지적 탐구와 예술적 가치들에 대해 적대적인 태도를 취함으로써 유감스럽게도 하층민들의 지적 신뢰를 잘못 악용해버린 종교이다. 여기에는 성애(性愛)건, 혹은 교회권력과 마찰을 빚을지도 모르는 그 어떤 사회적 형태의 사랑이건간에 사랑을 실제로 표현하는 것을 두려워하는 그런 식의 '사랑'숭배가 있었다. 이 종교에서 신앙심을 표현하는 진짜 언어는 마조히즘으로 얼룩진 성적(性的) 승화의 언어, 곧 '피 흘리는 사랑', 상처받은 옆구리, 어린 양의 피였다.

쾌락의 모든 덫으로부터
  내 마음의 흐름을 지키도록 나를 가르치소서.
그대, 나의 사랑, 나의 기쁨, 나의 두려움이 되어주소서!
  그대는 나의 영원한 운명이오니.
그대 결코 변함없는 나의 벗이 되어주소서,

그리고 사랑하여주소서, 오, 끝까지 나를 사랑하여주소서.

런던에서는 한 자꼬뱅파 판화공(시인 윌리엄 블레이크를 가리킨다—옮긴이)이
"사랑의 정원"으로 가서 "내가 푸른 풀밭 위에서 놀곤 하던 곳,/그 한가운
데 세워진 … 예배당"을 발견하였다.

그러나 이 예배당의 문은 닫혀 있었고,
'그대는 해서는 안된다'고 문 위엔 씌어 있었네. …

정원에는 "꽃들이 있어야 할 곳에 비석"이 서 있었는데,

검은 가운의 성직자들이 순회하고 다니며,
내 기쁨과 욕구들을 찔레가지로 묶고 있었네.

노동계급에 끼친 감리교의 긍정적 기여에 대해 최근 몇년 동안에 그토록
많은 이야기가 되어온 터이니만큼, 블레이크나 코벳, 리 헌트(James Henry
Leigh Hunt, 1784~1859. 수필가 겸 시인, 1808년부터 『신문관』*Examiner*의 편집자—
옮긴이)나 해즐릿(William Hazlitt, 1778~1830. 영국의 비평가, 수필가—옮긴이)은
문제를 다르게 보고 있었다는 사실을 상기할 필요가 있다. 널리 알려진 몇
몇 설명을 보면 우리는 감리교가 곧 자기 소유의 '조그만 신학도서실'과 군
건한 독립성을 가지고 있던 톨퍼들 순교자(Tolpuddle martyr, 도싯의 톨퍼들
에서 농장노동자로 일하고 있던 여섯명 —그중 다섯명은 웨즐리파 감리교도였다—이
오웬의 전국대연합노동조합에 가입하려 하는 등 노동조합 운동을 했다는 이유로 체포되
어 7년 유배형에 처해졌는데 그 해당자들을 톨퍼들 순교자라 부른다—옮긴이)인 죠지
러블리스(George Loveless)의 모범을 하나같이 본떠서 형성된 급진주의자
들 및 노동조합(trade union) 조직가들의 배출기반 그 자체였다는 식으로
생각하게 될 수도 있다. 그러나 실상은 훨씬 더 복합적이다. 한편으로는 공
식적 웨즐리주의의 반동적인 —아니, 바로 말하자면 역겨울 정도로 비굴
한 —성격을 조금도 어렵지 않게 확인할 수 있다. 웨즐리가 정치에 적극적

으로 개입한 예는 몇건 안되지만 그같은 활동 중에는 바로 프라이스 박사와 아메리카 식민지인들에 반대하는 팸플릿 작성도 포함되어 있다. 그는 기회만 왔다 하면 이를 거의 놓치는 법이 없이 자기의 추종자들에게 복종의 교리, 그것도 사상의 차원이라기보다는 오히려 미신의 차원에서 표현된 그같은 교리를 강조하곤 하였다.[21] 그의 사망(1791)은 프랑스혁명에 대한 초기의 열광이 들끓고 있던 무렵과 시기적으로 일치한다. 그러나 잇따라 열린 몇차례의 감리교 협의회(Methodist Conference)는 "국왕에 대한 진실한 충성과 헌법에 대한 성실한 헌신"(1793년의 리즈 협의회)을 재확인함으로써 창건자의 전통을 고수하였다. 웨슬리 사망 다음해에 작성된 정관은 명료한 내용을 가지고 있었다. "우리 중의 그 누구라도 글이나 대화에서 정부에 대해 가벼이 혹은 불경스럽게 말해서는 안된다."[22]

따라서 이같은 면에서는 감리교는 정치적으로 퇴행적이거나 '현상유지적인' 요인이었던 것으로 보이며, 우리는 감리교가 1790년대 잉글랜드에서 혁명을 가로막았다고 하는 알레비의 유명한 명제에 대해 어느정도의 확증을 얻게 된다. 그러나 또다른 한편으로는, 감리교가 근로인민들의 자신감 및 조직역량의 성장에 간접적으로 도움을 주었다고 하는 주장 또한 우리에게 잘 알려져 있다. 이 주장은 이미 1820년대에 싸우디가 개진한 바 있다.

결사를 만들어 자치를 위한 규칙을 제정하고, 기금을 걷고, 왕국 내 한 지역에서 다른 지역으로 연락을 취하는 등의 일을 하층계급들에게 가르쳐준 감리교의 활동방식은 아마도 감리교로부터 초래된 부수적 해악들 가운데 하나로 여겨질 수 있을 것이다.

---

21) 웨슬리의 정치적 편견에 대한 간명한 설명에 대해서는 Maldwyn Edwards, *John Wesley and the Eighteenth Century* (1933)를 보라.

22) E. Halévy, 앞의 책, III, 49면에서 재인용. 알레비는 아래와 같은 평을 덧붙이고 있다. "그와같은 행위는 … 자꼬뱅 원칙의 비대중성 때문에 감리교의 선전이 해를 입지 않도록 보장해주었다." 그러나 1792년에는 자꼬뱅파의 원칙들이 대중성을 획득해가고 있었기 때문에(이 책 제5장 145~61면 참조), 감리교의 선전이 이들 원칙을 인기없게 만들기 위해 애써 고안된 것이며 이는 잉글랜드 민중의 자유를 손상시키는 것이었다고 하는 편이 오히려 더 진실에 가깝다. 알레비에 대한 홉스봄(E. J. Hobsbawm)의 비판, "Methodism and the Threat of Revolution," *History Today*, VII (1957년 2월)도 보라.

그리고 좀더 최근에는 위어머스(Wearmouth) 박사의 흥미있는 저작들 속에도 이같은 주장이 기술되어 있다. 하지만 이 책들을 읽는 사람은 유보적 내용을 담고 있는 싸우디의 중요한 문구, 즉 "그러나 이 점에서 감리교는 다른 원인들에 의해 이미 형성되어 있던 과정을 촉진한 데 불과하였다"[23]는 구절을 기억하는 편이 좋을 것이다. 노동계급 운동에 대해 감리교가 끼친 '기여' 가운데 대부분은 웨즐리파 협의회 덕분에 이루어진 것이 아니라 오히려 이 협의회에도 불구하고 이루어졌던 것이다.

실상 우리는 감리교의 초기 역사 전체를 통해, 웨즐리가 부과한 교리와 조직형태들에 맞서 싸우는 민주적 정신이 형성되고 있었음을 볼 수 있다. 평신도 설교사, 기성 국교회와의 단절, 신도단체들 내에서의 자치형태들 ──이 모든 문제들에 대해 웨즐리는 반대입장을 취하거나 미온적으로 굴거나 혹은 뒷북을 치곤 했다. 물론 웨즐리도 그 자신의 영적 평등주의의 결과들을 피할 수는 없었다. 일단 그리스도의 빈민들이 자기네의 영혼도 귀족이나 부르주아의 영혼만큼 고귀한 것이라고 믿게 된 상황이라면, 그 다음 순서로 그들은 『인간의 권리』에 제시된 주장으로 나아갈 수도 있는 노릇이었다. 버킹엄(Buckingham) 공작부인은 이를 재빨리 간파하고서, 감리교 신자인 헌팅든(Huntingdon) 백작부인에게 다음과 같은 편지를 썼다.

감리교 설교사들에 대한 정보를 알려주신 데 대해 감사드립니다. 그자들의 교리는 모든 신분을 평등케 하고 일체의 구별을 없애고자 끊임없이 노력하는 것이어서 극도로 혐오스러우며, 윗사람에 대한 불손과 무례함으로 깊이 물들어 있습니다. 마님이 밑바닥을 기는 미천한 상것들처럼 죄 많은 가슴을 가지셨단 이야기를 듣는 것은 끔찍스러운 일입니다.[24]

런던의 어중이떠중이들에게 설교하는 마부 험프리 클링커를 주인공으로 하는 고급 코미디에서 스몰렛(Tobias Smollett, 1721~71. 영국의 소설가, 여기에

---

23) R. Southey, 앞의 책, 571면.
24) J. H. Whiteley, *Wesley's England* (1938), 328면에서 재인용.

서 언급되고 있는 작품은 『험프리 클링커의 모험』이다—옮긴이)도 거의 같은 지적을 한 적이 있다. 그리고 존 넬슨의 선례를 따르는 수백명의 평신도 설교사들 또한 그들 나름대로 대단히 다른 방식으로이긴 하지만 어쨌든 이를 터득하고 있었다. 국교회측 저술가들은 되풀이하여 이같은 두려움을 토로하고 있다. 1800년에 한 반(反)자꼬뱅파 팸플릿 저술가는 스파 필즈(Spa Fields), 해크니(Hackney), 이즐링턴 그린(Islington Green) 등지에서 설교하는 '수염도 나지 않은 풋내기들, 숙련직인들, 노동자들'에 대해 비난을 퍼부었다. 이런저런 종파의 설교사들 중에는 헌옷장수, 연마공, 양머리장수, 마차도 장공, 압축롤러제조공, 하인, 이빨 뽑는 기술자, 가발제조공, 그리고 사혈사 (瀉血師), 반바지제조공, 석탄운반부 등이 있었다. 링컨의 주교는 이같은 현상에서 더욱 심각한 위협을 느꼈다. "똑같은 수단들이 똑같은 효과를 내면서, 교회는 물론 국가를 약화시키고 뒤집어엎는 데 이용될 수 있을 것이다."[25]

설교로부터 조직으로 옮겨가보자. 여기에는 두 가지 문제가 있다. 그것은 첫째 반국교파가 가진 자치적 전통의 일부가 감리교에 일시적으로 침투하였다는 것, 둘째 감리교 교파에 특유한 조직형태들이 노동계급 단체들에 전파되었다는 것이다. 첫번째 문제를 살펴볼 때, 웨즐리는 단지 (가끔 그렇게 상정되듯이) 기존 교회의 바깥에 있는 '이교도들'에게까지 그의 메시지를 전했을 뿐 아니라 또한 구반국교파의 억눌린 감정에 출구를 제공하였다. 반국교파 목사들과 회중 전체가 감리교도들과 합류한 예도 있었다. 그중 일부는 부흥회를 통하여 감리교로 넘어갔다가 웨즐리의 권위주의적 교회운영에 혐오를 느껴 다시 그들 자신의 교파로 되돌아가기도 하였다. 그런가 하면 1790년대 무렵이 되면 반국교파 자신이 복음주의적 부흥을 누리기도 하였다. 그러나 감리교로 개종한 구반국교도들 가운데 일부는 어느정도 반골적이기는 하나마 그래도 감리교 내에 계속 남아 있었으며, 여기에서 그들의 비교적 오랜 전통은 성직자중심적인 웨즐리적 형태의 조직 내에서 갈등을 일으키고 있었다. 두번째 문제를 살펴보면, 감리교는 급진주의

25) W. H. Reid, *The Rise and Dissolution of the Infidel Societies of the Metropolis* (1800), 45~48면.

자들의 조직이나 동직조합(trade union, 원래 직종trade을 조직의 단위 또는 기반으로 삼은 직종인tradesman의 조합. 후에 막노동자labourer들이 가입하게 되면서 노동조합이라고 번역되고 있다. 용어해설 참조—옮긴이) 조직들이 아주 빈번하게 모방하곤 했던 분반회합의 형식, 몇푼짜리 기부금의 체계적 모금 그리고 '티켓(ticket, 회원권—옮긴이)제'뿐 아니라 반국교도들은 가지고 있지 못했던 전국적 차원과 단위교구 차원의 효율적인 중앙집권적 조직의 경험까지 제공해주었다. ('강령'을 구비하고 있고 비공식 간부모임을 두어 의사일정을 마련케 하며 세심한 운영방식에 따라 진행되곤 하던 저 웨즐리파 연례협의회 Annual Conference들은, 인정하기엔 기분이 내키지 않지만, 감리교가 그 이후의 노동운동에 끼친 또 하나의 '기여'라면 기여랄 수 있다.)

　이렇듯 18세기 후반의 감리교는 그 자체 내에서는 이질적인 민주주의적 경향들 때문에 혼란을 겪으면서 동시에 자체의 본질에 반하여 다른 조직형태들의 모범이 되어주고 있었다. 웨즐리의 생애 마지막 10년 동안에는 민주주의를 향한 내부의 압력이 창건자의 고령에 대한 존중 때문에 ——그리고 이 늙은 전제자가 자기의 '위대한 보상'을 받을 날이 머지않았다고 하는 믿음 때문에 ——겨우 억제될 수 있었다. 이견을 가진 신도단체들에서는 수많은 요구사항들이 들려오고 있었다. 협의회의 선거제, 지역교회의 좀더 큰 자율권, 국교회와의 궁극적 단절, 구역별 집회 및 계절별 집회에 평신도가 참석할 수 있는 권한 등이 그것이었다. 전반적으로 급진적인 경향이 고조되고 있던 시기에 찾아온 웨즐리의 죽음은 '신호탄'과도 같았다. 조직문제에 대한 상호 대립되는 구상들을 놓고 열띤 설득전이 벌어졌는데 이같은 열기는 논의중인 현안들 자체만큼이나 중요하였다. "우리는 박해자 네로 같은 인간들의 행위와 바빌론의 저 무서운 창녀가 저지르는 모든 피비린내 나는 짓들을 혐오한다. 그러면서도 바로 우리들 자신의 행동은 그들의 전철을 밟고 있다"라고 알렉산더 킬럼(Alexander Kilham, 1762~98. 감리교 신종파의 창시자로서 국교회와의 완전한 분리를 주장하여 감리교 총회에서 추방됨—옮긴이)은 『자유의 진보』(*The Progress of Liberty*)라는 제목의 팸플릿에서 선언하였다.[26] 그리고 그는 자치를 위한 제안들을 내놓았는데 이들 제안은 팸플릿을 통해, 그리고 분반회합과 지방설교사들의 모임 등을 통해 범(汎)교단적으

로 선전되었으며, 이같은 논의는 그 자체가 민주적 교육과정의 중요한 일부분이었음에 틀림없다.[27]

1797년에 킬럼은 웨슬리파 가운데 최초의 중요한 분리파, 곧 감리교 신종파(Methodist New Connexion)를 이끌게 되었는데 이 종파는 좀더 민주적인 구조를 위해 그가 내놓은 제안들 가운데 다수를 채택하였다. 종파의 최대세력은 제조업 중심지에서, 그리고 (추정컨대) 자꼬뱅주의의 영향을 받은 장인들 및 직조공들 사이에서 찾아볼 수 있었다.[28] 킬럼 자신은 개혁운동가들에 동조하였는데 그의 정치적 신념은 뒷전에 감추어져 있었으나, 정통파 교단 내 그의 반대자들은 이를 전면에 부각시키고자 갖은 애를 썼다. 웨슬리파 협의회는 아일랜드의 영국국교회 신도들에게 분리파에 대해 설명하면서 "우리는 우리 시온의 모든 소란스러운 질서교란자들을 잃어버리게 될 것입니다"라고 보고한 바 있는데, 여기에서 지칭되고 있는 것은 곧 '페인의 견해를 받아들인 모든 사람들'이었다. 허더스필드의 경우 신종파에 속한 교인들은 '톰 페인파 감리교도'로 알려져 있었다. 우리는 리즈 최대의 킬럼파 예배당에 대한 서술을 통해 킬럼 추종세력의 사회적 구성을 대강 짐작할 수 있다. 약 500명의 회중을 가진 이 예배당은 "인구밀도 높고 가난하며 거친 주민들 한가운데에, 중간계급 출신의 낯선 사람은 아예 지나갈 법하지조차 않은 에비니저(Ebeneezer)가 끄트머리에" 자리하고 있었다. 그리고 여러 곳에서 신종파와 실제의 자꼬뱅파 조직 사이의 연계는 단순한 추정상의 문제에 머무르는 것이 아니다. 핼리팩스(Halifax)의 브래드쇼(Bradshaw) 예배당에서는 독서클럽과 토론회가 형성되었다. 이 직조업 촌락의 주민들은 그들의 분반회합에서 킬럼의 『자유의 진보』뿐 아니라 페인

---

26) *The Progress of Liberty Amongst the People Called Methodists* (Alnwick, 1795).

27) *An Appeal to the Members of the Methodist Connexion* (Manchester, 1796); E. R. Taylor, *Methodism and Politics, 1791~1851* (Cambridge, 1935), 2장; W. J. Warner, *The Wesleyan Movement in the Industrial Revolution* (1930), 128~31면 등을 보라.

28) 킬럼에 대한 지지는 셰필드, 노팅엄, 맨체스터, 리즈, 허더스필드, 플리머스 독(Plymouth Dock), 리버풀, 브리스틀, 버밍엄, 버즐럼, 매클즈필드, 보울턴, 위건(Wigan), 블랙번, 오울덤, 달링턴(Darlington), 뉴카슬, 애닉(Alnwick), 썬덜런드, 리펀(Ripon), 오틀리(Otley), 에프워스(Epworth), 체스터(Chester), 밴버리(Banbury) 등에서 강하였다. E. R. Taylor, 앞의 책, 81면; J. Blackwell, *Life of Alexander Kilham* (1838), 290, 343면을 보라.

의 『인간의 권리』도 읽고 토론했다. 핼리팩스의 감리교 역사를 서술한 한 저자는 40년이나 지난 후에 글을 쓰면서도, 마침내는 예배당을 장악하고 정통파의 순회목사를 축출하고 교회터를 사버린 다음에 그것을 마치 자기들의 '자꼬뱅파' 예배당인 양 계속 운영해가던 "저 진저리쳐지는 전갈의 무리들"에 대한 증오를 여전히 억제할 수 없을 정도였다.[29]

　신종파의 발전은 별로 눈부신 것이 아니었다. 킬럼 자신은 1798년에 죽었으며 그의 추종세력은 1790년대 후반의 전반적인 정치적 반동 때문에 약화되었다. 1811년에 가면 신종파 소속 교인은 겨우 8,000명밖에 안되었다. 그러나 이 종파가 존재했다는 사실만으로도 알레비의 명제는 의심받을 만하다. 웨즐리가 사망할 당시 약 80,000명이 감리교 교인집단을 이루고 있었다고 추정된다. 그런데 설사 이 신도들 전원이 창건자의 토리적 원칙을 공유하고 있었다고 가정한다 할지라도 이는 혁명적인 흐름을 막아내기에는 역부족이었다. 실제로 연례협의회가 어떤 결의를 채택했건간에 1792년 및 1793년에 일어난 급진주의의 큰 물결이 반국교도 전반에 걸쳐, 그리고 대부분의 감리교 신도단체들에 확산되어갔다는 사실은 증거를 통해 확인할 수 있다. 리버풀 시장은 1792년 내무부에 다음과 같은 보고를 올렸는데 그의 관찰은 정확했던 것 같다.

　이들 모든 지역에는 감리교 집회소 및 기타 이런저런 집회소밖에 없으며 … 그리하여 농촌의 젊은이들을 가르쳐 훈육하는 자들은 무식할 뿐만 아니라 더욱이 최근 들어서는 우리의 훌륭한 국가체제에 대해 적대적으로 되었다고까지 믿을 만한 근거가 충분한 그런 인간들이다.[30]

감리교가 근로인민 사이에 가장 크게 진출하고 또한 가장 명백히 현상유지적이거나 퇴행적인 사회세력으로 역할하게 된 것은 바로 1795년 이후의 반

---

29) J. Blackwell, 앞의 책, 339면; E. R. Taylor, 앞의 책, 85면; J. Wray, "Facts Illustrative of Methodism in Leeds" (1835년경), 리즈 참고도서관(Leeds Reference Library) 소장 원고; J. U. Walker, *Wesleyan Methodism in Halifax* (Halifax, 1836), 216~23면.
30) J. L. and B. Hammond, *The Town Labourer* (제2판, 1925), 270면에서 재인용.

혁명 시기 동안이었다. 킬럼파의 분리로 인해 좀더 민주적이고 좀더 지적인 성원들이 떨어져나간 채, 더욱 엄격한 형태의 규율을 준수해야 하는 형편이던 감리교단은 이 몇년 동안 가히 하나의 새로운 현상——즉 그 자체가 정치적 반동의 원인이기도 했지만 또 그만큼 정치적 반동의 결과로도 볼 수 있는 그러한 현상이었던 것으로 보인다.[31]

산업혁명이 진행된 전기간 동안 감리교는 권위주의적 경향과 민주주의적 경향 사이의 이같은 긴장을 결코 극복하지 못했다. 민주적 추진력이 가장 강하게 느껴진 것은 분리해나온 종파들——신종파 및 (1806년 이후에는) 초기 감리교도들——사이에서였다. 더구나 홉스봄(Eric J. Hobsbawm) 박사가 지적한 바와 같이 감리교가 전파된 곳이면 어디서나 이 교파는 기성 국교회와 손을 끊음으로써 19세기 프랑스에서 반(反)성직주의(anti-clericalism)가 해냈던 기능과 유사한 일정한 역할을 수행하였다.[32] 농촌이나 광산촌에서는 반국교파 예배당과 국교회 간의 양극화가 정치적 혹은 산업적 형태의 양극화를 촉진했다고 보아도 좋을 것이다. 이 긴장도 한 몇년 동안은 억제될 수 있는 것으로 보이기도 하였다. 그러나 일단 이 긴장이 폭발하자 이는 때에 따라——옛 청교도들의 전쟁의 신이 다시 한번 그의 깃발을 들어올린 곳에서는——세속 지도자들은 감히 건드릴 수조차 없을 도덕적 정열로 휩싸이게 되곤 하였다. 사탄의 성격이 명확하게 규정되지 않고 또한 어느 계급이 사탄의 편인지도 분명하지 않은 한, 감리교는 일종의 도덕적 내전——즉 반국교파 예배당과 선술집 간의, 사악한 자와 속죄받은 자 간의, 멸망에 빠진 자와 구원받은 자 간의 내전——을 근로인민의 운명으로 못박아 설정하였다. 쌔뮤얼 뱀퍼드는 그의 저서 『어린 시절』(*Early Days*)에서 자기와 자기 동료들이 "사탄이 여전히 수많은 거점을 가지고 있던" 여러 이웃 촌락에서 열리는 기도집회들에 참석하러 이리저리 다니던 때의 그 선교열에 대해 이야기하고 있다. "이같은 기도들은 그 하나하나가 모두 '마왕(Prince of the Air)의 권능'에 대한 공격으로 여겨졌다." (페나인 Pennine 산맥의 저쪽 편에서도 이와 유사한 열성이 저 유명한 송가, 「사탄

---

31) 이 책 제11장 참조.
32) E. J. Hobsbawm, *Primitive Rebels* (1959), 146면.

이 자리한 곳, 브래드퍼드(Bradford) 또한 굽어보소서」가 태어나게 하는 데 영감을 주었다.) 불과 몇년 후에 코벳은 랭커셔 고원지대의 직조공들에게 경쟁상대인 다른 촌락의 맥주집에서가 아니라 '의회'(the Thing)에서, 그리고 낡은 부패세력(Old Corruption, 낡은 부패의 관행을 일컫는 말. 특히 당시의 부패한 하원을 가리킨다. 용어해설 참조―옮긴이) 속에서 사탄을 찾으라고 가르쳤다. 직조공들이 피털루의 길로 나아가게 되었던 것은 그들이 그토록 급속하게, 아폴리언은 다름아닌 리버풀경(Lord Liverpool, 1770~1828. 영국 수상을 역임한 토리파 지도자―옮긴이)이요 스파이 올리버(Oliver the Spy)라고 하는 인식을 가지게 되었기 때문이다.

반국교파의 전통 가운데 다른 두 가지 특징이 또한 지적되어야 할 것이다. 18세기에는 이 두 가지 특징 가운데 그 어느 것도 큰 영향력을 가지지 못했지만 1790년 이후에는 양자가 다 새로운 중요성을 띠게 되었다. 첫째로는 퀘이커교도, 까미싸르파(Camisards, 낭뜨 칙령이 철폐된 후 루이 14세에 맞서 오랫동안 저항운동을 전개했던 프랑스 개신교의 일파. 1705년 3년간에 걸친 전쟁에서 패한 후 다수가 잉글랜드로 도망하였다―옮긴이) 및 특히 모라비아교도들과 결부된 공산사회지향적(communitarian) 사상과 실험의 전통이 면면히 이어져오고 있었다. 보울턴과 맨체스터에서는 분리파 퀘이커교도들의 소집단 내에서 일어난 들끓음이 1774년에 '마더 앤'(Mother Ann, 본명 Ann Lee, 1736~84. 셰이커교도들을 영국으로부터 아메리카 식민지로 인솔해간 노동자 출신의 종교지도자. 그녀의 교리는 성적 순결에 대한 강조 및 평화주의 등을 특징으로 한다―옮긴이)의 출발로 절정에 달하게 되었으니, 이 소규모의 무리가 아메리카에서 최초의 셰이커(Shaker)파 공동체들을 건설하게 될 터였다. 그 40년 후 로버트 오웬은 셰이커파의 성공을 보고 고무받았으며 그들의 이념을 세속적인 형태로 대중화하게 되는 것이다.[33] 웨즐리의 개종에 결정적 영향을 미쳤던 모라비아파는 18세기 잉글랜드에서는 결코 완전한 토착화를 이루지 못했다. 많은 잉글랜드인들이 런던의 모라비아파 회중의 일원이 되고 풀넥(Fulneck, 퍼드시 Pudsey), 더킨필드(Dukinfield) 및 페어필드(Fairfield, 맨

---

33) W. H. G. Armytage, *Heavens Below*, I (1961), 3장 및 5장.

체스터 근처)의 모라비아파 공동체에 가입하기는 하였지만 이 단체는 계속 독일인 설교사들 및 실무행정 담당자들에게 의존하고 있었다. 최초의 감리교 단체들은 모라비아파 형제단과 관련을 가지면서 대두한 것이 사실이지만 후자는 그들의 조용함, '열광'을 삼가는 자세 및 그들의 실천적인 공산사회지향적 가치관으로 인해 전자와는 구분되고 있었다. (풀넥에서의) 예배가 지닌 "고요하고 부드럽고 한결같고 감미롭고 감동적인 성격은 (감리교—필자) 부흥회의 열성, 소란스러움, 그리고 야단법석에 대한 일종의 비난으로 비쳐질 정도였다". 모라비아파의 영향은 세 겹으로 나타났다. 첫 번째는 그들의 교육활동을 통한 것으로서 리처드 오우스틀러(Richard Oastler, 1789~1861. 개혁운동가, 공장에 어린이 고용 금지 및 10시간 노동제를 추진했음—옮긴이) 및 제임스 몽고메리(James Montgomery, 급진적 시인이자 셰필드에서 발간되는 『셰필드 아이리스』 Sheffield Iris지의 편집자)는 풀넥에서 교육을 받았다. 두번째는 그들의 공동체가 이룬 명백한 성공을 통한 것으로서 이는 셰이커파의 성공과 더불어 19세기 초에 오웬파가 자주 인용하곤 했던 점이다. 세번째로는 감리교 신도단체들 내에 ── 웨즐리가 모라비아파와의 관련을 부인하고 난 훨씬 후에 이르기까지 ──'형제회'니 '자매회'니 하는 말 속에서 표현되는 공산사회지향적 이념에 대한 갈망이 오랫동안 지속되고 있었던 것을 들 수 있다.[34]

공산사회지향적 전통은 때로 또다른 지하의 전통, 곧 천년왕국의 전통과 관련해서도 찾아볼 수 있었다. 계시록을 글자 그대로 해석하여 위로부터 강림하는 새 예루살렘(New Jerusalem)에 대한 기대를 가지고 있던 잉글랜드혁명기의 한층 과격한 종파들 ── 랜터파나 제5왕국파(Fifth Monarchy Men) ──은 결코 완전히 소멸되지 않았다. 머글턴파(Muggletonians, 곧 루도빅 머글턴 Ludovic Muggleton의 추종자들)는 18세기 말에도 여전히 야외에서, 그리고 런던의 여러 공원에서 설교를 했다. 셰이커파의 모체였던 보울턴의 신도단체를 주재한 것은 마더 제인 워들리(Mother Jane Wardley)

---

34) C. W. Towlson, *Moravian and Methodist* (1957); W. H. G. Armytage, 앞의 책, I, 6장; J. Lawson, *Letters to the Young on Progress in Pudsey* (Stanningley, 1887), 15장; C. Driver, *Tory Radical* (Oxford, 1946), 15~17면 등을 보라.

였는데, 그녀는 '심하게 떨며' 다음과 같이 외치면서 집회소에 들어서곤 했다.

회개하라. 하나님의 나라가 임박했느니라. 옛 사람들이 예언한 새 하늘과 새 땅이 바야흐로 다가오고 있다. … 그리스도가 재림하실 때, 그리고 진정한 교회가 충만하고 초지상적인 영광에 휩싸여 솟아오를 때, 그때엔 모든 반(反)그리스도적 파벌들──성직자들, 교회들, 교황 따위──은 쓸려나가게 될 것이다.[35]

1755년에 일어난 리스본(Lisbon)의 대지진 같은 격동적인 사건들은 어느 것 할 것 없이 묵시록적 기대들을 불러일으켰다. 실상은 감리교 자체의 심장부에 천년왕국적 불안정성이 깃들여 있었다. 웨즐리는 마녀들이니 귀신들림이니 성경점(bibliomancy, 다시 말해 손 닿는 대로 펼친 성경 구절에서 길잡이를 구하는 것)이니 하는 것들을 어느정도 믿고 있던 인물로서, 때때로 심판의 날이 임박했음을 알려주는 징조들을 이야기하곤 했다. 웨즐리가 지은 초기의 찬송가 가운데 하나는 전형적인 천년왕국론적 비유법을 쓰고 있다.

이곳에 당신의 신전을 세우소서,
　　새로운 예루살렘을 내려보내주소서,
　당신의 성자들 틈에 당신 몸소 나타나사,
　　당신의 눈부신 보좌 위에 우리를 앉혀주소서.

위대한 날, 천년왕국의 날을 여소서,
　　구주여, 이제 큰소리 더불어 내려오소서,
　당신의 하늘 깃발을 펼치사,
　　영원무궁한 기쁨을 가져다주소서.

---

35) E. D. Andrews, *The People Called Shakers* (New York, 1953), 6면.

천년왕국에 대한 문자 그대로의 믿음은 한풀 꺾였다고 할지라도, 감리교 부흥회에서 동원되는 묵시록적 표현방식은 상상력에 불을 붙였으며 1790 년 이후 천년왕국론적 예언자들을 받아들이는 데 길을 마련해주었다. 런던, 브리스틀 및 버밍엄에서는 스베덴보리(Swedenborg)파 새 예루살렘 교회의 소규모 회중들이 일부 장인들에게 더욱 지적이고 신비주의적인 천년왕국적 믿음을 제공해주고 있었다.[36]

최근 들어 역사가들, 사회학자들이 천년왕국적인 운동과 환상들에 대해 좀더 많은 주의를 기울여오긴 했지만, 이같은 것들은 적응장애라든가 '편집증'이라는 관점하에서 논의되는 경향이 있었던 까닭에 그 의미가 일부 흐려져왔다. 이런 식으로 해서 콘(Cohn) 교수는 『천년왕국의 추구』(*The Pursuit of the Millennium*)라는 그의 흥미있는 연구서에서 ──사료를 다소 흥미 위주로 선택함으로써 ── '선민'이라고 하는 개념의 편집증적이고 과대망상적인 성격 및 '천년왕국론적 경향을 가진 운동들'의 '고질적으로 비뚤어진 현실감각'이 일반적 현상이었다고 주장하는 데까지 나아가고 있다. 구세주 대망론적 운동들이 대중의 지지를 얻게 되는 때는,

> 지금까지 대중 사이에 산재하고 있던 편집증의 여러 요소들이 갑자기 한데 모여붙어 마치 새로운 실체, 다시 말해 집단적인 편집증적 광신주의를 형성하게 되는 것 같다.[37]

그같은 '모여붙음'의 과정이 있는지 자체도 의심스럽다. 그러나 설사 그같은 현상이 존재한다 하더라도 다음과 같은 역사적 문제는 여전히 남는다

---

36) 웨즐리주의에 대해서는 R. Southey, 앞의 책, 367면; Joseph Nightingale, *Portraiture of Methodism* (1807), 443면 이하; J.E. Rattenbury, *The Eucharistic Hymns of John and Charles Wesley* (1948), 249면을 보라. 스베덴보리주의에 대해서는 D. Bogue and J. Bennett, 앞의 책, IV, 126~34면; R. Southey, *Letters from England*, III (제2판, 1808), 113면 이하를 보라. 17세기 말의 천년왕국주의에 대해서는 Christopher Hill, "John Mason and the End of the World," in *Puritanism and Revolution* (1958)을 보라. 18세기 천년왕국주의 전통의 몇가지 지표들을 살펴보려면 W. H. G. Armytage, 앞의 책, I, 4장을 보라.

37) N. Cohn, *The Pursuit of the Millennium* (1957), 312면.

——어찌하여 불평불만들, 갈망들 또는 심지어 정신병적 착란증 같은 것이 단지 특정한 시기에 특정한 형태들로만 '모여붙어' 영향력있는 운동을 이루게 되는 것인가?

우리는 순전한 '변덕' 및 광신적인 일탈현상들과, 소수집단들이 수백년 동안이나 그들의 경험을 명료히 표현하고 그들의 갈망을 투영시켜온 **이미지들**——바빌론 유수(幽囚, 기원전 6세기에 두 차례에 걸쳐 신바빌로니아에 정복된 많은 유대인이 바빌론으로 끌려간 일—옮긴이)나 이집트에서의 유민생활, 천상(天上)의 국가, 사탄과의 싸움 등에 대한——을 혼동해서는 안된다. 더구나 몇몇 집단들이 과장된 이미지를 사용하는 경우에도 이것이 언제나 그들의 객관적인 동기들이나 실제적인 주장들을 보여주는 것은 아니다. 이는 다루기 어려운 문제이다. 우리가 지금 쓰고 있는 '이미지'란 말은 단지 속 깊은 동기들을 '감싸고 있는' 말꾸밈새가 아니라 그 훨씬 이상의 것을 의미한다. 이미지들은 우리가 청교주의의 역사에서 되풀이하여 보게 되듯이 그 역사적 작용이란 면에서 객관적 동기들 못지않게 '현실적'이고, 실제적인 강력한 주관적 동기들을 보여주는 증거이다. 그것은 인간이 어떻게 느끼고 바라고 사랑하며 미워하는가를, 그리고 그들이 어떻게 바로 그들 언어의 짜임새 속에서 일정한 가치들을 보존해가는가를 알려주는 표지이다. 현란한 이미지들이 때때로 명백히 환상적인 목표들을 가리키는 것이 사실이라 하더라도, 단지 이것만 보고 이같은 비유법들이 '고질적인 비뚤어진 현실감각'을 가리킨다는 식의 결론을 쉽사리 내려버릴 수는 없다. 더구나 고통과 결핍에 대한 비열한 '적응'이야말로 때로는 천년왕국론 못지않게 비뚤어진 현실감각을 가리키는 것일 수도 있다. 그와같은 현상에 부딪힐 때는 우리는 언제나, 아무리 묵시록적인 것이라 할지라도 언어 속에 담겨 있는——그리고 그 언어 속에서 방출되는——심리적 에너지와 실제의 정신병적 착란증을 구분하고자 노력해야만 한다.

산업혁명기 전체를 통해 우리는 빈민들의 반국교주의가 한 극단으로는 천년왕국론을, 다른 극단으로는 정적주의(quietism)를 특징으로 하면서 '밖의 왕국'과 '내면의 왕국' 사이의 이같은 긴장관계를 보여주고 있었음을 볼 수 있다. 여러 세대 동안 이들 빈민층 반국교도들이 가장 쉽게 접근할 수 있는 교육은 설교단과 일요학교, 구약성경 및 『천로역정』에 의해 이루어졌다. 이같은 이미지들과 그같은 사회적 경험 사이에는 상호교류——때로는 실효성이 풍부하고 때로는 내용이 빈약하며 또 때로는 그 고분고분한 태도를 볼 때 마조히스틱하기까지 하지만 '편집증적'인 경우는 찾아보기 드문, 심적 태도와 현실 간의 대화——가 계속되고 있었다. 감리교의 역사를 볼 때 '승화'(sublimation)의 병적인 기형현상들은 사회적 반동의 시기에 빈민들이 나타내는 가장 흔한 정신착란 현상임을 알 수 있다. 이에 반해 편집증적 환상들은 오히려 혁명적 열광이 분출되는 시기에 주로 나타나는 것이다. 그토록 오랫동안 지하에 머물러왔던 천년왕국적 흐름이 예기치 않았던 힘을 가지고 공개적으로 터져나오게 된 것은 프랑스혁명 직후였다.

> 진정한 천년왕국주의자에게는 현재라는 시점은 종전까지 속에만 감추어져 있던 것이 갑자기 밖으로 터져나와 바깥세상을 장악하고 이를 바꿔놓을 수 있게 하는 돌파구가 된다.[38]

이미지와 현실이 다시금 뒤섞이게 되었다. 천년왕국주의는 블레이크에게 감화를 미쳤으며, 런던 장인들 중의 자꼬뱅파와 반국교도들 사이에뿐 아니라 미들랜즈 및 북부지방의 광산촌과 직조업 촌락 그리고 서남부지방의 촌락에 이르기까지 광범하게 퍼져나갔다.

그러나 대부분의 사람들은 외부적인 경험과, 내면의 왕국 곧 세상의 권세가 건드릴 수 없고 구약성경의 암시적인 언어들로 채워져 있는 왕국 사이에서 균형을 잡고 있었다. 토머스 하디는 건실하고, 심지어 조직의 따분하기까지 한 실무적인 세부 문제에 꼼꼼한 주의를 기울이는 사람이었다. 그러나 그 자신이 겪은 대역죄 재판을 회상할 때는 그는 대부분의 일반 잉글랜드인들이 이해할 만한 언어로 열왕기(列王記, Book of Kings. 다윗왕의 말년부터 남왕국 멸망까지의 이스라엘 역사를 기록한 구약성서 제10권, 왕국이 망한 것은 백성들이 법을 지키지 않았기 때문이라고 가르침—옮긴이)를 인용하는 것이 지극히

---

38) Karl Mannheim, *Ideology and Utopia* (1960년판), 193면; 이 책 제5장 165∼69면, 제11장 526∼34면도 보라.

당연한 일이라고 여겼던 것 같다.

> 모든 이스라엘 백성들은 … 왕에게 대답하였다. "우리가 다윗에게서 받
> 을 몫이 어디 있느냐? 이새(Jesse, 다윗의 아버지―옮긴이)의 아들에게서
> 받을 것이 없구나. 이스라엘아, 모두 자기 집으로 돌아가자. … 이렇게
> 이스라엘은 다윗 왕조에 반역하여 오늘에 이르렀다."

잉글랜드 자꼬뱅파의 선동활동에 스며들어 있던 요소들 가운데 하나로
서 반국교파 전통을 요약해내기는 쉽지 않다. 일반화를 하기 어렵게 만들
기도 하지만 또 그 자체로서 반국교파 전통의 가장 중요한 특징을 이루는
것은 '다양성'이다. 서로 경쟁하는 종파들과 분리파 예배당들의 복합적 공
존이야말로 19세기 노동계급 문화의 다종다양한 형태들이 자라나는 온상
가운데 하나이다. 이 속에는 불요불굴의 전통 속에서 양성된, 소수이긴 하
지만 영향력있는 장인들을 추종세력으로 확보하고 있던 유니테리언파나
독립교회파가 있는가 하면, 윌리엄 고드윈(William Godwin, 1756~1836. 급
진주의 철학자―옮긴이)의 아버지가 목사로 있었던 쌘디먼파, 공산사회지향
적 전통을 가진 모라비아파, 잉엄파(Inghamites), 머글턴파, 콜드 바스 필
즈(Cold Bath Fields) 근처에 있는 한 이발소에서 탄생하여 『잡지: 천국과
지옥』(*Magazine of Heaven and Hell*)을 발간한 스베덴보리파가 있다. 해
즐릿이 목격했던 대로, 일체의 과세품목들에 대한 불매운동으로써 낡은 부
패세력을 분쇄할 수 있으리라고 바라면서 그들의 담뱃대에 나무딸기 잎사
귀를 채워넣은 두 사람의 구반국교파 목사가 있는가 하면 웨일즈 출신의
깔뱅파 감리교도 유입민들, 스코틀랜드의 맹약파(盟約派, Covenanting
sects, 17세기 여러 차례의 위기 동안 그들의 교회운영 및 예배형태를 준수하겠다는 맹약
에 서명한 스코틀랜드 장로교도들을 가리킨다. 1660년의 잉글랜드 왕정복고 이후 심한 탄
압을 받았다―옮긴이)에서 길러진 이민들 ―― 유명한 반(反)곡물법(anti-Corn
Law) 논객이 된 알렉산더 써머빌(Alexander Somerville)은 베릭셔(Berwick-
shire)의 농업노동자 가정에서 엄격한 반부르주아적 인물로 교육받았다
―― 이 있다. 뿐만 아니라 『가죽무두장이 골목의 혁명』(*The Revolution in*

Tanner's Lane, 1887년에 출간된 마크 러더퍼드Mark Rutherford의 소설―옮긴이)의 주인공으로 멋지게 재창조되어, 자기가 그린 버뎃(Sir Francis Burdett, 1770~1844. 급진주의 정치가, 하원의원. 전시의 과세와 19세기 초 억압정치에 대한 불만을 대변했다. 급진파 연설가 존 게일 조운즈John Gale Jones를 옹호하다가 체포되어 런던 탑에 수감되었으나 런던 시민의 시위로 석방되었다―옮긴이), 카트라이트(Cartwright)의 초상화와 쌔들러(Michael Sadler)가 그린 번연의 초상화를 벽에 걸어두고 있는 인물로 묘사된 인쇄공 재커라이어 코울먼(Zachariah Coleman)도 있다. "그는 랜터파도 아니고 부흥회파도 아니었으며 온건 깔뱅주의자라 일컬어지는 그런 집단에 속해 있었다. 다시 말해 그는 깔뱅주의를 확고부동한 신조로 고수하고 있기는 했으나 이것이 현실문제에서 골칫거리가 될 때에는 이를 수정하였다." 또한 거기에는 혹스턴(Hoxton)의 고이신론자(古理神論者, Ancient Deists) 같은 이색적인 교인단체들도 있었는데, 이들은 꿈에 대해서 혹은 (블레이크처럼) 육신을 떠난 영혼과 천사들의 대화에 대해서 이야기했으며 또한 (블레이크처럼) "프랑스혁명이라는 강한 충동에 거의 즉시" 몸을 내맡겨 정치꾼들이 되기도 하였다.[39]

신앙의 자유는 일반민중들이 공화국시대 이래 지켜온 위대한 가치였다. 농촌지역은 젠트리(gentry, 용어해설 참조―옮긴이)가, 도시는 부패한 단체(corrupt corporation)들이, 그리고 나라는 그중에서도 가장 부패한 단체가 다스리고 있었다. 그러나 예배당, 선술집, 그리고 가정은 그들 자신의 것이었다. '뾰족탑이 없는' 예배장소에는 자유로운 지적 생활을 누리고 '제한 없는 회원들'과 민주적 실험을 할 수 있는 여지가 있었다. 윌리엄 블레이크는 이 시대의 점잔 빼는 문화밖에 모르는 사람의 눈에는 기묘하고 제대로 수련받지 못한 천재로 비칠 것임에 틀림없지만, 런던의 반국교도들과 그들 주변의 이신론자들 및 진지한 신비주의자들을 염두에 두고 파악할 때면 결코 그렇지 않아 보인다.[40] 오히려 그는 오랜 민중적 전통의 최초의, 그러면

---

39) W. H. Reid, 앞의 책, 90면.
40) 데이비드 V. 어드먼(David V. Erdman)은 그의 저서 *Blake, Prophet against Empire* (Princeton, 1954)에서 블레이크를 이런 맥락에서 볼 수 있도록 도움을 주었으며, 또한 그렇게 하면서 런던 자꼬뱅주의자들의 지적 생활을 많이 규명하였다. 블레이크의 '울부짖으

서도 진정한 대변자였다. 런던의 일부 자꼬뱅주의자들이 루이 16세(Louis XVI)와 마리 앙뚜아네뜨(Marie Antoinette)의 처형 소식에도 놀라울 정도로 태연자약했던 것은 자기네 선조들도 일찍이 국왕을 처형한 적이 있다는 사실을 기억하고 있었기 때문이다. 번연을 철저하게 받아들이고 있는 사람이라면 블레이크의 많은 경구들 역시 전혀 이상하게 여길 리 없었다.

　　지금껏 알려진 가장 독한 독약은
　　케사르의 월계관으로부터 나온 것.

그리고 많은 사람들이 블레이크나 마찬가지로, 합리적인 이신론과 한 세기 동안 '내면의 왕국' 속에서 함양되어온 정신적 가치들 사이에서 분열을 겪었다. 탄압의 시기에 페인의 『이성의 시대』(*Age of Reason*)가 출판되었을 때 랜더프(Llandaff)의 주교(리처드 왓슨Richard Watson 박사―옮긴이)가 (페인에 대한 반론으로) 쓴 『성경을 위한 변명』(*Apology for the Bible*)의 마지막 페이지에 블레이크는 다음과 같은 평을 적어넣었는데, 이 평에 대해 수많은 사람이 그와 공감하고 있었음에 틀림없다.

내가 보기에는 진정 톰 페인이야말로 주교보다 더 훌륭한 그리스도 교인이다.

이렇게 볼 때 반국교파는 하나의 지적 전통을 이루고 있음을 알 수 있다. 이 전통으로부터 많은 독창적인 사상들과 인물들이 배출되었다. 그러나 '구반국교도들' 전체가 기꺼이 민중 편을 들려 하고 있었다는 식으로 생각해서는 안될 것이다. 맨체스터의 개혁운동가로서―그 자신은 국교도이면서도―'심사법 및 단체법' 철폐를 위해 열성적으로 노력하였던 토머스 워커(Thomas Walker)는 그들의 소심증을 경멸하였다.

며 말하기'(Ranting)와 머글턴파 선조들에 대해서는 A. L. Morton, *The Everlasting Gospel* (1958) 참조.

반국교도들은 … 전체로 볼 때는 언제나 그들 자신의 원칙을 지키지 못해왔다. … 두려움 때문이든 혹은 다른 어떤 동기 때문이든 그들은 너무나 겁에 질린 온건론 옹호자들이어서, 인민의 권리를 위해 가장 많은 위험을 무릅써왔고 또 가장 많은 성과를 이루어왔던 사람들의 입장에서 볼 때 그들은 벗이라기보다는 오히려 적일 정도였다.[41]

우리는 여기서 어쩌면 런던과 공업중심지들 사이의 긴장을 보고 있는지도 모른다. 맨체스터의 반국교도들, 버밍엄의 구(舊)집회(Old Meeting)라든가 레스터(Leicester)의 대집회(Great Meeting) 소속 교인들 중에는 이 지역 최대의 고용주들 가운데 일부가 포함되어 있었다. 시민적·종교적 자유에 대한 그들의 애착은 자유무역주의 교조와 손잡고 있었다. 그들은——1770년대와 1780년대에는 특히 더——19세기 중간계급의 정치활동 패턴을 예견케 하는 재야운동 및 압력집단 정치활동의 형태들을 발전시키는 데 크게 기여하였다. 그러나 시민적 권리에 대한 그들의 열광은 『인간의 권리』 출간과 더불어 시들어버렸으며, 1790년대 초의 시련과 박해를 겪고 나서도 이같은 열광을 계속 지니고 있던 사람은 그들 가운데 극소수에 불과했다. 런던과 대도시의 일부 지역들에서 많은 반국교파 장인들은 바로 이 시기에 반국교주의로부터 이신론을 거쳐 세속적 이데올로기로 옮겨갔다. 홉스봄 박사는 다음과 같이 쓴 바 있다.

'세속주의'(secularism)는 런던의 자꼬뱅주의자들 및 플레이스로부터 반(反)종교적인 오웬파와 협동조합주의자들 그리고 반종교적인 언론인들과 서적판매인들을 거쳐, 호울리오우크(G. J. Holyoake, 1817~1906. 개혁운동가로서 노동계급의 교육을 증진시키고 그들 사이에 다양한 형태의 협동조합을 형성하고자 노력하였으며 세속주의를 전파한 인물로도 유명하다—옮긴이)를 추종하고 브래들로(C. Bradlaugh, 1833~91. 자유사상가, 공화주의적 저작과 강연으로 잘 알려져 있으며 특히 그가 무신론을 공언한다는 이유로 그의 의원자격을 인정치 않으

---

41) T. Walker, *Review of some Political Events in Manchester* (1794), 125면.

려던 의회에 맞서 장기간 전개한 투쟁으로 유명하다―옮긴이)의 '과학의 전당'에 운집하던 자유사상적 급진주의자들을 거쳐, 예배당식 수사법에 대해 거침없는 거부감을 드러내고 있던 사회민주주의자연맹(Social Democratic Federation)이라든가 런던 페이비언 협회(London Fabians)에 이르기까지 런던 노동사를 한데 묶어주는 이념적 끈이다.[42]

노동계급 운동의 거의 모든 이론가들이 이같은 런던의 전통에 입각해 있다. 그렇지 않은 경우라 할지라도 그들은 리즈의 인쇄공인 브레이(John Francis Bray)처럼 런던의 숙련노동자들과 같은 유형의 인물들이다.

　그러나 위에서 제시된 명단에는 누락된 중요한 부분이 있다――곧 러다이트 운동가들, 제리마이어 브랜드레스(Jeremiah Brandreth, 펜트리지 봉기를 주도한 편직기편물공. 후에 체포되어 처형당함―옮긴이)와 젊은 뱀퍼드, 10시간 노동법 운동가들(직조업 노동자들이 추진한 이 운동에 대해서는 이 책 제10장 제4절을 참조할 것―옮긴이), 북부의 차티스트들, 그리고 독립노동당(Independent Labour Party, 노동조합 운동가들과 일부 휘그파 인사들에 의해 1893년에 창설된 사회주의적 노동자정당―옮긴이) 등의 도덕적 힘이 여기에는 언급되어 있지 않은 것이다. 그리고 이같은 전통의 차이는 부분적으로는 18세기의 종교적 형성과정들에게까지 거슬러올라간다. 18세기의 최후 몇년 동안 민주주의적 부흥이 이루어졌을 때 구반국교파는 그 민중적 추종세력 가운데 상당 부분을 잃어버린 상태에 있었으며, 아직 이를 고수하고 있던 장인들도 합리적 이익추구의 가치관 곧 프랜시스 플레이스 같은 사람으로 하여금 공리주의 철학을 부분적으로 수용하게 인도했던 그같은 가치관에 젖어들어 있었다. 그러나 반국교파가 부진한 틈을 타 감리교가 세력을 떨치게 되었던 여러 지방의 많은 지역에서는 감리교가 인민과 그들의 혁명적 유산 사이에 유치한 감정고양을 개입시켜 오히려 기성교회를 도와주고, 반국교파의 오랜 전통 가운데 민주적이고 반(反)권위주의적인 요소들을 거의 파괴해버렸다. 그렇기는 해도 감리교 반항자들은 유별난 진지성과 왕성한 도덕적 관심을 가지고 있

---

42) E. J. Hobsbawm, 앞의 책, 128면.

는 것이 특징이었다. 남부와 북부, 지성과 열광, 세속주의적 주장들과 사랑의 수사들——이들의 긴장관계는 19세기 내내 지속되었다. 그리고 이 각각의 전통은 상대편 전통의 보완 없이는 힘을 잃었던 것으로 보인다.

3
'사탄의 요새들'

    그러나 '사탄의 요새들'의 주민들, 곧 복음전도사들이 고투해가면서 위해 주려 애쓰던 영혼의 소유자들인 '창녀들, 술집 주인들, 그리고 도둑들'은 어떠하였던가? 역사적 변화에 관심을 가질 때 우리는 자기 생각을 분명히 표현할 수 있는 소수에게 주목하지 않을 수 없다. 그러나 이들 소수는 '잠재적인 정치'(sub-political) 의식 ── 미신이나 수동적 무신앙, 편견 및 애국심 등으로 이루어져 있는 ──을 지녔다 할, 자기표현이 덜 분명한 다수 속에서 형성된다.

    자기표현이 불분명한 사람들은 말 자체의 뜻에서 벌써 드러나듯이 자신들의 생각에 대한 기록을 거의 남겨놓지 않는다. 고든 폭동(Gordon Riots, 1780년 런던에서 죠지 고든 경이 개신교도 협회를 이끌고 '카톨릭 구제법 폐지' 운동을 벌였는데, 6월 2일부터 약 1주일간 카톨릭교도들의 재산과 공공건물이 공격당했다. 뉴게이트 감옥이 불타고 300명 이상의 사람들이 죽거나 처형당했다 ── 옮긴이)과 같은 위기의 순간에는 그 편린들을 엿볼 수도 있지만 위기는 전형적인 조건이 아니다. 그들을 찾아 범죄문서고로 들어가보는 것은 마음 솔깃한 일이다. 그러나 그러기 전에 우리는 18세기 말의 '그리스도의 빈민들'을 참회하는 죄인과 살인자, 도둑, 술주정꾼이라는 두 부류로 나눌 수 있다는 식의 주장에 대해 경고를 하지 않으면 안되겠다.

    자칫하면 산업혁명기의 민중을 교회에 등록된, 즉 예배당에 다니는 선한 자와 방종한 악한 자로 그릇되게 구분하기 쉽다. 왜냐하면 사료들이 우리들로 하여금 이같은 결론을 내리도록 최소한 네 방향으로부터 압력을 넣기 때문이다. 우리가 활용할 수 있는 사실들은 흔히 쎈세이셔널한 형태로 제시되거나, 아니면 비난하기 위한 의도에서 정리되곤 하였다. 가장 부지런한 조사자들 가운데 하나였던 패트릭 커훈(Patrick Colquhoun)에 따르면 세기가 바뀔 무렵 수도에만도 50,000명의 창녀와 5,000명도 넘는 술집 주인, 그리고 10,000명의 도둑이 있었다고 한다. 범죄집단들에 대한 그의 좀더 확대된 계산에 따르면 장물취득자, 화폐위조자, 노름꾼, 복권 브로커, 속임수 쓰는 상점주, 나루터털이 그리고 넝마주이, 싸움꾼, 포주, 무두장이, 총알마차꾼, 막벌이꾼, 곰곯리기꾼(개를 부추겨 매놓은 곰을 물게 하는 잔인한 오락으로 한때 영국에서 유행하였음—옮긴이) 및 유랑악사 등의 다채로운 군상을 포함하여 이 부류에 속하는 사람들은 (앞에서 거론한 집단들과 합쳐) 100만이 채 안되는 수도 인구 가운데 115,000명에 이르는 것으로 집계되고 있다. 나라 전체로 폭을 넓혀볼 때——교구 빈민구호금을 받던 100만명까지 합쳐——이 계급에 속하는 인구는 그의 계산으로는 총 1,320,716명으로 집계되고 있다. 그러나 이 계산은 집시, 부랑인, 실업자, 행상, 그리고 메이휴(Henry Mayhew)가 묘사한 노점상의 조상을 아무런 구분 없이 한데 뭉뚱그려놓은 것이다. 그런가 하면 커훈이 매춘부로 분류해놓은 여성들은 좀더 자세히 살펴보면 "음탕하고 부도덕한 여인들"을 말하는 것이었으며, "결혼하지 않은 채 함께 동거하는 하층계급민 중 엄청난 숫자"(그것도 빈민들로서는 이혼이 절대 불가능하던 시기에)를 포함하고 있음을 알 수 있다.[1]

이렇게 볼 때 이 수치들은 인상(印象)에 의한 계산이다. 이들은 무산자들의 실제 범죄적 행동을 알려주기도 하지만, 그에 못지않게 (근거가 없는 얘기도 아니겠지만, 지속적인 일자리가 없고 재산이 없는 사람은 누구나 불법적인 수단으로 먹고 살 수밖에 없다고 생각하고 있던) 유산계급인들의 의식구조를 드러낸다. 또한 커훈이 조사를 수행한 시기도 그의 결론 못

---

1) Patrick Colquhoun, *Treatise on the Police of the Metropolis* (1797), vii~xi면; *Observations and Facts Relative to Public Houses* (1796), 부록; *Treatise on Indigence* (1806), 38~43면.

지않게 문제가 된다. 왜냐하면 이 조사는 프랑스혁명의 파문에 따른 공포 분위기 속에서 이루어진 것이기 때문이다. 이보다 20년 전에는 상층계급들 사이에 인도주의적 관심이 괄목할 만큼 널리 퍼졌었다. 우리는 이를 존 하워드(John Howard, 1726~90. 자신의 생애와 재산을 수감제도의 개선에 바친 감옥개혁가이자 박애주의자—옮긴이), 죠우너스 핸웨이(Jonas Hanway, 1712~86. 아동보호법Hanway's Act의 제정에 진력한 박애주의자—옮긴이), 토머스 클라크슨(Thomas Clarkson, 1760~1846. 노예제도 폐지론자—옮긴이), 써 프레드릭 이든(Sir Frederick Eden)의 저작에서 그리고 시민적·종교적 자유에 대한 관심이 소(小)젠트리(small gentry) 및 반국교도 직종인들 사이에서 증대해가고 있었다는 사실에서 찾아볼 수 있다. 그러나 프랜시스 셸리 부인(Frances Lady Shelley)이 그녀의 『일기』(*Diary*)에서 기록하였던 대로 "프랑스혁명의 첫 충격을 겪은 후 노동계급들의 각성은 상층계급들을 '전율케' 만들었다". 그리하여 "모든 사람이 집안의 질서를 잡아야 할 필요를 느꼈다. …"[2]

좀더 정확하게 말한다면, 대부분의 유산계급 남녀들은 빈민들의 질서를 잡을 필요성을 느꼈다. 치유책으로 제시된 것들은 제각각이었을 수도 있다. 그러나 좀더 효과적인 경찰력의 동원을 옹호하고 나섰던 커훈이나 반페니짜리 소책자와 일요학교를 수단으로 삼고 있던 해너 모어(Hannah More), 질서와 순종을 다시 강조하고 있던 감리교도들, 배링턴(Barrington) 주교가 주도하던 좀더 인도적인 '빈민상태 개선 협회'(Society for Bettering the Conditions of the Poor), '악덕퇴치 종교부흥 협회'(Society for the Suppression of Vice and Encouragement of Religion)를 운영하고 있던 윌리엄 윌버포스(William Wilberforce, 영국의 정치가이자 노예제도폐지론자. 한때는 총선과정에서 유권자들이 그의 선거비용을 모금해줄 정도로 인기가 높았다—옮긴이)와 존 바우들러(John Bowdler) 박사를 움직이고 있던 이면의 추진동기는 거의 다 똑같은 것이었다. 노동빈민들에게 줄 메시지는 단순한 것으로서, 기근의 해였던 1795년에 버크는 이를 다음과 같이 요약하였다. "인내, 노동, 절제, 절약, 그리고 종교가 그들에게 권장되어야 한다. 그외의 모든 것은

---

2) *The Diary of Frances Lady Shelley, 1787~1817*, ed. R. Edgcumbe (1912), 8~9면.

순전히 사기일 뿐이다." 농업문제 선전가였던 아서 영(Arthur Young)은 또 이렇게 쓴 바 있다. "나는 나라 전체를 무슨 악행이라도 저지를 만한 야만인들로 가득 채우는 데에는 광대한 공유지와 한 달에 한번밖에 열리지 않는 예배보다 더 안성맞춤의 방법은 없다고 생각한다. … 프랑스인들의 원칙이 너무 느리게 진보하니 당신들이라도 그들에게 도움의 손길을 내밀겠다는 것인가?"[3] 빅토리아시대 중간계급의 민감성은 1790년대에 광산노동자들·도자기공들·칼제조공 들이 『인간의 권리』를 읽는 데 기겁을 한 젠트리들에 의해 조성되었으며, 이를 조장한 주역은 윌리엄 윌버포스와 해너 모어였다. 인도주의적 전통이 알아볼 수조차 없을 정도로 뒤틀려버린 것은 이 반혁명기 몇십년 동안의 일이었다. 1790년대와 1800년대 첫 10년간에는 1770년대와 1780년대에 하워드가 폭로했던 감옥생활의 악폐들이 다시 슬그머니 되살아났으며, 19세기 초 첫 10년 동안 써 쌔뮤얼 로밀리(Sir Samuel Romilly)는 형법을 개선하고자 하는 자신의 노력이 적의와 소심함에 부딪히고 있음을 목격하였다. 프랑스혁명은 (그의 회상에 따르면) "상층신분들 사이에" … "모든 종류의 혁신에 대한 공포"를 불러일으켰다. 콕번(Cockburn)경은 스코틀랜드에서의 그의 젊은 시절에 대해 "모든 것이 소리나게 울렸으며, 모든 것이 프랑스에서의 혁명과 연결되어 있었다"라고 회상하고 있다. "이것저것 할 것 없이 모든 것, 문자 그대로 모든 것이 이 하나의 사건에 빨려들어갔다." 블레이크를 분노로 몰아넣었던 것은 이 몇년 동안 영국에 드리워진 저 도덕적 위선의 짙은 장막이었다.

모든 도시와 모든 촌락에서 앨비언*의 압제자들 때문에 …
부드럽게도 상냥하게도 그들은 빈민을 몰아붙인다, 빵껍질만 먹고 살라 몰아붙인다.
그들은 인간을 궁핍으로 몰아넣고선 거드름부리며 뽐내며 준다.
굶주리고 갈증난 입술에선 여호와에의 송가가 울려나온다.[4]

---

* Albion, 영국을 가리키는 시어 —옮긴이.
3) Arthur Young, *General View of the Agriculture of the Lincolnshire* (1799), 439면.
4) V. Kiernan, "Evangelicalism and the French Revolution," *Past and Present*, I (1952년 2

유산계급들이 보인 그같은 성향은 (우리가 커훈의 경우에서 살펴본 바와 마찬가지로) 정확한 사회적 관찰에 전혀 도움이 되지 못하였다. 또한 이는 술집들, 정기시(定期市, fair)들, 일체의 대규모 집회 등을 해로운 것으로—게으름, 말다툼, 선동 혹은 악영향의 근원으로—여기는 권력소유자들의 타고난 경향을 더욱 강화하였다. 그런데 증거를 '날조'하는 이같은 전반적인 경향은 18세기 말에 세 가지 다른 방향에서 부추겨졌다. 첫째로는, 신흥 제조업자(manufacturer, 용어해설 참조—옮긴이) 계급의 공리주의적 태도를 들 수 있다. 공장도시들에 작업규율을 부과해야 할 필요성 때문에 이 계급은 수많은 전통적 오락 및 기분전환거리들에 대해 적대적이 되었다. 둘째로는, 자책하는 죄인들의 끝없는 행렬을 만들어내면서 인쇄소에서 신앙고백식 전기(傳記)들을 쉴 새 없이 펴내고 있던 감리교도들의 압력 자체를 들 수 있다. "전능하신 아버지시여, 어찌하여 당신께선 그같은 반항자를 참고 견디셨나이까"라고, 그런 참회자 중의 하나인 속죄받은 한 선원은 묻고 있다. 방종한 젊은 시절 그는,

경마장, 철야축제, 무도회, 정기시장에 드나들었고 극장구경을 다녔으며, 아니 심지어 창조주에 대한 두려움과 어머니의 조언을 저버린 채 여러번 술에 취하기까지 하였다. 그는 난잡한 노래 부르기, 농담따먹기, 실없고 우스꽝스러운 이야기 지껄이기 등의 명수였다. …

일반적인 선원에 대해 그는 다음과 같이 말하였다.

노래와 술과 여자(아마도 거리의 창녀일 테지만)가 그의 세 가지 즐거움이다. 그는 생각하는 적이 거의 없고, 책을 읽는 일도 드물며, 기도는 결코 하지 않는다. … 그에게 신의 부르심에 대해 이야기해보라. 그러면 그는 당신에게 자기가 갑판장이 부르는 소리를 충분히 듣고 있다고 대답한

월)에서 이루어지고 있는 도전적인 분석 또한 보라.

다. … 하늘나라에 대해 이야기라도 하면 그는 높은 데 있는 좋은 숙소를 얻어야겠다는 희망을 말한다. 지옥에 대한 이야기가 나오면 그는 승강구 아래로 떨어지는 이야기를 하며 농담을 한다.

"오, 나의 자녀들이여. 그같은 죄의 희생자가 구원의 설교자가 되다니 이 얼마나 큰 기적인가!"[5]

'유쾌한 선원'(Jolly Tar)이나 도제 혹은 쌘드게이트(Sandgate)의 아가씨들이 권력당국이라든가 감리교 설교사들에 대해 어떤 생각을 품고 있었는 가를 알려면 위와 같은 문헌은 악마의 불빛에 비추어 거꾸로 읽어가지 않으면 안된다. 이렇게 하지 않으면 역사가는 바로 일반 사람들의 삶을 견딜 만하게 해준 것들 중 몇가지에 대해서 18세기를 보다 가혹하게 평가할 것이기 때문이다. 여기에서 이제, 초기 노동계급 운동을 평가하고자 할 때 이런 종류의 증거를 보강시켜주는 세번째 요인을 살펴보기로 하자. 운동의 첫 세대 지도자들 및 그 역사의 기록자들 가운데 몇몇은 독학한 노동자들로서, 그들은 흥청망청식의 술집세계에 등을 돌리는 자기수련의 노력에 힘입어 자수성가한 사람들이었다. "나는 다른 많은 사람들처럼 술집에 갈 수는 없다"고 프랜시스 플레이스는 쓴 바 있다. "나는 술집과 술집패거리들을 혐오한다. 나는 술을 마실 줄 모르며, 웬만한 시간이라도 바보들과 지껄이는 데 쓸 수는 없다."[6] 자기를 아끼는 덕성은 흔히 이에 상응하는 편협한 태도를 수반하곤 했는데, 플레이스의 경우에는 이것이 공리주의 및 맬서스주의 교리를 받아들이는 것으로 이어졌다. 그런데 플레이스가 초기 운동에 관한 최고의 기록자였던 관계로, 가난한 사람들의 무절제·무지·방탕함에 대한 그 자신의 혐오가 자연히 이같은 기록에도 영향을 미치지 않을 수 없었던 것이다. 더구나 개혁운동가들의 투쟁은 그들 자신의 계층 내에서 계몽과 질서, 절제(sobriety, 술을 마시지 않은 맑은 정신상태—옮긴이)를 뿌리내리

5) Joshua Marsden, *Sketches of the Early Life of a Sailor...* (3인칭으로 씌어진 자전기), (Hull, 발간연도 미상, 1812?). 18세기 선원에 대한 다른 견해를 보려면 R. B. Rose, "A Liverpool Sailor's Strike in the 18th Century," *Trans. Lancs. and Chesh. Antiq. Soc.*, LXVIII (1958) 을 보라.
6) Graham Wallas, *Life of Francis Place* (1918), 195면.

기 위한 투쟁이었다. 그같은 경향이 너무나 심했기 때문에 1802년에 윈덤
(Windham)은 약간의 과장을 섞기는 했겠지만 감리교도와 자꼬뱅주의자
들이 민중의 위락거리들을 분쇄하기 위해 동맹을 맺었다고 선언할 지경이
었다.

전자(감리교도—옮긴이)는 … 민중이 그들의 광신적 교리들을 받아들일 준
비를 갖추도록 하려고 모든 즐거운 일들을 금지하였다. 그런 한편, 자꼬
뱅파의 입장에서 볼 때는 그들의 교리를 좀더 쉽게 받아들이게 하기 위
한 수단으로서 하층신분의 성향에 좀더 큰 진지성과 엄숙성을 부여해야
한다는 것이 중요한 고려의 대상이었다.[7]

노동계급 운동에 면면히 흐르는 체질적인 진지함을 강조하고 싶어하는
사람들은 때때로 이 운동의 좀더 거칠고 떠들썩한 면모들을 과소평가해왔
다. 우리가 할 수 있는 것은 이에 대한 경고를 항상 염두에 두는 일이다. 우
리는 범죄자들, 병사들 및 선원들의 사회적 태도와 술집생활에 대해 더 깊
은 연구를 할 필요가 있다. 우리는 도학자적인 시선이 아니라('그리스도의
빈민들'은 언제나 아름답기만 했던 것은 아니다) 브레히트(Bertolt Brecht,
1898~1956. 독일의 극작가—옮긴이)적 가치 —숙명론, 기성체제측의 설교에
대한 빈정거림, 끈질긴 자기보존력 등— 에 대한 안목을 가지고 사료들을
보아야만 한다. 나아가 우리는 19세기 사회에까지 [음악연주장에, 혹은 디
킨즈(Charles Dickens, 1812~70)가 묘사하고 있는 써커스꾼들에게, 또 혹은
하디가 그려내고 있는 행상 및 광대패들에게] 전통을 물려준 발라드 가수
들 및 장터라고 하는 '지하세계' 또한 기억해야만 한다. 왜냐하면 '자기표현
이 불분명한 사람들'은 이런 방식들을 통해 치안관들, 공장주들, 감리교도
들로부터 가해지는 이것저것 금지가 심한 압력에도 불구하고 일정한 가치

---

7) 이 말은 윈덤이 황소괴롭히기 놀이(bull-baiting, 개를 부추겨 소를 괴롭히는 오락—옮긴
이)에 대한 토론석상에서 한 것이었다. 이 안건에 대해서는 대부분의 감리교도와 자꼬뱅
주의자들이 의견을 함께 하고 있었음이 분명하다. L. Radzinowicz, *History of the English
Criminal Law* (1948~56), III, 205~206면을 보라.

들—자발성, 즐길 줄 알고 상호간의 신의를 지켜갈 줄 아는 능력 등—을 보존해왔기 때문이다.

우리는 이들 '잠재적인 정치적' 전통이 초기 노동계급 운동에 영향을 미쳤던 방식을 두 가지로 나누어볼 수 있을 것이다. 그 하나는 폭동 및 폭도 현상이며, 또 하나는 잉글랜드인의 '생득권'에 대한 민중적 견해였다. 첫번째 문제를 살펴보자. 우리는 범죄에 대한 태도에서 일반민중은 언제나 그들 자신의 특유한 견해를 유지해왔으며, 이것이 때로는 국가의 법과는 아주 다른 불문율이 되기까지 하였다는 사실을 깨달아야만 한다. 어떤 범죄들은 두 법전 모두가 금지하고 있었다. 부인이나 자녀의 살해자는 타이번의 사형집행장으로 끌려가는 길에 돌팔매질당하고 저주의 말을 듣게 될 것이었다. 노상강도와 해적들은 민중적 발라드의 소재가 되곤 했는데, 때로는 영웅적 신화의 주인공으로 등장하였지만 또 때로는 젊은이들에게 주는 훈계의 실례로 동원되기도 하였다. 그러나 다른 범죄들 곧 화폐위조, 밀렵, 직접세(창문세, 십일조 따위)나 물품세의 포탈, 강제징병 회피 등은 민중집단 전체에 의해 적극적인 용인을 받았다. 밀수단은 당국과의 끊임없는 전쟁상태 속에서 살고 있었는데, 그들의 불문율은 쌍방이 다 주지하고 있었다. 즉, 당국은 배를 점령하거나 마을을 수색할 수도 있었고, 밀수자들은 체포에 맞서 저항할 수도 있었다—"그러나 방어, 혹은 경우에 따라 동료를 구출하기 위한 것이라면 모를까 그 이상의 정도로 전쟁을 수행하는 것은 밀수자들의 전술이 아니었다. 필경 뒤따르게 될 보복조치 때문이었다. …"[8] 그런 반면, 쉽게 저질러질 수 있으면서도 특정 공동체의 생계에 타격을 입히게 되는 다른 범죄들—양(羊) 도둑질 혹은 야외에 있는 옷감 너는 틀에서 천을 훔쳐가버리는 일 등—은 민중의 힐난을 불러일으켰다.[9]

공식법규와 불문율로 되어 있는 민중의 법규 사이의 이같은 구분은 어떠한 시대에나 상식이다. 그러나 이 두 가지 법규의 괴리 현상이 18세기 후반보다 더 심하게 일어났던 적도 드물다. 이 기간은 타이번의 사형집행장·감

---

8) Paul Swanston(외과의사), *Memoirs of... a Soldier's Life* (발간연도 미상).
9) 유형수들의 불문율적인 여러 전통에 대해 사정을 알려면 Russel Ward, *The Australian Legend* (Melbourne, 1958), 2장을 보라.

옥선·교도소(bridewell)를 한편으로 하고, 범죄·폭동·폭도식의 행동을 다른 한편으로 하여 계급전쟁이 수행되던 시기라고까지 할 수 있을 것이다. 라드지노비츠(Radzinowicz) 교수의 『잉글랜드 형법사』(History of the English Criminal Law)는 마음을 무겁게 누르는 사료의 권위까지 덧붙여서, 골드스미스(Oliver Goldsmith, 1728~74)에 의해 이미 오래 전부터 잘 알려져왔던 사회상을 재삼 확인해주고 있다.

제멋대로 노는 재판관 하나하나가 새로운 형법을 지어낸다,
법률은 빈자들을 찢어 으깨고, 돈 많은 사람들이 법을 다스린다. …

재산권을 침해하는 범죄들에 대해 점점 더 빈번하게 극형을 부과하는 데 책임이 있었던 것은 개별 재판관이 아니라(이것은 중요한 유보사항이다) 입법부였다. 왕정복고에서 죠지 3세(George III)의 사망에 이르는 기간 동안 사형에 해당하는 중범죄 수는 190가지나 증가하였다——다시 말해 한 해에 한가지 이상의 비율로 늘어났던 것이다. 그런데 그 가운데 63가지나 되는 것이 1760년에서 1810년 사이에 추가되었다. 좀도둑질뿐 아니라 원초적 형태의 공업반란(industrial rebellion)들——견직 수직기(手織機) 파괴하기, 공유지가 울타리로 둘러싸일 때 이 울타리들 부수어버리기, 곡식더미에 방화하기 등——도 사형으로 처벌받게 되어 있었다. 경찰력이 극히 불충분했고 '사법'행정이 엉성했음은 사실이다. 18세기 말에는 사형에 해당하는 중범죄의 가짓수는 증가했음에 반해 몇몇 배심원단은 이같은 판결을 내리기를 꺼려 하게 되었으며, 사형선고를 받은 범죄자들 중에서 실제로 처형 당한 사람의 비율이 감소했다고 하는 것 또한 사실이다.[10] 그러나 일단 사

10) L. Radzinowicz, 앞의 책, I, 1부 및 2부를 보라. 라드지노비츠 박사는 1749~58년에 런던과 미들섹스에서 사형선고를 받은 527명 가운데 365명이 처형당했음에 반해, 1790~99년에는 745명이 사형선고를 받았지만 실제로는 220명밖에 처형당하지 않았음을 보여주고 있다. 이렇듯 사형선고를 받은 사람에 대한 실제 처형자의 비율은 대략 3분의 2에서 3분의 1로 떨어지고 있다. 더구나 1800년대에는 이 비율이 계속 떨어지게 된다. 그러나 다른 한편으로 볼 때, 처형건수의 대다수는 재산권을 침해한 범죄에 대한 것이었다. 예를 들어 1785년에 런던과 미들섹스에서 집행된 97건의 처형 가운데 살인에 대한 것은 단 한 건뿐이었고, 43건은 강도사건에 관한 것이었으며, 그 나머지는 모두 재산권을 침해한 범죄에

형선고가 내려지면 설사 그 집행이 유예된다 하더라도 대신 부과되는 것은 대개 끔찍한 생지옥이나 다름없는 감옥선에의 유폐나 유배였다. 타이번으로의 (나중에는 뉴게이트 바깥쪽의 교수대로의) 행진은 18세기 런던의 주된 행사 중 하나였다. 마차에 탄 죄수──남자들은 화려한 옷을, 여자들은 흰옷을 입었으며 이들은 바구니를 들고서 그 속에 든 꽃과 오렌지를 군중에게 던졌다──들, 그들의 '최후진술'(이는 심지어 사형수가 손수건을 떨어뜨려 집행을 시작하라는 신호를 사형집행인에게 내리기도 전에 팔리는 경우조차 있었다)을 읊는 발라드 가수들 및 행상들, 이 모든 '타이번 사형집행장의 상징'들은 런던 민중문화의 한복판에 자리하고 있는 의식(儀式)이었다.

상업의 팽창, 인클로우저(enclosure) 운동, 산업혁명의 초기시대──이 모두는 교수대의 그늘 속에서 일어났다. 백인노예들은 아메리카의 플랜테이션에서 혹은 그후에는 반 디먼즈 랜드(Van Diemen's Land, 네덜란드 동인도회사의 초대총독인 반 디먼Van Diemen가 발견한 오스트레일리아의 한 섬으로 지금의 명칭은 태즈메이니어Tasmania이다─옮긴이)에서 일하기 위해 영국 해안을 떠나갔지만 브리스틀과 리버풀은 흑인노예제로부터 얻어지는 소득으로 부유해졌다. 또한 서인도제도의 플랜테이션으로부터 온 노예소유자들은 바스(Bath, 고대 로마시대부터 유명한 온천장으로서 1727년 건축가인 존 우드 부자에 의해 도시계획이 이루어졌으며 상류층의 휴양지로 유명하다─옮긴이)의 결혼시장에서 그들의 부(富)를 유서 깊은 가문들과 접붙이기하였다. 이것은 유쾌한 광경은 아니다. 좀더 낮은 사회층 사이에서는 경관이니 간수니 하는 자들이 범죄의 풀밭에서 풀을 뜯어먹고 있었다. 피살자의 유족에게 주는 배상금, 압류된 돈, 그리고 자신들에게 피해입은 자들을 상대로 벌이는 주류판매 등을 통해서 말이다. 절도범 체포자들에 대한 상금 지급이 등급제로 되어 있었기 때문에 이에 혹하여 그들은 피고의 범죄사실을 불려서 말하곤 하였다. 빈민들은 토지에 대한 그들의 제권리를 잃어버렸으며, 그들 자신의 빈곤과

대한 것이었다(문서위조, 말도둑 등). 이같은 숫자는 전국적인 경향을 보여주고 있으며, "1785년에는 사형이 거의 전적으로 경제사범에 대해서만 부과되었다"고 라드지노비츠 박사는 결론짓고 있다.

불충분한 예방조치들로 인해 범죄의 유혹을 받았다. 그리고 소직종인이나 마스터들은 채무자 감옥에 가지나 않을까 두려워하여 문서위조나 불법거래를 저지를 생각을 품게 되곤 하였다. 범법사실이 증명되지 않은 경우에조차 치안판사(Justice of Peace, 용어해설 참조—옮긴이)는 유랑자나 육신이 멀쩡한 부랑자 혹은 미혼모를 브라이드웰 교도소(혹은 이른바 '교정원')—저 흉악하고 질병으로 찌든 곳, 부패한 관리들이 운영하며 그 형편없는 상태로 말하자면 존 하워드에게 가장 열악한 감옥보다도 더 심한 충격을 주었을 정도였던 그곳—에 넘겨버릴 수 있는 광범한 권리를 가지고 있었다. 재산권을 침해하는 최대의 범죄는 곧 아무것도 소유하지 못했다는 사실 자체였다.

법률은 증오받았을 뿐만 아니라 경멸받기까지 하였다. 사람들을 사형집행대에까지 몰고 가는 정보원은 당연히 미움을 받았지만, 이들만큼 격심한 민중의 증오를 받은 것은 손쓸 도리 없는 흉악범뿐이었다. 그리고 유산자들의 뭇 법률에 대한 저항운동은 개별 범법행위라는 형태를 취했을 뿐만 아니라 단편적이고 산발적인 봉기행위—이런 경우에는 수많은 참가자들 덕분에 일부는 처벌을 면제받았다—의 형태를 띠기도 하였다. 위빌이 카트라이트 소령에게 '무법적이고 광포한 어중이떠중이'의 '난폭한 짓거리'에 대해 경고했을 때 그는 지어낸 이야기를 가지고 이의를 제기했던 것이 아니다. 영국 민중은 소란스러움으로 온 유럽에서 유명하였으며, 런던의 민중은 그 불손함으로 외국인 방문객들에게 놀라움을 안겨주곤 하였다. 18세기와 19세기 초는 빵가격, 도로세 및 각종 통행세, 물품세, '불법구출', 스트라이크, 새로운 기계류, 인클로우저, 강제징병단 및 여타 갖가지 불만거리들로 인해 야기된 폭동으로 점철되어 있다. 특정한 불만사항들에 대한 직접행동은 한데 합쳐져 한편으로는 '폭도'의 대규모 정치적 봉기들—1760년대 및 1770년대의 윌크스파 운동, 고든 폭동(1780), 런던 가두에서의 폭도들의 국왕습격(1795년 및 1820년), 브리스틀 폭동(1831), 버밍엄 투우장 폭동(1839) 등—로 확대되었다. 그리고 또 한편으로는 조직적 형태의 지속적인 불법행동 내지 준(準)봉기—즉 러다이트 운동(Luddism, 1811~13), 이스트 앵글리어 폭동(1816, 일리Ely 폭동—옮긴이), '최후의 노동자 폭동'(Last

Labourers' Revolt, 1830), 레베카 폭동(Rebecca Riots, 1839년 및 1842년), 그리고 플러그 폭동(Plug Riots, 1842. 랭커셔에서 임금감소에 반대해 일어난 파업, 파업자들이 보일러의 플러그를 뽑아버린 데서 이런 이름이 붙었다—옮긴이) 등——로 나타났다.

이 두번째, 준봉기적인 형태에 대해서는 러다이트 운동을 고찰하면서 좀더 자세히 살펴보게 될 것이다. 이는 특정한 조건 속에서 일어났으며, 흔히고도로 조직되어 있었을 뿐 아니라 지역공동체의 보호를 받았던 그런 형태의 직접행동이었지만 우리는 이에 대해 쉽사리 일반화를 내릴 수는 없는형편이다. 첫번째 형태의 것은 오늘날에 이르러서야 비로소 역사가들의 주목을 받기 시작하고 있다. 뤼데 박사는 『프랑스혁명에서의 군중』(*The Crowd in the French Revolution*)이란 그의 연구서에서 "외부의 이익집단을 위해 움직이는 고용부대란 의미에서의 '폭도'란 용어는 … 신중하게, 특정한 경우별로 합당하다고 인정할 수 있을 때에만 사용해야 할 것이다"라고 제안하고 있다. 역사가들은 더이상의 분석을 피하기 위해 혹은 (약탈물을 차지하고 싶은 욕심에서 움직이는 범죄적 분자들이란 암시를 풍기며)편견의 표시로서 이 말을 안일하게 너무 자주 사용해왔다. 아울러 뤼데 박사는 혁명기 프랑스뿐 아니라 18세기 후반 잉글랜드에서의 폭동을 논의하는 데에도 '혁명적 군중'이란 용어가 더 유용할 것 같다고 제안하고 있다.

이 구분은 유용하다. 18세기 영국에서의 폭동적 행위들은 두 가지 상이한 형태를 띠고 있었다. 그 하나는 다소 자연발생적인 민중적 직접행동의형태였고, 다른 하나는 군중의 '위에 있는' 혹은 군중과 떨어져 있는 인물들이 하나의 압력수단으로 고의적으로 군중을 이용하는 형태였다. 첫번째 형태는 그것이 응당 받아야 할 만큼의 주목을 받지 못해왔다. 이는 '폭동'이란말의 어감보다 더 분명한 민중적 재가를 받고 있었으며, 한층 지적인 전통들에 의해 그 타당성을 확보하고 있었다. 가장 일반적인 실례는 1840년대까지 거의 모든 도시며 주에서 되풀이하여 발생했던 빵폭동 혹은 식량폭동이다.[11] 이것이 창고를 부수어 연다거나 가게를 약탈하는 것으로 귀결되는

---

11) 폭동의 사례들에 대해서 살펴보려면 R. F. W. Wearmouth, *Methodism and the Common People of the Eighteenth Century* (1946)를 보라.

단순한 소동으로 그치는 경우는 드물었다. 이는 민중의 생활필수품을 가지고 폭리를 취함으로써 식료품 가격을 앙등시키는 불공정한 방법은 전적으로 비도덕적인 것이라고 가르치는, 구래의 도덕경제학의 논리에 의해 그 정당성을 인정받고 있었다.

　도시의 공동체에서도, 농촌의 공동체에서도 소비자의식이 다른 형태의 정치적 혹은 산업적 적대관계의 형태들보다 우선하였다. 임금이 아니라 빵 가격이 민중 불만의 가장 민감한 지표였다. 장인들, 자영 수공업기술자(craftsman, 용어해설 참조―옮긴이)들, 혹은 콘월(Cornwall) 지방의 주석광산 노동자들(이곳에서는 '자유로운' 광부의 전통이 19세기까지 그들의 행동방식에 영향을 미쳤다)[12] 같은 집단들은 자기네 임금이 관습에 의해 혹은 그들 자신의 교섭에 의해 조절된다고 생각하고 있었다. 그들은 자기네 식료품을 응당 자유로운 시장에서 살 수 있으리라 생각하고 있었으며, 물자부족의 시기에도 여전히 물가가 관습에 의해 조절되리라 기대하고 있었다. (품귀현상은 불가피하게 물가의 등귀를 초래한다는 지극히 엄정한 수요와 공급의 '법칙'은 소비자와 판매자의 직접거래라고 하는 좀더 오래된 사고방식이 여전히 지배하고 있던 민중의 마음에는 결코 받아들여지지 못했다.) 물가의 급격한 상승은 예외없이 폭동을 촉진하였다. 입법과 관습의 복잡하게 얽힌 기제가 '빵의 공정가격'(assize of bread), 빵덩어리의 규격과 질을 통제했다.[13] 심지어는 몇가지 관습적 도량형이 이미 사용되고 있는 상황에서 밀 판매용으로 표준형 윈체스터(Winchester) 도량형을 도입하려던 시도조차 폭동을 초래했을 정도였다. '노스 데번 농업협회'(North Devon Agricultural Society)가 1812년에 바이드퍼드(Bideford) 시장에서 표준형 윈체스터 부셸(bushel, 파운드법에서의 부피 단위―옮긴이)제도를 도입했을 때

---

12) 콘월의 '삯일광부'('tributer' 또는 'tut-worker')들은 직접계약 노동자들로서, 그들 가운데 소수는 18세기 후반에도 여전히 청어잡이, 소(小)보유지 등으로 다양한 일거리에 종사하고 있었다. (요크셔의 몇몇 납광산 광부들의 경우에도 이러한 사례를 찾아볼 수 있다.) J. Rowe, *Cornwall in the Age of the Industrial Revolution* (Liverpool, 1953), 26~27면을 보라.

13) 이 복잡한 정황에 대해서는 C. R. Fay, *The Corn Laws and Social England* (Cambridge, 1932), 4장을 보라.

그 주도적 회원 가운데 한 사람은 다음과 같은 소름끼치는 편지를 받았다.

… 겨울밤은 아직 지나가지 않았으니 네 몸은 살아 집으로 돌아가지 못
하리라——혹 네가 어쩌다, 이 편지를 쓰는 손의 일격을 벗어나게 된다
할지라도 그때엔 불 밝힌 성냥이 손색없이 처형해내게 되리라. 나는 너
의 가족을 알지 못하나 어쨌든 그들은 모두 불길에 휩싸이게 될 것이며,
너의 송장 같은 것이 눈에 띄게라도 되면 그것은 개들의 차지가 될 것이
다. 짐승들이 달려들어 뜯어먹을 수분(水分)이라도 남아 있는 한 ….[14]

식량폭동은 때로는 난폭하기까지 하였다. 예를 들면 치즈란 치즈는 모두
거리로 굴러떨어졌던 1764년 노팅엄의 구즈 정기시(Goose Fair)에서의 '대
(大)치즈폭동'이라든가, 같은 노팅엄에서 비싼 고기 가격 때문에 일이 터져
사람들이 도살장 출입문과 셔터를 뜯어내고선 이를 푸줏간 주인의 회계장
부와 함께 시장터에서 불태워버렸던 1788년의 폭동 등이 그러한 경우였
다.[15] 그러나 우리는 이같은 폭력행위조차 단순한 기아가 아니라 그보다 더
복합적인 동기에서 일어났음을 알 수 있다. 곧 소매상인들은 고기 가격과
낮은 질 때문에 응징을 받고 있었다. '폭도'들이 관습적인 행동유형의 테두
리 내에서 스스로 규율을 지키는 태도를 보여주는 경우는 더욱 빈번하였
다. 존 웨즐리는 그의 『일지』에 아일랜드의 제임즈 타운(James' Town)에
서 있었던 폭도들의 행동을 기록하였는데, 이것은 아마도 그가 전생애에서
유일하게 소요행위를 칭찬한 경우였을 것이다.

폭도들은 하루종일 일을 벌이고 있었다. 그러나 그들의 용건은 오직 시
장의 매점(買占)꾼(forestaller)들에게, 곧 가난한 사람은 굶어죽으라는
양 멀고 가까운 곳의 곡식이란 곡식은 모두 사재기해서 부두에 정박한
네덜란드 선박에 싣고 있던 이 인간들에게 있을 뿐이었다. 폭도들은 이

---

14) Skurray to Home Office, 1812년 3월 25일자에 포함되어 있는 'Thomas Certain'(토머스
아무개)으로부터의 동봉물, *Home Office Papers*(*H.O.*), 42집, 121.
15) J. Blackner, *History of Nottingham* (Nottingham, 1815), 383~84면.

모든 것을 끄집어내 시장으로 가져갔으며 여기서 원래의 소유자들을 위하여 이를 정상가격으로 판매하였다. 그들은 이같은 일을 지극히 평온하고 침착하게, 그 누구도 치거나 다치게 하는 일 없이 처리하였다.

1766년에 호니턴(Honiton)에서는 레이스공들이 농장주들의 농장 안에서 곡물을 압수하여 이를 자기네가 시장에 가져가서 판 다음 돈과 함께, 심지어 포대까지도 농장주들에게 되돌려주었다.[16] 같은 해 템즈 밸리(Thames Valley)에서는 몇몇 촌락과 도시(애빙든Abingdon, 뉴베리Newbury, 메이드스턴Maidstone)에 '규제자'(regulator)들이라고 자칭하면서 모든 식료품에 대해 민중가격을 강제로 부과하는 대규모 노동자무리가 찾아들었다. (이 행위는 유료도로에서 일하던 일단의 사람들로부터 비롯되었는데 그들은 "한목소리로 모두가 하나같이 뉴베리로 오라, 빵값을 싸게 만들기 위해서"라고 외치고 있었다.)[17] 1783년 핼리팩스에서 있었던 한 예는 이와 마찬가지 형태의 대중의 위협 및 대중의 자기규율을 또다시 보여주고 있다. 군중은 도시 외곽의 직조업 촌락으로부터 모여들어, 퇴역병사이자 화폐위조자인 토머스 스펜서(Thomas Spencer)를 대장으로 삼아 꽤 질서정연하게 ('둘씩' 대오를 이루고 있었다) 시장터로 내려갔다. 곡물상인들은 포위당했으며 귀리는 한 바리당 30실링, 밀은 한 바리당 21실링씩에 팔 것을 강요당했다. 결국 스펜서와 동료들은 처형당하고 말았는데, 이들의 처형 때에는 이들을 구출하려는 시도가 있을 것을 예상하여 대대적인 병력이 동원되었으며 장례마차는 무려 수마일에 걸치는 애도객의 행렬이 따르는 가운데 스펜서의 고향마을을 향해 콜더 밸리(Calder Valley)를 올라갔다.[18]

그같은 '폭동들'은 민중의 입장에서는 정의로운 것으로 여겨졌으며, 그 지도자들은 영웅으로 생각되었다. 대부분의 경우 이들 폭동은 관습가격 혹은 프랑스식 '민중 지정가격'(taxation populaire)과 유사한 민중가격으로

---

16) R. B. Rose, "18th Century Price-Riots, the French Revolution, and the Jacobin Maximum," *International Review of Social History*, IV (1959), 435면을 보라.

17) *Treasury Solicitor's Papers*, II, 3707.

18) H. Ling Roth, *The Yorkshire Coiners* (Halifax, 1906), 108면.

식료품을 팔도록 강요하는 것으로 절정에 이르곤 했는데,[19] 이때 그 매상금은 원래의 소유자에게 돌려지곤 하였다. 더구나 이들 폭동은 언뜻 보기보다 더 많은 준비와 조직을 요하였다. 때로는 가격이 내려가기를 기다리면서 '폭도'들이 여러 날씩 시장터를 통제하기도 하였고, 때로는 실력행사가 있기 전에 손으로 쓴(1790년대에는 인쇄된) 전단이 뿌려지기도 하였으며, 또 때로는 남자들 무리가 도로에서 부두에서 강에서 곡물을 몰수하는 동안 여자들이 시장터를 통제하기도 하였다. 한 남자 혹은 한 여자가 검은 리번으로 장식되고 몇가지 구호가 씌어 있는 빵덩이를 높이 들어올리면 그것이 곧 행동개시 신호가 되는 경우가 아주 흔하였다. 1812년 9월 노팅엄에서의 실력행사는 몇몇 여자들이 시작하였는데,

> 그들은 반 페니짜리 빵덩이에 붉은 황갈색 줄을 죽죽 긋고 그 둘레에 …
> '삼베천에 싸여 피 흘리는 기근'을 상징하는 검은 크레이프 천조각(상복
> 이나 상장용의 비단 천 ─ 옮긴이)을 매단 다음 이를 낚싯대 꼭대기에 찔러 꽂
> 았다.[20]

그같은 '폭동들'이 다반사처럼 일어난 해는 전유럽적 기근의 해였던 1795년이었는데, 이때는 오랜 민중적 전통이 자꾀뱅적인 소수파 의식(consciousness of a minority)에 의해 더욱 강화되었다. 물가가 치솟자 나라 전체에 직접행동의 물결이 퍼졌다. 노팅엄에서는 여자들이 "빵집마다 돌아다니면서 가게 안에 쌓여 있는 재고품에다 자기네들이 정한 가격을 붙인 다음 돈을 꺼내 내려놓고 빵을 가져갔다". 글로스터(Gloucester) 시장은 걱정스러운 어조로 다음과 같이 썼다.

나는 요 며칠 동안 인근 도시들을 돌아다니면서 제분업자나 제빵업자 소유의 밀가루, 밀, 빵 등을 인하된 가격으로 팔고 다니는 딘 숲(Forest of Dean)의 채탄부들이 이곳에도 찾아오지 않을까 하는 두려움을 가지고

19) R. B. Rose, 앞의 글을 보라.
20) J. F. Sutton, *The Date-Book of Nottingham* (Nottingham, 1880년판), 286면.

있는데, 그럴 만한 근거는 충분히 있다.

뉴카슬에서는 군중이 시 관리들이 보는 앞에서 버터는 1파운드당 8페니, 밀은 한 볼(boll)당 12실링, 감자는 한 바리당 5실링씩에 팔도록 강요하였는데 폭력사태는 일어나지 않았다. 위즈비치(Wisbech)에서는 '구덩이 파는 인부들'('숫자로만 따져도 가공할 만한 가장 난폭한 일당') 즉 도랑파기, 농장울타리 세우기 등에 고용되던 농업노동자 패거리가 쇠스랑에 6페니짜리 빵덩어리를 찔러 꽂은 어떤 사람의 지휘하에 시장에서 폭동을 일으켰다. 칼라일(Carlisle)에서는 하역창고에 숨겨놓은 곡식이 적발되어 그것뿐 아니라 이미 배에 실린 짐까지도 시청으로 운반되어 한 바리당 18실링씩에 팔렸다. 콘월에서는 '주석광산 노동자들'이 농지들마다 한데 몰려들어 자기네들이 설정한 '최고가격법'(Laws of the Maximum)을 강요하였다.[21]

그같은 규모의 행동들(다른 경우에도 이런 일이 많았다)은 대단히 깊이 뿌리박혀 있는 행위 및 신념의 유형을 보여준다. 더구나 이런 행동은 너무나 널리 퍼져 있어서 추밀원(이 기관은 1795년 5월부터 12월 사이에 양곡 조달 문제에 깊이 관여하고 있었다)조차 한 주에서 다른 주로의 식량의 안전수송을 거의 보장할 수 없을 정도였다. 농촌과 도시 사이에 일종의 전쟁상태가 팽배해갔다. 농촌지역의 주민들은 자기네는 굶어죽도록 내버려진 채 자기들의 곡식은 도시로 보내지게 되리라고 믿고 있었다. 농장주들은 곡물이 민중가격에 팔리게 될까 두려워하여 이를 시장에 내가기를 거부하였다. 항구에서는 곡물수송선이 정박당하곤 하였다. 이는 도매상인들이 곡물을 외국으로 내보내고 있다는 민중의 판단 때문이었다. 치안관들은 자기네 관할지역에서 곡물이 차압되는 것을 묵인하곤 하였다. 위트니(Witney)에서는 "주민들이 … 나라 밖으로 내보내질 참이던 일부 곡물을 빼앗아 도로 가져온 후 싼값에 팔았다". 케임브리지에서는 밀바리들이 정지당하여

---

21) 노팅엄에 대해서는 J. F. Sutton, 같은 책, 207면; 글로스터·위즈비치·칼라일에 대해서는 H.O., 42집, 35; 뉴카슬에 대해서는 E. Mackenzie, *Descriptive and Historical Account of Newcastle-upon-Tyne* (Newcastle, 1827), 72면; 콘월에 대해서는 J. Rowe, 앞의 책, 104~105면, 그리고 이보다 후기의 활동들에 대해서는 같은 책, 142, 158~62, 181~84면. W. P. Hall, *British Radicalism, 1791~1797* (New York, 1912), 202~15면도 보라.

시장터에서 다 팔려버렸다. 웨스트 라이딩에서는 콜더강과 에어(Aire)강에 있던 짐배들이 폭도들에 의해 정지되고 압수당하였다. 버퍼드(Burford)에서는 곡식 한 바리가 도시 밖으로 보내지는 것을 민중이 가로막고 이를 부셸당 8실링씩에 팔았다. 한 치안관은 버밍엄의 민중이 출동하여 버퍼드를 공격할까 두려워하였다. 웰즈(Wells)에서는 '대단히 많은 여자들'이 곡물선박들이 런던으로 운항해가는 것을 가로막았다.[22]

이같은 민중의 행동은 전통적인 온정주의적 도덕경제에 의해 정당성을 부여받았다. 비록 18세기 말경에는 매점꾼과 사재기꾼들에 대한 옛 입법이 대부분 철회 혹은 폐기되어 있기는 했지만, 그래도 이는 민중의 전통 속에서도 그리고 또 다른 사람도 아닌 바로 최고법원장(케니언)을 비롯한 몇몇 온정주의적 토리파 인사들의 생각 속에서도 변함없이 힘차게 살아남아 있었다. 케니언(Kenyon)경은 1795년에 매점매석은 보통법(common law)상으로 여전히 범법행위라고 하는 자신의 견해를 밝힌 바 있다.[23] 민중의 마음속에서는 식료품 가격을 올릴 생각으로 자행되는 그 어떤 착취성 행위들도, 특히 도매상인들·제분업자들·제빵업자들·일체의 중간업자(middleman)들의 행위들도 다 이같은 범법행위에 포함되는 것이었다. "저들 잔악한 악당들, 제분업자들, 제빵업자들과 밀가루상인들이 작당하여 풍요로운 나라에 인위적인 기근을 야기할 목적으로 자기네 멋대로 밀가루값을 올리고 있다"——1795년에 레트퍼드(Retford)에서 뿌려진 전단에는 이렇게 씌어 있다. "곡식도매상들, 우리가 도붓장수·밀가루장수라 부르는 종류의 인간들, 곡물을 손아귀에 움켜쥔 인간들, 이들이 이를 꿍쳐놓고 가난한 사람들에게 제멋대로의 가격으로 팔고 있습니다"라고 리즈의 몇몇 노동자들이 작성한 청원서에는 씌어 있다.[24] 사람들은 대(大)제분업자들이 가격을 올리기 위해 곡물을 사재기한다고 믿었다. 버밍엄의 스노우 힐(Snow Hill)에

---

22) *Privy Council Papers*, A. 56/8; *H. O.*, 42집, 35/7.

23) 옛 법규들은 1772년 및 1791년에 철폐되었지만, 1790년대에도 복잡한 상황이 존속하고 있었는데 이에 대해서는 C. R. Fay, 앞의 책, 4장; D. G. Barnes, *History of the English Corn Laws* (1930), 5장을 보라.

24) C. R. Fay, 앞의 책, 44면; Leeds petition to Duke of Portland, 1795년 7월 20일자, *H. O.*, 42집, 35.

서는 1795년에 증기로 돌아가는 큰 제분소 하나가 습격당했으며, 런던에 있는 대규모의 앨비언 제분소는 두 번이나 불타버렸다. 첫번째 사건이 터졌을 때는 방화라는 소문이 돌았는데, 왜냐하면 이 제분소가 갖가지 불량 밀가루를 만들어낸다고 알려져 있었기 때문이다. 민중들은 "기꺼워하는 구경꾼들"이었으며, "이를 환호하는 발라드들이 인쇄되어 그 자리에서 불렸다". 두번째 사건이 일어났을 때(1811)에도 "민중들은 화재를 보고 환호하였다".[25]

이렇듯 18세기의 마지막 몇년은 자유시장경제에 맞서 구래의 도덕경제를 다시 회복하기 위한 민중의 최후의 필사적인 노력이 기울여졌던 시기였다. 이같은 노력을 기울일 때 그들은 옛날식으로 생각하는 치안판사들로부터 어느정도 지원을 받기도 하였으니, 곧 이같은 치안판사들은 매점상인들을 기소하겠다고 위협하는가 하면 시장에 대한 통제를 강화하거나 혹은 밭에서 아직 자라고 있는 곡물들을 사재기하는 투매꾼들에 대해 경고하는 성명서들을 공표하기도 하였다.[26] 빵가격에 맞춰서 임금에 보조금을 지원하기로 한 1795년 스피넘랜드(Speenhamland)의 결의는 이같은 맥락 속에서 이루어진 것으로 보아야 한다. 시장터의 관습이 무너져가고 있던 곳에서는 온정주의자들은 구휼의 차원에서 이를 계속 살려가고자 하였다. 그러나 오랜 관습적 사고방식은 그리 쉽게 소멸되지 않았다. 1795년에서 1800년 사이에는 사재기행위에 대해 산발적으로 기소가 행해졌다. 1800년에는 민간 기소단체들이 다수 결성되었는데 이들 단체는 유죄판결이 내려지는 경우 이에 대한 사례금을 지급하였다. 한번은 사재기행위에 대해 내려진 중요한 유죄판결이 고등법원에서도 그대로 인정되었는데 이에 대해 케니언경은 명백한 만족을 표시하였다.[27] 그러나 이는 낡은 온정주의적 소비자 보호조

25) C. Gill, *History of Birmingham*, I (Oxford University Press 1952), 128면; R. Southey, *Letters from England*, III (제2판, 1808), 179~81면; *Alfred*, 1811년 10월 25일자.
26) 예를 들어 글로스터의 지도급 인사들로 구성된 한 위원회는 (1795년 6월 26일) 투매와 사재기 행위에 대해 기소하겠다고 위협하는 결의안을 통과시켰는데 이에 대해서는 *H. O.*, 42집, 35를 보라. G. C. Miller, *Blackburn: The Evolution of a Cotton Town* (Blackburn, 1951), 23면 및 60~63면에 수록된 *Blackburn Mail*, 1795년 7~9월 기사들의 발췌문들도 참고할 것.

치를 고수하려 든 마지막 시도였다. 그후로는 관습적인 통제체제가 완전히 붕괴되어버림으로써 보호무역론을 내거는 지주들과 자유방임주의를 표방하는 대(大)상인들로 구성된 의회에 대한 민중들의 환멸을 크게 촉진하게 되었다.

'폭도'행위 가운데 겨우 이 한가지 형태만을 고찰하면서도 우리는 짐작치 못했던 복잡한 사정에 부딪혀왔다. 왜냐하면 그같은 형태의 민중적 직접행동 하나하나 뒤에는 이를 정당화시켜주는 일종의 권리 개념이 깃들여 있었기 때문이다. 또다른 한편, '폭도'를 뤼데 박사가 내린 정의('외부의 이익집단을 위해 움직이는 고용부대')에 훨씬 가까운 방식으로 이용하는 것은 18세기에는 기정사실화된 수법이었으며, 그렇게 자주 지적되지는 않았지만 이 수법은 바로 권력당국에 의해 오랫동안 사용돼왔다. 1688년의 협정은 결국 타협의 산물이었다. 따라서 이 협정의 수혜자들의 입장에서 볼 때는 한편으로는 교황파(잠재적인 제임즈 복위파)에 대한, 그리고 또 한편으로는 반국교도들(잠재적인 수평파)에 대한 민중의 반감을 조장함으로써 자기네 위치를 공고히해둘 필요가 있었다. 치안이 아주 허술하던 이 나라에서는 폭도란 치안관을 도와주는 대단히 유용한 보완책이었다. 젊은 시절의 존 웨즐리와 그 휘하의 초창기 야외설교사들은 치안관의 허가증을 가지고 활동하는 이들 폭도들과 종종 부딪치곤 하였다. 가장 격렬했던 부딪침 가운데 하나는 1743년 웬즈버리(Wednesbury)와 월솔(Walsall)에서의 일이었다. 웨즐리의 서술에 따르면 폭도들은 대단히 들떠 있었으며 그들 자신의 목적이 무엇인지도 제대로 이해하지 못하는 상태에 있었다. 이 '어중이 떠중이의 두목들'은 '도시의 영웅들'이었다. 그러나 신분이 확인된 유일한

---

27) C.R. Fay, 앞의 책, 55면; D.G. Barnes, 앞의 책, 81~83면; J. Ashton, *The Dawn of the Nineteenth Century in England* (1906), 240~41면; W. Smart, *Economic Annals of the 19th Century*, I (1910), 5~6면; G.C. Miller, 앞의 책, 94, 103면; J.A. Langford, *A Century of Birmingham Life*, II (Birmingham, 1868), 101~102면; 특히 J.S. Girdler, *Observations on the Pernicious Consequences of Forestalling, Regrating, and Ingrossing* (1800), 209~15면을 보라. 곡물가격을 정할 권한을 치안관에게 부여하자는 결의안을 상원에서 제출했다가 실패하였던 워릭(Warwick) 백작은 지난 몇달 동안에만 해도 "매점과 사재기 및 독점 행위들에 대해 자그마치 400건이나 되는 유죄판결이 내려졌었다"고 선언하였다. *Parliamentary History*, XXXV (1800), 839면.

사람들은 '착실한 푸주한'과 '곰사육장의 직업 권투선수'였는데 그들은 둘 다 갑자기 입장을 바꿔 웨즐리 편에 가담해버렸다. 이 폭도들이 현지 치안관들의 지원을 받았을 뿐 아니라, 한 지역 국교회 목사로부터도 지원을 받고 있었음을 알고 나면 사정은 훨씬 명백해진다. 이 목사는 ('벽돌쌓기공이니 배관공 겸 유리공이니 하는') 웨즐리파 지방설교사들이 국교회에 대한 채탄부들의 '애착심을 식어버리게 하고' 성직자들을 '멍청이'라 부르고 있는 것 때문에 이 설교사들에 대해 노발대발했던 것이다. 웨즐리의 설명에 따르면 실제로 "몇몇 젠틀먼(gentleman, 용어해설 참조—옮긴이)들은 … 와서 자기 몫을 다하지 않는 채탄부나 광부를 해고시키겠다고 위협하였다".[28] 존 넬슨의 『일지』는 그림즈비(Grimsby)에서의 한 예를 보여주고 있다. 이곳에서는 다름아닌 영국국교회의 목사가 나서서,

> 한 사람에게 명하여 도시 전체를 누비면서 이 도시의 북을 치게 하고선, 자기가 직접 고수의 앞장을 서서 다니면서 모을 수 있는 데까지 모든 어중이떠중이를 다 모아들여 그들에게 술을 주고는 이 고수와 함께 가서 교회를 위해 싸워달라고 부탁하였다.

넬슨이 설교하고 있는 집 문 앞에 서서 폭도들을 향해 "집을 헐어버려! 집을 헐어버려!" 하고 소리친 것도 바로 이 교구목사였다.

그러나 이같은 사례들은 특정한 사안들에 대한 민중의 감정이 지방적 차원에서 표출된 경우였음에 반해, 이보다 더 중요했던 것은 런던의 폭도들이었다. 그들의 존재는 18세기 정치사에서 끊임없이 감지되고 있었으며, 윌크스는 1760년대에 이들을 권력기관의 통제권에서 완전히 벗어나게 한 바 있다. 어떤 의미에서 런던의 폭도는 자의식을 가진 급진적 군중이 되어가고 있던 이행기적 폭도였다. 반국교주의와 정치적 교육의 효모는 이미 작동하면서 민중으로 하여금 민중의 자유 수호를 위해, 권력에의 저항을 위해, "부자에 대한 빈자들의 근본적 갈등이 … 명백히 드러나게 되는 사회

---

28) J. Wesley의 *Journal*, I (Everyman판), 438~44, 455면; *Some Papers giving an Account of the Rise and Progress of Methodism at Wednesbury* (1744), 8면.

적 저항운동을 위해 …" 단호히 나서게끔 하고 있었다.[29] 스피틀필즈의 견직공들과 그들의 도제들은 오랫동안 반(反)권위주의적 소요를 자주 일으키곤 한 것 때문에 잘 알려져왔다. 뤼데 박사는 그의 연구서 『윌크스와 자유』(*Wilkes and Liberty*)에서 공업갈등이 윌크스적 시위로 발전하게 되고 군중의 구호가 "국왕타도, 정부타도, 재판관들 타도!"라거나 "이는 혁명을 위해 지금까지 주어진 것 중 가장 영광스러운 기회이다"라는 등의 공화주의적 혹은 혁명적 경향을 띠게 된 경우들을 기록하고 있다. 거의 10년 동안이나 런던과 남부지방은 (한 비판자의 표현을 빌리자면) "지키는 사람도 없고, 그저 윌크스란 말 한마디만 듣고선 자극받아 일어나는 비렁뱅이 같고 게으르고 술 취한 폭도들의 손아귀 아래 놓여 있는 거대한 정신병원 (Bedlam, 베들럼은 원래 런던의 한 정신병원 이름이나 정신병원 일반을 가리키는 보통 명사처럼 사용되기에 이르렀다―옮긴이) …"과도 같아 보였다.[30] 이들이야말로,

쎄인트 죠지 필즈(St. George's Fields)에서 하이드 파크 코너(Hyde Park Corner)에서 시장관저에서 의회광장에서 쎄인트 제임즈(St. James) 궁에서 시위를 했던, 씨티(the City, 런던의 상업 및 금융 중심 지역―옮긴이)와 웨스트민스터(Westminster) 그리고 써더크의 거리에서 '윌크스와 자유'를 외쳐대거나 이를 건물 벽 같은 데 분필로 써놓곤 했던, 할리(Harley) 지사와 일반 사형집행인들이 『노스 브리튼』(*The North Briton*)지 45호를 불태우고자 했을 때(『노스 브리튼』은 윌크스가 펴내던 잡지로서 그 제45호에서 윌크스는 1763년의 빠리강화조약과 국왕의 의회개원칙어를 비판하였다. 이 때문에 의회는 이 호에 대해 소각령을 내렸다―옮긴이) 왕립주식거래소(Royal Exchange)에서 이들에게 돌팔매질했던, 뷰트(Bute)경과 에그리먼트(Egremont)경의 유리창을 박살내고 오스트리아 대사의 부츠에 더러운 칠을 해놓았던, 부츠와 페티코트를 끌고 씨티 거리를 행진하고 다녔으며 러트렐 (Luttrell) 대령과 쎈드위치(Sandwich)경 및 배링턴경의 허수아비를 만들어 런던탑 밖에서 이를 불태웠던 바로 그 지지자들이었다. 이들이야말로

29) G. Rudé, *The Crowd in the French Revolution* (1959), 237면.
30) G. Rudé, *Wilkes and Liberty* (Oxford, 1962), 50, 173면.

당대인들 혹은 후대의 역사가들이 ——지적 나태나 편견 때문에건 혹은 정확한 지식의 결여 때문에건 ——'폭도'라 불러왔던 분자들이다. ⋯[31]

그들은 또한 선거유세장에서 윌크스를 위해 시위하였고, 그가 승리를 거둘 때마다 언제나 그를 끌고 의기양양하게 거리거리를 누비고 다녔던 그 민중 ——직종인들, 하인들, 석탄운반부들, 선원들, 장인들 그리고 온갖 종류의 임금노동자들 ——이었다.

단순한 깡패들이나 '범죄분자들'이라는 오명으로부터 런던의 군중을 구출해낸 점에서 뤼데 박사는 옳다. 반(反)윌크스파 입후보자인 프록터(Proctor)를 지원하기 위해 동원된 고용건달들과 윌크스파 다수의 자발적 격정을 구분한 것도 의미가 깊다. 그러나 역사가들의 '편견'에 대한 그의 항의는 도가 지나치다. 왜냐하면 1760년대와 1770년대의 런던 군중은 이제 막 자신의 조직이나 지도자들을 키우기 시작했을 뿐이기 때문이다. 그들은 자기네 '조종자들'의 이론과 구분되는 이론을 거의 가지지 못하고 있었다. 런던의 군중이 '외부의 이익집단을 위해 ——곧, 윌크스의 가장 유력한 지지자들이던 씨티의 부유한 직종인들, 상인들 및 제조업자들의 이익을 위해 ——움직이'도록 윌크스에 의해 조종되고 규합되었다고 하는 것도 일리가 있는 이야기이다. 윌크스 자신은 평민 추종자들의 환호작약에 대해 냉소적인 경멸을 표시하였다. 그는 유세장에서 흥겨워하고 있는 무리들을 바라다보면서 자기의 적수인 러트렐 대령에게 이렇게 물었다고 한다. "저 집단에는 바보와 건달 중 어느쪽이 더 많다고 생각하십니까?" 더구나 윌크스파 상인들 및 직종인들이 씨티 행정의 요직을 장악하고 있던 터라, 거물들의 마차를 떼지어 습격하거나 그들 집 창문을 부수어버리곤 했던 런던 사람들은 ——월솔의 광부들 못지않게 —— 자기네가 관의 허가 아래 움직이고 있음을 잘 알고 있었던 것이며, 이러한 사실을 상기할 때 군중의 자유지향적 갈망과 그 조종자들의 '폭도를 이용하는' 수법 간의 괴리는 더욱 두드러지게 된다. 윌크스파 군중은 사실 민중적 정치의식의 대두 도정에서 절반쯤 와

---

31) 같은 책, 181면.

있었다. 가장 널리 퍼진 그들의 구호가 '자유'이긴 했지만 그들 중 많은 사람들은 태도가 극히 불분명했으며, '외부' 분자들을 공격한다거나 '애국적인' 행사 때 불을 환히 밝히지 않은 시민들의 집 유리창을 박살내러 돌아다니는 짓도 꼭 마찬가지로 잘했을 법한 그런 부류였다.[32]

　이는 1780년의 고든 폭동에서 가장 명백히 드러난다. 여기서 우리는 단숨에 세 단계를 거쳐간 민중소요의 예를 볼 수 있다. 첫 단계에서 '혁명적 군중'은 인기 높던 개신교도협회(Protestant Association)에 의해 잘 조직되어, 카톨릭교도 관용법 통과에 반대하는 청원을 제출하기 위해 커다란 깃발을 앞세우고 의회로 행진해갔다. 이 시위에서 가장 두드러진 역할을 한 것은 "상층 직종인들 … 극히 조용하고 질서정연하며 대단히 예의바른 … 잘 차려입고 점잖은 부류의 사람들"이었다. 이는 런던의 반국교도들, 곧 기번(Edward Gibbon, 1737~94. 영국의 역사가, 저서에 『로마제국의 쇠퇴와 몰락』 Decline and Fall of the Roman Empire이 있음—옮긴이)이 그들 가운데 일부에 대해 "크롬웰시대에 살았을 법하고 … 무덤에서 튀어나온 것만 같은" 그런 몇몇 열광적 "청교도들"이라고 서술한 바 있는 바로 그 인물들이었다. 이 청원에 대한 토의를 거부하기로 한 하원의 입장──및 죠지 고든(George Gordon) 경의 열변──은 제2단계의 도입부를 이루는 격노의 장면들을 초래하였다. 이 단계는 허가받은 자발성의 단계로서, 이것은 "단 하루만이라도 부자들과 결판을 내고자 하는 암중모색적 욕구"에 의해 고취된 군중의

─────────────

32) 프록터에 대해서는 같은 책, 59~60면을 보라. 뤼데 박사는 이 중요한 분야의 으뜸가는 선구자인지라 그의 분석의 결함들을 운위한다는 것은 어쩌면 감사할 줄 모르는 꼴이 될지도 모르겠다. 그러나 그가 런던 장인들의 반국교도적 전통에 대해 아무런 관심도 보이지 않고 있으며, 또한 군중의 지적 활동 및 조직활동의 초점이 되었다고 할 수 있는 토론클럽 및 선술집에서 모이는 협회들에 대해서도 거의 별다른 관심을 보이지 않았다는 점은 지적해야 할 것이다. 그는 또한 발라드 판매행상(ballad-vendor)들 및 '재담꾼'(patterer)들에 의해 이루어지고 있던 지하정치행위에 대해서도 아무런 관심이 없다. 런던 평민들의 정치행위에 대해 좀더 자세히 살피려면 G. Rudé, "The London 'Mob' of the Eighteenth Century," *Historical Journal*, II (1959); Lucy S. Sutherland, *The City and the Opposition to Government, 1768~1774* (1959); "The City in Eighteenth-Century Politics," ed. R. Pares and A. J. P. Taylor, *Essays presented to Sir Lewis Namier* (1956)를 보라. 그리고 선술집 생활에 대해서는 M. D. George, *London Life in the Eighteenth Century* (1928), 6장을 보라.

폭력으로 이루어졌던 것이라고 서술할 수 있을 것이다. 직인들, 도제들 및 하인들——그리고 몇몇 범죄자들——이 거리를 무리지어 다닌 반면에, '상층 직종인들' 가운데 일부는 사라져버렸다.[33] "카톨릭 반대"(No Popery)라는 외침은 공화국시대 및 1688년 이래 민중의 의식 속에 울려퍼지고 있었으며, 분명 수많은 사람들 곧 디포우(Defoe)가 그보다 몇년 전에 그들의 잠재적인 정치적 반응들과 관련하여 "사람인지 말인지도 알 수 없는 카톨릭에 맞서 싸우기 위해 최후의 피 한 방울까지 남김없이 흘릴 각오가 되어 있는 건장한 친구들"이라 서술한 바 있던 사람들의 마음을 사로잡아왔다. 폭동은 첫째로 카톨릭성당과 부유한 카톨릭 신자들의 집을 공격목표로 하였고, 그 다음으로는 최고법원장 맨스필드(Mansfield)경과 요크(York) 대주교를 비롯하여 카톨릭교도의 해방운동에 동조한다고 믿어지고 있던 유명한 권력층 인사들을, 그 다음으로는 감옥들을 목표로 하였으며——그 수감자들은 석방되었다——, 끝내는 잉글랜드 은행 자체를 공격하는 것으로 절정에 달하였다. 이 두번째 단계 전체를 통해 '허가받은' 폭도의 성격은 유지되었다. 윌크스파 씨티 당국자들은 가만히 있거나 폭동현장에 아예 모습을 드러내지 않음으로써 눈길을 끌었는데, 이는 부분적으로는 민중의 힐난을 받을까 두려워서 그랬기도 했지만 또 부분적으로는 국왕과 국왕정부에 대한 그들의 입장을 강화시켜주는 소란행위들을 적극적으로 묵인하느라 그렇게 했기도 하였다. '허가'가 취소된 것은 세번째 단계, 곧 한편으로는 잉글랜드 은행에 대한 공격이 행해졌으며, 또 한편으로는 술주정·방화·소매치기 등의 무분별한 야단법석이 벌어졌던 단계가 시작되고서였다. 팔짱만 끼고 있던 런던 시장은 마침내 '민병대를 지원할 기병대와 보병부대'를 보내달라고 호소하는 필사적인 메시지를 사령관에게 보냈으며 참사회원인 윌크스 자신도 은행 계단에서 폭도들을 내쫓아버리고자 직접 나섰다. 폭동

---

33) G. Rudé, "The Gordon Riots," *Trans. Royal Hist. Soc.*, Fifth Series, vol. 6 (1956); Christopher Hibbert, *King Mob* (1958)을 보라. 뤼데 박사는 범죄자들과 창녀들이 폭동의 마지막 단계에 가담한 정도를 히버트씨만큼 강조하고 있지 않다. 뤼데 박사는 재판을 받게 된 수감자들(대부분이 임금노동자들)의 표본을 분석했고, 히버트씨는 폭동 목격자들의 설명에 좀더 크게 의존하는 바람에 그렇게 되었다. J. P. de Castro, *The Gordon Riots* (Oxford, 1926)도 보라.

이 얼마나 빠른 속도로 진정되었는가를 보면 그 전단계에서 씨티 당국자들이 취했던 방관적 태도의 정도를 훤히 알 수 있다.

그렇다고 할 때 우리는 여기서 배후조종을 받고 있던 폭도와 혁명적 군중의 혼합체 비슷한 것을 보고 있는 셈이다. 죠지 고든 경은 윌크스를 흉내내고자 애썼다. 그러나 그에게는 윌크스와 같은 적절한 대담성이나 민중의 분위기에 대한 탁월한 감각 따위가 전혀 없었다. 그는 자연발생적인 폭동과정을 터뜨려놓긴 했으나 이는 윌크스파 씨티 원로들의 묵인 아래 이루어졌다. 몇몇 폭동자집단은 핼리팩스의 화폐위조자 토머스 스펜서를 연상시키는 그들 자신의 일시적 지도자들――달구지용 말을 타고 돌아다니면서 붉은색과 검은색이 섞인 깃발을 흔들어댔던 시계태엽제조공 제임즈 잭슨(James Jackson)과 화이트채플(Whitechapel)의 한 집 창문 밖으로 마룻바닥 판자를 내던져 군중들을 즐겁게 해주었던 써커스의 격투기(格鬪技) 곡예사 이노크 포스터(Enoch Foster) 등――을 부상(浮上)시키기도 했다. 그러나 이런 종류의 혼합은 수도에서는 그후로는 다시 찾아볼 수 없었다. 1780년대의 민중은 그들의 무절제에도 불구하고, 자기들이야말로 왕권에 대항하는 평형추라고 여기고 있던 자유지향적 휘그파의 보호를 받고 있었다. 버크는 폭동진압을 위해 군대를 투입하는 것을 비난했으며, 그런가 하면 폭스는 자기는 "상비군의 통치를 받느니 차라리 폭도의 지배를 받는 게 훨씬 낫겠다"고 공언하였다. 그러나 프랑스혁명이 일어난 후에는 그 어떤 휘그파 정객도 그처럼 위험한 사회세력과 결탁할 엄두를 내지 않았으며, 또한 그 어떤 씨티 원로도 이를 묵과하지 않았다. 그런가 하면 또 개혁운동가들은 그들 나름대로 조직화된 여론을 형성해내고자 노력하였으며, 폭도를 풀어놓는 수법을 경멸하였다. '기동성'(mobility)이라는 말은 19세기 급진주의자들과 차티스트들이 자기네의 평화적이고 질서정연한 시위들에 대해 자랑스러워하며 붙인 표현이었다.

18세기 폭도들의 최후의 대대적인 행동은 1791년 버밍엄에서 있었는데, 그 형태를 보면 '혁명적 군중'에 대해 일반화를 내리기가 특히 조심스러워지지 않을 수 없다.[30] 버밍엄은 아마도 중간층 반국교도들의 최대의 중심지였다고 할 수 있을 것이다. 버밍엄의 신(新)유니테리언파 및 구(舊)유니테리언파 회합에는 이 지역 최대의 고용주들 가운데 일부가 속해 있었다. 반국교도들이 이 도시의 경제적·지적 생활 및 시 자치활동에서 너무나 큰 역할을 하고 있었기 때문에 '교회와 국왕'파는 자기네의 강성함에서가 아니라 세력과 신망이 기울어지는 데서 오는 쓰라린 심정을 오래 전부터 느껴오고 있었다. 폭동의 전면적 계기는 1791년 7월 14일, 바스띠유 감옥 함락일을 기념하기 위해 중간층 개혁운동가들(그 가운데 다수가 반국교도였다)이 개최한 저녁파티였다. 이날 밤과 그 다음 사흘을 내리 연달아 "뿔로 떠받아 대는 듯하고, 비렁뱅이 같고 뻔뻔스럽고 철면피하고 몰염치하고 불한당 같고 난리법석을 피우고 바보멍청이 같은 버밍엄의 폭도"들이 시내와 주변 지역을 날뛰어 돌아다니면서 유니테리언파 집회소 두 군데와 침례교파 집회소 한 군데를 약탈하고, 부유한 반국교도들(혹은 반국교도에게 호의적이라고 추정되는 사람들)의 십수 채 되는 가옥과 수많은 가게를 불태우거나 털고, 시 감옥으로부터 수감자들을 풀어놓았다. 반국교도들(특히 개혁운동과 관련이 있다고 여겨지던 사람들)이 주요한 피해자들이기는 했지만, "부유한 반국교도들이 반국교도라는 이유 때문에 습격을 당했는지 아니면 부자이기 때문에 그렇게 되었는지가 항상 명백했던 것은 아니다"(라고 로우즈Rose씨는 평하고 있다). 습격자들의 구호는 '교회와 국왕!'에서 '카톨릭 반대!'에까지 이르고 있었다.

일부 부유한 반국교도들에게 민중이 참으로 원한을 품고 있었음은 의심의 여지가 없다. (예를 들어 피해자 가운데 한 사람인 윌리엄 허튼William Hutton은 소액채무의 변제를 강제하는 재판소인 버밍엄소청재판소의 판무관이라는 직책 때문에 특히 미움을 샀다.) 그러나 버밍엄 폭동에는 거의 50년 전에 존 웨즐리가 윌솔의 폭도들에게서 받았던 대접을 상기시키는 유난스레 수상쩍은 상황이 몇가지 있다. 첫째, 몇몇 저명한 토리파 치안관들 및 성직자들이 공모했다는 데에는 의심의 여지가 없다. 그들은 처음부터 폭동자들을 부추기고 그들을 (유니테리언파와 침례교파의―옮긴이) 집회소로 몰려가게 했으며, 기껏 그들의 행동을 말린다 해도 마지못해하면서 했고, 범법

---

34) 이하의 서술에서 필자는 로우즈(R. B. Rose)의 결정판 연구인 "The Priestley Riots of 1791," *Past and Present* (1960년 11월), 68~88면에 크게 의존하였다.

자들에 대한 기소를 거부했으며, 심지어는 폭도들이 폭력을 행사할 '정당한' 목표를 가르쳐주었다고까지 할 수 있었다. 둘째, 중요한 행동장면들에 등장하는 소수의 솜씨 날랜 폭동자들이 있었다. 인근 촌락으로부터 와서 주말의 약탈에 가담했던 광부들이나 기타 인물들을 제외하면 집이나 상점을 털고 다닌 폭도의 수가 250명을 넘은 일이 드물었고, 대부분의 심각한 파괴행위를 저지른 것은 핵심을 이루는 약 30명 정도의 방화자들이라는 사실이 기록마다 거듭 지적되고 있다. 셋째, 이 핵심집단(그들은 심지어 현지인들로 구성되지 않았을 가능성도 있다)은 정해진 작전계획에 따라 움직였으며, 저명한 버밍엄 시민들의 종교적·정치적 가입단체에 대해 유난히도 자세한 정보를 알고 있었다. 폭동은——프리스틀리가 비난한 대로——'종교적 맹신'에서 비롯된 것일 수도 있고, 바스띠유 함락일 기념파티는 분명 그 구실이 되어주었을 것이다. 그러나 그것은 현지 기성 지배층 일부의 허가 아래 이루어진 목표가 있는 폭발이었으며, "공격적이고 출세한 버밍엄 부르주아지로부터 반국교파라는 이빨을 뽑아내버리라고 '농촌의 젠틀먼들'이 도시의 폭도를 불러낸 사건"이었다고 간주되어야 할 것이다. 동시에 이는 "오랜 종교적 적대감과 새로 형성되고 있던 사회적·정치적 불만이 우연히 함께 마주침으로써 잠재적인 계급적 증오와 개인적 무법성이 촉발되어 터져나온 것"이었으며,[35] 여기에서 폭도들의 행동은 애초에 그것이 허용될 때 예상되었던 한계를 벗어나버렸던 것이다.

그러나 버밍엄 폭동에 근거해서 도시빈민 전체가 프랑스혁명의 이념 혹은 '자꼬뱅' 이념에 대해 적대감을 가지고 있었다고 일반화하는 것은 중대한 오류이다. 앞으로 살펴보게 되겠지만 프랑스혁명의 제1단계를 환영한 것은 주로 중간층 및 반국교도 집단들이었다. 이같은 이념들이 광범한 민중적 지지를 얻게 되는 것은 1792년부터였으며, 그것도 주로 페인의 저서 『인간의 권리』의 영향에 따른 것이었다. 따라서 프리스틀리 폭동(버밍엄 폭동—옮긴이)은 페인파의 선전으로 새로운 민주적 의식의 형성이 본격적으로 시작되기 전, 이행기의 폭도들에 의해 벌어진 말기의 퇴행적 소용돌이

---

35) R. B. Rose, 앞의 글, 84면.

였다고 볼 수 있을 것이다. 물론 폭동은 1792년 이후에도 여러 해 동안 계속되었다. 때로는 특정 사안들 때문에 벌어지기도 하였고——뱀퍼드의 『한 급진주의자의 생애에서』(*Passages in the Life of a Radical*)는 나뽈레옹전쟁(1797~1815, 나뽈레옹 1세가 집정정부를 수립하여 독재를 행한 후로부터 라이프찌히 전쟁에 이르기까지 유럽 각국과 싸운 전쟁의 총칭—옮긴이) 말기에 브리드포트(Bridport), 바이드퍼드, 베리(Bury), 뉴카슬, 글라스고우(Glasgow), 이스트 앵글리어의 일리(Ely), 프레스턴(Preston), 노팅엄, 머서(Merthyr), 버밍엄, 월솔 등에서 벌어진 폭동들을 열거하면서 시작되고 있다——, 때로는 (특히 1831년의 브리스틀, 머서, 노팅엄, 다비에서의 경우와 1839년 버밍엄에서의 경우처럼) 급진주의적 운동이 봉기로써 절정에 이르기까지 하였다. 브리스틀 폭동에서는 고든 폭동 및 프리스틀리 폭동에서 나타났던 몇몇 특징들이 다시 보이기도 하였다. 즉 주교관저 및 시장관저를 약탈하고, 감옥에서 수감자들을 풀어주고, 미움받고 있던 시민들의 집과 가게를 불태우는 등의 일이었다. 그러나 당국은 폭동자들의 배후에서 음모를 적발해내지는 못했다——기껏해야 자유사상을 신봉하던 한 흥분한 직종인 찰즈 데이비스(Charles Davis)를 붙잡았을 뿐인데, 그는 자신의 우산 끝에 모자를 꽂고선 "교회를 헐어버리고 그것으로 도로를 개선하라"고 외치며 돌아다녔던 인물로 그 벌로 교수형을 당하고 말았다.[36] 폭동은 '교회와 국왕'이 아니라 '국왕과 개혁'이라는 구호 아래 일어났으며, 국왕이라는 말은 단지 그가 개혁내각을 지지하고 있다고 믿어졌기 때문에 뒤의 구호와 짝을 이루게 된 것일 뿐이었다. 주요 공격목표가 된 것은 반국교도가 아니라 국교회의 지도적 인사들(그들 가운데 다수는 서인도제도의 노예소유주들)이었다. 그렇기는 하지만 동시에, 폭동자들이 민주주의적 감정으로 고취되어 있었다고 해서 곧 이 브리스틀 폭동을 정치적으로 의식화된 혁명적 행동으로 오인해서는 안될 것이다. 1831년의 브리스틀은 낡고 복고적인 행동패턴들의

---

36) 이들 폭동에서 찾아볼 수 있는 또다른 유사한 특징은 "공포 때문에 얼이 빠졌으며" 군대와 동행하기를 거부한 치안관들이 말하자면 군중에게 일종의 허가를 내려주었다고 하는 점이다. 이같은 허가는 말을 타고 '국왕과 개혁'을 외치면서 군중 사이를 돌아다녔던 인간적인 지휘관 브레러턴(Brereton) 중령에 의해서도 주어졌다고 할 수 있다. '한 시민'(John Eagles), *The Bristol Riots* (Bristol, 1832)를 보라.

끈질긴 지속을 실례로서 보여주고 있다. 1819년의 맨체스터가 자율적인 패턴의 새로운 노동계급 운동의 대두를 실례로서 보여주고 있는 것과 꼭 마찬가지로 말이다. 무지와 미신은 급격하게 방향을 틀어 왕당파 노선으로부터 급진주의적 노선으로 옮아오기는 했다. 그러나 우리는 브리스틀의 한 폭동자의 말에서 고든 폭동과 프리스틀리 폭동의 여파를 그대로 감지할 수 있다. 그는 성당참사회 도서관으로부터 한아름의 원고와 책을 꺼내와 불에 던져넣으면서 이와같이 선언했던 것이다. **"책들이 불태워지지 않는 한 개혁은 있을 수 없다."**[37]

'외부의 이익집단을 위해 움직이는 고용부대'란 의미의 진짜 **폭도들**은 잉글랜드 자꼬뱅파를 공포수단으로 위협하기 위해 1792년 이래 고용되었던 이른바 '교회와 국왕'파 폭도들이다.[38] 이 폭도들은 맨체스터의 토머스 워커의 경우처럼 때때로 부유하고 저명한 개혁운동가들을 목표로 삼아 행동하기도 했으나, 그들은 월솔 광산주들 및 앞에서 말한 그림즈비의 교구목사 유의 전통에 속하는 존재들인데다가 '외부의 이익집단'에 의해 워낙 고도로 조직되어 있어서——그리고 때로는 보수까지 받고 있어서——그들을 그 어떤 진정한 독립적 민중감정의 지표로 간주하기는 어렵다. 더구나 여러 곳에서 성직자들 및 치안판사들이 반자꼬뱅파 폭도들에게 완전한 허가를 내주었음에도 불구하고 폭도는 엄선된 깡패들의 소집단이라는 범위를 넘어서는 일이 극히 드물었으며, 1791년 버밍엄 폭동과 같은 규모의 민중의 폭력사태를 불붙이는 데까지는 결코 이르지 못하였다. 몇몇 중요한 도시중심지——특히 셰필드와 노리치(Norwich)——에서는 '교회와 국왕'파 폭도들의 행동이 지극히 제한된 성과밖에 거두지 못했으며, 런던에서는 규모를 불문하고 이같은 폭도를 고용하는 일이 아예 불가능했다. 1794년 자꼬뱅파 수감자들의 방면은 민중의 승리가 윌크스파의 기념축제와 같은 규모로 이루어질 것임을 알리는 신호였다. 1795년 런던의 군중은 혁명적 분위기에 싸여 있었으며, (런던교신협회를 통해) 새로운 형태의 조직과 지도부도 찾

---

37) *Bristol Times*, 1931년(원문대로. 1831년일 듯함—옮긴이) 10월 30일자에 실린 목격자의 설명.
38) 이 책 제5장 158면 이하를 보라.

아내고 있었다. 결정적인 충돌은 아마 1797년 10월, 반자꼬뱅적 박해가 절정에 달한 무렵의 일이었다고 할 수 있을 터인데, 그때 토머스 하디가 해군 승전을 축하하는 행사시기인데도 창문에 불 밝히기를 거부했던 것을 기화로 삼아, 사주를 받은 군중이 그의 가택을 부수어버리려고 기도한 일이 있었다. 이 공격은 런던교신협회 회원 100명으로 구성된 수비대에 의해 격퇴되었는데 "이 수비대의 다수는 아일랜드인이었으며 그들은 곤봉으로 단단히 무장하고 있었다". 그것은 하나의 역사적 승리였다. '수비대'의 한 대원이 회상한 바로는 그는 "그날 하디의 집을 지켰던 사람들이 치러낸 만큼 그렇게 오래 계속되고 잘 수행된 전투에 참가해본 적이 결코 없었다". 스스로 이 사건을 돌이켜보는 시점에서 하디 자신의 감정은 확고하였다. "나는 폭도의 통치를 좋게 여기지 않는다."[39] 4년 후의 사건들은 이것의 아이러니한 후속편으로 보일 수 있을 것이다. 1801년에 런던은 다시 한번 환하게 불 밝혀져 있었다. 그러나 이번의 경우 그것은 영국과 프랑스 사이에 조인된 예비강화조약을 축하하기 위한 것이었다. 이 당시 폭도는 평화를 위해 불 밝히기를 거부한 한 호전적인 반자꼬뱅파 저널리스트의 집에 있던 유리창이란 유리창은 모두 부수어버림으로써 그들의 감정을 분출시켰다. 이번에는 민중수비대가 지켜주지도 않았으며 씨티 당국조차 마지못해 뒤늦게야 호위대를 파견했을 정도였다. 이 저널리스트는 윌리엄 코벳이었다.[40]

---

39) John Binns, *Recollections* (Philadelphia, 1854); T. Hardy, *Memoir* (1832), 85~86면.
40) G. D. H. Cole, *Life of William Cobbett* (1924), 76면. 전쟁은 1803년 5월에 코벳의 전면적인 지지를 받으며 재개되었다.

4
자유인으로 태어난 잉글랜드인

1797년에 하디의 집을 지킨 사람들은 이미 후위전투를 하고 있던 셈이었다. 그후 몇년간, 프랑스의 침공 가능성이 존속하고 있던 동안에는 그나마 남아 있던 자꼬뱅주의자들도 민중의 애국적 감정 때문에 폭도에 의한 테러리즘의 위협을 받고 있었음이 분명하다. 선거권이 널리 확대되어 있던 웨스트민스터에서도 1806년에 뇌물과 민중의 전통적 복종심이라는 보따리를 펼쳐 급진파를 패퇴시키는 것이 여전히 가능하였다. 프랜시스 플레이스는 노섬벌런드 공작의 하인들이 "화려한 제복을 입고선 북적대는 부랑인들 무리 사이로 빵덩이와 치즈덩이를 던져주는" 광경을 보았다.

빵이나 치즈덩이를 붙잡고 소리치고 악담하고 서로 두들겨패고 갖은 욕지거리를 해대는 이들 부랑인, 여자고 남자고 할 것 없이 모두 쎄인트 자일즈(St. Giles)·웨스트민스터·포리지 아일랜즈(Porridge Islands. 쎄인트 자일즈는 런던의 빈민가 중 하나로 특히 범죄자들의 은신처로 유명한 곳이며, 포리지 아일랜즈는 홀본의 한 거리에 대한 속칭으로 특히 싸구려 죽을 파는 대중음식점이 많았다─옮긴이) 및 기타 비참한 거주지역의 골목길에서 몰려온 이 모든 막돼먹은 인간말종들을 보는 것, 언필칭 웨스트민스터의 유권자인 이 인간들을 보는 것은 분명 맨 밑바닥 인생으로 내려가보는 일이었다.

군중에게 맥주가 주어졌다. 술통 뚜껑들이 박살났다. "석탄운반부들은 속이 깊고 테가 넓은 자기네 모자들로 맥주를 퍼냈다. … 그러나 무리가 떠밀어대는 바람에 술통은 뒤집어졌고 맥주는 하수구를 따라 흘렀다. 몇몇은 하수구에서 맥주를 건져내려 애썼다." 플레이스는 소름끼쳐하며 이 '수치스러운 광경'을 바라보았다. 그러나 그 다음해(1807), 플레이스와 그의 친구들은 급진파 선거위원회를 조직했는데 이 위원회는 민중 사이에서 아주 효과적으로 활동하였으며, 덕분에 웨스트민스터 선거구에서는 두명의 급진파 의원, 곧 써 프랜시스 버뎃과 코크런(Cochrane, 1775~1860)경이 선출되었다.[1] 그리고 이때부터 '런던의 급진파'의 전통은 거의 깨지지 않고 있다. 버뎃은 1810년 윌크스를 본뜬 전술을 성공적으로 채택하여, 정부와의 경쟁에서 민중의 지지를 획득하였다. 1812년경에는 지방의 주요 중심지들에서도 사정이 거의 같아져 있었다. "폭도들은 철저한 개혁가 외에는 다 싫어한다"(고 셰필드의 한 일기기록자는 적고 있다).[2] 전쟁이 끝났을 무렵(1815)에는 런던에서도, 또 북부나 중부 잉글랜드의 공업지역에서도 테러로 급진주의자들을 위협하기 위해 '교회와 국왕'파 폭도를 고용하는 것은 더이상 가능하지 않았다.

1815년에서 1850년 사이에 오웬파나 차티스트들 같은 급진주의자들은 때때로 민중의 냉담함에 대해 불평을 하곤 하였다. 그러나——우리가 선거때 일반적으로 일어나는 소동을 제쳐놓고 생각하더라도——개혁운동가들은 노동계급 주민들의 지지 덕분에 보호받고 있었다는 것이 일반적으로 맞는 이야기이다. 대도시의 선거 때는 투표에 앞서 '선거유세장'에서 거수로 이루어지는 공개투표에서 대개의 경우 가장 급진적인 후보에게 압도적으로 많은 표가 몰렸다. 개혁운동가들은 더이상 '폭도들'을 두려워하지 않게 된 반면, 당국은 '혁명적 군중'에 대비하여 병영을 짓고 예방조치를 취하지 않을 수 없게 되었다. 이는 너무나 분명해서 쉽게 간과되거나 혹은 당연한

---

1) *Place Collection*(Add. MSS.), 27850 이하, 19~20, 27838 이하, 19~20; G. D. H. Cole and A. W. Filson, *British Working Class Movements: Select Documents* (1951), 79~80면. 또한 이 책 하권 제13장을 보라.
2) T. A. Ward의 셰필드 일기인 *Peeps into the Past*, ed. A. B. Bell (1909), 192면.

것으로 전제되곤 하는 역사적 사실들 가운데 하나이다. 그렇지만 이는 대중의 명료치 않은 '잠재적인 정치'적 태도의 강조점이 크게 달라졌음을 보여준다.

강조점의 이동은 '독립', 애국심, 잉글랜드인의 '생득권' 등에 대한 민중적 견해와 관련되어 있다. 1780년의 고든 폭동 가담자들과 1791년 버밍엄의 '교회와 국왕'파 폭동 가담자들은 이같은 견해를 공통으로 가지고 있었다. 그들은 약간 모호한 방식으로이긴 하지만 자기네가 그들의 '생득권'을 위협하는 낯선 분자들에 맞서서 '헌법'을 수호하고 있다고 느꼈다. 그들은 워낙 오랫동안 '국왕과 귀족 및 평민의 헌법'(Constitution of King, Lords and Commons)에 구현된 1688년의 혁명 협정은 영국의 독립과 자유의 보증이라고 배워왔기 때문에, 헌법은 곧 자유와 동일하다고 하는 상(像)이 형성되어 있었으며 무모한 인간들은 이를 자기들 식으로 이용해먹을 수도 있게 된 것이다. 그러나 프리스틀리 박사의 귀중한 서재와 실험실을 부수어버렸던 바로 그 폭동자들도 십중팔구 스스로를 '자유인으로 태어난 잉글랜드인'(free-born Englishman)이라고 자랑스럽게 여기고 있었을 터이다. 애국심, 민족주의 그리고 심지어는 맹신이나 박해까지도 모두 자유라는 수사(修辭)의 옷을 입고 있었다. 심지어는 '낡은 부패세력'조차도 영국식 자유를 찬미하고 있었다. 민족적 명예나 권력이 아니라 자유가 귀족문벌파, 선동정치가 그리고 급진주의자들 모두의 표어였다. 버크가 프랑스혁명을 규탄한 것도, 페인이 프랑스혁명을 옹호한 것도 모두 자유의 이름으로였다. 프랑스 혁명전쟁이 개시되면서부터(1793)는 애국심과 자유가 모든 엉터리 시인들의 마음을 사로잡게 되었다.

　　이리하여 브리튼인들은 그들의 오랜 명성을 지키고,
　　　바다 너머 그들의 제국을 주장하며,
　　그리하여 부러움의 눈길로 바라보는 세상을 향해 선포하나니,
　　　한 민족은 아직도 용감하고 자유롭다고—

　　정복치 못하면 죽으리라 각오하고 있으며,

그들의 **국왕**, 그들의 **법률**, 그들의 **자유**에 충실하다고.[3]

침입에 대한 공포는 그같은 주제로 씌어진 유인물과 발라드들의 홍수를 가져왔는데, 이와같은 사정이야말로 워즈워스(W. Wordsworth, 1770~1850)의 깔끔하고 낭랑한 애국적 쏘네트들의 출현을 가져오기에 적절한 배경이었다.

그것은 생각할 수도 없다. 영국의 자유의 물결,
세계의 찬양이란 열린 바다 향해
까마득한 고대로부터 '막힘 없는 도도한 물살로'
흘러내려갔던 이 자유의 물결이…

'그것은 생각할 수도 없다.' 그러나 다름아닌 바로 이 시기에 언론, 공공집회, 동직조합 조직, 정치조직 및 선거의 자유는 대폭 제한되거나 유보되어 있었다. 그렇다면 일반 잉글랜드인의 '생득권'이란 무엇으로 이루어져 있었던 것인가? "소유권의 보장으로!"라고 메어리 울스턴크라프트(Mary Wollstonecraft, 1759~97. 여성교육가이며 작가로서 저서에는 『여권옹호론』 *A Vindication of the Rights of Women*이 있다―옮긴이)는 대답하였다. "보라 … 잉글랜드적 자유의 정의(定義)를."[4] 그렇기는 하지만 자유의 수사는 그것을 훨씬 넘어서는 어떤 것을 의미하고 있었다. 물론 무엇보다 먼저 그것은 외세의 지배로부터 자유로움을 의미했다. 그리고 이 애국적인 자축적 개념의 두루뭉실한 안개 속에는 훨씬 덜 명확한 다른 개념들, 즉 '낡은 부패세력'이 느끼기에 우선 당장은 아첨을 하지 않으면 안될 대상이지만 장기적으로 보면 그들에게 위험스러운 것으로 판명될 터였던 그런 개념들도 있었다. 절대주의로부터의 자유(입헌군주정), 자의적 체포로부터의 자유, 배심재판, 법 앞에서의 평등, 자의적인 가택 침입 및 수색으로부터의 자유, 사상·연설·양심의 제한적 자유, 의회 내 야당세력 형성의 권리라든가 선거 및 선

3) *Anti-Jacobin*, 1798년 1월 1일자.
4) M. Wollstonecraft, *A Vindication of the Rights of Women* (1790), 23면.

거 소란행위(비록 민중은 투표권을 가지고 있지 않았지만 그들은 선거유세장에서 행진하고 환호하고 야유할 권리를 가지고 있었다) 등에 의해 제공되는 자유(혹은 자유 비슷한 것)에 간접적으로 참여하는 것 및 여행·영업의 자유와 자기 자신의 노동력을 팔 자유 등이 그러한 것이었다. 이 자유들 가운데 그 어느 것 하나 중요치 않은 것이 없었다. 전체적으로 볼 때 이자유들은 권력당국 자체도 때로는 공유하고 있고 항상 고려해야만 했던 도덕적 합의를 구현하는 동시에 반영하고 있다.[5]

'도덕적 합의'라는 개념이 막연하게 들릴지 모르겠으나 잉글랜드인에게 이를 넘어서서까지 '함부로 취급당할' 수는 없다는 기준을 제공해주고 있던 테두리(limit)들, 그리고 권력당국 또한 감히 넘어설 생각은 하지 않고 있던 그같은 테두리들의 문제는 이 시기를 이해하는 데 결정적으로 중요하다. 보통의 잉글랜드인의 입장은 적극적인 의미에서 민주주의적인 것이었다기보다 오히려 반(反)절대주의적인 것이었다. 보통의 잉글랜드인은 스스로 확고한 권리는 거의 가지지 못했지만 법률에 의해 자의적 권력의 침입으로부터 보호받고 있는 개인주의자라고 느끼고 있었다. 그렇게 뚜렷하지는 않지만 보통의 잉글랜드인은 또 명예혁명이 억압에 맞서는 저항으로서의 폭동권에 대한 입헌적 선례를 제공해주었다고 느끼고 있었다. 그리고 이것이야말로 진정 지적 맥락에서나 실천적 맥락에서나 18세기의 주된 모순이었다. 입헌주의는 '이 시대의 환상'이었다. 전통주의자의 정치이론도 개혁운동가들의 정치이론도 모두 1688년의 협정에 의해, 그리고 로크(John Locke, 1632~1704)나 블랙스턴(Sir William Blackstone, 1723~80. 영국의 판사, 법률학자—옮긴이)에 의해 확립된 휘그적 테두리 내에 머무르고 있었다. 로크가 보기에 통치의 주요 목적은 국내평화의 유지와 인신 및 재산의 안전보장에 있었다. 사리사욕이나 편견에 의해 희석될 때 그같은 이론은 곧 유산계급에게 재산권의 침범자들을 처벌하는 가장 피비린내나는 법전을 인가해줄 수도 있었다. 그러나 그것은 적어도 인신적 혹은 재산적 권리들을 침범하고 법에 의해 통제받지 않는 그런 자의적(arbitrary) 권력을 인가해주

---

5) E. Halévy, *A History of the English People in 1815*, I (Penguin판), 193~212면.

지는 않았다. 수많은 외국인 관찰자들을 놀라게 했던, 피비린내나는 형법
이 관대하고(liberal) 때로는 꼼꼼하기까지 한 행정 및 법률해석과 공존한다
는 역설적 상황은 여기에서 비롯된 것이었다. 18세기는 입헌주의 이론가
들, 재판관들 및 법률가들에게는 진정 위대한 세기였다. 가난한 사람들은
법률의 올가미에 붙잡혀버릴 때면 흔히 자기네가 아무런 보호도 받지 못한
다는 느낌을 가졌을 수도 있을 것이다. 그러나 하디, 혼 투크, 셀월 및 빈즈
(John Binns) 등이 경험했듯이 배심제도는 **실제로** 어느정도의 보호를 제공
해주었다. 윌크스는 재판소와 폭도를 번갈아 이용함으로써 실제로 국왕,
의회 그리고 행정부에 도전할 수 있었으며 중요한 선례들을 확립할 수 있었
다. 행정권(droit administratif), 즉 자의적인 체포나 수색 권리는 존재하지
않았다. 심지어는 1790년대에조차 '대륙식' 스파이제도를 도입하려는 그 어
떤 시도도, 인신보호법(Habeas Corpus Act)을 일시적으로 정지시키려는
그 어떤 조치도, 배심원을 자기편에 유리하게 뽑으려는 그 어떤 시도도 개
혁운동가들 자신의 대오를 넘어서는 광범한 항의의 외침을 불러일으켰다.
만약──타이번 사형집행장의 기록들이나 탄압의 기록들을 접하고서──
이같은 테두리들의 효력에 대해 의문을 품는 사람이 있다면 그들은 하디
및 그의 동료들에 대한 재판을, 1793~94년 스코틀랜드 법정에서 있었던
뮈어(Thomas Muir)·제럴드(Joseph Gerrald)·스커빙(Skirving)·파머
(Palmer)에 대한 처우와 비교해보아야 할 것이다.[6]

이같은 입헌주의가 '자유인으로 태어난 잉글랜드인'의 좀 덜 명료한 반
응들에도 영향을 미치고 있었다. '자유인으로 태어난 잉글랜드인'은 간섭받
지 않을 수 있는 권리 이외의 권리는 거의 주장하지 않았다. 18세기에는 강
제징병보다 더 큰 미움을 받는 제도도 없었다. 상비군은 깊이 불신받았으
며, 피트의 탄압적인 조치들 중에서도 공업도시들 근처에 병영을 짓는 것
만큼 심한 불만을 불러일으킨 것은 거의 없었다. 스스로의 방위를 위해 개
인이 무장할 수 있는 권리는 개혁운동가들이 요구한 것이었다. 군인이라는

---

6) 이 책 제5장 175면 이하를 보라. 이 일련의 사건에 대한 증거는 콕번(Cockburn)경의 해박
   하고도 생생한 *Examination of the Trials of Sedition... in Scotland* (Edinburgh, 1888)에
   서 상세히 다루어지고 있다.

직업은 지체가 낮은 것으로 여겨졌다. 한 팸플릿 저술가는 이렇게 쓴 바 있다.

지배하는 전제자가 그의 불쌍한 신민들에게 '짚을 먹으라'고 말할 수 있고, 그러면 또 그들이 짚을 먹게 되어 있는 자의적 군주정하에서는 그들이 자기네 동료인간들의 목숨을 빼앗기 위해 인간백정의 군대를 창설할 수 있다는 것도 놀라운 일은 아니다. 그러나 최소한 **자유롭다고** 일컬어지는 그레이트 브리튼 같은 나라에서 수천, 수만 명이나 되는 사람들이 자유인에게 따르는 특권과 축복을 일부러 포기하고 하루 6페니씩의 한심한 수당이나 받으려고 가장 굴욕적이고 가장 저열한 노예제에 스스로를 팔아넘긴다면 이는 적지 않게 문젯거리가 된다. …[7]

홀본(Holborn), 씨티, 클라컨웰(Clerkenwell), 쇼디치(Shoreditch)에 있던 군사적 모병을 위한 '모병유인소'(募兵誘引所, crimping-house)들은 1794년 8월 사흘에 걸친 폭동기간중에 폭도들의 습격을 받고 파괴되었다.[8] 1812년, 보호입법을 요구하는 편직기편물공들의 운동이 절정에 달했을 때, 맨스필드 지부의 간사는 제출된 규제법안들을 회피한다는 혐의를 받고 있던 제조업자들의 가옥을 검사하고 수색할 수 있도록 권한을 부여하는 조항을 신설하자고 노동자대표들이 제안하고 있다는 소식을 듣고 황급히 다음과 같은 편지를 썼다. "모든 잉글랜드인의 집은 그의 성(城)인데 이 요새가 일단 무너져버린다면 그토록 수많은 우리의 선조들이 피 흘려 쟁취한 저 강력한 방벽이 영구히 무너져, 그들이 흘린 피가 헛되이될 것입니다."[9] 강력

---

7) 익명의 *Letters on the Impolicy of a Standing Army in Time of Peace, and on the unconstitutional and illegal Measure of Barracks* (1793). John Trenchard, *History of Standing Armies in England* (1698)는 1731, 1739, 1780년에 다시 출판되었으며 자꼬뱅주의적인 『박애주의자』(*Philanthropist*)지에도(1795년) 다시 게재되었다.

8) G. Rudé, *Wilkes and Liberty* (Oxford, 1962), 14면; S. Maccoby, *English Radicalism 1786~1832* (1955), 91면 등을 보라. '교수대 갈보들'이라 알려진 창녀들이 남자들을 이 집 안으로 끌어들였고, 거기에서 이들은 강제적으로 '모병되었다'고 알려져 있다. H. M. Saunders, *The Crimps* (1794)를 보라.

한 경찰력에 대한 저항은 19세기까지도 계속되었다. 개혁운동가들은 더 많은 야경꾼과, 재산에 대한 더 강력한 야간경비제도를 갖춘 더 강력한 예방적 경찰이 필요하다는 데에는 기꺼이 동의할 용의가 있었으나 더욱 큰 권력을 가진 집권화된 권력은 그들에게는 다음과 같이 여겨졌다.

> 폭군정치의 제도이자 모든 공적 자유의 파괴를 위한, 그리고 모든 사적 행복의 교란을 위한 스파이와 정보원들의 조직적 군단. 다른 모든 경찰 제도 또한 전제정의 저주….[10]

1818년 의회 위원회는 경찰부(Ministry of Police) 설치를 주장하는 벤섬(Jeremy Bentham, 1748~1832)의 제안을 "모든 집의 모든 하인으로 하여금 주인의 행동을 살피는 스파이가 되게 하고, 사회의 모든 계급으로 하여금 각기 다른 계급들을 정탐하게끔 만들게 될 안"이라고 판단하였다. 토리파는 지방교구의 특권적 권리 그리고 지방 치안판사의 권한 등이 억압당하게 될 것을 두려워하였고, 휘그파는 국왕 혹은 정부의 권한이 증대될 것을 두려워하였으며, 버뎃이나 카트라이트 같은 급진주의자들은 시민들의 자발적 결사 혹은 가옥보유주들의 윤번제 경비근무라는 이념을 더 좋게 평가하였다. 그런가 하면 급진적 민중은 차티스트시대에 이르기까지 그 어떤 경찰도 억압의 기구로 여겼다. 대단히 놀라운 의견의 일치가 다른 여러 나라에서 '고등경찰'(High Police)이라 불리고 있던 유의 불가항력적인 최고 치안기구——전제정에 의해 고안된 … 기구——의 설치를 저지하고 있었다.[11]

중앙권력의 그 어떤 권한 증가도 증오하는 이같은 태도 속에서 우리는 지방자치를 고수하려는 방어적 입장, 휘그적 이론, 그리고 민중적 저항의 기묘한 혼합을 보고 있다. 젠트리층과 일반민중 모두가 국가권력이 잠식해

---

9) *Records of the Borough of Nottingham*, VIII (1952), 152면.
10) J. P. Smith, *An Account of a Successful Experiment* (1812).
11) *The Times*, 1823년 1월 31일자; L. Radzinowicz, *History of the English Criminal Law* (1948~56), III, 354~64면을 보라.

들어오는 데 대한 저항으로서 지방적 권리와 관습들을 소중히 여겼다. '의회'(the Thing)와 '고관들'에 대한 적대감이 코벳에서 오우스틀러에 이르는 사람들의 견해를 일관되게 관통하고 있던, 그리고 1834년의 '빈민법 수정안'(Poor Law Amendment Bill)에 대한 저항에서 그 절정에 달하였던 토리 급진주의적 성향에 크게 기여하였다. (아이러니하게도 국가의 정치적·행정적 권위의 가장 중요한 옹호자는 중간층 공리주의자들이었는데, 그들의 국가주의 깃발의 다른 면에는 경제적 자유방임의 교리가 새겨져 있었다.) 심지어는 자꼬뱅주의자 탄압이 절정에 이르렀던 1790년대 중반에도, 협박 공갈은 '사적' 시민들의 '자발적' 결사들(리브즈 John Reeves의 반자꼬뱅협회 Anti-Jacobin Society라든가 윌버포스의 악덕퇴치 종교부흥 협회 등)이 벌이는 행각이라는 허구가 계속 이어지고 있었다. 그런가 하면 전쟁 후 리처드 칼라일(Richard Carlile)에 대한 박해에도 같은 허구가 동원되었다. 전쟁기간중 '제도'언론에 주어지는 국가의 지원금은 수많은 은폐와 외교적 부인 아래 떳떳치 못하게 운영되었다. 전쟁 후 스파이와 프락치의 고용은 성인남자 투표권(manhood suffrage)에 맹렬히 반대하던 수많은 사람들까지 가담한 분노의 진정한 폭발을 가져온 신호가 되었다.

더욱이 국가권력의 침범으로부터 자유롭다는 것뿐 아니라 부자나 빈자나 모두 법 앞에서 평등하다는 믿음 또한 진정한 민중적 경축의 근거가 되었다. 『뉴 뉴게이트 캘린더』(*New Newgate Calender*)라든가 『악인의 피투성이 기록부』(*Malefactor's Bloody Register*) 같은 흥미 위주의 읽을거리들은 타이번의 사형집행장으로 끌려간 귀족이나 유력자의 사례를 만족스러워하며 기록하였다. 지방의 연대기 기록자들은 리즈의 '횡포 심하고 악독한 장원영주'가 1748년 홧김에 자기 차지인 가운데 한 사람을 때려죽인 바람에 처형당한 것과 같은 사건들을 유쾌하게 기록하였다. 급진주의자들이 즐겨 구사했던 냉소적 어법도 그 나름대로 일리는 있었을 것이다. 예컨대 혼 투크는 법률이 부자나 가난한 사람에게나 똑같이 열려 있듯이 런던옥(London Tavern, 유명한 선술집으로 1769년에 '권리장전 지지자 협회'를 발족시켰던 공화파의 집결지. 혼 투크는 이 당시 이미 이들과 결별하고 있었다―옮긴이) 또한 그렇다고 말한 후 이렇게 덧붙였다. "하지만 만일 당신이 즐기는 대가로 지불할 돈을 충분히 가지고 오지 않는다면 그들은 당신을 대단히 꼴좋게 맞이할 것이다."[12] 그러나 법의 지배가 '자유인으로 태어난 잉글랜드인'의 독특한 유산이며, 자의적 권력에 맞서는 그들의 방어무기라고 하는 확신은 심지어 자꼬뱅주의자들도 확고히 지니고 있었다. 런던교신협회는 1793년의 한 『담화문』(*Address*)에서 잉글랜드 평민과 혁명 전 프랑스 평민이 각각 차지하는 지위 차이를 다음과 같이 규정하고자 하였다. "우리의 인신은 법에 의해 보호받은 반면, 그들의 생명은 모든 작위 가진 개인들의 손아귀에 들어 있었다. … 우리는 **인간**이었음에 반해 그들은 **노예**였다."

이같은 방어적 이데올로기는 당연히 적극적 제권리에 대한 훨씬 광범한 요구를 촉진하였다. 윌크스는 이 현(絃)을 어떻게 울려야 하는지 잘 알고 있었다──자신의 개인적 권리들을 방어하는 권리수호자는 어느 틈엔가 슬그머니, 국왕과 관료들에게 도전하며 전례없는 권리들을 요구하는 자유인으로 태어난 시민으로 바뀌어 있었다. 1776년 윌크스는 하원에서 "가장 미천한 숙련직인, 가장 가난한 농민과 날품노동자"에게도 정치적 권리를 부여할 것을 청원하기까지에 이르렀다. 그에 따르면 이들은,

자기 자신 및 자기 부인과 자녀의 인신의 자유를 존중하고, 비록 보잘것 없다고는 하지만 자신의 재산을 존중하며 많은 직종 및 제조업 부문에서 의회의 권한에 의해 조정되는 그 자신의 임금 등을 존중할 중요한 권리들을 가지고 있다. … 따라서 그들과 깊이 관련되는 이들 법률을 제정하는 권한 가운데 일부는 이들, 지위는 낮지만 대단히 유용한 일군의 사람들에게도 주어져야 한다.

논거는 여전히 아이어튼(혹은 버크)이 구사하던 그 논거이다. 그러나 재산권은 훨씬 더 자유주의적인 의미로 해석되고 있는데, 윌크스는 이를 관례적으로 그러하듯 전통과 선례에의 호소로 다듬어놓았다.

---

12) T. Walker, *Review of some Political Events in Manchester* (1794), 87면을 보라.

평민들을 진정하게 대표하지 않는 한 우리의 헌법은 본질적으로 결함을 가지며 … 또한 우리의 선조들이 수립한 통치형태의 본래적 순수성을 회복하기 위한 다른 모든 치유책들도 효력이 없을 것입니다.

'본래적 순수성' '우리의 선조들'——이것이야말로 핵심적 구절들이어서, 개혁운동가들 사이에서는 이 개념들에 대한 제대로 된 해석을 둘러싸고 20년 동안이나 논쟁이 벌어졌다. 어떤 모형이 과연 순수하고 본래적이며, 개혁운동가들은 과연 어떤 선조들에게 의거해야 할 것인가? 선례의 답답한 틀을 과감히 부수고 나온 아메리카 건국 시조들의 입장에서는 '자명한' 그 어떤 진리들을 발견해내는 것으로 족하다고 여겨졌다. 그러나 아메리카 독립선언과 같은 해(1776)에 자신의 팸플릿 『스스로 선택하라』(*Take Your Choice*)를 출판한 존 카트라이트(1740~1824) 소령이 생각하기에는 쌕슨시대의 선례를 언급함으로써 의회의 매년 선거, 균등한 선거구, 의원에의 보수 지급 및 성인남자 투표권 등에 대한 자신의 요구를 뒷받침할 필요가 있었다. '잿빛머리 선량한 소령'——이는 약 반세기 후 그에게 붙여진 별명이다——은 1776년부터 차티스트들 및 그후 시기에 이르기까지 진보적인 정치적 개혁운동가들이 내세우게 된 중요한 정치적 주장들을 이때 이미 명료하게 밝히고 있었다.[13] 그리고 그는 이같은 주장들로부터 결코 한치도 물러나지 않았다. 타협을 모르고 괴팍하고 용감한 인물인 카트라이트 소령은 보스턴(Boston, 링컨셔)에 있는 자택에서 편지·호소문·팸플릿을 써내면서, 재판·소동·의견충돌·박해를 이겨내면서 오직 외곬으로 그의 길을 추구해갔다. 나뽈레옹전쟁이 끝나기 전에 성직자인 그의 동생(역직기의 발명자인 에드워드 카트라이트—옮긴이)이 역직기(power-loom)의 발명으로 또다른 변화의 과정을 가속화하고 있던 저 북부 공업지역들에서 새로운 시대의 첫 개혁운동단체들인 햄프든 클럽들(Hampden Clubs, 카트라이트 소령이 의회개혁을 위해 설립한 클럽으로, 전국적으로 지부를 가지고 있었다. 회원들은 매주 소액의 회비를 내되, 노동자들의 가입은 배제되었다. 이 책 하권 제15장 228~32면 및 제3절 참조

---

13) 카트라이트 소령은 또한 비밀투표도 주장하게 되었지만 차티스트들의 요구 제6항, 곧 의원의 재산자격 철폐는 주장하지 않았다.

─옮긴이)을 세우기 시작한 것도 바로 그였다. 그러나 카트라이트 소령의 원칙과 제안들은 그 자신의 오랜 생애를 넘어 살아남았지만 그의 논거는 그렇게 되지 못하였다.

왜 그러했던가는 잠시 후 살펴보게 될 것이다. (단 두 마디로 말해 그 대답은 토머스 페인이다.) 그러나 우리는 우선 프랑스혁명이 일어나기 전 20년 동안 종래의 헌법상의 절차들에 새로운 차원이 **실제로** 부가되고 있었다는 사실을 지적해야 할 것이다. 언론은 이미 국왕과 상하 양원으로부터 독립된, 불특정한 권리들을 확보하고 있었다. 윌크스의 『노스 브리튼』지를 둘러싼 운동은 이들 권리의 불안정성과 아울러, 이를 수호하려는 다수 공중의 민감한 태도를 보여주는 것이었다. 그러나 18세기 후반은 또한 강령단체(platform)[14]──다소 제한된 목표를 위해 선전활동을 벌이며 출판물, 대규모 집회, 청원 등을 이용하여 '장외에서' 여론을 불러일으키던 '재야' 압력집단──가 대두한 시기이기도 하였다. 윌크스의 지지자들, 위빌의 주협회들, (고든 폭동 초기에 모습을 드러내게 된) 개신교도협회, '경제적' 개혁 운동가들, 노예제폐지 운동단체, 비국교도 차별 철폐 운동단체 등의 다양한 단체들이 각기 강령과 청원을 다양한 형태로 이용하였다. 윌버포스나 위빌로서는 자기들의 선동을 젠트리 혹은 자유토지보유자(freeholder)들에게 국한시키고자 원했을 수도 있겠지만 어쨌거나 이를 통해 선례들이 확립되었으며, 이 실제 사례들은 광범한 전파력을 가지고 있었다. 헌법의 복잡한 장치에 새로운 톱니바퀴가 추가되었다. 어스킨(원문에는 Erksine으로 표기되어 있으나, 개혁파 법률가였던 어스킨Erskine의 오기인 것으로 보인다─옮긴이)과 위빌은 견제와 균형이라고 하는 잘 알려진 공학적 비유법을 사용하면서,[15] '인민의 운동에서 시계의 작동과 같은 규칙성'을 요구하였다. 존 카트라이트 소령은 한걸음 더 나아갔다. 모든 민중계급들 사이에서 가장 광범한 요구들을 위해서는 소란이 더 크게 일어날수록 좋다는 것이었다. 그는 위빌

---

14) 필자는 여기서 헨리 제프슨(Henry Jephson)의 용어를 사용하고 있는데, '강령단체'의 역사를 다룬 두 권짜리 제프슨의 저서, *The Platform* (1892)은 아직까지도 이 제도에 대한 유일한 일관성있는 연구서이다.

15) Asa Briggs, *The Age of Improvement* (1959), 88면 이하.

에게 이렇게 편지를 쓴 바 있다.

실제 목적을 위해 활을 충분히 멀리 쏠 만한 힘을 가질 수 있도록 하기 위해 젊은 궁수(弓手)에게 달을 향해 쏘도록 가르친다고 하는 옛 격언대로 나는 언제나, 보통선거 원칙에 대한 자유로운 토론이야말로 쟁취할 가치가 있는 그 어떤 개혁을 달성하는 데에도 가장 적절한 수단이라고 생각해왔습니다.

왜냐하면 카트라이트 소령은──자신의 논거들을 선례와 전통의 용어들로 포장하고 있었음에도 불구하고──'제한 없는 회원들' 사이에서의 선동이란 방법을 신뢰하고 있었기 때문이다. 탄압의 시기였던 1797~99년에 이 보스턴의 스콰이어(squire, 원래는 기사와 요우먼 사이의 사회계층을 가리켰지만 근대에 들어오면서 중위의 지주층을 지칭하는 말. 용어해설 참조─옮긴이)는 북요크셔 개혁운동가(위빌을 말함─옮긴이)의 조심스러움에 대해 비난을 가했다. 그는 위빌에게 다음과 같이 써보냈다. "나는 당신의 요우먼리(yeomanry, 독립자영농민층. 용어해설 참조─옮긴이)는 별로 두려워하지 않습니다. 그러나 당신네 **젠틀먼**들은 두렵습니다. 지금까지 단 한 사람만을 제외한 모든 **젠틀먼**들이 **다른 편 진영**에 속해 있었다는 것은 나에게는 행운입니다. 따라서 나의 노력은 그들의 자문 때문에 절름발이가 된다든가 하는 일을 겪지 않았고 나는 어떤 경우에나 거리낌없이 나의 의견을 공표해왔던 것입니다."

나는 강력한 강심제와 가장 효능 센 자극제가 아니면 그 어떤 정력적인 일을 위해서건 민중을 깨워 일으킬 수 없다고 생각합니다. … 우리의 호소가 이해력있는 모든 사람들을 확신시키지 못하는 한, 그리고 우리가 말하는 진리가 불가항력처럼 마음을 사로잡지 못하는 한, 우리는 아무것도 할 수 없을 것입니다. 당신께서 조금이라도 전진하기 위해 어쩔 수 없이 그같은 정력적 호소가 결여된 단순한 임기응변을 제안하시게 되는 경우에는 당신 회합의 몇몇의 지강한 사람들이 당신을 그같은 상황으로부터 구출해내게 되길 하나님 받들어 기원합니다. …[16]

이렇게 볼 때 유사한 입헌주의적 주장들도 논조와 선전수단에서 상호간에 깊은 차이점들을 내포하고 있었다고 할 수 있다. 그러나 페인 이전의 모든 개혁운동가들은 '헌법의 부패'(corruption of the Constitution)라는 개념으로부터 출발하고 있었다. 그리고 그들의 급진주의의 정도는 전반적으로 그들의 저술에 인용된 역사적 선례들을 근거로 하여 추정할 수 있다. 월크스파이기는 하되 주로 귀족정적 성향을 가지고 있던 '권리장전 지지자 협회'(Supporters of the Bill of Rights, 월크스의 정치적 목적 달성을 위해 그와 혼 투크가 운영하였던 조직. 유급 연설전문가를 채용하고 정기간행물을 통한 선전활동을 펴는 등 근대적 선동수단을 활용하였다. 1770년에 분열된다―옮긴이) 및 그들의 후계자들인 '혁명협회들'(Revolution Societies, 1788), 그리고 '인민의 벗들 협회'(Society of Friends of the People, 1792) 등의 단체는 1688년의 협정이라는 선례를 강력히 옹호하는 것으로 그쳤다. 진보적인 '입헌정보협회'(Society for Constitutional Information)는 1780년에 창건된 단체로서 제브(Jebb) 박사, 카트라이트 및 캐이플 로프트(Capel Lofft) 등이 쓴 이 단체의 팸플릿들은 토머스 하디로 하여금 처음으로 개혁이론에 접하게 해준 바 있다. 이 단체는 선례들을 광범위하게 ――마그나 카르타(Magna Carta) 및 그 이전의 선례들에 이르기까지 ―― 제시하였으며, 앵글로-쌕슨시대의 선례와 아메리카의 실례 양쪽을 다 이용하였다.[17] 그리고 프랑스혁명 이후에는 민중단체의 이론가들이 앵글로-쌕슨시대의 '타이딩'(tythings, 10인조, 인근에 사는 자유토지보유자와 그 가족을 한 조로 하여 그 행동에 대하여 연대책임을 지웠음―옮긴이), 현자회의(witenagemot) 및 앨프리드(Alfred) 대왕의 통치에 얽힌 전설 등을 대대적으로 다루었다. '본래적 순수성'이나 '우리의 선조들' 등의 개념은 ――많은 자꼬뱅주의자들에게 ―― 쌕슨시대의 선례를 갖다댈 여지가 있는 거의 모든 헌정상의 혁신을 다 의미하게 되었다. 쇼디치의 은세공장이이자 런던교신협회의 지도자였으며 대역죄 재판 때 하디의 동료 수감자였던 존

---

16) C. Wyvill, *Political Papers*, V (York, 1804), 389~90, 399~400면.
17) 입헌정보협회는 1780년대 후반에는 활동이 없게 되었지만, 혼 투크가 그 가장 저명한 회원으로 활약한 시기인 1790년 이후에는 대단히 적극적으로 되었다.

백스터(John Baxter)는 1796년에 때를 얻어 830면짜리 『새롭고 공정한 잉글랜드사』(*New and Impartial History of England*)를 출판하게 되었는데 여기에서 쌕슨시대의 선례라고 하는 것은 자연상태, 고귀한 야만인 혹은 원초적인 사회계약과 거의 구분할 수 없을 정도이다. "원래 헌법은 자유로운 것이었음에 틀림없다"고 백스터는 추정하였다. 역사는 헌법의 타락의 역사였으며 "브리튼인들은 처음에는 로마인들에게, 그 다음에는 쌕슨인들에게 복속당하였고 이들은 다시 데인인(Danes, 9~11세기경 잉글랜드에 침입한 북유럽인─옮긴이)들에게, 그리고 마침내는 이들 모두가 노르만인들에게 복속당하였다. …" 1688년의 혁명으로 말하자면 이는 "폭군을 몰아내고 쌕슨시대의 법을 확인한 것일 뿐이었다". 그러나 회복되어야 할 쌕슨 법들은 아직 많이 있었다. 그리고 성인남자 투표권 다음으로 존 백스터가 가장 옹호한 것은 상비군이 없어야 한다는 점과 모든 시민이 각자 무장할 수 있는 권리였다. 그는 부지런히 입헌주의적 논거들을 펼침으로써 헌법에 저항할 인민의 권리라는 개념에 도달하였다.

그러나 크리스토퍼 힐(Christopher Hill)씨가 '노르만의 멍에'(Norman Yoke, 1066년 이후 노르만족에 의한 잉글랜드 지배를 가리킴─옮긴이) 이론에 대한 그의 연구에서 밝힌 바와 마찬가지로, 정교하면서도 흔히 외적 측면에 치우쳐왔던 이들 헌법을 둘러싼 논쟁은 현실적인 중요성을 가지고 있었다.[18] 심지어는 회고취미적 형태의 논거들도 정치적 강조점에서 중요한 차이들을 내포하고 있다. 익명으로 발표된 『잉글랜드 헌법에 관한 사론』(*Historical Essay on the English Constitution*, 1771)에서부터 1790년대 초에 이르기까지, 더욱 진보적인 개혁운동가들은 쌕슨시대 선례를 즐겨 인용한다는 특징을 가지고 있었다. 이보다 훨씬 전에 톰 페인은 『상식』(1776)을 출판하였는데, 그의 논거들은 선례에 호소하는 수법에는 거의 아무런 도움도 되지 않았다.

프랑스의 한 서자(노르만족 출신의 윌리엄 정복왕─옮긴이)가 무장한 도적단

---

18) *Democracy and the Labour Movement*, ed. J. Saville (1954), 특히 42~54면.

을 이끌고 상륙하여 원주민의 의사에 반하여 스스로를 잉글랜드의 국왕
으로 선포하였다는 것은 솔직히 말해 대단히 시시하고 너절한 기원이다.
이는 분명 아무런 신성함도 내포하고 있지 않다. … 명백한 진실은, 잉글
랜드 군주정의 과거는 연구할 만한 것이 못 된다는 점이다.

그러나 이 책은 아메리카 땅에서 출판되었다. 그리고 앞으로 살펴보게 되
겠지만 그같은 우상파괴의 소리가 잉글랜드에서도 드디어 들리게 된 것은
프랑스혁명 이후 그리고 『인간의 권리』가 출판된 이후였다. "왕위계승권이
정복자의 혈통을 따라 이어지고 있다면 국민(nation)은 피정복자의 혈통을
따라 이어지고 있는 셈이니 스스로 이같은 방식으로부터 벗어나야만 할 것
이다." 그 사이 '노르만의 멍에' 이론은 놀라운 활력을 보여주었으며, 페인
이 추방되고 그의 『인간의 권리』가 치안교란적인 중상모략으로 규정되어
금지당한 1793년 이후에는 자꼬뱅파 써클 사이에서 부흥을 이루기까지 하
였다.
　이는 부분적으로는 편의상의 문제였다. 페인이 당한 박해는 입헌주의의
관행들 속에서 허용되었던 자유의 한계를 보여준다. '우리의 선조들'에의
호소를 전적으로 거부한다는 것은 정말 위험하였다. 셰필드의 개혁운동가
인 헨리 요크(Henry Yorke)가 1795년에 재판을 받게 되었을 때 그의 자기
변호는 바로 이 점을 둘러싸고 이루어졌다. "거의 모든 연설에서 나는 우리
헌법의 존재를 부인한 토머스 페인의 교의를 논박하고자 온갖 심혈을 기울
였습니다. … 나는 그 반대로 우리가 훌륭한 헌법을 가졌다는 것을", "우리
가 쌕슨시대 선조들로부터 그리고 저 불멸의 앨프리드 대왕의 비범한 정신
으로부터 물려받은 저 도량 넓은 정부를 가졌다는 것을 끊임없이 주장하였
습니다." 심지어는 자기가 말하는 '쌕슨인'은 예외없이 자꼬뱅주의자나 쌍-
뀔로뜨(sans-culotte, 뀔로뜨 즉 반바지를 입지 않은 긴 바지를 입은 노동자란 뜻으로
서 프랑스혁명기의 혁명적 민중세력을 일컫는다―옮긴이)였다고 주장한 존 백스터
마저도 자기는 페인의 철저한 불경(不敬)과 무관함을 밝히는 게 편리하겠
다고 느꼈다.

우리는 비록 토머스 페인 씨의 의견을 크게 존중하기는 하지만 … 우리가 아무런 헌법도 가지고 있지 않다는 그의 주장에 대해서는 동의할 수 없다. 그의 오류는 그가 노르만 정복 이전까지 올라가서 고찰하지 않은 데서 기인하는 것으로 보인다.

그렇기는 하지만 이는 단순히 편의상의 문제에만 그치는 것은 아니었다. 전설에 의하면 쌕슨시대의 선례는 입헌군주정, 성인남자 투표권에 입각한 자유로운 의회, 그리고 법의 지배에 대한 정당성을 제공해주었다. 카트라이트 소령이나 백스터 같은 사람들은 '애국자'(patriot) 및 입헌주의자로 등장하면서, 그들 당대의 수사법을 그대로 받아들이려 하였다.[19] 페인이 『상식』에서 다루듯 그렇게 단도직입적으로 문제들이 다루어졌더라면 개혁운동가들은 헌법논쟁으로부터 완전히 벗어나서 이성, 양심, 자기 이익, '자명한 진리' 등을 근거로 하여 그들의 주장을 펴야만 했을 것이다. 그러나 입헌주의적 문화에서 그들의 정신을 함양해온 많은 18세기 잉글랜드인들에게는 그같은 생각은 충격적이고 용기를 잃게 만들며 또한 그 함축된 의미를 볼 때 위험스러운 것이었다.

그렇지만 이같은 입헌주의적 수사법은 깨뜨리고 나아갈 필요가 있었다. 왜냐하면 이는 ── 백스터식의 신빙성 없는 앵글로-쌕슨적 개념들로 치장한 경우에조차 ── 몇몇 인습들을 절대 신성불가침한 것으로 여기는 태도를, 다시 말해 군주정제도, 세습의 원칙, 대토지소유자와 기성 국교회에 대한 존중을, 그리고 인간적 제권리가 아니라 재산상의 제권리가 대표되는 것에 대한 존중을 함축하고 있었기 때문이다. 일단 입헌주의적 논거들에 얽혀들었다 하는 날에는 ── 이런 논거들이 성인남자 투표권 주장을 진척

---

19) 이같은 수사법은 어울릴 법하지 않은 여러 곳에도 출현하고 있다. 18세기 말의 한 삐라는 "가장 오래되고 충성스럽고 민족적이고 입헌적이며 합법적인 오락, 곰곯리기"를 광고하고 있다. 지방의 자꼬뱅 단체들은 1792~96년에 흔히 입헌주의적 혹은 애국적이라고 자칭하고 있었다. 존 셀월의 미망인은 남편의 전기를 편찬하면서 그가 '쌕슨 가문 출신'이었다는 것을 지적하고자 애썼으며, 죠우지프 제럴드는 국민공회라는 위험스러운 임시수단을 제안하면서 '우리 쌕슨시대 선조들'의 '인민집회'(folk-motes, mot는 쌕슨어로서 집회, 재판소 등을 가리킨다──옮긴이)를 그 선례로서 내세우고 있다.

126

시키기 위해 이용되는 경우에조차——개혁운동가들은 단편적인 헌법제도상의 혁신이라는 하찮은 일에 사로잡혀버리게 되곤 하였다. 평민들의 운동이 일어나기 위해서는 이같은 범주들로부터 완전히 벗어나서 훨씬 더 광범한 민주적 주장들을 제기하는 것이 절대 필요하였다. 1770년에서 1790년에 이르는 시기 동안에는 변증법적 역설이라고 할 만한 현상이 벌어져 입헌주의적 수사법이 그 자신의 파괴 내지 초월에 기여하게 되었다. 로크의 저서나 블랙스턴의 주해서를 읽던 18세기인들은 개혁되지 않은 하원에서 파당과 이익집단이 미치는 영향들에 대한 엄중한 비판을 이들 저술에서 찾을 수 있었다.[20] 첫번째 반응은 18세기의 관행을 그 자체의 이론에 비추어 비판하는 일이었다. 두번째, 좀더 늦게 나타났던 반응은 이론 자체에 대한 불신을 불러일으키는 것이었다. 페인이 『인간의 권리』를 가지고 등장한 것은 바로 이 시점의 일이었다.

프랑스혁명은 좀더 원대한 성격의 선례를 마련해주었다. 이성의 빛에 의해, 그리고 '빈약하고 진부하고 소름끼치는 관습, 법률법규의 방식들'을 그늘 속으로 던져넣은 근본 원칙들에 입각하여 작성된 새로운 헌법이 그것이었다. 그런데 입헌주의적 논거의 지반을 처음으로 대폭 제거하는 데 영향을 미친 것은 페인이 아니라 버크였다. 한편으로는 프랑스의 실례가, 그리고 또 한편으로는 1688년 이전이나 혹은 노르만 정복 이전의 선례를 뒤져내고 있던 부지런한 개혁운동가들이 낡은 지반을 더이상 지탱할 수 없는 것으로 만들어버렸다. 버크는 그의 저서 『프랑스혁명에 대한 성찰』(*Reflections on the French Revolution*, 1790)에서 지혜와 경험으로 선례의 권위를 보완하는 한편, 전통에 대한 숭상——'산 사람들과 죽은 사람들, 그리고 앞으로 태어날 사람들 사이의 … 저 공동 협력관계'——으로 헌법에 대한 숭상을 보완하였다. 특정 권한들의 행사에 대한 견제와 균형이란 이론은 인

---

20) 어스킨은 페인에 대한 궐석재판에서 그에 대한 변호의 근거를 블랙스턴의 저서 구절들에서 찾고 있었으며, 셰필드의 개혁운동가인 요크는 대중시위 현장에서 로크의 저서로부터 발췌한 구절들을 낭독하였다. Student in the Temple, *Trial of Thomas Hardy* (1794), 108면.

간본성의 결함들에 대한 견제와 균형이라는 우울한 개념으로 바뀌어 해석되었다.

> 공화국 건설의 과학은 … 선험적으로 배울 수 있는 것이 아니다. … 인간의 본성은 복잡하게 뒤얽혀 있다. 사회의 목적은 극도로 복합적인 것이다. 따라서 권력의 단순한 행사나 지시는 인간의 본성에도, 또한 인간사의 특질에도 적합치 않은 것이다. … 통치체에서 인간이 가지는 권리는 … 흔히 상이한 선(善)들 사이에서의 균형이고, 때로는 선과 악 사이의 그리고 또 때로는 악과 악 사이의 타협이다. …

버크에 따르면 급진적 개혁운동가들은 "인간의 권리에 대한 그들의 이론에 너무나 사로잡혀 있어서 인간의 본성을 완전히 잊어버리고 말았다". "그들의 극심한 성급함과 자연의 과정에 대한 무시로 인해 그들은 맹목적으로 모든 계획입안자 및 모험가, 모든 연금술사 및 돌팔이 의사들에게 혹해 넘어가고 있다."[21]

이 논거는 인간의 도덕적 본성 일반으로부터 끌어낸 것이다. 그러나 버크에게 크나큰 우려를 안겨준 것은 부패한 귀족층의 도덕적 본성이라기보다 오히려 민중의, 곧 '돼지 같은 떼거리'의 본성이었다고 하는 사실을 우리는 되풀이하여 발견하게 된다. 버크는 그의 탁월한 역사적 감각 덕분에 역사를 하나의 '자연의 과정', 곧 너무나 복잡하고 꾸물거림이 심하기 때문에 그 안에서 이루어지는 그 어떤 혁신도 늘 예기치 못한 위험들로 가득 찰 수밖에 없게 되어 있는 과정, 그 안에서 일반 평민은 아무런 역할도 할 수 없는 그러한 과정으로 파악하기에 이르렀다. 페인은 버크의 경고를 무시한 점에서는 잘못이었을지 몰라도(왜냐하면 그의 책 『인간의 권리』는 버크에 대한 반론으로 씌어진 것이기 때문이다) 버크의 특수한 논지에 가로놓여 있는 계급적 이해관계의 관성을 폭로한 점에서는 옳았다. 두 사람을 다루는 전문학계의 판단은 이상한 것이었다. 정치철학자로서의 버크의 명성은

---

21) Edmund Burke, *Reflections on the French Revolution* (Everyman판), 58~59, 62, 166면.

과장되어왔으며 더구나 최근에는 특히 심하게 그러하였던 반면에, 페인은 단순한 대중적 저술가로 일축되어왔다. 실제로는 두 저술가 중 그 누구도 주요한 정치이론가의 대열에 오를 수 있을 정도로 그렇게 탄탄한 체계를 가지고 있지는 않았다. 둘 다 뛰어난 재능의 정치평론가였으며, 둘 다 그들이 말한 내용보다는 그들이 말한 어조(tone) 때문에 특기할 만한 인물들이다. 페인은 깊이있는 독서를 전혀 하지 못했고 문화적으로도 확실한 소양을 쌓지 못했으며, 그의 오만하고 성급한 기질 때문에 강단학자적인 정신의 소유자들로 하여금 여전히 질색하게 하고 한숨을 쉬면서 옆으로 밀어놓게 하는 그런 범용한 구절들을 별 생각 없이 써대곤 하였다. 그러나 버크 또한 일반인의 머리 속에서는 그의 통찰력 덕분이라기보다는 그의 그 미증유의 무분별성——'돼지 같은 떼거리'(swinish multitude)라든가 하는——덕분에, 페인 같으면 결코 범하지 않았을 또다른 종류의 둔감성을 드러내는 아무렇게나 써갈겨낸 구절 덕분에 기억되고 있는 것이다. 버크의 실책 때문에 품위있는 18세기 문화의 평정은 무참히 깨진다. 그후에 나온 모든 격분한 대중적 팸플릿들을 볼 때 쟁점은 다섯개의 단어로 되어 있었다고 해도 과언이 아닌 것 같다. 한편에는 버크의 저 두 단어짜리(swinish multitude—옮긴이) 별칭이 있었고, 다른 한편에는 페인의 세 단어짜리(rights of man—옮긴이) 기치가 있었다. 음울할 정도의 신조어(新造語)들로 대중적 팸플릿 저자들은 버크 주제에 의한 풍자적 변주곡들을 연주해냈다. 『늙은 휴버트가 모은 꿀꿀이먹이 구정물, 돼지먹이, 도토리와 상수리』(*Hog's Wash, Pig's Meat, Mast and Acorns: Collected by Old Hubert*), 『민중을 위한 정치학: 돼지를 위한 잡탕』(*Politics for the People: A Salmagundy for Swine*) ——여기에는 '꿀꿀이형제' '작은 돼지'의 기고 및 기타 지겨울 정도로 많은 비슷한 글이 실려 있다——등등이 팸플릿이며 정기간행물의 제목이었다. 이 신조어들의 행진은 돼지우리, 돼지떼, 베이컨 하는 식으로 계속된다. "당신이 맛있는 구정물로 가득 찬 돼지죽통에서 배불리 처먹고 있는 동안 우리는 우리 수많은 **새끼돼지** 떼거리와 함께, 상수리 몇알 주워들어 … 끼니거리라도 얻어보겠다고 해뜰 때부터 해질 때까지 부림당하고 있다." 『돼지 같은 떼거리가 에드먼드 버크 각하에게 보내는 담화문』(*Address* *to the Hon. Edmund Burke from the Swinish Multitude*, 1793)에는 위와 같이 씌어 있다. 그 어떤 어휘도 '자유인으로 태어난 잉글랜드인'을 이처럼 격분케 한 적은 없었으며, 그토록 엄청난 양의 답변을 몰고 온 적도 없었다.

『인간의 권리』는 잉글랜드 노동계급 운동의 원천을 이루는 저작이기 때문에 우리는 이 책의 논거와 어조를 좀더 면밀히 살펴보아야 하겠다.[22] 페인은 이 책을 잉글랜드 땅에서 쓰기는 하였으나 이때 그는 이미 15년 가까이나 되는 세월을 실험과 입헌주의적 우상파괴의 팔팔한 풍토 속에서 살아온, 국제적 명성을 지닌 미국인이었다. 그는 제2부 서문에서 다음과 같이 썼다. "나는 잉글랜드의 관례와는 다른 사고방식 및 표현방식으로 씌어진 한 저작이 어떤 식으로 받아들여지는지 알고 싶었다." 그는 입헌주의적 논거의 틀을 초두부터 거부하였다. "나는 살아 있는 사람의 권리를 위해 싸우고 있으며, 문서에 씌어진 죽은 자의 권위에 의해 이 권리들이 상속되지 못하고 통제되고 흥정거리가 되는 것에 반대하여 싸운다." 버크는 "후손의 권리를 곰팡내나는 양피지 문서의 권위에 영원히 의탁할 것"을 바랐던 반면, 페인은 각각의 세대마다 자신의 뭇 권리와 정부형태를 새로이 규정할 수 있어야 한다고 주장하였다.

잉글랜드의 헌법으로 말하자면, 그런 것은 존재하지도 않았다. 기껏해야 그것은 '선례들의 무덤', 일종의 '정치적 교황제'에 불과하였다. 그리고 페인이 보기에는 "선례의 정신적 원칙은 전혀 고려하지도 않으면서 선례에 입각한답시고 하는 그런 통치는 이 세상에 수립될 수 있는 최악의 체제 가운데 하나"였다. 프랑스와 아메리카의 정부를 제외한 모든 정부가 그 권위를 정복과 미신으로부터 이끌어내고 있었다. 그들의 기반은 '자의적 권력'에

---

22) 페인은 1787년에 잉글랜드로 돌아와서 자기의 교량건설 실험에 크게 몰두하고 있었다. 『인간의 권리』 제1부는 1791년에 출판되었으며 제2부는 1792년에 출판되었다. 가장 최근에 출판된 페인 전기 —A. O. Aldridge, *Man of Reason* (1960) — 는 철저하기는 하나 따분하며 잉글랜드에서 페인이 미친 영향과 그의 인적 관계에 대해 새로운 지식을 보태주지 못하고 있다. 콘웨이(Moncure D. Conway)가 쓴, 생생하기는 하나 페인에게 너무 동조적인 페인 전기(*Life*, 1892)나 브레일스퍼드(H. N. Brailsford)의 『셸리, 고드윈 그리고 그들의 써클』(*Shelley, Godwin and their Circle*) 가운데 나오는 페인에 대한 간략한 묘사를 이 책에 곁들여서 읽지 않으면 안된다.

있었다. 게다가 페인은 사람들이 이같은 권력의 지속을 보장하는 수단들 — 곧 세습의 원칙 — 을 향해 바친 미신적 존중에 특히 맹렬한 비난을 퍼부었다. "깡패떼가 나라를 휩쓸고 다니면서 군세(軍稅)를 강제징수한다. 이렇게 하여 그들의 권력이 확립되면 깡패떼의 왕초는 용케도 도둑의 이름을 벗어던지고 군주라는 칭호를 걸치는 데 성공하게 된다. 군주정 및 국왕의 기원은 여기에 있다." 세습의 권리로 말하자면, "정부를 세습한다는 것은 곧 인민을 세습한다는 것이다. 인민이 마치 양떼 아니면 소돼지떼나 되는 것처럼". "왕들은 사리분별 아는 인간이 아니라 짐승들처럼 대를 이어받는다. … 평범한 숙련직인이 되는 데에도 어느정도의 재능은 필요한 법이다. 그러나 국왕이 되는 데에는 오직 인간의 동물적 특징 — 곧 일종의 숨쉬는 자동장치 외에는 아무것도 필요치 않다."

잉글랜드의 법률도, 언어도, 이익도 이해하지 못하며 교구 순경 노릇을 할 능력조차 거의 제대로 갖추지 못했을 그런 인간들을 찾아 1년에 100만금씩이나 써가면서 홀랜드(Holland)로, 하노버(Hanover)로, 첼(Zell)로, 아니면 브룬스비크(Brunswick)로 사람을 보낸다는 일에 대해 잉글랜드가 스스로를 비웃게 될 날도 그렇게 멀지는 않다.

"무엇 때문에 사람들은 이 인간들을 계속 받들고 있는가"고 페인은 물었다.

벼슬아치들, 연금수령자들, 침실주무경(主務卿)들, 주방주무경들, 칙간주무경들, 그리고 하나님이나 아실 또 무슨무슨 경들은 군주정이 유지되어야 할 이유를 국민의 피땀으로 지불되는 자기네 급록만큼이나 많이 찾아낼 수 있을 것이다. 그러나 내가 농장주, 제조업자, 상인, 직종인 … 일반 노동자들에게 군주정이 그에게 무슨 소용이 되는가고 물으면 그는 아무 대답도 하지 못한다. 내가 그에게 군주정이란 무엇인가고 물으면 그는 그것이 일종의 명예직 같은 것이라고 여긴다.

세습체제 전반도 이와 마찬가지로 사람들의 뇌리에서 사라져야 할 터였다.

"세습적 통치자란 존재는 세습적 저자(著者)란 것만큼 얼토당토않은 것이다."

이 모든 것은 불경이었다(게다가 이 불경은 어느정도는 물불 가리지 않는 대담무쌍한 모양새마저 가지고 있었다). 심지어 저 거룩한 권리장전조차 페인은 '오류와 모욕의 장전'이라 여겼다. 페인이 이런 식으로 생각한 최초의 인물이었다는 얘기는 아니다. 수많은 18세기 잉글랜드인들이 사적으로는 바로 이같은 생각을 품고 있었음에 틀림없다. 하지만 감히 그처럼 불손한 태도로 자기 생각을 표현하기는 그가 처음이었다. 그는 한 권의 책으로 한 세기에 걸친 금기들을 깨뜨려버렸다. 그러나 페인이 이룩한 것은 그 훨씬 이상의 것이었다. 우선 그는 비록 혼란스럽고 모호한 방식으로이긴 하나마 국가이론 및 계급지배 이론의 형성 가능성을 보여주고 있었다. 『상식』에서만 하더라도 그는 정부를 '필요악'으로 여기는 로크를 추종하고 있었다. 1790년대에는 로크의 모호성은 두 갈래로 나누어져 한 갈래는 버크의 입장에, 다른 한 갈래는 페인의 입장에 받아들여지게 된 것으로 보인다. 버크가 정부를 당연한 것으로 전제하고 경험과 전통에 비추어 정부의 활동을 검토하고 있음에 반해, 페인은 피통치자를 위해 발언하고 있으며 정부의 권위는 정복으로부터 그리고 계급으로 나누어진 사회 내에서 세습된 권력으로부터 이끌어내어진다고 주장하고 있다. 계급에 대한 그의 규정은 엉성하다. 그는 이렇게 말한다. "국민 중에는 두개의 상이한 계급이 있다. 즉 세금을 납부하는 사람들이 그 하나이고, 세금을 받고 그것으로 살아가는 사람들이 다른 하나이다." 헌법으로 말할 것 같으면 그것은,

> 궁정의 신하, 벼슬아치, 연금수령자, 선거구소유자(borough-holder), 당파 지도자 등등에게는 좋은 것이다. ⋯ 그러나 국민 100명 중 최소한 99명에게는 그것은 나쁜 헌법이다.

유산자와 무산자 사이의 전쟁도 여기에서 비롯된다. "부자가 가난한 사람에게서 그의 권리들을 약탈해버린다면 이는 가난한 사람에게는 부자의 재산을 약탈해도 좋다는 것을 보여주는 실례가 된다."[23] 이 주장에 따르면 정

부는 궁정을 무대로 하는 기생적 존재로 여겨진다. 세금은 연금수령자들 및 정복전쟁을 위한 일종의 강도질인 반면, '시민적 통치'(civil government)의 모든 일은 이른바 정부란 것의 수고를 빌리지 않고 교구 관리들, 치안관들, 계절재판(quarterly session), 배심원, 순회재판(assize) 등에 의거하여 모든 도시와 농촌의 민중이 수행한다. 이리하여 —— 이 대목에서 —— 우리가 접하는 것은 무정부주의 이론 비슷한 것이다. 필요한 것은 개혁이 아니라 정부의 폐지이다. "형식적 정부가 철폐되는 순간 사회가 행동하기 시작한다."

그런 한편, 『인간의 권리』 제2부 중에서도 결정적으로 중요한 제5장을 쓰고 있는 동안 대의제를 통해 정부로 기능하는 '사회'라는 개념이 새로운 가능성을 열면서 갑자기 페인의 머리 속에 불을 붙였다. 여기서, 상업과 산업 활동을 찬양하고 식민지지배를 탄핵하고 (그리고 —— 나중에는 —— 전쟁 대신 국제적 중재를 제안하고) 형법전('합법적 미개행위')을 신랄하게 욕하고 폐쇄적인 특허장·신분단체·독점 등을 규탄하고 세금부담을 강력히 비난한 후, 그는 잠시 토지소유 귀족층의 죄악에 대해 고찰하기에 이르렀다.

어찌하여 … 버크씨는 이 귀족원(House of Peers, 즉 상원—옮긴이)을 토지소유집단의 기둥이라 말하고 있는 것일까? 이 기둥이 땅속으로 가라앉아버리더라도 동일한 토지재산은 여전히 존속할 것이며 동일한 쟁기질, 씨뿌리기, 수확일은 계속 이어질 것이다. 귀족층은 토지를 경작하는 농부가 아니며 … 단지 지대의 소비자일 뿐이다. …

이같은 판단에서 그는 정부·육군·해군의 비용 삭감, 몇몇 국세 및 지방 구빈세의 철폐, 누진소득세제에 의한 추가세금의 징수(매년 소득 23,000파운드부터는 파운드당 20실링으로까지 올라가는), 징수된 혹은 비축된 돈을 빈민의 처지를 개선하는 데 지출하는 것 등등을 위하여 구체적이지는 않지만 광범한 제안들을 내놓게 되었다. 그는 가족보조금, 모든 아동의 일반 교

---

23) 이 마지막 세 문장은 T. Paine, *Letter Addressed to the Addressers* (1792), 19, 26, 69면에서 발췌한 것이다. 다른 모든 문장은 『인간의 권리』에서 인용했다.

육을 가능케 하는 공공기금, 노년연금 ——이는 '시혜와 호의의 문제로서가 아니라 권리의 문제로서' 다루어진다(왜냐하면 연금수령자는 그들이 과거에 세금으로 지불했던 것 가운데 단지 일부를 돌려받는 것일 뿐이기 때문이다) ——, 출산보조금, 신혼부부 보조금, 절박한 이들을 위한 장례보조금, 이민자 및 실업자를 지원하기 위한 합숙작업장을 런던에 세우는 것 등을 제안하였다.

이 계획이 실시된다면 시민들을 괴롭히는 수단인 빈민법은 철폐될 것이다. … 죽어가는 빈민이 한 교구에 대한 다른 교구의 보복으로 마지막 숨을 거둘 때까지 이곳저곳으로 끌려다니는 일도 없어질 것이다. 미망인들은 자녀를 위한 부양금을 얻게 될 것이며 … 자녀들은 더이상 자기 부모들의 곤궁을 가중시키는 존재로 여겨지지 않게 될 것이다. … 곤궁과 가난의 산물인 경범죄 건수는 줄어들게 될 것이다. 그때에는 부자는 물론이고 가난한 사람도 정부를 지지하는 데 관심을 가지게 될 것이며, 폭동 및 소동의 원인과 이에 대한 두려움도 사라지게 될 것이다. 편안하게 앉아 풍요함 속에서 스스로 기분을 돋우고 있는 그대들 … 그대들은 이런 것을 생각이라도 해보았는가?

이것이 페인의 가장 강력한 모습이다. 『인간의 권리』 제1부의 성공도 대단하기는 했으나 제2부의 성공이야말로 엄청난 것이었다. 휘그적 '공화파'의 좀더 오랜 전통들과 세필드의 칼제조공, 노리치의 직조공, 런던의 장인들의 급진주의 사이에 다리를 놓은 것은 이 제2부——특히 지금 인용한 것과 같은 단락들——였다. 이 제안들에 의해 개혁안은 그들의 일상적인 경제적 궁핍의 경험과 결부되었다. 페인의 몇몇 재정상의 계산이 대단히 피상적이었을지도 모르겠지만 그의 제안은 개혁을 위한 선동활동 전체에 새로운 건설적 성격을 제공하게 되었다. 카트라이트 소령이 1세기 동안 계속되는 운동의 기반이 될 성인남자 투표권을 위한 요구들을 명료하게 표현했다고 한다면(그리고 메어리 울스턴크라프트가 『여권옹호론』 *A Vindication of the Rights of Women*을 씀으로써 제2의 성을 위한 더욱 긴 투쟁의 시대를 열었다고 한다면), 페인은 이 장에서 20세기의 사회적 입법을 위한 출발점을 제시해주었다.

아마 '사회적' 문제를 다룬 이 장은 예외겠지만, 그외에는 페인의 사상 가운데 독창적인 것은 거의 없다. "페인과 같은 식으로 자기의 정력적인 천재에 몰두하는 사람들은 결코 꼼꼼한 검토자들은 아니다"——이것은 윌리엄 블레이크의 평이다. 페인이 잉글랜드 민중에게 준 것은 급진적 평등주의의 새 수사법이었으니, 이는 '자유인으로 태어난 잉글랜드인'의 가장 깊은 심금을 울렸으며 도시노동자들의 '잠재적인 정치'적 태도에 스며들어갔다. 코벳은 진정한 페인주의자는 아니었으며, 오웬과 초기 사회주의자들은 전혀 새로운 경향을 가져온 사람들이었다. 그러나 페인적 전통은 울러(Thomas J. Wooler, 요크셔의 출판가, 『검은 난쟁이』 *Black Dwarf*의 편집자—옮긴이), 칼라일, 헤더링턴(Henry Hetherington), 왓슨(James Watson), 러벗(William Lovett), 호울리오우크, 레이널즈(Reynolds), 브래들로 등으로 대표되는 19세기 대중적 저널리즘의 정신 속을 힘차게 관류하고 있다. 비록 1880년대에 강력한 도전을 받기는 했으나 이 전통과 수사법은 블래치퍼드(Blatchford, 영국의 사회주의 저널리스트. 1891년에 창간된 잡지 『나팔』 *Clarion*로 유명하며, 이른바 '선남선녀' Mr. Everybody의 사회주의를 주창하였다—옮긴이)의 글 속에, 그리고 로이드 죠지(D. Lloyd George, 1863~1945. 영국의 정치가, 1차대전중 전쟁상·수상으로 재직—옮긴이)의 대중적 호소문 속에 여전히 살아남아 있다. 페인은 거의 100년 동안 급진주의의 영역을 테두리짓게 된 새로운 틀을 확립했다고 해도 과언이 아니며, 이 틀은 그것에 밀려나 자리를 물려준 입헌주의만큼이나 명확하고 훌륭하게 규정된 것이었다.

이 틀은 무엇이었던가? 우리가 살펴본 대로 그것은 군주정 원칙 및 세습 원칙에 대한 경멸이었다.

나는 아무리 수정된 형태의 것이라 하더라도 군주정 및 귀족정에는 결코 찬성할 수 없다. 세습적 영예와 모든 종류의 특권적 신분은 … 필연적으로 인간적 개선의 진전을 가로막을 수밖에 없다. 따라서 그 당연한 귀결로 나는 영국 헌법의 칭송자들 가운데 하나가 될 수 없는 것이다.

이 말은 1793년에 워즈워스가 한 것이다. 그리고 다음의 회상조 시구들 또한 워즈워스의 것으로서 이는 그가 — 보쀠(Beaupuy, 1755~96. 프랑스의 공화파 장군 — 옮긴이)와 함께 산책하던 중 — '굶주림에 짓눌린' 한 농민 소녀를 만났던 저 혁명적 시기의 낙관주의를 다른 어떤 것보다도 더 여실히 재생시켜 보여주고 있다.

> …그 모습을 보고 나의 친구는
> 격앙하여 외쳤다. "우리가 맞서 싸우고 있는 것은
> 바로 저것이다." 그와 더불어 나 또한 믿었다.
> 무엇으로도 막을 수 없는
> 자비로운 정신이 퍼져나가고 있음을,
> 이처럼 처참한 가난은 이제 곧 자취 감추게 될 것임을,
> 온유한 자들, 미천한 자들, 참고 땀 흘리는 자식에게
> 보상을 주려 하는 대지의 소망이
> 거침없이 이뤄지는 날을 우리 이제 보게 될 것임을.
> 배타적 태도를 합법화시키던 모든 제도가
> 영원히 사라지게 되고, 공허한 겉치레도 철폐되며,
> 한 사람 아니면 극소수가 만들어낸 칙령으로 유지되는,
> 음탕한 국가와 잔인한 권력 또한 그렇게 되는 날을 보게 될 것임을.
> 그리고 마침내 그 모든 것의 종합과 절정으로서,
> 인민이 강한 손으로 스스로의 법을 만들게 되고,
> 그리하여 전인류에게 더 좋은 날들이 찾아오는 것을
> 우리 모두 보게 될 것임.

여기에는 하나의 낙관주의가, 곧 워즈워스 자신은 곧 상실하게 될 터였지만 급진주의 세력은 페인이 변함없이 검토하고 있던 전제들에 입각하여 끈질기게 고수한 그러한 낙관주의가 표현되고 있다. 대의제 기관들에 대한, 이성의 힘에 대한, (페인의 말을 빌리자면) 일반민중 사이에 "잠자는 상태

로 누워 있는 지각(知覺)의 덩이"에 대한, 그리고 "인간은 정부에 의해 타락하지 않는 한 천성적으로 인간의 벗이며, 인간본성은 그 자체로서 사악한 것이 아니다"라는 믿음에 대한 무한한 신뢰야말로 그같은 전제들이었다. 그리고 이 모든 것은 전통 및 교육기관들에 대한 독학한 사람 특유의 불신("그는 자기 자신의 저술은 송두리째 외우고 있었으며 그외에는 아무것도 몰랐다"고 하는 것이 페인을 잘 아는 한 사람의 평이었다)을 보여주는 것이었으며, 경험주의를 단도직입적으로 밀고 나아가고 '상식'에 호소함으로써 복잡한 이론문제들을 회피해버리려고 하는 경향을 드러내면서, 비타협적이고 당돌하고 심지어 독단적이기까지 한 어조로 표현되고 있었다.

19세기 노동계급의 급진주의에서는 이같은 낙관주의의 강점과 약점이 모두 몇번씩이고 되풀이하여 나타났다. 그러나 페인의 저작들은 농장주, 직종인, 그리고 전문직업인들과 구분되는 존재로서의 노동자들을 특별히 겨냥하고 있었던 것은 결코 아니다. 그의 교리는 '제한 없는 회원들' 사이에서의 선동에 적합한 교리이기는 했지만, 그는 부자의 재산권도 자유방임의 교리도 공격하지 않았다. 그 자신은 의회에 대표를 파견치 못하고 있던 제조업 및 상업 계급의 인물들 곧 토머스 워커나 호울크로프트(Thomas Holcroft) 같은 사람들과, 그리고 (런던교신협회보다는 차라리) 입헌정보협회 등과 가장 명백한 친연성을 가지고 있었다. 누진소득세제를 실시하자는 그의 제안들은 더욱 포괄적인 소득재분배 개념을 예고하고 있는 것이기는 하였다. 그러나 이는 대토지소유 귀족층을 겨냥한 것으로서, 이들 계급 사이에서 장자상속제의 관습에 내포된 세습의 원칙이 그의 분노를 불러일으켰던 것이다. 그는 정치적 민주주의와 관련해서는 모든 세습적 영예와 특권들의 철폐를 바라고 있었으나, 경제적 평등 실현은 지지하지 않았다. 정치적으로는 사회 내에서 모든 사람이 하나의 시민으로서 평등한 권리를 가져야만 한다. 반면 경제적으로는 사회 내에서 모든 사람은 당연히 고용주 혹은 피고용자로 계속 존재할 수밖에 없으며, 국가는 한쪽 편의 자본문제나 다른 쪽 편의 임금문제에 간여해서는 안된다. 『인간의 권리』와 『국부론』(*Wealth of Nations*)은 서로를 보완하고 장려해주었다. 그리고 이 점에서 또한 19세기 노동계급 급진주의의 주된 전통은 페인으로부터 그 특징을 취하고 있었다. 오윈파의 영향 및 차티스트 운동이 절정에 달했을 때 다른 전통들이 우세한 적도 몇번 있기는 하였다. 그러나 한번씩 퇴조를 겪고 나서 보면 언제나, 저류에 흐르는 페인주의적 주장들은 손상받지 않은 채 그대로 남아 있곤 하였다. 귀족층이 주요 목표였다. 심지어는 토지국유화나 헨리 죠지(Henry George)의 단일세(Single Tax, 미국의 사회주의 경제학자인 헨리 죠지는 1879년에 그의 책『진보와 빈곤』에서 토지개혁을 요구하면서 모든 세금을 단일한 토지세로 통일할 것을 주장한 바 있다─옮긴이)론이 출현하기까지 했을 정도로 귀족층의 재산은 위협받아도 무방했으며, 그들의 지대는 '프랑스의 서자'와 그의 '무장도적단' 시대로부터 연원하는 봉건적 징수물로 여겨졌다. 그러나 ─ 노동조합주의자들이 아무리 열심히 자기네 고용주들에 맞서서 싸웠다고 할지라도 ─ 산업자본은 기업활동의 소산이며, 정치적 침해의 영역 너머에 존재하는 것이라고 여겨지고 있었다. 1880년대까지 노동계급의 급진주의는 대체로 이 테두리 내에 한정되어 있었던 것이다.

19세기의 전통에 페인이 기여한 또 하나의 요소가 있다. 진정한 페인주의자 ─ 칼라일이나 제임즈 왓슨 혹은 호울리오우크 등 ─ 는 또한 자유사상가이기도 했다. 페인은『인간의 권리』에서 "나의 종교는 선을 행하는 것이다"라고 쓰고 나서는 이 문제를 그대로 남겨두었다. 그러나 그는 스스로를 '허구와 정치적 미신, 술수와 의혹의 시대'에 맞서서 이들 인간의 권리를 옹호하는 사람이라 생각하고 있었다. 그러기에 그가 자기 저작활동을『이성의 시대』로, 다시 말해 국가종교 및 모든 형태의 성직자 정치에 대한 지속적인 규탄으로 끝맺고 있는 것은 당연한 일이었다. 페인은 무신론자가 아니라 이신론자(理神論者)로서 저술하였다. 1793년 단두대의 그늘이 드리워진 프랑스에서 씌어진 제1부는 천지창조 행위와 우주 자체에서 신의 존재에 대한 증명을 찾아내려 하였고 불가사의, 기적, 혹은 예언에 반대되는 것으로서의 이성에 호소하고 있었다. 이것은 1795년에 잉글랜드에서 대니얼 아이적 이튼(Daniel Isaac Eaton)에 의해 출판되었는데, 그는 인쇄업자로서의 활동 때문에 무려 일곱 번이나 기소를 ─ 그리고 1812년에 이르기까지 15개월의 수감생활과 3년의 법률보호 박탈 조치를 ─ 당했다. 그 당돌한 도발적 어조에도 불구하고『이성의 시대』는 18세기의 이신론자나 진보적 유니테리언교도를 놀라게 할 만한 내용은 거의 담고 있지 않았다. 새로운 것은 페인의 호소대상이 평민 독자층이었다는 점이었으며, 또한 그의 이름이 지니는 커다란 권위였다. 제2부——1796년에 (이 역시 용감한 이튼에 의해) 간행되었다[24]——는 구약의 윤리와 신약의 진실성에 대한 공격이자, 이것저것 한데 뒤섞인 성경비판론이었다.

> 나는 … 사람이 도끼를 어깨에 메고 숲을 돌아다니면서 나무를 베어넘기듯 그렇게 성경을 두루 헤집고 다녔다. 여기 그 나무들이 놓여 있다. 성직자들은 할 수만 있다면 이 나무들을 다시 심을 수도 있을 것이다. 그들은 아마 이 나무들을 땅바닥에 꽂을 수도 있을 것이다. 그러나 그들은 결코 이를 자라게 할 수는 없을 것이다.

하지만 나무들은 다른 데 쓰일 수도 있다고 해야 할 것이다. 블레이크는 페인의 논거가 가지는 힘과 그 공격효과를 인정하면서 이를 그 자신의 독특한 속기법으로 다음과 같이 고쳐썼다.

> (이는—옮긴이) 성경은 모두 국가의 교묘한 술수여서 민중은 언제나 그 술수를 꿰뚫어볼 수는 있으나 이를 던져버릴 힘은 가지고 있지 못했다(는 논증이다—옮긴이). 또다른 논증은, 성경의 모든 주석자들은 거짓된 날조꾼으로서 유복하게 살려는 희망에서 국가종교를 받아들인 자들이란 것이다. … 나는 그런 자들의 이름을 백명은 댈 수 있을 것이다.

그러나 페인은 성경의 그 어떤 구절도 (블레이크의 말을 빌린다면) "있음직한 불가능성들의 시"로 읽어내지는 못하였다. 박해의 시기 동안 잉글랜드의 많은 페인 추종자들에게 『이성의 시대』는 '분열시키기 위해 보내진 칼'과도 같은 것이었다. 반국교회 내지는 감리교 신도라는 신분을 계속 유

---

24) 이튼은 1811년에 '제3부'를 출판했으며, 1812년에는 60세의 나이에 추가로 18개월의 징역과 목에 칼을 쓰는 형벌을 선고받았다. T. S. Howell, *State Trials*, XXXI (1823), 927면 이하.

지하고 있던 일부 자꼬뱅주의자들은 페인의 책 자체에 대해서도, 또 이 책이 그들의 적에게 '무신론자'와 '공화주의자'들에 대한 공격을 재개할 기회를 준 데 대해서도 불평하였다. 권력당국은 당국대로 페인의 이 최신 범죄행위야말로 그 이전의 그의 모든 무도한 짓거리들을 능가하는 것이라 여겼다. 그는 기분 느긋한 유니테리언파 목사들의 세련된 미문이나 기번 유의 회의주의를 취하여 이를 직설적인 논쟁투의 영어로 옮겨놓은 다음 밑바닥 인생들에게 던져주었으니 말이다. 그는 채탄부나 농촌 소녀라도 이해할 만한 논거로 성경의 권위를 조롱하였다.

> 그들이 거룩하다 부르는 귀신에 의해, 당시 약혼중에 있었으며 그후에 결혼한 그리고 이 바보 같은 이야기가 말해진 700년 후 그들이 동정녀라고 부른 한 여인의 몸에서 태어났다고 하는, 그들이 예수 그리스도라고 부르는 인물 … 오늘날 아이를 가진 웬 처녀가 … 자기는 성령에 의해 아이를 가졌으며 한 천사가 그녀에게 그렇게 알려주었다고 말한다면 … 사람들이 이를 곧이듣겠는가?

이 당시 교회나 일요학교가 주입하고 있던 미개하고 사악한 미신을 감안해볼 때,[25] 우리는 페인의 저작이 수많은 사람들의 정신에 미친 심층적인 해방의 효과를 인식할 수 있다. 그의 저작은 사람들로 하여금 치안관이나 고용주에 대한 복종심을 보강하는 종교적 복종심의 장막을 걷어젖히고 자유를 쟁취할 수 있도록 도와주었으며, 수많은 19세기 장인들을 단단한 지적 자립 및 탐구의 길에 올려놓게 되었다. 그러나 우리는 페인식 '이성'의 한계들 또한 잊지 말아야 할 것이다. 거기에서는 '일면적인 시각'에 대한 블레이크의 혹평을 상기시키는 입심 좋은 언변, 그리고 상상력의 결핍을 찾아볼 수 있다. 『전도서』를 보고도 페인은 거기에서 "자기가 더이상 향유할 수 없는 장면들을 돌이켜보면서 … '모든 것이 헛되도다!'라고 절규하는 기진맥진한 탕자의 고독한 성찰"밖에 보지 못했다. 그의 견해에 따르면 "이 글에 표

---

25) 이 책 제11장 이하를 보라.

현된 은유와 감정 가운데 많은 것이 모호하다. ……"

　『이성의 시대』가 19세기 자유사상의 원류를 이루는 유일한 책이었던 것은 아니다. 다른 수많은 소책자와 번역물들〔볼떼르, 돌바끄(P. H. D d'Holbach, 1723~89. 프랑스의 철학자, 무신론자─옮긴이), 루쏘(J.-J. Rousseau, 1712~78) 등의 저작의 축약본〕이 1790년대 자꼬뱅파 사람들 사이에서 돌려가며 읽혔으며, 그중에서도 가장 영향력이 큰 것은 볼네(Comte de Volney)의 저작『제국의 폐허』(Ruins of Empire, 책의 원제는 Les Ruines임─옮긴이)였다. 이 책은 페인의 저작보다 더 심오하고 더 풍부한 상상력을 바탕으로 하여 씌어졌으며, 비교종교론 분야의 독창적인 연구서였다. 더욱이 성직자 정치의 전개에 대한 볼네의 우화적 표현은 정치적 전제정의 성장에 대한 우화적 표현과 상호 관련되어 있었다. 결론을 보더라도 이 책은 페인에 비해 더 전반적인 관용과 국제주의의 메시지를 제시하고 있었다. 그 영향력이 고도로 지적인 사람들 소규모 집단에 국한되었을 뿐이던 윌리엄 고드윈의『정치적 정의』(Political Justice, 1793)와는 달리[26] 볼네의『제국의 폐허』는 염가의 포켓북 형태로 출판되었으며, 19세기를 거쳐가는 동안 계속해서 수많은 장인들의 소장도서 가운데 하나로 들어 있었다. '새로운 시대'의 전망을 다룬 이 책의 제15장은 흔히 소책자로 유포되었다. 여기에서 화자(話者)는 문명개화된 국민은 두 집단으로 나누어지게 된다고 보고 있다. 그 한편에 있는 것은 "유용한 노동에 의해 사회의 부양과 유지에 기여하는" 사람들이고, 다른 편에 있는 것은 그들의 적들이다. 압도적 다수는 첫번째 집단, 곧 "노동자들, 장인들, 직종인들 그리고 사회에 유용한 모든 직업"에 속한다. 두번째 집단은 "미미한 집단, 가치도 없는 분파"──"성직자들, 궁정신하들, 공공회계사들, 군대지휘관들, 요컨대 민간·군부·종교계 내의 정부 앞잡이일 뿐인 존재"들이다. 이 두 집단간에 다음과 같은 대화가 이루어진다.

---

26) 고드윈의 철학적 무정부주의는 나뽈레옹전쟁 후에야 비로소 노동계급 대중에게도 알려지게 되었거니와 이때에도 주로 리처드 칼라일이 해적판으로 내놓은 셸리의『맵 왕비』(Queen Mab)에 붙은 주석을 통해 보급되었다.

민중 …당신들은 이 사회에서 어떤 노동을 수행합니까?

특권계급 아무것도 하지 않소. 우리는 노동하러 태어난 존재가 아니니까.

민중 그렇다면 당신들은 어떻게 당신네 부를 획득했습니까?

특권계급 수고스럽게 당신들을 통치함에 의해.

민중 우리를 통치한다고! … 우리는 힘들여 일하고 당신들은 즐기오. 우리는 생산하고 당신들은 탕진하오. 부는 우리들로부터 흘러나가 당신들이 그것을 빨아들인단 말이오. 특권을 지닌 자, 민중과 구분되는 계급이여, 따로 국민을 형성하여 당신들 스스로나 통치하시오.

특권계급 가운데 일부 소수는 민중 편에 가담하지만 그 나머지는 군대를 동원하여 민중을 협박하려 한다(볼네의 전망은 이와같이 계속된다). 그러나 병사들은 그들의 무기를 땅에 내려놓고 말한다. "우리는 민중의 일원이다." 그 다음 특권계급은 성직자들을 동원해 민중을 기만하고자 시도하나 이들은 퇴짜맞는다. "궁정신하들, 성직자들이여, 당신들의 직무는 너무 비싸다. 그러므로 우리는 우리 일을 우리 손에 장악하겠다." 번역의 특이한 효과에 의해, 프랑스어 원문에서보다 영역본에서 볼네의 견해는 더 급진적으로 비쳤다. '기생적인 귀족신분(estate 또는 order)'이란 개념이 더욱 포괄적인 의미를 지닌 부유하고 나태한 '계급'이란 용어로 일관되게 등장하고 있다. 전후(戰後) 급진주의 사회학은 이로부터 유래하고 있었던바, 이는 사회를 '유용한' 혹은 '생산적 계급들'이란 한편과 궁정신하들·한직보유자들·공채소유자들·투기꾼들 및 기생적 중간업자들이라고 하는 다른 한편으로 나누었다.[27]

그러나 볼네가 영향을 미치게 된 것은 약간 나중의 일이었다. 페인이야말로 1790년대 초의 민중적 급진주의를 지배하고 있었다. 그의 정신적 특성이라 할 수 있는 융통성 없는 논쟁적 태도가 급진주의 운동을 편협하게

---

27) 특히 이 책 하권 제16장 448면 이하 웨이드(J. Wade)와 『고르곤』(*Gorgon*)지의 논의를 보라.

만드는 바람에, 프랑스의 혁명적인 국민공회(National Convention, 프랑스에서 왕정을 폐지하고 공화제를 채택하였음. 1792~95—옮긴이)가 공포정치를 지나 보나빠르뜨주의로 넘어가게 되었을 때 이 편협성이 (고드윈의 좀더 세련된 도취와 마찬가지로) 환상에서 깨어난 개혁운동가들에게 신랄한 풍자의 대상이 되었던 것은 사실이다. 버크, 워즈워스, 코울리지(Samuel Taylor Coleridge, 1772~1834)의 천재가 합세하여 표현해낸 저 비판과 풍자는 지난 25년 동안 스스로도 혁명에 대한 환멸이라는 유사한 경험을 겪어야 했던 오늘날의 수많은 학자들의 판단까지 지배해왔다.

고드윈과 페인의 일부 추종자들 사이에서는 열광적이고 구세주대망론적인 분위기가 지배하고 있었음이 확실하고, 이것이 그들로 하여금 인간의 완전 가능성이라고 하는 안이한 (그리고 결국은 환멸스러운) 개념을 받아들이게 해주었다.

> 오 **페인이여**! 그들 자유의 조그만 여분이나마 지킬 수 있게 된 데 대하여 수백만의 사람들이 하나님 다음으로 얼마나 무한히 당신의 덕을 입고 있는지 … 알렉산더니 케사르니 페르디난트니 까뻬왕조(중세 프랑스의 왕조—옮긴이)니 프리드리히니 요제프니 러시아 여제들이니 하는 인물들은 … 인류를 노예화시키고자 악랄하게 싸워왔다. 그러나 흔들거리는 유럽의 바스띠유 감옥들 위로 인권의 신성한 깃발을 휘날리는 것, 수백만의 발목으로부터 전제정의 족쇄를 깨뜨려내고 … 아직 태어나지 않은 또다른 수백만의 목으로부터 … 압제의 저 멍에를 부수어내버리는 일은 … 당신의 몫이었다.[28]

이와같은 분위기는 혁명적 열광의 시기에는 언제나 나타나게 마련이다. 그러나 만일 자꼬뱅 '전체주의'의 신화를 잉글랜드의 상황에 적용시키고자 하는 시도가 있다면, 가장 단순한 진실들을 가지고 이를 반박할 필요가 있다. 페인과 그의 잉글랜드인 추종자들은 자기네 반대자들을 박멸해야 한다고

---

28) Citizen Randol, of Ostend, *A Political Catechism of Man* (1795), 8면.

선전한 것이 아니라 타이번 사형집행장과 피비린내나는 형법을 폐지해야 한다는 주장을 전파하였다. 잉글랜드 자꼬뱅주의자들은 국제주의를 위해, 전쟁 대신 중재를 위해, 반국교도·카톨릭교도·자유사상가 들에 대한 관용을 위해, '이교도, 투르크인 혹은 유대인'에게도 인간적 가치가 엄연히 존재한다는 인식을 위해 논쟁하였다. 그들은 교육과 선동에 의해 '폭도'를 (페인의 말을 빌리자면) '군영(軍營)의 추종자'로부터 '자유의 깃발'의 추종자로 전환시키고자 하였다.

그렇다고 해서 교조주의적 견해와 피상적인 도덕적 실험주의라는 이유로 일부 잉글랜드 자꼬뱅주의자들에게 가해지는 비난들, 예컨대 워즈워스의 『소요』(逍遙, *Excursion*) 제3권에서 그 가장 유명한 사례를 찾아볼 수 있는 그같은 비난들마저 일축해버리려는 것은 아니다. 이것들은 흔히 '좌파'의 악폐였다. 페인은 역사적 감각을 거의 결여하고 있었고, 인간본성에 관한 그의 견해는 안이한 것이었으며, 그의 낙관주의("나는 그 어떤 개명된 유럽 국가에서도 군주정이나 귀족정이 7년 이상 계속되지는 못하리라고 믿는다"는 식의)는 20세기인들에게는 지겹게 여겨지는 종류의 것이다. 그러나 우리 시대에는 휘그적 입장이나 맑스주의적 입장의 역사해석에 대한 반동이 너무나 심하여 일부 학자들은 역사적 역할을 우스꽝스럽게도 뒤바꿔놓는 주장을 퍼뜨려왔다. 곧 박해받은 사람들이 압제의 선구자로, 그리고 압제자들이 박해의 희생자로 각각 여겨지고 있는 것이다. 그렇기에 우리는 이제까지 이같은 기본적 진실들을 다시 한번 확인하지 않을 수 없었던 것이다. '열린 사회'에서의 여론의 자유로운 작용을 신뢰한 것은 페인이었다. "이제 인류는, 그들이 사고해서는 안된다든가 책을 읽어서는 안된다든가 하는 이야기를 듣지 않게 될 것이다." 18세기의 입헌주의 논쟁에서 "국민은 언제나 도외시되었다"는 것을 간파한 이 또한 페인이었다. 국민을 논의 안으로 끌어들임으로써 그는 자신이 통제할 수도, 예견할 수도 없었던 힘들을 움직이게 할 운명이었다. 그것이야말로 민주주의와 관련된 문제이다.

5
자유의 나무를 심기

    우리는 이제 1792년 1월 엑시터가에 있는 선술집 '더 벨'에서 회동하였던 토머스 하디와 그의 동지들에게로 돌아가야겠다. 우리는 18세기를 19세기로부터 갈라놓으며 노동계급 운동의 역사를 나머지 국민 전체의 문화적·지적 역사로부터 갈라놓는 만리장성을 부수어버리기 위해 이 머나먼 길을 돌아왔다. 1790년대 잉글랜드에서 일어난 사건들은 너무나 흔히, 바스띠유 감옥의 습격으로부터 반사된 불빛에 불과한 것으로 여겨져왔다.[1] 그러나 프랑스혁명이라는 본보기에 의해 촉진된 요소들 ── 반국교적 전통들 및 자유지향적 전통들 ── 은 실은 그보다 훨씬 이전의 잉글랜드 역사에서 기원하는 것이다. 그리고 1790년대의 격동은 비록 5년(1792~96)밖에 계속되지 않긴 했지만 유례없이 강렬하고 또 광범한 것이었다. 이는 민중의 '잠재적인 정치'적 태도들을 바꾸어놓았고 계급배치에 영향을 미쳤으며 20세기까지 뻗어내려온 전통들의 출발점을 이루었다. 비록 프랑스에서의 사건들

---

1) 민중단체들에 대해서는 G. S. Veitch, *The Genesis of Parliamentary Reform* (1913); W. P. Hall, *British Radicalism, 1791~1797* (New York, 1912); P. A. Brown, *The French Revolution in English History* (1918)를 보라. J. Dechamps, *Les Iles Britanniques et La Revolution Française* (Brussels, 1949); H. Collins, "The London Corresponding Society," in ed. J. Saville, *Democracy and the Labour Movement* (1954); W. A. L. Seaman, "British Democratic Societies in the French Revolution" (unpublished Ph. D. thesis, London, 1954) 등도 보라.

이 이를 고취하기도 하고 또한 그 기세를 꺾기도 한 것이 사실이긴 하지만 이는 어디까지나 프랑스와 관련하여 벌어진 일은 아니었다. 그것은 잉글랜드의 민주주의를 위한, 아주 광범한 차원의 잉글랜드적 운동이었던 것이다.[2]

입헌주의라는 수문(水門)은 프랑스혁명이라는 본보기에 의해 부서져 열렸다. 그러나 이것이 열린 해는 1789년이 아니라 1792년이었으며 이리로 흘러들어온 물결은 톰 페인의 물결이었다. 1792년 후반 북부 잉글랜드의 상황을 잠시 일별함으로써 이 문제에 접근하는 것도 한 방법이겠다. 이 해 여름에 국방장관은 상황이 아주 심각하다고 여겨, 군대의 성향과 비상시 군대의 신뢰성을 확인할 순회 전권수석부관(全權首席副官, Deputy Adjutant-General)을 파견할 정도가 되었다. 셰필드에서 이 수석부관은 "페인의 선동적인 교리와, 나라의 평화를 어지럽히려 애쓰는 파당적인 인간들이 나의 상상을 훨씬 넘어설 정도로 널리 퍼져 있음을 발견하였다". 그가 보기에는 셰필드가 '그들의 모든 선동적 책략의 중심지'였다. 2,500명의 '최하층계급 숙련직인들'이 핵심적인 개혁운동결사(입헌협회 Constitutional Society)에 가입해 있었다.

이 협회에서 그들은 극렬한 출판물들을 읽고 이에 대해 논평을 하며, 또한 그들이 인근 여러 도시와 촌락의 여러 산하단체들뿐 아니라 … 왕국 내 다른 지역에 있는 … 단체들과도 서로 교환하고 있는 서신들에 대해서도 논평한다.[3]

1792년 가을과 겨울에 윌버포스(요크셔 출신의 의원)는 여러 교신자들로부터 우려할 만한 보고를 받았다. 위빌은 그에게 '더럼(Durham)주 하층민들의 성향'에 관해 다음과 같이 써보냈다.

---

2) 물론 이것은 아일랜드 독립과 스코틀랜드 민주주의를 위한 운동으로서 전개될 때에는 한 층 더 강렬한 형태를 띠었다. H. W. Meikle, *Scotland and the French Revolution* (Glasgow, 1912); R. B. Madden, *The United Irishmen* (1842~46)을 보라.
3) A. Aspinall, *The Early English Trade Unions* (1949), 4~5면에서 재인용.

버나드 카슬(Bernard Castle)에서는 상당수가 국체에 대해 불만을 표시하였으며, 그곳 시장에 세워놓은 십자가 위에는 '국왕 반대' '자유' '평등' 따위의 말들이 씌어 있었습니다. 실즈(Shields)와 썬덜런드(Sunderland)의 석탄운반 선원들 사이에서 일어난 최근의 소요사태 동안 램턴(Lambton) 장군은 이와같은 이야기를 들었습니다. "당신은 톰 페인의 이 작은 책을 읽었습니까?" "아니오." "그렇다면 이것을 읽으시오—우린 이 책을 무척 좋아합니다. 당신은 큰 영지를 가지고 있지요, 장군. 머지않아 우리가 그걸 나누어가지게 될 겁니다."[4]

11월에는 노스 실즈(North Shields)로부터 한 교신자가 피트에게 직접 편지를 써서, 수병들의 파업 및 폭동에 대해 대경실색에 가까운 어투로 ("추신: 충격적이게도 이 순간 폭도들은 자기네들의 일처리 방식에 따르려 하지 않는 일부 수병들과 장교들을 벌거벗겨 말에 태운 채 그들을 앞세우고 온 시내를 돌아다니고 있습니다") 다음과 같이 서술하였다.

제가 주위를 둘러보고 이 주가 수천명의 탄갱부·석탄운반 선원·마부·기타 노동자 들, 곧 평등이라는 새로운 교리에 깊이 감화된 저 억센 친구들로 뒤덮여 있으며, 현재 온통 타기 쉬운 소재들로 가득 차 있어 자칫 불똥 하나만 튀어도 곧 불길에 휩싸일 수 있을 정도임을 인식할 때, 치안관들의 무사안일한 태도가 비난받아 마땅하다는 생각을 금할 길 없습니다.[5]

리즈의 한 저명인사는 윌버포스에게 보낸 편지에서 "6페니짜리 팸플릿으로 축약되어 무더기로 팔리거나 무료로 배포되고 있는 … 페인의 유해한 저작"에 대해 알려왔다. "이 책들은 이곳 직물마무리 직인의 집에서도 발견할 수 있습니다. 병사들은 도처에서 이 책으로 꼬드김을 당하고 있습니

4) R. I. and S. Wilberforce, *Life of William Wilberforce*, II (1838), 2면.
5) Powditch to Pitt, 1792년 11월 3일자, *Home Office Papers*(*H. O.*), 42집, 22.

다." 윌버포스는 그의 일기에 "나라 안의 상태는 … 대단히 위험스러워 보인다"고 기록하였다. 아울러 그는 리즈의 교신자에게 다음과 같이 귀띔하였다. "나는 캔터베리(Canterbury) 대주교에게 … 하루를 단식과 참회의 날로 정하라고 제안할까 생각하고 있습니다." 그러나 리즈로부터는 좀더 고무적인 소식이 들어왔다. 즉 왕당파 폭도들이 시가를 행진하였는데,

> 그들은 톰 페인의 인형을 장대 끝에 매달아 들고 다녔습니다. 그 목에는 밧줄이 감겨 있었으며 한 남자가 뒤에서 이 밧줄을 쥐고 가면서 마부의 채찍으로 끊임없이 이 허수아비를 갈겨댔습니다. 허수아비는 시장의 종이 천천히 울리는 가운데 시장터에서 마침내 불태워졌습니다. … 모든 사람의 얼굴에 미소가 피어났습니다. …「신이여 국왕을 보우하소서」(God Save the King)가 거리마다 울려퍼졌습니다. …[6]

그러나 셰필드의 거리에서는 전혀 다른 종류의 광경이 펼쳐졌다. 11월 말에 이곳에서는 발미(Valmy)에서 프랑스 군대가 거둔 승리를 축하하기 위한 시위가 벌어졌으며 이것이 개혁운동가들을 지지하는 주간신문인 『셰필드 레지스터』(Sheffield Register, 1792년 11월 30일자)에 보도되었다. 대포가 울려퍼지는 가운데 5,6천명의 행렬이 4등분해서 구운 소를 끌고 거리를 누비고 다녔다. 이 행렬 가운데에는,

> 브리타니아를 나타내는 풍자화 하나――버크가 돼지 위에 올라타고 달리는 모습――와 또 하나의 형상이 들려져 있었는데, 이 형상의 윗부분은 스코틀랜드 출신의 장관[7] 비슷한 모습이었고, 아랫부분은 나귀 비슷했다. … 자유의 나무가 부러진 채 땅바닥에 놓여 있었는데 여기에는 "진리는 중상모략이다"라고 씌어 있었다――태양은 구름을 헤치고 나오고 있었고, 평화의 천사가 한 손으로는 『인간의 권리』를 내려뜨리고 다른 한 손은 브리타니아를 받쳐올리기 위해 뻗치고 있었다.

---

6) R. I. and S. Wilberforce, 앞의 책, II, 1~5면.
7) 내무장관이던 핸리 던대스를 가리킨다.

적의를 가진 한 관찰자는 이에 대해, "내가 지금껏 본 중 가장 단호하고 결연한 한 떼의 악당들"이라고 언급했다.

여기에는 무언가 심상치 않은 점이 있다——탄갱부·석탄운반 선원·직물마무리공·칼제조공, 그러니까 윌크스를 지지하기 위해 종종 다채롭고도 와자지껄한 시위를 벌여대곤 했던 저 워핑과 스피틀필즈의 직조공과 노동자들뿐 아니라 전국 각지의 촌락 및 도시의 노동자들이 그들 자신의 **보편적인 권리**를 요구하고 있었던 것이다. 유산계급들을 공포에 질리게 한 것은——프랑스의 공포정치가 아니라——바로 이것이었다.

『인간의 권리』 출판을 둘러싸고 일어난 사건들을 좀더 면밀히 고찰해보면 이 점을 확인할 수 있을 것이다. 최초의 민중단체는 바스띠유 감옥 습격이 있은 지 2년 이상이 지나서야 비로소 결성되었다. 중간계급 및 상층계급들도 프랑스혁명 초기의 사건들은 일반적으로 환영하는 경향을 보였다——심지어는 전통주의자들조차 프랑스는 뒤늦게나마 '혼합된 국체(國體)'라는 영국식 사고에 합류했다고 주장하였다. 반국교도들——그중에서도 특히 프라이스 박사——은 프랑스혁명에 상응하는 영국의 예를 들면서, 명예혁명은 그들 자신의 '최고통치자'에게 책임을 물을 수 있는 권리를 주었다고 주장함으로써 프랑스혁명의 본보기를 활용한 최초의 인물들에 속했다. 반국교도들의 자격 제한(심사법 및 단체법)을 철폐하려는 운동은 1789~90년 겨울에 절정에 달했다. 그리고 이 선전활동으로 (또 이 철폐요구가 거부됨에 따라) 고조된 분위기 속에서 지방에서는 처음으로 개혁운동가들의 '입헌정보협회'가 결성되었으며, 아울러 그들의 반대자인 귀족들의 '교회와 국왕' 클럽도 처음으로 결성되었다. 버크의 『프랑스혁명에 대한 성찰』(이 책에서는 프라이스 박사가 힐난을 받고 있다)은 전반적인 반동의 첫번째 주요 징조였는데, 이 책이 씌어진 것은 프랑스공화국의 선포 및 반혁명분자들에 대한 첫번째 공포정치가 행해지기도 전의 일이었다. 실제로 버크의 격렬한 주장은 조심스럽게 일을 추진하려는 수많은 개혁운동가들(버크 자신은 물론 피트도 한때는 그중에 속했었다)은 물론 전통주의자들까지도 경악케 했다. 우리가 이미 살펴본 바와 마찬가지로 1791년 여름 버밍엄에서 일어난 '교회와 국왕'파 군중의 폭동은 '프랑스혁명'기에 속하는 것이라고 말하기 어렵다. 비록 폭동의 구실이 바스띠유 감옥의 함락기념일을 축하하는 저녁파티였다고는 하지만 이 당시 자꼬뱅파 및 반자꼬뱅파의 선전은 민중 사이에 거의 침투해들어가지 못하고 있던 형편이었다. 1792년 5월 이후가 되면 윌버포스가 리즈에서 묘사했던 것과 같은 반자꼬뱅 시위는 이보다 더 고도로 조직적이었고, 대개는 타락한 자나 빌붙어먹는 자들로 구성되었으며, 평민 개혁운동가들에 대한 협박공갈을 공공연한 목적으로 하고 있었다.

그러나 버밍엄 폭동은 그것이 이행의 계기였음을 보여주고 있다.[8] 시당국이 명백히 폭동에 공모하였으며 폭동에 대해 드러내놓고 만족을 표시했다는 사실은, 이 나라의 다른 지역에서는 훼방받지 않고 바스띠유 감옥 함락을 기념하였던 개혁운동가들을 분노케 하고 또 그들로 하여금 강경한 태도를 취하게 만들었다. 이 폭동은 또한 『인간의 권리』 제1부가 인기를 얻어가고 있던 시기에 역효과를 나타내어, 오히려 개혁운동가들의 활동을 광고해준 셈이 되었다. 랭커셔의 치안관들은 버밍엄 사건으로 인해 조장된 '전반적인 불만'을 간파하였으며, 이를 "일체의 합법적 통제를 불만스러워하는 모든 종류의 노동자 및 장인들 사이에 대단히 광범하게 퍼져 있는 결속의 정신" 탓으로 돌렸다.[9] 런던에서는 8월에, 아마도 버밍엄 사건에 대한 반응의 일환이었다고 할 수 있겠지만, 월크스의 보좌관을 지냈던 혼 투크가 '새치드 하우스 주점'(Thatched House Tavern)에서 '**보편적 평화**와 **자유의 벗들**의 특별 회합'을 주재하였으며 이 모임에서 전단의 형태로 『연설과 선언』(*Address and Declaration*)을 발표했는데, 이는 프랑스혁명의 본보기가 영국에도 타당함을 조금도 숨김없이 지적하였다.

이같은 추세는 개혁운동단체들이 지방과 런던에 여럿 창설된 1791~92년 겨울에 이르면 더욱 빨라진다. 1792년 2월에는 그 결정적인 '사회문제'

---

8) 이 폭동은 그 이후의 버밍엄 급진주의 운동의 발전을 가로막았다는 점에서 또 하나의 중요성을 가진다. 이 폭동이 아니었더라면 버밍엄은 ─ 수많은 소마스터들 및 장인들이 그곳에 거주하고 있었으니만큼 ─ 노리치 및 셰필드와 더불어 주도적인 자꼬뱅파 중심지가 될 수도 있었을 것이다.

9) A. Aspinall, 앞의 책, 1면.

장(章)이 포함된 『인간의 권리』 제2부가 출판되었다. 3월에는 혼 투크를 지도자로 하여 입헌협회[10]가 재조직되었으며, 여기서 투크는 개혁운동가들의 여러 분파 사이를 이어주는 정력적인 조정자 역할을 하게 될 터였다. 4월에는 상당수의 휘그파 귀족들과 의원들이 자기네 사이에만 가입이 허용되는 '인민의 벗들 협회'를 창립하였는데 그 목표 가운데 하나는 페인의 비입헌주의적인 극단주의를 상쇄하고자 하는 것이었으며, 이 협회가 이룬 가장 중요한 긍정적 공로는 페이비언 협회식의 철저성을 가지고 의원선출권의 상태와 부패 및 의회 부정선거의 사례 등을 조사한 한 위원회의 보고서를 발간한 일이었다. 1792년 5월에는 치안교란적 출판물을 금지하는 국왕의 포고령이 반포되었는데 이는 특히 페인을 겨냥한 것이었다. 이 해 여름에는 오스트리아-프로이쎈 연합군이 프랑스에 쳐들어갔고 프랑스 국왕과 왕비가 체포되었으며, 구체제(ancien régime) 지지자들에 대한 최초의 테러가 시작되었다. 국민공회가 9월에 열렸으며 공화국 제1년이 선포되었다. 11월에는 존 리브즈가 그의 반자꼬뱅협회를 세웠으며, 12월에는 페인이 (그의 궐석하에) 법률상의 보호를 박탈당하는 조치를 당했고 『인간의 권리』는 치안교란적 중상모략 책자로 몰려 판매금지당했다. 1793년 1월에는 루이 16세(Louis XVI)가 처형당했으며 2월에는 잉글랜드와 프랑스 사이에 전쟁이 시작되었다.

사건들을 이런 식으로 무미건조하게 마구 늘어놓으면 요점을 잃어버릴 수도 있다. 괄목할 만한 것은 1792년 2월에서 1793년 2월 사이의 12개월 동안 일어난 아주 극적인 변화이다. 1792년 초에만 하더라도 피트는 확신을 가지고 '15년간'의 평화를 예상하고 있었다. 이로부터 6개월이 더 지난 후에도 그는 여전히 영국이 중립을 유지하면서 프랑스에서의 소란한 사태로 이득을 볼 수 있으리라고 기대하고 있었다. 1792년 5월의 포고령은 페인주의 선전의 확산에 대해 정부측이 최초의 심각한 우려를 보여준 것이었다.

10) 이는 지방지부를 가지지 않았던 런던 내지 전국 입헌정보협회(London or national Society for Constitutional Information)를 말한다. 입헌협회들은 (셰필드, 맨체스터, 다비의 협회들처럼) 런던과──입헌정보협회와는 물론이고 그에 못지않게 런던교신협회와도 자주──서신교류를 하고 있기는 했으나, 어디까지나 독자적으로 세워져 독자적으로 운영되고 있었다.

그러나 이는 아직까지도 순전히 국내적인 문제로 여겨지고 있었다. 세 가지 요인이 상황을 바꾸어놓았다. 그 첫째는 9월학살(September massacre, 프랑스혁명 당시인 1792년 9월 2~6일 빠리에서 급진파가 왕당파를 비롯한 수감자들을 학살한 사건—옮긴이) 이후 프랑스혁명이 급속도로 과격해진 것이다. 두번째는 신생공화국의 팽창주의적 열기로 인해 영국의 이익과 유럽의 외교적 균형이 직접 위협을 받게 된 일이다. 세번째로는 프랑스의 혁명적 열기와 국내의 성장하는 자꼬뱅운동이 합류할 위험스러운 조짐이 보이고 있었다는 점을 들 수 있다. 1792년 11월 국민공회는 모든 나라의 국민을 향하여 그 유명한 '형제애와 협조'(fraternity and assistance)령을 발표하였다. 같은 달 얼마 후 국민공회에는 런던과 스코틀랜드로부터 온 우호사절단이 출석하였으며, 국민공회의 한 의원(그레구아르Grégoire)은 템즈 강변에 곧 세워지게 될 새로운 공화국을 축원하였다. 빠리에 망명해 있던 페인은 빠-드-깔레(Pas-de-Calais) 선거구의 의원으로 선출되었다. 12월이 되면서는 동요하고 있던 지롱드(Gironde)파의 팽창주의 정책이 싸보이, 라인란트(Rhine-land), 니스(Nice) 및 벨기에에서 확고히 정체를 드러내게 되었으며, "궁성(宮城)에는 전쟁을, 오두막에는 평화를"이라는 구호가 들려오게 되었다. 전쟁의 진정한 계기(루이 16세의 처형과 프랑스 군대의 셸트Sheldt강 유역 점령)는 피트를 경제적 긴축, 평화 및 점진적 개혁을 추구하던 수상으로부터 유럽 반혁명의 외교적 주동자로 변신시켜놓은 이 해의 끝무렵에 찾아왔다.[11] 그리고 이 전환은 단순히 한 인간의 전환이 아니라 한 계급의 전환, 즉 경제적 합리화와 신중한 정치적 개혁에 대한 그들의 희망을 피트에게 걸고 있던 상공업 부르주아지의 전환이자 귀족층의 전환이었다.

이 가운데 세번째 요인—잉글랜드 내부에서의 민주주의적 선동의 심도와 강도—은 일반적으로 과소평가되고 있다. 영국 내 유산자들이 겪은 대공포와 그들의 반혁명공세는 프랑스에서 국왕이 체포되고 9월학살 사태가 일어나기 몇개월 전에 시작된 것이었다. 그리고 프랑스에서 이 일들이 벌어지자 영국의 모든 권력기관은 단두대의 희생자들과 프랑스 망명자들

---

11) G. Lefebvre, *The French Revolution* (1962), 274~83면을 보라.

이 당한 고통을 선전하기 위해 갖은 수단방법을 다 이용하였는데, 이는 단순히 충격과 동정에서만 비롯된 것이 아니라 잉글랜드 자꼬뱅파의 선전을 가로막기 위한 수단으로서 ─ 아마도 이것이 주된 이유일 터인데 ─ 동원되었던 것이다.

왜냐하면 『인간의 권리』 제2부가 거둔 성공은 정말 엄청난 것이었기 때문이다. 1793년까지 판매부수가 200,000부에 달했다는 계산(이 해에 나온 한 팸플릿에 따른 것이다)이 널리 받아들여져왔다. 천만 인구 사이에서 200,000부였단 얘기다.[12] 제2부는 곧 입헌협회와 이 협회 지부들의 지원을 받아 6페니짜리 판본으로 판매되었다. 해너 모어는 "봉기와 불충과 악덕의 벗들이 기세등등해져 그자들의 유해한 팸플릿을 나귀 등에 싣고 다니면서 오두막집이나 큰길뿐 아니라 광산과 탄갱에까지 뿌려놓을 지경이 되었다"고 불평하였다.[13] 셰필드에서는 '모든 칼제조공들이' 이 책을 한 부씩 가지고 있다는 이야기가 돌았다. 뉴카슬(스태퍼드셔Staffordshire)에서는 페인의 출판물이 "거의 모든 사람의 수중에 있으며" 특히 직인 신분의 도자기공들이 이를 소장하고 있다고들 했다. "이 인구 많은 인근지역의 3분의 2 이상이 반란을 일으킬 태세를 갖추고 있으며, 특히 주민들 가운데 하층계급이 그렇다"고 평가되었다.[14] 페인의 책은 콘월의 주석광산에서도, 멘딥스(Mendips)의 촌락에서도, 스코틀랜드의 고원에서도 읽혔으며 얼마 후에는 아일랜드 대부분의 지역에서도 읽혔다. 한 교신자는 이렇게 불평하였다.

---

12) 버크의 『프랑스혁명에 대한 성찰』은 3실링에 팔렸는데 첫 두 해 동안 30,000부가 나갔다. 『인간의 권리』 제1부도 3실링이었는데 1791년에 50,000부가 팔렸다. 1802년에 페인은 1, 2부를 합쳐 40만~50만 부가 팔렸다고 주장하였는데 ─ 그리고 1809년까지는 1,500,000부가 팔렸다는 주장이었다 ─ 그러나 이는 유럽대륙의 번역본들은 물론 아일랜드에서의 굉장한 판매부수까지 포함한 것이었다. 필자로서는 1791년에서 1793년까지 잉글랜드, 웨일즈 및 스코틀랜드에서 (1, 2부를 합쳐, 그리고 지방의 클럽들이 발간한 축약본까지 합쳐) 200,000부가 팔렸다는 주장을 받아들이고 싶다. 비록 알틱(R. D. Altick)은 우리에게 "단 한 권의 논쟁서만으로 … 그같은 판매부수 근처에라도 접근했던 적은 단 한번도 없었다"고 경고하고 있기는 하지만 말이다. R. D. Altick, *The English Common Reader* (Chicago, 1957), 69~73면을 보라.

13) W. Roberts, *Memoirs of... Mrs. Hannah More*, II (1834), 424~25면.

14) J. Massey, 1792년 11월 22일자, *H.O.*, 42집, 22; F. Knight, *The Strange Case of Thomas Walker* (1957), 117면.

북부 웨일즈 지방은 『인간의 권리』에 대해 자세히 이야기하면서 국왕정부를 공격하는 감리교 순회설교사들로 들끓고 있다.[15]

"이 책은 이제 이 나라에서 『로빈슨 크루소우』(*Robinson Crusoe*)나 『천로역정』에 맞먹는 필독서가 되어 있다"고 잉글랜드의 한 교신자는 썼다.[16]

페인의 궐석재판에서 검찰총장은 『인간의 권리』가 "모든 부류의 신민들 수중에 쩔러넣어졌으며 심지어는 아이들 사탕까지도 그 안에 싸여 있다"고 개탄하였다. 던대스는 "대제조업 도시에서 수많은 사람들이 그토록 유해한 경향의 교리들을 받아들이고 또한 유포시키고 있는 이때에" 1792년 5월의 국왕포고령은 합당한 것이라고 설명하였다. 축약본의 값이 싸다는 점이 범죄를 가중시켰다는 견해가 분명하게 언명되었다. 포고령은 전국적으로 주도면밀하게 후원을 받아 개최된 여러 집회에서 지지결의를 받아냈다. 지방 치안관들과 성직자들은 페인을 단죄하는 충성선서를 권장하였으며 **'옛 잉글랜드의 영광스러운 헌법**(GLORIOUS CONSTITUTION OF OLD ENGLAND)을 신성불가침한 것으로 지키기 위한' 젠트리 단체들이 결성되었다. 페인을 공격하는 야비한 내용의 팸플릿이 2만 2천 부나 인쇄되었는데 이는 비밀경찰기금으로부터 자금지원을 받고 있었다.[17] 페인은 점증하는 공격에 맞서 신랄한 어조로 『연설자들에게 보내는 편지』(*Letter Addressed to the Addressers*)를 써서 대응하였는데, 그는 이 글에서 귀족들로 구성된 '인민의 벗들 협회'에 대해서도 싸움을 걸었으며 청원을 개혁수단으로 이용하는 데 대해서도 조롱을 퍼부었다.

---

15) "Memorandum on Clubs," 1792년 10월, *H. O.*, 42집, 22. 웨일즈에서의 자꼬뱅주의에 대해서는 D. Davies, *The Influence of the French Revolution on Welsh Life and Literature* (Carmarthen, 1926); M. P. Jones, "John Jones of Glan-y-Gors," *Trans. Cymmrodorian Society* (1909~10)를 보라.

16) Benjamin Vaughan, 1792년 11월 30일자, *H. O.*, 42집, 22.

17) 이는 1792~93년 겨울의 일이었다. A. Aspinall, *Politics and the Press* (1949), 152~53면을 보라.

나는 의회에 법안을 제출해서 이루어지는, 의회에 의한 개혁이란 것은 … 다 낡아빠진 상투적인 주제이고, 국민들도 이에 대해 신물을 내고 있다고 생각한다. … 권리, 그리고 권리의 행사는 오로지 국민에게만 속하는 것이며, 그것의 적절한 수단은 그러한 목적을 위해 모든 민중에 의해 선출되는 국민공회이다.[18]

도버해협 건너편에서는 국민공회에 의해 국왕이 체포되어 있던 상황임을 생각할 때 이는 곧 혁명적 언사였다. 그러나 페인 자신은 체포를 피해 『연설자들에게 보내는 편지』가 출판되기 전에 스스로 해협을 건너갔다. 그가 쓴 이별의 일발은 자신의 재판시에 읽혀지게끔 '공화국 제1년 11월 11일, 빠리'에서 검찰총장 앞으로 보낸 한 장의 편지였다. 자신에 대한 판결은 "달에 가 있는 사람"에 대한 판결이나 마찬가지 노릇이 될 것이다(라고 그는 이 편지에서 말했다). 따라서 그것은 실제로는 잉글랜드 민중의 권리에 대한 판결을 의미하게 될 터였다.

법정기소를 가지고 장난을 치기에는 각하, 사태가 너무 심각해지고 있습니다. … 이제는 잉글랜드 땅에서도, 불과 1년도 채 안된 과거에만 하더라도 자신들이 그 어떤 지방판사나 배심원이나 검찰총장 못지않게 안전하다고 믿고 있던 사람들에게 이곳 프랑스에서 일어난 것과 같은 무시무시한 일들이 일어날 수 있으며, 그런 일들은 귀하와 같은 처지의 사람들에게는 큰 비중을 가지는 일이 아닐 수 없을 것입니다. 잉글랜드 정부가 정부라는 것이 생겨난 이래 지금까지 존재한 것 중 비록 가장 대단하지는 않은지 몰라도 다른 것에 결코 못지않게 대단한, 기만과 부패의 극치라는 사실은 귀하에게도 낯선 일일 리가 없습니다. … 귀하나 내가 … 겔프씨(Mr. Guelph, 교황지지자였던 영국 국왕 죠지 3세를 비꼬아서 칭한 말—옮긴이)나 혹은 그의 방탕한 아들들과 같은 인간의 능력이 한 국민을 통치하는 데 꼭 필요하다고 과연 믿을 수 있겠습니까? …[19]

---

18) T. Paine, *Letter Addressed to the Addressers*, 56면. 페인의 이 『연설자들에게 보내는 편지』를 출판한 이튼은 기소되었지만 (이번에는) 우호적인 배심원단 덕분에 방면되었다.

그러나 페인이 이처럼 혹독한 어조를 택하기 이전에도 이미 그의 저작은 개혁운동가들 사이의 다양한 입장차이를 구분하는 시금석이 되어왔다. 귀족들로 구성된 '인민의 벗들 협회'는 1688년 협정에 대한 그들의 충성을 확인하기 위해 자신들은 국민공회를 수립한다는 그 어떤 발상과도 그리고 "아무리 지혜로운 사람도 그 결과를 예견할 수 없고 그 어떤 기술로도 그 진로를 조종하지 못할 만큼 혁신적인 정신을 일깨우는 경향이 있는 … 페인의 모호한 현혹의 언사들"과도 상관없음을 밝히고자 애썼다(1792년 5월).[20] 요크셔의 젠틀먼 출신 개혁운동가인 크리스토퍼 위빌은 버크에 맞서 『프라이스 박사에 대한 옹호』(A Defence of Dr. Price, 1971)를 썼는데 여기서 그는 기회를 잡아 "인민 가운데 최하층계급들에게 폭력과 불의의 행위를 선동하는" 경향이 있는 페인의 "유해한 영향"에 대해 개탄하였다.[21] 『인간의 권리』 제2부가 출판된 후 위빌의 어조는 더욱 강경해졌다. 온건한 개혁운동가들과 나눈 전국적 범위에 걸친 서신교류에서 위빌은 그들로 하여금 "페인씨의 시의에 맞지 않고 … 유해한 충고들"의 효과를 극소화시킬 역(逆)선동을 펼치게끔 종용하는 데 상당한 영향력을 행사하였다. 1792년 4월에 그는 런던입헌협회를 향해 '민중적 당파'(popular party)와의 관계를 끊으라고 촉구하였다.

페인씨가 부자들의 지나친 부로부터 거둬들여질 재원으로 가난한 사람들에게 연금을 줄 것이라는 약속으로 자신의 제안을 뒷받침하고 있으니만큼, 나는 그의 방자한 교리들에 담겨 있는 극도로 유해한 경향에는 맞서야 한다고 생각하였다. …

위빌에게 극도의 우려를 안겨준 것은 의심의 여지 없이, 페인이 정치적 요

---

19) 이 모든 내용이 Joseph H. Gurney, *Proceedings on the Trial... against Thomas Paine* (1793)에 정연하게 수록되어 있다.

20) C. Wyvill, *Political Papers*, III (York, 1804), 부록, 154~55면.

21) 같은 책, III, 부록, 67~68면. 위빌이 페인에 대한 그 어떤 기소에도 반대한 것은 위빌의 명예를 높여주고 있다.

구와 경제적 요구를 결합시키는 바람에 계급대립의 기운이 더욱 첨예하게 촉진되었다는 점이었다. 그는 1792년 5월 셰틀먼의 한 젠틀먼에게 다음과 같이 써보냈다. "페인씨가 그런 비입헌주의적인 입장을 취하고, 인민의 하층계급들에게 부자의 재산을 약탈할 전망을 제공해줌으로써 이들 하층계급 사이에 공화정을 지향하는 하나의 당파를 형성케 한 것은 공공의 대의를 위해 불행한 일입니다."[22]

런던입헌협회(페인 자신이 이 협회의 일원이었다)에서 위빌의 지지자는 페인파에 수적으로 눌렸다. 이 협회는 『인간의 권리』 제1부를 공식적으로 환영하면서 이와 동시에 혼합적 국체에 대한 지지를 확인하는 일반 결의를 통과시킨 바 있다(1791년 3월과 5월). 그후 이 해 말까지 내내 온건파들은 완강한 카트라이트 소령에게, 기회주의적이기는 하지만 모험을 마다하지 않는 혼 투크에게, 자꼬뱅파 소송대리인인 존 프로스트(John Frost)에게, 그리고 페인의 직접적 추종자 써클에 밀려나 지반을 잃어버렸다. "새 예루살렘 만세! 천년왕국을! 토머스 페인의 영혼에 평화와 영원복락을!" 극작가인 토머스 호울크로프트는 이처럼 열광하면서 고드윈에게 편지를 썼다. 1792년 초봄 입헌협회가 개편될 때 페인의 추종자들은 확고부동한 주도권을 장악하였다. 『인간의 권리』 제2부는 공식적으로 환영받았으며 ─그중에서도 특히 '사회적' 제안들이 그러했다 ─ 협회는 훨씬 더 정력적인 선동정책을 추진하기 시작하였다. 투크와 프로스트는 하디가 교신협회를 창건하는 것을 도와주었다. 지방의 협회들 및 (1792년 5월에는) 빠리의 자꼬뱅 클럽과의 사이에 서신교류가 트였다. 전단, 팸플릿, 페인의 저서 염가판이 출판되었다. 협회는 페인의 변호를 위한 공적 기부구좌를 개설하였으며, 1792년 11월과 12월에 존 프로스트는 협회 파견사절로 빠리에 가서 국왕(루이 16세─옮긴이)의 재판에 참석하였다. 런던교신협회와 맨체스터, 노리치, 셰필드 등의 지방협회들은 한결같이 페인에 동조한다는 뜻을 천명하였다. 보울턴의 젊은 상인이자 유니테리언파 교도이며 대단히 유능한 선전가였던 토머스 쿠퍼는 『인간의 권리』 제2부가 등장하자 열광에 휩싸였다. "이

---

22) 같은 책, V, 1, 23~24, 51면.

책으로 인하여 나는 과거 그 어느 때보다도 더 정치적으로 열렬해졌다. 그것은 건전한 판별력으로 온통 채워지고 넘치는데다 … 또한 금상첨화로 욕설거리도 풍성하게 들어 있다. 나는 이 책이야말로 책 중의 진짜 보석이라고 생각한다. … 버크는 이것으로 영원히 끝장났다."[23)]

그렇게 볼 때 1792년은 톰 페인에게는 굉장한 한 해였던 셈이다. 열두 달 내내 그의 이름은 일상어가 되어버렸다. 브리튼 제도(諸島) 내에 그의 책이 파고들어가지 않은 곳은 거의 없었다. 그것은 노동자들 및 장인들과의 동맹을 추구하면서 페인의 사회적·경제적 제안들을 환영하고 공화정을 수립하는 방향을 추구하던 소수파 급진적 제조업자 및 전문직업인들과, 젠틀먼 출신 개혁운동가 및 귀족문벌 출신 휘그파를 구분하는 시금석이 되었다. 오랫동안 망설이던 끝에 마침내 페인을 기소하기로 한 피트의 결정은 탄압의 시대가 개막됨을 알리는 신호였다. 페인이 법률상의 보호를 박탈당한 데 (그리고 『인간의 권리』가 판매금지조치를 당한 데) 이어 당국은 개혁운동가들과 직접 맞대놓고 싸우고자 계속 애쓰게 되었다. 페인은 1792년 토머스 워커에게 다음과 같은 편지를 썼다. "우리가 이미 돌을 굴려놓은 판이니만큼 그것은 염가의 간행물들에 의해 계속 굴러가지 않으면 안됩니다. 이는 다른 그 어느 것보다도 궁정 젠트리를 당황케 할 것입니다. 왜냐하면 이것은 그들이 익숙치 않은 영역이기 때문입니다."[24)] 그러나 '궁정 젠트리층'은 그들 자신의 출판물공세를 취하기 시작했으며, 자기네 지지자들의 운동에 그들 자신의 '시계와 같은 규칙성'을 진작시켰다. 리브즈가 주도하던 '공화파와 수평파에 맞서 재산을 지키는 협회'는 민중단체들에 대한 대응책으로, 이미 형성되어 있던 치안관들 및 젠트리들의 수많은 단체들을 단결시키고 강화시키는 역할을 했을 뿐이다. 1792~93년 겨울에 이들 단체는 그 전해 버밍엄에서 효과가 컸던 폭도들의 폭력이란 수법을 부활시켜 거기에 불을 붙이고자 하였다. 1792년 12월, 한 떼의 술 취한 폭도들이 사전지시에 따라 맨체스터에 있는 토머스 워커의 집으로 쳐들어갔다. 워커와 그의 지지자들은 공중에 대고 발포함으로써 스스로를 방어하는 데 성공하

23) F. Knight, 앞의 책, 63~64면에서 재인용.
24) Blanchard Jerrold, *The Original* (1874), 41면.

였다. "선거전에서와 똑같은 계략들이 쓰이고 있었다"고 워커는 기록하였다. "떼거리는 여러 군데 술집에서 규합되었으며 술집으로부터 깡깡이 켜는 자를 앞세우고 '교회와 국왕'이란 글씨가 칠해진 판을 들고선 거리거리를 행진하고 다녔다."[25]

리즈의 교신자가 윌버포스에게 보고했던 것과 동일한 방식에 따라, 톰 페인에 반대하는 '가이 포크스'식의 시위가 전국적으로 사주되었다. 페나인 산맥에 있는 조그만 직조업 도시인 리폰든(Ripponden)에서 한 유복한 법률가는 1793년 1월 7일자 일기에 "톰 페인의 허수아비를 들고 돌아다니다가 거기에 대고 총을 쏜" 몇사람에게 '10실링 6페니'를 지불하였다고 기록하였다.[26] 헤크먼드와이크의 한 공장주는 스스로 페인으로 꾸미고서 자기가 탄갱에서 『인간의 권리』를 읽고 있는 것을 '발견'토록 하였다. 그런 다음 그가 썼던 탈은 짚으로 만든 허수아비에 덮어씌워졌으며 사람들은 이것을 끌고 온 동네를 돌아다니다가 '처형하였다'. 그 근처의 리틀타운에서는 나무로 만들어진 페인의 상이 모루채로 연신 두들김을 당했는데 처형자가 어찌나 세게 쳐댔는지 그의 손에선 피가 흘러넘쳤다.[27] 1792년 12월에는 다음과 같은 일이 있었다.

토머스 페인의 허수아비가 아주 엄숙하게 링컨 카슬(Lincoln Castle)에서 교수대까지 썰매로 끌려와서는 엄청나게 많은 구경꾼이 지켜보는 가운데 목매달렸다. 이 허수아비는 보통 소요되는 시간만큼 매달려 있다가 언덕으로 운반되어 그곳에서 바로 이 목적을 위해 세워져 있던 효시대(梟示臺)에 꽂혔다. 저녁에는 이 허수아비 아래 큰 불이 지펴져, 허수아비는 … 수백명의 군중이 환호성을 지르는 가운데 재가 될 때까지 탔다. 「신이여 국왕을 보우하소서」를 연주하는 대규모 악대가 장단을 맞추

25) T. Walker, *Review of some Political Events in Menchester* (1794), 55면. 또한 F. Knight, 앞의 책의 탁월한 서술 및 A. Prentice, *Historical Sketches of Manchester* (1851), 419면 이하도 보라.

26) J. H. Priestley, "John Howarth, Lawyer," *Trans. Halifax Antiq. Soc.*, 1949.

27) Frank Peel, *Spen Valley: Past and Present* (Heckmondwike, 1893), 307~308면.

었다. …

브리그(Brigg)나 캐스터(Caistor) 같은 조그만 시장도시(market-town)에조차 리브즈 협회의 지부가 결성되었는데, 그 목적 가운데 하나는 (캐스터 협회의 경우를 인용하자면) "치안교란적인 문서나 저작을 출판하거나 배포함으로써 혹은 그 어떤 불법적인 결사나 음모단체에 가담함으로써 공공의 평화를 교란하고자 꾀하는 모든 자를 발견하고 법에 의해 처단받도록 빈틈없이 경계하고 정력적으로 활동하는 것…"이었다.[28]

『인간의 권리』의 배포가 전국적으로 광범하게 이루어진 것 못지않게 반자꼬뱅파 단체들의 결성 또한 그러하였다. 따라서 잉글랜드에서 혁명세력은 힘을 결집하기 시작하자마자 기성 권력당국의 물자지원을 받는 반혁명 공세에 부딪히게 되었다. 조르주 르페브르(Georges Lefebvre)는 이에 대해 다음과 같이 평하고 있다.

그때부터 민중이 들고일어날 때마다 전 유럽의 지배자들은 전통이 가르치는 대로 민중으로 하여금 제정신이 들게끔 만들어야만 한다는 데 견해를 같이했다. 바로 프랑스 대혁명의 성공 자체가 프랑스의 경계 밖에서는 이 나라에서 혁명의 승리를 보장하였던 일련의 사태들에 정반대되는 추세를 몰고 왔던 것이다.[29]

그러나 용의주도하게 조장된 이러한 충성의 시위들은, 비록 일시적인 매수와 멋대로 할 수 있는 자유 때문에 인기를 끌기는 했지만 갈수록 인위적인 냄새를 풍기게 되었다. 페인의 허수아비에 불붙여진 화톳불 하나하나는 원래의 의도와는 달리, 젠트리의 헌법과 민중의 권리 사이의 차이를 명백히 비추어주는 역할을 하였다. '교회와 국왕'파의 행동들은 국외자집단에 대한 편견이 맹목적으로 터져나온 **포그럼**(pogrom, 러시아어에서 유래한 용어로 특히

---

28) *Stamford Mercury*, 1792년 12월 8일자 및 1793년 1월 11일자. 이 인용문은 렉스 러슬(Rex Russell)씨 덕분에 구해 볼 수 있었다.
29) G. Lefebvre, 앞의 책, 187면.

유대인들과 같은 사회적 약자에 대해 자행된 맹목적인 학살, 방화, 약탈 등의 집단적 공격 행위를 가리킨다—옮긴이)적 행위라기보다는 오히려 정치적 내전에서의 소규모 접전을 의미하는 것이었다. 토머스 워커는 자기를 공격한 폭도들을 "가장 무원칙한 파당의 비열한 도구들"이라고 일축하였다. "민중을 내버려두기만 하면 모든 것은 … 조용한 상태를 유지할 것이다. 아니, 오히려 폭도들은 민중으로서 우리 편이라고 나는 생각한다."[30]

　워커는 어느 정도로나 옳았을까? 모든 물음 중에서도 그것은 대답하기 가장 어려운 것이다. 여기서 우리는 그 다음 두 해 동안 일어난 사건들에 대한 간략한 서술에 다시 한번 손을 대지 않으면 안된다.

　민중의 분위기에 커다란 변동이 일어난 후면 그때마다 태도들이 경직되고 위축되는 것이 일반적이다. 그런데 이같은 현상은 1793년 초 몇달 동안 세 가지 원인에 의해 더욱 강화되었다. 그것은 곧 프랑스 국왕의 처형, 전쟁의 발발, 개혁운동가들에 대한 법적 박해의 개시 등이었다. 마지막 경우에 해당하는 몇가지 예를 들어보자. 반국교파 목사인 윌리엄 윈터보텀(William Winterbotham) 목사는 군주의 책임에 대해 프라이스 박사가 대중적으로 보급했던 견해보다 더 심할 것도 별로 없는 설교를 했었는데, 그 때문에 4년 동안 수감되었다. 소송대리인인 존 프로스트는 목에 칼을 쓰는 형 및 18개월 수감형을 선고받았는데, 프랑스의 국민공회에 잉글랜드 대표로 참석한 것이 사실상의 이유였지만 표면상으로는 그가 매럴러번(Marylebone)의 한 찻집에서 "나는 평등을 지지한다. … 그래서 국왕 반대다!"라고 말했던 것이 구실이 되었다. 뉴워크(Newark)에서는 호울트(Holt)라는 이름의 한 인쇄공이 입헌협회의 초기 담화문 하나를 재간행했다는 이유로 4년 동안 수감되었다. 레스터에서는 개혁을 찬성하는 『레스터 헤럴드』(Leicester Herald)지를 출판한 서적판매인 리처드 필립스(Richard Phillips)가 18개월 동안 수감되었는데, 표면상으로는 『인간의 권리』를 판매했다는 것이 이유였다. 그리고 수많은 평범한 사람들이 갖가지 방식으로 고초를 겪었다. 당국은 민중단체들에 스파이를 집어넣으려고 갖은 애를 다 썼는데

---

30) F. Knight, 앞의 책, 101, 105면.

이는 커다란 성공을 거두었다. 이미 1792년 가을에 맨체스터의 선술집 주인 186명이 "저 **극악무도한 자들**이 그토록 열렬하고 간절하게 바라고 있는 것, 다시 말해 **이 나라의 파괴**를 실지로 초래하는 경향을 가진 … 그 어떤 **클럽**이나 단체들에도" 그들의 방을 빌려주지 않겠다는 선언문에 서명한 바 있다. 서명을 하지 않은 술집 주인들은 방문을 받고, 그들의 영업허가가 갱신되지 않을 것이라는 경고를 받았다. 도금을 한 표시판들이 진열대 위에 걸렸다. 거기에는 '**자꼬뱅 출입금지**'라고 씌어 있었다. 맨체스터개혁협회 (Manchester Reformation Society)의 간사는 런던교신협회에 다음과 같이 써보냈다. "이 도시에 있는 개혁의 적들은 자유의 고귀한 정신을 꺾어놓으려 온 힘을 다 쏟고 있습니다. …"[31]

이와 마찬가지의 준(準)합법적 형태의 공갈협박을 런던에서도 써먹었으니, 런던교신협회의 지부들은 술집에서마다 박해를 당했다. "곧이어 포츠머스(Portsmouth)에서 뉴카슬에 이르기까지, 그리고 스원시(Swansea)에서 첼름스퍼드(Chelmsford)에 이르기까지 거의 모든 도시에서 공식적인 이단자사냥이 시작되었다."[32] 입스위치(Ipswich)에서는 관리들이 한 맥주집에서 "대단히 저급한 인간들로 구성된 한 토론클럽"을 흩어 내쫓았다. 윌트셔에서는 한 교사가 '반역적인 표현들'을 했다는 이유로 자리에서 쫓겨났다. 노샘프턴셔의 몇몇 촌락에서는 사람들이 가가호호 돌아다니면서 충성을 설파하는 일이 벌어졌다. 서점을 돌아다니면서 『인간의 권리』를 판매하는 자를 찾아내 고발하는 앞잡이들이 여러 곳에서 지명되었다. 한번은 문맹인 삐라 부착자가 개혁을 지지하는 삐라를 붙였다는 이유로 투옥되는 일도 있었다.

나라 밖 사태들도 잉글랜드 자꼬뱅들의 활동을 더 수월하게 만들어주지

---

31) *Treasury Solicitor's Papers*(*T.S.*), 11. 3510 A (3); A. Prentice, 앞의 책, 7~8면. 레스터의 술집 주인들에 대한 이와 유사한 행동들에 대해서는 A. Temple Patterson, *Radical Leicester* (Leicester, 1954), 71면을 보라. R. Phillips, *Original Papers Published in the Leicester Herald &c.* (Leicester Gaol, 1793); *Account of the Trial of Alexander Whyte, Baker* (Newcastle, 1793); Daniel Holt, *Vindication of the Conduct and Principles of the Printer of the Newark Herald* (Newark, 1794) 등을 보라.
32) P. A. Brown, 앞의 책, 85면.

는 못하였다. 처음에는 민중의 호응을 받지 못했던 대(對)프랑스전쟁이 민중들 사이에서 전통 깊은 반프랑스적 감정을 다시 불러일으켰음은 거의 의심의 여지가 없다. 또한 아주 상세하게 보도가 되곤 하였던 새로운 처형사건들(9월학살, 국왕과 마리 앙뚜아네뜨의 처형)도 하나하나가 다 이같은 감정을 부채질하였다. 1793년 9월에는 페인의 친구들인 지롱드파가 국민공회로부터 밀려나고 그 지도자들이 단두대로 보내졌으며, 이 해 마지막 주에는 페인 자신도 뤽쌍부르(Luxembourg)궁에 유폐되었다. 이같은 경험들은 지나치게 열렬하고 지나치게 유토피아적으로 자기네 신념을 프랑스의 대의명분과 동일시하였던 지식인세대에 저 깊디깊은 환멸의 첫 단계를 초래하였다. 1792년에 볼 수 있었던 것과 같은 지식인 개혁운동가들과 평민 개혁운동가들 사이의 통합은 결코 다시는 이루어질 수 없었다.

1794년에는 전쟁의 열기가 더욱 높아갔다. 지원병부대가 결성되고 공공기부금이 걷혔으며 전통적인 정기시는 군사적 시위의 기회로 이용되었다. 정부는 신문에 대한 지원금을 늘렸으며, 이리하여 신문에 대한 영향력을 강화시켰다. 대중적인 반자꼬뱅 전단들이 대량으로 만들어졌다. 엑시터에서는 다음과 같은 전단이 유포되었다.

　… 현행 **국체**를 … 좋아하지 않는 자들에 관해 말한다면, 그들에게는 응분의 보상을 받게끔, 다시 말해 **교수형 올가미**를 씌우고 **교수대**에 매달며 그후 불태워지게 하되, **페인**의 경우처럼 허수아비로 그렇게 하는 것이 아니라 본인이 직접 그렇게 당하게 하라. 이에 대해 모든 충성스러운 심정의 소유자들은 아멘을 부를 것이다.

버밍엄에서는 입버릇이 고약한 반자꼬뱅파 팸플릿 저자 '죠우브 노트'(Job Nott)가 개혁운동가들을 향해 다음과 같은 글을 썼다.

　썩 꺼져버리고 ― 교수대의 새 발판이나 생각들 하시지 ― 당신들은 『뉴뉴게이트 캘린더』지에 기록되게 될 터이고 ― 유배가 당신들을 개혁시킬 수 있으리라 ― 당신들은 높이 떠올려질 만한 가치가 있나니 ― 당신들은 교수대의 새 발판을 본 적이 있는가?

리브즈의 영향력이 가장 컸던 런던의 교구들에서는 호별조사가 실시되었다. 쎄인트 앤(St. Anne) 교구에서는 '거주자와 외지인의 인상착의, 나이, 직업 등등'을 써넣는 등기부가 작성되었다. 쎄인트 제임즈(St. James) 교구 주민들은 자기네 하인, 일꾼들 및 도제들에게 국가체제에 대한 충성선언문에 서명하도록 시키지 않는 모든 가옥주의 비애국성을 규탄하도록 촉구받았고, 리브즈의 앞잡이들에 의해 혐의없음을 보증받지 못한 직종인들은 일자리를 얻지 못했으며, '수상쩍은 자들'에 대한 보고를 하지 않는 술집 주인들은 영업허가를 취소당했다. 군대를 위해 플란넬 조끼를 수집하는 일이 충성심을 심사하는 또 하나의 보조수단으로서 리브즈 위원회의 위원들에 의해 강압적으로 추진되었다. 그리고 조끼에서 더 나아가 '장갑, 속바지, 모자, 셔츠, 가발, 양말, 신발, 바지, 장화, 침대보, 겨울외투, 가운, 페티코트, 담요…' 등까지 수집대상이 되었다.[33]

전시에 이같은 대규모의 이단자사냥이 행해졌다고 해서 이것이 곧 이단이 광범하게 존재하고 있었음을 증명하는 것은 아니다. 그러한 시기에 '왕당주의'(loyalism)라는 것은 언제나 '반역'의 존재를 전제하는 법이다. 적어도 스스로를 돋보이게 할 대립물로라도 이를 이용할 필요는 있었으니 말이다. 그렇기는 하지만 쏟아져나온 소책자며 설교문들, 그리고 외곽지역들에서 특정 자꼬뱅들에게 가해진 공격 등은 단순한 '전쟁열'이라든가 유산계급의 죄의식 혹은 내적 불안감 등에 그치지 않는 그 무엇인가가 있었음을 가리켜준다. 곤봉으로 무장한 일련의 불량배가 로이튼(Royton)으로 가는 길에 미들턴(Middleton)을 지나던 중 —— 페인파에 대한 저주를 퍼붓고 그들의 집 유리창을 깨뜨리면서 —— 젊은 쌔뮤얼 뱀퍼드에게 협박을 가한 것은 1794년 4월의 일이었다. 여기서 그들은 개혁운동가들이 자주 모이던 술집

---

33) 이 단락에 나오는 여러 예들은 익명의 팸플릿, *Peace and Reform: against War and Corruption* (1794)에서 발췌한 것이다. 반자꼬뱅파 간행물들(죠우브 노트의 팸플릿까지 포함하여)에 대해서는 R. K. Webb, *The British Working Class Reader, 1790~1848* (1955), 41~51면; M. J. Jones, *Hannah More* (Cambridge, 1952), 6장 등도 보라.

'라이트 호스먼'(Light Horseman)을 때려부수고는 거기 있던 사람들을 늘씬하게 두들겨팼다. 그동안 치안관은 폭동현장에서 불과 몇십 야드 떨어진 자기 집에서 움직이려 하지 않았으며, 교구목사는 한 작은 언덕 위에 서서 깡패들에게 도망자들을 가리켜주며 소리쳤다. "저기 하나 간다. … 저건 자꼬뱅이다. 저기 또 하나 있다!"[34] 권력당국은 마치 대중의 견해에 일종의 방향전환이 일어났으며, 대중의 분위기 저변에서 변화가 발생하고 있음을 감지한 것 같았다——잉글랜드 국민 전체를 페인추종자 및 자꼬뱅으로 만들 정도까지는 아니되, 그들로 하여금 선동자들을 기꺼이 숨겨주고 묵인케 할 정도는 되었던 그러한 변화 말이다. 어떤 경미한 사건 하나만으로도 이 모든 '불타기 쉬운 소재'들을 타오르게 할 수 있었을 것이다. 따라서 개혁운동가들은 감시·협박공갈하며 그들의 단체들은 격리시키고 혐의를 두고 다뤄야만 했으며, 무지한 자들의 편견은 조장하고 방임해야만 했다. 특히 인쇄소, 서점, 강단 혹은 연단에 드나들 수 있고 평민 개혁운동가들과 접촉이 있는 전문직업인들은 협박공갈의 대상이 되었다.

자기 생각을 명료하게 표현치 못하는 사람들의 태도에서 나타난——혹은 가난한 사람들의 감정구조에서 일어난——이같은 방향전환은 뜻밖의 곳에서도 확인할 수 있다. 1793년과 1794년에는 천년왕국에 대한 환상의 물결이 17세기 이래 그 유례가 없는 대단한 규모로 갑자기 치솟아올랐다. 호울크로프트의 '새 예루살렘'이 하나의 이성적인 허구였고 블레이크의 '예루살렘'이 환상적 이미지였음에 반해(비록 이들도 비판자들이 지적하는 것보다는 더 크게 천년왕국적 배경에 힘입고 있는 것이 사실이지만), 빈민들과 남의 말을 잘 믿는 사람들은 전직 해군대령으로 절반의 보수를 받으며 살고 있던 리처드 브러더즈(Richard Brothers, 1757~1824. 중도 제대한 해군장교, 다윗의 후손으로서 새로운 이스라엘인 잉글랜드의 왕위를 주장하였다——옮긴이)에게서 더 진짜배기 예언자를 찾아내게 되었다. 그의 『예언과 시대에 대한 계시된 앎』(Revealed Knowledge of the Prophecies and Times)은 1794년 초에 출판되었다. 그의 예언들은 가난한 반국교도들의 '불타기 쉬운 소재'를 혁

---

34) S. Bamford, *Early Days* (1893년판), 55~56면.

명적 시기의 '불타기 쉬운 소재'와 결합시킨 그런 언어를 구사하면서, 전능자(全能者)의 의도에 관한 대단한 지식과 요한계시록으로부터 취해온 흔한 소품들을 그 속에 결합시키고 있었다.

> 모든 백성은 바빌론의 간음에 대해 내리는 분노의 포도주를 마셨고, 땅 위의 왕들은 바빌론과 간음을 저질렀으며, 땅 위의 장사꾼들은 바빌론의 무궁무진한 귀중품들로 부유하게 되었나니 ….

그가 본 환상 가운데는 "인간의 피로 물든 채 런던을 가로지르며 흘러가는 큰 강"의 환상도 있었다. 런던이 어느 날엔가 파괴될 것이라고 그가 예언한 바로 그날에 우연의 일치로 유례없이 격심한 뇌성벽력이 몰아쳤다. 런던교신협회의 회합에 참석하러 가는 길에 한 맥주집에 피신하였던 존 빈즈는 이곳에서 (그로서는 기쁘고도 놀랍게도) 세상의 종말을 고대하고 있는 사람들을 발견하였다.[35] 얼마 안되어 브러더즈는 런던이 화를 면할 수 있었던 것은 오로지 최후 몇분 동안 자기가 개인적으로 간여한 덕분이라고 공언하였다. 그가 전능자에게 그토록 큰 영향력을 행사하고 있다는 것이 명백해졌으므로 그의 추종자는 한꺼번에 두 배로 늘어났다.

『다가올 모든 놀랍고 굉장한 사건들에 대한 브러더즈의 예언 … 교황의 몰락, 스페인 · 포르투갈 · 독일에서의 혁명, 영국 및 다른 나라에서의 몇몇 저명한 인물들의 죽음 등과 함께 무시무시한 기근, 흑사병 및 지진을 예언한다…』라는 8페이지짜리 소책자가 ─ 그의 허가를 받고서였는지는 분명치 않지만 ─ 간행되었다. 잉글랜드에서는 "슬픔과 엄청난 재앙이, 말할 수 없는 기쁨과 뒤섞여" 일어나리라. "뻐기고 오만한 자들은 굴욕을 당해 심지어 먼지 같은 신세가 되리라. 그러나 의롭고 가난한 사람들은 사악한 자들의 폐허 위에 번영하게 되리라. 궁전들은 ＿＿＿가 되고 오두막집은 ＿＿＿가 되리라." 기근, 흑사병, 지진 등의 말은 비유적인 것으로 여겨져야 될 터였다.

---

35) J. Binns, *Recollections* (Philadelphia, 1854), 47~48면.

기근은 단지 스페인의 송충이와 _____만을 파괴하리라. 흑사병은 노고의 결실을 먹어치우는 메뚜기를 쓸어없애게 되리라. 그리고 지진은 저 끔찍스러운 리바이어선(Leviathan, 물 속에 사는 거대한 괴물로 때로 악의 상징임─옮긴이)을 그의 모든 졸개들과 함께 삼켜버리게 되리라. 이 모든 일들에서 가난한 사람, 정직한 사람, 덕있는 사람, 애국적인 사람들은 기뻐하게 되리라.

"프랑스는 다시 피를 흘리지 않을 수 없으나, 흐르는 것은 단지 더러워진 피뿐이리라." "이딸리아는 적(敵)그리스도를 그 권좌로부터 내동댕이치게 되리라." 터키와 러시아는 오스만 정권 및 마호메트 신앙, 러시아제국 및 그리스정교회의 몰락으로 끝날 전쟁에 휩싸이게 되리라. 이같은 자비의 징조들 끝에는 범세계적 우애의 시기가 찾아오리라. "모두는 한 백성처럼, 한 마음처럼 되리니. … 그리스도교도도, 이슬람교도도, 이교도도 더이상 서로 구분되지 않게 되리니."

때는 왔나니. 이제 바빌론의 창녀는 쓰러지고 있으며, 쓰러져 다시는 일어나지 못하게 되리라. 그러니 앞으로 나아가라. 너희 영원한 빛의 아들들이여. 그리하여 무지와 어둠의 아들들을 깨우치라. …
그리하여 더이상은 전쟁도 결핍도 사악함도 없게 되며 모든 것은 평화, 풍요, 덕망뿐이게 되리라.

브러더즈의 영향은 지금까지 추정되어온 것보다 훨씬 더 컸던 것 같다.[36] 그의 막연한 예언들 가운데 일부는 정말 실현된 것처럼 보일 수밖에 없었으며, 프랑스 군대가 승리를 거두었을 때 이들 예언은 다시 상기되었다. 런던교신협회 회원들은 종종 그를 방문하곤 했을 뿐 아니라 추정컨대 그를

---

36) Cecil Roth, *The Nephew of the Almighty* (1933); G. R. Balleine, *Past Finding Out* (1956), 4장; R. Southey, *Letters from England by Don Manual Alvarez*, III (제2판, 1808), 223면 이하를 보라.

부추기기까지 했다. 한 의원은 (흔히 그런 현상을 볼 수 있듯이) 브러더즈의 예언능력의 진실성을 입증하러 나서려 했고, 유명한 판화공이자 정치개혁 운동가였던 윌리엄 샤프 또한 브러더즈의 추종자가 되었다. 추밀원은 그를 대단히 심각하게 여겨 1795년 3월 그를 체포하여 몇년 동안 정신병원에 감금시켰을 정도였다. 리즈의 죠지 터너(George Turner)를 비롯한 그의 지지자들은 19세기로 넘어갈 때까지 (예언자를 계속 가두어둘 경우 잉글랜드라는 바빌론에 파괴의 앙화가 내리리라고 위협하면서) 그의 석방을 위한 활동을 계속 벌였으며, 그렇게 함으로써 그들은 죠우애너 싸우스컷(Joanna Southcott, 1750~1814. 광신적 여성종교가, 스스로를 1814년 10월에 태어날 재림메시아라 칭하며 미래의 일들을 예언하여 한때 10만 이상에 달하는 추종자를 모았다 ―옮긴이)에 대한 더욱 열렬한 숭배에의 길을 마련하게 되었다.[37] 예언학파들이 경쟁적으로 생겨났으며 요한계시록을 부지런히 뒤지는 일들이 아주 많아졌다. 그런가 하면 감리교 및 침례교 목사들은 이 새로운 이단을 몰아내려고 애썼다. 1798년에는 한 '진정한 침례교' 설교사가 노리치, 위즈비치 및 리버풀의 빈민들인 그의 신도들과 맞붙어 힘겨운 싸움을 벌였는데, 그는 매 일격마다 계시록으로부터의 인용문을 들이대면서 그들에게 지나치게 문자 그대로 아폴리언과 대적하는 데서 벗어나 영혼의 순례로 돌아올 것을 상기시켰다.

그리스도의 복음은 세속적 혹은 정치적 교류상태라는 점에서 인류를 형제로 결속시키고자 애쓰지는 않는다. 그리스도의 복음은 개개인을 세상 밖으로 불러내며, 개개인을 단지 이 땅 위의 이방인이자 순례자로 여길 뿐이다. 저 멀리 자기 부인과 가족이 기다리는 곳, 자기의 모든 행복이 모여 있는 곳을 향해 바삐 가고 있는 여행자가 자기가 지나가는 모든 도시와 마을의 내부 문제에 간여하지 … 않듯이 그처럼 그리스도 교인은 국가체제 문제에 참견하고 나서선 안된다. …

---

37) G. Turner, *A Call to All the World* (Leeds, 1800). 죠우애너 싸우스컷에 대해서는 이 책 제11장 제2절 526~34면을 보라.

168

천년왕국으로 말하자면 그것은 단호하게 다음 세상의 것으로 제시되었다. 그때에는,

높은 자와 낮은 자, 억압자와 피억압자가 완전히 똑같은 상태에 이르게 될 것이다. 방자한 폭군도 그의 못난 신하도, 부유한 귀족도 홀대받은 빈자도 모두 공정하고 불편부당한 심판을 받게 될 것이다. …[38]

위즈비치나 리버풀에 찾아든 천년왕국적 정신은 당국이 '혁신의 정신'이라 비난한 반항적 분위기, 즉 지적으로 더 세련된 자들이 품고 있던 혁명적 열망과 짝을 이루는, 남의 말을 쉽게 믿는 사람들이 가지는 막연한 사회적 낙관주의를 보여주는 것이었다. "그래도 그때는 오고 있다. 모든 것에도 불구하고." 번즈(Burns)는 그렇게 쓴 바 있다. "모든 것에도 불구하고 온 세상 가득, 인간이 인간과 더불어 형제 될 그날이." "형제애 없이는 인간은 살 수도 없다"고 블레이크도 이에 화답하였다. 그리고 블레이크 자신의 '예언서'와 예루살렘에 대한 그 자신의 아름다운 환상에도 이와 동일한 정신이 아로새겨져 있었다.

    모든 나라가 나의 나눔터 속으로
  걸어들어오고, 나의 나눔터 또한 모든 나라로 걸어들어가야 하리,
    서로 도와 예루살렘 세워야 하리,
  마음과 마음으로 손에 손을 잡고.

환상적인 형태의 것이건 미신적인 형태의 것이건 이 정신은 '이성의 시대'의 도래에 견주어볼 때 기이한 역설적 현상이었다. 그러나 사람들의 태도를 바꿔놓고 새로운 열망을 북돋아주었다는 점에서 볼 때 이 정신이야말로 아마도 톰 페인의 논지만큼이나 오래 지속되는 영향력을 가진 것이었다고 할 수 있으리라.

---

38) S. Fisher, *Unity and Equality in the Kingdom of God* (Norwich, 1798); *The Christian's Monitor* (Wisbech, 1798).

민중단체들이 1793년 초 몇달 동안의 충격과 마녀사냥을 이겨내고 살아남았다는 사실은 1792년에 일어났던 정신적 활력의 우수성을 증명한다고 할 수 있을 것이다. 1792년에 단체들이 튼튼하게 세워졌던 곳에서는 이 단체들이 기반을 그대로 유지하고 있었으며, 심지어 조직을 강화하기까지 하였다. 런던, 셰필드, 노리치의 경우가 그러했으며 다비와 노팅엄의 경우도 아마 그러했던 것 같다. 대부분의 단체들은 회원수가 어느정도 감소되고, 영향력이 큰 중간계급 지지자들 다수가 탈퇴하는 사태를 겪었다. 맨체스터 (토머스 워커가 폭도들에 맞서 자기 집을 지켰다는 이유로 대역죄 재판을 기다리고 있던 곳)의 단체는 크게 약화되었는가 하면, 레스터의 입헌협회는 필립스가 투옥되자 아예 해체되어버렸다. 그러나 이 두 중심지에서, 좀더 평민적인 단체들은 신망 높은 모(母)조직들이 무너진 후에도 활동을 계속하였다. (맨체스터에서는 워커의 입헌협회와 아울러 '최하층계급 출신 숙련직인들'로 구성되었다고 일컬어지던 '개혁과 애국 협회들'Reformation and Patriotic Societies이 활동의 장을 양분하고 있었다.[39])

1792년에 2,000명 가까운 회원을 기록하였던 가장 강력한 협회인 셰필드 협회는 거의 영향을 받지 않은 것으로 보인다. 1792년 4월에 이 협회는 전쟁을 규탄하는 일련의 공개적인 결의를 통과시켰다. 또 5월에는 성인남자 투표권을 위한 전국적 청원에 거의 10,000명의 서명을 모았다는 것이 이 단체로부터의 보고였다. 비록 운동의 기록이 완전한 것은 아니지만 반국교파의 유서 깊은 거점이며, 강력한 독립의 전통을 지닌 소마스터 및 장인들이 다수 거주하던 노리치는 지방의 주도적인 자꼬뱅주의 중심지로서의 역할 면에서 오히려 셰필드를 능가했을 가능성도 있다. 1792년 8월 '노리치혁명협회'(Norwich Revolution Society)가 『인간의 권리』 염가본 출판을 지원

---

39) Memorandum in *T.S.*, 11. 3035. 워커의 공동 피고인들 중에는 이 단체들 출신의 장인들 — 벽지제조공인 윌리엄 폴(William Paul), 모자제조공인 제임즈 치섬(James Cheetham), 직조공인 올리버 피어솔(Oliver Pearsall) 등이 포함되어 있었다. J. H. Gurney, *The Whole Proceedings on the Trial... of T. Walker and Others* (1794), 부록, 122~26면을 보라.

했을 때 이 단체는 48개의 산하클럽을 가지고 있다고 주장하였다. 또 10월에는 '소속 회원'이 적어도 2,000명은 된다고 주장하였다.[40] 1793년 3월에는 이 협회는 도시 내 '30~40개의 개별 협회들'과 '그외 농촌마을의 많은 협회들'을 거느리면서 수많은 소규모 클럽들의 중심부로 여전히 기능하고 있었다.[41] 그러나 그들이 6월에 런던교신협회에 보낸 한 편지의 어조를 볼 때 그들은 어려움에 직면해 있었음을 짐작할 수 있다.

… 이를 지탱하기 위해 얼마나 많은 사람들이 땀 흘리고 수고하며 굶주리고 있는가를 고려할 때, 민중을 예속상태에 붙들어매두기 위해 지주와 상인들이 공모하고 있다는 확신을 어찌 가지지 않을 수 있겠습니까? 그들은 빵을 먹듯이 민중을 먹어치우고 있으니까요——귀족층과 문벌세력의 영향은 대단히 우려할 정도로 되어가고 있습니다. 왜냐하면 그들은 민중을 빨아들이고 통째로 삼켜왔기 때문입니다. 그러나 남쪽으로부터 소문이 하나 퍼지고 있는데 그것은 폭군들에게는 무시무시한 내용의 것입니다. …[42]

런던의 상황은 단정짓기가 더 어렵다. 입헌협회는 전쟁개시 후 심각하게 쇠퇴해버리고 만 것으로 보인다. 1793년 가을까지 이 단체의 활동은 형식적 동의(動議)들을 통과시키는 것 이상으로는 거의 한 발자국도 나아가지 못하였다. 런던교신협회 또한 커다란 어려움에 부딪혔다. 1792년 마지막 몇달 동안 이 협회 회원은 몇천명에 달했었다. 1793년 1월에는 (하디의 재판을 방청했던 한 스파이에 따르면) 스피틀필즈와 무어필즈(Moorfields) 분회(division)의 집회소 임대료를 지원하기 위한 조치들이 취해졌는데, 이들 분회는 비록 재정이 빈약하기는 했지만 "회원수로 따지면 다른 분회들을 한데 합친 것만큼" 되었다. 그러나 9월에는 밴디-레그드-워크(Bandy-legged-walk)에 위치한 "그로브(Grove)에서 모이는, 대단히 폭력적으로 보

---

40) *T.S.*, 11. 3510 A (3).
41) *Report of the Committee of Secrecy* (1794), 140면.
42) 같은 자료, 150면. '남쪽'은 '프랑스'를 의미한다.

이는" 다른 분회와 함께 무어필즈 분회를 개편할 필요가 있음이 드러났다. 죠우지프 제럴드가 왕좌재판소(King's Bench, 보통법 법정으로서 주로 형사재판을 다루었다—옮긴이) 감옥인 (채무자) 감옥의 수감자들로부터 200명의 서명과 서명대용 기호(글씨를 쓸 줄 모르는 사람이 서명 대신 그려넣는 기호를 말한다. 서양에서는 보통 십자 표시가 쓰인다—옮긴이)를 얻어낸 것을 비롯하여 위원회가 열성을 보였음에도 불구하고 런던교신협회는 (성인남자 투표권을 위한—옮긴이) 전국적 청원에 6,000명의 서명밖에 모으지 못하였다.[43] 1793년 5월 30일 (위에서 말한 스파이에 따르면) "하디는 석 달 동안의 활동중단을 협회에 제안하였다. 이 제안은 거부되었다". 하디는 7월, 리즈의 새로운 입헌협회에 보내는 편지에서 더욱 확고한 신념을 가지고 이렇게 썼다. "우리는 엽관모리배 및 연금수령자들 패거리에 맞서 저항해왔습니다."

우리는 상원에서 매도되었고 공적으로 비방을 들었으며 사적으로 박해를 받았고 술집으로부터 쫓겨났습니다. 그래도 우리는 무수히 여러번 만남을 계속하고 있으며 … 우리의 교리는 수많은 추종자들을 만들어내고 있습니다. …[44]

이 확신은 오판이 아니었다. 왜냐하면 이 해 여름에는 입헌협회보다는 오히려 주로 런던교신협회를 중심으로 지방과의 서신교류가 아주 활발하게 재개되었기 때문이다. 즉 옛 협회들이 되살아나거나 새로운 협회들이 형성되었다. 1792년 마지막 몇달 사이에 결성된 버밍엄의 한 협회는 1793년 초여름이 되자 신중하게 활동을 확대하였으며 또한 각별한 환영을 받았다. "귀협회 회원수의 증대는 머지않아 '교회와 국왕'과 폭도들의 부당한 행동 때문에 귀도시에 찍힌 오명을 씻어없애게 될 것입니다." 리즈로부터는 '일군의 가난한 숙련직인들'로 구성된 한 새로운 단체가 런던입헌협회와

---

43) 한 정보원의 보고(T.S, 11. 3510 A (3))에는 1793년 4월에 29개의 분회 명부가 기록되어 있는데 그 가운데 최소한 16개의 분회가 서명을 모으는 작업에 활발히 참여하고 있었다.

44) *Report of the Committee of Secrecy* (1794), 152, 154면; A Student in the Temple, *The Trial of Thomas Hardy* (1794), 142, 144면; F. Knight, 앞의 책, 134면.

'자매결연'을 맺을 수 있게 해달라고 부탁해왔다.

　귀족정적인 폭정과 민주정적인 무지가 리즈시를 그야말로 놀랄 만큼 뒤
덮고 또 위협하고 있어 전반적으로 우리는 민중의 벗이라기보다 오히려
괴물들 비슷한 존재로 간주되고 있으며, 본인이 믿기로는 지난 여섯 달
동안 민중 가운데 무식한 집단은 (귀족들과 성직자들의 감언이설로 말
미암아) 우리가 자기네를 습격하여 자기네를 몰살하지 않을까 걱정하고
있었습니다. … 우리 회원의 수는 근 200명에 달하며, 계속 증가추세에
있습니다. …

7월에는 하퍼드셔(Hertfordshire)와 튜크스버리(Tewksbury)로부터 새로운
단체들이 런던교신협회에 편지를 보내오고 있었다. "당신들의 동료시민이
자 자유의 영광스러운 대의를 위하여 싸우는 협력자"——튜크스버리 협회
의 간사는 스스로 그렇게 서명하였다——는 다음과 같이 서술하였다.

　현재 진행되고 있는 전쟁의 **고마운 효과**에 대해서도 마찬가지 이야기를
할 수 있겠지만 토머스 페인의 허수아비를 불태우는 짓 역시 가장 내용
충실한 논리적 주장들보다도 오히려 더 유용한 영향을 우리의 대의에 미
쳤습니다. 자유의 벗들의 증가는 놀라울 정도이며 탐구의 정신은 널리
퍼지고 있습니다. 늙은 여인네조차 정치 이야기를 하지 않는 경우가 드
뭅니다.

8월에 런던교신협회는 다비, 스톡포트(Stockport), 맨체스터, 노팅엄 및 코
번트리(Coventry)에 있는 협회들과 서신교류를 재개하였으며 "우리의 편
지를 전달하는 데 우편보다 더 안전한 방법을 가르쳐달라"고 부탁하면서
이들 지방단체들에게 자기네 협회 명칭을 채택하고 '전국적 조직'을 형성해
달라고 부탁하는 등의 (당분간은 보류된) 몇가지 계획을 가지고 있었다.
협회 회의록을 살펴볼 때, 모임은 출석률이 높고 잘 운영되었으며 새로운
분회가 결성되었고 또한 오래된 협회에 새로운 회원들이 가입해왔음을 확

인할 수 있다.[45]

　민중단체들은 그들에게 닥친 이 첫번째 폭풍우를 이겨냈다. 그러나 시련을 거치는 가운데 이들 단체는 강조점과 어조에서 중대한 변화를 겪게 되었다. 페인의 이름은 뒷전으로 물러나고 그의 공공연한 공화주의적 어조도 헌법의 '순수성'을 회복하자는 새로운 강조점에 밀려났다. (1793년 6월에 런던교신협회는 이를 1688년 협정의 맥락에서 규정하는 데에까지 이르렀다.) 그러나 이같은 수정은 이 테두리를 벗어나는 그 어떤 수사적 용어도 고발대상으로 삼겠다는 당국의 명백한 의도 때문에 어쩔 수 없이 이루어진 것이었을 뿐이며 다른 면에서는 박해로 인해 협회들은 오히려 급진화되었다. 첫째, 운동의 행보를 결정하는 것은 이제 런던이 아니라 스코틀랜드, 셰필드, 노리치였다. 둘째, 몇몇 열성적인 전문직업인 회원들 — 죠우지프 제럴드, 모리스 마거롯(Maurice Margarot), 존 셀월 등 — 이 하디, 백스터 등의 장인들과 나란히 아직도 런던에서 주도적인 역할을 하고 있기는 했으나 1793년에 단체들에 가입해 있던 개혁운동가들의 대다수는 이제 장인, 임금노동자, 소마스터 및 소직종인(small tradesman) 등이었다. 그리고 이제 두개의 새로운 테마가 아주 두드러지게 강조된다. 경제적 불만 및 사회적 치유책이 그 한가지이고, 조직 및 연설 형태에서 프랑스의 선례를 모방하는 것이 다른 한가지이다.

　그가 작성한 의사록들을 놓고 판단할 때 토머스 하디는 유능하고 양심적인 조직자이자 그를 뒤따르게 될 저 수많은 자원간사들의 명예로운 모범이 될 만한 인물이었다. 빈즈에 따르면 하디는 "수수하게 옷을 입고 솔직하게 이야기하였으며, 그 어떤 때에도 결코 점잔을 떨거나 젠체하는 일이 없었다." 런던교신협회 의장을 역임한 모리스 마거롯은 포도주상인의 아들이었다. 그는 어린 시절을 대부분 포르투갈과 스위스에서 보냈으며(스위스 제네바에서 대학교육을 받았다) 때때로 '프랑스인'이라 칭해지기도 하였다. 그는 정력적이고 대담했으나 잉글랜드 자꼬뱅의 특징적 폐단인 자기극화(自己劇化) 버릇에 심하게 물들어 있었다.[46] 죠우지프 제럴드와 존 셀월은

---

45) *Report of the Committee of Secrecy* (1794), 148~57면; Minutes of L.C.S., *Place Collection*(Add. MSS.), 27812.

어느 누구보다도 더 많이 전국적 지도자 및 이론가로서의 자질을 가지고 있었다. 페인의 위험스러운 주장, 곧 영국 개혁운동가들의 국민공회 소집이라는 주장을 가장 강력하게 옹호한 것은 세칭 '휘그파 존슨'(Whig Johnson, 목사이자 사립학교 교장이던 쌔뮤얼 파가 당대인들에게 박식한 학자로서 이름이 높아, 쌔뮤얼 존슨의 휘그판으로 여겨지고 있던 데에서 이런 별명이 생겼다. 쌔뮤얼 존슨은 토리파였다―옮긴이)이자 웨스트 컨트리 학계의 태두인 쌔뮤얼 파(Samuel Parr) 박사의 탁월한 제자였던 제럴드였다.[47] 정부로 하여금 행동에 나서게 만든 결정적 계기가 된 것은 개혁운동가들이 전반적으로 결속함으로써 발생하게 된 이 위협――한층 심각하고 그 힘이 커지고 있던 위협인――과, 잉글랜드와 스코틀랜드 개혁운동가들과 '아일랜드인 연맹'(United Irishmen, 더블린의 노동자 출신 아서 그리피스Arthur Griffith가 발간한 급진적 신문 The United Irishman의 이름을 따라 1792년 얼스터Ulster의 급진주의자들이 결성한 조직으로 프랑스의 공화제에 입각한 아일랜드의 독립을 목표로 하였다―옮긴이) 간의 동맹이었다.

당국의 곤경은 입헌주의의 모순으로부터 생겨났다. 지방의 치안관이 즉결심판을 내리는 데 필요한 법은 충분히 있었지만, 중앙의 사법관리들은 중요한 사안의 기소에 관해서는 명확한 의견을 제시하려 하지 않았다. 치안교란에 관한 법률은 내용이 모호했으며, 그래서 검찰총장은 대역죄라는 어마어마한 죄명으로 기소해야 할지 치안교란적인 중상모략 행위라는 비교적 가벼운 죄목으로 고발해야 할지를 선택해야 했다. 그러나 폭스가 입안한 '중상모략에 관한 법'(Libel Act)은 분위기가 온건했던 1792년 초 몇달 사이에 입법화된 것으로서 배심원들에게 중상모략 행위 자체에 대한 판단은 물론이고 중상모략의 내용까지도 판단할 권리를 부여하고 있었다. 조류의 방향이 탄압 쪽으로 바뀌기 직전 막판에 통과되었던 이 법률이야말로 아마도 폭스가 일반민중에게 바친 가장 큰 봉사였다고 할 수 있을 것이

---

46) D.N.B.에 수록된 내용들; J. Binns, 앞의 책, 42면; M. Roe, "Maurice Margarot: A Radical in Two Hemispheres," *Bulletin of the Institute of Historical Research*, XXXI (1958), 68면.

47) Joseph Gerrald, *A Convention the Only Means of Saving Us from Ruin* (1793), 111면 이하와 Henry Collins, 앞의 글, 117~18면을 보라. 셀월에 대해서는 이 책 이 장의 222~27면을 보라.

다.[48] 이리하여 잉글랜드에서 정부는 모호한 법률, 배심제도(이는 대니얼 이튼을 두 번 무죄방면하고 1794년 토머스 워커 또한 무죄방면함으로써 당국에 굴욕을 안겨주었다), 토머스 어스킨(그는 여러 차례의 재판에서 변론을 폈다) 같은 뛰어난 변호인들을 포함하는 비록 소수이지만 쟁쟁한 폭스파 야당세력, 입헌주의적 어법이 그야말로 체질적으로 배어 있어 개인적 자유가 침해받는다 하면 그 어떤 경우에라도 튀어일어나 방어할 태세가 되어 있는 공공여론 등 일련의 장애에 부딪혔다.

그러나 스코틀랜드의 법은 달랐다. 여기서는 판사들이 고분고분하거나 편파적이었으며, 배심원들을 아무 문제 없이 뽑아 쓸 수 있었다. 이곳에서도 스코틀랜드 '인민의 벗들'은 1792년 12월에 일종의 국민공회를 개최한 적이 있었다. 1793~94년 스코틀랜드에서의 일련의 재판은 활동이 아주 왕성하던 스코틀랜드의 자꼬뱅 단체들만이 아니라 잉글랜드의 단체들까지 함께 겨냥한 것이었다. 최초의 일격이 가해진 것은 1793년 8월, 스코틀랜드의 가장 유능한 지도자인 토머스 뮈어가 있을 수 없는 엉터리 재판 끝에 14년간의 유배형을 선고받은 일이었다. 최고법원 부원장(Lord Justice-Clerk)이던 브랙스필드(Braxfield)는 검찰보다 더 악랄하게 거동하는 인물이었다. "이리 오시소, 호너 선생, 이리 오시소. 와서 저 빌어먹을 악당들 가운데 한 눔을 목매달게 우릴 도와주시소"라고 그는 판사석 뒤를 지나가고 있던 한 배심원에게 귓속말을 했다. 배심원에게 제시한 고발문에서 브랙스필드는 "무지한 시골사람들과 하층계급들로 하여금 일을 집어치워버리게 만드는" 뮈어의 능력과 선전행위를 가증스러운 것으로 취급했다.

뮈어씨도 그같은 상것들에겐 주의를 기울여선 안된다는 것쯤은 알고 있었을 것입니다. 그들이 도대체 무슨 대표권을 가졌단 말입니까? … 무릇 정부란 것은 … 한 신분단체 같은 것이어야 합니다. 그리고 이 나라에서 정부는 토지소유집단으로 이루어져 있어, 오로지 그들만이 대표권을 가

---

48) 이 법률은 1792년 5월 21일, 곧 치안교란적인 저작들을 금지하는 포고령이 반포된 바로 그날 상원에서 제3차 독회를 통과하였다. 상원의장인 설로우(Thurlow)경은 '잉글랜드의 법률의 혼동과 파괴'를 예고했다.

질 수 있는 법입니다.

그는 배심원들에게 한가지 점만큼은 '증명할 필요조차 없는 것'이라 알려주었다. 즉, "영국의 헌법은 천지창조 이래 만들어진 헌법 가운데 가장 훌륭한 것으로서 이를 더 낫게 고친다는 것은 불가능하다"는 얘기였다. 그의 학식 높은 동료 재판관들도 이 모든 것에 의견일치를 보였는데 그 가운데 한 사람——스윈턴(Swinton)경——은 치안교란 범죄는 "모든 종류의 범죄, 곧 살인, 강도, 약탈, 방화 등등을 다 내포한다. … 이 범죄에 합당한 형벌을 찾아내려고 하더라도 우리나라의 법률에선 찾을 수 없다. 운좋게도 고문이 폐지된 마당이니"라는 말씀을 늘어놓았다.[49] 9월에는 두번째의 타격이 뒤를 이었다. 잉글랜드의 유니테리언파 목사이며 케임브리지대학 퀸즈 칼리지의 교수이자 당시 던디(Dundee)에서 목회일을 하고 있던 파머 목사가 퍼스(Perth)에서 재판을 받았다. 그가 저지른 '범죄'란 페인의 저서를 읽도록 권장한 것과, '하층 직조공들 및 숙련직인들'의 단체라 규정된 '던디 자유의 벗들'(Dundee Friends of Liberty) 협회의 회원이란 것이었다. 재판부는 악어의 눈물을 참 풍성히도 흘려 그에게 '가장 관대한 처분'인 보터니만(Botany Bay, 오스트레일리아 씨드니 부근에 있는 유배지—옮긴이)에서의 7년 유배를 선고하였다.

이같은 본보기 취급을 당한 이 두 사람은 평민 개혁운동가들과 협력하는 것을 조금도 주저하지 않았던 탁월한 전문직업인들이었다. 두 사람은 모두 대단히 결연하고 긍지 높은 태도로 재판을 견뎌냈다. 그리고 이제 바로 자기네 머리 위에도 언제 그같은 선고가 떨어질지 모르는 형편에 놓이게 된 스코틀랜드의 개혁운동가들도 겁을 먹고 움츠러들지 않았다. 그들은 잉글랜드 단체들과의 더욱 강한 연대가 그들에게 어느정도의 보호를 제공해줄 수 있을 것으로 생각하여 조속한 국민공회 개최를 촉구하였다. 하디, 마거롯, 제럴드도 이에 동의하여 3주일 이내에 에딘버러(Edinburgh)에서 국민

---

49) Lord Cockburn, *Examination of the Trials of Sedition... in Scotland*, I (Edinburgh, 1888), 175면 이하. H. W. Meikle, 앞의 책, 6장; *The Life and Trial of Thomas Muir* (Rutherglen, 1919)도 보라.

공회를 개최하기로 하고 그 소집이 공고되었다. 런던교신협회는 마거롯과 제럴드를 대표로 지명하였으며, 1793년 10월 24일 해크니에서 열린 그들의 첫 옥외시위에서 이를 확인하였다. 수천명의 지지자들이 참석하였으며 이와 아울러, 프랑스 자꼬뱅이 영국 땅에 상륙하였다느니 또는 "톰 페인이 자유의 나무를 심으러 왔다"느니 하는 소문에 이끌린, 호기심어린 구경꾼들도 모여들었다. 의사록에는 이 대표들에게 제공하기로 투표를 통해 결정된 출장비용 금액이 꼼꼼히 기록되어 있으며(왕복교통비로 10파운드, 여행중 잡비로 4파운드, 에딘버러 체재비용으로 하루 9실링씩), 협회는 다음 몇주일 동안 이 '지원금'을 걷느라 큰 애를 먹었다. 그래도 이 교통비는 그들의 대표를 지구 저 반대쪽(유배지였던 오세아니아주를 말한다―옮긴이)까지 파견할 수 있을 만큼 충분하였다.

초청한 때로부터 공회 소집일까지 기간이 너무나 촉박하여 지방의 단체들은 대표를 파견할 돈을 걷지 못하였다. 세필드만은 예외였다. 11월 1일, 세필드 협회는 런던입헌협회에 그 비활동성을 비판하는 신랄한 편지를 써보냈다.

> 최근에 자매왕국에서 취해진 조치들, 즉 자유로운 국체와는 불과 물처럼 … 상극인 조치들에 대해 … 우리 이 나라의 민중들이 모범으로 여기면서 기대하고 있는 왕국 내 대규모 단체들, 곧 애국적임을 자처하는 '런던 입헌정보협회'나 '인민의 벗들' 같은 단체들이 지금까지 너무도 냉담한 태도를 보이는 바람에 … 우리는 이제 아예 저 자유의 싹들을 잘라냄으로써 … 그 싹들이 찬 서리를 맞아 말라죽어버리는 위험을 미리 없애버리는 게 차라리 낫지 않을까 하는 생각마저 하기 시작할 정도입니다. …

세필드 협회는 에딘버러에 파견할 대표로 예전에 '배우'였던 소송대리인 브라운(Brown)을 지명하였는데 그에게는 또한 리즈의 협회를 대표한다는 임무도 맡겨졌다. 노리치의 협회들은 마거롯에게 자기네를 대표할 권한을 부여하였으며 '지원금' 또한 보조하였다. 여기에는 이판사판이라는 새로운 분위기가 감돌고 있었는데, 이같은 분위기 형성에는 (뮈어와 파머에 대한―옮

긴이) 스코틀랜드에서의 판결, 발랭씨엔느(Valenciennes)에서 프랑스 군대
가 거둔 승리, 솟아오르는 물가와 실업률, 그리고 진짜 허장성세였던 국민
공회 소집론 등이 한몫하였다. 버밍엄 협회는 대표를 파견할 능력이 없음
을 애석하게 여기고 있었다.

> (대표파견 능력이 없음은—옮긴이) 피트씨가 벌이는 인류를 위한 전쟁이 이
> 도시의 자영업을 거의 깡그리 망쳐놓고 우리의 가장 훌륭한 회원들과 숙
> 련직인들 가운데 대다수를 대서양 저편으로 몰아버린 결과입니다. 그러
> 나 전체적으로 볼 때 … 이 전쟁은 적들의 콧대를 꺾어놓고, 그들의 악의
> 를 완화시키고 개혁의 적들이 꾀하던 여러 계책들을 좌절시키는 데 이바
> 지했으며 … 자유의 대의를 따르는 많은 새로운 추종자들이 생겨나게 하
> 는 데 기여했습니다.

셰필드 협회 또한 전쟁의 영향을 감지하고 있었다.

> 우리에게는 수천명의 회원이 있으나 그들의 압도적 다수가 노동자들이
> 어서 전쟁이 그들 중 많은 사람들로부터 일체의 일거리를 박탈하고, 또한
> 거의 모든 사람들로부터 수입의 절반을 빼앗아갔기 때문에 우리는 이 왕
> 국 내 다른 어떤 도시의 경우보다 심하게 기능이 마비되었습니다.[50]

마거롯과 제럴드는 자기네들이 어떠한 위험을 무릅쓰고 있는가를 아주
정확하게 인식하였다. 그들은 자기네 스코틀랜드 동지들에게 도덕적 연대
라고 하는 '지원'을 열렬히 제공하고 있었는데, 그 순간에 이것이 제공되지
않았더라면 스코틀랜드와 잉글랜드의 운동은 사기가 꺾였을 것이다. 또한
그들은 브랙스필드 휘하의 재판부에다 대고, 잉글랜드인들을 뮈어나 파머
처럼 취급할 테면 어디 해보라고 도전하고 있는 셈이기도 하였다. 이 도덕
적 지원은 꼭 적절한 때에 도착하였다. 에딘버러의 국민공회는 10월 말에

---

50) *Report of the Committee of Secrecy* (1794), 160~65면.

잠깐 개최되었다가 잉글랜드 대표들의 불참으로 정회되었었다. 그러나 그들이 도착함에 따라 공회는 서둘러 속개되었는데 그전보다 세(勢)가 더욱 확장되었으며 마거롯, 제럴드, 그리고 스코틀랜드 협회의 간사인 스커빙이 의사진행을 주도하였다. 공회는 1793년 11월 후반의 두 주일 동안 계속되고 12월 첫주에도 속개되었으나 이때에 이르러 그 지도자들은 체포되었다. (그전에 마거롯과 제럴드는 하디에게 자기네가 스코틀랜드의 주요 단체들을 순방할 수 있게끔 좀더 많은 지원금을 보내달라고 다급하게 요청하였었다. "두려움 때문에가 아니라면 어떤 구실로도 취소를 할 수는 없습니다. 그리고 이것은 당신의 문제가 아니고 우리들의 문제라는 것을 상기시켜드리지 않을 수 없습니다.") 공회의 의사진행은 다소 연극적 과장의 색조를 띠기는 했으되 그래도 온건하였다. 그러나 몇가지 상황이 여기에 좀더 혁명적인 색채를 부여하였다. 무엇보다 공회 개최라는 사실 자체가 그러했고 '아일랜드인 연맹'으로부터 파견된 참관인들이 출석하고 있었던 것이 그러했으며, 친프랑스적인 에딘버러의 풍토에서 유행하기 시작한 프랑스식의 의사진행 절차와 연설형태(하긴 셰필드에서는 프랑스혁명적 의미의 '시민'citizen이란 말이 이미 오래 전부터 사용되고 있었던 것도 사실이지만) 등이 또한 그러했다. 공회는 의사록의 일자표시에 '영국공회(British Convention) 제1년'이란 연호를 사용하였으며, 인신보호법이 정지되거나 개혁운동가들을 처벌하기 위한 법안이 제출되는 경우 비밀장소에서 즉각적인 비상공회를 소집할 것을 인정하는 결의안(그 구체적 조건들은 뒤따른 재판들에서 논란의 대상이 되었다)을 통과시켰다.[51]

뒤이은 재판들은 뮈어 및 파머에 대한 재판방식대로 진행되었다. 스커빙과 마거롯은 훌륭하게 처신하였다. 그들은 14년간의 유배형을 선고받았다. "재판관 나으리, 나는 이 이틀 동안 벌어진 일은 언젠가 다시 심판받게 되리라는 것을 압니다. 그것이야말로 나의 위안이자 나의 모든 희망이올시다." 스커빙은 법정을 떠나면서 그렇게 말했다. 마거롯이 재판정에 출두할

---

51) 기소장에 따르면 프랑스 군대가 영국에 상륙하는 경우를 포함한 다른 상황의 경우에도 이 결의안은 적용된다는 것이었다. 'A Member,' *Account... of the British Convention* (1794), 24, 34, 45면; H. W. Meikle, 앞의 책, 7장 등도 보라.

때는 M자 모양으로 된 '자유의 나무'를 그의 머리 위에 치켜든 행렬이 그를 따랐는데 그는 자기 역할을 과장되게 연기했으며 순교의 면류관을 쓰는 데 너무 열을 올리고 있었다. 그러나 그는 아주 대담하게도, 브랙스필드가 재판 전에 열린 한 저녁파티에서 개혁운동가들이 유배당하기 전에 그들에게 매질을 가하도록 하겠으며, "폭도들은 피를 조금 잃어버리고 나면 더 나아진다"고 떠벌렸던 것을 문제삼아 그에게 도전하였다. 콕번경의 회상에 따르면(콕번경은 소년시절에 마거롯을 본 적이 있었다) 마거롯은 "자그마하고 가무잡잡한 생김새로, 검은 옷차림에 실크 스타킹을 신고 흰 금속단추를 달고 있었으며, 왜소한 프랑스인이란 말을 들을 때 연상되는 모습에 흡사한, 지극히 무례하고 도발적인 위인이었다".[52]

죠우지프 제럴드는 보석(保釋)을 얻었으므로 런던교신협회에 보고를 하고 자기 신변도 정리하기 위해 일단 런던으로 돌아왔다가 1794년 3월 재판을 받으러 되돌아갔다. 그에게는 꼭 그렇게 해야 할 필요가 없었다. 그의 동료들과 친구들은 보석금을 잃어버릴 요량을 하고 잠적할 것을 간청하였다. 그는 1780년대에 서인도제도에서 얻은 병으로 인해 쇠약해져 있었으며, 유배형은 사형선고를 의미하는 것일 수도──실제로 그렇게 되고 말았듯이──있었다. 그러나 그는 이에 대해 다음과 같이 반박하였다. 자신은 스스로의 "명예를 담보로 잡혀두었노라고". 그것도 스코틀랜드 법정에가 아니라 "나 자신의 논의를 듣고 영향을 받음으로써 자신과 유사한 위험에 처하게 된" 하층민들에게 잡혀두었노라고. 그는 단 한가지 면에서 재판부의 비위를 거슬렀을 뿐이다. 그것은 머리에 '왕당파'식으로 분을 뒤집어쓰

---

52) Lord Cockburn, 앞의 책, II, 25면. 마거롯의 성격에 지나치게 연극적인 면이 많다고 하는 것은 그후의 그의 행로를 보더라도 확인되는 것으로 보인다. 그는 스피트헤드의 감옥선에 갇혀 유배지로 떠나게 될 날을 기다리고 있는 동안 노리치에 지극히 분별없는 편지를 보냈다. "소문에 … 의하면 70대의 프랑스 선박이 이미 항해하고 있다고 합니다. 만약 그렇다고 한다면 … 이에 따라 상륙도 아마 이루어질 수 있겠지요──제발, 나의 존경하는 친구들이여, 방심하지 마십시오. …" 운운(1794년 3월 10일, *Committee of Secrecy*, 1799, 81면). 그는 배를 타고 가는 동안 동료 수감자들과 싸웠으며 그의 이름은 항상 뭔가 혐의쩍은 시선 아래 놓여 있었다. 그는 이 재판의 희생자 중 유일하게 살아돌아왔으며(1810), 그런 후에는 1815년에 사망할 때까지 급진적 정치운동에서 약간의 역할을 맡아 하였다. M. Roe, 앞의 글을 보라.

기를 거부하고 "목 뒤로 느슨히 흘러내린 분 바르지 않은 머리에다, 목은 거의 그대로 드러내놓고 접어서 겹친 커다란 깃이 달린 셔츠를 입은 차림으로" 법정에 등장한 것이었다. "이것은 그당시의 전형적인 프랑스식 복장이었다." 콕번경의 견해로는 나머지 점에서는 "일찍이 그 어떤 수인의 어조와 태도도 이보다 더 현저하게 그의 재판관들과 대조를 이룬 적이 없었다".[53] 제럴드가 예수 그리스도 자신도 개혁가였다고 힘주어 말했을 때 브랙스필드는 낄낄거리며 동료 재판관들에게 말했다. "저자가 허풍 한번 단단히 치는군. 예수는 매달려 죽었잖소." 법학교육을 받은 제럴드는 다른 개혁운동가들의 예를 따라 직접 스스로에 대한 변론을 폈다. 개혁운동가들의 요구는 단 한마디도 취소하지 않으면서 그는 개혁을 위한 선동의 권리를 논증하는 데 후커(Richard Hooker, 1554~1600), 로크 및 블랙스턴의 주장에 광범하게 의존하였다. 그것은 입헌주의식 수사법의 허구성을 폭로하는 입헌주의적 진술이었다.

헌법, 헌법! 이 말은 우리 귀에 쉴 새 없이 들려오고 있습니다. 이 말은 개혁의 적들이 남의 말 잘 믿고 단순한 사람들 머리 위로 휘두르고 있는 부적입니다. 이 말은 늙고 사악한 마술사들과도 같이, 그들을 우선 마법에 걸어놓은 다음 자기네 술수가 만들어낸 몽롱한 상태를 이용하여 득을 보고 있습니다. 그러나 엽관 모리배들이나 연금수령자들이 자기네 생활 전체는 한결같이 헌법원칙의 위반으로 일관되어 있으면서도 헌법을 운위하고 있는 것은 마치 수도사가 인구증대를 설교하는 것이나 마찬가지입니다. …[54]

"제럴드씨가 … 오늘 여러분들이 들은 것 같은 연설을 하고 있는 것을 볼 때 나는 그가 지극히 위험한 사회성원이라고 생각지 않을 수 없습니다. 왜

53) Lord Cockburn, 앞의 책, II, 41~43면.
54) *The Trial of Joseph Gerrald* (Edinburgh, 1794), 197~98, 241면. 제럴드는 1780년대에 펜실베이니아의 법정에서 활동했을 가능성도 있다. *The Trial of Gerrald* (Glasgow, 1835), 4면을 보라.

냐, 내 감히 말하건대 그는 사람들로 하여금 무기를 들고 일어나도록 설득할 수 있을 만큼 유창한 언변을 가졌기 때문입니다"라고 브랙스필드는 배심원단에게 주는 그의 '고발문'에서 평하였다. "오 나으리 나으리!" 수인(囚人) 제럴드가 말을 가로막으며 외쳤다. "배심원단에게 말하는 방식으로서 이는 지극히 부적절합니다. …"

제럴드는 14년 유배형을 선고받았다. 그와 스커빙은 뉴 싸우스 웨일즈(New South Wales)에 도착한 지 1년이 안되어 사망하였다.[55] 잉글랜드 역사가들은 이들 판결이 브랙스필드와 '스코틀랜드 법'의 불가사의 때문에 내려진 것인 양 여겨 그 책임을 지나치게 중시하여왔다. 그러나 그것은 스코틀랜드 사법부의 판결인 것 못지않게 잉글랜드 정부의 판결이기도 하였다. 피트, 던대스, 러프버러(Loughborough), 설로우(Thurlow) 등은 이에 뒤이어 벌어진 의회에서의 논쟁에서 재판진행을 처음부터 끝까지 한 점 빼놓지 않고 그대로 옹호하려 갖은 애를 썼다. 던대스는 판사들이 판결을 내리는 데 '건전한 분별력'을 발휘했다는 견해를 폈다. 피트는 폭스로부터 가해진 가장 치명적인 공격을 슬쩍 피해넘기려 애쓰면서 재판관들이 만약 "그같이 대담한 범죄자들을" 처벌하고 "나라에 그토록 유해한 교리들을"(개혁가들은 이같은 교리들이 1780년대에 피트 자신이 주장했던 것과 표면상 다를 바가 거의 없다는 것을 지적하고자 애썼다) 억누르는 데 그들의 분별력을 활용하지 않았더라면 참으로 그들은 "큰 과오를 범하는" 꼴이 되었으리라고 주장했다. 그리고 윌버포스는 "재판기록을 직접 읽어보지도 않았으면서도, 인간애란 이념을 파머씨에게 적용한다는 발상을 비웃었다". "그는 판결선고가 유예되어야 한다고는 생각하지 않았다고 양심을 걸고 선언하였다."[56]

우리가 알 듯이 박해란 양날의 칼과도 같다. 그 다음 10년간 사람들은 브랙스필드의 시대가 아니라 —드 퀸씨(De Quincey)의 말대로—'제럴드의 시대'를 회고하였다. 바다 건너편에서 왕의 적들과 공모하고 있는 톰 페

---

55) 제럴드는 1년 이상을 뉴게이트 감옥 및 기타 런던의 감옥들에 갇혀 있었으며, 그가 자기 원칙들을 포기하겠다고 공언한다면 사면을 내려주겠노라는 제안을 받았으리라고 추측할 만한 근거도 몇가지 있다.

56) 이 건에 관해서도 Lord Cockburn, 앞의 책, II, 133~49면에 논쟁의 탁월한 요약이 있다.

인의 이미지는 두려움이나 증오를 불러일으킬 수도 있었다. 그러나 이런 식의 재판을 받으러 자발적으로 돌아온 한 병든 사람의 이미지는 그럴 수 없는 것이었다. 더욱이 민족적 편견이 묘한 방식으로 개혁운동가들의 대의를 도와주었다. 온건한 '자유인으로 태어난 잉글랜드인'이 느낀 죄의식은 그같은 일은 스코틀랜드에서는 일어날 수 있지만 '이곳(잉글랜드—옮긴이)에서는' 일어날 수 없다고 하는 생각에 의해 완화되었다. '점잖고 신망있는' 잉글랜드인들 사이에서 일어난 감정의 급격한 방향전환은 이튼의 세번째 무죄방면(1794년 2월)과 4월에 있었던 토머스 워커의 무죄방면을 보더라도 잘 알 수 있다. 그것은 로베스삐에르(Maximilian Robespierre, 1758~94)의 공포정치가 불러일으킨 두려움이라는 정반대의 감정을 충분히 제어할 수 있을 정도로 강했다. 제럴드와 그의 동료들은 그들 자신의 본보기에 의해 하디, 투크 그리고 셀월의 생명을 구하는 데 결정적으로 기여하였다. 그들은 스스로를 희생시킴으로써 잉글랜드를 백색테러로부터 구하는 데 몫을 다하였던 것이다.

　스코틀랜드 희생자들의 본보기는 잉글랜드 단체들을 두려움으로 위축시키기보다는 오히려 그들의 태도를 강경하게 만들었다. 존 프로스트(그는 그 전해에 투옥되었었다)가 1793년 12월 19일 몸이 쇠할 대로 쇠한 상태에서 뉴게이트 감옥으로부터 풀려났을 때 사람들은 그를 이끌고 런던의 거리거리를 돌아다니며 승리의 행렬을 이루었으며 군중은 왕세자의 궁 밖에서 발길을 멈추고 야유를 퍼부었다. 이제 제럴드를 뒤이어 런던교신협회의 가장 유능한 이론가 역할을 하게 된 존 셀월은 수감자들의 변론기금을 마련하기 위해 일련의 강연을 개최하였다. 1794년 1월 17일 제럴드는 입헌협회의 회합에 참석하였는데(그는 두 단체에 다 가입해 있었으며 당시 보석중이었다), 아연 활기를 되찾은 이 회합은 박수갈채와 함께 그를 의장으로 선출하였으며 "폭정을 그것이 현재 행해지고 있는 것과 똑같은 수단으로 물리친다"는 결의안을 통과시켰다. 제럴드는 이미 잉글랜드의 개혁운동가들에게 "폭군에 대한 반란은 신에 대한 복종이다"라고 상기시킨 바 있었다. 사흘 후 선술집 '글로우브 주점'(Globe Tavern)은 런던교신협회의 총회로 너무나 붐벼 마룻바닥이 내려앉고 말았다. 이번에는 잉글랜드 땅에서 새로운 영국공회를 개최하자는 안이 제출되었다. 시민 존 마틴(John Martin)은 의장석에서 다음과 같은 과감한 연설을 하였다.

우리는 기로에 서 있습니다. 우리는 이제 우리 자신과 후손을 위해 자유냐 노예상태냐를 당장 선택해야 합니다. 여러분은 **병영**이 모든 마을마다 세워질 때까지, **돈 받고 고용된** 헤쎈인들과 하노버인들이 우리를 덮칠 때까지 기다리고자 합니까?

나흘 후 입헌협회는 "런던교신협회는 자신들의 조국에 큰 공헌을 하였다"는 결의안을 채택하고 그 연설문 40,000부를 인쇄하여 배포하도록 결정했다. 연설의 효과로 지방의 단체들을 규합코자 하는 것이 목적이었다. 브리스틀 협회의 간사는 이렇게 편지를 보내왔다. 이 연설문을 받고서 "나는 이날 저녁 힘닿는 대로 많은 친구들을 불러모았습니다. 우리는 읽고, 흥분으로 얼굴이 달아오르고, 용기를 냈습니다. … 아니 그뿐 아니라 우리의 회원 수는 이제 현저히 늘어났습니다".[57]

활동이 저조하던 다른 단체들도 편지를 보내왔다. 오랫동안 침묵을 지켜왔던 뉴카슬에서 보내온 편지를 통해 그곳에도 많은 '협회'들이 결성되어 있으며, 이 회합들은 "매주 만나고, 잘 아는 친구들 외에는 받아들이지 않으며, 단지 신문구독모임이란 이름만을 내걸고 있다"는 사실이 밝혀졌다. 런던과 정식으로 서신교류를 하고 있지 않던 다른 수많은 단체들도 존재하고 있었음——혹은 되살아났음——이 분명한데, 로이스턴(Royston, Royton을 잘못 표기한 것—옮긴이)의 협회나 1794년 4월 처음으로 표면에 나선 핼리팩스의 협회가 그같은 예로서, 핼리팩스의 협회는 운영 면에서 "그동안 극도로 신중하고 조심스러운 태도를 취해왔던" 데 대하여 다음과 같이 변명

---

57) *Report of the Committee of Secrecy* (1794), 185면 이하. Joseph Gerrald, 앞의 책, 59면; *The Address published by the L.C.S. ... 20 January 1794.* 존 마틴(John Martin)은 에딘버러의 톨부드(Tolbooth)에 있던 마거롯에게 다음과 같은 편지를 썼다. "협회는 사기 면에서나 회원수로 보나 급속하게 뻗어가고 있습니다. 이제는 부자들도 우리 회합에 와서, 가죽앞치마를 두른 정직한 사람들 사이에 기꺼워하며 앉기 시작했습니다"(1794년 1월 22일). *T.S*, 11. 3510 (B).

하였다.

우리는 이 도시와 교구에도 일체의 자유로운 토론에 … 맹렬히 반대하는 사람이 많이 있다는 사실을 일반에게 널리 알리고 싶습니다. … 이 도시에서 자유의 옹호자들 가운데 한 사람이 벌금형을 받고, 목에 칼을 쓰고, 혹은 수감되고 하는 것을 볼 때면 그들의 분노한 마음은 형용할 수 없을 만큼 충족될 것입니다. …

같은 달 핼리팩스에서는 옥외시위가 열렸는데 '여기에는 리즈, 웨이크필드 (Wakefield), 허더스필드, 브래드퍼드 및 인근지역으로부터 온 수많은 벗들'이 참여했다. 대표자 총회를 브리스틀에서 열고 아울러 국민공회를 개최하자는 안이 승인을 받았다. 레스터의 경우에는 여러 클럽의 회합과 '민주적 강연회'가 술집에서 개최되었다. 런던에서는 런던교신협회와 입헌협회가 공회를 소집하기 위한——비록 입헌협회는 공회 대신 다른 이름을 바라고 있었지만——공동위원회를 구성했다. 4월에 초크 팜(Chalk Farm)에서 열린 한 성공적인 옥외시위에서는 셀월과 다른 사람들이 연설하였는데, 이 집회에서는 "아직 존재하는 법을 위반하려는 그 어떤 시도도 … 잉글랜드 국민과 그들의 통치자들 사이에 맺어진 사회계약을 전적으로 말소하는 행위로 간주되어야 할 것"이라는 결의가 채택되었다.[58]

이는 박해의 결과일 뿐 아니라 또한 물가상승과 경제적 곤궁의 산물이기도 하였다. 개혁단체들의 선동이 이스트 엔드(East End, 런던시 동부 하층민이 많이 사는 지역—옮긴이)의 빈민지역들에서 호응을 얻고 있었음을 알려주는 몇가지 증거가 있다. 10월에 해크니에서 열린 집회만 해도 아직 새로운 현상이었음에 반해, 프랜시스 플레이스의 회상에 따르면 초크 팜 집회에는 "런던 중앙경찰재판소 경찰과 다른 지역의 경관들 그리고 정부의 스파이들 및 통신원들이 그들을 숱하게 모욕하고 도발했음에도 불구하고 … 남녀

58) *Report of the Committee of Secrecy* (1794), 185~89면; *An Account of a Meeting of the Constitutional Society of Halifax* (Halifax, 1794); P. A. Brown, 앞의 책, 111~17면; A. Temple Patterson, 앞의 책, 74면.

를 불문하고 … 각종 사람들이 엄청나게 많이 … 내가 목격한 바로는 가장 질서정연하게 참석하였다. … 그들은 **사고하는 사람들, 이성적인 사람들**이었다".[59] 셰필드에서도 역시 4월에 스코틀랜드에서의 판결에 항의하기 위해 6천~7천명이 참석한 집회가 열렸다(개혁운동가들은 참석자 수가 12,000명이라고 주장하였다). 대단히 젊고 언변이 좋으나 안정감이 없는 다비 출신의 젠틀먼 헨리 요크가 의장직을 맡아, "온 민중의 명령소리가 쎄인트 스티븐 예배당(St. Stephen's Chapel, 이 건물은 1834년 이전까지 하원의사당으로 사용되었다─옮긴이)에 모인 558명의 신사들에게 그들 본래의 직무나 돌보러 가라고 권하게 되는 날"이 오게 되기를 기대한다고 연설하였다. "밤에 술 취한 녀석들이" 셰필드 개혁운동가들의 집을 공격해오곤 하자, 협회 간사인 데이비슨(Richard Davison)은 "애국자들을 함부로 넘보지 못하게끔 그들에게 아주 큰 창을 다량으로 제공하자"고 제안하였다. 그 뒤에 벌어진 하디와 요크의 재판에서는 이 문제가 엄청나게 큰 비중으로 다루어졌다. 검찰측은 이것을 국가에 대한 반란의 의도를 입증하는 증거로 제시하였다. 반면 피고측 증인들은 사실 자체를 부인하였거나, 아니면 자신들이 무장하고자 한 궁극적 목적은 '교회와 국왕'파 깡패들로부터 스스로를 지키고자 하는 것이었을 뿐이라고 항변하였다. 실제로는 이들 단체 내에는 두 가지 의도가 다 존재하고 있었을 것이다. 에딘버러에서는 영국공회로부터 살아남은 잔류위원회가 여전히 비밀리에 회합을 계속하고 있었거니와 이 위원회는 과거에 정부의 스파이였던 로버트 와트(Robert Watt)의 주도하에 넘어가 있었다. 이곳에서 몇개의 창촉과 전투용 도끼가 만들어졌는데 와트는 임종고백에서 자기는 개혁의 대의 편으로 전향하였으며 에딘버러, 더블린 그리고 런던에서의 동시봉기를 계획했었다고 주장하였다. 와트 자신의 동기가 무엇이었든간에 스코틀랜드의 수많은 직조공들과 장인들이 그의 음모에 깊이 말려들어가 있었다.[60]

---

59) Add. MSS., 27814. 이들 집회는 중요한 선례를 확립하는 데 기여하였다. 왜냐하면 당국의 허가를 받지 않고─그리고 의회에의 청원이라는 특정한 의도도 띠지 않은 채─일반인들이 공공집회를 소집한다는 것은 합법성을 보장받지 못하고 있는 일이었기 때문이다. H. L. Jephson, *The Platform*, I (1892), 277면.

60) A Student in the Temple, *The Trial of Thomas Hardy*, 여러 곳; *The Trial of Henry*

1794년 5월 피트가 개혁운동단체들을 갑자기 덮치기 전의 상황은 이러한 것이었다. 런던입헌협회 및 런던교신협회의 지도자들은 체포되고 서류들은 압류되었으며 의회는 이들 단체를 조사하기 위한 비밀위원회를 지명하였다.[61] 인신보호법은 정지되었다. 노리치에서는 아이적 쎄인트(Isaac Saint)와 다른 위원회 위원들이 체포되었다. 셰필드에서는 헨리 요크와 위원회 위원들이 구금되었다(에딘버러 공회에 파견된 셰필드 대표였던 브라운은 이미 재판을 기다리고 있었다). 협회의 간사인 리처드 데이비슨은 체포를 면하였으며 『셰필드 레지스터』의 편집인인 죠우지프 게일즈(Joseph Gales) 또한 6월에 공모혐의로 고발당했으나 미국으로 도망하였다. 하원이 세상을 발칵 뒤집어놓듯 비밀음모를 '적발해내고', 개혁운동단체들과 프랑스인들 사이에서 봉기음모와 결탁이 이루어졌다는 소문이 떠도는 것과 동시에, 이들이 체포된 직후에는 일반 여론이 앞다투어 이들로부터 멀어져갔다. 발라드 악보와 호외를 파는 행상들이 **'반역! 반역! 반역!'**이란 제목을 단 전단들을 들고 거리거리를 뛰어다녔다. 시내 곳곳에 삐라가 붙여졌다. 폭도들이 하디 부인의 집을 습격한 것은 '영광스러운 6월 초하루'의 해군승전일을 기념하는 축제 동안의 일이었다. 런던의 한 신문은 "이 여인은 사랑하는 토미가 목매달리고 그 시체가 끌려다니고 네 토막 나는 환각에 시달리다 죽어버렸다"고 조롱하였다. 몇몇 클럽은 놀라 해산해버린 반면 굳건한 입장을 지키고 있던 다른 클럽들은 수감자 가족을 위한 기금을 걷는 일에 몰두하였다. (런던교신협회 회원들은 수감자들의 변론기금을 걷으려고 하다가 고발당하기도 하였다.) 『타임즈』(*The Times*)지는 이른바 잉글랜드 혁명을 풍자하는 해설을 실었는데 여기에서 수감자들은 피비린내나는 권력을 즐기고 있는 모습으로 그려졌다.[62] 링컨셔에서는 "발라드 가수들이 돈을 받고 거리 구석에 진을 치고선 자꼬뱅들의 몰락을 노래하였다". 젠틀

Yorke (1795), 26, 80~81면; *The Trial of Robert Watt* (Edinburgh, 1795), 353면; H. W. Meikle, 앞의 책, 150~53면; *The Life and Character of Robert Watt* (Edinburgh, 1795), 76면.

61) 런던의 개혁운동가들이 체포된 상황에 대해서는 이 책 제1장 24~26면을 보라.

62) (James Parkinson), *A Vindication of the L. C. S.* (1795), 1~6면; *The Times*, 1794년 9월 5일자.

먼들의 동아리 사이에서는 재판이라는 화제에 대해 침묵을 지키는 것조차 혐의를 불러일으켰다.[63] 노팅엄에서는 '교회와 국왕'과 폭도들이 유별나게 폭력적으로 자꼬뱅 사냥을 자행하였다. 그 전해에 그랬던 것처럼 개혁운동가들의 집이 "부서져 열리고, 사람들이 질질 끌려나오고, 목조르는 밧줄이 그들의 목에 친친 감겼으며, 급기야 그들은 도시 옆을 흐르는 진흙탕 냇물에 내동댕이쳐졌다". 한 왕당파 위원회가 자꼬뱅들을 공격하기 위한 새 수로(水路)를 파는 '토역(土役)꾼'(navigator)들을 돈을 주고 고용한 데 반해, 시장은 이 자꼬뱅들의 신변 보호를 위한 그 어떤 조치도 취하지 않았다.[64] 이무렵 페일즈워스(Failsworth)에서는 "미치광이 같은 맹목적인 떼거리가" 한 자꼬뱅 지도자를 "용기병(龍騎兵)의 말안장에 묶어놓은 채 그의 다리에 핀을 찔러댔다".[65]

그러나 런던교신협회는 결코 와해되지 않았다. 9명으로 이루어진 비밀 집행위원회가 구성되었는데, 그 가운데 가장 적극적인 위원은 모자제조공 리처드 호지슨(Richard Hodgson), 서적판매상 존 보운(John Bone), 그리고 '시민 그로우브즈'(Citizen Groves)였다. 피트로 하여금 행동결정을 내리게 하는 데 영향을 미쳤으리라 추정되는 한 공식비망록에 따르면 런던교신협회는 이 해 봄 내내 활발하게 회원들을 받아들이고 있었다. 1794년 5월, 협회는 48개의 분회를 헤아리고 있었을 뿐 아니라, 직종인들 및 장인들과 더불어 "새로운 부류의 인물들이 최근 그들 사이에 모습을 보이기 시작했다. 즉 템즈 강변의 하역부들 및 씨티의 도매상 점원들 여러 명과 젠틀먼 집안의 하인들 몇명이 그들이다". 50명의 아일랜드인들이 단체로 한 지부에 가입했는가 하면 울리지(Woolwich)와 뎁트퍼드(Deptford)에 분회가 세워졌다.[66] 하디와 셸월 및 다른 지도자들이 체포된 후에는 호지슨, 보운

63) W. Gardiner, *Music and Friends*, I (1838), 222면.
64) F. D. Cartwright, *Life and Correspondence of Major Cartwright*, I (1826), 312면; J. Blackner, *History of Nottingham* (Nottingham, 1815), 396~401면; J. F. Sutton, *The Date-Book of Nottingham* (Nottingham, 1880년판), 193~99면.
65) B. Brierley, *Failsworth, My Native Village* (Oldham, 1895), 14면.
66) Memorandum *re* Corresponding Societies, 특히 "Eastern end of the Town and in the City," 1794년 5월 6일자, *T.S.*, 11. 3510 A (3)에 수록된 내용. 이 비망록에 따르면 이 기간 중 셰필드, 브리스틀 및 노리치의 단체들도 이와 비슷한 회원증가를 기록하였다.

및 '시민 그로우브즈'만으로도 새로운 회원 대부분을 모아들일 수 있었다. 7월에는 "18개의 분회가 공포에 사로잡혀 아예 모이지 않았으며" 이들을 되살리려고 대표들이 파견되었다고 보고되었다. 그러나 나머지 30개의 분회는 계속 활동하였다. 사실상 박해의 결과로 협회 내에서의 급진화 과정은 더욱 촉진되었다. 8월에는 몇몇 분회가 '잠에 빠지고' 다른 분회들의 경우 회원들이 빠져나가는 일도 벌어졌지만, 바로 그렇기 때문에 결과적으로 볼 때 (한 정보원이 지적했듯이) "현재 협회는 주로 과감하고 필사적인 회원들로 구성되어 있는 셈"이었다. 그전에만 해도 회합에서 오간 말들은 의회에 의한 개혁에 한정되어 있었다. 그러나 "이제는 이 나라의 정부를 전복하겠다는 의도가 공공연히 표방되고 있(었)다". 가을이 되어 검거사태로 인한 충격이 가라앉자 민중의 분위기도 다시 한번 변화하였다. 수감자들에 대한 태도는 호전되었으며, 하디는 뉴게이트 감옥에 있는 일반 잡범들이 개혁운동가들을 존경하는 태도로 대하기 시작했다는 것을 지적하였다. "정부의 가혹한 조치가 많은 사람들로 하여금 잔뜩 겁을 집어먹고 돌아서게 하였다"고 하면서도 플레이스는 다음과 같이 회상하였다.

> 그러나 나를 포함한 많은 사람들은 지금 회원이 되는 것이야말로 가치있는 일이요, 의무를 이행하는 것이라고 생각하였다. … 이는 협회의 성격을 개선시켰다. 왜냐하면 협회에 가입한 사람들 대부분은 단호한 성격의 사람들, 자기네 목적으로부터 쉽사리 떨어져나갈 성싶지 않은, 절제력 있고 생각 깊은 사람들이었기 때문이다.[67]

그런 동안 협회의 비밀집행부는 그 자체의 어려움을 겪고 있었다. 지방

---

67) G. Wallas, *Life of Place* (1918), 21면. 플레이스의 원고 「역사」(History)는 좀 주의해서 다루어야만 한다. 사태가 있고 나서 수많은 해가 지난 후, 자신이 미적지근한 벤섬파 개혁운동가가 되어 있을 때 씌어진 이 글은 부분적으로는 개인적 변명서이다. 거기에서는 '절제력 있고 생각 깊은 사람들'(다시 말해 프랜시스 플레이스)이 추켜세워져 있으며 그렇게 온건하지 않은 사람들은 깎아내려져 있다. 셸월의 강연들은 "당대의 온갖 통속적인 편견들을 다 담고 있는 산만한 웅변"으로 치부되고 있다. 기관지인 『트리뷴』(*Tribune*)지를 잠깐만 검토해보더라도 이 판단이 편견에 찬 것임을 당장 알 수 있다.

클럽에 보내는 협회의 편지를 '안전하게 전달할 적절한 수단과 방법'을 찾아내기가 힘들었다. 8월에는 협회의 가장 유능한 회원인 시민 호지슨이 대역죄 혐의로 검거될 뻔했다. 그러나 런던 중앙경찰재판소 경관들은 "잘못 알고 딴사람을 붙잡았으며" 이는 (집행부의 나머지 임원들에게 보고되었을 때) "커다란 환희를 불러일으켰다". 그후로 호지슨은 집행부와 연락하고자 할 때 '여행중'이란 서두가 붙은 편지를 보내는 수밖에 없었다. 9월 3일 런던 중앙경찰재판소 경관들은 막무가내로 집행부에 들이닥쳐 현직 간사를 체포하였다. '시민 그로우브즈'는 경찰의 권한에 대해 이의를 제기하였으며 그런 다음 다른 사람들을 이끌고 술집으로 가서 체포된 사람들의 가족을 위한 모금을 하였다. 그러나 다음날은 더욱 놀랄 만한 일이 생겼다. 그로우브즈는 하디의 대리인에 의해 정부의 스파이라고 고발당하였으며 협회의 정규 전체위원회(General Committee) 앞에서 열린 정식재판에서 자신을 변호하였다. 그의 연설은 약간 연극조이긴 했지만 그래도 감동적일 정도의 성실성을 담고 있었다. 그는 자신의 헌신적 태도를 입증하는 많은 증거와 자신의 자꼬뱅적 성격을 증언하는 많은 증인들을 제시하였다. 그러곤 여봐란 듯 풀려나왔다.

그러나 '시민 그로우브즈'는 실제로 스파이였던 것이다. 곧 올리버(Oliver, 본명은 리처즈W. J. Richards—옮긴이)를 거쳐 차티스트시대 및 그 이후까지 이어져내리는 길다란 계보 가운데 가장 유능한 스파이의 하나였다. 비밀집행부의 회합이 끝나면 그때마다 그의 상세한 보고서가 올라와 피트나 던대스 혹은 재무부 법무관(Treasury Solicitor)이 이를 정밀히 검토하곤 하였다. 우리가 이 몇달 동안 일어난 사태들을 그나마 서술할 수 있는 것은 그의 특출난 재간 덕분인 것이다.[68]

하디의 재판은 1794년 10월 25일 올드 베일리(Old Bailey, 런던 시내의 중앙

---

68) '비밀집행부'의 의사록과 그로우브즈의 보고서들은 다 *T.S.*, 11. 3510 A (3)에 보존되어 있다. 그로우브즈의 보고서는 1794년 5월에서 10월 중순까지 계속되고 있다. 필자는 이것이 중단된 이유를 찾아내지 못했는데, 어쩌면 그의 형식적 방면에도 불구하고 그는 자신에 대한 '재판' 이후 더이상 신뢰를 받지 못하게 되었는지도 모른다. 그의 빈틈없는 보고서 작성의 실례를 보려면 이 책 이 장 220~21면을 보라. 더 일반적인 스파이 문제에 대해서는 이 책 하권 제14장 72면 이하를 보라.

형사재판소—옮긴이)에서 열렸다. 죄목은 대역죄였다. 그리고 죄목의 무시무
시함을 강조라도 하려는 듯 로버트 와트——진짜 모반자이자 아마도 '이중
스파이'였을——가 불과 열흘 전에 에딘버러에서 참수형을 당하였다. 일반
청중도, 배심원들도 이 재판에 수감자들의 생사가 걸려 있음을 잘 알고 있
었다. (법정에서 이 소송의 중대성을 인정하기를 거부한 유일한 사람은 혼
투크로서, 그는 진짜 윌크스파의 처신방법 그대로 짐짓 따분해하는 태도를
보이면서 불경스러운 농담을 해대고 있었다. '신과 자신의 조국에 의해' 재
판을 받겠는가라는 물음을 받자 그는 몇초 동안 그토록 잘 지을 수 있는 사
람이 몇이나 될까 싶을 정도로 의미심장한 표정을 짓고서 법정을 둘러본
다음 머리를 흔들면서 단호하게 대답하였다. "나는 신과 나의 조국에 의해
재판을 받으면 정말 좋겠소. 그러나—!") 8일 동안이나 재판을 질질 끄는 과
정에서 위험스러운 '비밀음모'의 증거는 점점 보잘것없어 보이게 되었으며,
검사측 증인들에 대한 어스킨의 위압적이고 심지어 잔인하기까지 한 반대
신문은 그렇지 않아도 빈약한 증거를 한층 더 그렇게 여겨지게끔 만들어버
렸다. 공중은 하디야말로 '자유인으로 태어난 잉글랜드인'이 열광하며 반기
는 저 독립의 모범상 가운데 하나라고 생각하게 되었다. 그것은 곧 국가권
력에 저항하는 결연하고도 위엄있는 평민의 모습이었다. 하디 부인이 사망
한 정황은 더욱 큰 동정을 불러일으켰다. 흥분된 분위기가 일었다. 지방에
서는 사람들이 여행객과 우편마차를 가로막고 소식을 물었다. 판결이 내려
지기 전날 밤에는 하디가 이미 방면되었다는 소문까지 돌았으며, 사람들은
어스킨의 마차에서 말을 풀어놓은 후 그를 이끌고서 의기양양하게 거리를
행진하고 다녔다. 마지막날——배심원들이 세 시간 동안 물러나 있는 사이
에——올드 베일리 주변의 거리거리는 흥분한 군중으로 빽빽이 메워졌다.
'유죄'판결은 필시 폭동을 불러일으킬 터였다. 노리치애국협회(Norwich
Patriotic Society)에서 파견된 사절인 데이비(Davey)라는 사람이 재판을 보
러 런던에 와 있었다. 무죄방면 소식을 듣자 그는 마차의 방향을 노리치 쪽
으로 되돌린 후 밤새워 말을 달려 일요일 아침 예배시간중에 노리치에 도
착하였다. 여기서 그는 곧장 쎄인트 폴(St. Paul)에 있는 침례교도 회합장소
로 달려갔다. 이곳 목사는 열렬한 개혁운동가인 마크 윌크스(Mark Wilks)

192

였는데, 그는 (농장주라는) 자기 직업과 무보수 목회활동을 겸하고 있던 옛날식 침례교 목사들 가운데 하나였다. 데이비가 회합장소로 들어왔을 때 월크스는 설교단 위에 서 있다가 그를 보자 설교를 중단하고 물었다. "어떤 소식입니까, 형제?" "무죄입니다!" "그렇다면 우리 노래를 부릅시다. '모든 축복의 원천이신 하나님을 찬양하라'."

정부는 혼 투크에 대한 소송은 그대로 속행하였다. 그러나 이 재판은 정부측에 더 심한 굴욕을 안겨주었다. 수상인 피트가 변호사측 증인으로 소환되어, 위빌이 개최한 개혁을 위한 주 집회에 자신이 참석한 바 있다는 사실을 인정하지 않을 수 없었던 것이다. 투크의 무죄방면에 뒤이어 12월에는 셀월에 대한 유죄판결을 확보하려는 최후의 노력이 기울여졌다. 그러나 결과는 처음부터 자명한 것이었다. 하긴 전적으로 그렇기만 했던 것은 아닐 수도 있다. 성격상 일말의 연극적인 성향을 가지고 있던 셀월은 뉴게이트 감옥에서 햄프든(Hampden), 씨드니(Sidney) 그리고 폭정을 주제로 한 시를 쓰는 데 몰두하고 있었다.

> 지하감방의 유독한 공기와 어둠 속에서도
>   애국자는 여전히 두려움 없는 가슴 지니고,
> 유쾌한 모습을 지을 수 있나니―
>   그리고 미소짓나니 ― 축복받은 미덕을 자각하며![69]

심리가 끝날 무렵 그는 배심원들에게 자신이 직접 사자후를 토하고 싶은 욕망에 사로잡혔다. "그렇게 하지 않으면 나는 교수형을 당하게 될 거요"라고 그는 어스킨에게 말했다. "그렇게 하면 교수형을 당할 겁니다"라는 것이 어스킨의 대답이었다. 셀월이 무죄방면되면서 나머지 수감자들에 대한 기소는 취하되었다.

이쯤 되면 협회들에 가입하는 회원수가 즉각 늘어났으리라 추측할 수도 있겠다. 그러나 그 다음해의 사태는 밝혀내기가 어렵다. 첫째, 대부분의 지

---

69) J. Thelwall, *Poems Written in Close Confinement in the Tower and Newgate...* (1795), 9면.

방협회들은 1794년 여름중에 해산해버리거나 아니면 살아남더라도 거의 아무런 흔적을 남기지 않는 '지하'단체 형태로 존속하였기 때문이다. (하원의 비밀위원회를 통해 서신교류의 위험성이 명백히 드러나게 된데다가, 재판과정에서는 정부가 도처에 스파이를 고용하고 있다는 사실이 널리 알려지게 되었으니 말이다.) 셰필드에서는 협회가 침묵을 지키고 있었다. 요크가 여전히 수감되어 있었기 때문이다. 그에 대한 재판은 1795년 7월에야 열렸으며 그는 비밀음모란 죄목으로 2년 징역형을 선고받았다. 게다가 이들에 대한 재판은 단지 전시용에 불과했다. 왜냐하면 지방에서는 치안관들이 막강한 즉결재판권을 가지고 있었던데다가, 별로 알려지지 않은 개혁운동가들은 어스킨 같은 탁월한 변호사의 변론을 기대할 수 없는 형편이었기 때문이다.[70]

더구나 그같은 변론비용을 충당해야 한다는 문제도 여전히 남아 있었다. (영향력있는 시민들이 여전히 애국협회를 지지하고 있던 노리치에서는 1795년 4월, 재판비용을 염출하기 위해 마크 윌크스가 쎄인트 폴 예배당에서 두 번에 걸쳐 사자후를 토하며 자꼬뱅 모금 설교를 한 바 있다.) 일련의 무죄방면이 전반적인 공포정치의 횡행을 미연에 방지한 것은 사실이다. 하디는 믿을 만한 소식통을 통해, 개혁운동가들을 대상으로 적어도 800건의 구속영장이 작성되었으며(그 가운데 300건에는 실제로 서명이 되었고), 그에게 유죄판결이 내려질 경우 이 영장들은 즉각 발효될 것임을 들어 알고 있었던 것이다. 그럼에도 불구하고 이들 재판은 정부가 마련해놓고 있는 조치가 어느 정도나 되는지를 적나라하게 보여주었다. 개혁운동가들의 무죄방면 소식에 접한 기성체제측 정치평론가들의 태도는 조리조차 닿지 않는 것이었다. 하원 비밀위원회의 보고서 준비에 한몫 거든 바 있으며 이제

---

70) 예를 들어 리즈에 사는 제임즈 힌들리(James Hindley)는 1794년 치안교란적인 저작들을 팔았다는 이유로 2년 징역형을 선고받았다. 레스터에서는 죠지 바운(George Bown)이 1794년에 체포되었는데 그러나 그는 몇달 후 재판도 받지 않은 채 석방되었다. 셰필드에서는 좀더 신중한 『셰필드 아이리스』지를 간행함으로써 죠우지프 게일즈의 작업을 계속 잇고자 하던 제임즈 몽고메리가 1795년에 두 번이나 투옥되었다(한번은 3개월 동안, 또 한번은 6개월 동안). 지방에서 그같은 기소가 어느 정도나 널리 행해졌는지에 대해서는 아직 체계적인 조사가 이루어지지 않고 있다.

연 4,000파운드의 연금을 받는 위치에 있던 버크는 1794년 이후 지식인사회에서 제임스 리브즈(원문대로. 내용상 존 리브즈를 의미하는 것으로 보인다―옮긴이) 노릇을 하게 되었다. 그는 선거권자 중 5분의 1과 선거권을 가지지 못한 사람들 대부분을 "개전의 여지가 전무한 순(純)자꼬뱅이자 한시도 경계를 늦추지 말아야 할 대상"으로 간주하였다. 그는 방면된 사람들이 '암살자들'이란 의견을 내세우면서 국가의 질병은 "인두와 수술용 칼에 의한 결정적 테러"를 요한다고 촉구하였다.[71]

둘째, 개혁운동 지도자들 가운데 일부는 기진맥진해버렸다. 입헌협회는 다시는 되살아나지 못했으며 혼 투크는 1796년 선거 때까지 공적인 일에서 손을 떼고 물러나 있었다. 하디는 부인이 죽은 후 자기 개인적인 일에 너무 매여버리는 바람에 런던교신협회에서 다시는 적극적인 역할을 맡아 하지 못하였다. 게다가 런던 협회는 이제 내부 이견으로 인해 분열되어버렸다. 협회가 새로운 정관을 가져야 할 것인가를 둘러싸고 왈가왈부하느라 몇주일이 지나갔다. 한 파는 일체의 정관이란 것은 다 직접민주주의에 대한 장애물이라 주장했고, 다른 파는 박해에 대처해서 더욱 엄격하게 내적 규율을 정비해야만 한다고 주장하였다. (협회 내에서는, 어쩌다 편지 같은 데서 우리의 '지도자들'이란 말을 쓰는 것조차 민주주의적 항변의 외침을 불러일으켰다.) 인신공격의 소용돌이 속에서 두 분파가 갈라져 각기 새 단체들을 구성하게 되었다. 존 보운은 런던개혁협회(London Reforming Society)의 간사가 되었으며 이 단체는 모체인 런던교신협회와 우호적인 관계를 유지하였다. 존 백스터가 또다른 한 파의 이탈을 주도한 것으로 보이는데 거창한 자유지향적 연극조 행동들을 특기로 하던 '자유의 벗들 협회'(Society of the Friends of Liberty)가 그것이었다. 한 스파이의 서술에 따르면 "마른 얼굴에, 땋아내린 검은 머리를 하고 짙은 갈색 코트에 검은 고동색 조끼를 입은 마흔살쯤 된 … 초라해 보이는 사람"이었던 백스터는 좀더 강경한 수단

---

71) T. Hardy, *Memoir* (1832), 42~43면; Mark Wilks, *Athaliah: or the Tocsin Sounded* (Norwich, 1795); J. Thelwall, *The Rights of Nature* (1796), 제1서한, 40, 56~57면; Sarah Wilks, *Memoirs of the Reverend Mark Wilks* (1821), 78~79면; E. Burke, *Two Letters addressed to a Member of the Present Parliament, &c.* (1796).

을 지지했던 것으로 보이며, 당시 압제에 대한 저항을 주제로 하여 강연을 하였다. "국가의 모든 권력이 토지소유자들에게만 주어져 있는 한, 그들은 자기네 수중에 生과 死의 수단들을 장악하고 있다고 해도 틀림없을 것이다"라고. 뉴카슬의 학교교장이던 토머스 스펜스는 이제 '페인의 책 내용을 넘어서는 새로운 인간의 권리론'으로 추종자들을 모으고 있었다. 귀족층의 토지를 몰수하고 스펜스식의 새로운 협동체를 세워야 한다는 것이었다. "여러분들은 지주가 남아 있는데도 불구하고 인류가 도대체 의회에서의 개혁을 통해 이렇다 할 정도의 자유와 행복을 누릴 수 있다고 생각하십니까. … 국민공회 또는 민중의 의회는 귀족층과의 항구적인 전쟁상태에 처하게 될 것입니다."[72]

이같은 긴장은 충분히 예상할 수 있는 것이었다. 이미 1793년 10월에 런던교신협회 의사록에는 한 분회가 수평파적 원칙들을 선전하는 사람들을 추방할 것을 요청하는 동의안을 내놓았음이 기록되어 있다. 생활필수품 가격이 오름에 따라 ── 그리고 협회가 동부 및 남부 런던으로 활동영역을 뻗쳐감에 따라 ── '사회'문제가 점점 더 전면에 등장하였다. 1794년에 씌어진 한 전형적인 팸플릿에서는 개혁의 내용으로 직접세 및 물품세의 감면, 빈민법과 수렵법(Game Laws)의 개선, 동직조합 활동에 가해지고 있는 제한의 철폐, 실업자를 위한 일자리 마련, 강제징병 폐지 및 대중업소(술집)에 군대를 숙박시키는 조치 철폐 등을 내세웠다.[73] 스펜스나 백스터식의 더욱 극단적인 견해들 같으면 받아들여지지 않았을 협회에서도 그 정도의 요구들은 일반적으로 받아들여질 수 있었을 것이다. 그러나 협회는 전술을 놓고도 분열되어 있었음이 분명하다. 런던 협회 지도부로 새로 떠오르게 된 두명의 인물이 각기 상이한 경향을 보여주는 대표적인 예가 될 수 있을 것

---

72) *The Correspondence of the L.C.S.* (1795), 4, 20~21, 26, 42~43면; T. Hardy, 앞의 책, 여러 곳; P. A. Brown, 앞의 책, 142, 151면; J. Baxter, *Resistance to Oppression* (1795); 익명(T. Spence)의 *The End of Oppression* (1795). 토머스 스펜스에 대해서는 이 책 이 장 228~29면을 보라.

73) 익명(James Parkinson)의 *Revolutions without Bloodshed* (1794). 온건한 자꼬뱅파의 요구들을 힘차게 진술하고 있는 이 경탄할 만한 실례는 G. D. H. Cole and A. W. Filson, *British Working Class Movements: Select Documents* (1951), 48~52면에 수록되어 있다.

이다. 플레이스 자신은 건실한 태도, 탁월한 조직능력, 지적 근면성, 동직조합 조직 경험 등을 갖추고 있어 하디의 전통을 이어받고 있었다. 1795년 여름에 그는 주례(週例) 전체위원회에서 자주 의장을 맡았거니와 그 자신의 설명에 따르면 그는 노동자들에게 정치교육을 하는 것이 협회의 주요 기능이라고 여기고 있었다.

나는 장관들은 정부를 파산상태로 몰고 갈 때까지, 다시 말해 정부를 더 이상 움직여나가지 못하게 될 때까지 계속 해먹을 것이라고 믿었다. 내가 보기에는 좋고 값싼 정부를 세우기 위해 민중이 가지고 있던 혹은 가질 수 있었을 유일한 기회는, 그들이 대의권(代議權)의 이점들을 배우는 데 있고 … 그리하여 장관들의 행동이 위기를 초래할 때마다 민중 스스로가 값싸고 단순한 형태의 정부를 수립할 가능성이 가장 큰 사람들을 지지할 수 있는 능력을 가지게 되는 데 있었다. 그런 까닭에 나는 협회가 가능한 한 조용하고 은밀하게 활동해야 한다고 충고했던 것이다.

여기에는 사후약방문식 발상이 너무 많이 들어 있다. '값싸고 단순한 정부'라고 하는 것은 플레이스가 나중에 익히게 된 벤섬주의적 말버릇에서 나온 구절임에 반해, 1795년에 협회는 탄압의 철폐 및 자유와 평등에 바탕을 둔 성인남자 투표권을 바라고 있었던 것이다. 그러나 플레이스가, 자기는 이미 1795년에 노동계급 개혁운동가들의 역할은 의회 내 중간계급 출신 혹은 귀족층 개혁운동가들을 **보조하는** 것이라 보고 있었다는 식으로 말한 점에서는 아마도 정확했다고 할 수 있을 것이다. 다시 말해 노동자들은 자신들의 힘으로 자신들을 위한 개혁을 이루고자 바랄 수는 없으며, 양보를 얻어낼 '가능성이 가장 큰' 다른 사람들을 지지해야 한다는 이야기였다. 이는 어떤 의미에서는 멀리 내다볼 줄 아는 전술적 타협이었다. 그러나 이는 대중선동에 의해 위기를 **촉발시키는** 정책이라기보다 위기가 올 때까지 대기하는—아마 재정적 혼란, 식량폭동, 민중 사이에서의 소요 등을 기다리는 것이라 할 수 있는—태도를 담고 있었다. 그것은 소란스러운 빈민들과 자기들 사이의 간격을 메우고자 노력하기보다는 오히려 중간계급으로 향하는 다리를 놓으려 하던 자긍심 높은 직종인들 및 장인들의 정책이었다. 그 자체로 볼 때 이는 '제한 없는 회원들' 사이에서의 선동으로부터 물러나는 태도를 보여줌과 동시에 자기수련 및 빈틈없는 조직활동의 강점을 구현하고 있었다.[74]

이와는 다른 경향을 대표적으로 보여주는 것이 존 빈즈이다. 그는 더블린(Dublin)의 직종인 가정에서 태어난 젊은이로 당시 런던에서 배관공으로 일하고 있었다. 그 또한 1794년에 런던교신협회에 가입하였으며 급속히 두각을 나타내 여러 위원회 및 시위에서 의장직을 맡게 되었다. 그는 하디 등이 무죄방면된 후, 협회는 그 주장을 더욱 광범하게 전파해야 하며 대규모 공공시위를 조직함으로써 정부가 '어쩔 수 없이 개혁을 허락하도록' 만들어야 한다고 주장했던 다수파 회원 가운데 하나였다. 또한 그가 애써 이룩하고자 하던 개혁은 실제로는 혁명에 의한 개혁이었다. 비록 그들이 공언하고 있던 목표는 개혁이었지만 "(협회의—필자) 영향력있는 회원들 다수가 가지고 있던 기대와 희망은 그들로 하여금 군주정 전복과 공화정 수립을 지향하도록 이끌고 나아갔다"(그는 자신의 『회상록』Recollections에 이렇게 적었다).[75]

분리파 이탈의 결과 1795년 3월에는 단지 17개 분회밖에 가지지 못할 정도로 협회규모는 축소되었다.[76] 더욱 심각하게도, 지방과의 서신교류가 끊기는 바람에 이 운동은 전국적인 구심점을 완전히 잃어버리게 되었다. 존 셀월 또한 사퇴하고 말았는데 표면적인 이유는 독립적인 강연자 및 정치평론가로 활동하는 편이 자기에게는 더 낫겠다는 것(셀월은 이렇게 주장하였다)이었지만, 불화에 신물이 나서 그랬다는 것이 아마도 더 정확한 이유

---

74) G. Wallas, 앞의 책, 24~25면.

75) J. Binns, 앞의 책, 45면.

76) 1794~95년 겨울에는 또 한번의 '반역'소동이 벌어져 협회 회원 세명—스미스(J. Smith), 히긴즈(Higgins), 르메트르(P. T. Lemaitre)—이 공기총으로 독이 든 총탄을 쏘아 국왕을 암살하려고 모의했다는 고발을 받고 구금되었다. 이 고발은 악의에 찬 한 제보자가 한 것이었으며, 피고들은 재판 없이 풀려났다. J. Smith, *The Conspirators Exposed* (1795); P. T. Lemaitre, *Narrative of Arrest* (1795); *Privy Council Papers*(*P.C.*), A. 35/36 을 보라.

일 것이다. 그러나 분리파 이탈 이후 협회는 더욱 결속되고 활동도 되살아났던 것으로 보인다. 공개집회는 새로운 탄압을 불러들이고 인신보호법의 정지를 초래할 것이라는 플레이스의 주장과는 반대로 최대한의 규모로 선동을 해야 한다는 존 게일 조운즈(John Gale Jones) 및 빈즈의 방침이 런던 시내 전 분회원들의 일제투표 끝에 승리를 거두었다. 그 결과 6월 말에는 성인남자 투표권과 의회의 매년 선거를 지지하기 위한 대규모 집회가 쎄인트 죠지 필즈에서 개최되었다. 런던교신협회가 주장하는 100,000명이란 숫자를 깎아내려 생각한다 하더라도 이는 분명히 일찍이 런던에서 열린 개혁 요구 시위 가운데 최대의 것이었다. 시민 존 게일 조운즈가 의장을 맡아 연설을 하였는데 이 연설의 불타오르는 듯한 어조는 벤섬주의에 물든 플레이스의 회상과는 거리가 먼 것이었다.

> 우리는 브리튼인이며, 자유는 우리의 생득권이 아닙니까? … 복수의 화신인 당신네 장관들, 당신들의 채찍과 고문틀을 가져오고 교수대를 만드시오. … 모든 거리거리에, 모든 구석구석의 바스띠유 감옥에 병영을 세우시오! 모든 무고한 개인들을 박해하고 추방하시오. 그래도 당신들은 성공하지 못할 터이니 … 목을 치는 도끼로부터 흘러내리는 애국심의 거룩한 피는 자유의 어린 씨앗을 더불어 가져올 것이오. …

시위군중은 이 피비린내나는 혼합된 비유들에 동요를 일으키기는 했으나 어쨌든 평화적이고 질서정연했으며, 조용히 해산하였다.[77]

이때부터 이 해 말까지 협회는 성큼 성장하였다. 협회는 장인과 직종인 이라는 상당히 제한된 테두리를 깨고 나와 임금노동자 사이에서도 점점 큰 지지를 모으게 되었다. 6월에는 400명의 신규회원이 가입했으며, 7월에는 700~800명이 새로 들어왔다. 3월에 17개를 헤아리던 분회가 7월 말에는 41개로 늘어났으며 10월에는 70~80개에 이르게 되었다. 그동안 분리해나 간 두 단체 역시 번성을 누렸다. 산하 토론모임과 독서클럽들이 생겨났다.

---

77) *Correspondence of L.C.S.* (1795), 4~5면 및 여러 곳; *Tribune*, 1795년 6월 20일자; Add. MSS., 27808; 익명의 *The History of Two Acts*, 91면 이하.

이신론과 자유사상이 지반을 굳히게 되어 게일 조운즈는 그 다음해에 "나는 비록 그리스도 교인은 아니지만…"이라는 말을 마치 당연지사처럼 쓰곤 했다. 협회는 1794년의 무죄방면이라든가 또는 다른 중요한 때를 기념하여 기념주화와 메달을 제작하였다. 셀월은 매주 두 번씩 열리는 그의 강연에 꼬박꼬박 몇백명씩의 청중을 끌어들이고 있었으며, 자기 부인에게 보내는 편지에서는 뻐기고 싶은 마음을 금할 길 없어 다음과 같이 썼다.

이틀 저녁 동안 나는 거의 600명에 가까운 청중 앞에서 이야기했소. … 이 두 번의 강연은 특히 … 부패의 기둥을 뒤흔들어, 썩은 건물의 기둥 하나하나가 모두 덜덜거리며 떨리게 될 지경에까지 이르렀다오. 문장 하나하나가 감전되듯 가슴에서 가슴으로 날아가 꽂혔으며 다름아닌 귀족들 자신조차 ─상당수의 귀족이 내 강연을 들으러 모여들고 있소─ 함께 박수갈채를 보내지 않을 수 없게 되는 적도 … 빈번했다오.

뿐만 아니라 협회 주변에는 생경한 공화주의적 언사를 구사하는 다른 모임들과 선술집 클럽들도 자라나고 있었다. '시민 리'(Citizen Lee)란 이름의 한 인물(그는 이따금 감리교도로 묘사되었다)은 '소호, 베릭가 98번지, 영국의 자유의 나무'(British Tree of Liberty, No. 98, Berwick-Street, Soho)로부터 일련의 선동적이고 도발적인 소책자들을 출판해냈는데 그중에는 『국왕살해』(King Killing), 『잉글랜드판 로베스삐에르의 통치』(The Reign of the English Robespierre), 『마지막 국왕 죠지의 행복한 통치』(The Happy Reign of George the Last) 같은 것도 포함되어 있었다. 그가 중점을 둔 것은 (스펜스의 경우와 마찬가지로) '교구 및 촌락 단위의 결사'였으며, 그는 또한 열렬한 찬성조로 단두대 이야기를 하는 몇 안되는 잉글랜드 자꼬뱅 가운데 하나였다. 대니얼 이튼이나 지방의 여러 단체들도 염가본 소책자 판매에 관계하기는 했지만, 해너 모어로 하여금 자신의 염가본 매점판매 소책자(Cheap Repository Tracts, 신앙강화를 주목적으로 하는 종교관계 소책자 씨리즈로 단 1페니씩에 팔렸으며 1809년에는 세 권의 합본으로 새로 출판되었다─옮긴이)를 가지고 반격에 나서게끔 착상을 불러일으킨 것은 십중팔구 시민 리가 무더기

로 펴내던 싸구려 책들, 자꼬뱅 이야기들, 그리고 전단들이었을 것이다.[78]

　1795년 6월 이후로는 지방과의 서신교류도 재개되었다. 8월에는 셰필드에서 옥외집회가 열렸는데 이 집회를 위해 런던으로부터 파견되어 내려온 사람이 의장을 맡았다. 한 주장에 따르면 참석자 수는 10,000명에 달하였다.[79] 그러나 다른 면에서는 노리치야말로 단연 가장 눈부신 활동을 보이는 지방 중심지였다. 9월에는 19군데에 달하는 애국협회 분회가 활약하고 있었으며, 이 협회는 회원이던 직조공·구두직공·장인·상점주말고도 귀족 문벌 출신 상인가문인 거니(Gurney) 가문 및 테일러(Tailor) 가문의 조심스러운 지원까지 받고 있었다. 뿐만 아니라 노리치에는 일군의 재능있는 전문직업인들이 모여 있었는데 그들이 1795년 내내 펴낸 정기간행물『캐비닛』(The Cabinet)지는 아마도 이 시대의 준자꼬뱅적 성격의 지적 출판물들 가운데 가장 주목할 만한 것이었으리라 생각된다. 여기에 실린 논문들은 유럽의 정세 및 전황에 대한 상세한 분석에서부터 시적인 감정의 토로에다 마끼아벨리(Machiavelli), 루쏘, 여성의 권리, 고드윈적 사회주의 등에 대한 논구에 이르기까지 광범한 주제에 걸쳐 있었다. 강조의 정도는 매우 달랐지만 그럼에도 불구하고 노리치는 침례교파 예배당에서『캐비닛』지의 포부만만한 계몽사상가들에 이르기까지, '위버즈 암즈'(Weavers Arms, 애국협회의 본부)에서 거니 가문에 이르기까지, 그리고 폭스파인 코우크 오브 홀컴(Th. W. Coke of Holkham, 1752~1842. 폭스의 친구인 정치가, 새로운 가축사육법 및 농작물재배법으로 영국 농업에 혁신적인 변화를 불러일으켰다―옮긴이)에서 도시 근교 촌락에 사는 노동자들에 이르기까지 이 모든 사람들에 공통된 반정부적 정서의 대단히 두드러진 일치상태를 보여주고 있었다.[80] 조직은 노리치에서 야머스(Yarmouth), 린(Lynn), 위즈비치, 로우스토프트(Lowestoft)까지 확장되었다. 이와 약간 비슷한 운동이 메드웨이(Medway)

---

78) *Correspondence of the L.C.S.* (1795), 4~5, 29, 35면; J. G. Jones, *Sketch of a Political Tour through Rochester, Chatham, Maidstone, Gravesend...* (1796), 33면; Mrs. Thelwall, *Life of John Thelwall* (1837), 367면.

79) *Proceedings of the Public Meeting on Crookes' Moor at Sheffield* (Sheffield, 1795).

80) *Correspondence of the L.C.S.* (1795), 27~28, 63~64면; *Cabinet*, vol. 3 (Norwich, 1795); Sarah Wilks, 앞의 책.

의 도시들, 채텀(Chatham), 로체스터(Rochester), 메이드스턴 등에서도 일어나 외과의사와 전문직업인들에서부터 부두기술자들에 이르기까지 많은 사람들을 포괄하였다. 노팅엄에서는 제조업자와 양말직조공들 사이에 (다시 한번) 일종의 동맹이 이루어지면서 개혁운동이 부활하였다. 그리고 출판된 런던교신협회의 교류서신들을 보면 리즈, 브래드퍼드, 버밍엄, 렘스터(Leominster), 위트처치(Whitchurch, 쎌럽Salop), 멜번(Melbourne, 다비 근처), 썬버리(Sunbury, 미들섹스Middlesex), 하이 위컴(High Wycombe), 트루어로우(Truro) 및 포츠머스 등에서도 활동이 있었음을 알 수 있다.

"새로운 교사가 대중 사이에서 바쁘게 활약하고 있었다——궁핍이라는 교사가." 이 말은 맨체스터의 역사가인 프렌티스(Archibald Prentice)의 것이다. 1795년은 프랑스에서도 잉글랜드에서도 다 같이 위기의 해였다. 유난히 추웠던 1794~95년의 겨울, 전쟁으로 인한 혼란, 흉년, 이 모든 것이 식료품 가격을 치솟게 만들었다. 1795년 5월은 빵가격에 비례하여 임금 추가수당을 조정하기로 한 저 유명한 스피넘랜드의 결정이 내려진 시기이다. 밀가격은 상상을 불허할 정도로 앙등하였다. 런던에서는 밀이 1쿼터에 108실링이었고 레스터에서는 160실링이었으며 많은 곳에서는 그나마도 밀을 아예 구할 수조차 없었다. 여름과 겨울에 전례없이 빈번한 식량폭동이 전국을 휩쓰는 동안 민병대가 폭동자 편에 가담하는 일도 여러번 있었다.[81] 군대 내에서도 불만의 기미가 보였다. 아일랜드는 반란의 길로 나아가고 있었으며 노리치, 맨체스터, 웨스트 라이딩의 제조업자들은 평화를 청원하였다. 존 쎌월이 행한 가장 감명 깊은 강연 가운데 여러 건이 궁핍을 주제로 한 것이었다. 자꼬뱅의 영향이 큰 노리치에서는 적어도 25,000명의 노동자가 구호금을 요구하였고 (쎌월은 이렇게 선언하였다), 구빈세는 파운드당 12실링이나 13실링까지 달해 있었다. 스피틀필즈의 대규모 견직공업이 버림받고 있다고 쎌월은 주장하였다.

---

81) 1795년의 폭동에 대해서는 이 책 제3장 94~97면을 보라. 또한 스태퍼드셔의 민병대가 "모두 … 한 사람같이 민중 편에 가담한" 오우크햄프턴(데븐)에서의 '폭동'에 대해 보고하고 있는 1795년 5월 20일자 *Morning Post*도 보라. *T.S.*, 11. 3431; J. L. and B. Hammond, *The Town Labourer* (1920년판), 85~86면; S. Maccoby, *English Radicalism 1786~1832* (1955), 90면; J. H. Rose, *William Pitt and the Great War* (1911), 282~88면.

내가 회상할 수 있는 저 짧은 기간 동안에만 해도 맨발을 하고 넝마를 걸친 아이들은 … 도시 내 이 구역에서는 대단히 드물었습니다. … 나는 기억합니다. … 스피틀필즈의 착실한 근로인은 보통, 자기 일터이기도 한 아파트 외에도 도시 교외에 자그마한 여름별장과 작은 채소밭뙈기를 가지고 있어서 휴무의 월요일이면 자기 비둘기를 날리거나 튤립을 재배하거나 하면서 이곳에서 시간을 보내던 그때를. 그러나 그 채소밭들은 이제 황폐해졌습니다. 작은 여름별장과 월요일의 휴식은 더이상 찾아볼 수 없습니다. 대신 여러분들은 가난한 직조공과 그의 가족들이 지독하게 형편없고, 더럽고, 건강에 나쁜 단칸방에, 흔해빠진 편의품도 없는 아니 심지어 그 흔한 생활필수품조차 없는 그런 단칸방에 한데 몰려 북적거리며 살고 있는 것을 목격하게 될 것입니다.

이것이야말로 자꼬뱅파 직인들 및 장인들의 회상 속에 깃들여 있는 깊은 감정의 원천을 '황폐해진 마을'이란 주제(셸월 자신도 이 주제를 활용하고 있었다)보다도 오히려 더 강하게 흔들어댄 사라져가는 옛 잉글랜드의 모습이었다.[82]

1795년 10월 26일, 런던교신협회는 이즐링턴(Islington)의 코펜하겐 필즈(Copenhagen Fields)에서 시민 존 빈즈(당년 22세)를 의장으로 하여 또 한차례의 대규모 시위를 소집하였다. 플레이스가 보기에는 이는 '무분별한 짓'이었으며 그는 이 집회에서 그 어떤 공식적인 역할도 맡기를 거부했다. 셸월은 주요 연사 가운데 하나였는데 그는 자신의 대단한 연설능력을 발휘하여 군중 사이에 평화적인 분위기를 유지하였다. 그는 이제 "오크니즈(Orkneys)에서 템즈까지, 도버 해안의 절벽에서 랜즈 엔드(Land's End, 잉글랜드 콘월주의 서쪽 끝에 위치한 지점. 전통적으로 그레이트 브리튼의 최서단 지점으로 여겨지고 있다—옮긴이)까지 하나의 거대한 정치적 결사 혹은 교신협회로 결합된 … 전체 국민"이란 미래상을 품고 있었다. 그리고 이 회합에서는 왕국 전역

---

82) *Tribune*, XXIX, 1795년 9월 23일자.

의 주요 도시들마다 사절을 파견하자는 결의안이 통과되었다. (셸월 자신은 11월에 협회에 다시 가입하였다.) 사람들은 100,000 내지 150,000명이 이 회합에 참석했다고 주장했는데, 이것도 틀렸다고만 할 수는 없는 것이다.[83] 세개나 되는 '연단'이 동원되었음에도 불구하고 "청중 가운데 그 가까이 서서 단 한마디 말이라도 들을 수 있었던 사람은 절반도 못 되었다". 이번에는 국왕에 대한 '간언'(Remonstrance)이 채택되었다——"어찌하여 우리는 이 표면적인 풍요의 한가운데서도 이렇게 굶어죽을 수밖에 없습니까? 어찌하여 우리는 끊임없이 땀 흘려 일하면서도 곤궁과 결핍 속에서 말라 시들어가야만 합니까? … 의회의 부패가 … 거품 이는 소용돌이처럼 우리 노동의 결실을 삼켜버리고 있습니다". '두 법'(Two Acts, 1795년에 제정된 '치안교란 집회 금지법'Seditious Meetings Act과 '반역적 행위에 관한 법'Treasonable Practices Act을 말함—옮긴이)의 역사를 쓴 익명의 역사가는 이 집회에 대해 "더할 나위 없는 조화, 균형, 그리고 훌륭한 질서가 지배하였다"고 단언하였다. "그것은 **자유에 바쳐진** 날이었다."[84]

사흘 뒤에는 자유에 바쳐진 날은 아닐지 몰라도 권력자들을 극도의 두려움에 빠지게 한 날이 닥쳤다. 국왕이 의회를 개원하러 가는 길에 조소를 당하고 야유를 당했으며 그의 마차에는 돌이 날아왔다. '피트 타도!' '전쟁 반대!' '국왕 반대!' '피트 반대!' '평화!'라는 구호가 외쳐졌다. 약 200,000명의 런던 시민이 거리에 몰려든 것으로 추정된다. 어떤 사람들은 조그만 빵 조각을 막대기에 꽂고 검은 크레이프천으로 장식하여 이를 내둘렀다. 군중 속에서 단 1페니짜리 『인간의 권리』를 팔고 있던 행상이 구금되었으나 구출되었으며 사람들은 그를 의자에 태우고 돌아다니며 승리의 행진을 벌였다. 국왕의 마차는 창문이 박살났는데 아마 돌에 맞아서 그렇게 되었겠지만 왕은 상원에 도착하자 숨넘어가는 소리로 헐떡거리며 이렇게 말했다고

---

83) 대개의 경우 수사학적으로 과장된 주장은 깎아내리려 드는 버릇이 있던 플레이스, 1824년에 정치적 선동의 폭넓은 경험에 바탕을 두고 집필하고 있던 그 플레이스도 이 경우에 대해서는 단지 150,000명이라는 이야기는 "과장일 수도 있다"라고만 말하게 될 터였다.

84) L.C.S., *Account of the Proceedings of a Meeting... 26 October 1795*; Add. MSS., 27808; J. Thelwall, *An Appeal to Popular Opinion against Kidnapping and Murder* (1796), 8면; Mrs. Thelwall, 앞의 책, 379면 이하; 익명의 *The History of Two Acts*, 97면 이하.

한다. "하나님, 나, 나, 나는 저격당했습니다!"[85] 다음날 국왕이 연극을 관람하겠다고 고집을 부리자 거리에는 사람의 통행이 통제되었으며 왕은 보병 100명, 기병 200명, 그리고 경관 500명의 호위를 받았다.

런던교신협회는 이 사건에 대해 아무런 책임도 없다고 주장하였다. 그러나 협회는 대강 그러한 시위를 도모했었다고 할 수도 있으며, 어쨌든 추종자들의 분노를 통제한다고는 기대할 수 없었던 것이다. (폭동이 끝난 후 저녁에 한 술집에서 협회의 한 회원은 존 빈즈에게 자기가 마차 위로 기어올라갔었으며 국왕을 암살하려 했었다고 뽐내며 말했다.) 여하튼 당국의 반응은 즉각적이었다. 치안교란적인 집회를 금지하는 포고문이 발표되었으며 피트는 당장 치안교란 집회 금지에 관한 두 법안을 제출하였다. 그중 첫번째 법안에서는 민중에게 말이나 글로써 국왕, 헌법, 또는 정부에 대한 증오나 경멸을 불러일으키는 행위는 반역죄에 해당한다고 규정하였으며, 두번째 법안에서는 50명 이상이 모이는 집회는 사전에 치안관에게 신고해야만 열 수 있으며 치안관은 연설을 중지시키고 연설자를 체포하고 집회를 해산시킬 광범한 권한을 가지는 것으로 규정하였다. 또 하나의 극형에 해당하는 범죄가 법령집에 추가되었다──곧 치안관의 명령에 저항하는 행위는 사형으로 처벌할 수 있게 하였다. 특별히 셀월을 겨냥한 한 특수조항에서는 개혁운동가들의 강연장을 '질서를 교란시키는 장소'로 규정하여 폐쇄할 수 있게 하였다.

이 법안이 발의되어(1795년 11월 10일) 국왕의 재가를 받을 때(12년 18월)까지의 막간은 최후이자 최대의 대중선동 기간이었다. 폭스가 이끄는 소규모 야당세력은 이 법안의 통과에까지 이르는 매단계에서마다 투쟁을 감행했으며, 이 나라에서 처음이자 마지막으로 민중단체들과 함께 반대운동을 벌였다. 런던교신협회는 11월 12일 코펜하겐 필즈에서 (200,000명이 모였다고 하는) 비상시위를 소집했다.[86] "그런 경우에는 흔히 그러하듯이 이 집회에는 성인남녀는 물론 어린이들도 모여들었다"고 플레이스는 회상했다. 그

85) 익명의 *Truth and Treasonl or a Narrative of the Royal Procession* (1795).
86) 실제로 런던교신협회가 발행한 한 『보고서』는 '300,000명이 넘는' 브리튼인들이라고 주장하고 있었다!

러나 이같은 집회의 개최 자체도, 그리고 어린이들을 데리고 오는 방식도 '흔히 있는' 일은 아니었다. 그중에서도 아이들을 데려오는 일은 그후의 노동계급 운동에서 전통을 이루게 된 평화적 의도를 보여주고 있다. 12월에 협회는 메럴러번 필즈(Marylebone Fields)에서 최후의 대규모 집회를 개최했는데, 이 집회에 대해서는 죠우지프 패링턴(Joseph Farington)의 일기에 기록이 남아 있다. 여러 군데 세워진 '연단'에 선 연사들 중에는 윌리엄 프렌드, 셸월 그리고 존 게일 조운즈 등이 있었다. "협수룩한 차림이지만 점잖은" 외과의사인 조운즈는 일종의 '마비증상'을 앓고 있어서 "머리, 어깨, 팔 등을 거의 쉴 새 없이 경련적으로 떨어대기는 하였으나" 그럼에도 불구하고 "근사한 목소리, 날카롭고 낭랑하고 명료한 그런 목소리…"를 가지고 있었다. 연설에서 그는 피트가 '공개처형'에 처해질 것이라고 위협했다.

아무런 소동도 일어나지 않았다. 손을 높이 치켜들거나 함께 박수갈채를 보내거나 하지 않는 사람들에 대해서도 아무런 위해도 가해지지 않았다.[87]

다른 지방에서도 대규모 시위들이 개최되었으며 이들 시위는 거의 모두가 두 법안에 반대하는 집회였다. "내가 만일 사임한다면 6개월 내에 내 목은 베어 없어질 것이다"라고 피트는 말하였다. 중대한 역류현상은 요크셔에서 벌어졌다. 이 주의 하원의원인 윌버포스는 개인적으로 피트와 더불어 '치안교란 집회 금지에 관한 법안'을 마련하고 있었는데 '추가조항을 많이 넣어 내용을 크게 개선시키고 있었다'. (그는 하원에서 한 조항에 반대함으로써 '독자세력'으로서의 자신의 명성을 유지하는 데 신경을 썼다.) 그동안 요크셔에서는 위빌이 자기의 온건한 원칙에 충실하게 주(州) 차원의 항의집회를 소집키로 하여, 나흘 동안의 공지기간을 두고 금요일에 소집공고령을 내었다. 그 내용은 웨스트 라이딩의 모든 자유토지보유자들에게 다음주 화요일 요크(York) 집회에 참석하라고 권유하는 것이었다. "여러분의 직조

---

87) *The Farington Diary*, I (ed. J. Greig, 1922), 118~19면.

기를 멈추고 나오십시오. 정직하고 근면한 직물업자 여러분, 하루 동안 여러분의 들판에서의 노동을 떠나오십시오. 강건하고 독립적인 요우먼 여러분, 여러분 선조들의 정신으로 나오십시오. …" 런던에서 교회에 가고 있던 윌버포스는 ("그리스도교도의 특징적 성격을 상기해보자. 의회에서의 중후함, 친절함, 융화성, 이런 것들이 남모르는 경계심 및 감추어진 진지함과 결합되어 있는 성격을"이라고 그는 며칠 전 그의 일기에 적은 바 있었다) 요크셔로부터의 급한 전갈에 발길을 멈추었다. 안식일에 여행을 해서는 안되지 않을까 하는 난제를 어렵지 않게 극복하고서, 그는 말을 몰아 피트를 찾아갔다. 피트는 윌버포스가 주 집회에 참석해야 한다고 말했다. 그러나 윌버포스의 마차는 아직 준비되어 있지 않았다. "내 것이 준비되어 있으니 그걸 타고 가시지요", 피트가 말했다. ("당신이 누구 마차를 타고 왔는지 그자들이 알아차린다면 당신은 죽임을 당할지도 모릅니다"라고 좌중의 누군가가 말했다.) 피트에게서 빌린 마차를 타고 윌버포스는 북쪽으로 '강행군'을 해갔다. 주 전체가 요크로 몰려들고 있는 것 같아 보였다. 빌리-멘 (Billy-men)이라 불리던 직물업자들은 짐말을 타고서 왔다. 집회는 일단 시작되자 강력한 반정부적 분위기로 나아갔으며, 윌버포스가 요크로 말을 타고 왔을 때의 상황이 바로 그러했다. 그는 "요크셔에서 일찍이 모인 중 가장 규모가 큰 젠트리 및 자유토지보유자 청중들"을 향해 "타의 추종을 절대 불허하는" 유창한 언변으로 연설을 하면서 "겁 많은 왕당파의 의기소침한 마음에 정력과 활기를" 불어넣어주었다. 독자세력으로서의, 그리고 그리스도교적 박애가로서의 윌버포스의 대단한 명성이 웨스트 라이딩의 요우먼들 및 직물업자들을 그의 편으로 끌어들였다. 집회는 쪼개져 4,000명의 자유토지보유자 가운데 대다수가 국왕과 헌법을 수호하자는 윌버포스의 연설을 지지한 반면, "그 미친 녀석 손턴(William Thornton) 대령이 연대의 제복 차림으로 일어서서" "요크의 어중이떠중이들에게 … 자꼬뱅을 지지하는" 연설을 하였다. "…그는 그들이 봉기한다면 언제고 수많은 병사들이 가담할 태세가 되어 있다고 그들에게 말했다." 손턴은 결론삼아 "자기의 제복을 벗어 어중이떠중이들을 향해 던졌으며" 그들은 그를 의자에 태우고서 의기양양하게 시청(Guildhall)까지 행진해갔다.[88]

이것은 역사에서 두 시대 사이의 분기점을 이루는 것으로 보이는 순간들 가운데 하나이다. 선거 때는 물론 예외였지만 그것말고는 이후에 처음으로 다시 요크에서 대규모 웨스트 라이딩 지역 집회가 열린 것은 오우스틀러가 개최한 공장임금노예들의 '순례' 때나 되어서였다(1832). 요크 집회가 왕당 파 자유토지보유자들과 선동적인 비선거권자로 분열되어버린 것과 마찬가 지로 19세기의 영국 사회 또한 1850년까지 선거권자와 유세장의 노동자들 로 쪼개지게 될 터였다. 뿐만 아니라 이는 또 하나의 분열을 상징한다. "요 크셔와 미들섹스, 이 두 지역 사이에 잉글랜드 전체가 놓여 있다"고 폭스는 말한 바 있다. 요크셔인들의 반국교도적 양심은 취약한 것으로 드러났다. '교회와 국왕'파가 퇴짜를 맞는다 하더라도 여기에 윌버포스와 감리교도들 이 밀고 들어올 수 있었으니 말이다. 그러나 미들섹스에서는 직종인들과 장인들의 전통적인 반국교주의가 이제 더욱 선명하게 자유사상 쪽으로 선 회해갔다. 이 또한 치안교란 집회 금지에 관한 두 법의 결과이자, 국교회와 반국교파 양측 모두의 지도자들이 '충성'을 선언한 결과였다.

두 법은 엄포만 심했지 그 실제 적용은 그렇게 고약하지 않았다는 주장 이 지금까지도 제기되고 있다. 두 법의 규정대로 사형이 집행된 적은 한번 도 없었다. 비록 인신보호법이 8년 동안이나 정지되기는 했지만 그동안에 도 재판 없이 일정 기간을 구금되어 있던 사람은 몇십명뿐이었던 것으로 보인다.[89] 물론 피트가 바랐던 것은 엄포였다. 두려움, 스파이들, 무제한의 권한을 지닌 경계심 높은 치안관들, 그리고 때때로 보이는 본때 등의 엄포 말이다. 두 법의 엄포와 실제 적용 사이에는 어쨌건 영국의 배심제도라는 장벽이 남아 있었다. "상점주 및 노동대중은 이들 법을 이해하지는 못한 채 찬성하였다고 할 수 있다"[90]는 플레이스의 (1842년의) 판단은 의심스러운 것이다.

88) R. I. and S. Wilberforce, 앞의 책, II, 112~33면; C. Wyvill, 앞의 책, V, 여러 곳.
89) 플레이스의 MSS. 중에는 1798년 5월에 체포되었던 런던교신협회의 회원 "존 옥슬레이드 의 진술"(Narrative of John Oxlade)이 들어 있다. 이 글에서는 두 법의 횡포가 극에 달했 던 시기(1798~1800) 동안 약 40명의 런던교신협회 회원과 약 35명의 '잉글랜드인 연맹' 회원이 재판 없이 구금되었다고 추산되고 있다. "Lists of Suspects," P. C., A. 158도 보라.
90) G. Wallas, 앞의 책, 25면.

어쨌건 이들 법은 소기의 목적을 달성하였다. 런던교신협회는 처음에는 정면대결이라는 방침을 감행하였다. 전국적 조직을 재건하려는 희망에서 사절들을 지방에 파견한 것이다. 존 빈즈는 가장 큰 해군항인 포츠머스에 파견되었으나, 그가 미행당하고 있으며 체포당할 위험이 있다는 사실을 알게 된 런던 위원회는 그를 다시 불러들였다. 존 게일 조운즈는 켄트주의 도시들—로체스터, 채텀, 메이드스턴, 길링엄(Gillingham), 그레이브센드(Gravesend)—을 순회하였다. 로체스터에서는 9~10개의 분회를 거느린 협회가 있다는 것을 알게 되었으며, 채텀에서는 청중 가운데 누군가가 이 집회가 법으로 허용된 50명이란 인원을 넘지 않는가고 물었을 때 "다른 한 사람이 격분한 어조로 그에게 집회장을 떠나라고, 바로 그 자신이 떠남으로써 수를 줄이는 데 기여하라고 요구하였다". 또 채텀에서 조운즈는 부두노동자들이 국왕에게 보내는 두 법 지지성명문에 서명하기를 거부하고 그 대신 항의청원서에 서명했다는 사실도 알게 되었다. 협회가 이들 해군항에 기울인 관심을 감안하면, 협회의 그 어떤 회원도 '프랑스의 지원을 받아 공화국을 수립한다'는 계획을 호의적으로 생각한 적이 없다는 플레이스의 (몇년 후의) 격렬한 부인은 의심할 만하다. 협회 사절들의 이같은 조선소 방문은 1797년 항구인 스피트헤드(Spithead)와 노어(Nore)에서 봉기한 해군폭동 가담자들과 자꼬뱅들을 연결시켜준 유대의 끈들 가운데 하나일 수도 있는 것이다.[91]

그런 다음 조운즈와 빈즈는 사절 자격으로 버밍엄에 갔으나 1796년 3월 11일 이곳의 한 집회에서 연설하던 중 그들은 체포되었다. 그들은 따로따로 재판을 받아 조운즈는 1797년에 투옥되었으나 빈즈는 무죄방면을 얻어냈다. (죠우지프 제럴드의 옛 스승이던 쌔뮤얼 파 박사는 재판이 진행되는 동안 내내 배심원석 바로 앞에 앉아 검사측 증거가 제시되는 동안에는 험상궂게 그리고 믿을 수 없다는 듯이 얼굴을 찌푸리고, 피고측 논거에는 조목마다 호의적으로 고개를 끄덕임으로써 무죄방면 판결에 결정적으로 기여했다.) 그동안 셀월은 '로마사' 강의를 가장하여 강연을 계속하다가 결국

91) J. Binns, 앞의 책, 63~64면; J. G. Jones, 앞의 책, 27, 81면; G. Wallas, 앞의 책, 27~28면.

강연장을 잃어버렸으며 『트리뷴』(*Tribune*)지의 발행도 중단할 수밖에 없게 되었다. 그는 이스트 앵글리어 지방을 순회하며 노리치에서 22회에 걸친 연속 강연을 했다. 그러나 야머스에서는 그와 그의 청중들이 구부러진 단도와 곤봉으로 무장한 수병 90명으로부터 잔인한 공격을 당했는데, 이 수병들은 항구에 정박해 있던 해군 구축함으로부터 이 목적으로 파견된 자들이었다. 지도자들이 부재중이거나 수감되어 있고, 지방과의 서신교류도 그저 대충 꾸려가는 데 불과하던 런던 협회는 안으로 움츠러들어 내적 분열과 해체의 국면에 빠져버렸다.[92]

이 분열에는 창조적인 면도 결코 없지 않았다. 그것은 부분적으로는 종교적 혹은 반종교적 쟁점들로부터 야기된 것이었다. 이 사람들은 원래 정부에 맞서 대들었던 것인데 이제 그들 가운데 다수는 국가종교에 맞서 싸우는 데 열성을 기울이고 있었다. 플레이스는 『이성의 시대』 염가판을 출판하는 데 한몫 하고 있었다. 협회 위원회의 대다수가 이 일을 지원하자 종교적 성향의 회원들이 이에 반발하여 떨어져나갔다.[93] 자꼬뱅이자 '그리스도교 배교자'인 윌리엄 해밀턴 리드(William Hamilton Reid)는 이 시기에 협회에 대한 기록을 출판했는데 이 기록에는 진실성이 있어 보인다. 분회로부터 전체위원회에 보내는 대표를 선출할 때는 사람들을 '훌륭한 민주주의자이자 이신론자' 혹은 '그는 그리스도교도가 아니다'라는 말로 추천하는 것이 보통이었다. 클럽이며 독서모임들은 선술집에서 선술집으로 옮겨다니며 정처없는 생존을 꾸려가고 있었다. 한 토론단체는 1795년 크리플게이트(Cripplegate)의 술집 '그린 드래건'(Green Dragon)에서 발족한 후 핀즈버리 스퀘어(Finsbury Square), 페터 레인(Fetter Lane), 리틀 브리튼(Little

---

92) J. Binns, 앞의 책, 여러 곳; J. Thelwall, *Narrative of the late Atrocious Proceedings at Yarmouth* (1796); C. Cestre, *John Thelwall* (1906), 127~29면.

93) 또다른 스파이로서 1795~96년에 전체위원회의 (그리고 또 때로는 집행부의) 위원으로 선출되는 데 성공한 제임즈 파우얼의 보고에 따르면 1795년 9월 24일 "협회에 소속된 감리교도들의 여러 집회에서, 무신론자와 이신론자들을 협회로부터 추방할 것을 요구하는 한 통의 편지가 낭독되었다". 그들의 결의안이 거부되자 그들은 탈퇴하여 '종교적·시민적 자유의 벗들'(The Friends of Religious and Civil Liberty)이란 단체를 결성하였다. 파우얼은 여섯개의 분회 전체와 수백명의 개별 회원들이 그들을 따르게 되리라고 생각하였다. P.C., A. 38.

Britain)에 있는 '스코츠 암즈'(Scouts Arms) 등으로, 그리고 그 다음에는 무어필즈에 있는 두 군데 술집으로 잇따라 옮겨다닌 다음 1798년에는 마지막으로 '도시 관리들의 추적범위를 넘어서 있는' 혹스턴으로 옮겨가야 했다. 그래도 해체되는 날까지 모임은 사람들로 넘쳤다. 더욱 야심적인 시도는 1796년 봄에 화이트크로스(Whitecross)가(街) 니콜 경매장에서 '이성의 신전'(Temple of Reason)이 문을 연 것이었다. 회원들은 회관에 집기들을 들여놓고 도서실을 차렸다. 이 모임은 번창하지는 않았으나 한 세대 후에 오 웬주의가 뿌리를 내리게 될 토양을 마련하였다.[94]

서술을 끝내기 전에 여기서 잠깐 멈추고 단체들의 현황을 점검하면서 그들이 어떤 종류의 단체들이었는가를 검토해보아도 좋겠다. 셰필드의 단체들과 런던의 단체들이 가장 강력하였고 또한 알려진 바도 가장 많으니만큼 이 단체들을 예로 들 수 있을 것이다.

셰필드 협회는 런던교신협회와 마찬가지로 "엄청나게 높은 식료품 가격에 대해 이야기를 나누던 … 대여섯명의 숙련직인들"의 모임에서 비롯되었다. 이 단체는 아주 급속하게 자라나 1792년 1월에는 "모두 같은 날 저녁에 각기 딴 장소에서 모이는" 8개의 협회를 거느리고 있었다. "티켓을 지참하지 않은 사람은 아무도 들어올 수 없었으며 … 더할 나위 없이 정연한 훌륭한 질서가 유지되었다." 협회들은 2주일마다 한번씩 모임을 열었으며 '수백명이 참석하는' 총회는 매달 한번씩 열렸다. 『인간의 권리』 제1부의 팸플릿판(6페니씩)을 만드는 데 1,400명이 기부를 했으며, 이 책은 "셰필드의 많은 작업장에서 열심히 읽혔다". 1792년 3월, 창립 4개월 만에 협회는 거의 2,000명의 회원을 자랑하였다. 5월에는 새로운 조직방법이 채택되었다.

회원들은 각기 열 사람씩의 소분회 내지 소회합으로 나누고 이들 열명으로 하여금 대표를 지명케 한다. 이들 대표는 열명씩 또다른 모임을 이루고, 계속 이런 식으로 해서 … 마침내 위원회 내지 대(大)평의회를 구성

---

94) W. H. Reid, *The Rise and Dissolution of the Infidel Societies of the Metropolis* (1800), 5, 9~12, 22~23면.

하기에 적절한 정도의 수효로 좁아지게 된다.

이들 분회는 쌕슨식으로 타이딩이라 불렸다. 현지의 젠트리들은 '하층신분 인간들'로 구성된 단체의 등장에 처음부터 경악을 금치 못했으나, 온건한 개혁에 대해 호의적인 입장을 취하고 있던 국외자들의 보고는 이 초기 몇 달 동안 회원들의 절제력 있고 질서 바른 행동에 대해 강조하였다. 한 교신 자는 1792년 5월 위빌에게, 이 단체는 "훌륭한 성격의 인물들 … 열린 마음 으로 정보를 받아들이는, 건전한 이해력을 갖춘 사람들"로 구성되어 있다 는 것을 재확인시키고자 애썼다. 회원 중에는 퀘이커교도들도 몇명 있었으 며(비록 단체에 의해 승인받지는 못했지만), '상당수의 감리교도들'도 회원 으로 소속되어 있었다.

어떤 사람이 우연히 참석하게 된 한 회합은 질서있고 정연하게 진행되었 다. 모임은 의장이 의사록을 읽는 것으로 시작되어 … 그후 여러 회원들 이, 모두 자유와 평화적인 개혁을 지지하고 있던 집회 참석자들에게 안 내를 해주기 위해 … 발췌한 구절들을 차례로 낭독하였다. …[95]

이 모든 협회들 가운데 셰필드 협회는 1792~94년에 가장 정성스럽고도 신속하게 서신교류에 응한 단체였다. (전국적 단위를 형성하는 것은 기술 적으로 불법이었으므로 서신교류야말로 ── 협회들마다 서로 다른 협회의 회원들을 명예회원으로 형식적으로 받아들이는 것과 함께 ── 전국적 결사 를 유지해가는 방법이었다.) 비록 우리가 이미 살펴본 대로 회원들은 연단 위에 서는 인물로는 브라운이나 헨리 요크 같은 연극적 재능의 소유자들을 좋아하기는 했지만 그들 자신의 임원은 모두 셰필드의 여러 공업에 종사하

---

95) *Fitzwilliam Papers*, F. 44 (a), 셰필드 참고도서관(Sheffield Reference Library); C. Wyvill, 앞의 책, V, 43~50면; H. McLachlan, *Letters of Theophilus Lindsay* (1920), 132 면; *A Complete Refutation of the Malevolent Charges Exhibited against the Friends of Reform in and about Sheffield* (Sheffield, 1793); *Report of the Committee of Secrecy* (1794), 85, 116, 119면; W. A. L. Seaman, "Reform Politics at Sheffield," *Trans. Hunter Arch. Soc.*, VII, 215면 이하.

는 직인들이나 수공업기술자들이었다. 셰필드는 소마스터들 및 고도로 숙련된, 그리고 비교적 높은 보수를 받는 수공업기술자들의 도시였다. 그리고 앞에서 언급한 전권수석부관이 불평한 대로 '공공권력(civil power)이 존재하지 않는 곳'이었다. 1792년에는 치안관 두명이 다 도시 바깥에서 살고 있었다. 한 사람은 약 14마일 떨어진 곳에 살고 있었고, 또 한 사람은 "지난해 폭동기간 동안 몇몇 인클로우저를 보호하려고 꽤 애를 썼던 까닭에 대중이 그의 재산 일부를 불태워버렸고 그때 이후로는 그는 그 고장에서 별 볼일 없이 되어 있었다".[96] 따라서 셰필드는 귀족층의 영향을 거의 받지 않고, 숙련된 기술을 갖추고 글을 읽을 줄 아는 많은 노동자들이 거주하며, 민주적 독립의 전통을 갖춘 곳으로 자꼬뱅파의 선동을 위한 이상적 중심지였다. 전문직업인은 몇 안되었지만 그중에는 호의적인 태도를 보이는 사람도 여럿 있었다. 한 '퀘이커교도 내과의사'는 최초의 회원 가운데 하나였고, 반국교파 목사 두명은 요크의 재판에서 변호사측 증인이 되어주었다. 그런가 하면 유복한 칼제조 마스터(master-cutler) 몇몇도 또한 개혁운동가였다. 셰필드의 칼제조공들은 조직 면에서는 탁월했지만 자신들 사이에서 이렇다 할 만한 연설가를 배출하지는 못했던 것으로 보인다. 그러나 그들의 위원회에 소속된 회원으로서 하디와 요크의 재판에 변호사측 증인으로 출정하였던 인물들은 그들의 굳건한 연대표시를 통해서, 그리고 반대신문에도 위축되거나 꼬임수에 넘어가거나 하지 않는 단호한 태도를 통해서 깊은 감명을 남겼다. 하디의 재판에서 한 증인은 협회의 목적을 다음과 같이 규정하였다.

민중을 교화하고, 민중에게 그들이 겪어야 하는 온갖 고통의 이유와 원인을 가르쳐주는 것 ──어떤 사람이 하루에 13,4시간씩 일주일 내내 일하는데도 가족을 먹여살릴 수조차 없는 판일진대, 내가 이해하는 바로는 그렇소, 민중에게 그 원인을 가르쳐주는 것이 협회의 목적이오. 곧 그들이 왜 그렇게 할 수 없는가의 원인을 가르쳐주는 것이.

---

96) A. Aspinall, 앞의 책, 4~5면.

"나는 인생의 교훈을 얻으러 여기에 온 것이 아니라 진실을 말하러 왔소." 다른 한 증인은 요크의 재판에서 반대신문을 받으면서 타이르듯이 이렇게 말했다. 1793~94년의 침체기 (및 탄압기) 동안 그들 가운데 몇몇은 무장 봉기를 고려했을 가능성도 있다. 그들은 분명 전쟁에 대해 타협의 여지가 없을 만큼 철저한 반대입장을 취하고 있었으며, 또한 가장 먼저 파머와 뮈어를 지원하러 나선 사람들이었다.

셰필드는 한가지 탁월한 이점을 가지고 있었다. 그것은 유능한 출판인이자 편집인인 죠우지프 게일즈가 주간신문 『셰필드 레지스터』를 펴내면서 협회를 지원하고 있었다는 점이다. (지적 수준이 좀더 높은 학술지인 『애국자』 *The Patriot* 또한 한동안 셰필드에서 출판되었다.) 1787년에 창간된 이 신문은 1794년, 당시로서는 높은 수준인 2,000부의 판매부수를 올리고 있었다. 시대의 '민주적' 정신은 정치 못지않게 생활태도에도 영향을 미쳤다. '민주주의자'들은 또한 복장의 개혁자들이었고 말을 타는 대신 걸어서 농촌을 돌아다녔으며 '미스터'나 '에스콰이어'를 포함한 일체의 형식적 칭호를 거부하였고 자꼬뱅의 경우에는 머리를 짧게 깎고 다녔다. 이와 마찬가지로 지방의 민주적 신문들 ─『셰필드 레지스터』, 『맨체스터 헤럴드』 (*Manchester Herald*), 『케임브리지 인텔리전서』(*Cambridge Intelligencer*, 유니테리언파 개혁운동가인 벤저민 플라워 Banjamin Flower가 펴내던 신문) 및 『레스터 헤럴드』 등 ─도 지방 언론계에 새로운 기준틀을 확립하여, 런던 신문들을 오려대고 풀칠하는 식으로 베끼는 짓을 배격하고 독자적인 사설들을 게재하였다. 게일즈가 개척한 방침은 『맨체스터 헤럴드』의 창간호(1792년 3월 31일자)에도 표현되었다.

우리는 궁정의상이나 궁정음모 등과 같은 **상류 사교계에 관한** 내용이나 사냥파티, 마시는 파티 혹은 방문파티 등 사회의 나비들에게나 흥미있을 내용에 관한 기사를 위해서는 지면을 거의 할애하지 않을 것이다. …

게일즈의 신문과 서점 및 그의 팸플릿 인쇄소는 셰필드 개혁운동의 불가결

한 일부분이었다.[97]

셰필드 협회는 처음부터 칼제조공업의 '제조업자 및 노동자들 중 좀더 하층의 부류'에 기반을 두고 있었다.[98] (주변 촌락에서도 선전이 행해졌다는 언급이 있기는 하지만, 채탄부나 농업노동자가 위원회 위원 역할을 맡았던 적은 한번도 없었던 것으로 보인다.) 물론 런던 협회의 회원구성은 훨씬 더 다양하였다. 런던 협회는 '마차제조인회관'(Coachmaker's Hall, 18세기 말 런던의 토론클럽—옮긴이)이나 '자유토론협회'(Society for Free Debate, 셀월은 여기에서 수련을 쌓았다), 혹은 리드가 '신앙심 없는 자'들의 모임이라 칭한 나중에 생긴 단체들의 전통에 따라 수많은 다른 단체들로부터 회원을 받아들였다. 런던교신협회는 이들 중에서 단연 가장 강력한 것이기는 했지만 그 주변에도 항상 많은 그룹들이 계속 이어지고 있었다.

협회는 각기 30명씩의 회원들로 이루어지는 '분회'로 나누어졌으며 이들 분회는 각기 회원이 45명 혹은 60명에 이르면 새로운 '분회'를 형성하곤 했다. 각 분회에서 뽑힌 대표는 매주 열리는 전체위원회에 참석하였다. (아울러 투표권이 없는 부대표도 참석하였다.) 분회는 그들의 대표를 소환할 수 있으며 원칙상의 문제에 대해 자문을 할 수 있는 권리가 있었다. 잘 기록된 의사록을 통해 살펴볼 때 위원회와 분회 사이에 활발한 상호교류가 있었으며, 위원회의 권한을 빈틈없는 눈초리로 감시하던 회원들로부터 끊임없이 결의사항들이 올라왔었음을 알 수 있다. 그런 한편 1794년 이후에는 스파이에 대한 두려움 때문에 대략 다섯명으로 구성되는 집행부 내지 전체위원회 산하 교신위원회에 상당한 권한이 부여되었다.[99]

협회 회원수를 정확하게 계산해내기란 지극히 어렵다. 그 전성기는 1792

---

97) Donald Read, *Press and People* (1861), 69~73면을 보라. 또한 F. Knight, 앞의 책, 72면; J. Taylor, "The Sheffield Constitutional Society," *Trans. Hunter Arch. Soc.*, V (1939) 등도 보라.

98) *Fitzwilliam Papers*, F. 44 (a).

99) 좀더 상세한 설명을 보려면 H. Collins, 앞의 글, 110면을, 그리고 운영절차에 대한 조사 결과를 보려면 씨먼(Seaman) 박사의 미간행논문(W. A. L. Seaman, "British Democratic Societies in the French Revolution")을 보라. 협회의 규칙은 여러번 바뀌었으며 위의 설명은 첫 두세 해 동안의 의사록에서 받는 인상에 크게 의거하고 있다.

년 가을, 1794년 봄 및 (아마도 그중에서도 최고였지 싶은데) 1795년 후반 여섯달 동안이었다. 협회 자체는 대대적으로 주장해서 때로는 수만명이나 되는 회원수를 내세웠던 반면, 역사가들은 지나치게 조심스러워 보이는 주장을 펴왔다. (런던교신협회의 회원수가 2,000명을 결코 넘지 않았다는 추정도 흔히 제시되었는데, 셰필드에서도 노리치에서도 회원수가 이 숫자는 상회하고 있었다고 추정할 만한 근거는 충분하다.) 1795~96년에 위원회의 지도적 회원이던 두 사람이 각각의 회상록에서 서로 정반대되는 주장을 펴고 있다는 사실 때문에 상황은 더욱 어려워진다. 때때로 전체위원회 의장직을 맡곤 했던 프랜시스 플레이스는 1795년 여름에 70개의 분회가 있었으며 2,000명이 매주 실제로 **모였다**고 말하였다. 존 빈즈는 좀더 상세히 들어가고 있다. 그의 계산에 따르면 협회의 수입은 한동안 매주 50파운드를 넘었다. 한 사람이 일주일에 1페니씩 낸다고 할 때 이만한 수입이 모이자면 "12,000명이 정기적으로 참석해야 되었다". 기부금을 아주 이따금 내거나 혹은 어쩌다 한번씩 회합에 참석하는 회원도 많았기 때문에 그는 전체적으로 보아 **평균 18,000~20,000명**에 이르는 회원들, "상점주, 장인, 숙련 직인들 그리고 노동자들 … 수많은 대중"이 참가하였다는 의견을 제시하였다. 그가 때때로 전체위원회 의장직을 맡았을 때(1795~96) 보우퍼트 빌딩즈(Beaufort Buildings)에 있는 셸월의 강연실에 참석하던 분회 대표 및 부대표는 평균 160~180명에 이르렀다.

이 두 설명 모두 당시보다 몇십년 후에 씌어진 것이다. 플레이스의 설명이 좀더 신빙성이 있기는 하지만 이는 협회에서의 '선동자들'의 역할을 과소평가하고 싶어하는 그의 바람 때문에 한쪽으로 치우쳐 있다. 빈즈의 편견은 자신의 자꼬뱅적 청년시절에 낭만적 색채를 부여하려는 방향으로 기울어져 있다. 각 분회의 회원수를 산정하는 것이 문제 중 하나이다. 회원수가 45명에 이르면 분회를 새로 나누어야 한다는 규칙이 첫 두어 해 동안에는 지켜지지 않았다. 1792~94년의 분회들에 관해 현재 남아 있는 기록들을 보면 회원수는 17명에서 170명에 이르기까지 극단을 달리고 있으며, 또 그런가 하면 하디는 1794년 추밀원 앞에서 성실하면서도 자제하는 태도로 대답을 하면서 그 자신의 분회는 600명의 회원을 헤아린다고 주장하였다.

그러나 이 가운데 매주 실제로 얼굴을 마주한 인원은 50~60명밖에 되지 않았다——민중운동에서 비출석회원의 비율이 이 정도 된다는 것은 드문 일이 아니다. 마거릇은 영국공회(1793년 12월)에서 협회는 12,000~13,000명의 회원을 거느리고 있다고 주장하였는데, 이는 과장된 것이었다고 보아도 거의 틀림이 없을 것이다. 1794년 5월에는 한 정통한 스파이(추정컨대 '시민 그로우브즈'였으리라)가 이와같이 보고하였다. "그들 자신은 자기네 회원 수가 18,000명이 넘는다고 하지만 … 이는 전적으로 못 믿을 이야기인 것 같다." 이 시기에 매 4분기마다 협회의 수입은 280파운드에 달하였는데(그는 이렇게 보고하였다) 이는 (회원 한 사람이 매 4분기당 13페니씩을 납부하고 있었으므로) 회비를 납부하는 회원이 약 5,500명 정도 되었음을 보여주는 것이리라. 1795년 가을에는 또다른 스파이가 새로운 회원과, 분회에 모이는 회원들에 대한 분회의 매주 신고내용에 대해 규칙적으로 보고를 하였다. 이러한 것들을 볼 때 매주 규칙적으로 출석하는 회원수는 2,000명이 채 못 되었다고 하는 플레이스의 계산이 정확한 것이기는 하지만 협회 장부에는 이 몇배나 되는 숫자가 적혀 있었음을 알 수 있다. 1795년 말에는 "분회 장부에 의거하여 협회의 전반적인 상태에 대한 기록작성이 행해졌다. 거기에는 실제로 10,000명 이상이 기재된 것으로 보인다"(제임스 파우얼 James Powell은 이렇게 보고하였다). 그러나 그는 이를 '잘못된 계산'이라고 보고 있다. 왜냐하면 여기에는 1794년 이후 빠져나간 많은 회원들과 아울러 "이름을 적고 13페니를 납부한 후 다시는 협회에 나오지 않은 회원들"도 포함되어 있기 때문이라는 것이다. 이렇게 볼 때 플레이스와 빈즈의 주장은 서로 좀더 근접하게 된다. 피트는 여러가지 면모를 지닌 인물이긴 했지만 바보는 아니었다. 그가 회원수가 결코 2,000명도 안 넘는 일개 단체를 두려워하여 인기없는 반역죄 재판을 열게 하거나 치안교란 집회 금지에 관한 두 법을 제정케 했다고 보기는 거의 어려울 것이다. 최소한 그 정도 수에 달하는 적극적 회원, 회비를 납부하는 회원 5,000명, 그리고 10,000명이 넘는 서류상의 회원 등이 1794년 초에서 1795년 말까지의 현황이었다고 하면 믿을 만한 이야기가 되리라고 생각된다.[100]

협회의 사무와 재정은 대단히 정확하게, 민주적 원칙을 엄격하게 준수해

가며 처리되었다. 마거롯과 제럴드를 영국공회에 파견하기로 지명한 1793
년의 저 운명적인 10월 회합에서는 '우리 협회의 원칙에 어긋나게' 보수를
받지 않은 채(즉 자비로) 공회에 출석하겠다고 자원하고 나선 한 대표에 대
해 반대가 제기되었다. 이는 ─ 협회가 기금난을 겪고 있던 시기에 ─ 재
력이나 시간이 있는 사람들이 협회 일을 떠맡아 하는 것을 막기 위해 근
무에 대해서는 보수를 지불한다는 원칙을 강조한 데서 생겨난 것이었다.
그런 한편 빈즈는 이렇게 회상하였다. "내가 그들의 대표로서 그들의 업
무를 처리하기 위해 여행하는 동안 그들은 나의 보수를 후하게 지급해주
었다."[101]

분회활동에 대한 기록은 다양하다. 건실한 입헌주의적 계보를 추적하는
데 무엇보다도 큰 관심을 기울이던 플레이스는 교육활동을 가장 강조하였
다. 그가 생각한 런던교신협회는 피트가 파악한 식의 단체가 결코 아니라
'노동자교육협회'(Worker's Educational Association)의 초보적 형태 비슷한
것이었다. 그의 분회는 개인 집에서 모였다. "나는 수많은, 탐구심 높고 총
명하며 올바른 사람들과 만났다. … 우리는 함께 도서구입 예약을 했고 …
일요일 저녁파티와 … 독서, 대화 그리고 토론을 함께 나누었다."

이들 주례 회합의 통상적인 진행방식은 이러했다. 의장(각자가 돌아가
며 맡았다)은 어떤 책 가운데 일부분을 낭독하고 나서 … 모인 사람들에
게 거기에 대해 평을 해달라고 청했는데 원하는 사람은 누구든지 평을
했으며, 그렇다고 해서 일어서서 이야기를 하지는 않았다. 그러고 나면
또다른 부분이 낭독되고 또다시 논평을 청했다. 그러고 나선 남은 부분
이 낭독되고 세번째로 논평을 청하게 되는데, 이때는 아직껏 아무런 발
언도 하지 않은 사람들로부터 무슨 이야기를 듣게 되기를 기대하는 것이

---

100) 분회의 기록부 및 파우얼의 보고서들, *P.C.,* A. 38; "Examinations before the Privy
   Council," *T.S.,* 11. 3509; Grove in *T.S.,* 11. 3510 (A); 플레이스의 서술, Add. MSS.,
   27808; J. Binns, 앞의 책, 45~46면; A Member, *Account of the British Convention,* 40면;
   Correspondence of the L. C. S. (1795), 29, 35면. 1795년 6월에서 11월 사이에는 2,600명의
   새로운 회원이 가입하였다.
101) Minutes of L.C.S., Add. MSS., 27812; J. Binns, 앞의 책, 36면.

당연한 순서였다. 그러고 나면 전체 토론이 있었다.

"협회의 도덕적 영향력은 정말 대단히 큰 것이었다. 협회는 사람들로 하여 금 술집에서 시간을 보내기보다 책을 읽도록 이끌었다. 협회는 그들에게 사고하고, 그들 자신을 존중하고, 자기 자녀들을 교육시키려는 욕구를 가 지게끔 가르쳤다. 협회는 그들에게 좀더 긍정적인 자기평가를 할 수 있도 록 해주었다."[102]

이 모든 것은 아주 근사하게 들린다. 이는 한 계급의 정치적 자기교육 과 정의 첫 단계에 대한 찬란한 기록이다. 그리고 일부 중요한 진리를 포함하 고 있으므로 이는 부분적으로는 진실이다. 그러나 우리는 플레이스가 또한 제임스 밀(James Mill, 1773~1836. 벤섬과 함께 공리주의를 발전시킨 영국의 철학자, 경제학자―옮긴이) 앞에 앉아 자기 초상화를 백인판 엉클 톰의 모습으로 그 려내게 하고 있었다는 사실을 유의하지 않으면 안된다. 스파이들이 작성한 당대의 보고서에서는 플레이스가 빠뜨리고 있는 생생한 기운을 찾아볼 수 있다. 런던의 한 짐꾼은 이렇게 이야기한 바 있다. "거의 모두가 다 발언을 해서 대표가 일어설 때까지 항상 떠들썩하게 마련이다. 사람들은 아주 제 멋대로가 되어서 기다리려 하지 않았고, 그러면 대표가 일어나서 그들을 진정시키고자 애를 썼다." 뿐만 아니라 우리는 분회들이 일요일마다 빠짐 없이 개인 집에서 모였던 것은 아니라는 사실도 잘 알고 있다. 빈민구역에 있는 많은 분회들은 술집에서 술집으로 쫓겨다녔다. 그리고 1790년대 후반 의 클럽 회합에 대한 리드의 서술―"성직자들이 끊임없는 욕설의 대상이 되게 마련인 노래들"이 있고 "파이프와 담배"가 있으며 "1페니, 2페니 그리 고 3페니짜리 간행물들이 흩어져 놓인 탁자들"이 있다는 식이다―은 플 레이스의 서술 못지않게 믿을 만한 것이며, 또한 플레이스의 서술과 양립 할 수 없는 사실도 아닌 것 같다.[103]

---

102) Add. MSS., 27808; G. Wallas, 앞의 책, 22면; R. Birley, *The English Jacobins* (1924), 부 록 II, 5면.

103) P. A. Brown, 앞의 책, 73면; W. H. Reid, 앞의 책, 8면. 플레이스의 설명은 런던 중부의 장인들 및 직종인들에 대한 서술이고 다른 설명들은 동부 및 남부의 분회들에 대한 서술 이라고 할 수 있을 것이다.

협회의 사회적 구성에 대해서는 의심의 여지가 없다. 그것은 무엇보다도 장인들의 협회였다. 현재 남아 있는 분회 등록부에는 견직공, 시계제조공, 구두직공, 가구제조공, 목수, 양복제조공 등이 보인다. 98명의 회원을 가진 한 분회 등록부에는 시계제조공 9명, 직조공 8명, 양복제조공 8명, 가구제조공 6명, 제화공 5명, 구두직공 4명, 목수·염색공·이발사 각 3명, 상인·리본 끝 손질공·푸주한·양말업자·조각공·벽돌쌓기공·편물절단공·반바지제조공·침대틀제조공·도자기공 각 2명, 그리고 문방구상·모자제조공·제빵공·실내장식공·열쇠제조공·철사제조공·악사·외과의사·주조공·유리공·양철공·옻칠공·서적판매인·판화공·포목상·창고관리인·노동자 각 1명이 직업분류가 되지 않은 나머지 사람들과 함께 나란히 기재되어 있다.[104] 게일 조운즈나 셀월 같은 협회의 가장 적극적인 선전가들 가운데 여러 명이 의료인이나 언론인이었던 데 반해, 위원회 위원의 대다수는 장인이나 직종인이었다. 존 애슐리(John Ashley)는 제화공, 백스터는 은세공 직인, 빈즈는 배관공, 존 보운은 홀본의 서적판매상, 알렉산더 갤러웨이(Alexander Galloway)는 제도용 기계제작공(그는 나중에 런던에서 으뜸가는 금속기계제작업의 고용주가 된다) 등이었고 토머스 에번즈(Thomas Evans)는 옷감날염공이었다가 나중에는 특허권을 가진 벨트제조공도 되었고 리처드 호지슨은 모자제조 마스터, 존 러벳(John Lovett)은 이발사, 러프맨(Luffman)은 금세공인, 존 옥슬레이드(John Oxlade)는 제본업 마스터 등이었으며 그외 다른 사람들도 제화공, 제빵공, 선반공, 서적판매상 및 양복제조공 등으로 신분이 밝혀져 있다. 1794년 6월 '시민 그로우브즈'는 자신의 고용자들에게 협회의 사회적 구성에 대해 잘 알려주는 보고를 올린 적이 있다.

점잖은 직종인 같아 보이는 모습의 몇사람이 있는데 그들은 뛰어나지만 아직 다듬어지지 않은 자질을 가지고 있으며 대담하면서도 신중하다. 이 부류의 대표들은 그러나 극소수뿐이다. 더 낮은 계층 출신임이 분명한

---

104) *P.C.*, A. 38.

다른 사람들도 있는데 직인들임에 틀림없다. 그들은 특별한 능력은 없어 보이고 또한 아무 발언도 하지 않지만 단호해 보이며 … 어느정도의 대담성을 띤 동의안에 대해서는 언제나 꼬박꼬박 찬성표를 던진다. 마지막으로 수적으로 가장 많은 또다른 부류는 사회의 최하층민 출신으로 이루어져 있다. 한번이라도 점잖은 옷차림으로 나타나는 사람은 거의 없으며, 그들 중 몇몇은 너덜너덜한 옷차림이고 다른 자들은 너무도 형편없어 보이는 불한당이어서 좋은 교육을 받은 사람이면 누구나 반드시 가지게 마련인 저 고유한 긍지를 어느정도 누르지 않고는 그들 사이에 앉아 있는 것조차 힘들 정도이다. 또한 나는 한번 올드 베일리에서 열린 '청문심판'(Oyer and Terminer, 형사사건을 다루는 공판 혹은 왕명위원회—옮긴이)에서 이보다 훨씬 더 점잖은 차림의 인물들이 공판 끝에 검찰측의 증거 부족으로 방면선고를 받는 것을 본 적이 있다. 이들은 대단히 난폭해 보이며, 혼란과 무정부상태를 불러일으킬 만한 것은 모두 받아들일 태세가 되어 있는 것으로 보인다.[105]

이들 잉글랜드 자꼬뱅들은 지금까지 인정되어온 것보다 수적으로 더 많고, 프랑스혁명을 만들어낸 '평민대중'과 더 비슷해 보인다. 실제로 그들은 (프랑스) 자꼬뱅을 닮았다기보다는 오히려, 그 열광적인 평등주의로 1793~94년 로베스삐에르의 혁명적 독재를 떠받쳐주었던 저 빠리'구'(區, section)의 쌍-뀔로뜨들과 더 비슷하다.[106] 그들의 거점은 아직 신흥 공장도시들에 있는 것이 아니라 더 오랜 지적 전통을 지닌 도시 수공업기술자들 사이에 있었다. 그것은 소모사(梳毛絲, worsted) 공업에서 아직 웨스트 라이딩에 그 우세를 빼앗기지 않고 있던 오랜 공업도시 노리치에서도 그러했고, 도제들이 소란스럽기로 악명 높은 그곳 견직공업이 랭커셔 면직물과의 경쟁 때문에 어려움을 겪고 있던 스피틀필즈에서도 그러했으며, 많은 칼제조 직인들

---

105) *T.S.*, 11. 3510 A (3).
106) A. Soboul, *Les sans-culottes parisiens en l'an II*, Book II (Paris, 1958)와 함께 R. Cobb, "The People in the French Revolution," *Past and Present*, XV (1959년 4월)에서 이루어지고 있는 구민(區民, sectionaire)들의 사회적 기반에 대한 탁월한 논의를 보라.

이 소마스터가 되는 길에 들어서 있던 셰필드에서도 그러하였다. 공화력 2년 빠리에서도 그러했던 것과 꼭 마찬가지로 제화공들은 항상 두드러진 역할을 하였다. 이 장인들은 페인의 교리를 가장 극단적인 형태로 받아들였다. 곧 그것은 절대적 민주주의를 의미하는 것이었으며 군주정, 귀족정, 국가 및 세금에 대한 철저한 반대를 의미하는 것이었다. 열광의 시대에 이들 제화공들은 한편으로는 수천명의 소상점주, 인쇄공 및 서적판매상, 의료인, 교사, 판화공, 소마스터 및 반국교파 성직자들의 지지를 그리고 다른 한편으로는 짐꾼, 석탄운반부, (막)노동자, 육군병사와 수병들의 지지를 모아들인 저 운동의 단단한 핵심세력이었다.

이 운동이 배출한 주목할 만한 이론가는 단 두 사람뿐인데, 그들은 이 운동의 핵심에 깃들여 있던 긴장을 드러내 보여주고 있다. 비단 직물상의 아들인 존 셸월은 가장 중요한 이론가로서, 그는 워즈워스와 코울리지의 세계 그리고 스피틀필즈의 직조공들의 세계라는 두 세계에 다리를 걸치고 있었다. 운동이 쇠락한 뒤에는 '불쌍한 셸월'에 대해 경멸조로 이야기하는 것이 관례처럼 되었다. 19세기 초에는 그는 자부심이 강하고, 근거가 없지만도 않은 피해의식에 쫓기면서 웅변 선생으로 연명해가는, 비감(悲感)을 자아내는 인물이 되어 있었다. 게다가 불운하게도 그는 삼류 시인이기도 했다─이는 우리 주변에서 날마다 일어나는 일임에도 불구하고 역사가들과 비평가들의 눈으로 보기에는 용서할 수 없는 죄악인 모양이다. "자꼬뱅주의에 대한 광적인 공포 속에서 … 피트의 이름을 숭배하도록" 키워진 드 퀸씨가 "셸월 같은 불쌍하고 텅빈 북 같은 인간들" 운운한 것은 다음 세대 급진주의적 지식인들 사이에 널리 퍼져 있던 견해를 표현한 것일 따름이다. 이 견해는 드 퀸씨 이후 오늘날까지 이어지고 있다.

그러나 제럴드와 마거롯의 재판이 여파를 미치고 있던 상황에서 자꼬뱅파의 탁월한 지도자로 나선다는 것은 빈 북 가지고는 어림도 없는 일이었다. 그것은 대역죄 재판을 당할 위험을 무릅쓰는 일이었고, 또한 치안교란 집회 금지에 관한 두 법이 제정될 때까지─그리고 그후까지─활동을 계속함을 의미하는 일이었다. (투크와 하디는 그렇게 하지 않았다.) 이렇게 하는 데에는 아마 그의 기질 가운데에 어느정도의 배우적인 특징이 필요했으리라. 하디의 경우만 빼고는 잉글랜드 자꼬뱅파의 폐단은 자기극화의 버릇이었으며, 연극적인 처신들 때문에 그들은 때때로 우스꽝스럽게 보이기도 한다. 그러나 이 시기는 수사학의 시대였거니와, 속성으로 배출된 미문가(美文家)의 수사학이 버크 같은 사람의 수사학처럼 침착하지 못한 것은 어쩔 수 없는 노릇이었다. 자유의 호민관들(그들이야말로 참으로 진정한 자유의 호민관들이었다)이 구사하는 미사여구는 그들에게 용기를 북돋아주는 데 기여하기만 했다면 분명 용서받을 수 있는 과실인 것이다. 뿐만 아니라 1793~95년의 다급한 정치적 활동의 와중에서도 셀월은 용감하면서도 또한 사리가 분명하였다. 1793년 내내 그는 강연과 토론의 권리를 확보하기 위해 런던 당국과의 공개적인 싸움을 감행하였다. 강연장에서 강연장으로 쫓겨다니기를 거듭한 후 그는 마침내 (후원자위원회의 도움을 얻어) 보우퍼트 빌딩즈에 있는 사무실을 확보하게 되었는데, 이 공간은 그의 강연장으로 이용되었을 뿐 아니라 1794~95년에 협회의 전반적 활동의 중심지 역할도 하였다.[107] 하디가 체포되자 그는 즉각 협회를 소집하였다. 스파이들이 그의 강연회에 참석하자 그는 스파이제도에 대한 강연을 하며 역습을 가하였다. 폭동을 유발하려는 시도가 있자 그는 청중을 이끌고 조용히 강연장을 빠져나갔다. 그는 무절제한 결의문들을 수정하였으며 도발에 대해서는 경계하는 자세를 취했다. 군중에게 미치는 그의 영향력은 대단했으며, 두 법에 항의하는 최종시위에서 "군인들, 군인들!" 하는 외침이 일어나자 그는 군대와의 형제적 결속을 강조하는 협회의 교리를 설파함으로써 공포의 물결을 연대감의 물결로 바꾸어놓았다고 한다.

1795~96년에 그의 강연과 저술은 다른 그 어떤 활동적인 자꼬뱅의 말이나 글보다 훨씬 뛰어난 깊이와 일관성을 보여주었다. 그는 프랑스에서의 사건들을 잉글랜드인의 입장에서 어떻게 평가할 것인가에 대해 다음과 같이 명확한 규정을 내렸다.

프랑스혁명에서 내가 찬양하는 것은 이런 점입니다. 즉 오랜 악폐들은

---

107) C. Cestre, 앞의 책, 74면 이하를 보라.

그것이 아무리 오래되었더라도 그 때문에 미덕이 될 수는 없다는 것 …
인간은 어떠한 법령이나 관례로도 빼앗아버릴 수 없는 권리를 가지고 있
다는 것 … 지성을 가진 존재는 그들의 지성을 활용할 권리가 있다는 것
… 사회의 한 계층이 지금까지 아무리 오랜 세월에 걸쳐 공동사회 내 다
른 집단들을 약탈·유린하고 억압하는 죄를 저지를 수 있었다 할지라도
그들이 그런 권리를 가지고 있지는 못하다는 것 … 등이 혁명의 원칙으
로 높이 올려세워지고 또한 전파되었다고 하는 점입니다. 이들이야말로
내가 찬탄하는 원칙들이며 나로 하여금 그 모든 과도한 면들에도 불구하
고 프랑스혁명을 환호하며 맞아들이게끔 하는 원칙들인 것입니다.

그는 로베스삐에르의 공포정치 기간중에도 우뚝 일어나 이렇게 선언하였
다. "프랑스에서 일어나는 과도한 사건들과 폭력사태들은 혁명의 새로운
교리의 결과가 아니라 구(舊)전제정의 체계적 잔인성으로 인해 야기된 복
수심, 부패 그리고 불신의 오랜 효모가 발효한 결과이다." 그는 자신이 지
지하는 것은 무능한 지롱드파도 아니고 그렇다고 산악파도 아님을 밝히면
서 '철학적 정파의 우둔함과 정력적 당파의 광포함'을 다 비판하였다. 그러
나 로베스삐에르가 사망하자 그는 즉각 '피트와 로베스삐에르의 성격상 유
사점'에 대한 강연을 열었다.

로베스삐에르는 가난한 사람들 사이에서의 그의 인기를 유지하기 위해
부자들을 부당하게 억압했습니다. 피트는 부자들 사이에서 인기를 확보
하기 위하여 가난한 사람들을 내팽개쳤고, 그리고 전쟁과 이에 따르는
세금들로 이들을 억압하였습니다. 로베스삐에르는 자유로운 헌법을 제정
하였으나 이와는 정반대되는 폭정을 저질렀습니다. 피트는 또다른 **자유
로운 헌법**을 찬양하였으나 그 모든 규정들을 발 아래 짓밟아버렸습니
다.[108]

---

108) *Tribune*, 1795년 4월 25일자, 5월 23일자; C. Cestre, 앞의 책, 173면.

이 또한 용기를 요하는 일이었다.

매주 두 번씩 행해진 그의 강연은 『트리뷴』지에 다시 실렸는데 그 내용들은 코벳의 출현을 예견케 하는 방식으로 정치교육과 시사문제에 대한 논평을 한데 결합해놓은 것이었다. 그는 포용력있는 국제주의 정신을 표현하였으니 곧 코슈스코(Kosciuszko)가 이끄는 폴란드의 민족독립투쟁이 짓밟힌 것을 묘사하여 그의 청중을 분기케 하였다. 그의 급진주의는 전반적으로 페인에 의해 규정된 영역 내에 한정되어 있었다. 그러나 그는 페인보다 훨씬 두드러지게 경제 및 사회 문제들을 강조하였다. 그는 착실하게 일하여 독립적 생계를 이어가게 되기를 원하는 장인들의 주장을 옹호하였으며, "부유한 제조업자들, 납품업자들, 독점업자들은 … 마음대로 결사를 이룰 수 있는 데 반해 … 가난한 직인들이 함께 결사를 이루는 것은" 처벌하게 되어 있는 법률을 규탄하였다.[109] 그는 단순한 '평준화' 발상을 거부하였으며 토지국유화안이나 만민동권정(萬民同權政, Pantisocracy, 1794년에 코울리지가 구상하여 싸우디와 함께 미국의 한 강변에서 실험하였던 일종의 농업공동체적 유토피아. 당시 자꼬뱅들도 이 용어를 유토피아적 계획을 가리키는 명칭으로 일반적으로 사용하고 있었다—옮긴이)적 계획들은 '공론(空論)적'이고 현실과 거리가 먼 것이라는 이유로 비판하였다. 그는 "자기 자신의 이마에 땀 흘려 일함으로써" 입신할 수 있는 독립적인 제조업자들을 옹호하였다. 그러나 "정당한 분배를 수반하지 않는 한 생산은 웃음거리밖에 되지 않았다. … 재산이 제대로만 분배된다면 소량의 노동만으로도 필수품과 편의품들을 충분히 공급할 수 있을 터였다". 현명한 분배를 가로막는 적(敵)은 '토지독점'과 인클로우저 그리고 '자본축적'이다. 그는 『인간의 권리』를 『자연의 권리』(*The Rights of Nature*)로 확대하였다.

나는 노동의 산물을 일반적으로 분배할 때 **모든 남자, 모든 여자,** 그리고 **모든 어린이**가 음식과 누더기 그리고 초라한 이불이 딸린 형편없는 그물침대에 그치지 않는 그 이상의 것을 받아야 한다고, 그것도 여섯살 때부

---

109) 결사금지법은 1799년에 가서야 통과되었지만, 사실상 이는 동직조합을 방해하는 기존의 법률을 강화시킨 것이었을 따름이다.

터 예순살이 될 때까지 하루 열두 시간에서 열네 시간씩 일하지 않고도 그렇게 되어야 한다고 단언한다──그들은 어느정도의 안락과 오락에 대한 청구권을, … 자신들의 권리들을 이해하게끔 도와주는 토론을 할 수 있을 만큼 넉넉한 여가시간에 대한 청구권을, 그리고 자신들의 권리들을 이해하는 데 도움이 되는 정보 자체나 혹은 그런 정보를 얻을 수 있는 수단에 대한 청구권을, 신성하고도 불가침한 청구권을 가지고 있다. …

이들 '권리들'에는 '고용주의 이윤에 비례하여 … 생산물을 나누어가질 수 있는 권리'와 노동자의 자녀들이 '사회의 최상층'으로 올라설 수도 있게 할 교육의 권리가 포함되어 있었다. 그리고 셀월은 19세기 노동계급의 정책의 흐름 속으로 흘러들어오게 된(왜냐하면 『트리뷴』지와 『자연의 권리』는 19세기 급진주의자의 소장도서 속에도 여전히 들어 있었으므로) 수많은 발상과 제안들 가운데 한가지로서 8시간 노동을 노동하는 사람들의 전통적 '표준'으로 여겨 그 역사적 선례를 찾아내려 애썼다.

우리는 셀월이 장인들에게 일관성있는 이데올로기를 제공했다고 말할 수 있을 것이다. 『자연의 권리』에 대한 그의 검토는 계속되어 '재산의 기원과 분배' 및 '봉건체제'에 대한 분석이 이루어지고 있다. 그도 페인과 마찬가지로 사적인 자본축적 자체에 대한 비판에까지는 이르지 않았지만, 그는 '독점'과 '상업적' 착취의 작동을 제한하고자 하였으며 노동조건과 노동시간 그리고 건강과 노후를 보호받는 소토지보유자, 소상인, 장인, 노동자 들로 이루어진 이상사회를 서술하고자 하였다.[110]

셀월은 자꼬뱅주의를 사회주의의 근처로까지 이끌고 갔으며 또한 혁명주의의 부근에까지 몰고 갔다. 여기서 딜레마는 그의 마음속에 있었던 것이 아니라 그가 처한 상황에 있었다. 이는 차티스트 운동의 시기 및 그 이후까지 모든 급진적 개혁운동가들이 직면했던 딜레마였다. 어떻게 대표권도 가지지 못한 사람들이, 자신들의 조직은 박해와 탄압에 부딪혀 있는 그런 상황에 맞서 자기네 목표를 효과적으로 달성할 수 있을 것인가? 차티스

---

110) *Tribune*, vol. 3, 여러 곳; C. Cestre, 앞의 책, 175면 이하; J. Thelwall, *The Rights of Nature*, Letters I and II.

트들의 용어마따나 '도덕적' 힘에 의해서인가 혹은 '물리적' 힘에 의해서인가? 셀월은 플레이스의 교육적 점진주의의 방침을 중간계급의 보조물로 여겨 거부하였다. 그는 무제한의 선동을 인정하였다. 그러나 지하혁명조직이라고 하는 극단적 경로는 인정하지 않았다. 도전적 수사들과 항복, 이 둘 중 하나를 선택하도록 그를 (그리고 그후의 개혁운동가들을) 몰아세운 것은 바로 이 곤경이었다. 1792년에서 1848년 사이에 이 딜레마는 되풀이하여 일어났다. 자꼬뱅이건 차티스트건, 압도적인 대중의 수적 위력으로 위협을 줄 듯하다가 실제 혁명의 준비로부터는 물러섰던 사람들은 항상, 어떤 결정적인 순간이 되면 그 자신의 지지자들의 신뢰의 상실과 반대자들의 조소라고 하는 두 가지에 한꺼번에 부딪혔던 것이다.

런던교신협회의 몇몇 회원들은 더 멀리까지 나아갈 준비가 되어 있었음이 분명하다. 말할 나위조차 없겠지만, 비합법적 활동에 종사하고 따라서 가능한 한 종이 위에 무엇을 남겨놓지 않으려 조심하는 단체들에 대해서는 언제나 많은 것이 어둠 속에 남아 있게 마련이다. 그러나 런던교신협회 내의 혁명파들은 항상 어떤 식으로든 토머스 스펜스의 이름과 결부되어 있다. 스펜스, 뉴카슬(이곳에서 그는 이미 1775년에 토지국유화에 관한 그의 이론을 발전시켰다) 출신의 가난한 교사였던 그는 1792년 12월에 런던으로 왔다. 그는 『인간의 권리』를 팔았다는 이유로 도착하자마자 체포당했으나 방면되었다. 그는 처음에는 첸서리 레인(Chancery Lane)의 가게에서, 다음에는 리틀 턴스타일(Little Turnstile) 8번지에서, 더 후에는 옥스퍼드가 9번지에서, 그리고 마지막에는 썰루프차(saloop, 뜨거운 쌔서프래스차 sassafras)도 함께 놓고 파는 손수레 위에서 소책자들을 출판하고 판매하였다. 플레이스의 회상에 따르면 그는 "키가 겨우 5피트 정도에 불과하며 대단히 정직하고 단순하고 진심으로 성실한 사람으로, 인류를 사랑했으며 인간들이 덕있고 행복하게 되는 날이 오리라는 것을 확고하게 믿고 있었다. 그는 세속적 처세방식에서는 상상하기도 힘들 만큼 비실제적이었다". 1790년대 내내 그는 삐라, 분필로 쓴 벽 낙서, 전단 및 정기간행물인 『돼지고깃덩이』(Pig's Meat, 1793~96)의 출처였다. 1794년 5월에서 12월 사이에 그는 인신보호법이 정지된 상태에서 수감되었다. 그는 1795년부터 1797년까지는 자꼬뱅 기념주화를 판매하여 소책자 판매를 보충했다. 그는 1801년에 다시 수감되었다. 그가 방면된 후 스펜스파의 작은 단체는 1814년 그의 사망에 이르기까지, 그리고 그후까지 계속해서 선동의 한 중심지가 되었다.

곁다리로 고약을 파는가 하면, 소리나는 대로 적는 자기식 표기법을 가지고 있기도 했던(이런 표기법으로 그는 1801년에 자기가 받은 재판에 대한 기록을 출판하였다) 스펜스를 두고 괴짜에 별다를 바 없는 인물이라 생각해버리기는 쉽다. 그러나 그의 가게가 무기 및 군사적 훈련과 관련되어 있었다고 하는 단편적인 증거가 있어 1794년의 대역죄 재판 때 제시된 바 있으며, 그런가 하면 런던교신협회의 후기 단계에서는 토머스 에번즈나 알렉산더 갤러웨이를 포함한 지도적 회원들 가운데 여러 명이 명백한 스펜스주의자였다. 스펜스는 세습적 귀족정에 반대하는 페인의 논리를 들어올려 이를 그 결론에까지 밀고 나아갔다. "우리는 단지 인신적이고 세습적인 귀족신분뿐 아니라 그것의 원인, 곧 토지의 사적 소유를 파괴해야 한다."

나의 소책자를 읽음으로써 공중의 견해가 적절히 준비되고 나면 … 임의의 몇 교구들이 토지가 그들의 것이라고 선언하고 교구 대표들의 공회를 구성하기만 하면 된다. 다른 인접한 교구들도 … 이 예를 따라 그들 자신의 대표를 보낼 것이고, 이리하여 순식간에 하나의 아름답고 강력한 새 공화국이 넘치는 활력 속에 일어나게 될 것이다. 전쟁의 권력과 전쟁의 자원이 이런 식으로 하여 순식간에 인민의 수중으로 넘어가면 … 인민의 폭군들은 허약하고 무해하게 될 것이다. … 그리고 그들을 형성시킨 수입과 토지가 박탈당하고 나면 … 그들의 권력은 결코 다시는 자라나지 못해 그들은 우리의 자유의 신전을 뒤엎을 수 없게 될 것이다.

스펜스 자신이 (일반적인 선동 이외에) 직접 봉기모의에도 관련되어 있었는지는 명확치 않다. 그러나 그는 지하운동의 방법들 즉 지하신문, 익명의 삐라, 길거리에 목탄으로 구호쓰기, 술집 클럽 그리고 아마도 식량폭동까지를 신뢰하고 있었음에 틀림없다. 재판에서 그는 자신을 "상속권 뺏긴 아담의 후예들의 무보수 옹호자"라고 칭했다. 그의 선전은 도시 중심지에서도 대대적인 지지자집단을 확보했을 성싶지는 않은 것이었으며, 게다가 농촌지역에는 아예 파급되지도 못했던 것으로 보인다. 스펜스의 농업사회주의를 최초로 좀더 광범하게 응용한 것은 바로 그의 추종자 가운데 하나였던 토머스 에번즈였다. 전쟁 끝무렵에 출판된 저서 『제국의 구원인 그리스도교적 정치체제』(*Christian Polity the Salvation of the Empire*)에서 그는 다음과 같이 요구하였다.

> 모든 토지, 수자원, 광산, 가옥 그리고 모든 항구적인 봉건적 소유물은 인민에게 되돌려져야 하며 … 교회의 소유물과 마찬가지로 공동으로 관리되어야 한다.

여기에서 강조되고 있는 것은 여전히 상업적 혹은 산업적 부에 대립되는 것으로서의 '봉건적' 부이다. 그러나 계급에 대한 정의는 페인이 내리고 있는 그 어떤 규정보다 더 명료하다.

> 첫째, 인민의 소유인 국유지를 공정하고 정의로운 기반 위에 정리하라. 그러면 이 정리는 누구에게나 만족스러운 것이 될 것이며 모든 점에서 진정으로 급진적인 개혁을 창출해내게 될 것이다. 이것 없이 개혁을 하려는 일체의 시도는 **실질적으로 파탄을 초래하는 접근방법들일 따름이다.** … 그것들은 관련된 사회계급들을 괴롭히지도 못한다. …

에번즈의 이 글은 사실은 전후(戰後) 시기에 속하는 것이다. 그러나 그는 런던교신협회에서 최후로 간사를 역임한 사람들 가운데 하나였으며, 이는 전쟁기간 내내 중단없는 지속성을 유지하는 데 성공했던 유일한 잉글랜드 자꼬뱅 그룹으로서의 스펜스주의자가 가지는 중요성을 우리에게 상기시켜준다. 그리고 또 하나의 다른 전통이 각별히 이 일파와 연결되어 있다. 여성의 권리와 성적 해방의 대의는 주로 소규모 지식인 동인집단 내에서 ──메어리 울스턴크라프트, 고드윈, 블레이크 (그리고 나중에는 셸리 Shelley도 포함) 등에 의해── 옹호되어왔다. 스펜스는 여성노동자들을 향해 직접 글을 쓴 유일한 자꼬뱅 선전가들 가운데 하나이다. 『아동의 권리, 어린 자녀에게 젖을 먹이고 그들을 키우는 데 충분한 요소들을 나누어가질 수 있는 절대 불가결한 **어머니의 권리**』(*The Rights of Infants; or, the Imprescriptable RIGHT of MOTHERS to such share of the Elements as is sufficient to enable them to suckle and bring up their Young*)는 페인의 『공정한 농지분배』(*Agrarian Justice*)에 대한 그의 비판서로서, 한 여성과 한 귀족 사이의 대화의 형태로 구성되어 있다. 여성들은 자기네 남편들이 "그들 자신의 권리에 대해 한심할 정도로 둔한하고 무지하다는 것"을 알아차렸으며 그 때문에 이 여성은 이렇게 말하게 된다. "우리 여자들은 스스로 우리 일을 처리하려 합니다." 그리고 그후에 나온 한 팸플릿에서 스펜스는 평민의 쉽게 이혼할 수 있는 권리를 옹호하고 있다.

이 주제는 이 나라에서 너무나 생생히 실감되고 있어 … 혁명이 일어나는 경우에는 하이멘(Hymen, 결혼의 신—옮긴이)의 쇠사슬이 가장 먼저 부서지는 것 중의 하나가 되리라고, 그리고 인생에서 가족관계의 일은 큐피드에게로 넘겨지게 될 것이라고까지 추측되고 있을 정도이다. 큐피드는 비록 약간 변덕스럽기는 하지만, 그렇게 냉혹한 감옥지기 같은 신성(神性)의 소유자는 아닌 것이다.

"사람들이 자기네 집안의 불평불만을 바로잡지 못한다면 정부의 개혁이나 사회적 불만의 해결이 무슨 의미를 가질 것인가?"[111]

치안교란 집회 금지에 관한 두 법이 제정된 후에는 "다시 모임을 가지는

---

111) Add. MSS., 27808에 포함되어 있는 스펜스의 생애에 대한 자료들; O. D. Rudkin, *Thomas Spence and his Connections* (1927); A. W. Waters, *Trial of Spence in 1801, &c.* (Leamington Spa, 1917); A. Davenport, *The Life, Writings and Principles of Thomas Spence* (1836); T. Spence, *Pig's Meat: The Rights of Infants* (1797); *The Restorer of Society to its Natural State* (1801); G. D. H. Cole and A. W. Filson, 앞의 책, 124~28면; T. Evans, *Christian Polity the Salvation of the Empire* (1816), 14, 33면; *Life of Spence* (Manchester, 1821).

것을 두고 일부 사람들은 위험하다고 생각했고, 일부 사람들은 쓸모가 없다고 생각했다"고 플레이스는 쓴 바 있다. "모든 일은 급속히 쇠퇴하였다. … 회원들이 떨어져나간 후 협회의 일거리는 늘어났다." 전체위원회의 파견대가 활동이 활발치 못하거나 부진한 분회들을 방문해야 했다. "나는 이런 식으로 해서 하루 저녁에 세 군데나 되는 분회를 방문하고 그때마다 그 분회의 태만함에 대해 장광설을 늘어놓아야 했던 일을 기억한다. … 농촌지방과의 서신교류도 대단히 중요하였다."[112]

협회는 스파이들에 둘러싸여 있음을 자각하였다. 셀월이 굴요리점이나 최신식 쇠고기집에 들어갈 때면 "그는 실내 칸막이 좌석의 절반에는 정부의 스파이가 들어 있다고 믿곤 했다"(빈즈는 이렇게 말하였다). 플레이스의 친구이자 동료 판화공인 죠지 컴벌런드(George Cumberland)는 이렇게 썼다. "그레이트 브리튼이 아일랜드인들을 목매달고 탈주한 흑인노예들을 사냥하며 방데(Vendée, 프랑스혁명 직후 반혁명운동의 온상—옮긴이)를 먹여살리고 인육무역을 행하고 있다는 것 외에는 아무런 새 소식도 없다." 그가 커피점에 들어가 아침을 주문하기만 하면 "어떤 낯선, 그러나 잘 차려입은 남자가 내 좌석 맞은편에 앉곤 하였다".[113] 셀월은 야머스에서 수병들로부터 공격을 받은 후에도 순회강연을 계속하였다. 그는 린, 위즈비치, 다비, 스톡포트, 애슈비-드-라-주시(Ashby-de-la-Zouch) 등의 집회에서 또다시 '수병들, 무장한 결사대원들, 그리고 이니스킬링 용기병부대'(Inniskilling dragoons, 유명한 용기병부대로서 1689년 아일랜드의 이니스킬링에서 징모된 한 아일랜드 연대의 이름을 따서 명명되었다—옮긴이) 등의 습격을 받았다. (그리고 치안관은 그에 대한 보호를 거부하였다). 그는 2주일 동안 『다비 쿠리어』(*Derby*

---

112) Add. MSS., 27808. 1796년 여름에 플레이스는 집행부에서 사임했고, 1797년 3월에는 전체위원회에서 사임했으며, 1797년 6월에는 협회로부터 탈퇴하였다. 파우얼의 보고서 (*P.C.*, A. 38)를 보면 두 법의 통과 이후 새 회원의 영입이 거의 중단되었음을 알 수 있다. 1796년 1월에는 16개의 분회가 모임을 가지지 않았다. 2월에는 1,094명이 여전히 정기적으로 분회별 모임을 가지고 있었으나 3월에는 826명이, 5월에는 626명이, 6월에는 459명이 그렇게 모이고 있었고 11월에 가면 그 수는 209명으로 줄어든다. 플레이스는 1796년 12월에도 여전히 부(副)간사로 지명되었다.

113) J. Binns, 앞의 책, 44면; D. V. Erdman, *Blake, Prophet against Empire* (Princeton, 1954), 272면.

Courier)지의 편집인으로 있었으나 이 자리에서도 쫓겨나고 말았다.

셸월은 마침내 인내의 한계에 이르렀다. 그가 이스트 앵글리어와 북부지방을 순회하는 동안 그를 따뜻이 영접해주었던 '장인들, 상점주들, 반국교파 목사들, 교사들'은 사방으로부터 위협을 받고 있었다. 1797년에는 프랑스의 침공에 대한 공포가 커져가고 있었으며 무장한 왕당파 결사 및 지원병부대들이 형성되었는데, 이들은 프랑스군의 침입에 대비하는 것에 못지않게 국내의 음모에도 투입될 것을 목적으로 하고 있었다.[114] 셸월은 1796년에 브리스틀에서 『야경꾼』(Watchman)지를 펴내고 있던 젊은 코울리지와 서신교류를 하기 시작했는데, 코울리지는 그의 『자연의 권리』를 좋아했다. "그는 대담무쌍하고 언변이 좋고 정직한 사람이라네." 코울리지는 1797년 한 친구에게 이렇게 썼다. "암흑과 폭풍의 날이 닥쳐온다면 하층계급들에 대한 셸월의 영향은 십중팔구 대단해질걸세." 그러나 1797년 여름, 셸월의 활력은 꺾여들고 말았다. 그는 7월에 스토우이(Stowey)에 있던 코울리지를 방문하여 코울리지 및 워즈워스와 함께 전원을 거닐면서 그들의 평화를 부러워하였다.

> … 서로간의 도움을 친절하게 나누며
> 우리의 조그만 채소밭뙈기 갈 수 있다면 행복하리
> 그동안에도 일하는 팔이며, 반쯤 땅에 꽂아박은
> 삽이 자주 멈춘 채, 유쾌한 대화가 흘러넘치고
> 하나가 열 올리며 의견을 내놓을 때, 하나는 의미 깊은
> 말들 마디마디 가늠질하며 귀기울여 들을 수 있다면,
> 적절한 대답을 곰곰 생각하며 …

이때는 『서정담시집』(Lyrical Ballads, 1798년에 워즈워스와 코울리지가 함께 펴낸 시집─옮긴이)이 싹터오른 해였으며 시인들 자신도 정부 스파이로부터 주목

---

114) 1797년 2월에는 프랑스군이 실제로, 펨브루크셔(Pembrokeshire) 해안에 있는 피시가드(Fishguard) 근처에 소규모로 상륙하였다. E. H. S. Jones, *The Last Invasion of Britain* (Cardiff, 1950)을 보라.

받고 있던 터여서, 이 스파이는 시인들이 이 자꼬뱅 ——"짧게 깎은 짙은색 머리를 하고 흰 모자를 쓴, 키가 작고 딱 벌어진 체격의 남자" ——과 열띤 대화를 나누었다고 보고하였다. 셸월은 공적 생활에서 물러나기로 결심하였다.

> 아! 이젠 날 내버려두오, 공적 생활의 다툼 심한 현장에서
> 멀리 떨어진 곳에 (그 현장에선 이성의 경고소린
> 이제 다시 들리지 않고, 진리의 나팔 비록 불어대나
> 그것은 깡패 같은 권력의 무리만을 불러깨워,
> 미처빠진 무질서와 유혈행위로 향하게 할 뿐).
> 아! 저 멀리 어느 외딴 골짜기에,
> 내 나지막한 오두막 짓게 해주오. 그러면 얼마나 행복할까,
> 나의 쌔뮤얼! 그대 오두막 가까이에서, 그리하여 그대 다정한 대화
> 자주 함께 나눌 수 있다면, 벗들 중 가장 사랑하는 벗이여!

그러나 코울리지는 '진리의 나팔소리'에 지쳐 있었으며, 그 자신의 '빽빽거리는 선동의 나팔'을 그만 불 준비를 하고 있었다. 셸월을 향한 그의 대답은 친절하되 단호한 것이었다. "제가 보기에 현재로선 당신이 여기에 정착하시면 해될 일은 많아도 득될 일은 거의 없을 것입니다."[115]

그동안에도 런던교신협회는 빈즈와 조운즈가 재판을 기다리는 상태에 있었음에도 불구하고 결코 물러서려 하지 않았다. 1796년의 총선거에서는 웨스트민스터에서 휘그파와 급진주의자들 간의 비공식동맹이 맺어졌으며 이곳 유세장에서 폭스는 다음과 같이 선언하였다. "영국 역사에서 이보다 더 가증스러운 정부는 존재한 적이 없습니다. … 이 정부는 대외전쟁에서 루이 14세(Louis XIV)보다도 더 많이 사람들을 죽음으로 몰고 갔습니다. 그리고 국내에선 헨리 8세(Henry VIII)보다도 더 많이 무고한 사람들의 목숨을 위협했습니다." 그후의 10년 동안 내내, 폭스파 야당세력은 (네이미어

---

115) J. Thelwall, *Poems Chiefly written in Retirement*, XXX (Hereford, 1801), 129면; C. Cestre, 앞의 책, 142면 이하; *H.O.*, 42집, 41; E. Blunden (ed.), *Coleridge Studies* (1934).

학파에 속하는 역사가들에게는 대단히 불가해한 노릇이겠지만) 배심제도와 더불어, 잉글랜드의 자유를 지키는 마지막 보루였다. 폭스 자신은 웨스트민스터에서 어렵지 않게 승리를 거두었다. 그리고 버크의 표현대로 하자면 '암살자들' 가운데 하나인 혼 투크는 거의 3,000표 가까이를 획득하였다.[116] 노리치에서는 귀족문벌 출신 퀘이커교도인 바틀렛 거니(Bartlett Gurney)가 애국협회의 지원을 받아 국방장관인 윈덤과 맞붙었다. 웨스트민스터에서처럼 이곳에서도 선거권이 확대되어 있었으며 거니는 이곳에 원래 거주하던 유권자들 대다수의 표를 확보하였다. 그러나 런던에서 수입되어온 이른바 재외투표자들(out-voters) 때문에 밀려나고 말았다. 셀월의 견해로는 거니가 선거유세장에조차 모습을 보이지 않은, 힘쓰지 못하는 부재(不在)후보만 아니었던들, '근로 유권자들'이 승리를 거두었을 터였다. 노팅엄에서는 크롬프턴(Crompton) 박사가 자꼬뱅의 지원을 받아 상당한 득표를 기록하였다.[117]

와해는 1796년 말경에 찾아왔다. 그해 가을에만 하더라도 협회는 아직도 유력한 『도덕 및 정치 잡지』(Moral and Political Magazine)를 발행할 수 있을 만큼 강한 세력을 가지고 있었다. 비록 플레이스가 타당하게도 이 잡지의 간행은 재정적으로 지나치게 무리한 일이 될 것임을 경고한 바 있고, 그 지적 자원은 주로 셀월에게 의지했던 것으로 보이긴 하지만 말이다. 협회의 18개 분회는 1797년 1월에도 여전히 기부금을 납부하고 있었다. 하지만 바로 같은 달에는 새 간사인 존 보운(당시 그는 화해하여 런던개혁협회로부터 되돌아와 있었다)이 모든 회원들에게 인쇄된 회람을 돌려 출석을 하지 않는다고 그들을 견책하는 일도 있기는 하였다. 이 해 여름에 협회는 오랜 전통을 이루게 될 옥외 정치선전을 시작하였는데 이는 반국교파 및 감리교파 야외설교사들의 예를 본받은 것이었다. 매주 일요일이면 그들은 씨

---

116) 폭스(C. J. Fox) 5,160표, 가드너(Sir A. Gardner) 4,814표 (이상 당선), 혼 투크(John Horne Tooke) 2,819표(낙선).

117) J. Thelwall, *The Rights of Nature*, Letter I, 25~29면. 노리치의 선거결과는 다음과 같다. 호바트(Hon. H. Hobart) 1,622표 · 윈덤(W. Windham) 1,159표 (이상 당선), 거니(Bartlett Gurney) 1,076표(낙선). 노팅엄의 선거결과는 다음과 같다. 캐링턴(Carrington)경 1,211 표 · 코우크(D. P. Coke) 1,070표 (이상 당선), 크롬프턴(Crompton) 박사 560표(낙선).

티 로우드(the City Road) 근처에서, 이즐링턴에서, 혹스턴에서, 해크니에서, 혼지(Hornsey)에서, 베스널 그린(Bethnal Green)에서 자꼬뱅파 선전과 이신론 및 무신론 옹호를 함께 섞어 연설하였다. (리드에 따르면) 그들은 또한 공제조합(benefit society)들에 체계적으로 침투하기 시작하였다. 이는 비합법적으로밖에 활동할 수 없던 기간 동안 동직조합의 역사에서 대단히 중요한 발전이었다. 1797년 7월에 그들은 쎄인트 팽크러스(St. Pancras)에서 공공시위를 개최하여 치안교란 집회 금지에 관한 두 법에 도전하고자 시도하였다. 상당히 많은 군중이 참석하였으나 치안관에 의해 해산되었으며, 빈즈를 포함하여 연단에 서 있던 회원 여섯명이 체포되었다. 지방과의 서신교류는 여전히 계속되어 노리치애국협회는 7월에 이렇게 썼다. "우리는 우리의 현 위치를 확고하게 지킬 것이며 … 포기하기보다는 차라리 공적인 추방을 당할 각오가 되어 있습니다. …" 그러나 편지를 우송하기가 점점 더 어려워졌다. 다섯 군데의 새 주소가 배부되었는데 이는 우편물 관계로 혐의를 받지는 않을 성싶은 상점주들의 주소였다. "우리는 때때로 주소를 위와 같이 바꾸는 것이 좋으리라 생각한다"는 것이 협회측 입장이었다. 7월의 체포사태 이후 스펜스주의자인 토머스 에번즈가 간사가 되었다. 11월에 열린 전체위원회 회의는 대중결사가 무익하다는 견해를 유포하는 '나약한 인물들'을 비난하는 선언문을 발표하였다. 이 선언문은 런던교신협회를 그 궁극적 목적에 이르기까지 계속 이끌어갈 것을 맹세하였다. 그러나 이 문서에 서명한 것은 단 7명뿐이었다.[118]

그런데 몇몇 증거들을 볼 때 이 당시에는 런던교신협회 내에 최소한 두 개의 분파가 존재하고 있었던 것으로 생각된다. 그 하나는 준합법적인 성격의 단체로 존속하고자 시도하였고 (그리고 그 의사록을 여전히 공개적으로 발행하고 있었다), 다른 하나는 비합법적 조직으로서의 역할을 맡고 있었다. 몇사람——존 빈즈, 그의 형제인 벤저민 빈즈(Benjamin Binns), 그리고 존 보운 등——은 아마 두 분파 모두에 속해 있었던 것 같다. 역사가들은 지하활동의 증거를 비웃어왔다. 그러나 1796~1801년의 상황에서는 이

---

118) *Moral and Political Magazine of the L.C.S.* (1796년 11월); *P.C.*, A. 38; *H.O.*, 65집, 1; L.C.S. Letter-book, Add. MSS., 27815; W. H. Reid, 앞의 책, 17~20면.

같은 발전이 이루어지지 않았다면 그것이 오히려 더 놀라운 일이었을 것이다. 어쨌거나 근로인민은 이같은 활동형태에 익숙해져 있었던 것이다. 소식지들이 영국 내 방방곡곡에 정기적으로 배포되면서 비합법적 동직조합 활동에 대한 소식들을 전해주었다. 당국이 서류를 날조해서 이를 선별적이고 쎈세이셔널한 방식으로 공표하는 일도 있었던 것은 사실이지만, 1799년의 『비밀위원회 보고서』(*Report of the Committee of Secrecy*)에 수록된 것과 같은 그런 문서들도 위조된 것이었다고 추정할 만한 근거는 없는 것이다.

자꼬뱅파의 '지하활동'이라고 하면 우리는 빠리의 잉글랜드인 망명자 집단, (1797년 트러넨트Tranent에서의) 스코틀랜드 직조공들의 봉기를 상기하게 되고 또한 무엇보다도 '아일랜드인 연맹'파, 곧 그 내연하고 있던 반란의 기운이 1798년 공공연한 전쟁으로 터져나오게 되었던 이 파와 잉글랜드 자꼬뱅파 간의 여러 관련들을 상기하게 되곤 한다. 그러나 잉글랜드에서 최대의 혁명적 전조는 1797년 4월과 5월 스피트헤드와 노어에서 일어난 해군폭동이었다. 처참할 정도의 식량, 보수 및 규율 사정이 폭동을 촉진했음에는 의심의 여지가 없지만, 자꼬뱅파가 이를 직접 교사했다는 어느정도의 증거 또한 존재한다. 폭동자들 중에는 교신협회 회원들도 있었다. 노어에서 마지못해 '선상공화국'(船上共和國, Floating Republic)의 '제독'이 된 리처드 파커(Richard Parker) 자신도 『인간의 권리』의 어법과 위원회 조직에 관한 어느정도의 경험을 함대에 도입하였던, 교육받은 '할당수병'(割當水兵, quota-men, 각 항구도시마다 일정 수의 선원을 해군에 차출할 것을 규정한 1795년의 이른바 '선원할당법'에 의해 강제징모된 선원 출신 수병—옮긴이)의 역할을 표본적으로 보여주었다. 11,500명에 달하는 아일랜드인 수병들과 4,000명에 달하는 아일랜드인 해병들의 존재는 또다른 혁명적 성분을 보태주었다. "내가 당신네 횡설수설과 길어빠진 성명서 따위를 이해한다면 내 눈은 빌어먹어 마땅할 거요." 한 폭동가담자는 '해군참의관'들(Lord Commissioners of the Board of Admiralty)에게 보낸 편지에서 이렇게 썼다.

간단히 말해서, 더이상 그런 소리만 늘어놓지 말고 당장 우리에게 정당한 급료를 주시오. 우리가 우리나라의 적인 저 악당들을 쳐부수러 나가기 전에.

이것이 대다수의 목소리였을 수도 있다. 그러나 템즈강이 봉쇄당하는 중대한 고비가 닥친 한 주일 동안 폭동가담자들 사이에서는 함대를 프랑스로 옮기자는 이야기가 돌았다. (그리고 실지로 여러 척의 배가 절망적인 상황에서 마침내 프랑스로 향해 갔다.) 수병들의 행동에서 특기할 만한 것은 그들의 '근본적인 충성심'도, 자꼬뱅주의도 아니라 바로 그들의 분위기 변화에서 나타난 '거칠고 터무니없이 극단적인 성질'이다. 리처드 파커는 그의 유서에서 바로 이같은 변덕성에 대해 그의 친구들에게 경고하였다.

그대들, 스스로 하층계급의 총대를 메서는 결코 안된다는 것을 기억들 하십시오. 왜냐하면 그들은 비겁하고 이기적이고 배은망덕하기 때문입니다. 지극히 사소한 사단(事端) 하나로도 그들은 겁을 집어먹어, 그들이 한때 자기네 선동가로 찬양하며 추켜세웠던 사람을 그 다음날이면 추호도 서슴지 않고 교수대 위에 올려세울 것입니다. 내가 이같은 의견을 당신들에게 이야기하기란 고통스럽다는 것을 고백합니다. 그러나 … 나는 실험에 의해 그것을 입증했으며 이제 당장 그 본보기가 될 것입니다.

그러나 그와 동시에 그는 자기가 "인류의 대의를 위한 순교자로서" 죽는다고 선언하였다.[119]

이들 대규모 폭동과 그 다음해의 아일랜드 반란은 참으로 세계적인 중요성을 가지는 사건들이며, 잉글랜드 구체제의 지탱력이 얼마나 취약한 것이었는가를 보여준다. 왜냐하면 유럽 세력 팽창의 가장 중요한 도구이자, 혁명 프랑스와 그 가장 강력한 경쟁세력 사이의 유일한 방패였던 영국 함대가 '이성의 시대는 마침내 도래하였다'고 선언했다는 것은 이 세계적 강대

---

119) G. E. Manwaring and B. Dobrée, *The Floating Republic* (Penguin판), 특히 200, 246, 265~68면. 이 책에서의 서술은 함대 내에서 자꼬뱅파가 미친 영향에 대한 증거를 충분히 다루고 있지 않은 데 반해 C. Gill, *The Naval Mutinies of 1797* (1913)에서는 이같은 증거들이 훨씬 더 전면적으로 검토되고 있다.

국의 전체 구조를 뒤엎어버릴 위험성이 있는 것이었기 때문이다. 수병들 대다수가 별반 명료한 정치적 구상들을 가지고 있지 않았으므로 이는 혁명 운동이 아니라 배의 저질식량과 보수체불로 인해 일어난 하나의 지엽적인 사태에 불과하다는 식으로 주장한다면 어리석은 노릇이다. 이는 대중적인 혁명적 위기의 본질을 잘못 파악한 것으로서, 그같은 위기는 다수의 불평 불만과 정치적 의식을 가진 소수에 의해 명료하게 표현된 열망들이 바로 이런 식으로 결합함으로써 일어나는 것이기 때문이다. 그러나 동시에 런던 교신협회가 폭동에 대해 취한 태도는 여전히 문제다. 수병들이 채텀과 포 츠머스의 자꼬뱅파 회합에 참석하였으며, 런던교신협회 회원들이 개별적 으로 선박대표들과 접촉했을 뿐 아니라, 폭동자 무리 앞에서 열변을 토하 기까지 했다는 증거가 있다. 한 정체불명의 '검은 옷의 신사'가 파커 및 그 의 동료들과 접촉하고 있었다고 하는데, 이 사람은 당시 프랑스군의 침공 을 실현시키고자 애쓰고 있었음에 분명한 그러나 (후일의 조서에 따르면) 런던교신협회로부터는 축출당했던 왓슨(Richard Watson) 박사였을 가능성 이 있다.[120]

이 폭동들은 런던교신협회 회원들이 지녔던 공화주의에 대한 공감과 민 족적 충성심 사이의 갈등을 가장 극명한 형태로 드러내 보여주었다. 친프 랑스적인 혁명파(여기에는 많은 아일랜드 출신 이민들이 포함되어 있었 다)가, 더욱 입헌주의적 성향을 지닌 개혁운동가들, 즉 그들 중 상당수가 이제는 (플레이스처럼) 떨어져나가고 있던 이 부류의 사람들과 구분될 수 있게 된 것은 대략 이 시점의 일이었다. 폭동 직후인 1797년 6월에 헨리 펠 로우즈(Henry Fellowes)라는 사람이 메이드스턴에서 군대에 삐라를 나누 어주다 체포되었다. 그는 런던 협회의 밀사였다. 런던의 존 보운에게 발송

---

120) C. Gill, 같은 책, 301, 319, 327, 339면 및 그 이하와 부록 A를 보라. 왓슨에 대해서는 P.C., A. 152에 있는 헨리 헤이스팅즈(Henry Hastings)에 대한 조서와 D.N.B.의 해당 항목 을 보라. 내적 계시주의(illuminism)파 및 자꼬뱅 프리메이슨이 형성한 전 유럽에 걸친 비 밀음모 결사가 있었다는 쎈세이셔널한 이야기는 아일랜드의 사건들에 대해서는 어느정도 관련이 있을 수도 있겠지만 잉글랜드에 관한 한 근거가 없어 보인다. 클리퍼드(Hon. R. Clifford)가 번역하고 주석을 단 Abbé Barruel, *Memoirs Illustrating the History of Jacobinism*, IV (1798), 529면 이하를 보라.

한 편지에서 그는 메이드스턴 협회의 두 분회가 활동이 왕성하다는 것(60명이 출석하고 있었다)을 보고하면서 (특히 아일랜드인 병사들을 위한) 더 많은 삐라와 함께 '보나빠르뜨의 연설' 및 페인의 『공정한 농지분배』 사본들을 보내달라고 주문하였다. 이들 사건이 있은 후 두개의 법이 더 통과되었는데, 여기서는 비합법적 서약을 하는 데 대해 그리고 군대를 충성의 의무로부터 이탈케 하려 선동하는 시도에 대해 사형을 선고하도록 규정하였다.[121] 그리고 바로 얼마 안 있어서 리처드 풀러(Richard Fuller)라는 사람이 콜드스트림(Coldstream) 근위대 소속의 한 군인에게 선동적인 발언을 했다는 이유로 체포되어 사형을 선고받았다.

런던 협회 자체도 지하조직을 움직여가고 스파이들의 침투를 막는 데 좀더 적합한 새로운 정관을 채택하였다. 이와 나란히, 홀본에 있는 '퍼니벌즈인 지하주점'(Furnival's Inn Cellar)에서 비밀위원회가 개최되었다. 이는 대체로 '아일랜드인 연맹'의 보조조직이었던 '잉글랜드인 연맹'(United Englishmen) ─ 실제로 잉글랜드에서 이 두 조직 사이에는 거의 구분이 없었던 것으로 보인다 ─ 의 본부였을 가능성이 대단히 높다. 이 조직의 의사교환은 구두로 혹은 암호로 이루어졌으며 그 밀사들은 암호용어와 신호를 가지고 있었다.

다른 사람의 왼쪽 손과 악수하기 위해서 왼쪽 손을 내민다. 그런 다음 엄지손가락으로 집게손가락의 첫번째 마디를 누른다. 그때 상대방도 이와 똑같이 하면 그것은 확실하다는 징표이다 ─ 한 사람이 '통일'이라고 말하면 다른 사람은 '진리'라고 대답하고, 한 사람이 '자유'라고 말하면 다른 사람은 '죽음'이라고 대답한다. …

런던에서는 존 빈즈, 벤저민 빈즈 그리고 데스파드 대령(Edward M. Despard, 1751~1803. 식민지에서 장기간 장교 엔지니어로 복무. 부당하게 해고된 후 런던탑과 잉글랜드 은행을 장악하려 하였고 국왕 암살을 기도했다는 이유로 1802년에 체

---

121) 비합법적 서약을 금지하는 이 법이야말로 러다이트 운동 참여자들 및 '톨퍼들 순교자들'에 대해 적용되었던 바로 그 법이다.

포되어 이듬해에 처형당했다—옮긴이) 등이 이 조직의 발기인에 속했다. 한 정보원의 보고에 따르면 웰 클로우즈 스퀘어(Well Close Square)에 있는 '코크 앤드 네프튠'(Cock and Neptune) 술집에서 모이던 한 분회에는 "주로 석탄운반부들이 참석하였다". 이곳에서는 이 단체의 세력 중심이 템즈강 유역의 아일랜드인 노동자들 사이에 있었지만, 이 단체는 또한 리버풀과 맨체스터에서도 최소한 50개의 분회를 가지고 있었고 남동부 랭커셔 직조업 촌락들에서도 또다른 몇개의 분회를 가지고 있었다고 이야기되고 있었다.[122] 맨체스터에서는 군대 침투작업이 꽤 성공을 거두었는데, 이곳에서는 경기병 소속 군인들이 다음과 같은 서약을 하고 단체에 받아들여졌다.

하나님 앞에서 나 아무개는 대령의 뜻이 아니라 … 민중의 뜻에 복종헐 것을, 장교들이 아니라 '잉글랜드인 연맹'의 뜻에 따를 것을 … 그리고 이 나라와 다른 나라에서 공화정 수립을 무력으로 심껏 지원허고, 프랑스인 들이 이 나라를 해방하기 위해 상륙허는 데 지원을 다헐 것을 엄숙히 선 언헙네다.

(아일랜드풍의 가락은 심지어 철자법에도 드러나 있다.) 그러나 비밀조직 이 아일랜드인들의 대열을 넘어서 확대되었음에는 의심의 여지가 없지만, 1798년 봄에는 비밀결사 단원들 사이에서 관점의 차이가 나타난 것으로 보 인다. 한편으로는 잉글랜드의 토착 자꼬뱅들은 여러가지 위장술 아래 활동 을 계속하고 있었던 것 같다. 로치데일(Rochdale)과 로이튼에서 '자유의 벗 들'(Friends of Freedom) 협회는 1797년 여름 '맨체스터 및 그 주변의 근로 인민들 사이에 지식을 전파하기 위한 기구'라 자칭하는 맨체스터의 본부단 체와 연결을 가지고 있었던 것으로 보인다. 보울턴에서는 1798년 2월 한 스파이가 (서약을 함으로써) '잉글랜드인 연맹'에 가입하는 데 성공했다.

---

122) 1798년 5월에 조사받은 한 수감자는 맨체스터 협회가 "이에 가입해 있던 젠트리와 협회 내 숙련직인들 사이에 벌어진 싸움 때문에" 1796년에 "대폭 쇠퇴하였다"고 진술하였다. 숙련직인들은 계속 나아가 '잉글랜드인 연맹'의 지부들을 형성하였던 것으로 보이는데, 그 중 29개 분회의 명단이 *H.O.*, 42집, 45에 들어 있는 또다른 조서에 기재되어 있다.

현지의 지도자는 "독서클럽이 새로운 지지자를 얻는 데 유용하다고 권하였다". 1798년 2월 손리(Thornley)에서는 한 아일랜드인 성직자에게 같은 아일랜드 출신의 프리메이슨 단원('템플 기사 단원'Knight Templar) 한 사람이 접근하여 맨체스터에는 20,000명에 달하는 '잉글랜드인 연맹' 단원이 있다고 자랑하였다. "내가 신부였기 때문에"(그는 당국에 그렇게 편지를 썼다) 그 남자는 안심하고 자기 비밀을 털어놓을 수 있다고 생각한 것 같다. 같은 달 보울턴의 한 성직자는 포틀런드(Portland) 공작에게 이와같은 편지를 썼다. "그들은 프랑스의 개입이 바람직한가 하는 문제에서 전적으로 의견이 일치된 것 같지는 않아 보입니다. 일부는 자기네 자신의 일은 자기네가 처리할 수 있다고 말하고 있습니다. ···"[123]

1797~98년 겨울에 오코일리(O'Coigly) 신부라고 하는 한 아일랜드인 성직자가 '조운즈 대위'(Captain Jones)라는 가명으로 랭커셔와 아일랜드 그리고 프랑스 사이를 왕래하고 있었다. 그는 1798년 초에 런던으로 왔으며 존 빈즈는 켄트주의 항구들 가운데 한 군데에서 오코일리와 아서 오코너(Arthur O'Connor)를 프랑스까지 실어다줄 밀수업자를 구하려 애쓰다가 세 사람 모두 체포되고 말았다. 오코일리의 거처에서는 프랑스군이 침입해 오는 경우에 잉글랜드 내에서 프랑스군을 어떻게 맞아들일 수 있을지를 논의한 문서가 발견되었다. 잉글랜드인들은 비록 많은 불만을 가지고 있기는 했지만, 프랑스인들이 영국을 일개 속주로 격하시켜버리게 되지나 않을까 하는 데 대한 두려움 또한 가지고 있었다. 따라서 프랑스인들은 상륙시에 다음과 같은 포고문을 발표하라는 충고를 받았다. (1) 브리튼 제도(諸島)는 '별개의 공화국'을 형성해야 한다. (2) 쌍방은 각기 그 자체의 정부형태를 선택해야 한다. (3) 침공군에 가담하는 모든 사람에게는 무기가 주어질 것이다. (4) 침공비용을 충당하는 데 필요한 범위를 넘어서는 기부금은 결코 징수하지 않을 것이다. (5) 선박과 해외영토 취득은 일찍이 동맹국들이 프랑스로부터 취해간 것에만 국한될 것이다. 대단한 영웅적 용기를 발휘함으로써 끝끝내 동료들의 이름을 누설하지 않은 오코일리는 처형되었다. 불

---

123) *Report of the Committee of Secrecy* (1799), 여러 곳; *T.S.*, 11. 333 및 4406 가운데 여러 사료들; *P.C.*, A. 152, A. 158, A. 161; *H.O.*, 42집, 43/6.

사신과도 같은 빈즈는 대역죄 혐의로부터는 풀려나——좀더 경미한 죄목으로 다시 고발당하기 전에——이름을 숨기고 '많은 친구가 있던 다비주 및 노팅엄주'로 피신하였다.[124]

아일랜드 반란에 대한 공감은 존 빈즈 같은 아일랜드인들에게만 국한된 것이 아니었음이 확실하다. 런던교신협회는 1798년 1월 30일 회장인 크로스필드(Crossfield)와 간사인 토머스 에번즈의 명의로 아일랜드 민족에게 보내는 인사말을 발표하였다.

고결하고 용감한 민족이여.
이 인사말이 여러분에게 우리가 얼마나 진심으로 여러분의 모든 고통을 함께 나누고 있는지 확신시킬 수 있게 되기를 바랍니다. … '기존 질서'란 말이 모든 시대 모든 나라에서 전제정의 좌우명이었음을, 그리고 인민이 정부로 하여금 자유의 진정한 원칙들을 어기게 허용한다면 침해가 침해 위에 겹쳐 쌓이게 될 것이고 악이 악 위에서 자라나게 될 것이며 폭력에 폭력이 뒤따를 것이고 권력이 권력을 낳을 것임을, 그리하여 마침내 만인의 자유가 전제정의 수중에 장악되고 말 것임을 … 민족들이 알게 되기를 바랍니다. …

그것은 잉글랜드인들로 하여금 그들 모두가 아일랜드인 박해의 공범자였다는 누명을 벗게 해주는, 그리고 아일랜드 주둔 잉글랜드 병사들에게 '아일랜드를 노예화시키는 앞잡이'로 행동하지 말라고 당부하는 호소를 담고 있는 감동적인 인사말이었다. 또한 그것은 협회의 '공적 퇴장'을 고귀한 것으로 만들어주는 것이었다. 에번즈와, 활동을 계속하고 있던 런던교신협회의 나머지 위원들은 1798년 4월, 프랑스군이 침공해오는 경우 어떠한 행동을 취해야 할 것인가를 놓고 열띤 토론을 벌이던 중 남김없이 체포되고 말았다. 토머스 에번즈는 프랑스 정부가 혁명의 대의를 배반하였으며 "공화주의적 원칙들을 전파하기보다는 광범한 군사적 독재정을 수립하는 데 더

---

124) *Report of Committee of Secrecy* (1799), 여러 곳; *T.S.*, 11. 333; *P.C.*, A. 152; J. Binns, 앞의 책, 4~6장.

큰 욕심을 가지고 있는 것"으로 보인다고 생각하였다. 따라서 그는 협회 회원들이 지원병측에 가담해야 한다고 제안하였다. 크로스필드 박사는 에번즈의 혹독한 비판에는 동의하였으나 런던교신협회가 더 큰 악에 맞서기 위해 더 작은 악을 옹호할 수는 없는 일이라고 선언하였다. 결국 런던 중앙경찰재판소 경관들이 이 논쟁을 종식시켜버린 것이다.[125]

그 전날에는 데스파드 대령과 '잉글랜드인 연맹'의 세 회원이 함께 체포되었다. 1799년 하원 비밀위원회가 이 조직의 세력에 대해 작성한 과장된 경고조의 보고서는 액면 그대로 받아들이지 않아도 좋은 것임에 틀림없다.

잉글랜드 전역에 걸쳐, 런던교신협회와 서신교류를 해온 단체들 대부분은 … '잉글랜드인 연맹'의 협회들을 결성한다는 동일한 계획을 채택하고 있었으며 … 그들의 활동방침을 이루고 있던 파괴적인 원칙들의 영향은 지역주민 중 최하층 계급민들 사이에 클럽들이 결성됨에 따라 더욱 광범하게 확대되었다. … 이들 클럽에서 사람들은 노래를 부르고 축배의 인사를 주고받으며 가장 선동적인 성격의 발언을 나누었다.

그러나 그와 동시에, '잉글랜드인 연맹'은 사산된 단체였으며 열두명 이상의 회원을 가졌던 적이 한번도 없다고 하는 플레이스의 설명을 역사가들이 아무 망설임도 없이 받아들여야 할 이유 또한 어디에도 없다.[126] 플레이스는 오랫동안 단지 비합법적 조직뿐 아니라 그 어떤 형태의 공개적 선동에도 반대해왔으며 끽소리 없이 교육에만 전념하자는 방침을 옹호하여왔었다. 그는 1797년에 협회에서 탈퇴했기 때문에 비밀결사 단원들의 기밀을 알고 있지 못했음에 틀림없을 것이다. 랭커셔에 '잉글랜드인 연맹'이 존재하고 있었음을 알려주는 유력한 증거가 있다. 또한 재무부 법무관실 소장

---

125) H. Collins, 앞의 글, 132면을 보라. R. Hodgson, *Proceedings of General Committee of L.C.S.* (Newgate, 1798); *Report of Committee of Secrecy* (1799), 부록, 70~73면; H. W. C. Davis, *The Age of Grey and Peel* (Oxford, 1929), 92~93면.

126) Add. MSS., 35142 이하, 62~66. 플레이스의 설명이 받아들여져온 이유는 아마도 지하조직은 그 본질상 거의 아무런 문서도 남겨놓지 않으며, 따라서 역사가들에게는 그 존재와 관련하여 실체를 가지지 않은 것이나 마찬가지라는 데 있을 것이다.

문서 및 추밀원 문서들 중에는 여러 런던 분회의 활동에 관한 정보원들의 보고서도 들어 있다. **두명의 스파이**는 자기네가 쇼디치, 혹스턴, 베스널 그린 등에 산재하는 지부들로부터 파견된 대표들과 함께 전체위원회에 속해 있었다고 주장하였다. 이 대표들은 에핑 포리스트(Epping Forest)에서 1798년 9월에 군사훈련을 받았다. '자유의 아들'(Sons of Liberty)단이라 알려진 같은 성격의 단체도 존재하였다.[127] "다행히 우리에겐 지도자가 없습니다." 오코일리의 거처에서 발견된 '잉글랜드 비밀위원회(Secret Committee of England)가 프랑스 총재정부(Executive Directory, 프랑스혁명 시대 말기인 1795~99년에 성립된 정부로 5인의 총재로 조직되어 있었다―옮긴이)에 보내는 인사말'에서는 이렇게 선언하고 있었다.

> 몇몇 부유한 사람들은 아닌게아니라 입으로는 자기네가 민주주의의 벗이라고 공언했습니다만 그들은 행동하지 않았습니다. 그들은 자기네가 민중과 다르다고 자처하였으며, 민중은 민중대로 자기들을 옹호한다는 이 부자들의 주장을 부당하고 하찮은 것이라고 간주할 것입니다. …
> 우리는 이제 이딸리아의 영웅, 위대한 민족의 역전의 용사들을 맞이할 날을 초조히 기다리고 있을 뿐입니다. 무수한 사람들이 그들의 도착을 환호소리 드높이 환영할 것입니다. …[128]

진상은 좀더 복잡한 것 같다. 한편으로 '무수한 사람들'은 '잉글랜드 비밀위원회'가 주장한 입장을 취하기는커녕, 1798년 무렵에는 이미 프랑스군의 침공 예상이 불러일으킨 애국적 감정의 물결 속에 휩싸여들어 있었다. 실제로 이 몇해 동안 지원병운동은 프랑스인들에게 두려움을 안겨줄 정도까지는 아니었을지 모르지만 영국의 토착 자꼬뱅들을 탄압하는 데 '교회와 국왕'파가 써먹을 다른 활용자원을 보충해주는 대단히 강력한 보조세력이었다.[129] 극단주의적인 런던의 써클들 속에는 이제 편집증적 환상이 지배하

---

127) 'Reports' of John Tunbridge and Gent, *P.C.*, A. 144.
128) *Report of the Committee of Secrecy* (1799), 74면.
129) J. R. Western, "The Volunteer Movement as an Anti-Revolutionary Force,

는 선술집의 분위기 속에서 살면서 현실세계와의 접촉은 거의 가지지 못하고 있던 몇몇 타고난 비밀음모가들이 존재하고 있었고, 그들의 편지는(설사 그 편지들이 프랑스에서 신뢰를 받았다고 하더라도) 전적으로 그릇된 판단을 불러일으킬 만한 것이었다는 점에서는 아마도 플레이스의 이야기가 옳을 것이다. 그런 사람들 가운데 하나가 런던교신협회의 전(前) 회원이던 리처드 왓슨 박사였(던 것으로 보이)는데, 우리는 이미 앞에서 이 사람이 어떤 식으로든 해군폭동들과 관련을 가지고 있었음을 지적한 바 있다. 1797년에 그는 함부르크를 통해 프랑스에 몰래 정보를 흘려보냈다는 이유로 체포되었다. 1799년에 석방된 '시민 왓슨'(le Citoyen Watson)은 프랑스 총재정부에 각서를 보냈는데 여기서 그는 스스로 '런던교신협회 집행위원회 의장, 영국연맹(British Union) 회원이자 바스·브리스틀 등지 결사들의 대표'라 칭하였다. 프랑스로 탈출한 후 그는 이와 동일한 거창한 어조로 영국 국민들에게 보내는 글들을 쓰기 시작했다.[130]

그러나 데스파드 대령이 1803년 교수대에서 증언한 데서도 알 수 있듯이 다른 비밀결사단원들은 더 진지하였다.[131] 1797년에 이르면 초강경파 자꼬뱅들 가운데 일부는 입헌주의 운동에 더이상 아무런 희망도 걸지 못하게 되었음이 명백하다. 이때부터 20년이 넘는 기간 동안 런던의 민주주의자들 중에는 쿠데타――아마도 프랑스 군대의 지원을 받을――외에는 아무것에도 희망을 걸지 않는 (스펜스주의자 내지 공화파) 소수집단만이 존재하게 되었다. 이 쿠데타에서는 일종의 과격행위를 통해 런던의 '폭도들'이 그들을 지원하기 위해 들고일어나게끔 부추길 수 있으리라고 예상되고 있었다. 1816년에 아서 시슬우드(Arthur Thistlewood)와 또 한 사람의 왓슨 박사, 곧 제임스 왓슨(James Watson)이 이어받고 있던 것도 바로 이 전통이었다. 이 일단의 사람들 가운데 리처드 호지슨과 존 애슐리(제화공이자 런던교

1793~1801," *English History Review* (1956), 603면을 보라. 그리고 지원병들의 여러 결함에 대해서는 J. L. and B. Hammond, *The Town Labourer*, 87~89면을 보라.
130) *P.C.*, A. 152의 여러 서류들; H. W. Meikle, 앞의 책, 171, 191~92면; *Clef du Cabinet des Souverains*, 2 Frimaire, an VII; *D.N.B.*
131) 데스파드에 대해서는 이 책 하권 제14장 59~67면을 보라.

신협회의 전 간사)를 포함한 여러 명은 1790년대 후반에 프랑스로 피신하였으며 1817년까지 계속 그곳에 머무르고 있었다. 아닌게아니라 이 해에 이 파에 속하는 두 회원이 런던으로 돌아온 일은, 씨드머스(Sidmouth, Henry Addington, 1757~1844. 피트에 이어서 수상이 됨―옮긴이)경에게 직접 황급한 보고서를 써올려야 할 정도의 사안이었다.[132]

이렇듯 자꼬뱅 비밀결사 단원들은 실제로 존재하였다. 그리고 그들은 생명의 위협을 무릅쓰고 또한 수감과 망명을 감수할 만큼 진지했다. 그러나 그들식의 음모결사는 당대의 일반적인 추세와는 어울리지 않는 일종의 생경함을 띠고 있었으며, 추상적인 공화주의적 열정을 가지고 있었다. 더욱이 오코일리의 처형, 아일랜드 반란의 진압, 그리고 런던과 맨체스터에서의 지도적 인물들의 체포 등과 아울러 비밀결사 음모는 더이상 **전국적** 존재 기반을 가지지 못하게 되었다. 지방에서는 이같은 지하조직이 존재했던 경우라 하더라도 이들 조직은 고립되어 시들어버리거나 아니면 그 자체의 공업적 상황 속에서 새로운 방식으로 뿌리를 내리게 되었다. 1799년에는 특별히 런던교신협회와 '잉글랜드인 연맹'을 지목하여 '근본적으로 진압하고 금지하는' 특별법이 발의되었다. 존 빈즈와 같은 불굴의 음모조직가도 더이상의 전국적 조직은 가망없다고 느끼게 되어 추밀원과 불가침협정을 맺으려 시도하였다. 비록 이같은 시도는 결국 그가 글로스터 감옥의 수감객이 되는 결과로 끝나버리고 말긴 했지만 말이다. 체포 당시 그는 옛 런던교신협회의 최후의 '은폐물들' 가운데 하나였으리라 추정되는 티켓을 가지고 있다가 적발되었다. "이 계절 동안의 웅변학교 출입증", 거기에는 이렇게 씌어 있었다.[133]

1799년이 되면 옛 지도자들 가운데 거의 전부가 수감되거나 망명해 있었다. 수감자들 중에는 에번즈, 호지슨, 존 보운, 존 빈즈, 갤러웨이, 데스파드, 존 백스터 등이 있었다. 그들이 감옥에서 받은 처우는 30년 전 윌크스의 경우에 비해볼 때 부족한 면이 대단히 많았다. 토머스 에번즈는 그 자신의 설명에 따르면,

---

132) G. Sangster to Sidmouth, 1817년 4월 13일자, *H.O.*, 42집, 163.
133) *P.C.*, A. 152; J. Binns, 앞의 책, 140~41면.

바스띠유로 이송되어 그곳에서 몇달 동안을 기물이랍시고는 짚으로 된 변기, 덮는 담요와 까는 요 하나씩이 전부인 독방에 수감되었다. 책, 펜, 잉크, 종이, 초 등은 금지당했고 한참 동안은 불을 피우는 것조차 금지당했다.

그의 집은 런던 중앙경찰재판소 치안관에 의해 차압당했으며 그의 부인과 아기는 감금당하였다. 그는 2년 11개월 동안 갇혀 있었다. 콜드바스 필즈 (Coldbath Fields)에서 수감자들이 애리스(Aris) 소장으로부터 당한 처우는 일대 물의를 불러일으켰는데 이를 폭로하는 데에는 써 프랜시스 버뎃이 앞장을 섰다. 런던 군중의 자유지향적 성향은, 수감자들을 위한 항의운동을 펼쳤다는 이유로 써 버뎃이 그전에 윌크스가 누렸던 것에 필적할 만큼 엄청난 인기를 얻게 되었다는 사실에서도 잘 드러나고 있다. 몇년 동안 런던의 가장 인기있는 구호는 '버뎃 지지, 바스띠유 반대!'(Burdett and No Bastille!)였다. 에드워드 데스파드 대령도 버뎃의 도움으로 풀려났던 수감자들 가운데 하나였다. 19세기 급진주의의 역사는 이 두 사람과 더불어 시작된다.[134]

경험의 값은 얼마나 되는가? 노래 하나로 그것을 살 수 있을까?
거리에서의 춤 하나로 지혜를 살 수 있을까? 아니다. 그것은 한 인간이 가진
모든 것을 대가로, 그의 집, 그의 부인, 그의 아이를 대가로 사는 것.
지혜는 아무도 사러 오는 이 없는 황량한 시장에서 팔리는 것,
농부가 빵을 얻으러 헛되이 밭 가는 메마른 들판에서 팔리는 것.

윌리엄 블레이크는 1796~97년의 『발러, 혹은 네 가지 생물』(*Vala, or the Four Zoas*, Vala 또는 Volva는 북유럽 신화에서 세계의 창조와 파괴를 읊는 최초의 시

---

134) T. Evans, 앞의 책, iv면; *Reasoner*, 1808년 3월 26일자; 'Narrative' of John Oxlade, Add. MSS., 27809; *P.C.*, A. 161.

Voluspa를 노래하는 예언의 여신 Sibyl. *Vala*는 후에 개작되어 'the Four Zoas'라는 제목이 붙여졌다—옮긴이)에서 이렇게 노래하였다. 자꼬뱅파의 조류가 더욱 은밀한 지하통로로 숨어들어가면서 블레이크 자신의 예언도 더욱 신비적이고 사적으로 되었다. 이 기간 내내 수감사태는 계속되었다. 고스포트(Gosport)의 제본공인 키드 웨이크(Kyd Wake)는 1796년 말에 "죠지 타도, 전쟁 반대"라고 말했다는 이유로 5년간의 중노동형 및 목에 칼을 쓰는 형벌을 선고받았다. (1803년에는 블레이크 자신도 가까스로 그같은 고발을 벗어난 적이 있다.) 서적판매상이자 고드윈의 친구인 존슨(Johnson)은 수감당했다. 랭커셔와 링컨셔에서는 치안교란죄의 죄목으로 재판이 벌어졌다. 써머셋의 한 바구니제작공은 "나는 프랑스인들의 성공을 빈다"고 말했다는 이유로 수감되었다.[135] 포틀런드 공작은 내무부에서 술집에서 모이는 단체들을 폐쇄하고 스펜스의 반 페니짜리 전단을 파는 꼬마아이들을 교정원(House of Correction)에 보내라는 훈령을 몸소 내려보냈다.[136] 해크니에서는 특이한 고전학자 길버트 웨이크필드(Gilbert Wakefield)가 그의 책들 사이로 세상을 내다보면서, 노동계급은 프랑스군이 침공해오더라도 잃을 게 거의 없다는 견해를 내놓았다. "내가 이 글을 쓰고 있는 집에서 3마일 이내의 거리에는 같은 면적의 거주 가능한 그 어떤 땅덩어리에서보다 … 훨씬 더 많은 수의 굶주리고 비참한 인간들이 살고 있다."[137] 폭스의 우정과 웨이크필드 자신의 학식도 그의 투옥을 막지는 못했다. "야수와 갈보가 제멋대로 지배하고 있다"—블레이크는 (랜더프의—옮긴이) 주교인 왓슨의 『성경을 위한 변명』의 속표지에 이렇게 기입했다. 그리고 계속했다. "이 해 1798년에 성경을 옹호한다는 것은 목숨을 내놓는 일이리라"고. 키드 웨이크는 옥중에서 사망했으며, 웨이크필드는 풀려난 직후 사망하였다.

박해는 최후의 자꼬뱅파 지식인들을 장인 및 노동자들로부터 분리시켜 버렸다. 프랑스에서의 사태는 워즈워스의 눈에 다음과 같이 비쳤다.

---

135) *T.S.*, 11. 5390.
136) *H.O.*, 119. 1; *H.O.*, 65. 1.
137) G. Wakefield, *Reply to the Bishop of Llandaff* (1798), 36면.

> … 군사적 전권의 쇠사슬로
> 모든 것은 잠잠해졌다. 시민 행동의 변화무쌍한 목표들,
> 갖가지 기능과 고귀한 특징들은
> 형식적이고 가증스럽고 경멸스러운 권력에 길을 내주었다.
> —영국에서는 변화에 대한 두려움이 수라장을 이루었다,
> 겁약한 자가 칭송받고 보상받고 장려받았다,
> 그리고 정당한 경멸의 충동 느끼며,
> 다시 한번 나는 나 자신 속으로 물러났다.

한 세대 지식인들 사이에 이제 혁명에 대한 환멸이라는 저 양태, 20세기에는 더욱 천박한 모습으로 나타나게 될 현상을 예견케 하는 저 양태가 시작되었다. 자기네가 품고 있던 만민동권정 유의 환상이 좌절된 후, 이제 회개자들은 바로 그들 자신이 범한 지적 어리석음을 놓고 자꼬뱅들을 규탄했다. 시인들은 1797년 여름 퀸턱스(Quantocks, 워즈워스와 코울리지가 살았던 써머셋의 구릉지대—옮긴이)에서 셀월과 함께 산책하던 중 한 아름다운 외딴 골짜기에 이르렀다. "존 시민, 이곳은 반역을 이야기하기에 좋은 장소입니다" 하고 코울리지가 말했다. 이에 셀월이 대답했다. "그렇지 않습니다, 쌔뮤얼 시민. 이곳은 오히려 사람으로 하여금 도대체 반역의 필요성이 있다는 것조차 잊어버리게 하는 곳입니다." 이 일화는 최초의 낭만주의자들이 떨어지게 될 정치적 '변절'의 길을 예견케 한다—싸우디에게서는 극히 비열하게, 코울리지에게서는 극히 복잡미묘하게, 그리고 워즈워스에게서는 극히 번민스럽고도 자문(自問)하는 모습으로 나타났던 그 변절의 길을. 1799년에 코울리지는 워즈워스에게 이런 편지를 썼다. "나는 자네가 프랑스혁명의 철저한 실패의 결과 인류의 개선에 대한 일체의 희망을 내던져버린, 그리고 거의 에피쿠로스적인 이기주의에 빠져들면서 이를 조국에의 애정이니 혹은 몽상적 계몽사상가들에 대한 경멸이니 하는 그럴듯한 이름으로 위장하고 있는 사람들에게 들려줄 시를 한 편 무운(無韻)으로 썼으면 하네.…" 이무렵 셀월은 남부 웨일즈의 한 외진 농가에 은거해 있었다. (이곳에 도착했을 때 그는 자신이 한 스파이의 미행을 받고 있음을 발견하고 경

악하였다. 아니면 이는 피해망상이었을까?) 워즈워스가 그를 마지막으로 방문한 것도 이곳에서였다. 그리고 워즈워스가 장차 저 천년왕국적 시기의 망상들에 대해 명상하면서 『소요』의 주인공인 '고독한 이'(the Solitary)의 모습을 묘사하게 되는 것도 이같은 외딴 환경 속에서였다.[138]

다른 한쪽 극단에는 흩어지고 박해받은, 전국적 지도부도 없이 일종의 비합법적 조직을 유지하고자 고투하고 있던 노동자들이 있었다. 그들의 곤경은 리즈의 한 단체에서 런던교신협회로 보내온 편지에 잘 표현되어 있는데, 이 편지는 1797년 10월 약 100명에 달하는 회원들을 위해 씌어진 것이었다.

우리는 주로 노동하는 숙련직인들입니다. 이곳 직종인들 중에는 우리 대의의 벗들도 있기는 하지만 공개적으로 나설 만큼 용기를 가진 사람은 그 가운데 극소수에 불과합니다. 왜냐하면 이곳에서는 귀족들의 영향력이 너무나 커서 모든 장사를 그들 수중에 틀어쥐고 있고, 그래서 귀족들은 부패한 체제의 악폐를 폭로하는 그 어떤 직종인들도 괴롭힐 수 있는 힘을 가지고 있기 때문입니다. 이곳에는 약 3년 전에 대단히 훌륭한 단체가 있었습니다. 이곳 판사들이 우리의 벗들 전체를 너무나 소름끼치게 자의적으로 재판한 탓에 그들의 사기는 온건하다고 할 수조차 없을 정도로 깊이 가라앉아버렸으며, 그들의 가슴속에 타오르고 있던 성스러운 불길은 거의 꺼져버렸습니다. …

그 어떤 술집 주인도 감히 그들을 받아들이려 하지 않았으며, 그들은 회원

---

138) 셀월은 '고독한 이'와는 달리 급진적 정치활동을 계속하였다. 전쟁기간 동안 웅변선생으로 생계를 이어가던 그는 1818년 11월 웨스트민스터에서 『고르곤』지의 지적대로 "죽은 자 가운데서 솟아오른 사람처럼, 모인 사람들에게 적지 않은 놀라움을 안겨주면서" 급진파의 연단에 다시 등장하였다(Gorgon, 1818년 11월 21일). 그 이후 그는 『수호자』(Champion)지를 편집하였고 그를 박해하는 단체들의 등쌀에 괴로움을 겪었으며, 1831~32년에는 선거법 개정안(Reform Bill)을 위한 선동에도 참여하였다. 그러나 그는 새로운 운동의 경향과 보조가 맞지 않았으며 그의 저작은 초기와 같은 독창성과 도전적 성격을 결여하고 있었다.

티켓마저도 '완전히 동나버린' 상태에 있었다. "시내에는 우리를 위해 무엇인가를 감히 해주려고 나서는 인쇄공이 하나도 없기 때문이다."[139]

그러나 이것이 끝이었다고 생각하면 잘못이다. 왜냐하면 그것은 또한 시작이기도 했기 때문이다. 1790년대에는 전쟁 후 노동계급의 의식 형성에서 심층적 중요성을 지니는, '잉글랜드혁명'이라고도 할 만한 그 어떤 것이 일어났다. 혁명적 충동은 아주 초기에 질식당해버렸음이 사실이다. 그리고 그 최초의 결과는 쓰라림과 절망이었다. 지배계급의 반혁명적 공포는 사회생활의 모든 면에서 곧 동직조합, 민중의 교육, 민중의 스포츠와 풍속, 민중의 출판물과 단체들, 그리고 민중의 정치적 권리 등에 대한 태도에서 표현되고 있다. 그리고 전쟁기간 동안 평민들 사이에 퍼져 있던 절망감의 흔적은 싸우스컷파의 도착(倒錯)된 천년왕국주의와 감리교의 새로운 부흥에서 찾아볼 수 있다. 1795년 이후의 몇십년 동안 영국의 계급들은 서로간에 대단히 소원해지게 되었으며 근로인민은 미묘한 사회적·교육적 차별대우 속에서 오늘날까지도 그 영향을 감지할 수 있는 아파르트헤이트(apartheid, '분리'라는 뜻. 남아프리카공화국에서의 흑인에 대한 인종차별정책을 가리키는 데 주로 쓰이는 말이지만 여기선 하층신분에 대한 분리·차별정책을 의미한다—옮긴이)의 상태로 떠밀려들어갔다. 잉글랜드는 반혁명적 감정 및 규율의 밀물이 산업혁명의 밀물과 시기적으로 일치하였다는 점에서 유럽의 다른 나라들과 구분된다. 새로운 기술과 공업조직의 형태들이 발전할수록 정치적·사회적 권리들은 후퇴하였다. 조급하고 급진적인 성향을 가진 산업부르주아지와 막 형성되고 있던 프롤레타리아 사이의 '자연스러운' 동맹은 성립하자마자 깨져버렸다. 버밍엄과 북부 공업도시들의 공업가들 및 부유한 반국교파 직종인들 사이에서 소요가 인 것은 주로 1791년과 1792년의 일이었다. 런던, 노리치 및 셰필드의 장인들과 임금노동자들 사이에서 '불만'이 절정에 달한 것은—자꼬뱅파의 선동에 의한 것이건 굶주림으로 인한 것이건간에—1795년의 일이었다. 이 두 세력이 행동의 일치를 보인 것은 1792년의 몇달 동안뿐이었다. 9월학살 이후로는 제조업자들 가운데 미미한 소수를 제외

---

139) L.C.S. Letter-book, Add. MSS., 27815.

하고는 모든 사람이 대경실색하여 개혁의 대의로부터 물러났다. 1790년대 잉글랜드에서 혁명이 일어나지 않은 것은 감리교 때문이 아니라, 혁명을 일으킬 만한 힘을 가졌던 유일한 동맹이 와해되어버렸다는 사실 때문이다. 1792년 이후에는 자꼬뱅파가 들어올 수 있도록 문을 열어주는 지롱드파 인물은 전혀 존재하지 않았다. 웨지우드(Josiah Wedgwood), 불턴(Boulton), 윌킨슨(Wilkinson) 같은 사람들이 하디, 플레이스 및 빈즈 같은 사람들과 함께 행동했더라면——그리고 위빌의 소젠트리 그룹이 그들과 함께 행동했더라면——피트(혹은 폭스)는 일련의 단계적 개혁을 허용치 않을 수 없었을 것이다. 그러나 프랑스혁명은 지주들과 제조업자들을 공통된 대공포 속에 결합시켜버림으로써 낡은 부패세력을 그야말로 **공고히하였다.** 그리고 민중단체들은 너무나 약하고 경험이 없어 그 자체만으로는 혁명도 개혁도 이룰 수 없었던 것이다.[140]

심지어 셸월조차 1796년 셰필드를 방문하였을 때 이같은 것을 어느정도 감지하였다. 그는 셰필드 '쌍-뀔로뜨층'의 지적 수준과 정치적 각성을 기뻐하였다. "그러나 그것은 머리가 없는 조직이다. 그들에게는 불행하게도 지도자가 전혀 없다." "상당한 재산과 영향력을 가진" 여러 사람들이 "…그들과 같이 **생각은 하지만**" 그들 편을 들어줄 용기를 가진 사람은 아무도 없었다.

노리치에서처럼 셰필드에서도 현지에서 영향력있고 재력있는 사람이 서넛만이라도 공정하고 그리고 공개적으로 이들 정직하고 지적인 제조업자들 및 그들의 대의와 손을 맞잡아준다면 (이같은 부류의 사람들이 … 노리치에서 그렇게 하였듯이) 이 지방에서 박해의 원흉이 되고 있는 피라미 폭정은 당장 종식될 터인데. …[141]

---

140) 1790년대 초 개혁운동가들과 제조업 이익집단 사이의 관련성에 대한 연구성과들을 살펴보려면 E. Robinson, "An English Jacobin: James Watt," *Cambridge History Journal*, XI (1953~55), 351면; W. H. Chaloner, "Dr. Joseph Priestley, John Wilkinson, and the French Revolution," *Trans. Royal Hist. Soc.*, 5th Series, VIII (1958), 25면 등을 보라.
141) J. Thelwall, 앞의 책, Letter I, 20면.

그러나 이것 역시 셸월이 자꼬뱅파의 대의로부터 변절하게 된 징후는 아니었다. 그는 1796년에 진짜 딜레마에 부딪혔다. 한편에는 개혁주의적 온정주의가 있었는데, 실제로 접하게 되는 경우에는——노리치의 거니의 경우처럼——그는 이를 싫어하였다. 그리고 다른 한편으로는 운동 자체가 파괴되거나 지하로 몰려들어갈 정도로 평민 출신 개혁운동가들이 대대적인 희생을 당하고 있었다.

더욱이 이 운동은 교육받은 중간계급 출신 인물들의 지적 자원을 절박하게 필요로 하고 있었는데 바로 그들 중 일부가 혁명에 대한 심한 환멸감으로 가장 심한 고뇌를 겪었던 것이다. 이 운동은 강제적 혹은 자발적 망명에 의해 제럴드와 쿠퍼라고 하는 두명의 가장 유능한 선전가 및 조직가를 일찌감치 잃어버렸다.[142] 물론 운동이 언제까지나 『인간의 권리』나 프랑스풍의 모방에 의거해서, 혹은 로마풍의 토가(toga, 로마 시민들이 걸쳤던 긴 상의—옮긴이)나 쌕슨풍의 스목(smock, 작업복 등으로 쓰이는 헐렁한 상의—옮긴이)을 걸치고 살아남을 수는 없는 노릇이었다. 그러나 1795년, 운동이 절정에 달했을 때 운동의 연륜은 아직 채 4년도 되지 않았었다. 운동의 사상적 골격은 조직작업의 황망함 속에서, 반역죄 혐의에 대한 경고와 고발사태 속에서, 지지자들은 등을 돌리는가 하면 로베스삐에르가 현란한 연설의 시대를 끝내고 과묵한 단두대의 시대로 들어간 무렵에 형성되어야 했던 것이다. 셸월의 강연은 즉석에서 생각해낸 것을, 언제나 국왕폐하의 정보원을 한 사람씩은 포함하고 있게 마련이던 청중들에게 곧바로 전달하는 식이었다. 그의 가장 훌륭한 저작은 (의미심장하게도) 운동이 와해되기 시작한 때인 1796년의 상대적 소강상태에 이르러서야 비로소 씌어졌다. 잉글랜드 자꼬뱅들이 미숙함을 범했고 경험부족으로 인해 어려움을 겪었으며, 그들의 이론적 대변자들 다수가 그 과장된 태도들로 인해 우스꽝스러운 모습을 보이게 되었던 것은 그리 놀라운 일이 아닌 것이다.

---

142) 그들측에서 작성한 가장 설득력있는 두 편의 팸플릿은 Joseph Gerrald, *A Convention the Only Means of Saving Us from Ruin* (1793)과 T. Cooper, *Reply to Mr. Burke's Invective against Mr. Cooper and Mr. Watt* (Manchester, 1792)였다. 쿠퍼의 미국 이주에 대해서는 D. Malone, *The Public Life of Thomas Cooper* (New Haven, 1926)을 보라.

이렇게 볼 때 이는 좌절과 실패의 기록으로 보일지도 모르겠다. 그러나 이같은 경험은 또다른, 그리고 전체적으로 볼 때 좀더 긍정적인 면을 가지고 있었다. 거기에는 고드윈과 메어리 울스턴크라프트의 지적 전통이 있었고, 이는 셸리가 다시 한번 긍정하게 될 터였다. 거기에는 또한 이신론과 자유사상의 전통이 있었다. 전쟁이 끝나자마자 리처드 칼라일은 페인의 모든 저작을 다시 출판하기 시작했다. 그리고 거기에는 진보적 유니테리언과 '자유사상적 그리스도교'의 전통, 곧 벤저민 플라워나 윌리엄 프렌드 같은 사람들이 이어받았으며 폭스(W. J. Fox)의 『월간 지식의 보고(寶庫)』 (*Monthly Depository*)에 이르기까지 발전하였던 그 전통이 있었다.[143] 거기에는 또한 플레이스의 전통, 1807년의 웨스트민스터 선거에서 투크의 추종자인 써 프랜시스 버뎃을 지지하여 다시 등장하게 되는, 그리고 이때부터 계속 활발한 결속을 이루어가게 되는 절제력 있고 입헌주의적인 성향을 지닌 직종인들 및 장인들(그들 가운데 일부는 하나 갤러웨이 및 플레이스 자신처럼 나중에 크고 작은 고용주로서 번영을 누리게 된다)의 전통이 있었다.

이들 전통은 사상뿐 아니라 인물들 속에도 구현되어 있다. 일부 자꼬뱅은 물러나버렸고 다른 일부는 ── 죠우지프 게일즈, 토머스 쿠퍼, '시민 리', 존 빈즈, 대니얼 아이적 이튼 및 다른 많은 사람들처럼 ── 미국으로 이주한 반면에,[144] 다른 사람들은 틈만 있으면 선전을 재개하고자 기회를 노리고 있었다. 존 게일 조운즈와 존 프로스트는 전쟁기간중 런던 토론클럽의 회원이었으며 여기서 그들은 좀더 젊은 세대의 급진주의자들에게 영향을 미쳤다. 그중 조운즈는 1820년대까지도 런던의 급진주의자 써클들 사이에서 여전히 두드러진 역할을 하였다.[145] 그리고 많은 지방 중심지에서도 이와

---

143) F. E. Mineka, *The Dissidence of Dissent* (1944)를 보라.

144) 이튼은 이들 가운데 유일하게 되돌아왔다. 이 책 하권 제15장 224~25면을 보라. 빠리에도 또한 소규모의 잉글랜드인 망명 자꼬뱅 거류집단이 있어서 쌤프슨 페리(Sampson Perry), 애슐리(Ashley), 골드스미스(Goldsmith), 맥스웰(Maxwell) 박사, 존 스턴즈(John Stones) 등이 이에 속했는데, 이들은 반(反)피트 노선의 『아거스』(*Argus*)지를 간행했으며, 그들 대부분은 보나빠르뜨주의에 깊은 환멸을 느끼게 되었다. S. Perry, *Argus* (1796), 257 면; J. G. Alger, *Englishmen in the French Revolution* (1889)을 보라.

마찬가지로 활동이 계속되고 있었음을 입증할 수 있다. 지방 중심지들 중에는 레스터의 죠지 바운(George Bown)이 확보한 것만큼 긴 회원기록부를 자랑할 수 있는 곳도 거의 없었는데, 1792년에 레스터입헌협회의 간사를 역임한 바운은 1794년에 체포된 바 있지만 1848년에 이르러서도 '물리력에 의한' 차티스트 운동의 옹호자로서 여전히 저술활동을 계속하였다.[146] 여하튼 많은 도시에서는 같은 생각을 가진 직종인들과 장인, 전쟁반대자들이 계속 함께 모이고 있었다. 탁월한 판화공인 토머스 뷰익(Thomas Bewick)은 뉴카슬의 '블루 벨'(Blue Bell), '유니콘'(Unicorn) 등의 술집과 신문열람실에서 회합을 가지던, '인류의 자유를 위한 일군의 확고부동한 옹호자들'을 회상하였다. 이들은 '지각있고 영향력있는 사람들' '점잖은 부류의 직종인들' '은행원들, 장인들 그리고 중개상들'이었다. 뷰익의 각별한 동지들 중에는 제화공 한 사람, 건축공 한 사람, 주조공 한 사람, 양철공 한 사람, 신문편집자 한 사람, 펜싱사범 한 사람, 급진적 젠틀먼 한 사람, 그리고 여러 명의 배우들이 있었다. 이들은 모두 전쟁 및 그 사회적 결과들을 비난하는 데 의견이 일치하였다.

선박업자들은 돈더미 속에 묻혀 있었다. 젠트리층은 귀족적 허장성세 속에서 갈팡질팡하면서, 그들이 과거에 그들보다 낮은 인생무대에서 사는 사람들에게 어떻게 처신하고 얼마나 훌륭하고 상냥한 행동을 보여주곤 했던가를 잊어버렸다. 그리고 이제는 너무나도 흔히 이들을 흙먼지처럼 여기고 있는 것 같았다. 농장주들의 성격 또한 바뀌었다. 그들은 극도로 서투르게 젠틀먼처럼 굴고 있었으며, 이 기간 동안 포도주밖엔 마시지 않았다. … 이들 벼락출세한 젠틀먼들이 시장을 떠날 때면 그들은 … 길

---

145) 게일 조운즈와 존 프로스트로부터 영향을 받은 사람들 중에는 프로스트와 동명이인으로서 뉴포트(Newport) 시장을 역임하였으며 1839년 웨일즈에서 차티스트들의 봉기를 지도하였던 또 한 사람의 존 프로스트가 포함되어 있다. D. Williams, *John Frost* (Cardiff, 1939), 13~14면.

146) A. Temple Patterson, 앞의 책, 70, 74면; J. F. C. Harrison, "Chartism in Leicester," in ed. A. Briggs, *Chartist Studies* (1959), 132면; G. Bown, *Physical Force* (Leicester, 1848).

에서 만나게 되는 모든 사람들을 넘어뜨리면서 달려갈 태세가 되어 있었다. 그러나 이것도 그들이 진홍빛 옷을 차려입고 … '요우먼리 기병'(yeomanry cavalry)이라고 불릴 때 그들의 텅 비고 안개로 몽롱한 머리통을 사로잡았던 우월감과 어처구니없는 생각들에 비한다면 아무것도 아니다. … 근면한 노동자들은 그렇지 못했다. 이들의 궁핍은 대단히 심했다. …[147]

소마스터, 사무원, 직종인들 가운데 다수가 젠트리층, 자본가 및 대농장주들에게는 적대감을 느끼고 '근면한 노동자들'에게는 공감을 느꼈다고 하더라도(이는 1795년 이후 50년 동안 급진주의자들의 의식에서 지극히 중요한 특징이다) 그들은 리즈의 직종인들과 마찬가지로 '귀족들의 영향력' 때문에 겁을 집어먹고 있었다. 청교도적인 열성에 넘치던 뷰익조차도 전쟁기간중에는 오직 '좀더 격렬한 심적 특징을 가진 사람들에게 절도있는 행동의 모범을 보여줄 수 있는 사람들' '시대의 정치적 극악무도함'에 대한 분노를 '일정 한도 내에서' 절제하고 있는 그런 사람들과만 교류하고자 애썼다. 이리하여 평민 자꼬뱅들은 고립된 채 그들 자신 속으로 되쫓겨 돌아갔으며, 독자적인 준합법적 조직 내지 지하조직의 방법을 찾을 수밖에 없게 되었다. (뷰익이 살던 뉴카슬에서는 전쟁기간중 선술집 중심의 공제조합들이 수십개나 형성되었는데 그 가운데 상당수가 동직조합 활동을 위장하기 위한 것임에 틀림없었으며, 이같은 단체들에서는 이전의 자꼬뱅들이 클럽 모임의 '치열한 토론과 격렬한 발언'에 기여하곤 했다.[148]) 급진적인 숙련직인들, 장인들 및 노동자들은 다른 계급들로부터 고립되었으므로 그들 자신의 고유한 전통과 조직형태를 배양하지 않을 수 없었다. 따라서 1791년에서 1795년에 이르는 기간이 민주주의적 추동력을 제공했다고 한다면, 독자적인 '노동계급 의식'이 성장하고 있었다고 말할 수 있는 것은 바로 이 탄압의 시기 동안이었던 것이다.

가장 암울했던 전쟁기간중에도 민주주의적 추동력은 표면 아래서 여전

147) T. Bewick, *A Memoir*, ed. M. Weekley (Cresset, 1961), 146~48, 153면.
148) 이 책 제12장 573~77면을 보라.

히 움직이고 있었음을 감지할 수 있다. 그것은 권리들을 확인하고, 결코 꺼지지 않을 평민적 천년왕국의 불빛을 비추는 데 이바지하였다. 결사금지법(Combination Acts, 1799~1800)은 비합법적인 자꼬뱅적 조류와 동직조합적 조류를 더욱 가깝게 결속시키는 데 기여했을 뿐이다.[149] 심지어는 '침공'기 간중의 흥분상태하에서도 새로운 사상과 새로운 조직형태가 계속 태어나고 있었다. 강제징집되었던 병사들 수만명의 경험으로부터 영향을 받아 민중의 '잠재적인 정치'적 태도에는 급격한 변화가 일어났다. 1811년에 이르면 새로운 민중적 급진주의와 새로이 전투적 태도를 가다듬은 노동조합주의가 동시에 대두함을 확인할 수 있다. 이는 부분적으로는 새로운 경험의 산물이었으며 부분적으로는 저 반동의 시기에 대한 대응으로서 불가피하게 나타난 현상이었다. "나는 잉글랜드판 공포정치를 지금껏 잊지 않았다. 나의 정치적 경향의 원천은 거기에서 찾을 수 있다." '곡물법의 시인'(Corn-Law Rhymer)이라 불리던 에비니저 엘리어트(Ebenezer Elliott)는 이렇게 썼다. 그의 아버지는 셰필드 근처의 한 철공소에서 사무원으로 일하던 자꼬뱅주의자였는데, 그를 놀려대려고 "요우먼들은 번번이 자기네 말을 뒷걸음질시켜 그의 집 창문에 부딪히게 해서는 창문을 깨뜨리고 희희낙락해하였다".[150]

1792~96년의 개혁운동의 역사는 (전반적으로 보아) 중간계급 출신 개혁운동가들이 떨어져나감과 동시에 평민 출신 급진주의자들의 급격한 '좌경화' 움직임이 일어난 과정의 역사였다. 이 경험은 향후 50년 동안 민중의식을 특징짓게 될 터였으며, 이 기간 내내 급진주의의 역동성은 중간계급이 아니라 장인들 및 노동자들 사이에서 솟아나왔다. 민중단체의 회원들은 자꼬뱅으로 지칭되었으며 이는 타당한 것이었다. 셸월을 비롯하여 이들 단체의 몇몇 지도자들은 이 용어를 기꺼이 받아들이고자 하였다.

나는 **자꼬뱅주의**란 말을 서슴없이 받아들인다 ─ 첫째, 그것은 우리의 적

149) 이 책 하권 제14장 87~90면을 보라.
150) *Poor Man's Guardian*, 1832년 11월 17일자에서 재인용. 여기에는 (공포정치시대의 기억에 관해) "이는 엘리어트씨의 경우말고도 수천 건의 경우에도 해당된다"는 주(註)가 덧붙여져 있다.

들에 의해 우리에게 낙인찍힌 것이기 때문이다. … 둘째, 비록 나는 프랑스에서 후기의 자꼬뱅들이 보여준 피비린내나는 잔인성을 혐오하기는 하지만, 그래도 그들의 원칙은 … 지금까지 내가 접한 것 중에서 이성과 인간의 본성에 대한 나의 견해와 가장 잘 들어맞는 것이기 때문이다. … 나는 자꼬뱅주의란 말을 단지 미개한 관습의 권위와 원칙들에 입각하지 않았음을 공언하는, 대대적이고 포괄적인 개혁의 체제를 가리키기 위해 사용한다.[151]

이들의 자꼬뱅주의가 가지는 특질은 프랑스어의 에갈리떼(égalité)에 대한 그들의 강조에서 감지할 수 있다. 영어의 '이퀄리티'(equality)는 (그 일반적 의미로 볼 때) 일체의 신분구별을 철폐할 것을 주장하는 예리하고 적극적인 교의 —— 이것이 자꼬뱅들의 행동방식을 고취하는 지도원리였다 —— 를 가리키기에는 너무나 소극적인 용어이다. 후대의 노동계급 운동도 형제애 및 자유의 전통을 계속 이어받고 또한 이를 풍요하게 만들어주게 될 터이긴 하였다. 그러나 그들 조직의 존속 자체를 위해, 그리고 조직기금의 보호를 위해서는 일단의 경험있는 임원들을 육성하고 그들의 지도력에 대한 일종의 복종심 내지는 과장된 충성심을 배양할 필요가 있었으며, 이는 장차 관료주의적 형태 및 통제의 근원이 되게 된다. 1790년대의 잉글랜드 자꼬뱅들은 이와는 전혀 다른 전통을 출범시켰다. '에갈리떼'라는 말 속에는, 그리고 18세기적 형식들을 무시하는 태도 속에는 이를테면 자꼬뱅이었던 데어(Daer)경이 단순한 '시민 데어'(Citizen Daer)로서 장인들과 직조공들 틈에 앉아 있는 것을 볼 때 느낄 수 있던 것과 같은 통쾌함이 깃들여 있다. 그뿐 아니라 '결국 인간은 인간이다'라는 신념은 다른 방식으로도, 즉 우리 시대의 관행들에 대한 비판을 위해서도 여전히 상기할 만한 가치가 있는 그런 방식으로도 표현되었다. 위원회에 참석하는 모든 시민은 일정한 몫을 수행하리라고 기대되었고, 위원회 의장직은 흔히 윤번제로 맡았으며, 지도자들이 자기를 내세우는 것은 감시받았고, 위원회의 활동은 모든 사람

---

151) J. Thelwall, 앞의 책, II, 32면.

이 이성을 가지고 있으며 모든 사람의 능력은 성장할 수 있다고 하는 신념 그리고 복종심과 신분차별은 인간의 존엄성에 대한 침해라고 하는 사려 깊은 신념에 입각하여 이루어졌다. 이같은 자꼬뱅파의 강점은 차티스트 운동에는 크게 기여하였으나, 새로운 사회주의가 강조점을 정치적 권리로부터 경제적 권리 쪽으로 옮겨놓음에 따라 19세기 말의 운동에서는 쇠퇴하였다. 20세기 잉글랜드에서 강력하게 유지되고 있는 계급구별, 신분구별은 부분적으로는 20세기 노동운동에 자꼬뱅적 덕목이 결여된 데에서 기인한다.

자꼬뱅적 전통 가운데 다른 측면들이 지니는 명백한 중요성은 강조할 필요조차 없다. 이는 곧 자기수련의 전통, 정치적·종교적 제도들에 대한 합리적 비판의 전통, 의식적 공화주의의 전통, 그리고 무엇보다 국제주의의 전통이다. 그토록 짧은 기간 일어났던 이 운동이 영국의 그 많은 방방곡곡에까지 그 이념들을 확산시켰다고 하는 것은 놀라운 일이다.[152] 잉글랜드 자꼬뱅주의가 가져온 가장 심층적인 결과는——비록 정의내리기는 매우 어려우나——아마도 '제한 없는 회원들' 사이에서 선동활동에 대해 가해졌던 금기가 깨진 일일 것이다. 자꼬뱅의 이념이 지속되는 곳이면 어디에서나, 그리고 숨겨둔 『인간의 권리』 판본이 소중히 다루어지는 곳이면 어디에서나 사람들은 이제 더이상 윌크스나 위빌 같은 사람들의 솔선수범을 기다리려 하지 않고 자기네가 앞장서서 민주주의적 선동활동을 시작하였다. 전쟁기간 내내 잉글랜드 방방곡곡의 모든 도시와 수많은 촌락에는 급진적 서적들이 꽉 들어찬 궤짝이나 책꽂이를 가지고 있으면서 때가 오기를 기다리고 있는, 술집·예배당·대장간·제화공의 작업장에서 이야기에 끼여들며 운동이 다시 살아나기를 기다리고 있는 그런 수많은 토머스 하디들이 있었다. 그리고 그들이 기다리고 있던 것은 젠틀먼들, 제조업자들, 혹은 지방세 납부자들의 운동이 아니었다. 그것은 그들 자신의 운동이었다.

한참 후인 1849년에 한 재치있는 풍자작가는 그같은 '마을의 정치가'를 묘사한 한 이야기를 출판하였는데, 실감있게 그린 작품이었다. 이 '마을의

152) W. A. L. Seaman, "British Domocratic Societies in the French Revolution," 20면에는 잉글랜드와 스코틀랜드 내 100군데도 넘는 곳에 존립한 단체들에 대한 증거가 기록되어 있다.

정치가'는 전형적이게도 구두수선공이자 노인이며, 공업이 자리잡은 자기 마을의 현자이다.

그는 자기가 꽤 자랑스러워하는 소장도서들을 가지고 있다. 그것은 기이한 수집품들이다. 거기에는 『위대한 프라이스의 진주』(*Pearl of Great Price*)와 코벳의 『2페니짜리 잡문』(*Twopenny Trash*, 코벳이 발간한 염가본 신문인 『주간 정치 팸플릿』*Weekly Political Pamphlets*을 말한다—옮긴이)이, 『천로역정』과 … 『진취적 저널』(*The Go-a-head Journal*)과 『노동의 박해』(*The Wrongs of Labour*)와 『인간의 권리』와 『프랑스혁명사』(*The History of the French Revolution*)와 번연의 『성스러운 전쟁』(*Holy War*)과 … 『이성의 시대』와 그리고 케케묵은 성경이 들어 있다.

그는 '물론 보나빠르뜨의 열렬한 숭배자'이다. "성공적인 혁명에 대한 이야기를 들을 때면 ─옥좌가 뒤집어지고 국왕이 달아나고 왕자들이 외국으로 이리저리 쫓겨나는 이야기를 들을 때면 이는 마치 향료를 넣어 데운 맥주 한 쿼터처럼 그의 늙은 가슴을 따끈히 데워준다. 그는 자신의 젊은날의 꿈이 곧 성취되어가고 있다고 생각한다." 그는 '지평선의 대기' 위로 솟아오르는 '자유의 태양'에 대한 거창한 비유를 이야기하는가 하면 러시아에서의 사태에 대한 지식을 과시하기도 한다.

그는 자기가 감히 거리를 걸어다닐 엄두조차 내기 어려웠던 때를 회상한다. 그는 자신이 어떻게 조롱당했고 어떻게 돌팔매질을 당했으며, 어떻게 발길로 차였던가를 … 사람들이 그에게, 톰 페인의 허수아비와 함께 산 채로 화형을 당하지만 않으면 고마운 일인 줄 알라고 윽박질렀던 것을 이야기할 수 있다. … 그가 젊은이들에게 인신보호법이 정지당하고 … 검찰총장이 미쳐날뛰는 사자처럼 이리저리 나라 안을 돌아다니던 때를 이야기하면 젊은이들은 그를 뚫어져라 바라본다. … 그는 국왕 또한 셔츠 하나 걸치지 않은 채 태어났다고 말한 뒤 그 때문에 치안교란죄 혐의로 유배당했던 … 한 사람에 대해 이야기한다. …[153]

그가 꿈꾸던 것과 같은 혁명은 결코 일어나지 않았다. 그러나 그래도 어쨌든 일종의 혁명은 일어난 셈이었다. 1793년에 제임즈 와트 2세(James Watt, the younger)가 불평한 바대로, 개혁운동가들을 공격하라고 폭도들을 선동함으로써 '하층민중'을 매수했던 것은 바로 왕당파였다.

그들(왕당파―옮긴이)은 민중으로 하여금 그들 자신의 힘을 깨닫게 하는 것이 얼마나 위험한가를, 그리고 민중이 '교회와 국왕'이라는 어처구니없는 구호를 저주하게 되고, 그들 자신의 고유한 무기가 바로 그들 자신에게로 향해지고 있음을 깨닫게 되는 날이 오리라는 것을 추호도 예상치 못하고 있다.[154]

기근에 가까운 사태가 벌어졌던 1795년 이후에는 수많은 곳에서 변화를 감지할 수 있었다. 노팅엄의 경우 자꼬뱅들은 1794년에는 지하로 숨어들 수밖에 없었으나 이때 이후 다시 막강한 세력을 가지게 되어, 회합을 개최할 뿐 아니라 1796년의 선거에서는 공개적인 선거투쟁을 통해 적대자들을 패퇴시켰다.[155] "이 도시로 들어오는 대부분의 진입로 입구에는 '모든 부랑자는 체포되어 법에 따라 처벌받을 것이다'라고 씌어진 표지판이 달린 초소가 세워져 있습니다"라고, 1798년에 한 격분한 왕당파가 쓴 바 있다. 그런데 이제는 '부랑자'라는 말 위에 '폭군들'이란 말이 써붙여져 있었지만 아무도 이를 떼어내려 하지 않았다는 것이다.[156] 1797년 선상폭동 가담자들은 이렇게 선언하였다. "오랫동안 우리는 스스로를 인간으로 여기고자 애써왔다. 이제 우리는 우리 스스로가 인간이라고 생각한다. 우리는 그렇게 대우받을 것이다."[157]

---

153) E. Sloane, *Essays, Tales and Sketches* (1849), 61면 이하.
154) E. Robinson, 앞의 글, 355면을 보라.
155) J. F. Sutton, 앞의 책, 212면.
156) J. W. Cartwright to Duke of Portland, 1798년 6월 19일자, *H. O.*, 42집, 43.
157) C. Gill, 앞의 책, 300면.

1812년, 월터 스콧(Walter Scott, 1771~1832. 영국의 낭만주의 시인, 소설가—옮긴이)은 스코틀랜드 노동조합주의와 잉글랜드 러다이트 운동의 세력이 큰 데 당혹하여 주변을 돌아보면서 싸우디에게 다음과 같은 편지를 썼다. "이 나라는 우리 발 아래서 파여서 뒤엎어지고 있습니다." 이 '폭파자들'을 지하로 쫓아버린 것은 피트였다. 우리가 앞에서 본 '마을의 정치가' 같은 사람들은 1789년의 마을에서는 거의 찾아볼 수 없었다. 직조업 촌락으로, 노팅엄의 편직기편물공이나 요크셔의 전모공의 작업장으로, 랭커셔의 면방직 공장으로 쫓겨들어간 자꼬뱅 이념들은 물가가 오르고 생활이 곤궁한 매단계에서마다 널리 퍼지게 되었다. 최종결론을 내린 것은 피트가 아니라 셀월이었다. "사람들의 대규모 집단이 모이는 곳이면 어디에서나 필연적으로 일종의 소크라테스적 정신이 자라나게 될 것이다."

독점과, 소수의 수중에 자본이 축적되는 저 가공할 현상은 … 그 자체의 극악무도함 속에 치유의 씨앗을 내포하고 있다. 사람들을 한데 몰아넣는 것이면 무엇이건 … 비록 해악을 낳을 수도 있기는 하겠으나 … 그럼에도 불구하고 지식의 확산을 도와주며, 궁극적으로 인간의 자유를 촉진해주는 것이다. 따라서 모든 대규모 작업장과 제조공장은 그 어떤 의회의 법으로도 침묵시킬 수 없고, 그 어떤 치안관의 힘으로도 해산시킬 수 없는 일종의 정치단체인 것이다.[158]

---

158) J. Thelwall, 앞의 책, I, 21, 24면.

제2부

아담에 대한 저주

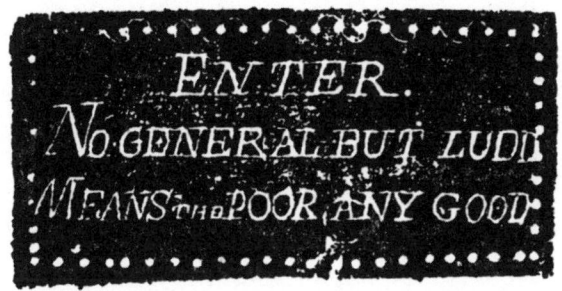

"너는 흙에서 난 몸이니 흙으로 돌아가기까지 이마에 땀
을 흘려야 낟알을 얻어먹으리라. 너는 먼지이니 먼지로
돌아가리라."

창세기 3장 19절

6
착 취

모든 '제조공장'을 장차 정치적 반란의 잠재적 중심지로 본 것은 존 셸월만이 아니었다. 1792년에 요크셔 데일즈(Yorkshire Dales, 요크셔 구릉지대—옮긴이) 지방을 여행하던 한 귀족은 에이즈가드(Aysgarth)라는 목가적인 골짜기에 생겨난 새 면방직공장을 보고 경악하였다. "어쩌다가 이런 곳에 다리 위쪽의 폭포수 물 절반을 빼돌리는 거대한 공장이 생겨나 시야를 가로막는가."

종 치는 소리와 공장 소음으로 골짜기의 고요함은 완전히 깨져버렸다. 사람들은 국가에 대한 모반과 평등한 체제에 관해 이야기했고, 그래서 머지않아 반란이 일어날 것만 같았다.

공장은 '자연의 흐름' 자체를 파괴하는 사회적 에너지의 상징처럼 보였다. 그것은 기존 질서에 대한 이중의 위협이었다. 첫째는 공업적 부(富)를 소유하고 있는 자들로부터 오는 위협이었는데, 수입이 지대 장부에 묶여 있는 지주들과 비교할 때 이들 벼락부자들은 불공정한 이익을 누리고 있었다.

사람들이 이런 식으로 부를 획득한다면, 다시 말해 직종(trade, 여기에서의 직종은 의미상 '상공업'을 말함—옮긴이)을 통해 아주 쉽게 부를 획득한다면,

그것은 그저 그런 소득과 고정된 수입을 가진 우리에게는 두려운 일이 아닐 수 없다. 게다가 그것은 모든 내퍼 가죽 업자(Nappa Halls)와 시골의 요우먼리에게는 이미 재앙을 가져왔다.

두번째는 공업 노동인구(industrial working population)로부터 오는 위협이었는데, 방금 이야기한 여행자는 이들 공업 노동인구를 오늘날 유색인종에 대한 백인 인종주의자들의 태도와 크게 다르지 않은 적대감을 가지고 바라보았다.

이들이 고용되어 있는 것은 사실이다. 그러나 그들은 떼를 지어 살면서부터 온갖 부도덕한 일을 저지르고 있다. 공장에서 일하지 않을 때에는 그들은 밀렵을 하고 방탕한 생활을 하고 마구 훔친다.[1]

면방직공장과 새로운 공업사회를 동일시하는 것, 그리고 새로운 형태의 생산관계와 사회적 관계를 연관짓는 것은 1790년과 1850년 사이의 관찰자들에게는 아주 흔한 일이었다. 칼 맑스(Karl Marx, 1818~83)가 "손절구는 봉건영주가 지배하는 사회를 낳고, 증기기관을 사용하는 공장은 산업자본가가 지배하는 사회를 낳는다"고 했을 때, 그는 다만 이것을 좀더 박진감나게 표현한 것뿐이었다. 또한 당대인들이 '새롭다'고 여긴 것은 공장소유주들만이 아니었다. 공장 내와 그 주변에 몰려든 노동인구 역시 새로운 존재였다. 1808년에 한 농촌의 치안관은 "랭커셔 제조업지대 주변에 가까이 가는 순간, 우리는 습관·고용·종속관계 등 … 모든 것이 새로운 종족을 만나게 된다"고 썼다. 반면 로버트 오웬은 1815년에 "전국에 걸친 제조업의 전반적인 확산은 전국적으로 주민들 속에 새로운 특질을 만들어내는바 … 그것은 다수 민중의 전반적 성격의 본질적인 변화이다"라고 선언하였다.

1830년대와 40년대의 관찰자들도 여전히 '공장제도'의 새로움을 외쳐대고 있었다. 1833년에 피터 개스컬(Peter Gaskell)은 제조업 인구를 "아직 요

---

1) *The Torrington Diaries*, ed. C. B. Andrews, III (1936), 81~82면.

람에 누워 있는 헤라클레스"라고 말하였다. 그들이 엄청난 중요성을 획득한 것은 증기를 동력으로 사용하게 되면서부터였다. "증기기관은 주민들을 한데 모아 무리를 짓게 만들었고" 그래서 이미 개스컬은 노동계급의 조직들 속에서 아주 무시무시한 '제국 내의 제국'(imperium in imperio)을 보았다.[2] 10년 후 쿠크 테일러(W. Cooke Taylor)도 비슷한 표현을 사용하였다.

증기기관은 선례가 없고, 제니 방적기(spinning jenny, 하그레이브즈 J. Hargraves가 1765년경에 발명한 초기의 방적기—옮긴이)는 조상이 없으며, 뮬(mule) 방적기와 역직기는 미리 물려받은 아무런 유산도 없는 가운데 등장하였다. 그들은 주피터의 머리에서 뛰쳐나온 미네르바처럼 느닷없이 나타났다.

그러나 이 관찰자를 가장 불안하게 만든 것은 바로 이러한 '새로운 발명'이 인간에게 미친 결과였다.

어떤 외부인이 공장들과 날염공장들 주변에 집결해 있는 인간집단 사이를 지나가게 될 경우 … 그는 이 '벌떼같이 밀집해 있는 군중'을 보면서 거의 낭패에 가까울 정도의 불안과 우려를 느끼지 않을 수 없을 것이다. 이 사람들 자체가 그들이 속해 있는 공장제도와 마찬가지로 **새롭다.** 그러나 그들의 폭과 힘은 매시간 커지고 있다. 그것은 군중의 덩어리이고, 우리에게 불길하고 두려운 그 무엇을 연상시킨다. … 마치 가까운 장래에 사회의 다른 모든 요소들을 집어삼키고, 그것들을 아무도 모르는 곳으로 흘러가게 하고야 말, 서서히 일어나면서 점점 커지고 있는 바다의 해일처럼 말이다. 이들 군중들 속에는 엄청난 에너지가 잠자고 있다. … 제조업 인구가 형성되고 있다는 사실만 새로운 것이 아니다. 새로운 것은 외부로부터 어떠한 가르침이나 지도도 받지 않은 채 자신들의 생활조건으

2) P. Gaskell, *The Manufacturing Population of England* (1833), 6면; Asa Briggs, "The Language of 'Class' in Early Nineteenth-century England," in *Essays in Labour History*, ed. A. Briggs and J. Saville (1960), 63면.

로부터 형성된 그들의 사고와 행동의 습관들인 것이다.[3]

『1844년 영국 노동계급의 상태』(*Condition of the Working Class in England in 1844*)를 쓴 엥겔스(Friedrich Engels, 1820~95)에게 "최초의 프롤레타리아들은 제조업과 연관되어 있고, 제조업에 의해 생겨났으며 … 산업혁명의 큰아들인 공장 일꾼(factory hands)들은 처음부터 오늘날까지 노동운동의 핵심을 이루었던" 것처럼 보였다.

　　그들의 가치판단이 아무리 다를지라도 보수적, 급진적 그리고 사회주의적 관찰자들은 모두가 '증기동력과 면방직공장＝새로운 노동계급'이라는 등식을 제시하였다. 물질적인 생산도구들은 직접적이고 다소 강제적인 방식으로 새로운 사회관계, 제도, 문화적인 양식들을 만들어내는 것으로 생각되었다. 이와 동시에 1811~50년의 민중운동의 역사는 그러한 등식을 확인시켜주는 것처럼 보인다. 마치 잉글랜드 국민은 1790년대에 시련의 도가니에 빠져들어갔다가 전쟁 후에 다른 모습을 띠고 나타난 것처럼 보인다. 1811~13년의 러다이트 운동의 위기, 1817년의 펜트리지(Pentridge) 봉기, 1819년의 피털루 사건, 이후 10년간에 걸친 동직조합 활동의 확산·오웬주의자들의 선전활동·급진주의적 저널리즘·10시간 운동(Ten Hours Movement), 1831~32년의 혁명적 위기, 그리고 그 위기 이후에 차티스트 운동을 구성한 수많은 운동들. (동시대의 관찰자들이나 역사가들 모두에게) 무언가 파국적인 변화라는 느낌을 불러일으켰던 것은 무엇보다도 이 다양한 민중운동의 규모와 강도일 것이다.

　　1790년대의 모든 급진적인 현상들은 1815년 이후에는 거의 열 배로 재생산되었다. 몇개 안되던 자꼬뱅 신문들은 20여 개의 초급진적이고 오웬주의적인 정기간행물들을 낳았다. 대니얼 이튼이 페인의 책을 출판한 죄로 구금당했다면, 리처드 칼라일과 그를 따르는 노동자들은 동일한 죄로 도합 200년 이상의 옥고를 치렀다. 교신협회가 20여 개의 도시에서 불안정하게 유지되었던 데 반해, 전쟁 이후 햄프든 클럽과 정치동맹들은 작은 공업 촌

---

3) W. Cooke Taylor, *Notes of a Tour in the Manufacturing Districts of Lancashire* (1842), 4~6면.

락에까지 뿌리를 내렸다. 그리고 이러한 민중운동이 면직공업에서 큼직한 변화가 일어날 때마다 발생했다는 사실을 생각할 때, 양자간에 직접적인 인과관계를 설정하는 것은 자연스러운 일이다. 그래서 면방직공장은 더욱 많은 상품뿐만 아니라 '노동운동' 그 자체를 생산해낸, 산업혁명만이 아닌 사회혁명의 주역으로도 간주된다. 요컨대 어떤 상황을 묘사하기 위해 쓰이기 시작했던 산업혁명이라는 용어가 이제는 무엇을 설명해주는 말이 된 것이다.

아크라이트(Sir Richard Arkwright, 1732~92. 1769년 증기를 이용한 방적기계를 발명하여 산업혁명의 선구자가 되었다—옮긴이) 시대로부터 플러그 폭동을 거쳐 그 이후에 이르는 시기의 산업혁명을 재구성하려고 할 때 우리의 시야를 지배하는 것은 바로 '어둡고, 악마와도 같은 공장'의 이미지이다. 이는 아마도 부분적으로는 공장의 극적인 시각적 이미지——군대의 막사같이 생긴 건물, 커다란 공장굴뚝, 공장의 어린이들, 나막신과 숄, 공장이 알을 깐 것과 같은 공장 주변의 밀집된 거주지——때문일 것이다. (이러한 공장의 이미지는 우리로 하여금 우선 공업을 생각하게 하고, 그런 다음에야 비로소 이차적으로 공장에서 일하거나 거기에 붙어사는 사람들을 생각하게 한다.) 또 부분적으로는 면방직공장과 새로운 공장도시가 그 성장의 신속함, 사용기술의 교묘함, 그 규율의 새로움 내지 엄격함 등으로 인해 당대인들에게는 극적이고 불길하게 보였기 때문일 것이다. 즉 면방직공장과 새로운 공장도시는, 내무부의 '소요기록부'(disturbance books)에 더욱 빈번하게 등장하는 이름이 없거나 보기 흉하게 마구 뻗어 있는 제조업지구들(manufacturing districts)보다도 '잉글랜드의 상태'(condition-of-England)라는 문제에 관한 논쟁에 더 적합한 상징이었다. 그래서 여기서 문학적·역사적 전통이 둘 다 도출된다. 산업혁명기의 삶의 조건에 관한 당대인들의 거의 모든 고전적 서술들은 면직공업에 근거를 두고 있다——그것도 주로 랭커셔에 두고 있는데, 몇가지 예를 들자면 오웬, 개스컬, 유어(Andrew Ure, 1778~1857. 글라스고우 '앤더슨즈 컬리지'Anderson's College의 화학 및 자연철학 교수(1804)로서, 글라스고우 노동자들에게 '대중을 위한 과학강좌'popular scientific lectures 코스를 창설하여 유명해짐. 1835년에 출판한『매뉴팩처의 철학』The Philosophy of Manufactures과 1836년에 출간한 『영국의 면방직 매뉴팩처』 *The Cotton Manufactures of Great Britain...*에서 공장노동자의 조건을 자세히 서술함—옮긴이), 필든(John Fielden, 자신이 가난한 사람들의 대표임을 언제나 강조한 대표적인 과격파 급진주의 하원의원으로서 의회에서 1인 1표, 노동시간·임금·투자에 대한 국가의 통제, 소득세, 통화개혁 등의 급진적 프로그램을 주장함—옮긴이), 쿠크 테일러, 엥겔스의 서술이 바로 그러하다. 『공장 소년 마이클 암스트롱』(*Michael Armstrong, The Factory Boy*, 1840. 프랜시스 트롤로프Frances Trollope의 소설—옮긴이)이나 『메어리 바튼』(*Mary Barton*, 1848. 동정심 어린 시선으로 직조공들의 삶을 다룬 개스컬C. E. Gaskell 여사의 소설—옮긴이), 『어려운 시절』(*Hard Times*, 1854. 공업도시와 한 계급으로서의 산업 프롤레타리아트의 운명을 다룬 디킨즈의 소설—옮긴이) 같은 소설들은 이러한 전통을 영속화시킨다. 그리고 이러한 강조는 그 이후의 사회경제사 서술에서 현저하게 나타나게 된다.

그러나 많은 문제들이 남아 있다. 확실히 면직공업은 산업혁명의 선도공업이었고[4] 면방직공장은 공장제도의 탁월한 모델이었다. 그러나 우리는 경제성장의 역학과 사회적·문화적 삶의 역학이 자동적으로 그리고 아주 직접적으로 일치된다고 상정해서는 안된다. (1780년경의) 면방직공장의 '비약적인 발전' 이후의 반세기 동안에도 공장노동자는 면직공업에 종사하는 성인노동자 중에서 소수에 지나지 않았다. 1830년대 초에 면수직공들은 그 자체만으로도 면직, 모직, 견직 방적공장과 직조공장에서 일하는 모든 남녀 노동자보다도 여전히 그 수가 더 많았다.[5] 이전과 마찬가지로 1830년대에도, 성인남자 면방적공은 1960년대의 코번트리 자동차공장 노동자들이 전형적인 평균 노동자가 아닌 것과 마찬가지로, 그 실체가 도무지 잡히지 않는 이른바 전형적인 '평균 노동자'(average working man)가 아니었다.

이 점은 중요하다. 왜냐하면 면방직공장의 새로움을 지나치게 강조하게 되면 노동계급 공동체(working-class community)들을 만들어나가는 데에

---

4) 산업혁명기에 면직공업이 공업을 주도한 원인들에 관한 경탄할 만한 설명에 대해서는 E. J. Hobsbawm, *The Age of Revolution* (1962), 2장을 보라.
5) 1833년, 영국의 추산치. 전체 직물공장의 전체 성인노동자는 191,671명, 면수직공의 수는 213,000명. 이 책 제9장 411~12면을 보라.

있어서 정치적·문화적 전통의 연속성을 과소평가하는 결과를 가져올 수 있기 때문이다. 공장 일꾼은 '산업혁명의 큰아들'이 아니라 오히려 뒤늦게 출현한 막내아들이었다. 그들의 사상과 조직형태의 많은 부분은 노리치와 웨스트 컨트리의 방모사(紡毛絲, woollen) 노동자와 같은 가내노동자와, 맨체스터의 소품 직조공(small-ware weaver)들이 이미 가지고 있던 것들이었다. 따라서 공장 일꾼들이 —면공업지구의 공장노동자들을 제외할 때 —1840년대 말 (그리고 북부지방 및 미들랜즈의 몇몇 도시에서는 대대적인 공장폐쇄에 이른 1832~34년) 이전에 단 한순간이라도 '노동운동의 핵심을 형성'한 적이 있었는지 의심스럽다. 우리가 살펴보았듯이 자꼬뱅주의는 장인들 사이에서 가장 깊이 뿌리를 내렸으며, 러다이트 운동은 소작업장의 숙련기술자들이 행한 일이었다. 1817년에서 차티스트 운동에 이르기까지 북부지방과 미들랜즈의 선대제 노동자(outworker, outworker의 out은 putting-out의 out을 말하므로, 이 용어는 생산도구와 원료를 제공받고 공임을 대가로 물품을 제조하는 선대제하의 노동자를 말한다. 용어해설 참조—옮긴이)들은 공장 일꾼과 마찬가지로 모든 급진적 운동에서 앞서갔다. 그리고 많은 도시에서 노동운동에 사상, 조직, 지도력을 제공한 실질적인 핵심세력은 제화공, 직조공, 안장과 마구 제조공, 서적판매상, 인쇄공, 건축노동자, 소직종인 등과 같은 사람들로 구성되어 있었다. 1815년과 1850년 사이의 런던의 급진파의 광대한 지역은 자기 세력을 주요 중공업부문에서가 아니라 〔선박제조는 쇠퇴해가는 경향이 있었으며 또 엔지니어(engineer, 이 시기의 engineer는 금속 엔진이나 기계를 디자인하고 발명하는 자들로서 직역하면 '금속기계제작공' 정도가 될 것이나 여기서는 엔지니어로 음역함—옮긴이)들은 세기말에 가서야 비로소 그들의 영향력을 행사하였다〕 갖가지 소규모 수공업 직종과 업종으로부터 끌어내고 있었다.[6]

따라서 그와같은 경험의 다양성은 일부 저술가들로 하여금 하나의 '산업혁명'과 하나의 '노동계급'이라는 두 개념에 이의를 제기하도록 만들었다. 첫번째 개념에 대한 논의 때문에 여기서 우리가 지체할 필요는 없을 것이

6) E. J. Hobsbawm, 앞의 책, 2장 참조.

다.[7] 그 용어는 거기에 보통 함유되어 있는 뜻만으로도 충분히 사용될 만하다. 두번째 개념에 대해서 많은 저술가들은 지위, 습득 정도, 숙련도, 노동조건의 커다란 편차 등등을 강조하는 노동계급들(working classes)이라는 합성어를 더 좋아한다. 그리고 이 점에 있어서 그들은 프랜시스 플레이스의 불만을 되풀이한다.

> 노동대중의 성격과 행위를 학술지, 잡지, 팸플릿, 신문, 상하원과 공장위원회 위원들의 보고서를 통해 추정해보면 우리는 숙련도가 아주 높고 (도덕적으로도) 분별력이 있는 노동자(workman)와, 아주 무식하고 무분별한 (막)노동자(labourer)들 및 빈민들이 서로간에 엄청난 차이를 보이고 있고 그래서 많은 경우에 비교가 불가능함에도 불구하고 그들이 '신분이 낮은 사람들'(lower orders)로 한데 뭉뚱그려져 있음을 발견하게 된다.[8]

플레이스는 물론 옳다. 썬덜런드의 선원, 아일랜드 토역꾼, 유대인 행상, 이스트 앵글리어 지방의 마을 구빈원 수용자, 『타임즈』지에서 일하는 식자공──이들 모두는 '높은 사람들'에게는 '하층계급들'로 보이겠지만 그들 자신들은 서로간에 쓰는 사투리를 거의 이해하지 못하고 있었다.

그럼에도 불구하고 온갖 주의를 기울여볼 때 1790년과 1830년 사이의 두드러진 사실은 '노동계급'의 형성이다. 이것은 첫째, 계급의식의 성장에서, 즉 이 다양한 모든 노동대중 집단들 사이의 이해관계가 동일하고 타계급들의 이해관계에 대한 그들의 이해관계가 동일하다는 의식의 성장에서 드러난다. 그리고 둘째, 그에 상응하는 정치적·산업적 조직형태의 성장에서 드러난다. 1832년에 이르면 토대가 군건하고 자기의식적인 노동계급의 제도들──노동조합, 공제조합, 교육 및 종교 운동, 정치조직, 정기간행물들──, 노동계급의 지적 전통, 노동계급의 지역공동체 패턴, 노동계급의 감정구조

---

7) 이 논쟁에 관한 요약은 E. E. Lampard, *Industrial Revolution* (American Historical Association 1957); E. J. Hobsbawm, 앞의 책, 2장도 참조.
8) M. D. George, *London Life in the Eighteenth Century* (1930), 210면에서 재인용.

가 있었다.

노동계급의 형성은 경제사적 사실 못지않게 정치사·문화사적인 사실이다. 그것은 공장제도의 자동생산물이 아니었다. 우리는 '산업혁명'이라는 어떤 외적인 힘이 인류라고 하는 뭐라고 말하기 어렵고 미분화된 원료(raw material)에 작용하고, 그리하여 끝에 가서 '전혀 새로운 종류의 인간'이 만들어져나왔다고 생각해서는 안된다. 산업혁명의 변화하는 생산관계와 노동조건들은 원료에 작용한 것이 아니라 '자유인으로 태어난 잉글랜드인'──그러니까 페인이 버리고 떠났으며 또 감리교도들이 그 틀을 만들어낸 바로 그 '자유인으로 태어난 잉글랜드인'에게 작용하였다. 공장 일꾼이나 양말제조공은 또한 번연의 후계자였으며 대대로 내려오는 촌락공동체의 여러 권리, 법 앞의 평등이라는 개념, 수공업 전통을 아울러 가지고 있었다. 그는 대대적인 종교적 교화의 대상이었으며 또한 정치적 전통의 창출자였다. 노동계급은 만들어진 만큼이나 그 스스로를 만들어냈다.

노동계급을 이런 식으로 보는 것은 현대의 경제사나 사회학의 여러 학파들을 지배하는 분위기에 반대하고, 이 시기에 대한 '고전적' 견해를 옹호하는 것이다. 왜냐하면 처음에 맑스, 아널드 토인비(Arnold Toynbee), 웹 부부(Sidney and Beatrice Webb), 해먼드 부부(J. L. and Barbara Hammond)가 구획짓고 측량한 바 있는 산업혁명이라는 영역이 오늘날 하나의 학술적 전쟁터를 방불케 하고 있기 때문이다. 이 시기를 '파국'으로 보는 잘 알려진 견해는 하나하나 차례로 반박되어왔다. 이 시기를 흔히 경제적 불균형, 지독한 빈곤과 착취, 정치적 탄압과 영웅적인 민중운동의 시기로 보아온 것에 반해, 오늘날의 관심은 경제성장률에 (그리고 자립적인 기술적 재생산으로의 '이륙'의 어려움에) 맞춰져 있다. 인클로우저 운동은 이제 마을의 빈민들을 무자비하게 추방한 것으로보다는 급속히 증가하는 인구문제를 성공적으로 해결한 것으로 기록되고 있다. 또 당시의 어려움은 착취와 살인적인 경쟁보다는 전쟁, 불완전한 커뮤니케이션, 미숙한 은행과 교환 제도, 불확실한 시장, 경기순환에 따르는 혼란 때문에 생겨난 결과로 보고 있다. 민중의 불안은 높은 밀가격과 불경기가 불가피하게 겹친 결과로 간주되고 있으며, 이러한 자료들로부터 도출해낸 '사회적 긴장'의 초보적인 도표로 설명되고 있다.[9] 일반적으로 1840년 공업노동자의 지위는 1790년 가내노동자의 그것보다 거의 모든 점에서 나아졌다고 주장되고 있다. 산업혁명은 파국이나 첨예한 계급갈등 및 계급탄압의 시대가 아니라 진보의 시대였다는 것이다.[10]

고전적 정설인 파국론은 새로운 정설인 반(反)파국론으로 대체되었는데, 반파국론은 신중한 경험주의에 의해 그리고 (써 존 클래펌 Sir John Clapham, 도로시 죠지 Dorothy George 박사, 애슈턴 Ashton 교수 같은) 그 가장 대표적인 학자들이 이전 학파에 속하는 몇몇 저술가들의 엉성함에 대해 가한 신랄한 비판에 의해 그 특징을 아주 분명히 드러낸다. 새로운 정설이 된 이러한 연구들은 역사연구를 증진시켰으며, 여러가지 중요한 점에서 고전학파의 연구를 보완하고 수정하였다. 그러나 새로운 정설이 이제 나이를 먹고 대부분의 대학 연구기관에서 독점적인 위치를 차지하자 이번에는 그것이 도전을 받게 되었다. 위대한 경험주의자들의 후계자들은 너무나도 빈번하게 도덕적 안이함, 협소한 참고자료 그리고 그 시대 노동자들의 실제 운동에 대한 불충분한 지식을 드러냈다. 그들은 산업혁명에 따른 사회적 관계와 문화적 양식의 변화에 대해서보다는 정통적인 경험주의자로서의 자신들의 입장을 고수하는 데에 더 신경을 썼다. 그리하여 전체 과정, 즉 그 시대의 전체적인 정치적·사회적 맥락에 대한 비전이 사라졌다. 기존 학설에 대해 제시된 소중한 유보사항들이 부지불식간에 새로운 일반화(이러한 일반화는 증거에 의해 뒷받침되고 있지 않다)로 바뀌었고, 그 일반화가 이제는 하나의 지배적인 태도로 바뀌어버린 것이다.

경험주의적 정설은 흔히 J. L. 해먼드와 바버러 해먼드의 저술에 대해 개략적으로 비판하는 것으로써 자기 입장을 세운다. 해먼드 부부가 역사를

---

9) W. W. Rostow, *British Economy in the Nineteenth Century* (1948), 특히 122~25면을 보라.

10) 여기에서 요약된 견해의 일부는 묵시적 혹은 명시적으로 T. S. Ashton, *The Industrial Revolution, 1760~1830* (1948)과 A. Radford, *The Economic History of England* (제2판, 1960)에서 찾아볼 수 있다. 이러한 견해를 따르는 사회학적인 한 변형은 N. J. Smelser, *Social Change in the Industrial Revolution* (1959)에서 전개되었고, 그것의 요란스러운 대중화는 John Vaizey, *Success Story* (W.E.A., 발간연도 미상)에서 볼 수 있다.

지나치게 도덕화하려고 했다는 것과, 그들이 자신들의 사료를 지나치게 '비분강개조'로 제시했다는 것은 사실이다.[11] 그들의 저술에는 잘못되거나 그 이후의 연구에 비추어 수정되어야 할 점이 분명히 많이 있고, 또 우리는 그밖의 다른 문제점들도 제기하려고 한다. 그러나 해먼드 부부를 옹호하는 것은 노동자들에 관한 풍부한 인용과 광범위한 참고문헌으로 가득 찬 그들의 책이 이 시기에 대한 가장 중요한 자료집의 하나로 오랫동안 남게 될 것이라는 사실 때문만은 아니다. 그들은 자신들의 서술을 통해 산업혁명이 일어난 정치적 맥락에 대한 하나의 이해를 보여주었다고 우리는 또한 말할 수 있다. 어떤 면방직공장의 회계원장(元帳)을 검토하는 연구자에게 나뽈레옹전쟁은 단지 해외시장에 영향을 주고 수요변동을 가져온 하나의 비정상적인 요인에 불과할 것이다. 그러나 해먼드 부부는 그것이 바로 자꼬뱅주의에 대한 전쟁이라는 사실을 단 한순간도 잊을 수 없었다. "이 몇 페이지에서 논의되는 시기의 잉글랜드 역사는 내란의 역사처럼 읽힐 것이다." 이것이 『숙련노동자』(*The Skilled Labourer*) 제1장의 첫 대목이다. 그리고 『도시노동자』(*The Town Labourer*)의 결론에서는 가치중립적인 다른 언급들 가운데 이 시대 전체를 두드러지게 부각시키는 통찰력이 들어 있다.

유럽의 절반이 열광에 빠지고 나머지 반이 시민이라는 말의 새로운 마력 때문에 공포에 질려 있을 때 잉글랜드 국민은 시민권 사상을 그들의 종교와 그들의 문명에 대한 도전으로 보는 사람들 즉 삶의 불평등을 국가의 토대로 삼으려고 의도적으로 노력하고, 노동자들은 종속된 계급이며 그들은 영원히 종속된 계급의 위치에 있어야 한다고 믿는 사람들의 수중에 놓여 있었다. 그리하여 프랑스혁명이 프랑스 국민들을 갈라놓은 것보다도 더 산업혁명이 잉글랜드의 국민들을 갈라놓는 일이 일어났던 것이다. …

'그리하여 … 일어났던 것이다.' 이러한 판단에 이의를 제기할 수는 있다.

---

11) E. E. Lampard, 앞의 책, 7면을 보라.

그러나 잉글랜드에서는 일어나지 않았던 그 혁명이 프랑스에서 일어났던 그 혁명만큼 아주 파괴적이었으며, 또 어떤 면에서는 그보다 더 국민을 갈라놓았다는——바로 이러한 통찰력에서 우리는 이 시대가 참으로 파국적인 시대였다는 사실에 대한 하나의 단서를 발견하게 된다. 이 시대에는 두 개가 아니라 세개의 거대한 힘이 동시에 작용하고 있었다. 엄청난 인구증가(그레이트 브리튼에서는 1801년 1,050만에서 1841년 1,810만으로 인구가 증가했고, 1811~21년에 가장 높은 증가율을 보였다)가 있었고, 기술적 측면에서의 산업혁명이 있었으며, 동시에 1792~1832년의 정치적 반혁명(counter-revolution)이 있었다.

결국, 노동계급의 의식과 제도를 형성하는 데 가장 영향력이 강했던 것은 증기기관 못지않게 정치적 맥락이었다. 18세기 말에 정치적 개혁을 이루어낸 세력——윌크스·도시의 상인들·미들섹스의 소젠트리·'폭도' 혹은 위빌·소젠트리와 요우먼·직물업자·칼제조공·직종인——은 1790년대에 적어도 어느정도의 부분적인 승리를 쟁취하기 직전에 있었다. 피트는 개혁 수상의 역을 맡게 되어 있었다. 그러므로 일이 '자연스러운' 경로를 밟았더라면 우리는 1832년 훨씬 이전에 토지와 상업을 독점하고 있던 과두체제의 연합세력과, 제조업자들과 소젠트리 그리고 이 중간계급의 선동을 따랐던 노동대중의 연합세력 간에 어떤 대결이 있었으리라고 예측할 수 있다. 그리고 제조업자들과 전문직업인들이 개혁운동에 앞장섰던 1792년까지만 해도 양자 사이에는 여전히 세력균형이 이루어지고 있었다. 그러나 『인간의 권리』가 성공하고, 프랑스혁명이 과격화되면서 공포정치가 나타나고, 이에 따라 피트의 탄압이 시작된 그 이후에 반혁명적 전쟁에 대항하여 일어선 것은 오직 평민적인 교신협회뿐이었다. 그리고 이들 평민 그룹들은 1796년에는 그 수가 적었지만 그럼에도 불구하고 전쟁 말기에 이르기까지 계속해서 '지하조직'의 전통을 만들어냈다. 프랑스를 보고 놀라 전쟁의 애국적인 열정에 휩싸인 귀족과 제조업자들은 제휴하였다. 잉글랜드의 구체제는 국정에 의해서뿐만 아니라, 나날이 번성해가는 공업도시들을 잘못 통치해온 낡은 단체들을 온존시킴으로 해서 새롭게 수명을 연장하게 된 것이다. 그 협력의 대가로 제조업자들은 중요한 양보를 얻어냈다. 그중 주목할 만한 것은 도제제도, 임금규제, 공업에서의 노동조건들을 다루어온 '온정주의'적인 법률들의 취소 내지 철폐였다. 귀족들은 민중의 자꼬뱅적 '음모'를 탄압하는 데 관심이 있었고 제조업자들은 임금상승을 위한 '음모'를 무산시키는 데 관심이 있었던바, 이 두 가지 목표를 동시에 실현시켜주는 것이 바로 결사금지법이었다.

이리하여 노동대중은 전쟁기간 동안 (부언할 것은, 이 전쟁을 수행하는 것 역시 그들의 몫이었다) 정치적·사회적인 아파르트헤이트를 당해야 했다. 사실 이러한 사태가 전혀 새로운 것은 아니었다. 새로운 것은 이러한 사태가 프랑스혁명과 함께, 점증하는 의식화와 더욱 광범위해진 욕구와 함께(왜냐하면 '자유의 나무'가 템즈강에서 타인Tyne강까지 이식되었으니까), 그 속에서 절대적인 숫자 관념이 런던과 공업지구에서 해마다 더욱 두드러지게 되었던 (그리고 인구가 늘어남에 따라 마스터나 치안관이나 교구목사들에 대한 복종심은 점점 줄어들게 마련이었던) 그러한 인구증가와 함께, 그리고 더욱 지독하고 더욱 노골적인 형태의 경제적 착취 등과 함께 일어났다는 점에 있다. 농업과 재래식 가내공업에서 착취는 더욱 지독했으며, 새로운 공장 그리고 아마도 광산에서 더욱 노골적이었다. 농업에서 1760~1820년은 전반적인 인클로우저의 시기로서 촌락마다 공동권이 상실되고, 토지를 잃은 자들과 (남부지방에서는) 곤궁해진 노동자들이 농장주와 지주를 부양하고 교회의 십일조를 부담해야만 할 처지에 놓여 있었다. 가내공업에서는 1800년 이후부터 소마스터들이 (제조업자나 중간업자 같은) 대고용주(larger employer)들에게 굴복하고, 그리고 다수의 직조공·양말제조공·못제조공 들이 불안정한 고용상태에서 임금을 버는 선대제 노동자로 전락한 것이 일반적인 추세이다. 한편 공장과 여러 광산지대에서 이 시기는 어린이를 (그리고 비공식적으로 여자를) 고용한 시기이며, 대규모 기업·새로운 규율을 갖춘 공장제도·공장 공동체들(mill communities) ── 그 안에서 제조업자들이 '일꾼들'(hands)의 노동으로부터 부를 쌓았을 뿐만 아니라 그것도 단 한 세대 안에 부를 쌓았다는 것을 볼 수 있었던 ──, 이 모든 것들이 착취과정을 선명하게 드러내고 피착취자들을 사회적·문화적으로 뭉치게 하는 데 이바지하고 있었다.

우리는 이제 산업혁명이 참으로 파국적인 것이었다는 것과 더불어 잉글랜드 노동계급이 이 시기에 형태를 갖추게 된 몇가지 이유를 알 수 있다. 민중은 참을 수 없는 두 가지 형태의 관계, 즉 경제적 착취와 정치적 탄압을 동시에 겪고 있었다. 고용주와 노동자 간의 관계는 더욱 악화되고 더욱 비인격적인 것으로 되어가고 있었다. 이러한 비인격적인 관계가 노동자의 잠재적 자유를 증가시켰던 것은 사실이다. 왜냐하면 농장에 고용된 일꾼 (servant)이나 가내공업의 직인은 (토인비의 말처럼) "농노의 위치와 시민의 위치 중간에 머무르게" 되었기 때문이다. 그러나 한편으로 이러한 '자유'는 노동자가 자신의 부자유(unfreedom)를 이전보다 더 느끼게 되었다는 것을 의미하였다. 그러나 그가 착취에 저항하려 할 때마다 그는 고용주나 국가의 힘, 대개는 이 양자 모두에 부딪혔다.

대부분의 노동대중에게 산업혁명의 결정적 체험은 착취의 성격 및 강도의 변화로 느껴졌다. 이것은 왜곡된 증거에 입각한 어떤 시대착오적인 지적이 아니다. 우리는 착취과정의 일부분을 1818년——맑스가 태어난 해——에, 한 비범한 면직 직공에게 비춰진 바대로 기술할 수 있을 것이다. 그의 설명——즉 한 '직인 신분의 면방적공'이 파업에 즈음한 맨체스터의 공중에게 보내는 글——은 고용주들과 노동자들을 '서로 다른 두 부류의 사람'으로 묘사하는 것으로부터 시작한다.

그러면 먼저 고용주들에 관해 이야기해보자. 극소수의 예외를 제외하고 그들은 맨체스터에서 장사를 하는 상인들의 작은 세계와 접촉하면서 배운 것을 빼고는 교육을 받은 적도 없고 능숙한 솜씨도 없는, 면직물 가게에서부터 시작한 일군의 사람들이다. 그러나 이러한 결함을 메우기 위해 그들은 근사한 저택, 시종이 딸린 마차, 제복을 입은 하인, 큰 정원, 사냥꾼, 사냥개 등등을 봐란 듯이 과시함으로써 외양을 그럴듯하게 꾸미고 이런 것들을 처음 만난 상인들에게 아주 거드름을 피우며 자랑하기를 좋아한다. 정말 그들의 집은 그 크기나 규모가 런던 주변에서 당신들이 볼 수 있는 매력적인 깔끔한 별장을 훨씬 능가하는 호화스러운 궁전이다. ··· 그러나 자연과 예술의 조화의 아름다움을 아는 냉철한 관찰자는 형편없이 운치가 결여되어 있음을 알아낼 것이다. 그들은 자신들의 가족을 돈이 가장 많이 드는 학교에 보내고, 자식들에게 자신들이 못 가진 것을 두 배로 퍼부으려고 애쓴다. 그리하여 너무나도 당연하다는 듯이 그들 자신의 지역에서 문자 그대로 절대적이고 전제적인 소군주들로 군림한다. 그리고 이러한 모든 것을 유지하기 위하여 그들은 그들의 모든 시간을 최소한의 비용으로 최대한의 노동을 얻을 수 있는 방법을 궁리해내는 데 쓴다. … 한마디로 내가 전혀 모순을 느끼지 않고 감히 말할 수 있는 것은 이곳의 마스터와 방적공 사이에서 볼 수 있는 거리가 런던의 일급 상인과 그의 가장 낮은 하인 또는 최하위 장인 사이에서 볼 수 있는 거리보다 더 크다는 것이다. 정말 비교가 안된다. 나는 대부분의 방적업 마스터들이 방적공들을 가난과 무기력의 상태로 유지하기 위해 … 그리고 잉여분을 자기 호주머니에 넣기 위해 낮은 임금을 유지하는 일에 골몰하고 있는 것이 사실임을 안다.

방적업 마스터들은 왕국의 여타 다른 직종 마스터들과는 종류가 다른 사람들이다. 그들은 무식하고 교만하고 전제적이다. 그러니 그와같은 마스터들의 도구에 지나지 않는 사람들, 아니 차라리 생물들은 어떻겠는가? 그거야 물론, 그들은 아내 및 가족과 함께 잔인한 십장들에게 농노처럼 얽매여서 인고의 나날을 보내왔다. 그와같은 사람들이 자유로우며, 법은 빈자나 부자를 똑같이 보호하고, 방적공은 임금이 마음에 들지 않으면 자신의 마스터를 떠날 수 있다는 등의 말을 함으로써 우리의 지적 능력을 무시하는 것은 아무 소용 없는 일이다. 그렇다. 그는 그렇게 할 수는 있다. 그러나 그가 어디로 간단 말인가? 다른 마스터에게로 가면 되지 않는가. 확실히 그렇다. 좋다. 그가 간다고 하자. 그는 지난번에 어디서 일했느냐는 질문을 받는다. "그가 널 해고했는가?" 아닙니다. 우리는 임금에 합의할 수가 없었습니다. 그렇다면 나는 너를, 아니 누구든지 그런 식으로 마스터를 떠난 자는 고용하지 않겠어. 왜 이런 일이 일어나는가? 그것은 1802년 스톡포트에서 처음 결성되었고, 그 이후 소마스터들이 아닌 맨체스터 주변 수십 마일 안에 있는 모든 대마스터들을 포괄할 정도로 일반화된 가공스런 **마스터들간의 결사**(combination existing amongst the masters)가 존재하기 때문이다. 소마스터들은 거기서 제외되었다. 그들은 대마스터들이 상상할 수 있는 가장 기분 나쁜 존재들인 것이다. … 결사가 처음 행해졌을 때 그 첫번째 조항의 하나는 어느 마스터도 지난번 마스터가 그를 해고했는지 여부를 먼저 확인하기 전에는 그 사람을 고용할 수 없다는 것이었다. 그러니 그 사람이 무엇을 할 수 있겠는가? 설령 모든 독립의 묘혈인 교구로 간다고 해도 그는 이런 말을 듣게 된다 — 우리는 너를 구제하지 않아. 네가 너의 마스터와 싸우고 그래서 네 가족을 부양하지 않는다면 우리는 너를 감옥으로 보낼 것이야. 이리하여 그 사람은 그를 둘러싼 주변 상황의 결합에 의해 자신의 마스터에게 복종하게 되는 것이다. 그는 여행할 수도 없고, 제화공·소목장이·양복제조공으로 다른 도시에서 일자리를 얻을 수도 없다. 그는 그 지역에 감금되어 있는 것이다.

노동자는 일반적으로 모난 데가 없고 겸손하며, 그들이 어떻게 정보를 얻는지는 내게 거의 신비스럽게 느껴지지만 어쨌든 정보에 밝은 사람들이다. 그들은 심하게 괴롭힘을 당하지 않는 한 온순하고 다루기 쉽다. 그러나 이것은 그들이 여섯살 때부터 새벽 5시에서 밤 8~9시까지 일하게끔 훈련된다는 사실을 고려하면 놀랄 일이 못 된다. 마스터에게 복종하라고 주장하는 자들이여, 새벽 5시 조금 전에 공장으로 가는 큰길에 나가 날씨가 어떻든 그렇게 이른 시간에 잠자리에서 일어난 어린아이들과 그들의 부모의 불쌍한 모습을 보라. 그리고 대개 물을 섞은 죽에 부숴넣은 딱딱한 오우트밀 비스킷, 약간의 소금 그리고 이따금 약간의 우유, 감자, 한 조각의 베이컨 혹은 기름덩어리가 저녁식사로 곁들여지는 형편없는 소량의 음식을 들여다보라. 런던의 숙련직인들이 이런 것을 먹겠는가? 공장에 가면 그들은 (몇분만 지각하면 일당의 4분의 1을 깎이게 된다) 우리가 이번 여름에 겪은 가장 더운 날보다도 더 뜨거운 방에 밤늦게까지 붙잡혀서 하루 온종일 식사시간으로 주어지는 45분 — 다른 시간에도 먹을 수는 있지만 일을 계속해야만 한다 — 을 제외하고는 단 1분도 허락받지 못한다. 타는 듯한 태양 아래서 일하는 서인도제도의 흑인노예도 아마 이따금씩 불어오는 산들바람을 맛볼 것이다. 또 그는 어느 정도의 땅과 그것을 경작하는 데 필요한 시간을 갖고 있을 것이다. 잉글랜드의 방적공 노예는 탁 트인 대기도 산들바람도 누리지 못한다. 8층 높이의 공장에 갇혀 육중한 엔진이 멈출 때까지 그는 한숨도 쉬지 못하다가 다음날을 위해 잠자러 집에 가는 것이다. 가족과 즐거운 모임을 가질 시간도 없이 그들 모두는 한결같이 지치고 녹초가 되어버린다. 이것은 결코 과장이 아니다. 이것은 문자 그대로 진실이다. 나는 다시금 묻는다. 잉글랜드 남부의 숙련직인들이 이런 것들을 감수하겠냐고.

면방적업이 초기단계에 있었을 때, 그리고 인간의 노동의 필요성을 대체하기 위해 증기기관이라고 불리는 저 끔찍한 기계가 사용되기 전까지만 해도 당시 소마스터라고 불리던 사람들, 즉 소자본을 가지고 몇대의 기계를 구해 몇명의 일손 즉 어른과 아이들(20~30명)을 고용하여 그들의 노동으로 만들어진 생산물 모두를 맨체스터의 중앙시장에 보내 중개인(broker)들의 손에 넘기는 이들이 매우 많이 있었다. … 중개인들은 그것을 상인에게 팔고, 그래서 당시 방적업 마스터들은 자기 집에 살면서 일하고 자신의 노동자들을 돌볼 수 있었다. 당시 솜은 언제나 포대에서 원료 상태로 집 안에 있는 방적공의 아내에게 넘겨졌고 아내들은 공장의 방적공들이 즉시 사용할 수 있게끔 그것을 말리고 세탁했다. 이 일로 아내들은 주당 8, 10 혹은 12실링을 벌 수 있었고 그 돈으로 요리를 해서 가족을 보살필 수 있었다. 그러나 지금은 아무도 그런 식으로 고용되지 않는다. 왜냐하면 모든 솜은 악마라고 불리는 증기기관에 의해 돌려지는 기계로 분리되기 때문이다. 그래서 방적공의 아내들은 주당 4~5실링 정도의 몇푼으로 애들이나 할 수 있는 일을 하러 온종일 공장에 나가 있지 않는 한 일자리가 없는 것이다. 또 그당시에는 노동자가 마스터와 합의하지 않아도 그를 떠나 딴 곳에 취직할 수 있었다. 그러나 몇년 사이에 사정은 바뀌었다. 증기기관이 사용되면서, 그것을 구입하고 그것을 설치하기에 충분한 건물을 세우고 600~700명의 일손을 고용하는 데는 엄청난 자본이 필요하게 되었다. 엔진의 힘은 소마스터들이 같은 가격에 만들 수 있는 것보다 훨씬 시장성이 높은(질은 더 떨어지는) 물건을 생산해냈다. 그 결과 아주 짧은 시간 안에 소마스터들은 몰락하였다. 그리고 그들이 몰락함에 따라 커질 대로 커진 자본가는 승리하였다. 왜냐하면 소마스터들은 노동자에 대한 완벽한 통제와 자본가들 사이에 가로놓인 유일한 장애물이었기 때문이다.

또 생산물의 질에 대해 노동자와 마스터 사이에서 갖가지 분쟁이 야기되었는데, 노동자는 넘겨받은 일정 양의 솜으로부터 그가 생산해낸 실타래나 야드 수에 따라 임금을 받았고, 이것은 언제나 감독관의 확인을 받아야 했으며, 자신의 이해관계가 마스터에게 기울어질 수밖에 없는 감독관은 생산물의 등급을 실제보다도 낮게 매겼기 때문이다. 노동자가 판정에 굴복하지 않을 경우 그는 자신의 고용주를 치안관 앞에 소환해야만 했다. 그러나 이 지역에서 활동하는 모든 치안관은 두명의 훌륭한 성직자를 제외하고는 면방적업 마스터들과 같은 출신의 사람들이었다. 그래서 고용주들은 그와같은 소환에 응할 때 대개 그의 감독관을 보내는 것으로 충분하다고 여겼는데, 이는 아랫것을 만나는 일은 체면이 깎이는 일이라고 생각한 때문이었다. 치안관은 대개 감독관의 말만을 듣고는 마스터에게 유리한 판결을 내렸다. 게다가 노동자는 비용 때문에 감히 제소하지 못하였다. …

사람들에게 행해지는 이러한 죄악들은 재산과 권력이 소수의 사람들에게 집중된 지역에 존재하는 가공스러운 독점에서 비롯된 것인바, 이 소수의 사람들은 마음속으로 스스로를 세계의 지배자로 생각한다.[12]

그 나름의 주목할 만한 일관성을 가지고 사실들을 해석하고 있는 이 글은 브룸경(Henry Peter Brougham, 1778~1868. 초대 브룸 앤드 보크스Brougham and Voks 남작이자 개혁정치가로서 캐럴라인 왕비 재판에서 왕비를 옹호하였으며, 노예제에 반대하는 급진적 개혁을 주도하였고, 1832년 선거법 개정에도 참여한 휘그파 의원 ─옮긴이)의 '정치경제학'과 마찬가지로 한쪽에 치우친 글이다. 그러나 '직인 신분의 이 면방적공'은 다른 성격의 사실들을 기록하고 있다. 굳이 그의 모든 판단이 옳은 것인지 여부를 따질 필요는 없다. 그의 글은 자본가의 착

---

12) *Black Dwarf*, 1818년 9월 30일자.

취의 성격이 변화함에 따라 노동대중이 갖게 된 불만을 조목조목 기록한 것이다. 즉 전통적인 권위나 의무감이 결여된 마스터 계급의 등장, 마스터와 노동자 간에 멀어져가는 거리, 그들의 새로운 재산과 권력의 원천인 노골적인 착취, 노동자의 지위와 무엇보다도 독립의 상실 즉 그가 마스터의 생산도구에 전적으로 의존하게 되어버린 사실, 법의 편파성, 전통적인 가족경제의 파괴, 작업규율·작업의 단조로움·작업 시간과 조건, 여가와 생활의 즐거움의 상실, 인간의 '도구'의 지위로의 전락 등이 그것이다.

　노동대중이 이러한 불만들을 느끼고 있었다는 것은──그것도 강렬하게 느끼고 있었다는 것은──그 자체로서 우리의 관심을 끌기에 충분하다. 그리고 그것은 이 시기의 가장 치열했던 싸움 가운데 어떤 것은 생활비계수에 의해 포착될 수 없는 쟁점들을 문제삼고 있었다는 사실을 우리에게 강하게 일깨워준다. 가장 크게 감정적인 반발을 불러일으킨 쟁점은 단순한 '빵' 문제라기보다는 전통적인 관습, '정의', '독립', 안정 혹은 가족경제같이 가치가 문제시되는 쟁점이 대부분이었다. 1830년대의 첫 몇년은, 임금은 2차적 중요성을 갖는 그러한 쟁점들을 문제삼은 운동들로 달아오른 시기이다. 도자기공들은 현물급여제(Truck System)에 대한 반대를, 직물노동자들은 10시간 법안을, 건축노동자들은 협동조합적인 직접행동을, 모든 노동자 집단은 노동조합에 가입할 수 있는 권리를 요구하였다. 1831년 북동부 탄광지대의 대규모 파업은 고용의 안정, '토미 숍'(tommy shop, 임금 대신 빵이나 음식물을 제공하는 제도, 그같은 매점이나 공장을 말함─옮긴이), 어린이노동을 문제삼았다.

　착취관계는 불만과 상호대립을 합친 것 이상의 것이다. 그것은 역사적 맥락에 따라 각기 다른 형태를 취하는 하나의 관계이며, 그 형태는 거기에 상응하는 소유 및 국가권력의 형태와 관련을 맺고 있다. 산업혁명의 고전적 착취관계는 상호간에 어떠한 끈끈한 의무감──온정주의나 복종심 혹은 '직종'의 이해 따위──을 허용치 않는다는 의미에서 비인격적이다. 거기에는 자유시장의 힘의 작용에 맞서서 사회적 혹은 도덕적 승인에 따라 정당화되는 '공정'가격이나 임금조정 따위의 소리는 들리지 않는다. 생산관계는 본질적으로 적대적인 것으로 인식되고, 경영 혹은 감독기능은 노동으로부터 최대한의 잉여가치를 끌어내려는 것 이외의 모든 인간적인 속성의 억압을 요구한다. 이것이 맑스가 『자본론』(Das Kapital)에서 해부한 정치경제학이다. 노동자는 '도구' 혹은 다른 비용항목 중의 하나가 된다.

실상 복합적인 어떤 공업기업도 이와같은 철학에 따라 움직여질 수는 없다. 1830년대에 이르러 산업평화, 안정된 노동력, 숙련되고 경험이 풍부한 노동자군에 대한 필요성이 경영기술의 변화──그래서 실제로도 새로운 형태의 온정주의가 발달하였다──를 필요로 했다. 그러나 다투어 고용되기를 바라는 비조직화된 '일손들'이 언제나 넘쳐흐르는 공급과잉 상태의 선대제 공업에서는 이러한 배려가 없었다. 여기서는 낡은 관습이 사라지고 전래의 온정주의가 무시됨에 따라 착취관계가 절대적인 것이 되었다.

이것은 우리가 산업혁명이 몰고 온 고난에 대한 모든 '비난'을 '마스터들'이나 자유방임주의에 돌릴 수 있다는 것을 의미하지는 않는다. 공업화 과정은 생각할 수 있는 어떠한 사회적 상황에서도 고통과 소중한 옛 생활방식의 파괴를 반드시 수반한다. 근래의 연구들은, 시장의 불안정성 및 전쟁이 초래한 갖가지 상업적·재정적 결과, 전쟁 이후의 디플레이션, 교역조건의 변화, 그리고 인구'폭발'로 인한 예외적인 압력 등등 영국이 겪은 특수한 어려움들을 설명하는 데 일조해왔다. 게다가 20세기적 편견은 우리로 하여금 무엇보다도 중요한 문제는 경제성장의 문제였다고 생각하게 만들었다. 그래서 산업혁명기의 영국은 '이륙'을 하느냐 못하느냐는 어려운 문제에 직면해 있었다고 주장될 수 있다. 과도한 장기투자──운하, 공장, 철도, 주물공장, 광산, 공공시설──는 현재의 소비를 희생함으로써 이루어졌다. 요컨대 1790년과 1840년 사이의 노동자세대는 소비증대라는 기대의 일부 혹은 전부를 미래로 돌리는 희생을 했다.[13]

이러한 주장들은 모두 면밀히 검토할 만한 것들이다. 예를 들어 남아메리카 시장의 수요변동이나 지방 은행에 불어닥친 위기에 관한 연구는 특정 공업의 성장이나 낙후 원인에 대해 우리에게 많은 것을 가르쳐준다. 현재 학계를 지배하고 있는 정설에 대한 비판은 경험적 연구 그 자체에 대해서가

---

13) S. Pollard, "Investment, Consumption, and the Industrial Revolution," *Economic History Review*, 2nd Series, XI (1958), 215~26면을 보라.

아니라 전체적인 역사적 과정에 대한 우리의 이해의 편린화(fragmentation)에 대해서이다. 첫째로, 경험주의자들은 어떤 사건들을 이 과정으로부터 분리해서 그것들을 고립시켜놓은 상태에서 검토한다. 그리고 이러한 사건들을 발생케 한 조건들은 미리 가정되어 있기 때문에, 그것들은 그 자체로 설명이 가능할 뿐만 아니라 불가피한 것으로 보인다. 전쟁의 대가는 중과세로 치러질 수밖에 없었고, 그래서 전쟁은 성장을 가속화시킨 면이 있는가 하면 성장을 지연시킨 면도 있었다. 이것이 입증될 수 있기 때문에, 이것은 **필연적으로** 그럴 수밖에 없었다는 의미를 또한 지닌다. 그러나 당시 많은 잉글랜드인들은 '이 비할 데 없이 사악한 전쟁'에 대한 토머스 뷰익의 비난에 동조하고 있었다.[14] 불평등한 과세, 국채(National Dabt)인 지폐를 통해서 이익을 본 공채소유자들 — 이러한 것들은 당시의 여러 사람들에게 그냥 주어진 경험자료들이었던 것이 아니라 격렬한 급진주의 운동을 불러일으킨 주요 사항들이었다.

그러나 두번째 단계가 있는바, 여기서 경험주의자들은 이러한 단편적인 연구들을 다시 긁어모아 서로 필연적으로 맞물려들어가게끔 되어 있는 하나의 역사과정의 모델, 즉 단편들로 끼워맞춘 하나의 과정을 만들어낼 수도 있다. 신용기구나 교역조건들에 대한 상세한 검토과정에서 각 사건은 설명 가능할 뿐만 아니라 다른 사건들을 일으키는 충분조건이 되고, 그리하여 우리는 사후적(事後的) 결정론에 다다르게 된다. 인간의 주체성의 차원은 사라지고 계급관계의 맥락은 망각되어버리는 것이다.

경험주의자들이 지적한 것들이 존재했다는 것은 틀림없는 사실이다. 1811년에 내린 왕령(Orders in Council)은 몇몇 직종들을 거의 정지상태에 이르게 했고, 전쟁 이후에 상승한 목재가격은 건축비를 앙등케 했으며, 일시적인 유행의 변화(리본 대신에 레이스가 유행하게 된 것)는 코번트리의 직조기들을 침묵시킬 수도 있었고, 역직기가 수직기(hand-loom)와 경쟁하였다. 그러나 명백히 사료에 입각한 분명한 사실이라 할지라도 질문의 대상이 될 만하다. 누구의 추밀원이었으며, 왜 그런 명령이 내려졌는가? 품

---

14) T. Bewick, *A Memoir*, ed. M. Weekley (Cresset, 1961), 151면.

귀된 목재를 매점함으로써 가장 이득을 본 자들은 누구였는가? 수만명의 시골처녀들이 리본을 좋아했지만 살 만한 여유가 없었을 때, 왜 (리본을 만드는—옮긴이) 직조기가 작동을 멈췄던 것일까? 어떤 사회적 마술을 부렸기에 노동을 줄여주는 발명품들이 노동자들을 더 비참하게 만드는 기구가 되었을까? 흉작과 같은 일어난 그대로의 사실(raw fact)은 인간의 선택을 넘어서는 것으로 보일지 모른다. 그러나 사실이 진행되는 그 방식은 법률, 소유권, 권력 같은 인간관계의 특정한 복합체에 의해서인 것이다. '경기순환의 밀물과 썰물' 같은 근사한 문구에 부딪힐 때 우리는 바짝 경계해야 한다. 왜냐하면 이러한 경기순환의 배후에는 어떤 종류의 탈취(지대, 이자, 이윤)는 조장하면서도 다른 종류의 탈취(절도, 봉건적 권리)는 불법화하고, 또 어떤 유형의 투쟁(경쟁, 전쟁)은 합법화하면서도 다른 유형의 투쟁(노동조합주의, 빵폭동, 민중적 정치조직)은 금지하는 사회적 관계의 구조 — 미래의 눈으로 보면 야만적이고 덧없는 것으로 보일 수도 있는 하나의 구조가 있는 것이다.

역사가는 자신이 연구하는 사회가 제시하는 증거들을 항상 의문시하고 있을 수만은 없으므로 이러한 커다란 문제들을 제기하는 것이 쓸데없는 일처럼 보일는지도 모른다. 그러나 이 모든 문제들은 당대인들이 실제로 제기했던 것들인바, 상층계급의 사람들(셸리, 코벳, 오웬, 피콕(Thomas Love Peacock, 1785~1866. 영국의 소설가, 시인—옮긴이), 톰슨(William Thompson, 당시의 관변 정치경제학과는 다른 대안적인 정치경제학을 주장한 인물로서 1824년에 『대안적 정치경제학』 Alternative Political Economy, Inquiry into the Principles of the Distribution of Wealth most conductive to Happiness을 저술함—옮긴이), 호지스킨 (Thomas Hodgskin, 윌리엄 톰슨의 대안 정치경제학을 더욱 발전시켜 일종의 민중경제학을 수립한 인물로서 『자본의 요구에 대해 방어하는 노동』 Labour Defended against the Claims of Capital(1825), 『민중 정치경제학』 Popular Political Economy(1827)을 저술함—옮긴이), 칼라일)뿐만 아니라 자기 생각을 분명히 가지고 있는 수많은 노동자도 제기했던 문제들이다. 정치제도뿐만 아니라 산업자본주의의 사회경제구조도 그들의 대변자들에 의해 문제시되었던 것이다. 정통 정치경제학의 사실들에 대해 그들은 자기 자신들의 사실들과 자기 자신들의 산술로 맞섰던 것이다. 일찍이 1817년에 레스터의 편직기편물공들은 일련의 결의문에서 자본주의의 위기에 관한 저소비이론(under-consumption theory)을 제시하였다.

임금감소로 엄청나게 많은 사람들이 가난해지고 비참해진 정도만큼 제조업자들의 소비도 똑같은 비율로 감소되어야 한다.

전국에 걸쳐 후한 임금이 숙련직인 전반에게 주어진다면 우리 제조업의 국내 소비는 즉각 두 배 이상이 되고 그 결과 모든 노동자는 곧 완전히 고용될 것이다.

해외시장에서 외국의 제조업자들보다 상품을 낮은 가격으로 팔기 위해 이 나라 숙련직인의 임금을 그가 노동을 해서 먹고 살 수 없을 만큼 낮게 낮추는 것은 해외에서 한 사람의 고객을 얻고 국내에서 두 사람의 고객을 잃는 것이다. …[15]

정식으로 고용된 노동자의 노동시간이 단축되고 어린이노동이 금지되면, 수작업노동자들에게 더 많은 일감이 생겨나고 실업자가 일자리를 얻게 되며 그들의 노동 생산물들이 직접 교환되고──이렇게 해서 자본주의 시장의 변덕이 줄어들게 되면──상품은 싸지고 노동은 더욱 많은 대가를 받게 될 것이다. 자유시장의 수사학에 대해 그들은 '새로운 도덕질서'의 언어로 맞서고 있는 것이다. 오늘날의 역사가까지도 어느 한쪽 편을 들 필요가 있다고 느끼는 것은 인간의 질서에 대한 양자택일적이고 화해할 수 없는 관점들──하나는 상호성에 토대를 두고 있고, 다른 하나는 경쟁에 토대를 두고 있다──이 1815년과 1850년 사이에 서로 대립하고 있었기 때문이다.

우리가 앞의 그 '직인 신분의 면방적공' 같은 사람들이 증거들을 어떻게 읽고 있었는가를 이해하기 위해 최소한의 상상력을 발휘하려고 노력하지

---

15) *H.O.*, 42집, 160. 그리고 J. L. and B. Hammond, *The Town Labourer*, 303, 329면의 수직공에 관한 오우스틀러의 증거를 보라.

않는 한 이 시기 민중운동의 역사를 쓰는 일은 거의 불가능하다. 그는 '마스터들'을 개인들의 집합이 아니라 하나의 계급이라고 말한다. 계급으로서 '그들'은 그의 정치적 권리를 거부하였다. 경기가 후퇴하면 '그들'은 그의 임금을 깎았다. 경기가 좋아지면 그는 좋아진 것의 몫을 어느만큼이나마 얻기 위해 '그들' 및 그들의 국가와 싸우지 않으면 안되었다. 식량이 풍부하면 '그들'은 거기서 이득을 취했고, 식량이 부족해도 '그들' 중 일부는 더 많은 이득을 취했다. '그들'은 단지 이러저러한 사실에서만이 아니라 그 안에서 모든 사실이 확인되는 본질적인 착취관계에서 공모하였다. 시장변동, 흉작 등은 분명히 있었다. 그러나 궁핍의 이러한 원인들은 가변적이었지만, 강도 높은 착취의 경험은 불변적이었다. 전자는 노동대중에게 직접 영향을 미친 것이 아니라, 이익과 손실을 엄청나게 편파적으로 분배하는 권력과 소유권의 특수한 체계를 통해 굴절되어 그들에게 영향을 미쳤다.

이러한 커다란 문제의식은 수년 동안 '생활수준 논쟁'이라는 학술훈련(이 훈련을 통해 모든 학도들은 전진하고 후퇴하지 않으면 안된다)에 의해 가려졌다. 대다수 사람들의 생활수준은 1780년과 1830년 사이에, 또는 1800년과 1850년 사이에 향상되었는가 또는 하락했는가?[16] 이 논쟁의 의미를 이해하기 위해 우리는 그 전개과정을 간단히 살펴볼 필요가 있다.

가치관에 대한 논의는 산업혁명만큼이나 오래된 것이다. 생활수준 논쟁은 좀더 근자의 일이다. 그리고 이 논쟁이 이데올로기로 **뒤범벅되어** 엉망진창이 된 것은 더욱 최근의 일이다. 우리는 분명한 하나의 논쟁점에서 시작할 수 있다. 써 존 클래펌은 『근대 영국경제사』(*Economic History of Modern Britain*, 1926) 초판 서문에서 이렇게 썼다.

인민헌장의 작성과 산업 대박람회(1837년과 1851년―필자) 사이의 어느 불특정 시점까지 노동자들의 모든 것이 악화되어갔다는 신화는 좀처럼 사라지지 않고 있다. 1820∼21년의 가격하락 이후 임금의 전반적인 구매

---

16) 이러한 논쟁이 무익하다는 것은 다른 계열의 통계자료를 사용하면 다른 대답이 얻어질 수 있다는 사실에서 드러난다. 1780∼1830년은 '비관론자'에게 유리하고, 1800∼50년은 '낙관론자'에게 유리하다.

력이 혁명과 나뽈레옹전쟁 직전보다 분명히 증가했다는 사실은 ─ 물론 모든 사람의 임금이 그랬던 것은 아니지만 ─ 전해져내려오는 말들과 일치하지 않아서 언급되는 일이 거의 없는바, 임금과 가격에 대한 통계학자들의 연구는 사회사가들에 의해 끊임없이 무시되고 있는 것이다.

이에 대해 J. L. 해먼드는 『경제사평론』(Economic History Review, 1930)에서 두 가지로 답변했다. 첫째로 그는 클래펌의 농업노동자 소득에 관한 통계를 비판하였다. 이 통계치들은 지방 평균치를 합산해서 기초자료를 만든 다음 전국 평균치를 구하기 위해 그것을 주(州)의 수로 나눈 것이다. 그런데 임금이 낮은 남부 주들의 주민들은 임금이 높은 주들(이곳의 농업소득은 인근에 위치한 공업으로 인해 높아진 것이다)의 주민들보다 그 수가 훨씬 많았고, 따라서 J. L. 해먼드는 이른바 '전국 평균치'는 노동인구의 60%가 '평균'치보다 낮은 임금을 받은 주들에 살고 있었다는 사실을 은폐하고 있다는 점을 밝혀낼 수 있었다. 그의 답변의 두번째 부분은 논점을 가치(행복)에 관한 문제로 돌린 것인데, 가장 애매하고 불만족스러운 방식으로 되어 있는 부분이다. 이 답변의 첫번째 부분을 클래펌은 자신의 책 제2판 (1930) 서문에서 받아들였고, 두번째 부분에 대해서는 ('용어의 왜곡'이라든가 '고답적인 사항'이라고 말하면서) 다소 냉담하고 조심스럽게 대했지만 그러면서도 다음과 같이 인정하였다. "나는 물질적 번영의 통계숫자가 사람들의 행복을 결코 측정할 수 없다는 것에 … 전적으로 동의한다." 더욱이 그는 '모든 것이 악화되어갔다'는 견해에 대해 그가 비판했을 때 "나는 모든 것이 좋아졌다는 뜻으로 말한 것은 아니다. 나는 다만 근자의 역사가들이 너무 자주 … 악화된 것만을 강조하고 좋아진 것은 못 본 체하거나 무시해왔다는 점을 말한 것뿐이다"라고 주장했다. 해먼드 부부는 그들대로 『암울한 시대』(The Bleak Age)의 마지막 개정판(1947년판)에서 어느정도 양보하였다. "통계학자들은 우리에게 말한다. … 그들은 소득이 증가했으며, 대부분의 남녀들은 18세기가 가을의 정적처럼 조용히 저물어가기 시작한 때보다 불만이 거세게 터져나왔을 때 오히려 덜 가난했다는 사실에 만족한다고. 그 증거는 물론 드물고, 증거에 대한 해석 또한 그렇게 간단하지 않지만, 이러한 대체적인 견해는 어느정도 옳은 것 같다." 불만에 대한 설명은 "엄밀한 경제적인 조건의 영역 밖에서 찾아야만 한다".

여기까지는 좋다. 당대에 가장 상상력이 풍부했던——하지만 엄밀성은 결한——사회사가들이 저명한 한 경험주의자의 신랄한 비판에 부딪혔다. 그리고 결국 양측이 모두 조금씩 양보하였다. 그래서 그것이 불러일으킨 열기에도 불구하고, 두 대표들의 순수한 경제적 결론 사이의 실질적인 차이는 적었다. 이제 모든 것이 악화되어갔다고 진지하게 주장하려는 학자도 없지만, 모든 것이 향상되었다고 진지하게 주장하려는 학자도 없다. 홉스봄 박사('비관론자')와 애슈턴 교수('낙관론자')는 모두 나뽈레옹전쟁 기간과 그 직후에 실질임금이 하락했다는 데에 동의한다. 홉스봄 박사가 1840년대 중반까지의 생활수준의 전반적인 뚜렷한 향상을 언급하지 않으려고 한 데 대하여, 애슈턴 교수는 1821년 이후의 '좀더 부드러워진' 경제적 분위기——즉 1825~26년과 1831년의 경기침체에 의해서만 중단되었을 뿐인 뚜렷한 상승 움직임——를 지적하고 있으며 또 차·커피·설탕 등의 수입 증가를 고려할 때 "노동자들이 경제성장의 혜택을 나누어갖지 못했다고 믿기는 어렵다"고 지적했다. 한편 오울덤과 맨체스터 지역에 대한 그 자신의 가격통계표는 "1831년 빈민들의 표준식단 가격이 1791년보다 훨씬 더 떨어진 것은 아니라"는 점을 보여주지만, 그는 그에 상응하는 임금통계표는 제시하지 않고 있다. 그의 결론은 노동계급 내에 양대 그룹——"단순한 생계수준보다 훨씬 더 높은 수준에 있던 규모가 큰 하나의 계급"과 "소득의 거의 전부를 간신히 목숨을 부지할 정도의 생활필수품을 구입하는 데 썼던 미숙련 또는 저숙련 노동자들(계절적으로 고용되는 농업노동자와 특히 수직공)"——이 있었다는 것이다. "나의 **추측**은 경제적 진보의 혜택을 나눌 수 있었던 사람의 수가 그러한 혜택으로부터 차단된 사람의 수보다 많았으며 그 수가 꾸준히 증가하고 있었으리라는 것이다."[17]

---

17) '추측'이라는 강조는 내가 한 것이다. T. S. Ashton, "The Standard of Life of the Workers in England, 1790~1830," in ed. F. A. Hayek, *Capitalism and the Historians*, 127면 이하; E. J. Hobsbawm, "The British Standard of Living, 1790~1850," *Economic History Review*, X (1957년 8월).

사실 1790~1830년의 시기에는 특기할 만한 사항이 없다. 대다수 사람들의 처지는 1790년에 열악했고, 1830년에도 여전히 열악했지만 (그런데 40년은 긴 시간이다), 다만 노동계급 내부 집단들의 상대적인 크기에 대해서 다소의 견해차가 있을 뿐이다. 그리고 그 다음 10년이라고 해서 사태가 더 분명한 것도 아니다. 노동조합 운동이 분출한 1832~34년에는 조직된 노동자들의 실질임금의 분명한 증가가 있었으나, 호경기였던 1833~37년에는 정부, 치안관, 고용주들의 단합된 노력에 의한 노동조합의 분쇄가 뒤따랐다. 한편 1837~42년은 불경기의 시기였다. 그래서 조류가 바뀌기 시작한 것은 사실 '인민헌장의 작성과 산업 대박람회 사이의 어느 불특정 시점'이었는데, 대략 철도건설 붐이 일어난 1843년부터라고 할 수 있다. 더욱이 1840년대 중반에도 가장 규모가 큰 노동자집단들의 처지는 절망적이었고, 철도회사들의 파산은 1847~48년의 불경기를 몰고 왔다. 이것은 아무래도 '성공담'으로 보이지 않는다. 왜냐하면 공업화가 절정에 이른 반세기 동안에도, 분명히 꼬집어 이야기할 수는 없지만 대다수 노동자집단들의 생활수준은 여전히 생계수준에 머물러 있었기 때문이다.

그러나 오늘날의 대부분의 저술들에서 우리가 받게 되는 인상은 그렇지가 않다. 왜냐하면 자기 자신이 사회개혁가들이기도 했던 초창기의 역사가들(서럴드 로저스Thorold Rogers, 아널드 토인비, 해먼드 부부)이 빈민들에 대한 그들의 동정심으로 인해 이따금씩 역사와 이데올로기를 혼동했던 것과 마찬가지로, 오늘날 일부 경제사가들도 자본주의적 기업가들에 대한 동정심으로 인해 역사와 자기변명을 혼동하기에 이르렀다는 사실을 알 수 있기 때문이다.[18] 전환점은 하이에크(Hayek) 교수가 편집한 『자본주의와

---

18) 독자들이 역사가에 대해 너무 가혹한 판단을 내리지 않게 하기 위하여, 우리는 어떻게 이러한 선택의 원리가 역사적 증거를 배열하게 되는가에 관한 써 존 클래펌의 설명을 기록해두는 것이 좋을 것 같다. "이런 일은 무심코 하기가 아주 쉽다. 30년 전에 나는 아서 영의 『프랑스 여행』(Travels in France)을 읽고 표시를 해두었고, 표시된 페이지를 토대로 해서 가르쳤다. 5년 전 나는 그것을 다시 읽고, 영이 비참한 프랑스인에 관해 이야기할 때마다 내가 표시를 했으나, 행복하거나 잘되어가는 프랑스인들에 관해 언급한 많은 부분은 표시를 해두지 않았다는 사실을 발견했다." 10년 내지 15년 동안 대부분의 경제사가들은 텍스트에서 행복하고 잘되어가는 증거에 표시하기에 바빴던 것이 아닌가 한다.

역사가들』(*Capitalism and the Historians*)에 관한 심포지엄이 책으로 나온 1954년이었는데, 이 책은 "전체주의의 위협에 대해 자유로운 사회를 보존하는 문제를 논의하기 위해 수년간 정기적으로 모임을 가졌던" 한 전문가 집단의 저술이다. 이 국제적인 전문가집단은 '자유로운 사회'를 의당 자본주의 사회로 간주했던 까닭에, 경제이론과 자본주의에 대한 특별변호의 이같은 혼합의 결과는 개탄할 만한 것이었다. 특히 기고자 가운데 하나였던 애슈턴 교수의 논문이 그러했는데, 1949년의 그의 신중한 발견들은 이제 ——더이상의 증거도 없이 ——"대다수에게 있어서 실질임금의 향상은 상당한 것이었다는 점이 이제는 일반적으로 받아들여지고 있다"[19]는 노골적인 진술로 탈바꿈했다. 바로 이 단계에서 논쟁은 엉망진창이 되었다. 그리고 학문적 자세를 견지하려는 최근의 노력에도 불구하고,[20] 많은 점에서 이 논쟁은 자기 주장과 특별변호의 뒤범벅상태에서 벗어나지 못하고 있다.

논쟁은 두 부분으로 나뉜다. 첫째로, 풍부하지만 단편적인 증거들로부터 임금계열, 가격계열 및 통계지수들을 산출해내기가 참으로 어렵다는 문제가 있다. 장인들을 다루게 될 때 우리는 그와같은 증거들을 해석하는 데 따르는 몇가지 어려움을 검토할 것이다. 그러나 바로 여기에서 또다른 어려움이 시작되는바, 그것은 생활'수준'이라는 용어가 우리를 통계학적 측정이 가능한 데이타(임금 혹은 소비품목)로부터 통계학자들이 때때로 '측정 불가능'이라고 말하는 만족(satisfaction)의 문제로 유도하기 때문이다. 우리는 음식으로부터 가정으로, 가정으로부터 건강으로, 건강으로부터 가족생활로 그리고 거기서부터 여가, 작업규율, 교육과 놀이, 노동강도 등등으로 유도된다. 생활수준으로부터 우리는 생활방식으로 옮겨간다. 그러나 이 양자는 결코 동일한 것이 아니다. 첫번째 것은 양(量)의 측정치이고, 두번째 것은 질(質)에 대한 묘사(때로는 가치평가)이다. 따라서 통계학적 증거가

---

19) T. S. Ashton, "The Treatment of Capitalism by Historians," in ed. F. A. Hayek, *Capitalism and the Historians*, 41면. 이 책에 재수록된 애슈턴 교수의 논문 "The Standard of Life of the Workers in England, 1790~1830"은 본래 *Journal of Economic History*(1949)에 씌어진 것이다.

20) 이 논쟁에 관한 가장 건설적인 평가는 A. J. Taylor, "Progress and Poverty in Britain, 1780~1850," *History* (1960년 2월)이다.

첫번째 것에 적합하다면, 두번째 것에 대해서는 주로 '문헌적 증거'에 의존해야만 한다. 혼란의 주요한 원인은 오직 한쪽에만 적합한 증거로부터 다른 쪽에 대한 결론을 도출해내려는 데에서 생겨난다. 때때로 통계학자들은 이렇게 주장하고 있는 것처럼 보인다. "지수들은 차, 설탕, 고기, 비누의 1인당 소비의 증가를 나타낸다. 따라서 노동계급은 더 행복해졌다"고. 반면 사회사가들은 이렇게 반박한다. "문헌자료들은 사람들이 불행했다는 것을 보여준다. 따라서 그들의 생활수준은 악화되었음에 틀림없다"고.

이상은 단순화한 것이다. 그러나 단순명백한 점들이 지적되어야 한다. 통계적 평균치와 인간의 경험이 상반된 방향으로 나아갈 가능성은 얼마든지 있는 것이다. 양적인 요소의 1인당 증가가 민중의 생활방식, 전통적 관계의 엄청난 질적인 교란 및 억압의 강화와 동시에 일어날 수도 있는 것이다. 민중은 더욱 많은 상품을 소비하면서 동시에 더 불행해지거나 더 부자유스럽게 될 수 있다. 산업혁명의 전시기에 걸쳐 농업노동자 다음으로 규모가 컸던 단일 노동자집단은 가내하인(domestic servant)들이었다. 그들 중 대다수는 그들을 고용한 가족들과 같은 집의 비좁은 방에서 함께 기거하면서 몇 실링을 받는 대가로 과도하게 노동을 하는 가정의 하인들이었다. 그렇지만 우리는 생활수준(혹은 음식이나 옷의 소비)이 산업혁명기에 평균적으로 약간 향상된 다소 혜택받은 집단들 가운데 하나로 자신있게 그들을 꼽을 수 있다. 그러나 수직공과 그의 아내는 기아선상에 있으면서도 여전히 자신들의 지위가 '종'(flunkey)들보다는 높다고 생각하였다. 마찬가지로 우리는 탄광의 광부들처럼 1790년과 1840년 사이에 실질임금은 증가했으나 노동시간과 노동강도가 더욱 늘어나고 세져서 마흔살이 되기도 전에 가족부양자의 몸이 '완전히 망가져버리는' 직종들을 인용할 수도 있다. 통계적으로 이 직종은 상승곡선을 그린다. 그러나 관련 가족들에게 그것은 비참해지는 과정으로 느껴질 수 있다.

이렇듯 얼핏 모순처럼 보이는 두 명제를 동시에 주장하는 것은 얼마든지 가능하다. 1790~1840년 시기에 평균적인 물질수준에는 약간의 향상이 있었다. 같은 시기에 착취는 강화되고 불안정은 증대되었으며 인간의 비참한 상태는 더욱 심해졌다. 1840년에 이르러 그들은 50년 전의 선조들보다

'물질적으로 나아졌으나', 이러한 약간의 물질적 향상을 그들은 하나의 파국적인 재난으로 체험하였다. 이러한 체험과 그것으로부터 나온 노동계급 의식의 정치적·문화적 표현을 탐구하기 위하여 우리는 다음과 같은 일을 할 것이다. 첫째, 우리는 세 노동자집단 —— 농업노동자, 도시의 장인, 수직공[21] —— 의 생활체험의 변화를 검토할 것이다. 둘째로 우리는 민중의 생활수준에서 '측정하기' 어려운 몇가지 요소들에 대해 논의할 것이다. 셋째로 우리는 산업적인 생활방식의 내면적인 억압들과 그러한 것들에 대한 감리교의 영향을 논의할 것이다. 끝으로 우리는 새로운 노동계급 공동체들 내의 몇가지 요소들을 검토할 것이다.

---

21) 이러한 집단들은 그들의 경험이 19세기 전반 노동계급의 사회의식을 가장 특징적으로 잘 나타내기 때문에 선택되었다. 광부들과 금속노동자들은 19세기 후반에 가서야 그들의 영향력을 행사하였다. 다른 주요 집단인 면방적공들은 해먼드 부부의 『숙련노동자』(*The Skilled Labourer*)에서 경탄할 만한 연구대상으로 다루어진 바 있다.

7
농업노동자들

　'생활수준'을 측정하는 문제의 어려움은, 우리가 전 산업분야에 걸쳐서 가장 수가 많은 노동자집단──농업노동자들──의 1790년과 1830년 사이의 역사를 검토해보면 알 수 있다.[1] 증거가 '불충분'하다는 것이 (해먼드 부부가 암시하듯이) 모두 다 옳은 것은 아니다. 어려움은 오히려 그것에 대한 해석에 있다. 요컨대 19세기 초의 임금과 가격에 관한 기록들은 많다. 그러나 동일한 직업이나 지역에 대해 믿을 만한 일련의 연속적인 통계숫자는 상대적으로 그렇게 많지 않다. 지역적·직업적 관행들에 관한 다양한 증거들로 꽉 차 있는 써 존 클래펌의 『근대 영국경제사』를 읽어보면, 누구나 그 엄청난 증거에 압도당하는 느낌을 갖게 마련이다. 그리고 '농업조직'과 '공업조직'에 관한 클래펌의 장(章)은 그 자체 안에 우리에게 가르쳐주는 바가 있다──그러나 그것은 증거를 해석하는 데에서가 아니라 증거의 유효성을 한정하는 데에서 가르쳐주는 바가 있는 것이다.

　이 공들인 연구를 통해 이 위대한 경험주의자는 단 하나──허구적인 '평균'에 대한 추구──를 제외하고는 모든 일반화를 기피한다. 농업에 관한 그의 논의에서 우리는 '평균농장', '평균 소규모 보유지(small-holding)', 고용주에 대한 노동자의 '평균'비율을 만나게 되는데, 이는 클래펌 자신도 구

───────

1) 1831년의 쎈서스는 961,000가구──그레이트 브리튼 전 가구의 28%──가 농업에 종사했음을 보여준다.

분하기 힘들었던 웨일즈의 산악지대와 노퍼크(Norfolk)의 곡물경작지대에 대한 증거들을 마구 뒤섞어서 만들어냈기 때문에 사실을 드러내기보다는 오히려 애매하게 만드는 개념들이다. 계속해서 우리는 '인클로우저의 영향을 받은 지역의 평균 영세농(cottager, 영세농은 장원 밖의 존재로서 공동권을 지니지 못했다—옮긴이)', 공업에 임시 고용됨에 따른 농촌 소득의 '평균'손실, '정의하기가 좀 어려운 인물인 (웨일즈를 포함한) 잉글랜드의 평균노동자'의 총소득 등등과 만나게 된다. 우리는 이 '평균치'가 우리에게 매우 괴상한 결과를 가져다준다는 점을 이미 지적한 바 있다. 즉, 1830년에 노동자들의 60%가 '평균'선보다 낮은 임금을 받는 주들에 살고 있었다는 점 말이다.[2] 이에 대해 클래펌은 "어떤 평균치에서건, 평균인의 약 50%는 기준선 아래에 있게 마련이다"라고 인정한다. 그러나 평균 그 자체가 정규적으로 고용된 노동자의 관습임금을 토대로 하여 산출된 것이라면—다시 말해 스콰이어가 자신의 장부를 훑어본 뒤 농업국(Board of Agriculture)에 쟁기꾼이나 짐마차꾼의 관습임금이 12실링이라고 보고한 것이라면—우리는 모든 혹은 대부분의 임시노동자(casual labourer)는 이 기준선 아래에 있었으리라고 생각할 수도 있다.

그러나 추가소득과 인클로우저의 영향에 대한 클래펌의 논의를 따르다 보면 우리는 사회현실을 놓치고 있다는 느낌을 갖게 되는데—그것은 클래펌이 우리로 하여금 (글러모건 Glamorgan에서의 '무임금 추수' love reapings와 러들로우 Ludlow에서의 반 에이커의 채소밭과 같은) 경험적 세부사항과 '평균'추정치 사이를 왔다갔다하게 만들고 있으니 말이다.

영국의 평균노동자가 돼지와 채소밭에서 얻은 소득이 1794년보다 1824년에 더 낮아졌을지라도 … 역시 평균치로 보면, 토마토밭이 그로 인한 손실을 메워주었을 가능성은 아주 높다. 확실히 이 30년간 공유지의 상실은 도처에서 많은 사람들의 운명을 악화시켰다. 그러나 영국 전체의

---

2) 이 책 제6장 289~90면을 보라. 전국 '평균'의 토대인 주(county)의 '평균' 자체가 동일한 비판의 대상이 된다. 더욱이 그것들은 노동자가 아니라 고용주의 증거로부터 도출된 것이다.

평균을 따질 때, 공유지에 대한 인클로우저 때문에 복리가 그렇게 크게
감소했는지는 의심스럽다. 요컨대 민중의 회상 속에서 그것은 과장되었
다. 왜냐하면 그것은 잉글랜드의 여러 지역에서 별 의미를 갖지 못했기
때문이다. 웨일즈에서는 더욱 그랬고, 스코틀랜드의 순수한 노동자에게
있어서는 아무런 의미도 없었다.[3]

그런데 도대체 무엇에 대한 평균치를 내고 있는 것인가? 채소밭을 빼앗긴
마을에서 토마토밭이 새로이 이용되었다는 사실을 증명할 수 있다면 (그
런 경우에도 우리는 두 밭의 지대를 비교해보아야 하지만) 위의 진술의 첫
번째 부분은 어느정도 가치를 갖는다. 그러나 두번째 부분, 즉 이미 통념이
되어버린 두번째 부분은 평균치를 낸 것이라기보다는 통계적 희석(dilu-
tion)에 불과하다. 즉, 우리는 인클로우저가 일어나지 않았던 지역의 통계숫
자로 인클로우저가 실제로 일어난 영국의 여러 지방의 통계숫자를 희석시
키고, 이 근거가 박약한 해답의 결과로 얻어진 합계를 주(州)의 수로 나눔
으로써 '인클로우저로 인한' 복리의 '평균'손실을 산출해내도록 유도되고
있는 것이다. 그러나 이것은 터무니없는 짓이다. 서로 성격이 다른 양의 평
균치를 내는 것은 물론이고, 가치의 평균치를 산출해내기 위해 그 양을 주
의 수로 나눈다는 것도 있을 수 없는 일이다. 클래펌이 한 일이 바로 이것
이었다.

그가 실제로 하고 있었던 것은 물론, 인클로우저 절정기의 '복리'상태라
고 하는 좀처럼 그 정체를 밝힐 수 없는 질에 관해 잠정적인 가치판단을 내
리는 것이었다. 그러나 이러한 일을 하기 위해서는 더 많은 요인들——물질
적인 것은 물론 문화적인 것——을 가치판단의 고려대상으로 삼아야 했다.
그의 가치판단은 부차적 세부사항이라는 잡목덤불 한가운데 우뚝 솟아 있
는 떡갈나무와 같았기 때문에, 그리고 스스로를 '평균'으로 위장하고 있기
때문에 쉽게 사실에 대한 진술로 오해되었다.

사실 자체도 클래펌이 암시하듯이 그렇게 명확하지는 않다. 19세기 대부

---

3) John H. Clapham, *Economic History of Modern Britain* (Cambridge, 1926), 126면.

분에 걸쳐 농업소득은 통계형태로 환원되는 것을 완강히 거부한다.[4] 우리
는 노동수요의 뚜렷한 계절적 변동에 부딪힐 뿐만 아니라 적어도 서로 다
른 네 가지 종류의 주인-하인(master-servant) 관계를 발견하게 된다. (1) 1
년 혹은 석 달 단위로 고용된 농장하인들, (2) 1년 내내 어느정도 완전고용
된 (대규모 농장의) 정규노동력, (3) 일급(日給) 혹은 생산급으로 임금을
받는 날품팔이 노동, (4) 주어진 일에 대해 흔히 계약을 맺고 일을 하는 어
느정도 숙련기술을 지닌 전문가들.

이 시기에 줄어들고 있던 첫번째 범주는 안정성은 높지만 독립성은 가장
낮았다. 이들은 아주 낮은 임금에 장시간노동을 했으며 보통 농장주의 집
에서 침식을 같이했다. 두번째 범주에는 경우에 따라 어떤 경우에는 아주
좋은 조건이, 또 어떤 경우에는 아주 나쁜 조건이 발견된다. 우선 양심적인
농장주에 의해 항구적으로 고용된 쟁기꾼이나 양치기의 경우인데, 그의 아
내와 자식들에게는 허드렛일을 하는 데 우선권이 주어지고 싼값의 우유와
곡물이 제공된다. 극단적으로 다른 경우는, 초창기 공장의 피구호민 도제
(pauper apprentice, 초기의 공장에는 구빈원 수용자들을 도제로 보내 부족한 노동력
을 보충하였다—옮긴이)들처럼 형편없는 집과 형편없는 음식을 제공받은 10
대의 농장 일꾼(farmhand)들로서 이들은 건초더미에서 살면서 언제든지
해고당할 수 있는 존재였다. 그리고 이 양극단 사이에는 농장에 딸린 소농
가(cottage)에 살면서 "빈곤이 그로 하여금 다른 사람의 노예가 되도록 강
요한 불행한 사람들"과 "1년 내내 정해진 낮은 임금으로 일하지 않으면 안
되었던" 사람들이 있었다.[5] 세번째 범주에는 엄청난 다양성이 있다. 즉 피

---

4) 클래펌이 임금과 생계비의 백분율 편차를 몸소 추산했을 때, 자기 자신의 데이터 배열에
의존한 것이 아니라 다른 학자들의 작업, 특히 근자에 크게 비판을 받고 있는 씰버링
(Silberling)의 생계비계수에 의존했다는 것은 의미심장하다. 예컨대 F. A. Hayek, ed.,
*Capitalism and the Historians*에 수록된 애슈턴 교수의 글을 보라. 일반화의 어려움에 관
한 그밖의 주의사항에 관해서는 J. Saville, *Rural Depopulation in England and Wales*
(1957), 15~17면을 보라.
5) Board of Agriculture, *Agricultural State of the Kingdom* (1816), 162면. 링컨서에서 보내
온 한 응답은 어떤 농장의 소농가(cottage)에 사는 노동자들의 상태와, 지주가 각 노동자
에게 1에이커의 감자밭과 암소 사육을 위한 4에이커의 땅을 임대해준 다른 농장의 노동자
들 사이의 뚜렷한 차이를 보여준다.

구호민 노동(pauper labour), 피구호민에게 주는 아주 낮은 임금을 받고 일하는 부녀자와 어린이들, 아일랜드의 떠돌이 노동자(심지어는 추수 때의 높은 임금을 벌기 위해서 일시적으로 작업장을 떠나는 직물노동자나 기타 도시의 수공업기술자들도 있다), 질이 다른 여러가지 종류의 목초베기에 고용된 자들같이 세밀하게 등급이 매겨진 성과급 노동자들이 여기에 속한다. 그리고 네번째 범주에서 우리는 하는 일이 무한히 다양하고, 위장된 하청 혹은 가족의 벌이 등 어떠한 통계표도 작성할 수 없는 것들을 보게 된다.

	파운드	실링	페니
3월 21일 쌤슨, 29에이커에 물고랑을 팜		8	9
로버트, 하루 동안 톱으로 나뭇가지를 쳐냄		1	9
5월 20일 뜨내기들, 3실링 6페니에 5에이커의 밀밭을 괭이질함		17	6
7월 29일 라이트, 7에이커의 클로버를 베어냄	14	0	
리처드슨과 페이블리, 농장의 연못 청소	2	12	6

1797년의 한 에식스 농장주의 기록은 이런 식으로 이어지고 있다.[6] 죠우지프 카터(Joseph Carter)는 알렉산더 써머빌에게 "나는 울타리제작공이자 지붕공이었고, 또 산울타리 손질하는 일을 한 적이 있다"고 말하면서 1823∼30년 시기에 관해 이렇게 이야기한다.

그 스콰이어는 내가 7년 동안 그런 종류의 일을 해서 그에게서 어떻게 1년에 64파운드를 벌어갔는지를 보여주었다. 그러나 그때 그는, 내가 일할 때 거의 언제나 나를 도와주는 남자 한명과 때때로 거들어주는 여자 두명을 데리고 있다는 것을 보여주지 않았다. 그것을 그는 보여주지 않았다. 나는 조수들 몫으로 몇년간 20파운드씩이나 지불했다.[7]

6) A. F. J. Brown, *English History from Essex Sources* (Chelmsford, 1952), 39면.

7) A. Somerville, *The Whistler at the Plough* (Manchester, 1852), 262면.

64파운드라는 숫자가 '그것을 보여주지 않는다면', 농장주의 기록 숫자가 그 숫자에 영향을 미치는 여러 다른 요인들──즉 임금을 현물로 주거나 싼값으로 지급하는 일, 채소밭과 토마토밭, 인클로우저의 영향, 세금이나 십일조나 수렵법이나 구빈세의 영향, 농촌공업의 고용변동, 그리고 무엇보다도 1834년 전후의 신빈민법의 시행──을 보여주는 것도 불가능한 일이다. 아주 다양한 이런 불만사항들의 영향은 시간과 장소에 따라 매우 다르게 느껴질 것이다. 어떤 지역 어떤 농장에서는 현물지급은 임금에 추가되어 생활수준의 향상을 의미할 수도 있지만, 좀더 일반적으로는 (한 농업사가가 우리에게 경고하듯이) 이러한 형태의 지급을 우리는 "농업에서의 현물급여제를 점잖게 이야기한 것"으로──즉 임금을 낮추거나 극단적인 경우에는 화폐로 지급하는 임금을 송두리째 없애버리기 위한 수단으로 보아야 한다.[8]

이곳에서의 빈민법의 영향과 저곳에서의 새로운 토마토밭 사이에, 이러한 상실된 공동권과 저러한 소농가의 채소밭 사이에──서로 상충하는 증거들이 이와같이 복잡하게 얽히고설켜 있는 상태하에서는 '평균적인' 노동자란 도무지 그 정체를 붙잡을 수 없다는 것이 드러난다.[9] 그러나 평균을 붙잡기는 어렵다 하더라도, 이 나라 여러 곳에서 작동하고 있던 어떠한 전반적 과정의 윤곽을 그려낼 수는 있을 것이다. 그리고 우리는 먼저 18세기의 농업개량 정신이 보기 흉한 황무지를 없애려는 혹은──경제사 책에 나오는 흔하디흔한 그 지겨운 표현들처럼──'증가하는 인구를 먹여살리려는' 이타적인 욕구에 의해서보다는, 오히려 지대를 늘리고 더 많은 이윤을 얻으려는 욕구에 의해서 촉진되었다는 점을 기억해야 한다. 이러한 농업개량 정신은 노동자에게 인색한 모습을 들이댔다.

일이야 어떻게 되어가든, 오전과 오후에 그들에게 마실 것을 주는 것이

---

8) 이것과 다른 관련 사항에 관해서는 Lord Ernle, *English Farming, Past and Present* (1961년판), cxviii∼cxxi면에 수록된 맥그리거(O. R. McGregor)의 유익한 서문을 보라.
9) 이에 관한 가장 훌륭한 전반적인 서술은 여전히 J. L. and B. Hammond, *The Village Labourer* (1911)와 Lord Ernle, 앞의 책, 그리고 (집, 의복, 음식에 대해서는) G. E. Fussell, *The English Rural Labourer* (1947)에 들어 있다.

… 널리 지켜지는 일반적 관례이다. 그것은 우스꽝스러운 습관이고, 따라서 지체없이 폐지되어야 한다. 추운 겨울날 밭을 가는 노동자가 맥주를 마시기 위해 쟁기질을 하다 말고 30분간 말을 세워놓는 것보다 더 불합리한 일이 또 어디 있겠는가?[10]

인클로우저를 지지하던 자들은 흔히 에이커당 생산성과 지대가치가 높아졌다는 말로 그들의 주장을 대신한다. 그러나 모든 마을에서 인클로우저는 가능한 모든 것을 이용해서 겨우 먹고 살던 가난한 사람들의 경제를 파괴하였다. 자기의 권리에 대한 법적 증거를 제시하지 못했던 영세농은 거의 보상을 받지 못하였다. 자기 주장을 펼 수 있었던 영세농은 생계를 꾸려가기에도 부족한 한 뼘의 땅을 얻는 대신 인클로우저를 하는 데 소요된 엄청난 비용 가운데 자신들 몫으로 어울리지 않을 만큼 많은 비용을 짊어져야 하였다.

인클로우저는 (그것에 대한 온갖 궤변적인 수식어들을 그대로 용인하는 경우) 재산소유자들과 법률가들의 의회가 제정한 재산에 관한 공정한 규칙과 법에 따라 행해진 계급적 강탈행위에 다름아닌 것이었다. 근자의 학자들은 게임의 규칙이 해먼드 부부의 거작 『농촌노동자』(*Village Labourer*)에서 제시된 것보다는 더 공정하게 지켜졌다고 말한다. 즉 아주 소규모의 재산소유자들도 합당한 대우를 받았으며, 여러 인클로우저 위원들도 양심적으로 행동했다는 것 등이다.[11] 그러나 도움이 될 만한 이와같은 유보조건

---

10) Rennie, Broun and Shirreff, *General View of the Agriculture of the West Riding* (1794), 25면.

11) 이 점들을 잘 요약하고 있는 근자의 작품은 J. D. Chambers and G. E. Mingay, *The Agricultural Revolution, 1750~1880* (1966), 제4장이다. 그리고 W. E. Tate, *The English Village Community and the Enclosure Movements* (1967), 8~10, 16장과 *Times Literary Supplement*, 1967년 2월 16일자에 게재된 J. D. Chambers and G. E. Mingay의 책에 대한 나의 서평을 보라. 이 서평에 의존해서 나는 (펭귄판에 삽입된) 다음 몇 단락들을 썼으며, 거기에서 나는 방금 말한 저자들이 너무 간단하게 다룬 인클로우저의 사회적 결과들에 관해 몇가지 문제들을 제기하였다. 특정 인클로우저에 관한 많은 연구들 가운데서 나는 러슬(R. C. Russell)의 일련의 연구들이 가장 유익하다는 점을 발견했는데, 여기에는 *The Enclosures of Barton-on-Humber and Hibaldstow* (Barton, 발간연도 미상)와 *The Enclosures of Scartho and Grimsby* (Grimsby, 1964) 및 *The Enclosures of Bottesford*

을 달다 보면, 당시에 쟁점이 되었던 문제가 농업재산 그 자체의 성격을 재정의하는 것이었다는 좀더 중요한 사실을 간과할 수 있다. 예컨대 체임버즈(Chambers)와 밍게이(Mingay)는 인클로우저에 대해 다음과 같이 말한다.

> 소농가를 임차(賃借)하고 있음으로 해서 공동권을 누리고 있었던 … 공동권을 지닌 소농가의 점유자(occupier)들은 공동권의 소유자가 물론 아니었기 때문에 아무런 보상도 받지 못하였다. 이것은 소유자와 임차자 간의 지극히 적절한 구분에 따른 것으로서, 위원들이 영세농들을 기만하거나 등한시했다는 것을 의미하지는 않는다.[12]

그러나 자본주의적 재산관계 면에서는 '지극히 적절한' 것이었을지 모르나, 그것은 촌락의 관습과 권리라는 전통적인 외피를 찢어버리는 것이었다. 또한 인클로우저의 사회적 폭력은 바로 자본주의적 재산 개념을 촌락에다 철저하고 완벽하게 부과한 데 있었다. 물론 그와같은 재산 개념들은 인클로우저가 일어나기 몇세기 이전부터 촌락에 침투해들어오고 있었다. 그러나 그것들은——인구증가에 따른 압력으로 인해 흔들리고 있었던 것이 틀림없기는 하지만——여러 곳에서 굳세게 이어져내려오고 있던 촌락이라는 전(前)자본주의적 지역공동체 구조 내의 자율적이고 관습적인 요소들과 공존해오고 있었다. 등본보유(copyhold)와 이것보다 더 모호했던 (공동권을 수반한) 관습적인 가족임차(family tenancy)는 지역공동체의 집단적 기억에 의해 보증되었음에도 불구하고, 법적으로는 무효라고 입증될 수 있었다. 이삭줍기, 땔감구하기, 사잇길이나 추수를 끝낸 그루터기 밭에서 가축을 사육하는 따위의 마을사람들이 가지고 있던 사소한 권리들은 경제성장을 문제삼는 역사가들에게는 아무것도 아니지만, 가난한 사람들의

---

and Yaddlethorpe, Messingham and Ashby (Scunthorpe, 발간연도 미상)가 포함된다. 러슬씨의 각 연구는 인클로우저의 시작으로부터 보상에 이르는 실제 과정을 아주 상세히 추적하고 있다.
12) J. D. Chambers and G. E. Mingay, 앞의 책, 97면.

생존에는 아주 중요한 것일 수 있었다.

실로, 인클로우저는 농업적 생산수단에 대한 인간의 관습적인 관례들을 파괴한 수백년에 걸친 긴 과정의 정점이었다. 그것은 그 앞 시대를 보거나 혹은 뒤의 시대와 비교하더라도 잉글랜드 농민사회에 있는 전통적인 요소들의 파괴를 뜻하기 때문에 엄청난 사회적 결과를 초래한 것이었다. 우리가 아서 영의 『농업연보』(*Annals of Agriculture*)나 (19세기로 접어들 무렵에) 농업국이 실시한 여러가지 주(州) 조사보고서를 통해 18세기 잉글랜드의 농업을 들여다보면, 관습적 권리가 가지고 있던 구속력은 오래 전에 사라졌다는 추측이 가능해진다. 그러나 마을사람들의 입장에서 이 문제를 다시 한번 들여다보면, 공유지로부터 정기시에까지 널리 걸쳐 있는 갖가지 권리들과 관습들이 한데 뭉쳐 농촌 빈민들의 경제적·문화적 세계를 구성하고 있었다는 사실을 발견하게 된다.

체임버즈 교수는 제대로 쓰고 있다.

사실상 모든 공유지에 대한 배타적 사용권이 법적 소유권자에 의해 전유되었다는 것은 증가하고 있던 노동자군이 완전히 프롤레타리아화하는 것을 막아주고 있던 커튼이 찢겨져나갔음을 의미했다. 확실히, 얇고 보잘것없는 커튼이었지만 … 그것은 실제로 존재하고 있었으며, 따라서 아무런 대체물도 없이 그들에게서 그 커튼을 강탈해간 것은 노동자들이 열심히 일만 하면 얻을 수 있었던 혜택들을 그들에게서 빼앗아버린 것을 의미했다.[13]

공유지의 상실은 가난한 사람들에게 그들이 추방되었다는 극단적인 느낌을 불러일으켰다. 우리는 그러한 느낌이 얼마나 격렬했는지를 내무부 문서들에 이따금씩 끼여들어가 있는 ── 예컨대 체슨트 파크(Cheshunt Park)의 스콰이어인 올리버 크롬웰에게 보낸 1799년의 익명의 편지처럼 ── 인클로우저에 대한 저항운동에서 볼 수 있다.

---

13) J. D. Chambers, "Enclosure and Labour Supply in the Industrial Revolution," *Economic History Review*, 2nd Series, V (1952~53), 336면.

우리는 당신에게 이 글을 쓰는바, 우리는 당신이 우리에게서 부당하게 빼앗아가려고 하는 우리 교구의 권리들을 지키려는 체슨트 교구의 결사체(Combin'd)이다. …

앞서 말한 결사체가 결의한바, 당신이 우리가 공유한 래머스, 미즈, 마시즈 등등의 공유지에 울타리를 칠 생각이라면 … 그와같이 잔학하고 불법적인 행위가 끝나기 전에 당신의 심장은 피를 흘리게 될 것이며, 당신이 앞서 말한 잔학한 짓을 계속한다면 우리는 아직 태어나지 않은 순결한 태아를 강탈해가려는 모든 자들이 피를 흘리고 죽을 때까지 말에 달려드는 흡혈귀처럼 당신들에게 울부짖을 것임을 결의하는 바이다. 적들로부터 안전하다고 말할 수 있을 만큼 당신의 권력이 강하다고는 생각지 말라. 왜냐하면 우리는 독수리같이 은밀히 숨어서 앞서 말한 작자들——이들의 이름과 거주지는 우리의 콧구멍 안에 냄새나는 썩은 종기와도 같이 익숙하다——을 죽여버릴 때까지 기다리고 있을 터이니 말이다. 우리는 선언하노니, 당신은 잠자리에 들 때 나는 안전하다고 말하지 말라. 왜냐하면 불길 속에서 당신이 눈을 뜨게 되지나 않을지 조심해야 하니 말이다. …[14]

체슨트의 결사체는 보기 드물게 자기 생각을 분명히 표현할 줄 알았으며 결심이 단호했다. 그들은 의회에 인클로우저 반대 청원서를 제출하는 데 성공했고, 그들이 압력을 행사한 결과로 공동권은 인클로우저에 대한 보상에서 참작되었다. 그러나 이같은 편지의 어조는 우리가 농촌에서의 권력과 복종심이라는 총체적 상황 속에서 인클로우저를 보아야 한다는 것을 우리에게 일깨워준다. 이와같은 편지의 필자들과 같은 사회적·문화적 위치에 놓여 있던 사람들은 아주 예외적인 상황하에서만——그리고 일부 교육과 재산을 지닌 사람들의 도움을 받아서——자신들의 것과는 다른 문화와 다른 권력이 사용하는 값비싸고 오랜 시간을 끄는 절차에 호소할 수 있었다.

---

14) 1799년 2월 27일자의 *H.O.*, 42집, 46.

상존하는 이와같은 권력에 직면한 영세농의 숙명론적 체념, 그리고 불규칙하고 단편적으로 일어나는 인클로우저(인접한 두 마을의 인클로우저 시기가 수십년의 차이를 보이는 경우도 있었다)는 겉보기에 드러나는 희생자들의 피동성을 설명하는 데 다소 도움이 된다.

하지만 이러한 피동성은 과장되어왔다고 할 수 있다. 인클로우저에 대한 가난한 사람들의 실제 반응에 대한 연구는 거의 없는데, 실상 그와같은 연구에는 수십년에 걸쳐 수백개의 촌락에서 자기 생각을 분명하게 표현할 줄 모르는 사람들이 각기 다른 식으로 겪은 경험들을 다루어야 한다는 특별한 어려움이 있다.[15] 인클로우저 폭동, 울타리파괴, 협박편지, 방화 따위는 일부 농업사가들이 생각하는 것보다 더 흔한 일이었다. 그런데 가난한 사람들이 일으킨 저항이 아주 잡다한 성격을 지니게 된 한 원인은 가난한 사람들간의 내부분열 그 자체에서 찾을 수 있다. 우리는 체슨트 결사체의 편지 나중 부분에서 그 열쇠를 발견할 수 있다.

우리는 변화를 일으킬 만한 여지가 많다고 말할 수밖에 없다. 왜냐하면 우리는 저 러스킨 일가와 그밖의 몇몇 사람들이 왜 우리의 공유지 대부분을 장악하고, 또다른 사람들은 왜 공유지를 사용할 여지가 없는가를 알 수 없기 때문이다. 당신이 공동권에 변화를 일으킬 경우, 욕먹을 짓을 하지 말고 당신의 이름이 우리에게 부어지는 향기로운 기름처럼 되게 해달라. 우리와 교구의 대부분의 사람들이 바라는 것은 공동권에 대한 규제이다. …

18세기 말에 무단거주자(squatter)들과 영세농들뿐만 아니라 '저 러스킨 일가'와 같은 대규모 목축업자들에 의해 공유지에 대한 압력이 증대되고 가축사육의 과잉상태가 초래되었다는 증거가 있다. 그와같은 상황에서, 아주 소규모의 토지소유자와 가난한 영세농의 이해관계 사이의 구분선은 아주 중요한 의미를 갖게 되었다. 소토지보유자들은 할당분을 엄격히 지키고

---

15) 농업소요에 관한 하나의 중요한 연구가 근자에 이루어진바, 그것은 A. J. Peacock, *Bread or Blood. The Agrarian Riots in East Anglia: 1816* (1965)이다.

공동권을 엄격히 규제하는 것에 관심을 기울였고, 반면 관습에 대한 좀더 느슨한 개념 정의는 영세농과 무단거주자들의 이해관계를 반영하고 있었다. 소토지보유자들의 눈은 (어느 시대 어느 국가의 농민들의 눈과도 같이) 철저한 소유권에 바탕을 둔 단기적 전망에 대한 기대로 반짝이고 있었으며, 심지어는 인클로우저가 가져다줄지도 모르는 4 내지 5에이커의 땅에 기대를 걸고 있었다. 반면, 토지소유권을 지니지 못한 영세농들은 인클로우저로 모든 것을 잃어버릴 터였다. 장기적인 안목으로 보면 소토지보유자들이 얻은 것은 환상에 지나지 않는 것이었다. 그러나 그러한 환상은 물가가 높았던 프랑스전쟁 기간 내내 유지되었다.

사실, 인클로우저 운동의 두 가지 목적(즉 더 많은 식량 생산과 더 높은 지대)은 나뽈레옹전쟁기에 달성되었다. 당시 지대는 좀더 나중에 인클로우저가 실시된 지역에서 두드러지게 증가하였고,[16] 그것은 에이커당 더 많은 수확량과 더 높은 곡가에 의해서 유지되었다. 그리고 1815~16년과 1821년에 곡가가 떨어졌을 때, 지대는 그대로 유지되거나——언제나 그렇듯이 나중에 가서야 낮아졌으며——혹은 이로 인해 인클로우저에서 얻은 얼마 안 되는 토지에 매달렸던 많은 소토지보유자들이 몰락했다.[17] 높은 곡가가——코벳이 그토록 통탄해 마지않았던 것처럼——농장주와 그들의 아내들이 사회적으로 더욱더 허세를 부리도록 만든 한편, 지대는 지주들의 엄청난 사치와 자기과시적인 지출을 지탱해주었다. 바이런(George Gordon Byron, 1788~1824)이 그의 『청동시대』(Age of Bronze)에서 맹렬히 비난했던 '시골의 애국자들'(country patriots)의 절정기가 바로 이 시기였다.

그러나 탐욕만으로 이 시기의 노동자들이 빠져들어갔던 상황을 설명할 수는 없다. 지주와 농장주들의 부가 증가하고 있을 때, 노동자가 지독한 생계수준에서 허덕인다는 것이 어떻게 가능했을까? 우리는 대답을 이 시대

---

16) J. D. Chambers and G. E. Mingay, 앞의 글, 84~85면은 인클로우저 활동의 극성기에 지대는 평균 2배로 상승하였다고 추산하고 있다. 또 F. M. L. Thompson, *English Landed Society in the Nineteenth Century* (1963), 222~26면을 보라.
17) 농민소유 토지 감소의 예에 대해서는 W. G. Hoskins, *The Midland Peasant* (1957), 265~68면을 보라.

전체에 걸친 전반적인 반혁명적 분위기에서 찾지 않으면 안된다. 1790년 이전 몇십년간 노동자의 실질임금, 특히 제조업지역이나 광산지역 노동자들의 실질임금은 아마 증가했던 것으로 보인다. '임금을 낮추기 위해 전쟁을 희망한다'는 것은 1790년대 북부지방 일부 젠트리의 구호였다.[18] 프랑스혁명으로 인해 귀족들에게 불붙은 공포와 계급간의 반목의 반영은 주인과 하인 사이의 금지사항을 제거하고 착취관계를 격화시키는 것으로 나타났다. 전쟁은 도시의 개혁가들에 대한 탄압뿐 아니라 위빌이 대표하는 인도주의적인 젠트리의 쇠퇴도 가져왔다. 전반적인 인클로우저의 원인이 탐욕이라는 주장에 덧붙여 하나의 새로운 주장이 제시되었는데, 그것은 사회적 규율이라는 주장이다. '지나간 시대가 가난한 사람들에게 남긴 유산'인 공유지는──자기 손으로 자기의 농가를 지은 독립성을 지닌 노동자들이 거기에 여전히 살고 있었다고 토머스 뷰익이 회고할 수 있었던 이 공유지는[19]──이제 무질서의 위험한 온상으로 간주되었다. 아서 영은 그것을, "해로운 부류의 인간을 양성하는" '야만인'의 사육장으로 보았으며, 링컨셔 소택지(Lincolnshire Fens)에 대해서는 "그렇게 거친 지방은 늪(fen)처럼 거친 인종을 키워낸다"고 썼다.[20]

자신의 이해관계에 이데올로기가 덧붙여진 것이다. 젠틀먼이 영세농들을 공유지에서 제거하고, 그들의 노동자들을 예속상태로 떨어뜨리고, 부수적 소득을 깎아내리고, 소토지보유농을 쫓아내는 것이 공적인 성격을 지닌 정책사항이 되었다. 워즈워스가, '물려받은 전답'(patrimonial fields)을 지키기 위해 투쟁하던 늙은 마이클과 그의 아내의 덕성을 극찬하던 바로 그때에 그보다 훨씬 더 영향력이 컸던 『상업 및 농업 잡지』(*Commercial and Agricultural Magazine*)는 '요우먼'을 전혀 다른 시각으로 바라보았다.

사악하고 비뚤어진 소농장주는 우리 안에 있는 암퇘지처럼 거의 고립된 개인으로서 바깥세계의 여론과 어떠한 교류도 하지 않으며, 따라서 그것

18) R. Brown, *General View of the Agriculture of the West Riding* (1799), 부록, 13면.

19) T. Bewick, *A Memoir*, ed. M. Weekley (Cresset, 1961), 27면 이하.

20) A. Young, *General View of the Agriculture of Lincolnshire* (1799), 223, 225, 437면.

을 존경하지 않는다.

그리고 인클로우저를 당한 영세농의 권리에 대해서는, "그의 권리주장에 주목할 필요는 없는 것 같다"고 하면서 이렇게 말한다.

그러나 다른 권리주장자들의 이해관계는 궁극적으로 노동자들에게 얼마간의 토지를 획득할 수 있도록 허용하는 데 달려 있다. … 왜냐하면 이러한 관용에 의해 구빈세는 급속히 감소될 것이 틀림없기 때문이다. 다시말해, 4분의 1 에이커의 밭은 농민들을 아무런 도움을 주지 않아도 되는 존재로 만드는 길을 활짝 열어놓을 것이기 때문이다. 그러나 이러한 자비로운 의도에서도 중용이 지켜져야 한다. 그렇지 않으면 우리는 자칫하다가 노동자를 소농장주로 바꾸어놓을지도 모른다. 즉, 가장 유용한 자들을 써먹을 수 있는 모든 것 가운데서 가장 쓸모없는 자들로 바꿔놓을지 모른다. 어떤 노동자가 그와 그의 가족이 저녁때 경작할 수 있는 것보다 더 많은 땅을 소유하게 된다면 … 농장주는 정규적인 노동을 더이상 그에게 의존할 수 없게 되고, 그리고 건초만들기나 추수는 … 때로 전국적인 어려움이 될 … 정도의 큰 어려움을 겪어야만 한다.

그리고 촌락의 빈민들로 말할 것 같으면, 그들은 "여러가지 구실로 교구를 속이고자 하는 뱃속이 시커먼 악당들이며, 그들의 모든 능력은 교구관리들에게서 쓸모없고 방탕한 목적에 사용될 돈을 얻어내기 위한 사기행각에 동원된다"[21]는 것이다.

물론 예외도 있다. 그러나 이것이 1790년과 1810년 사이의 대세였다. 값싼 노동예비군의 예속을 증대시키는 것 ──즉 농장주의 편의를 위해 건초만들기와 추수 그리고 인클로우저에 따른 도로건설, 울타리치기, 물빼기에 '노동을 써먹는 것'(application of industry)이 정책사항이었다. 코벳이 '스코틀랜드인의 '털학'(Scotch feelosofy, 코벳이 애덤 스미스나 맬서스 등의 철학을

---

21) *Commercial and Agricultural Magazine*, 1800년 7월, 9월, 10월호.

지칭한 말—옮긴이), 해먼드 부부가 '시대의 정신'이라고 명명한 것은 제조업자들과 마찬가지로 지주들에 의해서도 열렬한 지지를 받았다. 그러나 그러한 철학이 산업혁명의 조건에는 딱 들어맞은 데 반해, 농업에서 그러한 철학은 (최선의 경우) 재래의 온정주의적인 전통(자신의 노동자에 대한 스콰이어의 의무) 그리고 필요에 따라 번 돈을 계산하는 전통(나이, 결혼 여부, 자식 등에 따라 차이를 두는 오랜 관습으로서 이것은 스피넘랜드의 빈민구호제도로 영속화하였다) 등과 충돌하였고, 반면 (최악의 경우에는) 노동자라고 하는 아랫것들에 대한 귀족의 봉건적 오만에 의해 더욱 강화되었다. 노동이 수요공급의 법칙에 따라 자기 자신의 '자연'가격을 발견한다는 학설은 오래 전부터 '공정'임금의 개념을 밀쳐내고 있었고, 전쟁기간중에 그것은 온갖 수단을 통해 선전되었다. 1800년에 시골의 한 치안관은 "노동에 대한 수요가 반드시 임금을 규제해야 한다"고 썼다. 그리고 그는 계속해서 구빈세는 잉여인구를 유지시키고 결혼을 장려함으로써 ──그리하여 수요를 넘어서는 노동의 공급을 확보함으로써── 임금을 전체적으로 낮춘다고 주장한다. 참으로, 그는 '평균'의 과학의 선구자로 등장한 것이다.

> 잉글랜드 전체의 연간 구빈세와 임금 전체를 합쳐 총계를 낸다고 생각해보자. 내 생각으로는 이 총계가 구빈세가 존재하지 않을 때의 임금만의 총액보다도 틀림없이 적을 것이다.[22]

다양한 빈민구호 ──구호금은 빵가격 및 자녀수에 따라 달라진다── 를 도입한 동기는 물론 여러가지였다. 1795년의 스피넘랜드 결정은 인간애와 필요성이라는 두 가지 동기에 의해 추진되었다. 그러나 스피넘랜드 시스템과 갖가지 형태의 '순회'제도('roundsman' system, 구제를 요하는 노동자를 이 농장 저 농장으로 순회시키는 제도—옮긴이)를 영속시킨 것은 바로 값싸고 항구적인 노동예비군에 대한 대농장주들의 요구 ──임시노동 또는 자유노동을 특히 필요로 하는 부문의── 에 따른 것이었다.

---

22) 같은 책, 1800년 10월호.

전쟁 후에는 새로운 점이 강조되었던바, 이제 농장주들은 '인구에 대한 장려금'을 반대하는 맬서스(Malthus)의 경고에 훨씬 더 귀를 기울이게 되었다. 구빈세는 1780년대에 연간 200만 파운드 미만이던 것이 1803년에는 400만 파운드 이상으로, 그리고 1812년 이후에는 600만 파운드 이상으로 증가하였다. 인구에 대한 장려금은, 1834년에 빈민법위원회(Poor Law Commission)가 묘사한 것처럼 이제는 '나태와 죄악에 대한 장려금'으로 보였다. 지주와 농장주들은, 가난한 사람들이 교구의 민생위원을 찾지 않고도 살아나갈 수 있게 해주었던 공유지 — 젖소, 거위, 풀밭 — 가 사라진 것을 애석하게 생각하기 시작하였다. 그리하여 젖소 일부가 빈민에게 되돌려졌고, 여기저기서 토마토밭이 다시 생겨났으며, 농업국은 경작지대여운동을 힘껏 지원하였다. 그러나 전반적인 과정을 되돌리기에는 때는 이미 늦어 있었다. (더 많은 땅에 울타리가 쳐졌음에도 불구하고) 공유지가 되돌려진 적은 없었으며, 노동자에게 토지를 (젖소 한 마리당 대략 4에이커의 땅을 최소가격인 연 6파운드에) 빌려주는 모험을 하려는 지주들도 거의 없었다. 전쟁으로 인한 번영기에 인색을 신조로 삼았던 농장주들은 곡가가 하락했을 때에도 여전히 인색을 신조로 삼는 경향이 있었다. 더욱이 촌락의 인구는 군인들이 귀향함에 따라 늘어났고, 파산한 소토지보유자들이 노동자 무리에 가담했으며, 인클로우저와 관련된 일거리도 줄어들었다. 그리고 북부지방과 미들랜즈로의 직물공업의 집중은 이스트 앵글리어, 웨스트 컨트리 및 남부지방 노동자들의 처지를 더욱 악화시켰다. 새로 생겨나거나 확대되고 있던 농촌공업(밀짚엮기나 레이스짜기)은 일부 지역에 일시적인 구제책을 마련해주었지만, 농촌공업의 전반적인 쇠퇴(가장 두드러진 것이 방적업이었다)는 이론의 여지가 없었다. 그리고 가내일자리가 줄어듦에 따라, 농업노동자로서 값싼 부녀자노동이 증가하였다.[23]

높은 지대 혹은 하락하는 곡가, 전채(戰債)와 통화위기, 맥아(麥芽)와 창문과 말에 대한 과세, 사냥터관리인·용수철 총·사람을 잡기 위한 함정 및 (1816년 이후) 위반자에 대한 유배형 선고 따위의 자질구레한 규정을

---

23) Ivy Pinchbeck, *Women Workers and the Industrial Revolution* (1930), 57면 이하.

담고 있는 수렵법, 이 모든 것은 직접 간접으로 노동자들을 쥐어짰다. "자꼬뱅들은 이런 일들을 하지 않았다"고 코벳은 외쳤다.

그렇다면 정부는 '하나님'이 이런 일을 했다고 주장할 건가? … 말도 안 된다! 이런 것들은, 프랑스를 본보기로 삼아 잉글랜드에서 개혁이 일어나지 않게끔, 프랑스에서 자유를 분쇄한 노력의 대가이다. 이러한 일들은 그같은 일을 수행한 데 대한 대가인 것이다. …[24]

노동자는 '평균적'인 교구목사 ─ 코벳에게 이들은 자기 가족을 휴양지 바스에 모셔다놓고서 예배는 박봉의 부목사에게 맡기는 겸직의 부재성직자(absentee pluralist)들이었다 ─ 가 그들의 수호자 역할을 해주기를 기대할 수 없었다.

거의 40년 동안 전통적인 제재규약은 붕괴되고 농촌이 반혁명적 방종에 의해 지배되고 있었다는 느낌이 든다. 베드퍼드셔의 한 '철학자'(매퀸 Macqueen 박사)는 1816년 농업국에 "구빈세에 관해 말하자면, 나는 언제나 이 구빈세가 노동계급의 게으름과 악행을 배가시키고 있다고 본다"고 써보냈다.

사회적 신분이 낮은 사람들의 도덕과 풍속은 프랑스혁명 최초단계에서부터 퇴보해왔다. 평등과 인권의 교리는 아직도 잊혀지지 않고 무분별하게 신봉되고 있으며, 마지못해 포기된다. 그들은 각 교구를 자신들이 언제나 도움을 요구할 수 있는 권리와 유산으로 생각한다. …[25]

이렇게 볼 때 잉글랜드가 노동자의 나라이기도 했다고 보기는 어렵다.

남부와 동부 지방의 교구에서는 피구호권(right of poor-relief)을 둘러싸고 오랜 소모전이 벌어지고 있었다. 공동권이 사라진 이후에, 그것은 노동자가 가지고 있는 마지막 ─ 단 하나의 ─ 권리였다. 젊은이와 독신자 ─

---

24) *Rural Rides*, I (Everyman판), 174면.
25) Board of Agriculture, 앞의 책, 25면.

혹은 촌락의 수공업기술자들——는 과감하게 도시로 가거나, 운하(나중에는 철도)를 따라가거나 아니면 이민을 갈 수도 있었다. 그러나 가족을 거느린 성인노동자는 '거주지'(settlement)가 가져다주는 피구호권을 잃어버릴까 두려워하였다. 그리고 이것은 자기 자신의 지역공동체와 농촌의 관습에 대한 그의 애착과 더불어, 그가 공업 노동시장에서 아일랜드 빈민(이들은 그보다 더 불행했으며 잃어버릴 거주지조차 없었다)과 대규모 경쟁을 할 수 없도록 만들었다. 제조업지역에서 노동이 '부족'한 시기에도, 그의 이주는 장려되지 않았다. 1834년 이후, 빈민법위원회 위원들이 주로 랭커셔와 요크셔의 공장으로 이주하도록 권장하였을 때에도——아마도 이러한 권장은 노동조합에 대한 반격이었을 것이다——우선권은 "다수의 자녀를 거느린 과부나, 대가족을 거느린 … 수작업 수공업기술자에게 주어졌다. 나이든 남자는 공장의 수준 높은 작업과정이 요구하는 기술을 습득할 수 없었다". 노동시장들은 맨체스터와 리즈에 형성되었는데, 이곳에서는 공장주들이 노동자 가족에 대한 세부사항들——자녀들의 나이, 노동자로서의 자질, 도덕적 자질, 그리고 ('아주 건강함' '나이가 적절함' '세명의 고아들의 부모 역할을 기꺼이 떠맡으려고 함'과 같은) 소견들——을 마치 팔려고 내놓은 가축을 뜯어보듯이 자세히 조사할 수 있었다. 희망에 들뜬 써퍼크의 한 빈민법 시행위원은, "우리는, 당신이 남편과 아내를 함께 고용한다면 남자는 8실링, 여자는 4실링이면 된다고 자진해서 말하는 소가족을 여럿 알고 있다"고 덧붙인다.[26]

이처럼 구빈세는 노동자의 마지막 '상속재산'이었다. 1815년에서 1834년까지 구빈세를 둘러싼 싸움은 계속되었다. 젠트리 및 교구 민생위원측은 경비절약, 법적 거주지(이것이 확인되어야만 구빈세 혜택을 받을 수 있었다—옮긴이) 소송, 규율을 어긴 자들에게 채석장에서 돌 깨는 일과 같은 형벌을 부과하는 것, '조 단위로 노동자 패거리를 편성하여'(labour-gangs) 싼값으로 일을 시키는 것, 노동자들을 경매하는 일, 심지어는 마차에 탄 노동자를 마

---

26) *First Annual Report of the Poor Law Commissioners* (1836), 313~14면; W. Dodd, *The Factory System Illustrated* (1842), 246~47면. 또한 A. Redford, *Labour Migration in England, 1800~1850* (1926), 6장을 보라.

차째로 경매에 부치는 모욕적인 행위 등을 일삼았다. 반면 빈민들측에는 교구 민생위원에 대한 위협, 간혈적인 싸보따쥬, '비굴하고 교활한' 혹은 '시무룩하고 불만에 가득 찬' 기질, 빈민법위원회 위원들의 보고서 매 페이지마다 기록되어 있는 노골적인 문란행위 등이 있었다. 스피넘랜드 체제가 적용된 남부 주들의 노동자들은 신랄하게 야유하였다. "그와같은 체제하에서 일하느니 차라리 지금 당장 노예가 되는 편이 낫겠다. … 사람이 자기의 영혼을 파괴당하고 나면, 그 사람이 무슨 소용이 있겠는가?" 농장주들은 "(구빈세를 주고—필자) 우리를 구덩이 속의 감자처럼 이곳에 쌓아두었다가, 더이상 우리들 없이 일을 할 수 없게 되면 그때에야 우리를 써먹기 위해 밖으로 끄집어낸다".[27]

이것은 아주 적절한 묘사이다. 농촌의 대규모 인구감소를 비난했던 코벳은 그 원인을 기술하는 데에서는 옳았지만 결론은 잘못된 것이었다. 인클로우저—특히 전쟁기간중의 남부와 동부 경작지에서의 인클로우저—는 전반적인 농촌인구의 감소를 초래하지는 않았던 것으로 보인다. 노동자들은—물결치듯 마을에서 도시로, 그리고 주에서 주로—이주하였지만 전반적인 인구증가는 감소된 인구를 메우고도 남았다. 전쟁이 끝나 곡가가 하락하고 그래서 농장주들이 더이상 "우리의 젊은이들을 육군이나 해군에 내보낼 수 없게 되자"(이는 지방의 치안관 수중에 있던 편리한 징계수단이었다), 사람들은 '잉여인구' 문제를 요란하게 떠들어댔다. 그러나 1834년 신빈민법이 시행된 이후에, 여러 촌락에서 떠들어댄 이러한 '잉여'는 허위로 판명되었다. 이러한 촌락에서 노동의 대가는 대부분 구빈세로 충당되고 있었다. 노동자들은 며칠 혹은 반나절만 고용되었다가 교구로 되돌려졌던 것이다. "서리가 내리면 그들(농장주—옮긴이)은 그들(노동자—옮긴이)을 해고한다"고 한 교구의 민생위원은 말했다. "농번기가 시작되면 그들은 내게로 와서 그들을 다시 데리고 간다. 농장주들은 나의 집을 우리 직종에서 말하는 회관(house of call, 동일직종에 속한 직인들이 수시로 모임을 갖는 집회장소—옮

---

27) *First Annual Report of the Poor Law Commissioners* (1836), 212면. 같은 농담은 1845년 윌트셔에서도 '잘 이해되었다'. '구덩이'(pit)는 이제 구빈원이 되었던 것이다. A. Somerville, 앞의 책, 385면.

긴이)으로 만들었다." 우천시에는 노동자들이 '남아돌고' 추수 때는 '모자랐다'. 고용주들은 구빈세를 통해 이웃 고용주들의 노동자들에게 보조금이 지급되는 것을 시기해서 그들 자신의 노동자들을 해고하고 교구 민생위원에게 노동자를 보내달라고 요구한다. "아무개가 그의 노동자 두명을 해고했다네. 내가 그들의 임금을 지급해야 한다면, 자네들에게는 그가 임금을 주어야겠지. 그러니 그에게 가보게"라는 것이었다. 이것은 혼란과 낭비와 강탈이 끝없이 반복되게 마련이고, 또 노동자측에서도 한두 가지 속임수를 쓰게 되는 하나의 시스템이다. 그러나 — 교활하고 그야말로 지독했다는 점을 제쳐두고라도 — 이 시스템은 하나의 의도, 즉 자신의 임금이나 노동생활에 대해 노동자가 그나마 가지고 있던 통제력을 완전히 파괴하려는 의도[28]를 가지고 있었다.

당시의 정치경제학에서의 유행어인 '한 시스템'이란 말이 스피넘랜드에 대해서 가해지게 되었을 때, '그것은 주인과 하인 사이의 상호의존의 끈을 잘라버린 시스템'이었다. 실제로 남부의 노동자들은 마스터계급에게 완전히 예속되는 처지가 되어 있었다. 그러나 노예노동은, 특히 권리가 상실된 것에 불만을 품고 '자유인으로 태어난 잉글랜드인'으로서 이제 막 저항을 시작하려는 사람들에게 강요할 때에는, '비경제적'이다. (동부지방의 주들에서는 이런 방식이 오랫동안 실시되었지만) 한패가 되어 일하는 노동자를 감독하는 것은 '비경제적'이다 — 왜냐하면 노동자들은 연중 대부분의 시간을 두세명씩 조를 이루어 가축돌보기, 들일, 울타리치기 등의 일을 자기들끼리 알아서 해야 했으니까 말이다. 이 기간 동안에 착취관계는 간단히 말해 '임금지불'이 중단될 정도로까지 강화되었는데, 이러한 종류의 피구호민 노동은 노동자를 무 좀도둑, 선술집 들치기, 밀렵꾼과 부랑자로 만들었다. 저항하기보다는 이사를 가버리는 편이 수월했는데, 왜냐하면 착취관계의 강화는 곧 정치적 탄압의 강화였기 때문이다. 문맹, 극도의 피로, 야심있고 똑똑한 젊은 사람들의 이주, 뒤를 밟는 스콰이어와 교구목사의

28) A. Redford, 앞의 책, 58~83면을 보라. 그리고 날조된 잉여에 대해서는 *First Annual Report of the Poor Law Commissioners* (1836), 229~38면; W. T. Thornton, *Over-Population* (1846), 231~32면.

그림자, 인클로우저 폭동자와 빵폭동자 및 밀렵꾼에 대한 가혹한 처벌——
이 모든 것이 결합하여 체념을 낳고 불만의 표출을 막았다. 노동자들의 가
장 위대한 호민관인 코벳은 농장주들 사이에서, 그리고 소(小)시장도시에
서 많은 지지자를 가지고 있었다. 1830년 이전에 여러 노동자들이 그의 이
름이나 그가 하고자 한 바를 이해하고 있었는지는 의심스럽다. 코벳이 말
을 타고 올드 쎄이럼(Old Sarum)의 '저주받은 언덕'(Accursed Hill)이란 곳
을 지나갈 때, 그는 일을 마치고 돌아오는 노동자 한 사람을 만났다.

나는 그에게 어떻게 지내느냐고 물었다. 그는 매우 어렵다고 말했다. 나
는 그에게 그 이유가 무엇이냐고 물었다. 그는 어려운 시절이어서라고 말
했다. "무슨 시절이라구요? 이번 여름만큼 날씨가 좋고 추수도 좋은 적
이 어디 있었습니까? …"라고 내가 말했다. "젠장! 그렇긴 해도, 저들이
가난한 사람들에게 시절을 어렵게 만든답니다." "저들이라니? 저들이 누
군데요?"라고 내가 말했다. 그는 아무 말도 하지 않았다. 나는 말했다,
"이 사람아, 그게 아녜요! 당신을 약탈하는 것은 저들이 아니라, 바로 저
저주받은 의회(Accursed Hill, 직접적으로는 '저주받은 언덕'이라는 지명을 가리키
지만, 여기서는 은유적으로 인클로우저를 강행하여 가난한 농민을 어렵게 만든 영국 의
회를 암시한다—옮긴이)예요. …"[29]

전쟁의 전기간을 통해 '사회의 거대한 조직'은 이 '비참한 … 농민이라는 토
대'에 의해 지탱되고 있었다. "부족한 일손을 나라에 제공하고, 죽음이 막
사(camp)와 도시에 끊임없이 만들어내는 빈 공간을 메워주는 튼튼한 어린
애를 낳아 키워준 것은 바로 이들의 아내들이다"라고 데이비드 데이비스
(David Davies)는 썼다.[30] 전쟁 후, 물가가 치솟고 병사들이 자기 마을로 돌
아오자, 약간의 저항의 움직임이 있었다. "우리에게 부과된 짐을 이제 우리
는 더이상 지지 않기로 결의하노라." 요우빌(Yeovil) 지역에서 나온, 피 흘

---

29) *Rural Rides*, II (Everyman판), 56~57면.
30) W. Belsham, *Remarks on the Bill for the Better Support... of the Poor* (1795), 5면; D.
    Davies, *The Case of Labourers in Husbandry* (1795), 2면.

리는 비장한 심정으로 서명된 한 편지는 이렇게 말한다. "피와 피와 피로, 일대 혁명이 일어나야만 한다. …"[31] 그러나 그와같은 협박조의 폭언은 다름아닌 무력감을 말해준다. 흔히 노동자들이 대규모의 집단으로 함께 고용되고 있었던 이스트 앵글리어(의 일리―옮긴이)에서만 1816년에 심각한 소요가 일어났다. 최저임금(일당 2실링)에 대한 요구와 최고가격에 대한 요구가 결합되었으며 식량폭동, 젠트리에게서 돈을 강제징수하는 행위, 탈곡기 파괴 등이 일어났다. 그러나 소요는 무자비하게 진압되었고 그래서 밀렵투쟁, 익명의 협박편지와 곡물더미를 불태우는 등 지하운동으로 되돌아갔다.[32]

기이하리만치 우유부단하고 피를 바라지 않는 폭도들('기가 꺾인 자유인의 소동')에 의해 1830년에 일어난 폭동은 '흑인노예들'의 반란처럼 그야말로 무자비하게 진압되었다. "나는 치안관들을 설득하여, 각자 말을 타고 나오도록 하였다"고 워털루의 승자(웰링턴공―옮긴이)는 기록하고 있다.

말채찍, 피스톨, 엽총, 그리고 구할 수 있는 모든 것들로 무장한 자신의 하인과 종자들, 마부, 사냥꾼, 사냥터관리인 들의 선두에 서서 힘을 합쳐 … 이들 폭도들을 공격하고, 그들을 해산시키고, 그들을 분쇄하고, 도망치지 못한 자들을 붙잡아 가두게 하였다.[33]

그러나 봉기자들을 위협하기 위해 특별조사위원회를 내려보낸 것은 웰링턴(Wellington) 공작(아서 웰즐리Arthur Wellesley, 1769~1852. 워털루에서 나뽈레옹 1세를 격파한 영국의 장군, 정치가―옮긴이)이 아니라 새로운 휘그내각이었다(이 내각이 나중에 선거법 개혁안을 가결시키게 된다). 그리고 혹독하게 본때를 보여주어야 한다고 소리를 높인 것은 중간계급 급진주의의 대변

---

31) Moody to Sidmouth, 1816년 5월 13일자에 들어 있는 동봉물, H.O., 42집, 150.
32) H.O., 42집, 149/51. 같은 마을 사람들로 구성된 이스트 앵글리어의 '조 단위 노동자 패거리'(labour-gangs)에 대해서는 W. Hasbach, *History of the English Agricultural Labourer* (1908), 192~204면을 보라.
33) *Wellington Despatches*, second Series, viii, 388면, H. W. Carless Davis, *The Age of Grey and Peel* (Oxford, 1929), 224면에서 재인용.

지인『타임즈』지였다. 그 충고는 받아들여졌다.

> (1831년—필자) 1월 9일 버킹엄에서는 제지기계 파괴범 23명에 대해, 도
> 싯에서는 11일 화폐강탈범 3명·강도범 2명에 대해 사형언도가 내려졌
> 다. 노리치에서는 55명의 죄수가 기계파괴와 폭동으로 유죄판결을 받았
> 고, 입스위치에서는 화폐강탈죄로 3명, 페트워스(Petworth)에서는 기계
> 파괴와 폭동으로 26명, 글로스터에서는 30명 이상이, 옥스퍼드에서는 29
> 명이 유죄판결을 받았다. 그리고 윈체스터에서는 40명 이상의 유죄판결
> 자 중 6명이 사형에 처해졌다. … 쏠즈버리(Salisbury)에서는 44명의 죄
> 수가 유죄판결을 받았다. …[34]

그리고 3년 후 건방지게 노동조합을 결성한 도싯셔에 있는 톨퍼들의 농업
노동자들에게 유배형을 언도한 것 역시 휘그내각이었다.

농업노동자들의 이와같은 반항은 남부지역의 주들에서뿐만 아니라 이스
트 앵글리어와 미들랜즈에서 더욱 광범위하게 퍼져나갔으며, 해먼드 부부
의 서술로 밝혀진 것보다 훨씬 나중까지 계속되었다. 농업노동자들의 입장
에서 쓴 1차 사료들은 거의 남아 있지 않다. 1845년 써머빌은 (반항운동이
시작된 지역의 하나인) 써튼 스코트니(Sutton Scotney) 마을 출신의 햄프
셔 지방 노동자인 죠우지프 카터의 이야기를 채록했는데, 이 사람은 유배
형을 언도받고 포츠머스 감옥선에서 2년을 보냈다. "모든 사람은 떠나야
했고, 거부는 전혀 없었다"라고 카터는 말했다.

> 나는 길 건너편 모퉁이 집에서 열린 모임에 저녁때 참석했는데, 이때
> 죠우 메이슨(Joe Mason)이 오버튼(Overton)에서 온 편지를 우리에게 읽
> 어주었다. 편지에는 이름이 적혀 있지 않았다. 그러나 죠우는 누가 그 편
> 지를 보냈는지 알고 있다고 말했다. 죠우는 학식이 있는 사람이었다. 내

---

34) A. Prentice, *Historical Sketches of Manchester* (1851), 372면. 결국 9명의 노동자가 교수
형에 처해졌고, 457명이 유배되었으며, 약 400명이 금고형에 처해짐. J. L. and B.
Hammond, *The Village Labourer*, 10~11장을 보라.

가 알기로 그 편지는 D____s라는 친구로부터 온 것이었는데 그는 죽은 사람이었다. 그리고 그 편지는 오버튼에서 온 것이 아니라 뉴튼(New-ton)에서 온 것이었다. 편지는 우리 모두가 작업을 중단해야 하며 또 써튼 마을 사람들은 밖으로 나가 쟁기질을 중단시켜야 한다고 말했다. 그리고 농장주들 자신이 말들을 보살피게끔 말들을 그들에게로 돌려보낸 다음 거기서 일보고 있는 사람들을 데리고 나와야 한다는 것이었다. 그리고 농장으로 가서 헛간에서 일하는 사람들을 모두 쫓아내고, 농장주들이 손수 탈곡할 수밖에 없게시리 모두 가서 기계를 때려부숴야 한다는 것이었다. …

이제, 편지에 관해서 말하겠는데, 그것을 읽은 것은 죠우 메이슨이었다. 우리는 그당시 그것이 누구에게서 왔는지 몰랐다. 그러나 지금 이 자리에 있는 우리 모두는 D____s라는 친구가 이 일에 관여하고 있었다는 것을 알고 있다. 그는 코벳씨의 한 절친한 친구였다. 그는 코벳씨에게 편지를 쓰곤 했다. 그러나 그는 결코 그 문제로 어려운 처지에 빠져드는 일이 없었다. 그는 사람들을 말썽에 끌어들였지만 자기 자신은 거기에 휘말리지 않는 능숙한 솜씨를 가지고 있었다. 결단코, 나는 이 일의 책임이 코벳씨에게 있다고 생각지 않는다. 내 생각에 그 책임은 제화공인 D____s라는 친구에게 있다. …

그런 다음 노동자들은 돈을 모으거나 젠트리나 농장주로부터 돈을 강탈하였고, 그리고 죠우지프 카터가 회계담당자가 되었다.

그들은 내가 정직하다고 하면서, 그것을 내게 가지고 있으라고 주었다. 나는 한때 40파운드──정확히 40파운드를 지니게 되었다. 그후 몇몇 사람들은 내게 그것을 가지고 떠나버리라고 말했다. 나도 한때 그럴까 하고 생각하였다. 우리가 런던가(London Road)에 있었을 때 마침 마차가 왔고, 그래서 40파운드를 갖고 마차에 올라타 이 모든 일에서 도망쳐버릴까 하는 생각이 머리에 떠올랐다. 그러나 나는 아내가 남아 있고 또 그들 모두가 나를 부랑자라고 얼마나 욕할까 하고 생각했다. 그러는 동안 마차는 지나가버렸다. …

　나는 결국 재판에 회부되지 않아도 되었다. 내가 윈체스터 감옥에 갇힌 후 그들은 여러번 내게 와서, 두명의 석공에 대해 불리한 증언을 하라고 요구했다. 그들은 만약 그들(석공―옮긴이)에 대해서 내가 알고 있는 바를 말해주기만 하면, 나를 풀어주겠다고 제안하였다. 내가 알고 있는 바를 말했다면 그들은 보로우먼, 쿠크, 쿠퍼와 마찬가지로 틀림없이 교수형에 처해졌을 것이다. 나는 그들이 교수형에 처해지는 것을 보도록 다른 죄수들과 함께 끌려나왔다. 그들은 그런 식으로 우리를 겁주어서 우리가 서로에 대해서 알고 있는 것을 말하게 하려 했었다. 그러나 나는 입을 열지 않았다. 그래서 석공들은 단지 유배되었고, 나도 역시 유배되었다. 그렇다, 폭도들은 나를 억지로 끌어들였다. 그렇지만 그렇다고 해서 내 입을 열 수는 없었다. 왜냐하면 당신도 알다시피, 나는 그들 편이었기 때문이다. … 그 일을 한 것은 젊은 친구들이었다. …[35]

　노동자들의 폭동은 이면에 정치적 동기를 거의 지니지 않은 순수한 기계파괴 운동의 폭발이었다. (농촌지역의 공업기계들과 함께) 곡물가리와 다른 재산이 파괴되었지만 주요 공격대상은 탈곡기였는데, 그것은 〔미래파 신자들(futurist, 요한계시록의 예언들이 미래에 실현될 것이라고 믿는 사람들―옮긴이)의 설교에도 불구하고〕 이미 굶주리고 있던 노동자들의 일거리를 분명히 빼앗고 있었다. 따라서 기계파괴는 실제로 얼마간의 즉각적인 구제효과를 가져왔다.[36] 그러나 '젊은 친구들' 중에는 좀더 중요한 의미를 지닌 정치사상이 유포되어 있었을 가능성도 있다.[37] 죠우 메이슨과 같은 '학식이 있는 사람'은 죠지 러블리스의 선구자였을 수 있다. D___s와 같은 급진적

---

35) A. Somerville, 앞의 책, 262~64면.
36) E. J. Hobsbawm, "The Machine-Breakers," *Past and Present*, I (1952년 2월), 67면을 보라.
37) 켄트의 한 노동자는 다음과 같이 말한 것으로 널리 보고되었다. "우리는 금년에 곡물더미와 탈곡기를 파괴할 것이다. 내년에 우리는 교구목사들에게 공격의 화살을 돌릴 것이고, 그 다음해에 우리는 정치가들에 대한 전쟁을 시작할 것이다." 예를 들어 *H.O.*, 40집, 25에 있는 전단을 보라.

구두수선공은 대부분의 소시장도시에서 발견되었다. 노퍼크에서는 자꼬뱅과 급진파의 선동이 촌락에 얼마간의 자취를 남겼다고 이야기하고 싶어진다. 1830년과 1831년의 링컨셔에서는 코벳의 『정치평론』(*Political Register*)을 읽고 있던 농업노동자들을 위협하기 위한 아주 적극적인 노력이 경주되기도 했다.[38] 그러나 약간의 정치의식이 생겨났다고는 해도 그것은 노동자들의 폭동이 진압된 후 수년까지는 도시와 농촌의 노동자들이 공동의 조직을 결성하거나 공동보조를 취하는 데까지는 이르지 못하였다.[39]

1830년의 폭동이 전혀 효과가 없었던 것은 아니다. 그것은 남부 주들에서 일시적인 임금상승을 가져왔다. 그리고 간접적으로 그것은 낡은 부패세력에 마지막 압력을 가하였다. 다수의 농장주와 소수의 젠트리들은 일어나고 있는 일들을 수치스럽게 생각하여 폭도들과 협상을 하거나 그들에게 소극적인 지원을 보냈다. 폭동은 젠트리의 자신감을 약화시켰으며 또한 1831~32년의 선거법개정운동을 일으키는 데 기여했다. "이 일에서 중요한 점은, 지금까지 전반적으로 항상 **노동계급**의 반대편에 서 있던 **중간계급**이, 비록 언제나 행동으로서는 아닐지라도 심정적으로는 이제 **노동계급과 같은 편**에 서 있다는 점이다. … 직종인들, 심지어 수도의 직종인들도 100명 중 99명은 **노동자 편을 든다**"고 코벳은 썼다.[40] 귀족은 '체면'을 잃었고, 개혁의 필요성과 절박성은 더욱 명백해졌다. 그리고 농촌노동자들 가운데서의 뚜렷한 정치적 발전, 예컨대 1830년대의 여러 개별 지역에서의 노동조합주의, 곡물법을 지지하는 청원서에 서명을 거부했다고 해서 1835년에 희생당한 죠우지프 아치(Joseph Arch, 1826~1919. 영국의 정치가, 전국농업노동자연맹의 창설자—옮긴이)의 부친('구시대적 인물로서 꾸준히 자기 길을 걸었던 인물'), 이스트 앵글리어와 남부지역에서의 차티스트 지부들의 확산이 나타나는 것도 바로 이때부터이다.

---

38) J. Hughes, "Tried Beyond Endurance," *The Landworker* (1954년 11월)를 보라.
39) 1833년 제임스 왓슨은 '전국노동계급연맹'(National Union of the Working Classes) 회원들에게 농촌노동자들로 구성된 지부를 결성하는 데 각별한 노력을 기울이라고 호소했다. *Working Man's Friend*, 1833년 8월 3일. 또 *Radical Reformer*, 1831년 11월 19일자를 보라.
40) *Political Register*, 1830년 12월 4일자.

그러나 노동자들의 불만사항은 도시 노동계급의 의식을 구성하고 있던 다른 가닥들에 섞여들어가, 말하자면 대리형태로 나타났다. 비록 프랑스나 아일랜드처럼 일관성을 지닌 전국적인 운동을 일으키지는 못했으나, 농촌의 요구사항은 언제나 **토지**의 획득으로 되살아나곤 했다. "블레들로우(Bledlow)가 인클로우즈되기 전에는 시절이 좋았다. … 우리는 1루드(rood, 4분의 1 에이커―옮긴이)의 땅을 차지하고, 그것에 대한 지대를 모두 낼 수 있다면 좋겠다"(버킹엄셔 노동자들의 청원서, 1834). "…삽 하나로 경작할 수 있는 조그마한 땅을 노동자에게 …"(에식스 노동자들의 청원서, 1837). "그가 바라는 것은 모든 노동자가 농장주가 지불하는 것과 똑같은 지대로 3, 4에이커의 땅을 갖는 것이다. 그들은 지대를 지불할 것이다, 그것도 기꺼이(열광적인 환호성…)"(월트셔 노동자의 연설, 1845). 노동자나 그의 자식이 도시로 이주했을 때에도 이러한 염원은 여전히 남아 있었다. 그리고 십일조, 수렵법, 탈곡기가 잊혀졌을 때에도 권리를 잃어버렸다는 느낌은 남아 있었다―아니, 클래펌의 말마따나 그것은 '민중의 기억' 속에서 '과장되어' 있었다. 우리는 둘 다 농장주였던 코벳과 헌트(Henry Hunt, 1773~1835. 연설가 헌트Orator Hunt로 불렸으며 급진적 정치개혁가로서 이른바 피털루 학살사건 당시 의회개혁을 요구하는 연설을 했다―옮긴이)가 새로운 도시의 급진주의를 형성하는 데 어떻게 기여했는가를 앞으로 살펴보게 될 터이지만, 어쨌든 농촌의 기억들은 수많은 사람들의 경험을 통해 도시 노동계급의 문화에 흘러들어갔다.[41] 19세기를 통해 도시의 노동자는 그의 할아버지가 은밀히 키워온 '토지귀족'에 대한 증오를 뚜렷이 표현하였다. 그는 스콰이어가 상스러운 멜로드라마에 등장하는 것을 보기 좋아했으며, 관후 부인(Lady Bountiful)의 자선보다는 차라리 민생위원국(Board of Guardians, 빈민법의 시행기구―옮긴이)을 더 선호했다. 그는 공장주가 비록 더러운 방법에 의해서일지라도 어쨌든 자기의 재산을 '번' 데 반해, 지주는 자기 재산에 대해 어떠한 '권리'도 주장할 자격이 없다고 느끼고 있었다. 톨퍼들 노동자의 유배에 대한 도시 노동조합주의자들의 반응은 즉각적이고 압도적이었다. 그

---

41) 리처드 호가트(Richard Hoggart)는 1930년대 리즈의 노동계급에게 농촌의 기억이 남아 있었다는 점을 입증했다. Richard Hoggart, *Uses of Literacy* (1957), 23~25면을 보라.

리고 그후의 아치연맹(Arch's union, 죠우지프 아치가 창설한 전국농업노동자연맹
—옮긴이)의 투쟁에 대한 반응도 거의 마찬가지였다. 그리고 스펜스의 시대
로부터 차티스트의 토지계획과 그 이후에 이르기까지, 토지에 대한 열망은
선대제 노동자의 '독립'에 대한 욕구와 뒤섞여 계속 일어났다. 아마도 그것
의 흔적은 몇평의 땅과 채소밭 형태로 오늘날까지도 남아 있다. 토지는 언
제나 신분, 안정성, 권리에 대한 연상을 낳는데 이런 연상들은 토지에서 난
수확물의 가치보다 훨씬 더 심원한 것이다.

우리는 이러한 영향을 일찍이 1790년대에 나타났던, 토지귀족에 대한 자
꼬뱅의 증오에서 발견한다. 이것은 페인의 『공정한 농지분배』와 토지국유
화에 대한 스펜스의 선전에 의해 키워진, 장인들의 급진주의의 지속적인
특징이었다. 전쟁 이후의 지독한 불황기에 (제임스—옮긴이) 왓슨 박사와 다
른 연설가들은 스파 필즈의 모임에 참석했던 실업자와, 해군과 육군 제대
병들로부터 열렬한 지지를 얻었다.

> … 직종(trade, 여기에서는 수공업을 의미함—옮긴이)과 상업은 절멸되었지만,
> 대지는 본래 인류를 먹여살리도록 만들어졌다. 삽과 괭이만 있으면 …
> 인간이 고통을 받지 않아도 될 만큼 대지는 언제나 풍부하다. …[42]

그후 10년에 걸쳐, 오웬주의를 추종하는 평민들 사이에서 오웬주의의 형태
변화가 일어나자 토지를 공동소유하는 협동적 지역공동체에 대한 꿈은 엄
청난 힘을 획득하였다.

그리하여 '노르만의 서자와 그의 무장한 도적떼들' 이전의 잉글랜드인의
자유라고 하는 정치적 신화에, 인클로우저와 나뽈레옹전쟁 이전의 촌락 지
역공동체의 황금기라고 하는 사회적 신화가 덧붙여졌다.

이제 우리는 잉글랜드의 옛 시절, 잉글랜드의 옛 행복, 잉글랜드의 옛 축
제, 그리고 잉글랜드의 옛 정의, 그리고 모든 사람이 이마에 땀을 흘리며

---

42) W. M. Gurney, *The Trial of James Watson*, I (1817), 70면.

살고 … 직조공은 자기 자신의 직조기에서 일하고, 자기 자신의 경작지에서 어깨를 펴고, 법은 모든 것이 풍족하게끔 가난한 사람들의 권리를 인정해주던 그러한 시절로의 복귀를 바라는 삶을 위하여 여기에 모인 것이다. …

이것은 신화에 가르강뛰아(Gargantua, 라블레Rabelais의 정치사회적 풍자문학에 등장하는 거인 왕—옮긴이)적인 과장된 차원을 부여한, 차티스트 지도자인 퍼거스 오코너(Feargus O'Connor)의 말이지만 코벳, 헌트, 오우스틀러 그리고 20여 명의 급진파 지도자들도 이러한 과장에 기여하였다. 옛 잉글랜드의 야만적인 형법, 궁핍, 감옥 들은 망각되었다. 그러나 잃어버린 온정주의적 지역공동체에 대한 신화는 그 나름의 정당성을 지닌 하나의 힘이 되었고—그 힘은 아마도 오웬과 사회주의자들의 유토피아적인 계획과 맞먹을 정도로 강력했다. 그것을 '신화'였다고 말하는 것은 그것이 전적으로 기만적인 것이었다고 말하는 것을 의미하지는 않는다. 오히려 그것은 기억들의 몽따주, 즉 모든 상실과 모든 악폐가 하나의 전체 속에 흡수된 '평균치'였다. (오코너의 팸플릿에 나오는) 젊었을 때의 '다정한 로빈'(Old Robin)은 공장주에게 이렇게 말한다. "트위스트씨와 그래이브씨와 스크류씨 댁 뒤편에 새로 난 모든 길은 … 모두 개방 경작지였고 거기에 살던 여덟살, 아홉살, 열살, 열한살 그리고 열두살박이 아이들은 크리켓, 트랩공놀이, 구슬치기, 공치기 … 짚고 넘기 등의 놀이를 하면서 시간을 보냈지요. …" 그 후 "부자들이 가난한 사람들을 '그가 온다' '그들이 온다'는 말로 겁주어 제정신을 잃게 한" 시절이 왔다. "'그들'이란 누구인가, 로빈?"

그야 물론 보니(Boney, 나뽈레옹을 말함—옮긴이)와 프랑스인이지요. 맞아요, 그때 부자들이 가난한 사람들을 겁주고 모든 토지를 훔쳐갔지요. 그때 이곳은 전부 공유지였어요, 스미스씨. … 바스띠유(당시 사람들은 구빈원을 '바스띠유'라고 불렀다—옮긴이)와 병영으로 올라가는 좌우 모두가 공유지였어요. 그리고 싸구려 옷(Devil's Dust)을 입은 모든 민중들은 공유지에서 소, 당나귀 혹은 말 한 필씩을 기르고 크리켓을 치고, 달리기시합을 하고, 레슬링을 했지요. …

    … 그들은 한쪽 끝에 막사를 짓고 다른 쪽 끝에는 교회를 지었어요. …
그리고 마침내 거의 모든 사람들은 소를 팔아, 그라인드(Grind, 갈아먹기
—옮긴이) 변호사와 스퀴즈(Squeeze, 쥐어짜기—옮긴이) 변호사에게 돈을
지불해야 했는데 … 지금 그중 한 사람의 아들은 시장이 되고, 다른 사람
은 … 은행 지배인이 되었지요. 그래요, 젠장, 많은 정직한 사람들은 교
수형에 처해지고 옛 공유지를 떠나 유배를 당했습니다. …[43]

토지회복을 위해 아주 일관성있는 전국적 운동을 전개한 것이 농촌노동자
가 아니라 도시노동자라는 것은 역사의 아이러니이다. 그들의 일부는 농업
노동자의 아들 혹은 손자였고, 그들의 분별력은 스콰이어의 그늘에서 벗어
난 도시의 정치적 생활로 인해 예리해졌다. 일부——토지계획의 지지자들
——는 농촌 출신의 직조공과 장인들이었다. "아버지와 할아버지 그리고
나에게 딸린 모든 사람들은 땅에서 일했고, 땅은 그들을 죽이지 않았다. 그
러니 땅이 나를 죽일 까닭이 있겠는가?"[44] 성장하는 도시의 황량한 벽돌지
대에서 생활의 어려움과 실업에 직면하자, 잃어버린 권리에 대한 기억들은
새삼 쓰라린 박탈감과 더불어 솟구쳤다.
    우리는 평균치로부터 멀리 이탈했다. 그리고 그것이 우리의 의도였다.
왜냐하면 우리는 행복의 평균치를 낼 수는 없기 때문이다. 우리는 제인 오
스틴(Jane Austen, 1775~1817)의 소설에 묘사되어 있는 세계의 이면을 살
펴보았다. 그 이면 세계를 살았던 사람들에게 그 시기는 엄청난 파국으로
느껴졌다. "농장주가 **젠틀먼**이 되었을 때, 그들의 노동자들은 노예가 되었
다"라고 코벳은 썼다. 이 과정이 궁극적으로 이익이었다고 주장하는 것이
가능하다고 해도, 우리는 그 이익이 다른 사람에게 돌아갔다는 사실을 기
억해야 한다. 써퍼크의 노동자를 면방직공장에서 일하는 그의 손녀와 비교
할 때, 우리가 비교하는 것은 두개의 생활수준이 아니라 두개의 생활방식
이다.

---

43) F. O'Connor, *The Employer and the Employed* (1844), 15, 41~42, 56면.
44) *The Labourer* (1847), 46면.

그러나 이러한 평균치들에 대해 두 가지 점은 따져볼 만하다. 첫째는, 주어진 동일한 수치로부터 빈곤의 상대적인 감소와 절대적인 증가 둘 다를 보여주는 것이 가능하다는 점이다. 농업은 노동수요가 비탄력적인 산업이다. 즉, 1790년에 어떤 농장에서 필요로 하는 노동자가 10명이었다면, 1830년에 그것은 10명 혹은——개량된 쟁기와 탈곡기로 인해——8명이라고 가정할 수 있을 것이다. 우리는 정규적인 고용하의 노동자나 짐마차꾼의 실질임금이 이 시기에 증가하였다는 사실을 제시할 수 있을 것이다. 반면, 촌락에서의 인구——임시노동과 실업자——의 증가는 빈민수의 절대적 증가를 가져왔다. 그리고 이것이 농업에서 가장 분명한 일이라 할 수 있다면, 국가 전반의 상황을 논의할 때에도 마음속에 동일한 가설을 새겨둘 필요가 있다. 논의를 위하여, 1790년에 인구(1,050만)의 40%가 '절대 빈곤선' 이하에서 살고 있었고 1841년에는 인구(1,810만)의 단 30%가 그렇게 살고 있었다는 가설을 우리가 받아들인다고 할 때, 그래도 빈민의 절대수는 약 400만에서 500만을 상당히 넘어선 것으로 증가한 것이 된다. 따라서 빈곤은 더욱 심하게 '느껴질' 것이고, 실제로 더 많은 빈민이 있게 될 것이다.

이것은 수치를 가지고 요술을 부리는 것이 아니다. 이러한 종류의 일이 일어났을 가능성은 얼마든지 있다. 그러나 동시에 평균치에 대한 그와같은 평가는 '평균'적인 인간관계에 대해 우리에게 아무것도 말해주지 않는다. 인간관계를 판단하려면, 우리는 서로 상충하는 주관적인 증거들 사이에서 우리의 길을 찾아내야만 한다. 그리고 이 시기에 대한 판단은 반드시 영국의 '평균'적 젠틀먼에 대한 어떤 인상을 고려에 넣어야만 한다. 신이 창조한 모든 피조물 가운데서 "가장 잔인하고, 가장 감정이 없고, 가장 지독하게 오만한 자들"이라는 코벳의 비난을 우리가 받아들일 필요는 없다. 그러나 우리는 근자에 다시 등장한 아주 이상한 견해, 즉 "잉글랜드의 지방 젠틀먼들은 사실 이 세상의 어느 사회에서도 볼 수 없는 가장 비범한 계급의 사람들이었다"는 생각으로 되돌아갈 필요는 없다.[45] 이러한 견해 대신에 우리는 '애실(Ashill)의 젠틀먼들'에게 보내는 한 익명의 편지에 나타난 노퍼크

45) R. J. White, *From Waterloo to Peterloo* (1957), 40~44면.

노동자의 견해를 제시할 수 있다——"당신은 지금 우리로 하여금, 일찍이 우리가 겪어온 가장 무거운 짐을 지게 하고 가장 고달픈 멍에 아래 놓이게 만들었습니다."

우리는 너무 힘들어서 견딜 수 없습니다. 당신은, 잘못은 모두가 의회의 탐관오리들에게 있다고 말함으로써 우리의 판단력을 종종 흐리게 만들지만 … 그들은 이 교구의 규율과는 아무런 관계가 없습니다.

당신들은 당신들이 하고 싶은 대로 하고, 가난한 사람들에게서 그들의 공동권을 빼앗고, 가난한 사람이 소나 돼지나 말이나 당나귀에게 먹일 수 있도록 하나님이 자라게 해주신 목초를 갈아엎고, 목초가 자라지 못하도록 길에 쓰레기와 돌을 깔아놓습니다. … 이 교구 내의 모든 토지를 수중에 넣은 것은 당신네들 대여섯명입니다. 당신들은 부자가 되기를 바라면서 다른 모든 가난한 사람들을 굶어죽게 만듭니다. …

"우리가 계산해본바, 우리들 60명이 가진 것이 당신들 중 1명이 가진 것과 같습니다. 그렇다고 당신들이 1 대 60의 비율로 우리를 지배해야 하겠습니까?"[46]

그러나 농촌사회에서 각별히 미움을 받았던 것은 십일조를 낭비하는 성직자였다. 1830년 에식스의 한 교구목사는 성냥 두개가 동봉된 편지에서 "너 사악한 영혼이여, 죽음을 각오하라"고 협박당했다. "당신과 당신의 패거리 모두는 교구에서 가장 큰 피구호민들(biggest Paupers)이다." 프레시워터(Freshwater, 와이트Wight 섬)의 교구목사는 그의 교구민 한 사람으로부터 다음과 같은 내용의 편지와 함께, 가벼운 방화로써 좀더 노골적인 협박을 받았다. "지난 20년 동안 우리는 당신들의 더러운 자만심을 채워주기 위해 기아상태에 놓여 있었다."

우리가 지금 행한 것은 우리의 뜻(Will)에 어긋나는 것이지만 당신의 염

---

46) Rev. Edwards to Sidmouth, 1816년 5월 22일자에 들어 있는 동봉물, *H.O.*, 42집, 150.

통은 파로(Pharo, 전제적인 고대 이집트의 왕 파라오Pharaoh를 이렇게 썼음―옮긴이)의 염통처럼 굳어 있다. … 그러니 이 화재를 무리한(무례한―필자) 행동으로 생각하지 마시오, 당신이 그런 벌받을 짓을 안했더라면, 우리도 안히였을(그런 짓을 안했을―필자) 거요. 당신에 대한 말인데, 우리 착한 친구인 당신은 마침 그기에 없었더구먼, 있었더라면 불고기 신세가 되었을 텐디. 만약 그런 일이 일어났다면 늙은 먹새(목사―필자)가 마침내 불고기가 된 것을 보고 농장주들이 얼마나 낄낄댔을까. …

"이 작은 화재를 보고 놀라지 마라, 우리가 당신의 곳간을 불사를 때 그때는 엄청 더 큰 재앙이 될 것이니까 …"라고 이 협박편지의 저자는 한결같이 고약한 어투로 끝을 맺었다.[47]

---

47) Rev. W. M. Hurlock, 1830년 12월 14일자와 the Very Rev. Dean Wood, 1830년 11월 29일자에 들어 있는 동봉물, *H. O.*, 52집, 7.

8
장인과 그밖의 노동자들

농업에서의 평균이 정체불명의 것이라면, 우리가 도시의 공업노동자를 다룰 때에도 그것은 마찬가지이다. 그런데 1830년의 대표적인 공업노동자는 공장에서 일하고 있었던 것이 아니라 (장인 혹은 '숙련직인'으로서) 소규모 작업장이나 자기 자신의 집에서 혹은 [(막)노동자로서] 가두, 건축공사장, 부두에서 임시로 고용되어 일하고 있었다. 코벳이 1816년에 평민층을 대상으로 『정치평론』을 썼을 때, 그 대상은 노동계급이 아니라 '직인들과 (막)노동자들'이었다. '장인'이라는 용어 속에는 자기 돈으로 노동을 고용하고 다른 마스터들에게 얽매여 있지 않은 유복한 수공업기술자 마스터(master-craftsman)로부터, 다락방에 기거하는 저임금노동자(sweated garret labourer)들에 이르기까지 엄청나게 다양한 등급이 포함되어 있었다. 이런 이유 때문에 갖가지 직종에 속해 있는 장인의 숫자와 지위에 관해 정확한 추정치를 제시하기는 어렵다. 1831년 쎈서스의 직업분류는 마스터와 자영업자와 (막)노동자를 구별하는 노력을 기울이지 않았다.[1] 농업노동자와 가내하인(1831년에 기록된 그레이트 브리튼의 여자 가내하인만 670,491

---

1) 훗날 메이휴는 이 직업통계가 "조악하고, 미분화되어 있으며, 본질적으로 비과학적"이라고 지적하면서, "그것의 불충분성은 우리에게 일종의 국가적인 불명예인바, 거기에는 소매업에 종사하는 계급과 노동계급이 그야말로 혼란스럽게 뒤범벅되어 있으며, 직업들은 아주 초보자도 부끄러워할 만한 방식으로 분류되어 있기 때문이다"라고 말한 바 있다.

명이었다) 다음으로 큰 노동자그룹을 형성하고 있었던 것은 건축업으로서, 1831년 여기에는 미성년자를 포함하여 약 350,000 내지 400,000명의 노동자가 있었다. 선대제 노동이 여전히 지배적이었던 직물공업을 제외하고, 규모가 가장 큰 단일 장인의 직종은 1831년에 133,000명의 성인남자 노동자가 일하던 제화업이었고, 그 다음이 74,000명의 양복제조업이었다. (이와같은 수치들에는 고용주, 농촌의 구두수선공이나 양복제조공, 선대제 노동자, 상점주, 그리고 진짜 도시 장인이 모두 포함되어 있다.) 세계에서 가장 큰 장인의 도시였던 런던에는 19세기 초에 갖가지 종류의 직인들이 대략 100,000명 정도 있었다고 도로시 죠지 박사는 그 나름의 추산치를 내놓고 있는 반면, 써 존 클래펌은 우리에게 다음과 같이 조언한다.

… 전형적인 런던의 숙련노동자는 양조공이나 조선공이나 견직공이 아니라, 1831년 성인남자 노동자의 수가 직종별로 2,500명이 넘는 주요 직종들을 열거할 때 건축업계 종사자들, 제화공, 양복제조공, 가구제조공, 인쇄공, 시계제조공, 보석세공인, 제빵공 등이었다.[2]

19세기 초, 숙련된 수공업기술자의 임금은 흔히 노동시장에서의 '수요와 공급'이 아니라 사회적 지위나 '관습'이라는 관념들에 의해서 결정되었다. 관습적인 임금규정은 농촌 수공업기술자들에게 전통적으로 부여된 신분으로부터 대도시에서 시행되던 복잡한 제도적 규정에 이르기까지 많은 것들을 고려대상에 넣고 있었다. 그때까지도 공업은 농촌의 구석구석에까지 널리 분산되어 있었다. 땜장이, 칼갈이, 행상 등은 스스로 물건이나 기술을 지니고 농장이나 정기시를 찾아다녔으며 규모가 큰 촌락에는 석공, 지붕공, 목수, 수레제조공, 제화공, 대장장이의 대장간 등이 있었다. 그리고 소시장도시에는 안장과 마구 제조공·무두장이·양복제조공·제화공·직조공 그리고 각종 우편배달업·농산물과 석탄운반업·제분업·제빵업 등은 물론,

---

2) 이러한 수치에 대해서는 *Parliamentary Papers* (1833), XXXVII; J. H. Clapham, *Economic History of Modern Britain* (Cambridge, 1920), 특히 72~74면과 5장; R. M. Martin, *Taxation of the British Empire* (1833), 193, 256면을 보라.

경우에 따라서는 등자(●子)쇠 제조나 레이스뜨기 같은 몇몇 지역별 전문 직종도 있었다. 농촌의 수공업기술자들은 대개 교육수준이 높고 다재다능하였으며, 그들이 도시에 가서 도시노동자들과 접촉했을 때 도시노동자들 ─ 직조공, 양말제조공 혹은 광부 ─ 보다는 자기들이 '훨씬 높다'고 느끼고 있었다. 그들은 자신의 관습을 가지고 도시로 갔고, 그래서 그들의 관습은 대규모 도시공업으로 성장하고 있던 소도시의 수공업 직종 ─ 건축업, 마차제조업, 심지어는 금속기계제작업(engineering) ─ 의 임금결정과 협정임금차(wage-differential)에 당연히 영향을 끼쳤다.

비용(비용이라는 개념은 거의 이해되지 않았다)이 아니라 관습이 촌락의 여러 공업, 특히 그 지역에서 생산되는 재료 ─ 목재나 돌 ─ 를 사용하는 공업에서의 가격을 지배하고 있었다. 대장장이는 일의 내용에 따라 수고비 조로 몇파운드씩 받고 고된 일을 했다. 죠지 스터트(George Sturt)라는 사람은 『수레제조공의 작업장』(The Wheelwright's Shop)이라는 그의 고전적인 연구에서 그가 1884년에 어떤 가족회사를 인수했을 때 파넘(Farnham) 지역에서 관습가격이 어느 정도로 통용되고 있었는지를 다음과 같이 기록하였다.

내가 겪은 최대의 어려움은 관습가격을 알아내는 것이었다. 나는 자기의 생산비용, 자기의 이윤, 혹은 어떤 일을 맡아 했을 때 자신이 돈을 버는지 아니면 잃는지를 실제로 알고 있는 직종인이 이 지역에 과연 존재할는지의 여부를 의심하며, 그런 것을 아는 수레제조공은 없다고 확신한다.

이윤의 대부분은 '도급일'(jobbing)과 수선일에서 나왔다. 2륜마차와 4륜마차에서 "내가 이윤을 남길 수 있는 유일한 방법은 생산물의 품질을 낮추는 것이었다. 그런데 노동자들의 기질은 이것을 불가능하게 만들었다". 노동자들은 그들의 수공업기술직(craftsmanship)이 요구하는 리듬에 따라 일했다. 즉 "그들은 그들의 훌륭한 솜씨와 재료에 대한 자부심을 어떻게든 (그리고 몹시) 과시하였다." 그리고 재료에 관해, "기분이 상한 노동자가 내가 그에게 공급한 재료를 사용하지 않겠다고 거부하는 일이 빈번히 발생하였다". 노동자들에게는 "훌륭한 수레제조공의 작업은 이래야 한다는 이 지역 나름의 전통적인 가르침이 온전히 보존되어 있었다".[3]

수공업기술직이라는 관습적인 전통은 그때까지 남아 있던 '공정'가격과 '정당한' 임금이라는 관념과 더불어 유지되고 있었다. 사회적이고 도덕적인 범주들 즉 생계, 자존심, 일정한 수준의 솜씨에 대한 자부심, 기술의 등급에 따른 관습적인 보수 등은 초기의 동직조합 분규에 있어서 순전히 '경제적'인 요구와 마찬가지로 중요한 요구들이었다. (앞에서 말한) 스터트씨의 수레제조 작업장은 갖가지 옛 관행들을 계속 지켜나갔으며, 그것은 경제적으로는 정당화하기 어려운 협정임금차와 같은 사실상의 계서제(hierarchy)가 실시되고 있던 19세기 초 도시 마차제조업의 시골사촌 격이었다. "임금은 작품의 우아함의 정도에 비례한다"고 1818년 『잉글랜드의 직종편람』(The Book of English Trades)은 우리에게 말한다. 즉, 마차의 차체제조공에게는 주당 2~3파운드, 마차장식공에게는 '약 2기니'(1기니는 21실링에 해당함―옮긴이), 객석제조공에게는 1~2파운드, 대장장이에게는 약 30실링. 한편 도장공은 그들 나름의 계서제를 가지고 있는바, 크고 근사한 마차에 무늬를 그려넣는 문장도장공은 3~4파운드, 차체도장공은 약 2파운드, 그리고 직인 신분의 도장공은 20~30실링이었다. 협정임금차는 사회적 지위의 등급을 유지시켜주고 또한 그것을 반영하고 있었다.

마차의 차체제조공은 명단의 맨 위에 오른다. 그 다음은 객석제조공, 그 다음이 장식공, 그 다음이 대장장이, 그 다음이 스프링제조공, 그 다음이 수레제조공, 도장공, 도금공, 벨트제조공 순이다. 차체제조공이 가장 부유하고 일종의 귀족층을 형성하는바 다른 노동자들은 존경심 반, 시기심 반으로 이들을 우러러본다. 그들은 그들 자신을 귀중하게 여기며, 다른 사람들을 각기 다르게 대우한다. 예컨대 객석제조공은 상냥하고 친절하

---

3) G. Sturt, The Wheelwright's Shop (1923), 10, 37장.

게 대우받아야 할 사람으로 여긴다. 장식공들은 무시되지 않을 정도로 지위가 높은 사람으로 여겨진다. 또한 그들은 도장공들의 십장은 정중하게 대하지만, 실제 작업을 하는 도장공들에게는 기껏해야 머리를 끄덕이는 정도로만 대우한다.[4]

이러한 신분조항들은 '마차제조공 공제조합'(Benevolent Society of Coachmakers)이라는 단체의 활동에 의해 뒷받침되고 있었다. 그리고 이 조항들은 이 단체 간사와 20명의 다른 회원들이 결사금지법 위반으로 유죄판결을 받은 1819년 이후에도 계속되었다. 그런데 가장 주목할 점은, 이 시기에도 숙련기술을 지닌 장인을 가리킬 때 '귀족'(aristocracy)이라는 용어를 일찍부터 사용했다는 사실이다.[5] '노동귀족'(labour aristocracy)이라는 현상은 흔히 1850년대와 1860년대에 활발했던 숙련공들의 노동조합주의에 수반되거나——심지어는 제국주의의 결과로 간주되어왔다. 그러나 실제로는 1800~1850년 시기에 노동귀족이라고 할 만한 신·구 엘리뜨 노동자가 있었다. 구엘리뜨는 자기 스스로를 마스터, 상점주, 전문직업인 들과 마찬가지로 '신분이 높다'고 생각하던 장인 마스터(master-artisan)로 구성되어 있었다.[6] (『잉글랜드의 직종편람』은 약종상, 소송대리인, 안경제작공, 사법서사 옆에 목수, 제혁공, 양복제조공 및 도자기공을 함께 적어넣고 있다.) 일부 공업에서 수공업기술자의 특권적 지위는 관습의 힘을 통해서, 혹은 결사와 도제직의 규제를 통해서, 혹은 수공업이 고도로 숙련되고 전문화된 상태를 유지했기 때문에——유리·목재·금속 직종의 사치품 제조 부문의 정교하고 '진기한' 작품 제작과 같이——작업장과 공장생산에서도 여전히

---

4) W. B. Adams, *English Pleasure Carriages* (1837); E. J. Hobsbawm, "Custom, Wages, and Work-load in Nineteenth Century Industry," in *Essays in Labour History*, ed. A. Briggs and J. Saville, 116면에서 재인용.

5) 일찍이 사용된 또다른 예는 *First Report of the Constabulary Commissioners* (1839), 134면에 있는데, 이 용어가 들어 있는 문맥을 보면 이 용어가 당시에 광범위하게 사용되고 있었음을 암시해준다.

6) 18세기의 노동'귀족'에 대해서는 M. D. George, *London Life in the Eighteenth Century*, 4장을 보라.

존속되고 있었다. 새로운 엘리뜨는 철강업, 금속기계제작업, 제조공업에서의 새로운 기술의 도입과 더불어 등장했다. 금속기계제작업에서는 아주 명백하지만, 면직공업에서도 다음과 같은 경고가 적용됨을 잊어서는 안된다. 즉, "우리 모두가 면방적공인 것은 아니다". 작업감독, 기계를 조정하고 수리하는 갖가지 숙련기술을 지닌 '기계감시원', 사라사날염업에서의 무늬도안공, 그리고 예외적인 임금을 받고 숙련을 필요로 하는 수십개의 보조적인 수공업 직종들이 1841년의 쎈서스에 열거된 면직제조업의 세분화된 고용항목 1,225개 속에 들어 있다.

특별대우를 받는 귀족(노동귀족—옮긴이)들이 런던의 사치품 직종들 및 대규모 제조공업에서 숙련기술과 전문 혹은 관리 업무 사이의 경계선상에서 발견되게 마련이었는데, 숙련을 요하는 거의 모든 공업에도 또한 등급이 낮은 장인귀족(aristocracy of artisan) 또는 특권적인 노동자들이 있었다. 우리는 이러한 사실을 1812년 양말공업의 규제조건들을 위한 법안을 통과시키기 위해 하원의원들에게 로비활동을 할 목적으로 런던에 파견된 대표단의 일원으로 활동한 레스터의 양말직조공인 토머스 라지(Thomas Large)의 호기심 많고 익살스러운 눈을 통해 살펴볼 수 있다.[7] 런던에 일단 도착하자, 이들 편직기편물공들——이들은 당시 항구적인 동직조합 조직이 아니라 법안통과를 추진하기 위해 결성된 일시적인 특별위원회만을 가지고 있었다——은 런던의 동직조합원들과 접촉하였는데, 이들은 결사금지법에도 불구하고 그들의 회관을 어렵지 않게 임차해 있었다.

(토머스 라지는 미들랜즈에 있는 그의 친구들에게 답장하기를—필자) 우리는 같은 방을 세냈는데, 거기에는 목수위원회의 위원들이 둘러앉아 있었고 그때 그들은 도제제도에 관한 최근의 판결내용을 공표하였다. 우리는 그 문제에 대해 그들에게 발언할 기회를 갖게 되었다. 그들은 우리가 언제 어떠한 요구에도 대응할 수 있는 영구적인 성격의 기금을 가지고 있을 것이라고 믿고 있었다. 그리고 그런 경우 우리에게 2천이나 3천 파

---

7) 이 책 하권 제14장 136~37면을 보라.

운드를 빌려주겠다고 했다(왜냐하면 그 직종에 속한 기금으로 20,000파운드가 있기 때문이다). 그러나 우리 직종이 스스로를 지탱해나갈 정규기금을 가지고 있지 않다는 사실을 알게 되자, 그들은 우리에게 돈을 꾸어주기는커녕 그들의 코를 기계처럼 빳빳하게 하늘 높이 처들고 의미심장한 눈으로 서로를 바라보더니 이렇게 소리쳤다. 오 주여!!! 이런 바보들을 보았나!!! 그들은 그들이 투자한 만큼의 대접을 충분히 받고 있네그려! 그것도 열 배나 더!!! 우리는 양말제조공들을 언제나 한심한 친구들로 생각했다! 주머니에 돈이 없는 만큼이나 용기가 없는 작자들같으니. 우리가 결합(combine)하지 않았다면 우리 직종이 어떻게 되었을까? 아마 오늘날까지도 너희들처럼 가난할 테지! 다른 직종들을 보라! 그들은 모두 결합하였다(스피틀필즈 직조공들은 예외인데, 그들이 얼마나 비참한 상태에 놓여 있는가). 양복제조공·제화공·제본공·금박공·인쇄공·벽돌쌓기공·코트제조공·모자제조공·제혁공·석공·양철공 들을 보라, 이들 중 어느 직종도 주당 30실링 미만으로는 받지 않고, 30실링에서 5기니 사이를 받는데, 이것은 모두 결사(Combination)에 의해 이루어진 것이다. 그리고 결사를 하지 않았다면 그들의 직종도 너희들의 직종처럼 형편없었을 것이다. …[8]

토머스 라지의 명단에다 우리는 여러 다른 직종들을 첨가해도 좋을 것이다. 양철공 다음으로는 임금수준이 특권선(line of privilege)인 30실링 언저리였던 식자공과 인쇄압착공이 있는데, 이들은 런던의 마스터들의 연합세력에 대항하여 조직화하는 데 특히 힘겨운 투쟁을 한 바 있다. 일부 숙련기술자들은 그들보다 더 불운했다. 활자주조공의 결사는 실패하였고, 그래서 1818년 그들의 임금은 1790년 이래 조금도 나아지지 않은 고작 주당 18실링이었다. 안경제작공과 파이프제작공도 사정은 마찬가지였다. 『고르곤』지(*Gorgon*, Gorgon은 그리스 신화에 나오는 괴물 세 자매 고르고Gorgo의 영어명

---

8) Thomas Large to Framework-Knitters Committee, 1812년 4월 24일자, *Records of the Borough of Nottingham 1800~1835*, VIII (1952).

으로 고르고의 눈을 쳐다보는 사람은 돌로 변해버렸다고 한다—옮긴이)는 1819년에 런던의 '숙련직인' 평균임금은 1년 전체를 평균해서 볼 때, 25실링이라고 한다.[9] 그러나 1824년에 결사금지법이 폐지되고 그에 따라 런던의 직종들에서 수공업조합(craft union)들이 공개적으로 자신을 드러냈을 때에도, '등급이 좀더 낮은 귀족'이 있었다는 사실을 우리는 1825년도 『직종신문』(Trades Newspaper)의 칼럼에 자주 등장하는 몇몇 직종의 이름을 통해 미루어 짐작할 수 있다. 즉, 라지의 명단에 우리는 통제조공, 조선공, 톱질꾼, 선박누수방지공, 철사제조공, 수도꼭지주조공, 모피공, 가죽무두질공, 밧줄제조공, 놋쇠주조공, 견직염색공, 시계제조공, 피혁공 등등을 첨가할 수 있다. 이것은 중요한 의미를 갖는 명단이다. 대도시와 런던에서 이 시기의 장인문화와 정치운동의 핵을 이루고 있던 것이 바로 이와같은 사람들이었다. 이러한 직종 전체가 똑같은 정도로 특권적이었던 것이 결코 아니다. 1825년의 일부 수공업 동직클럽(trades club)은 회원이 100명 미만이었고, 많아야 500명을 넘지 않았다. 그들 가운데는 실내장식공과 같이 유달리 특권적인 그룹으로부터(이들은 도제로 들어오겠다는 사람에게 '엄청난 프리미엄'을 부과했다) 이미 위기에 처해 선대제 노동자의 처지로 강등되고 있던 (이제 우리가 살펴보게 될) 제화공에 이르기까지, 차이가 많았다.[10]

특권적인 장인 혹은 숙련노동자들의 이와 유사한 중요 집단들은 지방의 동일한 직종에서뿐만 아니라 런던에는 거의 존재하지 않았던 그밖의 직종들에서도 찾아볼 수 있다. 이러한 경우에 속한 것으로는 특별히 셰필드의 칼제조업과 버밍엄의 소품제조업이 있다. 후자에 속한 것으로 수많은 소규모 작업장이 19세기에 이르기까지 존속하였고, 그래서 버밍엄을 소마스터의 중심 도시로 만들었다. 보울턴(Mattew Boulton, 1728~1809. 제임스 와트의 증기기관을 공장에 도입하여 그것을 상업적으로 성공시킨 엔지니어 출신 기업가—옮긴이)의 소호(Soho) 공장은 경제성장의 이야기에서 큰 비중을 차지하고 있다. 그러나 18세기 말 버밍엄 주민의 절대 다수는 (막)노동자 혹은 준독립적인(quasi-independent) 수공업기술자로서 아주 작은 규모의 작업장에 고

9) *Gorgon*, 1818년 10월 17일, 11월 21일과 28일, 1819년 2월 6일, 3월 20일자.
10) *Trades Newspaper*, 1825~26년도의 여러 곳.

용되어 있었다. 버밍엄에서 생산되는 물품의 목록을 열거해보면 이 지역에 복잡한 기술이 얼마나 밀집되어 있었는지를 깨달을 수 있다. 버클, 날붙이, 박차, 촛대, 완구, 총, 단추, 채찍손잡이, 커피포트, 잉크 스탠드, 벨, 마차부품, 증기기관, 코담뱃갑, 납 파이프, 보석, 램프, 부엌용구 등. 1807년에 싸우디는 "내가 만난 모든 사람들에게서는 고래 기름과 연마용 금강사(金剛砂) 냄새가 난다"고 쓰고 있다.[11]

블랙 컨트리(Black Country, 잉글랜드 중부 스태퍼드셔 및 그 부근의 철, 석탄 중심의 대공업지대—옮긴이)에서 19세기의 처음 30년간에 행해진 전문화 과정을 보면, 못이나 체인 제조같이 비교적 단순한 과정은 주변 지역에 있는 촌락 선대제 노동자에게 맡기고, 비교적 숙련을 요하는 공정은 여전히 중심지인 버밍엄에서 맡고 있었다.[12] 그리고 그와같은 장인 직종에서 소마스터와 숙련된 직인 간의 거리는, 심리적 그리고 때로는 경제적으로도 직인과 도시의 보통 (막)노동자 간의 거리보다 가까웠다. 직종에 온전히 들어올 수 있는 사람은 이미 그 직종에서 일하고 있는 사람의 아들이거나 아니면 도제직을 얻기 위해 많은 프리미엄을 내는 자들에 국한되어 있었다. 이러한 직종 가입에 대한 규제는 단체규정(corporate regulation, 셰필드의 칼제조회사의 단체규정은 1814년에 가서야 폐지되었다)에 의해 뒷받침되고 있었는데, 이것은 마스터들에 의해 권장되었고 또 공제조합이라는 가명을 쓰고 있던 동직조합들에 의해 유지되고 있었다. (웹 부부가 시사하기를) 19세기가 시작될 무렵 그와같은 장인들 가운데 "우리는 고용주들과 임금노동자들을 수평적으로 구분하기보다는 한 직종이 다른 직종과 여전히 수직적으로 구분되는(직종간의 계서제에 따라—옮긴이) 그러한 공업사회에 살고 있다"고 생각하는 사람이 많았다.[13] 마찬가지 방식으로 특정 공업 내의 일부 특권적인 노동자층은 그 공업에 들어오는 조건을 제한하고 자신들의 지위

---

11) J. A. Langford, *A Century of Birmingham Life*, I (Birmingham, 1868), 272면; C. Gill, *History of Birmingham*, I (Oxford University Press 1952), 95~98면; R. Southey, *Letters from England* (제2판, 1808), Letter XXVI.

12) S. Timmins, ed., *Birmingham and the Midland Hardware District* (1866), 110면과 여러 곳; H. D. Fong, *Triumph of Factory System in England* (Tientsin, 1930), 165~69면.

13) S. and B. Webb, *The Trade Unionism* (1950년판), 45~46면.

를 높이는 데 성공하였다. 이리하여 런던의 짐꾼들에 관한 근자의 한 연구
는, 임시노동자일 것이라고 생각하기 쉽지만 실제로 이들은 시당국의 특별
한 감독을 받고 있었으며 또 19세기 중엽까지 미숙련노동자들로 가득 찬
대양의 한복판에서 특권적인 지위를 누리고 있던 ── 빌링즈게이트(Bil-
lingsgate)의 짐꾼들을 포함한 ── 일부 노동자들의 역사의 복잡한 내부 사
정을 밝혀내고 있다.[14] 좀더 일반적인 구분은 숙련기술을 지니거나 도제수
업을 마친 노동자와 그가 부리는 (막)노동자 간의 구별, 예컨대 대장장이
와 그 옆에서 해머를 내려치는 노동자, 벽돌쌓기공과 그가 부리는 노동자,
사라사날염의 무늬도안공과 그의 조수 사이의 구분이었다.

장인과 (막)노동자 간의 구별 ── 신분, 조직 그리고 금전적인 보수에 있
어서 ──은 나뽈레옹전쟁 기간보다 더 심해지지는 않았지만 헨리 메이휴
가 묘사한 1840년대와 1850년대의 런던에서도 엄청나게 심했다. "런던 서
쪽 끝의 숙련된 직공들로부터 동부지구의 미숙련노동자들에게로 옮겨가보
면, 도덕적 그리고 지적 변화가 너무도 커서 우리는 마치 새로운 땅에 들어
온 것과 같은, 그리고 다른 종족 속에 끼여 있는 것 같은 느낌이 들 정도"라
고 메이휴는 말했다.

장인들은 거의가 열렬한 정치인들이다. 그들은 국가 내에서 자신들이 아
주 중요한 존재라고 생각할 만큼 충분히 교육을 받았고 또 생각이 깊
다. … 미숙련노동자들은 이들과는 전혀 다른 계급의 사람들이다. 아직
까지 그들은 하인들과 마찬가지로 비정치적이고, 과격한 민주주의적 견
해를 품고 있기는커녕 정치적 견해를 아예 가지고 있지 않은 것 같다. 혹
그들에게 경향성이 있다면 … 그것은 노동대중의 사회적 상승보다는 차
라리 '지금 있는 그대로의 상태'를 유지하는 쪽일 것이다.[15]

14) W. M. Stern, *The Porters of London* (1960).
15) H. Mayhew, *London Labour and the London Poor*, III (1862), 243면. 이것과 메이휴가
거리청소부라고 말한 어떤 사람의 말을 비교해볼 필요가 있을 것이다. "나는 정치에 전혀
관심이 없다. 그러나 나는 차티스트이다."

남부지방에서 공제조합 회원 규모가 가장 크고,[16] 동직조합 조직이 아주 지속적이고 안정되어 있으며, 교육 및 종교 운동이 번창하고, 오웬주의가 굳게 뿌리를 내린 것은 바로 장인들 사이에서였다. 또한 한 역사가가 '장인과 대편력여행(Grand Tour)은 동의어'라고 서술할 만큼 일거리를 찾아 전국을 '순회하는' 관습이 아주 일반화되어 있었던 것도 바로 장인들 사이에서였다.[17] 우리는 그들의 자존심과 독립에 대한 요구가 어떻게 해서 전후에 정치적 급진주의로 채색되게 되었는가를 앞으로 살펴볼 것이다. 그런데 자신의 수공업과 동직조합의 보호가 박탈될 경우, 장인은 메이휴시대의 런던에서 가장 가련한 사람들 중 하나였다. "가난에 찌든 숙련직인들은 흔히 보는 부랑자들과는 전혀 다른 계급이었다." '원즈워스와 클래펌 조합'(Wandsworth and Clapham Union)의 조합장으로부터 메이휴가 들은 바에 따르면, 그들의 숙소와 '회관'은 뜨내기 노동자들의 숙소나 '떠돌이들'의 우애단체와는 달랐다. 그들은 마지막 절망에 빠졌을 때에야 비로소 구빈원으로 향했다. 즉, "그들은 흔히 구빈원에 입소 신청을 하기 전에 입고 있던 웃도리와 조끼를 팔았다. …" "가난한 숙련직인은 겁을 집어먹은 채 정신나간 사람처럼 임시수용소에 앉아 있다가 … 거기서 쫓겨나면 마치 새장을 벗어난 새같이 군다. 그는 어디로 가야 할지, 어떻게 잔돈푼이라도 벌어야 하는지를 알지 못한다."[18]

런던의 장인이 그렇게까지 형편없이 몰락한 경우는 드물었다 ─ 구빈원의 문을 두드리기 전에 밟을 수 있는 중간단계는 많이 있었다. 장인의 역사는 직종에 따라 크게 다르다. 그리고 우리가 런던으로부터 북부와 미들랜즈 지방의 공업중심지로 눈을 돌려보면, 거기에서 우리는 또다른 종류의 숙련노동자 내지 공장 직공들 ─ 일부 탄광촌의 광부들, 면방적공들, 숙련기술을 지닌 건축노동자들, 철강이나 금속 공업의 숙련노동자들 ─을 볼 수 있는바, 이들은 애슈턴 교수가 "경제적 진보의 혜택을 나누어가질 수 있

---

16) 공제조합의 사회적 구성에 대해서는 P. H. J. H. Gosden, *The Friendly Societies in England* (Manchester, 1961), 71면 이하.

17) E. J. Hobsbawm, "The Tramping Artisan," in *Economic History Review*, Series 2, III (1950~51), 313면.

18) H. Mayhew, 앞의 책, I, 351면.

었던" 사람들이라고 말한 자들 가운데 하나였다. 그와같은 사람들 중에는 1832년에 코벳이 다음과 같이 묘사한 (썬덜런드 지역의) 더럼의 광부들이 있었다.

당신이 보듯, 여기에는 아름다운 것이 하나도 없지만 모든 것이 금전적으로 풍요로운 것 같다. 그리고 한가지 굉장한 사실은 노동자들이 잘산다는 것이다. … 탄갱부는 주당 24실링을 번다. 그들의 숙소는 무료이고, 연료도 공짜이고, 진료비도 내지 않는다. 그들의 작업은 확실히 끔찍하다. 그리고 어쩌면 그들은 그들이 의당 가져야 할 것을 가지지 못하고 있는지도 모른다. 하지만 어쨌든 그들은 잘살고, 그들이 사는 집도 좋고, 가구도 훌륭하다. 그리고 … 그들의 생활은 인류 중에서 노동하는 역할을 맡은 이들의 합당한 기대에 맞을 만큼 높은 수준인 것 같다.[19]

여러 지역에서 일종의 '세습적인 특권계급'을 형성하고 있던 광부들은 비교적 높은 임금을 버는 것으로 정평이 나 있었다.

석탄을 캐는 놈은 금과 은을 받고,
공장에서 일하는 놈은 구리만을 받는다네…

애슈턴 교수는 그들의 실질임금은 전쟁기간의 호황기를 제외하고는 그 어느 때보다도 1840년대에 더 높은 수준이었으나, 그들의 작업조건은 열악했을 것이라고 추측한다.[20]

이와같은 그룹에 속한 자들은 대부분 1790년과 1840년 사이에 실질임금이 증가했다. 그러나 그 과정은 흔히 생각되는 것처럼 순조롭거나 지속적

---

19) *Rural Rides*, II (Everyman판), 294면. 이러한 진술과 북동부지역의 탄광촌에서의 격렬한 사건들──R. Fynes, *The Miners of Northumberland and Durham* (1923년판), 4~6장과 J. L. and B. Hammond, *The Skilled Labourer* (1919), 2~3장에 서술되어 있는 1830~32년의 해번(Hepburn) 조합의 등장과 파괴 ── 을 비교해볼 필요가 있을 것이다.

20) T. S. Ashton, "The Coal-Miners of the Eighteenth Century," *Economic Journal* (Supplement), I (1928), 325, 331, 334면을 보라.

인 것이 아니었다. 그것은 각 공업에서의 노동조합 운동의 성패와 밀접한 관계를 맺고 있었으며, 또 우리는 '낙관적'인 임금계수에서 실업과 계절적인 조업단축으로 인해 결과적으로 삭감된 임금을 계산에 넣지 않으면 안된다. 그런데 우리가 정규고용된 숙련기술을 지닌 '협회 회원들'만을 고려대상으로 삼는다면, 생활수준 논쟁은 오래 전에 낙관론 쪽으로 귀결되었을 것이다.

그러나 실제에 있어서 이 문제는 끝없는 복잡성을 보여준다. 자신의 교과서에서 다음과 같은 확신에 찬 진술에 부딪힌 학생들은 즉각 거기에 내포된 위험성을 알아차려야 한다.

1831년의 생활비는 1790년보다 11% 상승했으나, 같은 시기 도시의 임금은 적어도 43% 상승한 것으로 보인다.[21]

생활비 지수 자체가 격렬한 논쟁거리라는 것만이 아니다──애슈턴 교수 자신도 자기의 진술이 근거로 하고 있는 지수에서 '당뇨병 환자'의 식단에서 도출된 것 같은 느낌을 받는다고 말한 바 있으니 말이다.[22] 우리는 도시의 임금지수가 주로 완전고용된 숙련노동자의 임금을 토대로 하고 있다는 사실을 또한 깨달아야 한다. 그래서 바로 이 대목에서 여러 문제들이 끼여들게 된다. 아주 급속한 인구성장기에, 임시 및 실업 노동자에 대한 고용된 숙련노동자의 비율이 증가했다고 우리가 믿어야 할 이유가 도대체 어디에 있는가? 왜 사회사가들은 이 시기가 대다수 민중에게 아주 고통스러운 시기였다고 암시하는 증거들에 끊임없이 부딪혀야만 하는가? 1820년에서 1850년까지의 시기에 생활수준의 상당한 향상이 있었다면, 확실히 생활수준이 향상된 1850~80년의 30여 년의 세월을 보내고 난 후인 1890년대에도 잉글랜드의 미숙련노동자들이 여전히 부스(John Booth)와 라운트리 (Rowntree)가 밝혀낸 바와 같은 극도의 빈곤상태에서 살고 있었다는 사실을 어떻게 설명할 수 있단 말인가?

---

21) T. S. Ashton, *The Indusrtial Revolution, 1760~1830* (1948), 158면.
22) F. A. Hayek, ed., *Capitalism and the Historians*에 수록된 T. S. Ashton의 논문, 146면.

19세기 전반기는 숙련기술을 요하는 직종들이 기술의 혁신과 쇄도하는 미숙련 내지 미성년 노동에 의해 사면에서 위협을 받는 바다 한가운데 섬과도 같았던, 일종의 만성적인 불완전고용의 시기로 보아야만 한다. 그리고 숙련공의 임금 속에는 여러가지로 강요된 지출 즉 기계임대료, 동력원 사용료, 제품에 결함이 있을 때나 규율 위반시에 부과되던 벌금, 기타 각종의 강제적인 임금공제가 포함되어 있었다. 하청은 광산·철강·도자기 공업에서 널리 행해졌고, 건축업에서는 아주 일반화되어 있었으며, 여기에서는 '감독'(butty, 석탄채취량에 따라 일정 금액을 받기로 광산주와 계약한 일종의 중개업자 —옮긴이)이나 '조장'(ganger, 조별로 작업을 하는 광부들의 작업을 책임지는 일종의 감독관—옮긴이) 자신이 숙련도가 낮은 노동자들을 고용하였다. 한편, 어린 이들——공장의 실 잇는 직공과 갱도 내 운반꾼——은 관습적으로 방적공과 채탄부들에게 고용되었다. 1818년 맨체스터의 면방적공들은, 그들이 받는 2파운드 3실링 4페니의 임금에는 다음 비용이 포함되어 있다고 주장하였다.

	파운드	실링	페니
제1 실 잇는 직공 주급	0	9	2
제2 실 잇는 직공 주급	0	7	2
제3 실 잇는 직공 주급	0	5	3
여름과 겨울의 주당 평균 양초사용료	0	1	6
질병과 기타 사건에 드는 비용	0	1	6
비용	1	5	0

따라서 남는 돈은 18실링 4페니가 된다.[23] 모든 공업에서 비슷한 경우가 인용될 수 있는바, 결국 노동자들이 말하는 임금은 고용주들이 말하는 임금과 매우 다른 양상을 보여준다. '현물급여제', 혹은 물품임금제, 그리고 '토미 숍'은 사정을 더욱 복잡하게 만든다. 즉, 선원과 부두노동자들은 흔히 선술집 주인한테 기묘한 방식으로 갈취당했는데, 예를 들어 템즈강의 석탄

---

23) *Black Dwarf*, 1818년 9월 9일자. 필요한 '경비'로 지출되었던 환자클럽(그리고 동직조합)의 입회금은, 그러나 생활수준의 향상을 가리킨다.

양륙인부들은 1843년의 보호법이 제정되기 전까지 선술집 주인을 통해서만 일자리를 얻을 수 있었고, 반면 선술집 주인은 선술집에서 임금의 50%를 소비하는 사람들만을 고용했다.[24]

숙련기술이 필요했던 곳에서는 장인은 자신의 고용주들에게 압력을 가하는 만큼이나 미숙련공에 대한 자신들의 지위 유지에 신경을 썼다. 1830년 이전에 동일직종 내의 숙련공과 미숙련공 모두를 보살피는 동직조합은 거의 없었다. 그래서 오웬주의의 절정기에 건축공들이 (막)노동자들을 조합에 받아들이자는 제안을 수용했을 때에도 양자간의 구별은 아주 뚜렷했다.

이 지부(lodge)들은 등급에 따라 건축사·석공·벽돌쌓기공·목수·슬레이트공·미장공·배관공·유리공·도장공 등으로 구성될 것이며, 그리고 채석공·벽돌제조공·(막)노동자 들도 이들이 같은 식구들(families)의 정신과 도덕과 일반적인 조건들을 가능한 한 단시일 내에 향상시키는 데 높은 관심을 지닌 다른 분회들의 도움을 받아 스스로 행동할 수 있을 만큼의 더 좋은 습관과 더 많은 지식을 가지게 되면 곧 이에 포함될 것이다.[25]

그렇지만 우리는 또한 급속한 기술혁신이 있고, 동직조합의 방어능력이 미약한 시기에 여러 숙련기술이 전반적으로 불안정할 수밖에 없었다는 사실을 염두에 두어야만 한다. 발명은 옛 기술의 가치를 저하시키는 동시에 새로운 기술의 가치를 상승시킨다. 그러나 이 과정이 획일적이었던 것은 아니다. 『잉글랜드의 직종편람』(주로 런던의 수공업기술을 토대로 해서 만들어진 일종의 포켓북)은 1818년에도 엔지니어·증기기관제작공·보일러제작공 등의 직종을 명단에 넣지 않았으며, 선반공은 아직도 대개 목공으로 취급되었고, 엔지니어의 기술은 '기계기술자'(machinist) ——'소목장이, 놋쇠 및 철 주조공, 대장장이 및 선반공 등 아주 잡다한 경험과 재능을 필

---

24) G. W. Hilton, *The Truck System* (Cambridge, 1960), 81~87면, 여러 곳을 보라.
25) *Pioneer*, 1833년 9월, R. W. Postgate, *The Builder's History* (1923), 93면에서 재인용.

요로 하는' '아주 솜씨가 좋고 기계에 대해 많은 지식을 가진' 여러 직종의 다재다능한 마스터 ── 에 병합되어 있었다. 이전의 공장기계설치공의 일에 얼마나 다양한 수공업 직종이 포함되어 있었는지를 보여주는 900페이지에 달하는 『숙련직인과 영국의 기계기술자』(*The Operative Mechanic and British Machinist*)가 출판된 것은 이로부터 10년이 지나고 나서였다. 그리고 새로운 기술이 옛 기술과 분리되기 시작한 것은 나중에 엔지니어들로 구성된 초창기의 노동자단체 내지 동직조합이 형성되면서부터였다. 즉, 18세기 말 조직화가 잘된 공장기계설치공 동직클럽들은 철주물공공제조합(Friendly Society of Iron-moulders, 1809), '바이스공과 선반공 공제조합'(Friendly and Benevolent Society of Vicemen and Turners, 런던 1818), 숙련직인공제연합회(Mechanics' Friendly Union Institution, 브래드퍼드 1822), 증기기관제작공협회(Steam Engine Makers' Society, 리버풀 1824) 그리고 숙련직인공제연합(Friendly Union of Mechanics, 맨체스터 1826) 등을 낳았다.

그러나 우리는 이러한 단체들이 잇따라 출현했다고 해서 새로운 기술이 정착됨에 따라 노동자들의 생활수준도 계속 향상되었으리라고 추측해서는 안된다. 사실은 그 반대이다. 즉, 공장기계설치공은 (적어도 런던에서는) 그들 자신의 조직(이 조직은 결사금지법을 통과시키는 한 계기가 될 정도로 매우 강력한 조직이었다)[26]과 도제직 규제에 의해 보호를 받으면서 19세기 초에 2기니의 임금을 유지했던 노동귀족이었지만, 1814년 '엘리자베스 장인법'(Elizabethan Statute of Artificers)에서 도제신분 조항이 폐지되자 그들은 심한 경쟁 속으로 내몰렸다. 과거 런던교신협회의 부간사였고 지금은 런던 금속기계제작업계의 굵직한 고용주가 된 알렉산더 갤러웨이는 1824년에, 도제제도 폐지 이후로 "노동자는 그가 그 일에 1년이나 2년이나 3년 혹은 아예 경험이 없어도 상관없이 고용되었으며, 그것은 모든 결사체

26) *Privy Council Papers*(*P.C.*), A. 158에 있는 '공장기계설치공 직인에 관한 사실기록'에 따르면, 공장기계설치공들은 1775년에 임금을 일당 2실링 6페니에서 3실링으로, 1799년에는 4실링 6페니로 올렸다. 직인들은 소마스터들을 위해 일했는데, 소마스터 자신들은 '양조업자, 제분업자와 다양한 제조업자들'에 의해 고용되어 있었으며 그들의 작업은 어떤 파업에 의해 중단되었다. 그래서 파업중인 직인들은, 그들의 마스터들을 제치고, 후자와 직접 대면할 수 있었다.

에 치명타를 가하였다"고 증언한다. 예전의 공장기계설치공은 "새로운 사람들에게 압도당해, 이제 우리는 그들 없이도 일을 할 수가 있고" 또 성과급과 기타 다른 형태의 장려급들은 노동조합주의자들의 패배를 마무리지었다. 공장기계설치공들이 "엔지니어라는 명칭을 의당 저급한 풋내기 직종 정도로 비웃고 냉대해왔다면", 이제는 거꾸로 공장기계설치공들이 소멸될 정도로 사정은 달라졌다. 도제수업을 받지 않은 엔지니어는 주당 18실링이면 얼마든지 구할 수 있었다. 그리고 자동으로 움직이는 선반〔제어장치가 부착된 선반 혹은 모즐리(Maudslay)의 '고우-카트'(Go-Cart, 공장기계 발명자 헨리 모즐리가 제작한 금속선반. 기계부분품의 세부를 정밀하게 다듬어내는 작업을 가능케 함—옮긴이)의 도입은 젊은이와 미숙련공의 유입을 가져왔다.

그러므로 분명히 새로운 기술도입이 가장 현저하게 이루어진 이 공업분야에서조차 기술혁신이 이루어지는 속도에 상응하여 신분과 임금의 향상이 이루어지지는 않는다는 사실을 보여준다. 그것은 오히려 18세기 말경이(신분과 임금의—옮긴이) 절정기임을 보여주며, 1820년대의 급격한 하락은 미숙련노동의 유입을 수반하였고 새로운 계서제의 수립과 새로운 형태의 결사체 결성이 뒤이어 나타났다. 작업은 고도로 분화되었고, 그래서 (초기 동직조합의 다양한 명칭이 말해주듯) 어떤 직종이 우위를 점할 것인지는 한동안 불확실했다.[27] 기계제작 공업에서 숙련기술을 지닌 엔지니어의 상승은 그와같은 경험을 가진 사람의 희귀성에 의해 촉진되었다. 초창기 기계제작소의 노동이동은 엄청났다. 1824년에 80명 내지 90명을 고용하고 있던 갤러웨이는 지난 12년간 1,000명 내지 1,500명이 그의 작업장을 거쳐갔다고 주장하였다. 이것은 노동자 전체가 매년 완전히 교체되는 것 이상의 수치이다. 외국인 고용주들의 대리인들은 숙련공들을 프랑스, 러시아, 독일, 미국 등지로 유인해내기를 기대하면서 영국을 누비고 다녔다.[28] 그래서 런

---

27) 다음과 같은 갤러웨이의 증거를 보라. "우리 사업은 6 내지 8개 부문으로 구성되어 있다. 우리가 주형제조공이라고 부르는 목재를 가지고 작업하는 노동자들; 그들은 훌륭한 가구제조공, 소목장이, 공장기계설치공, 기타 다른 목공들로 구성되어 있다; 철과 놋쇠 주조공; 대장장이, 화부와 해머질하는 노동자; … 바이스공과 '밧줄공; 그리고 다양한 놋쇠, 철 및 나무 선반공."
28) 영국의 공업적 우월성을 지키기 위해 많은 종류의 숙련노동자에게는 영국을 떠나는 것이

던의 고용주들이 특히 피해를 입었다. (갤러웨이에 따르면) 한 외국인 대리인은 "그들이 들고날 때마다 우리 작업장 문 앞에서 지키고 섰다가, 가장 유능한 사람의 이름을 알아내기만 하면 된다. 그리고 이런 종류의 계약이 이런 방식으로 수없이 행해져왔다". 그 결과 가장 유능한 노동자의 임금은 1830년대까지 꾸준히 상승하였고, 1840년대에 그들은 특권적인 엘리뜨에 속했다. 1845년, 2,000명에 가까운 노동자를 고용하고 있던 영국 최초의 직물기계공장인 '히버트 앤드 플랫 회사'(Hibbert and Platt's, 오울덤)에서는 기술이 좋은 노동자에게 30실링 이상의 임금을 지불하였다. 엔지니어들은 자유롭게 돈을 쓰고, 경마와 투견에 돈을 걸고, 영국산 경주용 개를 기르고, '하루에 두세 번' 신선한 고기를 먹는다(고 한 감리교도 노동자는 불평하였다). 그러나 이제 (역사의) 바퀴는 완전히 한바퀴를 돌게 된다. 즉, 1824년에는 갤러웨이가 제일 좋은 사람들을 잡아두기 위해 뇌물을 주어야 했다면, 이제는 엔지니어의 기술이 크게 남아돌아서 '히버트 앤드 플랫 회사'는 가장 유능한 사람만을 신중하게 뽑을 수 있었다. "나는 많은 사람들이 첫째 날에는 임금을 받지 않거나, 심지어는 얼마간의 수습기간을 감수하는 것을 보았다"고 우리의 감리교도는 회상하고 있다. 엔지니어들은 이미 자기 기술의 희소성만으로는 자기의 조건을 지킬 수 없게 된 것이다. 그들은 노동조합주의로 복귀하지 않을 수 없었고, 그리하여 의미심장하게도 1851년에 발생한 엔지니어 파업 폭풍의 중심지는 '히버트 앤드 플랫 회사'였다.[29]

우리는 낡은 기술의 소멸과 새로운 기술의 등장 사이에 이와같은 중첩이 있었음을 항상 기억해야만 한다. 19세기가 경과함에 따라 낡은 가내수공업

불법이었다.

29) *The Book of English Trades* (1818), 237~41면; J. Nicholson, *The Operative Mechanic and British Machinist* (1829); J. B. Jefferys, *The Story of the Engineers* (1945), 9~18, 35 면 이하; *First Report from Select Committee on Artizans and Machinery* (1824), 23~27 면; J. H. Clapham, 앞의 책, I, 151~57, 550면; Thomas Wood, *Autobiography (1822~80)* (Leeds, 1856), 12면과 여러 곳을 보라. 또한 W. H. Chaloner, *The Hungry Forties: A Re-Examination* (Historical Association 1957)을 보라. 그런데 마지막 책에서는 수직공들의 나쁜 조건보다는 '히버트 앤드 플랫 회사' 숙련공의 좋은 조건이 '40년대'의 전형이라고 잘못 주장되어 있다.

직종들──'전단공(剪斷工)' 혹은 '전모공(剪毛工)', 수작업 사라사날염공, 수작업 소모공(梳毛工), 퍼스티언직 재단공들──은 차례차례 직물공업에서 도태되었다. 그러나 기술혁신으로 인해, 한때 어린이들이 했던 저임금의 고된 가내작업이 빈틈없이 스스로를 방어하는 수공업으로 변화되는 것과 같은 정반대의 경우도 있다. 예를 들어 방모사공업에서 양모를 빗질하는 소모작업은 가죽받침에 철사로 만든 수천개의 빗살을 꽂아서 만든 '소모기'로 작업을 했는데──1820년대와 1830년대에 이 작업은 어린이들이 1/2페니를 받고 1,500 내지 1,600개의 빗살을 꽂아주는 방식으로 행해졌다. 그리고 (직물을 제조하는 웨스트 라이딩의 한 마을에서는) "거의 모든 농가에서 잘 걷지도 못하는 어린 노동자들이 마을의 전 주민 몫의 빗살을 소모기에 꽂고 그 사람을 대표하는 철사줄을 끼워넣을 때마다 큰소리로 그 사람의 이름을 불러주는 것으로써 지루한 작업의 단조로움을 덜었다".[30] 그러나 채 50년도 안되어 소모기를 부착하는 기계가 연속적으로 발명되었고, 그로 인해 소모기부착공과 기계감시원의 소규모 수공업조합이 방모사공업의 '귀족'의 일원으로서 특권적 지위를 확립할 수 있게 되었다.

그러나 우리가 특정 공업의 역사를 훑어보면서 낡은 기술이 쇠퇴하고 새로운 기술이 등장하는 과정을 고찰할 때, 낡은 기술과 새로운 기술이 거의 언제나 각기 다른 사람들의 차지였다는 사실을 망각하기 쉽다. 19세기 전반의 제조업자들은 매번 기술혁신에 박차를 가했는데, 이러한 기술혁신은 성인남자 수공업기술자를 여자나 미성년 노동으로 대체할 수 있게 해주었다. 낡은 기술이 과거와 마찬가지 수준이거나 그보다 더 높은 기술을 요하는 새로운 방식으로 대체되었을 경우에도, 우리는 동일한 노동자들이 이전 기술에서 다음 기술로 혹은 가내생산에서 공장생산으로 이전하는 경우를 거의 볼 수 없다. 기계와 기술혁신에 직면하여 겪게 되는 불안정과 적대감은, 단지 편견과 (그당시 당국이 주장하는 대로) '정치경제학'에 대한 불완전한 지식의 결과만은 아니었다. 전모공이나 소모공들은 새로운 기계가 그들의 자식이나 다른 사람의 자식에게 일자리를 제공할 수는 있어도 그 자

---

30) Frank Peel, "Old Cleckheaton," *Cleckheaton Guardian*, 1884년 1~4월.

신에게는 제공하지 않는다는 사실을 잘 알고 있었다. '진보의 행진'의 혜택은 언제나 다른 사람들이 거둬들이는 것처럼 보였다.

우리는 이 점을 러다이트 운동을 검토할 때 분명하게 보게 될 것이다. 그러나 그 경우에도 문제의 변죽만을 울릴 뿐이다. 왜냐하면 이러한 개별적인 불안정은 이 시기의 모든 숙련기술이 겪은 **전반적인 불안정**의 한 단면에 지나지 않았기 때문이다. 고용의 정규성(regularity of employment)이라는 개념 — 한 작업장에서 수년간에 걸쳐 표준임금으로 정해진 시간에 일하는 것 — 은 시대착오적인 것이다. 우리는 농업에서의 문제가 만성적인 반(半)고용(semi-employment)의 문제였다는 점을 살펴본 바 있는데, 이것은 대다수 공업의 문제이기도 했고 또 도시에서 겪는 일반적인 경험이기도 했다. 한 직종에서 자기 자신의 도구를 소유하고 평생 동안 같은 일을 했던 도제수업을 받은 숙련노동자는 소수에 지나지 않았다. 성장해가던 도시가 공업화 초기단계에서 온갖 종류의 뿌리뽑힌 이주 노동자들을 끌어들였다는 것은 잘 알려진 사실이다. 그리고 이런 일은 오늘날 아시아와 아프리카에서 여전히 일어나고 있는 일이기도 하다. 정착한 노동자들조차도 여러가지 일자리를 돌아가며 거치게 마련이다. 숙련을 요하는 직종에서 받은 임금으로부터 도출해낸 임금계수는, 1820년대 말에서 1840년대까지의 그의 소년기와 청년기를 회상하는 요크셔 출신의 한 차티스트의 회고록에 나오는 현실, 즉 실업과 임시노동이 반복된 통계로 표시되지 않는 어려운 현실을 우리에게 보여주지 못한다.

평생 주간학교를 다녀본 적이 없는 나에게는 톰 브라운 학교 시절은 아무런 매력도 없었던 것 같다. 나는 아주 어렸을 때부터 일을 시작해야 했고, 여름철에는⋯ 4시에서 5시 사이에 침대에서 끌려나와 당나귀를 끌고 1.5마일을 걸어가서 여러 마리의 암소 젖 짜는 일을 거들었다. 그리고 저녁때에는 다시 우유 짜는 일을 해야 했는데, 일은 8시 넘어서야 끝났다. 그런 다음 양털 빗는 작업장에 가서 1/2페니를 받고 1,500개의 양털 빗는 빗살을 꽂아야 했다. 1842년에서 1848년까지 나는 주당 평균 9실링을 채 벌지 못했다. 당시의 옥외환경과 노동조건은 견디기 어려울 정도로 나빴고, 임금은 매우 낮았다. 나는 모직공, 소모공, 철도공사장의 토역꾼, 델프의 벌거숭이(barer in the delph)였고 그래서 노동계급들의 상태에 대해 조금은 알고 있다고 말할 수 있다.[31]

1820년대와 1830년대 그리고 1840년대를 통해 문제가 점점 악화되었음을 보여주는 몇가지 증거들이 있다. 다시 말해 임금은 생계비에 비해 서서히 그러나 유리한 방향으로 움직이고 있었던 데 반하여, 완전고용된 자들에 대해 만성적으로 불완전고용된 노동자들의 비율은 불리한 방향으로 움직이고 있었다. 런던 빈민들에 대한 그의 훌륭한 연구의 일부를 임시노동 문제에 할애했던 헨리 메이휴는 이것이 문제의 핵심임을 이해하고 있었다.

거의 모든 업종에서 … **노동자들이 남아돌고 있다.** 그리고 이것은 엄청난 수의 일자리를 정규적인 일자리가 아니라 임시적인 일자리로 만들게 마련이다. 직종 전반에 걸쳐 계산해보면 노동자의 1/3이 완전고용, 1/3이 부분고용, 그리고 1/3이 1년 내내 실업상태에 있다.[32]

메이휴는 19세기 중반에 보기 드문 아주 훌륭한 사회연구가였다. 관찰력이 날카롭고, 풍자적이고, 공정하면서도 열정적인 그는 통계적인 측정이 불가능하고 다루기 힘든 모든 특수성들을 간파해내는 눈을 가지고 있었다. 사실의 발견을 존중하던 시대에 그는 숫자계산을 하는 사람들이 망각한 사실들을 추적하였다. 자기 나름대로 정치경제학의 잔인한 '법칙들'——"저임금은 과도한 노동을 만들고" "과도한 노동은 저임금을 만든다"——을 발견해냄으로써, 그는 의식적으로 자기 시대 권위자들의 성미를 거스르는 글을 썼다. 그는 동풍(東風)이 템즈강을 봉쇄하면 20,000명의 부두노동자가 즉

---

31) B. Wilson, *The Struggles of an Old Chartist* (Halifax, 1887), 13면. '델프의 벌거숭이'(barer in the delph)란 채석장의 운반꾼이었다는 뜻이다.

32) H. Mayhew, 앞의 책, II, 338면. 다음의 2~3면에 걸쳐 내가 아주 광범위하게 이용하고 있는 메이휴의 저작에는 *Morning Chronicle* (1849년)과 *London Labour and the London Poor*, II, 335~82면; III, 231면 이하 등에 실린 양복제조공과 부츠 및 구두 제조공에 관한 그의 글이 포함된다.

시 실업자가 된다는 사실을 알고 있었다. 그는 목재업, 보닛모자제조공과 과자제조공의 계절적인 변동을 알고 있었다. 그는 거리청소부와 쓰레기 짐마차꾼이 1년에 실제로 몇달 그리고 몇시간이나 고용되는지 알기 위해 애썼다. 그는 연구대상 직종의 노동자들의 모임을 개최했고, 그들의 삶의 역사를 기록하였다. 만약 (애슈턴 교수가 말한 것처럼) 생활수준 논쟁이 '경제적 진보의 혜택을 나누어가질 수 있었던' 사람들과 '거기서 제외되었던 사람들' 중 어느 그룹이 가장 많이 증가했는지에 대한 하나의 '추측'에 정말 의존하는 것이라면, 메이휴의 추측은 우리의 주목을 받을 만한 가치가 있다.

메이휴의 추측은 이런 형태로 주어진다.

… 노동계급들의 숫자를 어림잡아 400만에서 500만으로 볼 때 얼마나 많은 사람들이 그들의 일자리를 특정한 시기, 계절, 유행, 우발적인 사고, 그리고 엄청난 양의 과도한 노동과 거의 모든 싸구려 직종에서 행해지는 허드렛일 … 그리고 남자들의 임금을 깎아내리기 위해 여러 수공업 작업으로 끊임없이 끌려들어가고 있는 여자와 어린이들의 숫자, 일부 직종에서 행해지고 있는 기계에 의한 인간노동의 대체 등에 의존하고 있는지를 고려할 때 … 우리는 다음과 같이 주장해도 좋다고 나는 생각한다. … 이 모든 것들을 고려할 때 … 일거리는 우리 노동자들의 절반을 정규적으로 고용하기에도 충분치 못한 정도이고, 따라서 1,500,000명이 완전히 그리고 지속적으로 고용되어 있는 한편, 또다른 1,500,000명은 단지 절반 정도만 고용되어 있고, 나머지 1,500,000명은 완전한 실업상태에서 다른 사람이 해고됨에 따라 어쩌다 생겨난 날품팔이 일을 하고 있다고 … 결론을 내려도 좋다고 나는 믿는다고 말하고자 한다.[33]

이것은 런던이 겪고 있던 경험의 복잡성을 통계적으로 파악한 하나의 추측

---

33) H. Mayhew, 앞의 책, II, 364~65면. *Mechanics Magazine*, 1823년 9월 6일자의 기사, "우리 국민의 절반이 실직하고 있는 이유는 나머지 절반이 그들이 해야 할 일의 두 배를 하고 있기 때문이라는 것, 이것은 명백한 일이다".

에 불과하다. 그러나 그것은 다른 조사결과들로부터 얻어진 것이다. 특히 "일반적으로 … 각 직종의 협회원들은 전체의 약 1/10에 불과하다"는 조사결과로부터 얻어진 것이다.[34] 협회원의 임금은 관습과 동직조합의 압력에 의해 정해진 임금이었는데, 비협회원의 임금은 '경쟁에 의해 결정'되었다. 1840년대까지 런던에는 같은 직종 안에 '지체가 높은'(honourable) 사람과 '지체가 낮은'(dishonourable) 사람 간의 분명한 구별이 있었고 이러한 구별이 아주 심했던 직종에는 가구제조공, 목수와 소목장이, 부츠 및 구두 제조공, 양복제조공과 모든 직물노동자, 그리고 건축업 등의 직종이 포함되어 있었다. 지체가 높은 사람들은 사치품과 고가품을 담당하고, 지체가 낮은 사람들은 온갖 종류의 '싸구려 허드렛일'—기성복, 겉만 번지르르한 싸구려 가구, 겉치장한 반짇고리와 싸구려 거울, 교회 건축시의 ('청부업자'에 의한) 하청노동, 군대나 정부의 납품 노동—을 담당하였다.

1812년 토머스 라지가 조직이 잘되어 있고 높은 임금을 받고 있다고 말한 여러 직종들 가운데 다수는 그후 30년에 걸쳐 장인으로서의 신분과 생활수준의 심각한 저하를 겪었다. 직종의 붕괴는 여러가지 형태로 나타났고, 대개는 격렬한 싸움—어떤 경우에는 1830년대까지도 이런 싸움이 있었다—을 거친 후에 붕괴되었다. 펜잰스(Penzance)에서 밧줄제조공으로 도제수업을 받은 후 1821년에 런던으로 올라왔으나 자기 직종에서 일자리를 찾지 못한 윌리엄 러벳이 목수나 가구제조공으로 일거리를 얻으려고 했을 때만 해도, 지체가 높은 직종 종사자와 그렇지 않은 자 간의 구별은 그렇게 심하지 않았다. 그가 도제수업을 마치지 않았다는 사실은 그에게 매우 불리하게 작용했으나, 싸구려 작업장에서의 고달픈 경험과 그 자신이 만든 물건을 들고 다니면서 팔아야 했던 더욱 쓰라린 경험을 한 후, 그는 마침내 큰 가구제조작업장에 고용되었다. 그가 도제수업을 받지 않았다는 사실이 밝혀졌을 때 사람들은,

---

34) 이러한 증거로부터 메이휴는 다른 곳에서 가구제조공과 양복제조공에 관한 수치도 제시하고 있으나, 이는 다소 과장된 것으로 보인다. 아마 1/5 내지 1/6이 좀더 가능성이 높은 수치일 것이다.

"내게 마더 쇼니(Mother Shorney)를 먹이자"고 말했다. 이것은 이 직종의 은어였는데, 그것은 상대방의 연장을 치워버리고 상대방의 작업을 방해하고 상대방을 작업장으로부터 쫓아내는 따위의 방식으로 괴롭히는 것을 의미했다. … 나는 그들의 감정을 알아차리자마자 … 작업장 회의를 소집해서 내 문제를 그들 앞에 내놓는 것이 최선책이라고 생각했다. 이런 회의를 소집하는 데 첫번째로 필요한 것은 마실 것(대개는 맥주 1갤런)을 주문하는 일이었고, 그 다음은 쇠망치와 쬠쇠를 함께 두들기는 것이었는데 이것은 종소리 비슷한 소리를 냄으로써 작업장 내의 모든 사람을 자기 좌석 주변으로 모이게 하는 하나의 소집방법이었다. 의장이 정해지면, 자신의 용건을 말해보라고 요구받는다.

자신의 어려운 형편에 대한 러벳의 설명은 사람들을 납득시켰다. "그러나 어떤 특별한 종류의 일을 하는 방식을 보여주는 대가로 그들 중 몇사람이 내게 요구한 술자리는 벌금, 가겟집 외상과 함께 내가 받는 임금 1기니 중에서 주당 7~8실링을 쓰게 하였다."[35] 10년 혹은 20년 후였다면, 그는 지체가 높거나 협회에 가입한 작업장에 취직하는 데 실패했을 것이다. 강력한 가구제조공협회(Cabinet-Makers Society, 러벳 자신이 이 협회의 의장이 되었다)는 고급품을 생산하는 직종 내의 회원의 지위를 확고하게 만들고, 밖에서 아우성을 치는 도제수업을 받지 않은 자나 반숙련공 대중에 대해 문을 걸어잠갔다. 동시에 지체가 낮은 직종이 독버섯처럼 늘어났다.[36] 중간업자들은 '도살장'이나 거대한 가구도매상점을 세웠고, 베스널 그린과 스피틀필즈의 가난한 '다락방-마스터'(garret-master)들은 도매상점에 형편없는 가격으로 팔아넘길 의자와 싸구려 가구를 만들기 위해 그들 자신의 가족과

---

35) W. Lovett, *Life and Struggles in Pursuit of Bread, Knowledge, and Freedom*, I (1920년 판), 31~32면. '입회식'(footing)과 (새로운 노동자나 도제가 작업장 동료들에게 마실 것을 사야만 했을 때) '신참자의 연장을 치워버리는'(maiden garnish) 관습에 대해서는 J. D. Burn, *A Glimpse of the Social Condition of the Working Class* (발간연도 미상), 39~40면을 보라.

36) H. Mayhew, 앞의 책, III, 231면은 협회원이 600~700명, 비협회원이 4,000~5,000명이라는 수치를 제시한다.

'도제들'을 고용하였다. 그들보다 운이 더 나빴던 노동자들도 길거리에서 그들 자신이 직접 팔거나 이스트 엔드의 할인매장에 팔아넘길 반짇고리나 카드놀이용 테이블을 만들기 위해 목재를 구입하거나 수집하였다.

각 직종의 역사는 서로 다르다. 그러나 일반적인 패턴의 윤곽을 제시할 수는 있다. 가격이 치솟은 전쟁기에 생활수준이 저하되었다고 일반적으로 상정하고 있으나(이것은 일반 노동자, 직조공, 그리고 전혀 조직화되지 않은 노동자들에게는 분명한 사실이다), 전쟁은 여러 공업을 촉진시키고 고용률을 높였다. 런던의 병기창, 조선소와 부두는 분주했고 군복과 군장비에 대한 대규모의 정부측 납품계약도 있었다. 버밍엄도 대륙봉쇄령의 시기까지는 마찬가지로 번영하였다. 전쟁의 후반기는 실제상으로나 법률상으로나 도제제도가 전반적으로 붕괴되는 시대였고, 이것은 1814년의 엘리자베스 장인법의 도제신분 조항 폐지로 절정을 이루었다. 장인들은 그들의 처지에 따라 이러한 위협에 격렬히 반발했다. 이 시대에는 학교가 거의 없었고, 숙련직인학교(Mechanics' Institute)도 공업전문대학(Technical College)도 없었으며, 그래서 거의 모든 기술이나 직종의 '비법'(mystery)이 작업장에서 직인이 도제에게 행하는 가르침이나 시범을 통해서 전달되었다는 사실을 우리는 반드시 기억해야 한다. 장인들은 이러한 '비법'을 그들의 재산(property)으로 간주했고, '그들의 … 기예와 직종의 비공식적이고 독점적인 사용과 향유'를 그들의 의심할 수 없는 권리로 주장했다. 그 결과 도제제도의 폐지에 반발했고, '초기 형태의 직종협의회'(nascent trades council)가 런던에서 결성되었으며, 도제제도법을 강화해야 한다는 청원서에 전국적으로 60,000명이 서명했을 뿐만 아니라,[37] 위협의 한 결과로서 수공업 동직클럽이 실제로 강화되고, 그래서 전쟁이 끝날 무렵 런던의 많은 장인들이 상대적으로 강력한 위치를 점하게 되었다는 증거가 있다.

그러나 바로 이 지점에서 여러 직종들의 역사는 서로 갈라지기 시작한다. 작업장 문을 두들기는 미숙련공들의 물결의 압력은 갖가지 방법으로 그리고 갖은 종류의 폭력을 동반하면서 터져나왔다. 일부 직종에서는 이미

---

37) T. K. Derry, "Repeal of the Apprenticeship Clauses of the Statute of Apprentices," *Economic History Review*, III (1931~32), 67면. 이 책 하권 제14장 109~10면도 보라.

18세기에 지체가 높은 직종과 지체가 낮은 직종 사이의 구별이 있었다.[38] 이와같은 장기적인 위협에도 불구하고, 지체가 높은 직종들이 그 지위를 유지했다는 사실은 서너 가지 이유로 설명될 수 있다. 대부분의 18세기 직종은 저임금 고한노동(sweated labour)에 의해서는 획득될 수 없는 고도의 솜씨를 요구하는 사치품 생산업이었다. 게다가 완전고용의 시대에는, 소규모의 지체가 높지 못한 직종이 협회원들의 직종보다 실제로 더 나은 조건을 제공하는 경우도 있었다. 그래서 1818년에 『고르곤』지는 안경제작공과 활자주조공에 대해 다음과 같이 지적하였다.

그들이 제작한 물건을 대자본가보다 싸게 팔고 더욱 큰 규모로 사업을 할 뿐만 아니라 그들이 고용한 노동자에게 실제로 더 높은 임금을 주기도 하는 **다락방-마스터**라고 불리는, 작은 계급의 직종인이 생겨나고 있다. 우리는 모든 직종에 이런 현상이 일어나고 있다고 믿는다. ····[39]

이러한 구별의 윤곽은 '부싯돌'(Flint) 양복제조공과 '똥'(Dung) 양복제조공 간의 분화, 그리고 전투적이고 조직이 잘된 숙녀화제조공과 남자 부츠 및 구두 제조업 노동자 간의 분화에서 볼 수 있다. 그런데 두 부류의 제화공은 모두 '불법'노동자 유입의 엄청난 결과를 처음으로 감지한 사람들이었다. 런던 제화공의 지위는 노샘프턴셔와 스태퍼드셔의 대규모 부츠 및 구두 제조의 대규모 선대제 노동의 성장에 의해 약화되었다.[40] 런던 제화공의 역사에서 일어난 몇가지 사건들은 스펜스류 사회주의자인 앨런 대븐포트 (Allen Davenport)에 의해 기록되었다.

---

38) 도로시 죠지 박사는 시계제조공과 제화공들 가운데 있었던 '다락방-마스터들'과 '자택-마스터들'에 관해 언급한다. M. D. George, *London Life in the Eighteenth Century*, 172~75, 197~98면을 보라. 또 E. W. Gilboy, *Wages in Eighteenth-Century England* (Cambridge, Mass., 1934)를 보라.

39) *Gorgon*, 1818년 11월 21일자.

40) J. H. Clapham, 앞의 책, I, 167~70면; M. D. George, 앞의 책, 195~201면; A. Fox, *History of the National Union of Boot and Shoe Operatives* (Oxford, 1958), 12, 20~23면을 보라. 1803년, 부츠와 구두 제조 직인들의 관습에 관해서는 A. Aspinall, 앞의 책, 80~82면을 보라.

내가 베인브리지(Bainbridge)씨의 작업장에서 일을 시작한 것은 1810년이었고, 그때 나는 처음으로 작업장 회합에 참석했는데, 왜냐하면 내가 전에 일했던 작업장은 모두 어떤 그룹과도 연관이 없었기 때문이다. … 아마 이런 게 별 의미가 없다고 생각되었기 때문일 것이다. … 나는, 당시 홀본의 '요크 암즈'(York Arms) 주점에서 개최된 숙녀들의 일꾼(women's men, 즉 숙녀화제조공─필자)의 제5지부 회원들에 의해 친절하게 맞아들여졌다. 그리고 얼마 안되어서 대표가 되었다. … 내가 회원이 된 때로부터 1813년에 이르기까지, 숙녀들의 일꾼들은 엄청난 회원수와 상당한 재정증가를 이룩했다. 우리는 한때 런던에 14개 지부를 가지고 있었다. 그밖에도 통제가 잘된 교신방법에 의해 전국에 걸쳐 모든 중요한 중소도시의 직종과도 연합을 유지하였다. 그런데 이무렵에 우리 직종은 불법노동자를 고용하고 그 불법노동자의 해고를 거부한 어떤 마스터를 상대로 재판을 시작하였다. 이 소송사건은 왕좌재판소의 한 소송대리인의 도움을 받고 있었던 … 이런 문제를 잘 알고 있는 두명의 작업장 동료에 의해 처리되었다. 우리는 재판에서 이겼으나 고소비용으로 100파운드가 들었는데, 이 돈은 버린 셈이었다. 왜냐하면 그후 얼마 안되어서 우리 직종에서 도제수업을 받지 않은 사람을 마스터가 고용하는 것을 불법시했던 엘리자베스법이 곧 폐지되고, 그래서 직종은 모든 사람에게 개방되었기 때문이다.

1813년 봄에 이 조합은 자세한 가격표 제정을 요구하는 파업을 벌였다. "노동자들의 모든 요구는 관철되었고, 그래서 우리는 모두 편안한 마음으로 우리의 작업장으로 돌아갔다".

그러나 회원 가운데 일부 격렬한 사람들은 우리의 지난번 파업의 승리에 도취되어 몇주일 후 또다른 파업을 시작하자고 미친 듯이 요구하였다. … 이러한 주제넘은 행동은 직종에 위기를 가져왔다. 즉, 그때까지 아무런 결사체도 가지지 않고 서로가 서로를 몰랐던 마스터들은 기겁을 했고, 그들끼리 모여 하나의 결사체를 결성하였다. 그리고 완벽하게 조직이 결성되자 파업은 저항에 부딪혔고, 노동자들은 패배하여 산산이 흩어졌으며, 수백명의 남녀와 어린이들은 그해 겨울철에 극도의 궁핍을 겪었다. 노동자들의 권한이 급속히 약화되고, 제화업 마스터들의 전제가 시작된 것이 바로 이 치명적인 파업 이후부터라고 나는 꼽고 있다.[41]

제화공들의 투쟁이 겪은 쓰라림은 전쟁 이후 내내 그들 회원의 다수가 보여준 극단적인 급진주의에 의해 측정될 수 있다. 숙녀화제조공들은 호황기인 1820~25년에는 그들의 지위를 지켜나갔으나, 1826년의 경기후퇴로 그들의 취약성은 즉각 노출되었다. 조직에 가입한 노동자들은 수십개의 '지체가 낮은' 소작업장에 의해 포위되었는데, 이러한 작업장에서는 '돌파리들'(snobs) 혹은 '수선공들'(translators)이 8페니 혹은 1실링에 구두 한 켤레를 만들었다. 1826년 가을에 그들 회원 중 몇명은 7주 이상이나 계속된 파업기간중에 일어난 폭동 및 폭행 죄로 재판을 받았고, 한 조합원은 한 "파업 불참 노동자"에게 "정해진 가격 이하로 일하면 그의 간을 빼버리겠다"[42]고 말한 것으로 확인되었다. 그러나 부츠 및 구두 제조공들은 그럼에도 불구하고 어느 정도의 전국적인 조직을 유지하였고, 그래서 1832~34년의 대규모 조합운동 때 노샘프턴셔와 스태퍼드셔의 선대제 노동자들은 '평등화'를 위한 투쟁에 가담하였다.[43] 그들이 그들의 장인 신분을 최종적으로 빼앗기게 된 것은 전국조합운동(general unionism, 잉글랜드, 스코틀랜드, 아일랜드에 걸치는 전국 규모의 조합을 결성하자는 운동—옮긴이)이 무너진 1834년에 가서였다.

양복제조공들은 그들의 장인 신분을 좀더 오래 유지하였다. 우리는 그들의 조합을 장인의 준(準)합법적인 동직조합의 한 모델로 볼 수 있다.[44] 1818

---

41) 대븐포트의 『일대기』(*Life*)는 *National Cooperative Leader* (1861)에 재수록되어 있다. 내가 이 사료에 관심을 갖게 된 것은 로이든 해리슨(Roydon Harrison)씨 덕분이다.

42) *Trades Newspaper*, 1826년 9월 10일자, 12월 10일자.

43) 낸트위치(Nantwich)에서의 조직에 관해서는 이 책 제12장 583면을 보라.

44) 플레이스는 양복제조공들간의 결사를 "단연코 다른 어떤 것보다도 가장 완전무결하다"고 여겼다. 그러나 그가 그들의 비밀을 알아낼 수 있었던 것은 물론 특별한 기회를 통해서였다.

년에 프랜시스 플레이스는 그들의 활동에 관한 완벽한 기록을 출판하였다. 효과적인 결사에 의해 런던의 양복제조공들은, 아마도 생활비의 상승보다는 약간 뒤늦게 이루어진 것이긴 하지만, 전쟁기간 내내 그들의 임금을 끌어올리는 데 성공하였다. (플레이스의 평균치에 따르면) 그 액수는 1795년에 25실링, 1801년에 27실링, 1807년에 30실링, 1810년에 33실링, 1813년에 36실링으로 나타나 있다. 임금이 증가할 때마다 마스터들의 저항도 더욱 완강해져갔다. "이 시기의 어느 누구도 강제에 의해서가 아니면 단 1실링도 획득할 수 없었다." 귀족적인 '부싯돌' 양복제조공들의 여러 '회관'에는 회원 명부가 보관되어 있었고, 마스터들은 회관을 사실상 고용중개소로 이용하고 있었다.[45] "어느 누구에게도 고용신청이 허락되지 않았고"──따라서 마스터들은 조합에 신청해야 했다. 작업은 윤번제로 할당되었고, 조합은 '솜씨가 서툰' 노동자를 훈련시켰다. 양복제조공들은 두 가지 회비를 냈는데 액수가 큰 회비는 보상제도를 위한 적립금이었고, 액수가 적은 것은 조합 자체 경비를 위한 것이었다. 완전고용되었을 때를 제외하고 1일 12시간 노동이 강제되었다. 실업상태의 회원을 위한 부과금이 있었고, 파업기금을 위한 특별 부과금도 있었는데, 회원들은 특별 부과금의 용도를 설명해주지 않아도 그것에 대해 질문을 던지지 않았다. 조합의 실제 지도부는 결사금지법의 법망을 교묘하게 피하고 있었다. 각 회관에는 대표가 있는데,

… 흔히 누가 선출되었는지를 대다수 사람이 알지 못한 채, 일종의 암묵적인 동의에 의해 선출된다. 대표들은 하나의 위원회를 구성하며, 또한 그들은 비슷한 방법으로 다시 아주 작은 위원회를 선출하는바, 아주 특별한 경우에는 이 위원회가 전권을 행사한다. …

"어떤 법도 그것을 억누를 수는 없었다"고 플레이스는 썼다. "노동자 자

---

45) 참고로, 신문에는 다음과 같은 광고들이 들어 있다. "건축업분야에서 모든 작업을 지시할 수 있는 능력을 지닌 사람은 다음과 같은 회사들에 지원해도 좋을 것이다. …"(*Trades Newspaper*, 1825년 7월 17일자의 직인 목수들의 광고).

신들 사이의 신뢰 결여만이 그것을 막을 수 있었다." 그리고 실제로 '바늘의 기사들'(Knights of the Needle, 재봉사들을 말함—옮긴이)은 적어도 1826년의 경기침체기에 이르기 전까지는 아주 강력했던 것으로 보인다. 그들의 조직은 '군대나 다름없다'고 기록되어도 좋을 정도였다. 그러나 플레이스의 설명에는 취약성의 조짐이 감춰져 있다.

그들은 부싯돌들과 똥들이라는 두 계급으로 나누어져 있는바——부싯돌들은 30개 이상의 회관을 가지고 있는데, 똥들은 약 9개 내지 10개를 가지고 있다. 부싯돌들은 일급제로 일하고, 똥들은 일급 혹은 성과급으로 일한다. 이전에는 양자 사이에 엄청난 적대감이 있었고, 똥들은 일반적으로 적은 임금으로 일했는데, 근자에 와서는 임금차가 그렇게 크지 않게 되었다. … 그리고 가장 최근의 몇몇 파업에서 양 진영은 통상 공동의 명분을 지니게 되었다.

이것은 지체가 낮은 직종으로 하여금 신분의식을 가진 '부싯돌들'과 어떤 조직적 연합을 유지케 하려는 뚜렷한 노력으로 볼 수 있다. 1824년에, 플레이스는 '부싯돌'과 '똥'의 비율을 3 대 1로 추정하였다. 그러나 '똥들'은 "엄청나게 많은 시간 동안 일했고, 가족들이 그들을 도왔다". 1830년대 초에 이르자 값싼 기성품제조업의 물결은 더이상 억제될 수 없었다. 1834년에 '기사들'은 엄청난 분쟁을 치른 후에 마침내 몰락을 겪었는데, 그때 20,000명이 '평등화'라는 슬로건 아래 파업에 들어갔다는 것이다.[46]

그런데도 존 웨이드(John Wade)는 1833년의 런던 양복제조공들이 "수도에서 일하는 대다수의 노동자가 받고 있는 것보다 훨씬 높은 임금을 받고 있었다"고 말할 수 있었다. 사실, 그는 그들을 결사체의 힘에 의해 "공공

---

46) *Gorgon*, 1818년 9월 26일, 10월 3일과 10일자; *First Report from Select Committee on Artizans and Machinery* (1824), 45~46면; G. D. H. Cole and A. W. Filson, *British Working Class Movement* (1951), 106~107면; (T. Carter), *Memoirs of a Working Man* (1845), 122~24면. 1834년 파업에 관해서는 G. D. H. Cole, *Attempts at General Union* (1953)을 보라. 조직화된 모자제조공들과 등급이 낮은 '코르크마개 제조공'에 관해서는 J. D. Burn, 앞의 책, 41~42, 49~50면을 보라.

의 이익과 다른 노동자들에 맞서 그들 자신의 이익을 강화시켜나간" 장인의 한 본보기로 들고 있다.[47] 그러나 메이휴가 1849년에 『모닝 크로니클』(Morning Chronicle)지에 자신의 조사결과를 발표하기 시작했을 때, 그는 양복제조공을 '값싸고 조잡한' 저임금산업의 최악의 본보기 중 하나로 인용했다. 1849년 런던 양복제조공 23,517명 중 2,748명은 독립성을 지닌 양복제조 마스터라고 그는 추정했다. 나머지 가운데 3,000여 명은 지체가 높은 직종의 협회 가입원이고(1821년의 5,000명 내지 6,000명과 비교된다), 지체가 낮은 직종의 18,000여 명은 '싸구려 옷', 즉 기성복업계에서 그들의 소득을 대규모 중간업자에게 전적으로 의존하고 있었다.

런던이 장인의 아테네였기는 하지만, 런던의 사정을 예외적인 것으로 보아서는 안된다. 그리고 거기에는 지체가 높은 직종에서 일하는 조직화된 노동자의 임금으로부터 도출된 임금계수가 보여주는 것과 반대되는 착취의 유형이 있다는 사실을 주목하는 것이 중요하다. 이러한 착취유형은 관습적인 조건 및 제약 들과 동직조합의 자기방어를 모두 깨부수는 형태를 취했다. '장인' 직종들이 두 번의 결정적인 투쟁기를 거친다는 것은 대체로 옳은 이야기다. 첫번째는 도제제도의 규제가 폐지된 1812~14년의 시기였다. 이미 조합이나 동직클럽의 형태로 강력하게 조직화되었던 제화공과 양복제조공 같은 직종들은 같은 기간중에 마스터의 조직이 더욱 강력해졌음에도 불구하고, 파업이나 기타 다른 형태의 직접행동을 통해 도제제도 폐지 이후에도 그들의 지위를 어느정도 지켜나갈 수 있었다. 그러나 1815년과 1830년 사이의 폐쇄적인 '협회' 작업장(closed 'society' shop, 노조원만을 고용하는—옮긴이)으로의 통합은 상당한 대가를 치렀다. 직종 내의 노른자위 밖으로 밀려난 '불법노동자들'은 외부의 조직화되지 않은 '지체가 낮은' 직종 노동자의 수를 증가시키는 결과를 낳았던 것이다. 두번째의 결정적인 시기는 전국조합운동의 물결을 타고 여러 조건들을 '평준화'하고, 지체가 높은 직종의 노동시간을 단축하고 지체가 낮은 노동을 억제하려는 시도들이 행해진 1833~35년이다. 이와같은 시도들은(런던의 양복제조공들의 시

---

47) J. Wade, *History of the Middle and Working Classes* (제5판, 1835), 293면.

도가 유명하다) 고용주와 정부의 결집된 힘에 직면하여 실패했을 뿐만 아니라, 그러한 시도는 '협회'원 지위의 적어도 잠정적인 하락을 초래하기도 했다. 경제사가들은 톨퍼들 순교자들의 소송사건들과 1834년 대파업이, 당시의 급진주의자들과 노동조합주의자들이 생각하고 있는 것처럼 모든 등급의 노동자들에게 중요한 의미를 지닌 것으로 보아야 한다.[48]

그러나 장인과 대고용주 간의 이와같은 충돌은 한층 전반적인 착취유형의 한 부분에 지나지 않았다. 소마스터들(서너명의 직인과 도제를 고용하고 있던)이 대규모의 '제조공장'들과 중간업자들(집에서 일하는 선대제 노동자를 고용하거나 하청일을 맡아 하는)로 대체됨에 따라, 도제제도라고 하는 아주 의미있는 안전판이 (등급이 높은 소수를 제외하고) 파괴되어 미숙련의 여자와 어린이들이 유입됨에 따라, 노동시간과 일요일 노동이 늘어남에 따라, 그리고 임금과 성과급과 도매로 넘기는 가격이 깎여내려감에 따라 직종의 지체가 낮은 사람들은 그 수가 늘어났다. 장인의 지위가 저하되는 형태와 정도는 공업의 물질적 조건들—즉 원료의 가격, 작업도구, 사용되는 기술, 동직조합 조직에 유리하거나 불리한 조건들—, 시장의 성격 등과 직접적인 관련이 있다. 그렇기 때문에 목공과 제화공들은 그들 자신의 재료를 싸게 구입하거나 자신의 작업도구를 소유할 수 있었고, 그래서 실직한 장인은 일주일 내내 그의 모든 가족—그리고 때로는 가족 이외의 미성년자들—에게 일을 시켜 만든 제품을 그 스스로 길거리에 내다 파는 독립된 '다락방-마스터' 혹은 '자택-마스터'(chamber-master)로 일어섰다. 그리고 더 많은 경비를 필요로 하는 목수들은 '매질하는 작업장'(strapping-shop)의 노동자로 전락했는데, 그곳에서는 십장의 감시 아래 정신을 차릴 수 없는 속도로 싸구려 물건을 만들어내는 작업이 계속되었으며, 거기에서 뒤처진 자는 내쫓겼다. 스스로 옷감을 구입할 능력이 거의 없었던 양복제조 노동자들은 고한가격(sweated price)으로 일을 하청 주는 중간업자에게 전적으로 종속되었다. '고한'노동으로 악명 높은 의류제조는 대규모 회사의 하청작업장에서 일하는 (흔히 시골이나 소도시에서 흘러들

---

48) 이 두번째 시기에 관한 가장 좋은—비록 여전히 미완성이기는 하나—서술은 G. D. H. Cole, *Attempts at General Union* (1953)이다.

어온) 여자 재봉공들에 의해서 주로 행해졌다. 벽돌을 살 수도 없고 그렇다고 길거리에서 큰 성당의 일부분을 팔아넘길 수도 없었던 건축노동자들은 청부업자 수중으로 떨어졌으며, 숙련기술을 지닌 (건축업계의—옮긴이) '협회' 원들도 겨울철에는 실직하는 수밖에 없었다. 그래서 이 두 부류의 노동자들은 직접적인 건축투기——즉, 클래펌이 말하는 것처럼 "남의 토지를 빌려서 외상으로 건축재료를 구입하고 반쯤 지은 집을 팔거나 임대하기 전에 저당잡히는, 도산 위험이 아주 높았던" 방법으로 곤궁으로부터 벗어나려고 하는 일이 많았다.[49] 한편, 자신의 작업도구와 재료를 모두 소유하지는 못했던 마차제조공, 조선공 및 엔지니어는 그럼에도 불구하고 그 작업의 성격과 기술의 희소성으로 인해 동직조합의 보호막을 유지 내지 확대할 수 있을 만큼 좋은 위치를 차지하고 있었다.

　장인의 지위가 이와 비슷하게 붕괴되는 현상은 오래된 지방도시에서도 일어났다. 거기에는 아주 복잡한 사정들과 유보조건들이 많이 있었다. 우선 스태퍼드와 노샘프턴셔의 부츠 및 구두 공업은 오래 전에 이미 장인적 성격을 상실하였고, 그래서 런던의 제화공들이 여전히 직종 내의 지체가 낮은 자들을 제지하려고 애쓰고 있을 때 선대제 노동의 토대 위에서 작업이 행해지고 있었다. 한편, 셰필드의 칼제조 공업이 극도로 전문화됨으로써, 동시에 가장 확고한 자꼬뱅이었던 이 분야의 노동자들이 예외적으로 강한 정치적·동직조합적 전통을 지님으로써——숙련노동자의 지위는 반(半)독립의 어중간한 세계 안에서 계속 유지되었는데, 이런 세계에서 노동자는 한 사람의 상인(경우에 따라 한명 이상의 상인)을 위해 일했고, 그의 동력원을 '공영녹로(轆轤)'(public wheel)에서 빌려 썼으며, 정해진 가격표를 철저히 고수하였다. 직종 가입을 자유인에게만 국한시켜온 제약조건들을 철폐하여 "자유인이 아니더라도 누구든지 직종연합체에서 일할 수 있고, 수와 조건에 관계없이 도제를 받을 수 있는" 상황으로 만들어버린 '셰필드 칼제조공 법안'(Sheffield Cutlers Bill, 1814)에도 불구하고, 조합들은——때로는 '괴롭히기'(rattening, 노동쟁의시 기계나 기구를 숨기거나 파손하여 마

49) J. H. Clapham, 앞의 책, I, 174면.

스터를 괴롭히는 행위—옮긴이)나 기타 다른 형태의 협박을 통해——밀어닥치는 미숙련공의 물결을 충분히 제지할 수 있을 만큼 강력했다. 비록 합법적인 직종보다 싼 임금으로 일하려고 했던 '소마스터들'이나 때로는 '불법'노동자와 독립한 자영 직인들이 끊임없이 위협을 가하고 있었음에도 불구하고 말이다.[50] 버밍엄의 공업에서는 대규모 작업장으로부터 지체가 높고 낮은 수많은 소작업장과 자영 직인들, 그리고 못제조업 촌락의 몰락한 반벌거숭이 선대제 노동자에 이르기까지 온갖 종류의 변형이 발견된다. 1819년에 울버햄프턴(Wolverhampton)에서 나온 한 기록은 불황의 시기에 '다락방-마스터'가 어떻게 등장하게 되었는지를 보여준다.

사정은… 완전히 뒤바뀌었다. 이제, 굶주리던 직인들의 마지막 수단은 스스로 마스터로 개업을 하는 것이다. 그의 고용주는 그에게 이윤을 남길 만한 일을 줄 수가 없고, 그래서 그를 해고하지 않을 수 없다. 그러자 가난한 자들은 이제 침대를 팔아 모루를 구입하고, 약간의 쇠붙이를 구해서 몇가지 물건을 제조하고, 그가 받을 수 있는 가격으로… 그것을 길에 내다판다. … 그는 이전에는 고용된 사람으로서 주당 10실링을 받을 수 있었을지도 모르지만, 이제 그는 제조업 마스터로서 7실링을 벌게 되면 다행이다.[51]

코번트리의 리본직조공업에서는 절반은 선대제 노동자이고 절반은 장인이라는 또다른 어중간한 현상이 일어났다. 즉, '직물을 직접 짜는 직조공'(first-hand weaver)들은 값비싼 직조기를 소유하고 때로 '직인의 직인'을 고용하면서 가난한 장인 신분을 유지하고 있었던 데 반해, 이 도시의 다른

---

50) T. A. Ward의 셰필드 일기인 *Peeps into the Past*, ed. A. B. Bell (1909), 216면 이하; S. Pollard, *A History of Labour in Sheffield* (Liverpool, 1959), 2장; J. H. Clapham, 앞의 책, I, 174면.

51) *New Monthly Magazine*, 1819년 7월 1일자, S. Maccoby, *English Radicalism, 1786~1832* (1955), 335면에서 재인용. 또한 T. S. Ashton, "The Domestic System in the Early Lancashire Tool Trade," *Economic Journal* (Supplement), I (1926~29), 131면 이하.

직조공들은 그들과 버금가는 임금을 받고 작업장이나 공장에 고용되어 있었다. 그러나 북부의 직조업 촌락에는 임시 선대제 노동자로서 형편없는 임금을 받고 일하는 불완전고용된 직조공들의 대규모 예비군이 있었다.[52]

어느 견지에서 보면 선대제 노동자 공업은 그 장인적 지위를 완전히 상실하고 또 그 직종의 '지체 높은' 부분이 전혀 남아 있지 않은 공업이라고 볼 수 있다.

> 자본주의적 선대제 노동은 생산원료가 장사를 하는 고용주의 것이면서, 그 생산원료가 선대제 노동자의 기술을 필요로 하는 과정이 완료된 다음에 고용주에게 되돌려질 때 비로소 완성된다고 할 수 있다. 즉, 양모를 선대해서 실을 잣게 하고, 그 실을 선대해서 옷감을 짜게 하고, 셔츠를 선대해서 '이음새를 꿰매고 삼각천 깃을 달게 하고', 못제조용 철사를 선대해서 못이 만들어지면 돌려받고, (인형의—필자) 손과 발을 선대해서 완성된 인형을 돌려받고, 가죽을 선대해서 부츠를 돌려받는 따위이다.[53]

이것이 죠지 4세(George IV) 치하 공업조직의 '주도적인 형태'였다고 클래펌은 평가한다. 그리고 우리가 진짜 선대제 노동자들(수직공, 못제조공, 대다수의 소모공, 체인제조공, 일부 부츠 및 구두 제조공, 편직기편물공, 퍼스티언직 재단공, 장갑제조공, 일부 도자기공, 베개레이스제조공 및 기타 여러 사람들)에다 런던과 다른 도시의 장인 직종에서 일하던 '지체가 낮은 사람들'을 첨가하면, 이것이 아마 1840년까지 계속 주도적인 형태를 이루고 있었을 것이다.

우리는 다음 장에서 선대제 노동자의 한 예로 직조공을 살펴보게 될 것이다. 그러나 선대제 노동자와 장인 모두에 관련된 몇가지 일반적인 사항이 있다. 첫째, 직조공이나 "싸구려 제품을 만드는" 노동자들을 "기계화 과정에 의해 대체된 재래식 직종 몰락의 본보기"로서 설명해치워서는 안된다는 것이다. 또한 우리는 "임금이 최저수준이었던 것은 공장노동자가 아

---

52) J. Prest, *The Industrial Revolution in Coventry* (Oxford University Press 1960), 3, 4장.
53) J. H. Clapham, 앞의 책, I, 179면.

니라, 그 전통과 방법이 18세기에 속했던 가내노동자들이었다"라는 경멸조의 진술도 받아들일 수 없다.[54] 이와같은 진술들은 우리에게 이런 것들은 산업혁명의 진정한 추진력과는 그다지 관계없는 것이라는 것을 암시한다 ─즉, 그들은 '낡은' 전(前)공업사회에 속해 있는 사람들이고 새로운 자본주의 질서의 진정한 면모는 증기기관, 공장노동자, 그리고 고기를 먹는 엔지니어에서 찾아야 한다는 것이다. 그러나 1780~1830년 사이에 선대제 노동을 이용하는 공업에 고용된 사람의 수는 엄청나게 증가하였다. 그리고 종종 증기기관과 공장이 선대제 노동자의 수를 증가시킨 주범이었다. 선대제 노동자를 양산해낸 기반이 바로 실을 뽑아내는 방적공장과 못제조용 철사를 만드는 주물공장이었다. 이데올로기가 한쪽은 예찬하고 다른 쪽은 깎아내리길 바랄지 모르나, 사실들은 우리로 하여금 이 양자가 단일한 과정의 상호 보완적인 두 가지 구성요소였다고 말하지 않을 수 없게 만든다. 이 과정은 먼저 수작업노동자들(hand-workers, 수작업 사라사날염공, 직조공, 퍼스티언직 재단공, 소모공)을 양산했고, 그런 다음 새로운 기계가 그들의 생계를 잃게 만들었다. 더욱이 선대제 노동자의 지위 하락은 '기계화 과정에 의해 대체'되었다는 말이 암시하고 있는 것처럼 그렇게 단순한 것이 아니었다. 그것은 지체가 낮은 직종에서 벌어진 것과 유사한 착취방법에 의해 성취되었고, 종종 기계와의 경쟁 이전에 일어났다. 가내노동자의 '전통과 방법'이 '18세기에 속했'다는 것도 사실이 아니다. 19세기의 반(半)고용상태의 프롤레타리아 선대제 노동자들의 조건을 예고했던 18세기의 가내노동자 중 규모가 컸던 유일한 집단은 스피틀필즈의 견직공들이었다. 그리고 이것은 견직업의 '산업혁명'이 면직업이나 모직업에서보다 앞서 일어났기 때문이다. 참으로 우리는 대규모의 고한 선대제 노동이 공장생산이나 증기기관과 마찬가지로 이 혁명(산업혁명—옮긴이)에 본질적인 것이었다고 말해도 좋을 것이다. 지체가 낮은 직종에서 일하는 '싸구려 제품을 만드는' 노동자들의 '전통과 방법'에 관해 말하자면, 이런 것들은 물론 값싼 노동력이 풍부한 곳에서는 어디서나 여러 세기에 걸쳐 만연되어 있던 것이다. 그렇지

---

54) F. A. Hayek and T. S. Ashton, in *Capitalism and the Historians*, 27~28, 36면.

만 그것들은 18세기 말 런던 장인들이 처해 있던 제반 조건들이 크게 역전되었음을 보여주는 것이라 하겠다.

우리가 자신있게 말할 수 있는 것은 1815년과 1840년 사이에 장인이 자신의 신분과 생활수준이 위협받거나 저하되고 있다고 느끼고 있었다는 사실이다. 기술혁신과 저임금노동의 과잉은 장인의 처지를 약화시켰다. 그는 아무런 정치적 권리도 갖고 있지 못했으며, 비록 단속적이긴 했지만 국가권력은 그의 동직조합을 파괴하는 데 사용되었다. 메이휴가 분명하게 보여주듯이, (지체가 낮은 직종에서의) 저임금이 가져온 것은 과도한 노동만이 아니었다. 그것은 또한 도처에서 일거리를 부족하게 만들기도 했다. 장인의 정치적 급진화와 그보다 더 격렬했던 선대제 노동자의 급진화 저변에는 바로 이러한 경험이 있었다. 이상과 현실적 불만이 결합하여 그들의 분노를 낳았는데 상실된 특권, 직접적인 경제적 하락, 수공업기술직이 붕괴됨에 따른 자존심의 상실, (하디 세대와 플레이스 세대의 노동자가 아직은 이룰 수 있었던) 마스터로 상승하는 희망의 상실 등이 그것이었다. '협회'원들이 상대적으로 운이 좋았다고 해서 덜 급진적이었던 것은 아니다——오히려 런던과 지방의 노동계급 지도자들의 다수는 윌리엄 러벳처럼 이 계층에서 나왔다. 그들은 동직조합의 전투성을 증가시킴으로써만 그들의 신분을 유지할 수 있었다. 그리고 그들의 삶의 과정은 경쟁은 악덕이고 집단행동은 미덕이라는 사실을 끊임없이 가르쳐주었다. 그들은 그들보다 운이 나쁜 이웃이나 작업장 동료가 사고나 음주벽으로 사회의 밑바닥으로 떨어지는 것을 목격하였다. 사회 밑바닥으로 떨어진 이들은 정치적인 사고와 반성이 가장 절실했으나 그럴 만한 시간적 여유가 가장 적은 사람들이었다.

농업노동자들이 토지를 갈망했다면, 장인들은 '독립'을 염원했다. 이러한 염원은 초기 노동계급 급진주의의 역사 도처에 스며들어 있다. 그러나 런던에서 소마스터가 되는 꿈(1790년대에 여전히 강했고, 버밍엄에서는 1830년대에도 여전히 강했던 꿈이다)은 1820년대와 1830년대에 '자택' 혹은 '다락방' 마스터들이 겪은 경험——즉, 일주일 내내 기성품 도매상이나 기성품 제조업체의 노예가 되는 것을 의미하는 '독립'——에 직면했을 때 더이상 유지될 수 없었다. 이것은 1820년대 말에 오웬주의에 대한 지지의 물결이 왜 갑자기 높아졌는가를 설명해준다. 동직조합의 전통들과 독립에 대한 갈망은 자신들의 생계수단에 대한 사회적 통제, 즉 집단적 독립이라는 사상 속에서 하나로 엮어졌다.[55] 오웬주의적 실험이 대부분 실패했을 때에도 런던의 장인은 자신의 독립을 위해 끝까지 싸웠다. 즉, 가죽이나 목재나 옷감이 떨어졌을 때 그는 거리로 달려나가 구두끈, 오렌지, 호두 등을 내다팔았다. '매질하는 작업장'에 들어간 것은 주로 농촌 출신 노동자들이었다. 런던에서 태어난 장인들은 공장의 작업속도를 맞출 수 없었다. 일개 프롤레타리아가 되고 싶지도 않았다.

　지금까지 우리는 임금지수를 분명하게 제시하지는 못했던 것 같지만, 기존의 지수를 읽고 그것을 비판하는 하나의 방법을 제시하였다. 특히 우리는 어떤 수치가 협회원으로부터 도출된 것인지 아니면 비협회원으로부터 도출된 것인지, 그리고 어떤 직종에 있어서 양자간의 구분이 어느 시점에 얼마만큼 심했는지 등을 언제나 밝혀내야만 한다. 거의 모든 직종과 산업에 공통되는 경험은 분명히 있었다. 전쟁 직후의 불황기에 고통을 겪은 사람은 극소수였고, 대부분의 노동자는 1820~25년에는 활기에 넘쳤었다 ── 사실 그와같은 완전고용의 시기에는 지체가 낮은 직종들이 그들의 활동을 실제로 확장시켜나가면서도 거의 주목받지 않을 수 있었는데, 이는 그들이 협회원의 지위를 위협하지 않았기 때문이다. 결사금지법 폐지 이후 12개월은 예외적으로 활기찬 시기였으며, 이때 전반적인 경제적 번영은 공격적인 노동조합 운동과 결합하여 여러 노동자집단에서 상당한 성과를 이끌어냈다. 1825년 여름『직종신문』에는 포터리즈(the Potteries, 도자기공업이 집중적으로 발달한 스태퍼드셔 북부의 도자기 산지의 지명─옮긴이)에서 작성한 한 보고서가 발표되었는데, 이 보고서는 당시의 급진적 혹은 노동계급적 저널리즘에서는 드문 언어로 이 분야가 번영상태에 있음을 인정하였다. "직조공을 제외할 때 노동계급들이 … 지금보다 더 안정을 누린 시기를 찾기는 어려울 것이다." 포터리즈는 8개월 전부터 상당 규모의 파업물결에 휩싸여 있

───────

55) 오웬주의에 관한 논의는 이 책 하권 제16장 제4절을 보라.

었다.

스태퍼드셔에서는 목수들이 첫번째로 파업을 일으켰고, 그후 다른 모든 직종이 돌아가며 파업을 일으켰다. 채탄부들은 그들 없이는 도자기공들이 일을 해나갈 수 없다는 사실을 알고 있었고, 그래서 도자기공들이 임금인상을 성취하자마자 곡갱이 한번 쳐들려고 하지 않고 물통 한번 내리려 하지 않았다. … 도자기공들이 두번째 파업을 밀고 나갔는데, 이들은 일반 노동자는 이제 일당 6실링을 버는데 성과급으로 일하는 상급 직인들은 실질적으로 주당 3파운드밖에 못 번다고 하면서 카드놀이를 하였다. 심지어는 양복제조공들도 자기들이 왜 그리고 무슨 목적으로라는 이유를 알지 않고서는 양복을 짓거나 꿰매지도, 양복을 다리거나 봉합하지도, 옷깃에 주름을 잡지도 않겠다고 완강하게 버텼다. 한편 기질이 사나운 이발사들은 … 평균 50%의 임금인상을 고집하였다. …[56]

그러나 이렇게 해서 얻은 것의 대부분은 1826년에 상실되었다가 다음 3년에 걸쳐 회복되었으며, 1830년대 초에 또다시 상실되었다. 그리고 이러한 좀더 포괄적인 역사 안에 다시 개별 직종의 특수한 역사들이 있다. 전체적으로 보아 많은 자본과 기술과 기계를 필요로 하는 공업에서는 장인들이 자신의 독립성의 일부를 상실하였으나 몇몇 단계를 거쳐 어렵지 않게 숙련된 심지어는 특권적인 프롤레타리아가 되었다. 예컨대 공장기계설치공은 엔지니어나 금속 숙련기계공이 되었고, 조선공의 기술은 여러 개의 조선업 직종으로 분화되었다. 반면, 일감이 선대되거나 미성년노동과 미숙련노동을 이용할 수 있는 공업에서는 장인들이 자신의 독립성의 일부를 유지했으나, 그 대가로 점증하는 불안정과 심각한 신분 상실을 치러야 했다.

우리가 전후의 정치사로 눈을 되돌릴 때 가장 관심을 끄는 것은 바로 장인의 관점이다. 그래서 장인 아래의 밑바닥 사람들을 다룰 때 우리는 좀더 인상주의적인 접근을 하게 될 수 있다. 사실 19세기 초 몇십년간의 미숙련

---

56) *Trades Newspaper*, 1825년 7월 24일자. 또한 W. H. Warburton, *History of T. U. Organization in the North Staffordshire Potteries* (1931), 28~32면을 보라.

공들에 관해서는 알려진 것이 거의 없는데, 왜냐하면 그들은 조합을 결성하지도 못했고 그들의 불만을 구체화시킬 지도자도 가지고 있지 못했으며 의회 내 위원회들도 위생이나 주택 문제를 제외하고는 그들에 대해 거의 조사하지 않았기 때문이다.[57] 바닥으로 떨어진 장인은 힘든 반숙련 혹은 미숙련 노동에 뛰어들 만한 적성이나 체력을 거의 가지고 있지 못했다. 그와 같은 직업그룹은 그룹 자체 내에서 충원되거나 농촌이나 아일랜드에서 온 이주민에 의해서 커졌다. 이들 중 일부는 부두노동이나 토역꾼 혹은 삽질 인부와 같은 비정규노동으로 괜찮은 임금을 벌었다. 이들은 점차 '그때그때 벌어먹고 사는 사람'(casualty) 즉 임시노동자(casual labourer)들로 변화되어갔다. 그리고 완전히 실직상태에 놓인 도시 이주민이 있는데, 이들은 처음 런던에 왔을 때의 젊은 윌리엄 러벳처럼, "몇주 동안을 계속해서 하루에 1페니짜리 빵과 가장 쉽게 이용할 수 있는 펌프 물을 마시며 버티는" 상태로 전락하는 것이 보통이었다. 그와 콘월주 출신의 한 동료는,

> … 보통 5시에 일어나 9시경까지 일거리를 찾아 여러 작업장과 건축공사장을 전전하면서 걸어다녔다. 우리는 그때 1페니짜리 빵을 사서 둘로 나누었다. 그런 다음 오후 4시나 5시까지 걸어다녔고, 일이 끝나면 다시 빵 한 덩어리를 사서 둘로 나누었다. 그리고는 아픈 발과 배고픔을 안고 아주 일찍 잠자리로 기어들어갔다.[58]

그러나 마지막 몇 페니로 간신히 생계를 이어나가는 이와같은 고난의 삶은 드문 것이었다. 모든 사회조사자들이 알고 있듯이 상습적인 고용의 불확실성은 장래에 대한 생각을 꺾어버리고, 그래서 어려운 시절 다음에 어쩌다가 일거리를 잡았을 때는 돈을 흥청망청 써버리는 그러한 낯익은 상황을 반복하게 된다. (막)노동자들(마부, 거리청소부, 부두노동자, 미숙련 건축노동자, 짐마차꾼 등등)과 구분되는 '그때그때 벌어먹는 일'이 하나의 생활방식이 된 사람들이 있었다. 노점상, 거지와 떠돌이, 피구호민, 우발적 혹

---

57) 그러나 아일랜드 노동자들에 대한 논의는 이 책 제12장 제3절을 보라.
58) W. Lovett, 앞의 책, I, 25~26면.

은 전문적인 범죄자, 그리고 군인 들이었다. 노점상 중 일부는 번창하는 장사꾼들이었으나, 나머지는 아무리 없애려고 해도 없어지지 않는 날치기꾼들이었다. 행상과 호객꾼과 발라드 행상과 같은 또다른 사람들은 에드윈 채드윅(Edwin Chadwick, 1800~90. 벤섬의 제자, 1834년 신빈민법 제정의 한 장본인이며 이후 공공위생 문제에 관심을 돌림—옮긴이)과 케이(Kay) 박사의 겉치레가 많은 주장에 대해 하나의 코믹하고도 강력한 반대주장을 제공한다. 개똥을 모으거나 별꽃을 팔거나 한번에 1~2페니를 받고 편지를 써주는(연애편지를 써주려면 "모서리에 금박을 입힌 요란한 편지지와 매혹적인 봉투와 사전 한 권이 필요했다") 따위의 임시방편으로 그들이 자신의 목숨을 부지했다는 사실을 접하면 정신이 아찔해진다. 확실히 1840년대까지 대다수 노점상은 지독하게 가난했다. 통계숫자를 놓고 깊이 생각해보면 창고, 시장, 운하용 거룻배, 부두, 철도 등에서 좀도둑질할 수 있는 기회가 늘어났기 때문에 강력한 경찰력이 확립된 1830년대 말 전까지는 (매춘부를 제외한) 보통 범죄인의 생활수준이 높아졌다는 견해를 가져볼 법하다. 짐작컨대 상당수의 임시노동자들은 이런 방식으로 그들의 수입을 보충했을 것이다. 진짜 전문적인 범죄인이나 '떠돌이'는, 그 자신의 고백에 따르면, 호화스런 생활수준을 영위하고 있었던 것처럼 보인다. 그래서 그는 '낙천주의자'로 기록될 수 있을 것이다. 여성의 고용이 많았던 랭커셔 같은 지역을 제외할 때 미혼모의 생활수준은 아마 낮아졌을 것이다. 미혼모는 윌버포스뿐만 아니라 맬서스와 정치경제학의 법칙까지도 거스르고 있었던 셈이다.

이 시기는 5살에서 15살 사이의 자식을 6명 가진 과부는 공장도시에서 행운아로 여겨지던 시대였다. 그리고 눈이 먼 걸인은, 앞을 볼 수 있고 신체가 건강한 자들이 그의 수입을 나누어갖기 위해 함께 여행하기를 원했던 방랑하는 형제들 중에서 '귀족' 행세를 하던 시대였다. "장님은 어느 곳에 서건 길잡이를 구할 수 있었는데, 왜냐하면 그들은 그가 무언가를 틀림없이 얻어먹는다는 사실을 알고 있었기 때문이다"라고 눈먼 부츠-레이스 판매원은 메이휴에게 말한 바 있다. 그의 고향인 노섬벌런드로부터 여인숙을 전전하면서, 구걸의 '명수'가 된 "나는 내 생활에 점점 만족하게 되었으며, 어떻게 한 인간이 다른 인간을 추종하게 되는지 의아해졌다". 그가 마침내 런던에 들어갔을 때 "길거리를 따라 내려가면서 … 나는 내가 거리의 사람들을 끌고 가는지 거리의 사람들이 나를 끌고 가는지를 모를 정도였다".[59]

그밖의 낙천주의자로는 고도로 전문적인 '비렁뱅이'들이 있는데 이들은 매순간 다른 역할을 해내는 배우처럼 스스로를 갖가지로 위장했으며, '파산한 점잖은 직종인이나 몰락한 젠틀먼 도적 노릇'에서 '빈털터리가 된 숙련직인 사기꾼 노릇' '통행세를 뜯는 가짜 수병 노릇'까지 직종의 형편에 따라 어려움에 처한 다른 사람들의 역할을 그때그때 다양하게 해냈다.

> 나는 … 건지(Guernsey, 영국해협에 있는 섬의 이름. 이 섬에서 만든 몸에 꼭 끼는 모직물셔츠와 스웨터를 입는 것이 당시 수병복장이었다―옮긴이) 셔츠와 속바지나 누더기바지를 입고서 샬로우 여단(Shallow Brigade)의 수병 차림을 한 뒤 밖으로 나갔다. 당시 우리 패거리는 4명이었다. 우리에게는 그저 얼마간의 벌이―하루에 총 16실링 내지 1파운드 정도가 있을 뿐이었다. 우리는 길거리에서 우리 쪽으로 걸어오는 모든 사람들―석탄운반부를 포함한 모든 사람들―을 모두 해군함장(sea-fighting captain)이라고 불렀다. "자, 귀하신 해군함장님, 좌현 로커로부터 우리들, 넬슨의 불독들을 향해 대포 한 방(술 한잔―옮긴이) 쏘시오"라고 우리는 말하곤 했다. … 그런데 샬로우 여단이 런던에서 널리 알려지자 보급품은 아주 시원찮아졌고, 그래서 나는 육상 근무 수병 노릇을 걷어치웠다. 아시다시피 난파선 잔해들이 길거리에 쫙 깔리게 되자, 사람들은 그런 것들을 달가워하지 않았다. …[60]

시장을 조사하고 인간의 동정심이라는 진절머리나고 비탄력적인 수요에 맞춰 고통이라는 공급을 재빠르게 변화시킬 수 있었던 사기꾼들은, 자신들의 고통을 스스로에게 가장 이롭게 이용하기에는 너무도 자존심이 강하고

---

59) H. Mayhew, 앞의 책, I, 452면.
60) 같은 책, 461면. 전쟁 후 몇년 동안은 진짜로 제대한 해군 선원들이 가장 규모가 큰 런던의 거지그룹을 이루고 있었다. *Fourth Report of the Society for the Suppression of Mendicity* (1822), 6면.

경험이 부족했던 진짜 고통받은 사람들보다 형편이 훨씬 좋았다. 1840년대에 이르자 사기꾼들의 술수는 대부분 알려지게 되었다. 디킨즈나 메이휴가 가졌던 그러한 인간의 삶에 대한 깊은 이해가 없는 한, 중간계급 사람들은 벌린 손바닥을 모두 게으름과 사기의 증거로 간주하였다. 그리고 런던이나 기타 대도시 중심지에서는 그런 그들이 옳았을 것이다. 왜냐하면 그들은 초현실 세계를 걷고 있는 것과 다름없었기 때문이다. 즉, 벌린 손바닥은 수납원의 손바닥일지도 모르고, 눈보라 치는 날씨에 반쯤 옷을 벗고 서서 구걸하는 남자는 '몸을 떠는 속임수'("날씨가 아주 쌀쌀한 계절에는 근사한 속임수인데… 한때처럼 하루에 2실링 벌이치고는 그렇게 근사한 것도 아니다")일 수도 있을 터이며, 빈민가에서 차꾸러미를 쏟아버렸다거나 거스름돈을 잃어버렸다고 흐느껴 우는 어린이는 그의 어머니로부터 속임수 교육을 받았을는지도 모른다. 두 팔을 모두 잃은 채탄부는 부러움의 대상이 되기도 했다. 그리고,

> 아주 굵은 다리를 가진 사람이 있는데, 그는 보도 위에 앉아서 광산에서 석탄운반차가 그를 깔고 넘어간 일에 관한 긴 이야기를 늘어놓는다. 그는 벌이가 좋다——놀라울 정도로 좋다.[61]

그러나 가장 고통받던 사람들의 대부분은 그런 곳에 있지 않았다. 그들은 그들의 가족과 함께 스피틀필즈의 다락방, 앤코우츠(Ancoats)와 남부 리즈의 지하실 그리고 선대제 노동자의 촌락에 있었다. 우리는 피구호민의 생활수준이 낮아졌다는 사실을 믿어도 좋을 것이다. 1834년의 신빈민법에 이르는 30년 동안 구빈세를 낮추고, (구빈원의—옮긴이) 원외구호(out-relief)를 줄이고, 새로운 유형의 구빈원을 시작하려는 시도가 끊임없이 있었다.[62] 그것은 채드윅의 '바스띠유'(구빈원—옮긴이)가 아니라, 크래브(George Crabbe, 1754~1832. 한때 날품팔이로 일한 경험을 지닌 영국의 대표적인 리얼리스트

---

61) H. Mayhew, 앞의 책, I, 465면.
62) J. D. Marshall, "The Nottinghamshire Reformers and their Contribution to the New Poor Law," *Economic History Review*, 2nd Series, XIII (1961년 4월 3일)을 보라.

시인―옮긴이)가 『버러』(*The Borough*, 1810)라는 시에서 묘사한 초기의 모델이었다.

> 당신의 계획을 나는 좋아하지 않는다, ―번호를 달아
> 당신은 가난하고 불쌍한 이들을 가두었다,
> 그곳, 한 건물 안에, 그것은 일생 동안 내내,
> 그들이 증오의 눈으로 바라보는 가난한 자들의 궁전.
> 그 엄청나게 큰 건물, 그 높게 둘러친 담벽,
> 저 닳아빠진 복도들, 윙윙거리는 높은 천장의 홀!
> 한시간 한시간 끔찍한 시간을 알려주는, 저 요란한 큰 시계,
> 저 문들과 자물쇠들, 그리고 저 모든 권력의 징표들.
> 그것은 이름만 부드럽게 바꾼 하나의 감옥,
> 공포와 수치심 없이는 아무도 기거할 수 없는.

1834년의 신빈민법 그리고 채드윅과 케이 같은 사람들이 후에 행한 그 법의 집행은 아마도 잉글랜드의 역사에서, 인간의 기본적인 요구라고 하는 엄연한 사실을 무시한 채 하나의 이데올로기적 도그마를 강요한 가장 끈질긴 시도일 것이다. 1834년 이후의 생활수준에 관한 논의는, 곤경에 빠진 교구의 민생위원국이 불황에 처한 공업중심지의 원외구호를 철폐하거나 대폭 제한하려는 채드윅의 정신나간 '행정지침 회람'(Instructional Circulars)을 그대로 적용하려고 함에 따라 생겨난 여러 결과들을 검토하지 않거나, 경험주의적인 북부지방에 맬서스-벤섬주의의 교조적인 빛을 전파하려 했던 빈민법위원회 부위원(Assistant Commissioner)들의 열렬한 사명감을 추적하지 않으면 아무런 의미가 없다. 처음 출발 때부터 규율과 강제라는 교리는, 구빈원을 물질적으로 '덜 바람직한' 상태로 만든다는 교리보다 더 중요하였다.[63] 사실 아무리 창의력이 풍부한 국가라도 다락방-마스터, 도싯지방의 노동자·편직기편물공·못제조공 들의 상태보다도 더 열악한 상태

---

63) 1834년 이후의 구빈원 원생들의 상태는 구빈원 밖의 가장 열악한 상태에 놓여 있는 노동자들보다도 '덜 바람직한'(less eligible) 상태로 만들려는 의도를 가지고 있었다.

와 유사한 그런 제도를 만들어내기는 어려웠을 것이다. 피구호민들을 계획적으로 배고프게 만든다고 하는 비현실적인 정책은 심리적인 억제정책, 즉 '노동, 규율 그리고 제재'의 정책으로 대체되었다. "우리의 의도는 가능한 한 구빈원을 감옥과 같이 만드는 것이다"라고 한 빈민법위원회 부위원은 말했다. 그리고 다른 한 위원은 "우리의 목적은 … 가난한 사람들에게 공포의 대상이 되고 그래서 거기에 들어가는 것을 미리 막게끔 엄격하고 강압적인 규율을 그 안에 수립하는 것이다"라고 말했다. 케이 박사는 노퍼크에서의 그의 성공을 만족스럽게 기록하고 있다. 식사량의 감소는 '일상생활에 대한 세심하고 정규적인 규칙 준수', 종교활동, 식사중 정숙, '즉각적인 복종', 남녀의 완전한 격리, 가족의 분산(비록 같은 성이라 할지라도), 노동과 철저한 감금보다 덜 효과적인 것으로 드러났다. 훗날 엄지손가락을 비트는 고문기구나 양다리를 족쇄구멍에 넣고 조이는 옛날 형틀처럼 괴상하게 느껴질, 저질의 의식용 어투의 영어로 (다음과 같은 사실을—옮긴이) '본인은 목도하였다'고 그는 기록했다.

피구호민들이 구빈원 담장 내부에 거주하는 동안 상자, 식기, 의류 등 저들의 소유물을 보유하도록 허용하는 관습이 영구화되어 있었다는 사실을 (목도하였다—필자) … 그런 고로 나는 이 물품들을 각 관리자의 점유하에 … 창고에 보관토록 지령하였다. 코스퍼드(Cosford) 구빈원에서 이 변화를 시행하는 데서 플럼(Plum)씨는 상당한 양의 빵이 상자 안에 은닉되어 있음을 발견하였고(이는 식량이 얼마나 풍족한가를 보여준다), 또한 구빈원 창고에서 절취한 그와 비슷한 양의 비누 및 여타 물품도 마찬가지로 발견하였다. … 이러한 변화 후 익일 아침 12명의 신체 건강한 여자 빈민들이, 자기들은 원외 노동을 선호하노라고 말하면서 구빈원을 떠났다.

식솔이 딸린 과부, 노약자 그리고 병자에 대해서조차도 이와같은 구빈원에서의 모욕행위를 그만두어서는 안된다고 케이 박사는 온통 채드윅적인 말투로 계속 써내려가고 있는데, 그것은 이러한 분별없는 행위와 협잡을 계속할 위험이 있으며 또 근면⋯ 검소⋯ 신중⋯ 자식으로서의 효도⋯ 일하고 활동할 수 있는 기간 동안의 노동자의 독자적 노력에 대한 동기를 잃게 할 위험이 있기 때문이라는 것이다. ⋯

그것은 케이 박사와 플럼씨에게는 주목할 만한 승리였다! 12명의 신체 건강한 여자들이 단번에 검소하고 신중해졌으니 말이다! (아마 비관주의자에서 낙천주의자로 변모한 것일까?) 하지만 그들의 노력에도 불구하고, 1838년의 3개월 동안 새로운 바스띠유가 운영되고 있던 잉글랜드와 웨일즈에 (다른 지역 중에서도 특히 랭커셔와 웨스트 라이딩의 거의 전지역을 빼놓고) 있던 443개 조합에서 나온 불완전한 보고서는 78,536명의 구빈원 수용자가 있음을 보여주었다. 그리고 1843년이 되자, 그 숫자는 197,179명으로 늘어났다. 가난의 깊이를 가장 웅변적으로 입증하는 증거는 어떻든 그들이 구빈원에 수용되어 있었다는 사실에 있다.[64]

---

64) 케이 박사의 증거는 G. Cornewall Lewis, *Remarks on the Third Report of the Irish Poor Inquiry Commissioners* (1837), 34~35면에, 1838년의 구빈원 수용자 수는 *Fifth Annual Report of the Poor Law Commissioners* (1839), 11, 181면에 들어 있다. 산업불황으로 인해 원외구호의 필요성이 생겨났을 때, 채드윅이 보낸 '정신나간' 지침서의 한 예는 맨스필드의 관리자들에게 보낸 그의 편지 속에 들어 있는데, 이에 관해서는 *Third Annual Report of the Poor Law Commissioners* (1837), 117~19면; *Tenth Annual Report of the Poor Law Commissioners* (1844), 272면을 보라. 빈민법에 관한 많은 문헌 가운데, 빈민법에 대한 북부지방에서의 저항에 관한 명쾌한 서술은 C. Driver, *Tory Radical* (Oxford, 1946), 25, 26장이 추천할 만하다.

9
직조공들

19세기 직조공의 역사에는 좋았던 시절에 관한 전설이 자주 등장한다. 좋았던 시절에 대한 기억은 랭커셔와 요크셔에서 가장 강하다. 그러나 그 기억들은 브리튼 제도의 대다수 지역과 직물업계의 거의 모든 분야에서 찾아볼 수 있다. 1780년대의 미들랜즈 양말직조공에 관한 전설을 살펴보자.

해마다 교구의 축제일이 오면, 양말제조공은 그의 아담한 채소밭에서 거둔 완두와 콩, 그리고 거품이 많은 좋은 맥주 한 통을 마신다.

그는 '주중에 입는 옷과, 일요일과 풍부한 여가시간에 입는 또 한 벌의 옷을 가지고 있다'.[1] 글로스터셔의 직조공에 관한 전설을 보자.

그들의 작은 농가는 행복하고 만족스러워 보였다. … 직조공이 교구에 구호를 호소하는 일은 아주 드물었다. … 평화와 만족이 직조공의 얼굴에 어려 있었다.[2]

---

1) W. Gardiner, *Music and Friends*, I (1838), 43면. 또한 M. D. George, *England in Transition* (Penguin판, 1953), 63면을 보라.
2) T. Exell, *Brief History of the Weavers of Gloucestershire*, H. P. R. Finberg, ed., *Gloucestershire Studies* (Leicester, 1957)에 수록되어 있는 E. A. L. Moir, "The Gentleman Clothiers," 247면에서 인용.

벨파스트(Belfast)의 린네르 직조업 지역에 관해 이야기한다면,

> …한때 이 구역은 거리가 말끔하고 정돈되어 있기로 유명했다. 그는 하얗게 회칠이 된 그들의 집과 작은 꽃밭, 그리고 가족을 데리고 시장이나 교회 예배식에 나갈 때의 말쑥한 옷차림을 기억하고 있었다. 이제 이 집들은 오물과 궁핍 덩어리였다. …[3]

명쾌하고 설득력있는 『전환기의 잉글랜드』(England in Transition)라는 저서에서 도로시 죠지 박사는 '황금시기'라는 것은 전체적으로 보아 하나의 신화였다고 주장하였다. 그리고 그녀의 주장은 승리를 거두었다.

그 승리는 너무 성급히 얻어진 것으로 여겨진다. 요컨대 '황금시기'라는 나인핀(ninepin, 오늘날의 볼링의 시초인 술병 모양 기둥 9개를 세워놓고 넘어뜨리던 놀이인 9주희의 기둥 9개를 말함―옮긴이)을 우리가 세워놓으면 이를 쓰러뜨리기는 어렵지 않다. 18세기의 스피틀필즈 견직공의 상태는 분명 부러운 것이 아니었다. 그리고 남서부 및 노리치의 방모사와 소모사 공업의 자본주의적 조직이, 훗날 랭커셔와 요크셔에서의 전개과정을 예고하는 여러가지 형태의 적대관계를 일찍부터 낳고 있었다는 것 또한 사실이다. 18세기 직조공동체(weaving community)가 피터 개스컬에 의해 그의 영향력있는 『잉글랜드의 제조업 사람들』(Manufacturing Population of England, 1833)에서 이상화된 것 또한 분명한 사실이다. 그리고 (개스컬에 이어) 엥겔스가 1844년의 공장 직공들의 조상의 상을, "아주 경건하고 성실하게, 정의롭고 평화로운 삶을 살았다"고 이상적으로 그려낸 것도 사실이다.

그러나 한편으로 18세기가 역경과 투쟁의 시대였다는 사실과, 다른 한편으로 19세기가 이상화의 시대였다는 사실의 확인만으로 문제가 끝나는 것은 아니다. 여러 기억들이 남아 있다. 그리고 섣부른 해석을 허용치 않는 많은 증거들 또한 남아 있다. 자그마한 농토나 한 뙈기의 채소밭, 방적, 추

---

3) Emmerson Tennant(벨파스트 의원), in House of Commons, 1835년 7월 28일. 또 (스피틀필즈의 견직공에 관해서는) 이 책 제5장 203면에 있는 셀월의 서술을 보라.

수일 등으로부터 벌어들인 부수입의 존재는 대부분의 지방에서 확인되고 있다. 18세기 말 페나인 지방의 직조공들이 살던 작은 촌락들이 얼마나 견고했는지를 입증하는 건축상의 증거들은 오늘날까지도 남아 있다. 오늘날 저질러지고 있는 가장 일반적인 오류는 개스컬이나 엥겔스의 오류가 아니라, 장인에서 빈곤에 허덕이는 선대제 노동자로 전락하는 힘들고 고통스러운 신분상의 변화를 다음과 같이 안이한 구절로 얼버무리고 있는 낙관주의자의 오류인 것이다.

산업혁명 이전 시기가 일종의 황금기였다는 견해는 하나의 신화이다. 초기 공장시대의 여러가지 악습들은 이전 시대의 그것들보다 더 나쁘지는 않았다. 18세기의 가내 방적공과 직조공들은 1840년대의 공장노동자들이 제조업자들에 의해 '착취'당하는 것과 마찬가지로 무자비하게 직물업자들에 의해 '착취'당하고 있었다.[4]

우리는 18세기에 발견되는 직조공과 고용주 간의 관계를 다음 네 가지로 구분해볼 수 있다. (1) 단골 직조공(customer-weaver)——고객에게서 주문을 받아 옷을 지어주는 양복제조 마스터와 아주 비슷하게, 촌락이나 소도시에서 독립된 신분을 누리면서 살아가던 싸일러스 마너(Silas Marner, 1861년에 발표된 죠지 엘리어트George Eliot의 동명소설 주인공. 마너는 순결한 정신을 지닌 직조공으로 억울하게 절도 혐의를 받자 다른 마을로 피신해서 황금숭배자로 변하지만 그가 양녀로 받아들인 어린 소녀 에피란의 영향으로 행복과 신앙을 되찾는다는 줄거리로 되어 있음—옮긴이) 같은 사람. 이들의 숫자는 감소하고 있었으며, 따라서 우리가 여기서 그들을 관심대상으로 삼을 필요는 없을 것이다. (2) 비교적 높은 장인 신분을 지녔으며 자영 상태이고, 여러 마스터가 원하는 것을 성과급으로 만들어주는 직조공. (3) 직물업 마스터(master-clothier)의 작업장에서 일하거나, 좀더 일반적인 형태로는 오직 한 사람의 마스터를 위해 자기 집에서 자기 소유의 직조기에 앉아 일하는 직인 직조공. (4) 직조기에서 파트

---

4) F. Engels, *Condition of the Working Class in England in 1844* (1958)에 첨부되어 있는 W. O. Henderson and W. H. Chaloner의 서문, xiv면.

타임제로 일하는 농장주나 소토지보유농 신분의 직조공.

마지막 세 그룹은 서로 겹쳐지지만 일단 구분하는 것이 도움이 된다. 예를 들어 18세기 중엽에 맨체스터의 자질구레한 소품들과 체크무늬 옷감 제조는 조직화 수준이 높았던 장인 직조공들(두번째 그룹)에 의해 주로 행해졌다. 18세기 후반에 면직공업이 확장되자 소농장주들(네번째 그룹)이 점차 높은 임금에 이끌려 파트 타임으로 직조공이 되었다. 동시에 웨스트 라이딩의 모직물공업은 주로 소수의 직인과 도제(세번째 그룹)들을 고용하되 자기 자신도 일하는 소규모 직물업자들을 기반으로 하여 조직되어 있었다. 이들 세 그룹의 노동자들이 모두 지위가 크게 저하된 하나의 노동자 그룹—즉 자기 집에서 일하고, 경우에 따라 직조기를 직접 소유하거나 임대받기도 하는, 그리고 공장의 중개인(factor) 내지 대리인이나 어떤 중간업자의 이러저러한 요구에 따라 옷감을 짜던 프롤레타리아 선대제 노동자 그룹—으로 융합되었다고 우리가 말한다면, 우리는 1780~1830년의 경험을 단순화하는 것이 될 것이다. 그(직조공—옮긴이)는 두번째 그룹과 세번째 그룹의 노동자들이 기대했던 지위와 안정을, 그리고 네번째 그룹이 기대한 부수적 소득을 상실하였고 그 결과 그는 런던 장인의 눈으로 볼 때 아주 '지체가 낮은' 상태에 놓이게 되었다.

북부지방 직조공들 사이에서의 잃어버린 지위에 대한 기억들은 분명한 체험에 근거해 있었고, 그래서 그 기억들은 아주 오래갔다. 반면 18세기 말 웨스트 컨트리의 직조공들은 이미 "양모를 사들이고, 방적·직조·축융·염색·전단·마무리작업 등에 대해 임금을 지불하며", 또한 이러한 과정에 1,000명이나 되는 많은 노동자를 고용할 수 있었던 젠틀먼 신분의 대규모 직물업자들에게 고용된 선대제 노동자였다. 1806년 요크셔의 한 관찰자는 두 시스템을 이렇게 대비시키고 있다. 웨스트 컨트리에는,

우리가 요크셔에서 가내수공업제도(domestic system)라고 부르는 것과 같은 것이 없었다. 내가 말하는 가내수공업제도란 마을이나 외딴 곳에 살면서 생활에 편리한 온갖 물품들을 갖추고 자기 자신의 자본으로 사업을 하는 소규모 직물업자들을 뜻한다. … 잉글랜드 웨스트 컨트리 지방

은 이와는 정반대이다. 즉, 그곳의 제조업자는 외딴집에서 따로 살고 있다는 점을 제외하고는 요크셔 지방의 공장에서 일하는 보통 노동자와 똑같다. 요크셔에서는 양모가 자기 소유인 데 반해 웨스트 컨트리에서는 양모가 그들에게 배달되어 직조된다.[5]

그러나 18세기 요크셔의 가내공업에서 양모는 직조공의 소유가 아니라 직물업 소마스터의 소유였다. 대부분의 직조공은 한 사람의 직물업자를 위해서 일하며, 또한 (이것이 나중에 아무리 이상화되었을지라도) 종속적인 상태에 있던 직인들이었다. 직물업자의 생활에 대한 '목가풍'의 서술은 '1730년경에 씌어진 직물업자의 풍습을 묘사한 시'에서 발견할 수 있다.[6] 톰, 윌, 잭, 죠우 그리고 메어리가 직인인지 도제인지 아니면 이 '마스터'의 아들딸인지 분명하지는 않지만, 직조공들은 "손과 발로 박자를 맞춰가며/아침 5시에서 **밤 8시까지!**" 일한 다음에 공동식탁에서 식사하는 모습을 보여준다.

> 마스터는 말하기를 ——'여보게들, 제발 열심히 일하게나,
> '옷감은 다음 장날까지는 꼭 짜져야 하네.
> '그리고 톰은 내일 아침 방적공들에게 가야 할걸세,
> '그리고 윌은 보풀 그슬리는 사람에게 다녀오게,
> '그리고 잭은 내일 아침 제시간에 일어나서,
> '풀먹이는 집에 가서 풀을 먹여다가,
> '날실을 매어 날실타래를 마련하게나

---

5) E. A. L. Moir, 앞의 글, 226면에서 인용. 또 잉글랜드 서부지방의 공업에 관해서는 D. M. Hunter, *The West of England Woollen Industry* (1910)와 J. de L. Mann, "Clothiers and Weavers in Wiltshire during the Eighteenth Century," in L. S. Presnell, ed., *Studies in the Industrial Revolution* (1960)을 보라.

6) 리즈의 참고도서관에 있는 M. S.의 사본은 F. B.에 의해 *Publications of the Thoresby Society*, XLI, Part 3, No. 95 (1947), 275~79면에 복사되어 있다. 또한 H. Heaton, *Yorkshire Woollen and Worsted Industries* (1920), 344~47면에 이 문건이 발췌되어 있다. 히튼 교수의 책은 아직도 18세기 요크셔의 가내공업에 관한 대표적인 권위서이다.

'그것을 베틀에 걸 수 있도록.
'죠우는——가서 내 말에게 곡식을 조금 주게
'내일 아침에 워울즈*에 나가볼 생각이니까,
'그러니 내 부츠를 반짝거리게 닦아놓게나,
'내일 아침 일어나자마자 곧 떠날 생각이니까!
'메어리는——거기에 있는 양모를 가져다가 염색하시오
'그것은 기워만든 홑이불 안에 있을 거요!'

안주인: '당신은 내 일거리도 마련해주는군요,
'당신 내복을 수선할 게 좀더 있는 것으로 아는데요,
'이쁜아, 누가 물레바퀴에 앉을래?
'실꾸리 꽂는 틀 위에 과자를 올려놔서는 절대로 안돼!
'빵을 굽고, 닭이나 돼지 털을 그슬리고, 포도주를 거르고,
'우유를 짜서, 애들을 학교에 보내야 하지,
'청년들이 먹을 고기만두를 만들고,
'이스트를 사오고, '상하지 않았는지 살펴봐야지'!
'아침, 낮, 저녁, 설거지를 하고,
'끓는 물에 그릇들을 헹구고, 우유에서 크림을 떠내야지,
'밤에는 다시 애들을 데리러 가야 하고!'

이러한 정경은, 18세기에 재산과 식탁을 함께 나누던 남부지방의 소농장주와 그의 노동자들 간의 온정주의적 관계를 향수어린 필치로 재현해낸 코벳의 글을 연상케 한다. 이것은 핼리팩스와 리즈 지역에서, 옷감제조의 거의 모든 과정이 하나의 가내작업장에서 행해지던 시절에 관한 믿을 만한 묘사이다. 18세기 말이 되면 그런 묘사에는 몇가지 수정이 필요할 것이다. 마스터는 그의 양모를 더이상 워울즈에서 구입하지 않았으며(그는 이제 그의 실을 방적공장에서 직접 사들였을 것이다), 마무리과정들은 이제 전

---

* Wolds, 험버강 주변의 고원지대—옮긴이.

문화된 작업장에서 행해졌다. 그가 만든 옷감의 판매시장 역시 '자유롭지' 않았다. 마지막 요우먼의 직물거래소가 1779년이라는 늦은 시기에 핼리팩스에 건립되었으며, 1790년대에는 새로운 종류의 비합법적 직물거래소가 리즈에 세워져서 무허가 영업자와 도제수업을 받지 않은 '제화공과 땜장이'와 자영 직조공들이 그들의 직물을 거기에 내다팔고 있었기는 하지만 말이다. 소규모 직물업자는 점점 상인들, 중개인들 혹은 공장에 종속되어갔다. 성공했을 경우, 그는 그 대부분이 자기 집에서 일하는 15~20명의 직조공을 고용한 소자본가가 될 수 있었을 것이다. 성공하지 못했을 경우, 그는 독립성을 잃어갔으며 그의 이윤은 중간업자가 요구하는 바대로 옷감 짜는 하청받은 작업에 따라 지불되는 단순한 대가의 형태로 바뀌면서 줄어들었다. 불황이 계속되면 그는 상인에게 빚을 지게 되었을 것이다. 그는 일개 수직공이 되어가고 있었다. 그리고 경쟁이 한층 치열해짐에 따라 안주인의 가내경제도 그 직종의 요구에 따라 사라지고 말았다.

이러한 과정들은 느리게 진행되었고, 그래서 처음에는 그 과정이 유별나게 고통스러운 것은 아니었다. 수백명의 요우먼 직물업자는 1807년에 윌버포스에게 투표하기 위해 요크로 말을 타고 갔던 사람들 사이에 들어 있었다. 직물공업의 복잡한 세분화로 인해 일부 소마스터들이 50년 이상이나 거기에 매달려 있었던 반면, 다른 소마스터들은 끝마무리작업과 전모작업을 하는 소규모 작업장을 세웠다. 더욱이 실 생산량의 엄청난 증가는 직조공의 노동에 특별 프리미엄이 붙게 만들었다. 1780년과 1820년 사이에 직물업자의 독립과 지위 상실은 풍부한 일감으로 인해 어느정도 은폐되었다. 그래서 마스터의 신분이 종종 직인의 신분으로 하락하고 있었음에도 불구하고 톰, 윌, 잭, 죠우의 신분은 상승하고 있는 것처럼 보였다. 공장과 중개인들이 직조공을 찾아다님에 따라 직인들은 직물업 마스터로부터 어느정도 독립을 얻게 되었다. 그는 이제 자신의 마스터를 스스로 선택할 수도 있었다. 면직은 물론 모직에서도 이 시기는 직인 직조공들의 '황금기'였다.

앞의 시에서 묘사된 18세기 초의 마스터와 직인 간의 관계는 단지 온정주의적인 관점에서 볼 때만 목가적이다. 차변(借邊) 쪽에서 보면, 직인들이 마스터로부터 누리고 있던 독립성은 농장에서 1년 계약으로 일하는 노동자들보다 더 나을 게 없었다. 악덕 마스터에게 배정된 경우, 교구의 도제(parish apprentice)들은 수년 동안 마스터에게 거의 예속되어 있는 처지에 놓여 있었다. 대변(貸邊) 쪽에서 보면 직인들은 자기 자신을 일개 직조공이 아니라 '직물업자'로 간주했다. 그의 노동은 다양했고, 대부분의 노동은 직조기에서 행해졌으나 노동의 일부는 작업장 밖과 주변에서 행해지기도 했다. 그리고 그는 양모를 살 자금을 빌려서 자기가 직접 경영하는 소마스터가 될 수 있으리라는 희망을 어느정도 가지고 있었다. 마스터의 작업장이 아니라 자기 집에서 일하는 경우, 그는 자기 자신이 스스로에게 부과하는 것 이외의 다른 작업규율에 종속될 필요가 없었다. 소마스터들과 그들의 노동자 사이의 관계는 인간적이었고, 때로 친근한 사이였다. 그들은 동일한 관습을 따랐고 동일한 지역공동체의 가치관에 충실했다.

'소제조자'(little maker)들은 … 누구 앞에서도 모자를 벗지 않으며, 지주들이나 교구목사라도 자신들을 신문하거나 참견할 권리는 없다고 생각하는 사람들이었다. … 그들의 무뚝뚝함과 꾸밈없는 말은 때때로 무례할 정도였다. … 소제조자가 … 그의 몇몇 이웃을 고용할 정도로 출세를 해도, 그는 자기 손으로 직접 노동하는 것을 그만두지 않고 자기가 고용한 사람만큼, 아니 자기가 고용한 그 어떤 사람들보다도 더 열심히 일한다. 말하고 옷 입는 데서 그는 우월감을 나타내지 않는다.[7]

직물업 마스터는 바로 산업혁명기의 전통적 농민(peasant) 내지 소규모 꿀라끄(kulak, 러시아혁명 전의 유복한 농민—옮긴이)라고 할 수 있다. 그리고 요크셔 사람의 솔직함과 독립성의 역사적 기원이 바로 그에게 있다고 할 수 있다.

면직공업의 경우에는 이야기가 다르다. 여기서의 평균 생산단위는 더 컸고, 노리치 및 잉글랜드 서부지역과 비슷한 생산관계가 18세기 말부터 발

---

7) Frank Peel, "Old Cleckheaton," *Cleckheaton Guardian*, 1884년 1~4월. 정확한 지역사가인 필은 직물업 마스터가 가장 오랫동안 거주했던 웨스트 라이딩 지역의 1830년대에 관해 서술하였다.

견된다. 1750년대에 이르러 맨체스터의 소품과 체크무늬 옷감 직조공들은 강력한 직종별 단체들을 조직하였다. 그들은 이미 도제수업을 받지 않은 노동자들의 유입을 저지함으로써 그들의 신분 유지를 도모하고 있었다. '불법'노동자들은 "한 사람이 미처 문을 나가기도 전에 다른 사람이 문 안에 들어서 있을 정도로 빠르게 증가하기" 시작했다. 직조공들의 불평에 따르면, 이러한 사람들은 여름철에는 "날품팔이와 같은 선대제 노동에 매달렸으며" 가을철에는,

> 다시 직조기로 되돌아왔다. 겨울철에는 굶어죽느니 어떤 조건하에서건 기꺼이 일하려 했으며, 또 어떤 종류의 천역도 마다하지 않았다. 그리하여 그들이 감수한 조건은 곧 하나의 일반 규칙이 되었다. …[8]

1759년에 오울덤의 체크무늬 옷감 직조공들이 도제직 규제의 법적 시행을 확보하고자 하자 순회재판관은 아직 공표되지도 않은 애덤 스미스(Adam Smith)의 학설(『국부론』이 출판된 것은 1776년이었다—옮긴이)을 위해 나라의 법을 무시하는 적대적인 판결을 내렸다. 도제제도가 실시된다면 "직종을 새로 시작할 수 있는 바로 그 자유(이는 현재 맨체스터가 번영하는 조건의 토대이다)가 파괴되리라"는 것이었다.

> 직종의 초기단계에서는 엘리자베스 여왕의 법령들이 공공의 복지를 위해 필요한 것이었을는지 모른다. 그러나 우리가 보듯이 그것이 이렇게 완전히 성장한 지금은 그와같은 법령들을 폐지하는 것이 아마도 효율적일 것이다. 왜냐하면 처음에는 법으로 그러한 지식을 얻는 것이 필요했으나 지금은 그와같은 법령들이 그 지식을 구속하고 제한하는 경향이 있으니 말이다. …

결사에 관해서 말할 것 같으면 "아랫사람이 윗사람에게 명령하게 된다면,

---

8) A. P. Wadsworth and J. de L. Mann, *The Cotton Trade and Industrial Lancashire* (Manchester, 1931), 348면을 보라.

382

즉 발이 머리가 되려고 한다면 … 도대체 무슨 목적으로 법을 제정하는가? 초창기에 그것(결사체—옮긴이)들을 없애려고 노력하는 것은, 그 지역공동체의 벗으로서 모든 사람이 행해야 할 불가결의 의무였다".[9]

이 주목할 만한 판결은 장인법의 폐지를 반세기 이상 앞지르는 것이었다. 직조공들의 조직이 결코 완전히 없어진 것은 아니지만, 초기 면방직공장에서의 실 생산량의 엄청난 증가로 랭커셔 동남부지역 전체에 직조업이 놀라운 속도로 팽창해나갔을 때 직조공들은 아무런 법적 보호도 받지 못하고 있었다. 이 시기의 페나인 고지대에 관한 윌리엄 래드클리프(William Radcliffe)의 서술은 잘 알려져 있다.

> … 재래식 직조작업장이 부족해지자 모든 광, 심지어는 오래된 헛간과 마차고, 갖은 종류의 부속건물들이 수리되었고, 벽을 뚫어 창문을 내고, 직조작업장에 필요한 장비를 들여놓았다. 방을 낼 수 있는 이러한 기존 시설이 마침내 동이 나자 직조작업장 시설을 갖춘 새로운 직조공들의 오두막이 도처에 생겨났다. …[10]

수천명의 이주민을 끌어들인 것은 면방직공장이 아니라 직조기였다. 1770년대 이후 고지대——미들턴, 오울덤, 모트램(Mottram), 로치데일——에는 많은 사람들이 정착하기 시작했다. 보울턴은 1773년에 5,339명에서 1789년에 11,739명으로 인구가 껑충 뛰었다. 전쟁이 시작될 무렵,

> 엄청난 수가 군대에 나갔음에도 불구하고, 노동계급(working class)을 위한 집들은 확보하기가 아주 힘들었다. 그래서 지난 여름에는 도시 외곽에 많은 집들이 지어졌는데, 지금은 거기에도 사람이 꽉찼다.[11]

---

9) 같은 책, 366~67면.
10) W. Radcliffe, *Origins of Power Loom Weaving* (Stockport, 1828), 65면.
11) J. Aikin, *A Description of the Country... round Manchester* (1795), 262면. 'working class'란 단어가 일찍이 사용되었음에 유의하라.

소농장주들은 직조공이 되었고, 농업노동자들과 이주한 장인들이 이 직종에 들어왔다. 래드클리프가 직조공들이 사는 지역공동체들을 가리켜 '이 거대한 직종의 황금기'라고 묘사한 것은 1788년과 1803년 사이의 15년간이었다.

그들의 집과 작은 정원은 깨끗하고 깔끔했다. 가족 모두 옷을 잘 입었고, 남자들은 모두 주머니에 시계를 가지고 다녔으며, 여자들은 각기 자기에게 맞는 근사한 옷을 입었다. 교회는 매주 사람들로 초만원이었고, 모든 집에는 우아한 마호가니나 요란하게 장식된(fancy) 케이스에 든 벽시계가 구비되어 있었다. 스태퍼드셔산 도자기로 만든 근사한 다기가 있었고 … 버밍엄이나 포터리즈나 셰필드산 도자기들을 사용하거나 장식용으로 구비하고 있었으며 … 많은 농가는 소를 갖고 있었다. …[12]

직조공의 가족들이 19세기로 접어들 무렵에 주당 4파운드를 벌었다고 말하는 개스컬의 설명과 미들턴에서의 자신의 『어린 시절』에 관해 묘사한 뱀퍼드의 기록이 그러하듯이, 여기에는 실제 경험과 신화가 뒤섞여 있다. 우리는 오울덤의 한 일기작가로부터 이러한 번영이 직종 내에서 가장 천한 사람들인 퍼스티언직 직조공들에게까지는 미치지 못했다는 사실을 알고 있다.[13] 실제로는 아마 소수의 직조공들만이 래드클리프가 말하는 수준에 도달했을 것이다. 그러나 많은 사람들이 그것을 염원하고 있었다. 완만한 번영의 15 내지 20년 동안 직조공들이 사는 지역공동체에는 독특한 문화패턴이 생겨났다. 즉, 노동과 여가생활의 리듬, 직조공들 가운데서 교사와 지

---

12) W. Radcliffe, 앞의 책, 167면.
13) S. J. Chapman, *The Lancashire Cotton Industry* (Manchester, 1904), 40면. 1797년경에 광범위하게 임금감소가 시작되었다는 증거가 있다. 보울턴에 기반을 둔 면직공들의 한 연합체는 임금이 1797년과 1799년 사이에 1/3이 감소했다고 주장하고 있다. Rev. R. Bancroft, 1799년 4월 29일, *Privy Council Papers*(*P.C.*), A. 155; 한 직조공, *Address to the Inhabitants of Bolton* (Bolton, 1799); W. Radcliffe, 앞의 책, 72~77면. 그러나 임금은 1802년 블랙번에서 주당 45~50실링으로 절정에 이른 것으로 보인다. *Blackburn Mail*, 1802년 5월 26일자.

방설교사들이 배출됨으로써 19세기 초 1, 20년 동안에 일부 촌락에서 생겨난 과거보다 더 유연하고 더 인간적인 웨즐리교(뱀퍼드가 다니던 일요학교에서는 그에게 읽고 쓰는 것을 가르쳤다), 정치적 급진주의의 태동, 독립의 가치에 대한 깊은 애착 등이 그것이다.

그러나 기계에 의한 실의 대량생산이 초래한 번영은 신분상실이라는 더욱 본질적인 변화를 은폐하고 있었다. 장인이나 직인 직조공들이 '수직공'으로 총칭될 수 있는 사람들 속으로 합병해들어가게 된 때가 바로 이 '황금시기'였다. 소수의 전문화된 분야를 제외하고는 재래의 장인들(그들의 도제제도의 벽은 완전히 파괴되었다)은 새로운 이주자들과 동등한 지위에 놓이게 되었다. 반면 농사를 지으면서 직물을 짜는 다수의 직조공(farming-weaver)들은 직조기에 매달리기 위해 그들의 얼마 안되는 경작지를 포기하였다. 이리하여 직조공들이 방적공장이나 고지대에 실을 가져다주는 '선대업자들'에게 완전히 의존상태에 놓이게 되자 직조공들은 이제 계속되는 임금감소의 물결에 노출되었다.

임금감소는 이미 오래 전부터 고용주의 탐욕만이 아니라, 가난은 근면에 꼭 필요한 채찍이라는 널리 유포된 이론에 의해 시인되어왔었다. 『모직에 관한 회고록』(*Memoirs of Wool*)의 저자는 아마 잉글랜드 서부의 공업을 염두에 두고 이렇게 썼다.

어느 정도의 물질적 궁핍이 근면을 촉진한다는 것, 그리고 3일만 일을 하면 먹고 살 수 있는 제조업자들이 일을 안하는 나머지 기간 동안 게으름을 피우고 술에 취해 있다는 것은 … 잘 알려진 사실이다. … 제조업지역에 사는 가난한 사람들은 일반적으로 그저 먹고 주말에 방탕한 생활을 즐길 수 있는 정도 이상으로는 절대로 일을 하지 않는다. … 우리는 모직물 제조업의 임금감소가 국민 전체의 번영과 혜택을 가져오고, 가난한 사람들에게 실제로 해가 되지 않는다고 분명히 단언할 수 있다. 이 방법에 의해서 우리는 우리의 공업을 유지하고, 우리의 지대를 지키고, 덤으로 사람들을 개조할 수 있을 것이다.[14]

이러한 이론은 면직공업 지역의 여러 치안관과 목사뿐 아니라 고용주들에게서 거의 보편적으로 발견된다.[15] 직조공들의 번영은 일부 마스터들과 치안관들에게 높은 경각심을 불러일으켰다. 1818년 한 치안관은 "몇년 전에" 직조공들은 "아주 엄청난 임금을 받고 있어서 1주일에 3~4일만 일하면 비교적 사치스러운 상태를 유지할 수 있었다"고 썼다. 그들은 "많은 시간과 돈을 맥주집에서 보내고 쓰며, 집에서도 하루에 두 번씩 럼주병과 최고급 밀가루빵과 버터로 꾸며진 식탁에서 차를 즐겼다".[16]

나뽈레옹전쟁기의 임금감소는 때로는 대규모 고용주들에 의해, 때로는 가장 비양심적인 고용주들에 의해, 때로는 '중간위탁업자'(commission houses)를 위해 일하는 소마스터들과 자영 직조공들에 의해 강요되었다. 판매시장이 저조할 때 제조업자들은 이런 상황을 이용하여 어떤 가격으로든 무조건 고용되려고 하는 직조공들에게 일거리를 선대하고, 그럼으로써 "그만큼의 물건이 전혀 필요하지도 않을 때 한꺼번에 엄청난 양의 물건을 만들도록 그들에게 강요했다".[17] 다시 수요가 늘어나면 그 물건들을 시장에다 내린 가격으로 풀었다. 그리하여 소규모의 경기후퇴가 있을 때마다 그 직후에는 시장에 값싼 물건이 가득 차는 시기가 뒤따랐고, 그럼으로써 임금은 경기후퇴시의 수준으로 묶이고 마는 것이었다. 일부 고용주들의 행위는 흠있는 물건에 벌금을 징수하고, 직조공에게 주는 실의 무게를 속일 만큼 비양심적이었다. 그리고 임금이 점점 깎여내려감과 동시에, 직조공의 수는 19세기의 처음 30년 동안 계속 증가하였다. 왜냐하면 직조는 막노동 다음으로 북부의 실업자가 돈을 벌 수 있는 커다란 수입원이었기 때문이다. 퍼스티언직 직조는 힘들고 단조롭지만 쉽게 배울 수 있었다. 농업노동자, 제대군인, 아일랜드 이주민 ── 이들 모두는 계속 노동력을 넘치게

14) J. Smith, *Memoirs of Wool*, II (1747), 308면.
15) A. P. Wadsworth and J. de L. Mann, 앞의 책, 387면 이하를 보라.
16) A. Aspinall, 앞의 책, 271면.
17) 1807년의 최소임금제 법안을 지지하는 직조공들의 청원서에는 130,000명의 면직공들이 서명했다고 주장되고 있다. J. L. and B. Hammond, *The Skilled Labourer* (1919), 74면을 보라.

했다.

최초의 심각한 전반적인 임금감소는 19세기로 넘어올 무렵에 일어났다. 그리고 전쟁이 끝나기 한두 해 전에 임금상승이 있었고, 1815년 이후에는 다시 한차례의 임금감소, 그리고 그 다음부터는 임금이 멈추지 않고 하락했다. 1790년 이후 직조공들의 첫번째 요구는 법정 최저임금제였는데 —— 이러한 요구는 비양심적인 그들의 경쟁자들에 대해 공정한 경쟁의 조건을 강화하는 하나의 수단으로서 일부 고용주들의 지지를 받았다. 이러한 요구에 대한 1808년 5월 하원의 거부는 파업을 불러일으켰고, 10,000명 내지 15,000명의 직조공들이 맨체스터의 쎄인트 죠지 광장에서 며칠 동안 계속 시위를 벌였다. 시위대는 치안관들에 의해 유혈 해산되었고, 당국의 철저한 보복은 최저임금법안을 지지했던 유명한 제조업자인 지원병의 죠우지프 핸슨(Joseph Hanson) 대령이 직조공들 사이를 말 타고 돌아다니면서 다음과 같은 '사악하고 선동적인 말'을 했다는 죄목으로 국가가 그를 소추하고 투옥한 데서 잘 드러났다.

여러분의 대의명분을 고수하시오. 그러면 여러분은 분명히 성공할 것이오. 네이딘(Joseph Nadin, 1765~1848. 12세에 면방적공으로 출발하여 이후 사업에 성공하였다. 직조공들이 기계파괴를 위해 랭커서 등지의 면방직공장을 공격했을 때 그는 주모자를 색출하고 이들을 법정에 세우는 데 앞장섰으며, 1801년 맨체스터의 경찰 부국장으로 취임하여 당국과 유산자층의 충실한 하수인으로 명성을 떨쳤다―옮긴이)도, 그의 도당의 어느 누구도 오늘의 싸움에서 여러분을 꺾을 수는 없소. 젠틀먼들이여, 당신들은 자신들의 노동으로 살 수 없소. … 나의 아버지는 직조공이었소. 그리고 나 자신도 직조일을 배웠소. 나는 직조공의 진정한 친구요.

그후 직조공들은 핸슨 대령에게 감사의 표시로 은잔을 선물했는데, 이를 위해 39,600명이 기부금을 냈다. "이러한 무분별한 박해의 영향은 오랫동안 지속되었고, 그것은 또한 뼈저리게 느껴졌다. 그것은 1812, 1817, 1819년 그리고 1826년에 나타난 고용주들에 대한 피고용자들의 저 격렬한 적대감을 가져왔다 …"고[18] 맨체스터의 역사가인 아치벌드 프렌티스는 논평했다.

프렌티스가 골라낸 날짜는 역직기의 파괴(1812, 1826), 블랭키티어의 행진(March of the Blanketeers, 1817) 그리고 피털루 사건(1819)이 일어난 날짜들이다. 법적 보호에 대한 희망을 잃은 직조공들은 정치적 급진주의의 길로 곧장 선회하였다.[19] 그러나 1800년 이후 몇년간에 걸친 감리교와 '교회와 국왕'파의 요란한 행동주의 간의 제휴는 대부분의 직조공들을 정치적인 '왕당파'로 남아 있게 만들었다. 그들 중 20,000명은 전쟁 초기에 지원병에 지원했다고 주장되었으며, 당시는 어떤 사람이 왕정이나 고위 당국을 비판하면 그 자리에서 주위 사람들에게 얻어맞는 그러한 시절이었다. "나는 낡은 일요학교를 개혁해야 한다고 주장하는 아주 위험한 생각을 가진 두세 사람을 내 눈으로 직접 보았다"고 보울턴의 어떤 증언자는 1834년에 '수직공들의 청원에 관한 의회특별위원회'(Select Committee on Hand-Loom Weavers' Petitions) 앞에서 언명하였다. 진정한 급진주의의 물결이 일기 시작한 것은 전쟁이 끝난 후부터였으며, 그래서 1818년에는 직조공과 그들의 고용주 사이의 두번째 큰 충돌이 있었다. 이 해는 면방적공들의 대파업이 일어난 해이자 노동자 전체가 참여하는 '박애주의 허큘리즈'(Philanthropic Hercules, 런던 조선공의 정치지도자인 존 가스트 John Gast가 결성한 단체로 런던 직종단체들간의 제휴와 연대를 도모했음—옮긴이)를 목표로 하는 첫번째 강력한 대규모 시도가 있었던 해이기도 하다. 직조공들은 맨체스터뿐만 아니라 전국의 직조업 도시들——보울턴, 베리, 번리(Burnley)——에서 다시 한번 파업을 일으켜 직조기의 북을 모아다가 예배당이나 작업장 안에 자물쇠로 채워놓았다. 파업은 마스터측의 잠시 동안의 양보와, 직조공들의 지도자들에 대한 탄압 및 수감으로 끝을 맺었다.[20] 그것은 랭커셔 직조공들이 마지막으로 일으킨 효과적인 총파업운동이었다. 그 이후로 임금은 대부

---

18) T. S. Howell, *State Trials*, XXXI (1823), 1~98면; A. Prentice, *Historical Sketches of Manchester* (1851), 33면.

19) 러다이트 운동(1812)에 이르는 사건들에 관해서는 이 책 하권 제14장 141면을 보라.

20) J. L. and B. Hammond, 앞의 책, 109~21면. 해먼드 부부가 찾아낸, 1818년의 파업에 관한 내무부의 보고서들은 A. Aspinall, 앞의 책, 246~310면에 고스란히 들어 있어서 이제는 쉽게 이용할 수 있다.

분의 분야에서 1830년대까지 계속 하락하여 주당 9실링, 6실링, 4실링 6페니에 이르렀고 비정규노동에서는 이보다 더 내려갔다.

직조공들의 처지를 악화시킨 원인을 역직기에만 돌린다면 그것은 지나친 단순화이다.[21] 직조공의 지위는 1813년에 이르면 이미 산산이 무너져내려가 있었는데, 이때 영국의 역직기는 총 2,400대로 추산되었고 손과 동력 간의 경쟁은 대체로 심리적인 것이었다. 역직기는 1820년에 14,000대로 늘어난 것으로 추정되지만, 이때에도 그것은 작업이 더디고 서툴렀으며 자까르식 직조방식(Jacquard principle, 천에 그림을 그려넣을 수 있는 직조법으로 1834년 프랑스인 조제프 자까르Joseph Jacquard가 발명하였다—옮긴이)에는 아직 적용되지 않았고, 그래서 역직기로는 복잡한 그림무늬의 옷감을 짤 수 없었다. 기계의 발명과 직조업에 대한 자본 투자를 지연시킨 것은 오히려 수직기 노동이 남아돌아가고 값쌌기 때문이라고 주장할 수 있다. 직조공들의 신분 하락은 지체가 낮은 장인 직종 노동자들의 경우와 아주 비슷하다. 그들의 처지는 그들의 임금이 낮아질 때마다 점점 더 무방비상태로 되어갔다. 직조공들은 이제 더 적은 돈을 벌기 위해 밤늦게까지 더 오래 일해야 했고, 더 오래 일을 함으로써 그는 다른 사람이 실직되는 기회를 증가시켰다. 새로운 '정치경제학'의 신봉자들조차도 아연실색하였다. "애덤 스미스 박사가 그와같은 사태를 생각해보기나 했을까?"라고 한 인도주의적인 고용주는 외쳤는데, 그의 고결한 사업방식은 그 자신의 몰락의 원인이 되었던 것이다.

> 그(애덤 스미스—옮긴이)가 있으리라고는 상상 못했던 병폐, 즉 수요가 전혀 없을 때 100,000명의 직조공들이 (말 그대로) 150,000명분의 일을 한다는, 그것도 밥값의 반을 벌기 위해 그리고 나머지는 구빈세를 받으면서 한다는 불평에 대한 구제책을 찾으려고 그의 책을 뒤져보았자 헛일이다. 그는 한 공장의 이윤이, 마스터가 다른 사람도 아닌 가난한 사람의 힘겹게 버는 임금을 쥐어짬으로써 얻어진다는 사실을 상상이나 할 수 있

---

21) 이와 비슷한 과정은 역직기가 전혀 문제시되지 않았던 18세기 스피틀필즈의 견직공업에서 찾아볼 수 있다. M. D. George, *London Life in the Eighteenth Century*, 187면을 보라.

었을까?[22]

'100,000명의 직조공들이 150,000명분의 일을 하는 것'——반만 고용된, 무방비상태의, 서로서로의 임금을 깎아내리는 과잉노동자군——이것은 바로 훗날 런던에서 메이휴가 관찰한 지체가 낮은 직종들의 본질이다. 직조공들의 노동환경, 특히 고지대의 외딴 작은 촌락들의 노동환경은 노동조합주의에 또다른 방해물이 되었다. 쌜퍼드(Salford)의 한 직조공은 이러한 사정을 1834년의 의회특별위원회에 이렇게 설명하였다.

　수직공들이 처해 있는 매우 특이한 환경은 그들로 하여금 자신의 노동력 가치에 대해 최소한의 통제력마저도 갖지 못하게 만든다. … 한 고용주 밑에서 일하는 직조공조차도 지역적으로 넓게 흩어져 있다는 사실은 고용주에게 그들이 마음만 먹으면 그의 직조공들의 임금을 한 사람씩 돌아가면서 깎을 수 있는 기회를 항상 제공한다. 즉, 어떤 직조공에게 그는 다른 사람들은 그보다 훨씬 적은 임금으로 일을 하니까 임금을 조금만 받아라, 그렇지 않으면 일을 안 주겠다고 말한다. 그리고 똑같은 말을 그는 나머지 사람들에게도 한다. … 그런데 직조공들은 이러한 말이 진실인지 거짓인지를 알아내기도 어렵고 또 그러기에는 시간을 많이 빼앗길 것이며, 그러는 동안에 다른 사람들이 끼여들어와서 그런 조건으로 제시된 일을 그들에게서 빼앗아갈까 봐 두렵기도 하고 … 시기와 분노가 모든 사람들의 마음에 불타올라 그들의 기분과 감정을 분열시키는 등, 이 모든 것들이 함께 공모하여 임금감소가 확실하게 일어나도록 한다. …

요크셔의 방모사와 소모사 직조공들의 몰락은 종종 면직업에서의 변화보다 15년 혹은 그 이상 뒤처지기는 했지만 비슷한 경로를 밟았다. 1806년, '방모사 직종에 관한 위원회'(Committee on the Woollen Trade) 앞으로 제출된 증거는 방모사공업에서는 아직도 가내수공업제도가 주도적이었다는

---

22) J. L. and B. Hammond, 앞의 책, 123면. 또한 J. L. and B. Hammond, *The Town Labourer*, 298~301면에 들어 있는 1823년 맨체스터 직조공들의 감동적인 진술들을 보라.

사실을 보여준다. 그러나 '소제조자들'은 점점 감소하고 있었다. "이전에 마스터들이 살던 집들 중 다수가 이제는 노동자들의 집이 되었다." 그와 동시에 상인 제조업자(merchant manufacturer)들은 동력을 사용하지 않는 '공장'(factory) 안에 여러 대의 수직기를 들여놓았으며, 같은 지붕 아래서 끝마무리 과정까지도 하였다. ("공장이란 대략 200명의 노동자가 같은 건물에 고용된 곳을 말한다"고 한 증인은 말하였다.) 공장들——특히 리즈의 벤저민 고트(Benjamin Gott)의 공장들——은 일류 고객을 빼앗아가고, 끝마무리 과정에서는——직물의 마무리공들이나 전모공들은 고도로 조직화되어 있었다——'불법'노동자들을 사용하고 있었기 때문에 소마스터와 직인 모두에게 지독한 증오심을 불러일으켰다. 부는 "더욱 집중되었다"고 한 증인은 외쳤다. 직인들은 공장들이 호황기에는 필요 이상의 일감을 선대제 직조공들에게 선대하고 불황기에는 양심의 거리낌 없이 그들을 해고한다고 불평했던 반면, 직물업 소마스터들은 여전히 그들 자신의 직인들에게 일자리를 찾아주려고 애썼다. 더욱이 아직 동력을 사용하지 않고 수직기를 사용하던 '공장들'은 뿌리깊은 도덕적 권리들을 손상시켰다. 전모공과 직조공들에게는 하나의 동직조합——'직물업자 공동체'(Clothier's Community) 혹은 '협회'(Institution)——이 있었는데, 그것이 내세운 목적은 소규모 직물업자들과 힘을 합쳐 공장에 제약을 가하고 도제제도를 실시하도록 해달라는 청원을 제출하는 것이었다.[23]

'소제조자들'도 직인들도 하원으로부터 만족할 만한 응답을 받을 수 없었다. 그들의 청원들은 그들의 결사체와, 얼마 후에 곧 폐지된 낡은 온정주의적인 제정법들을 주목하게 만드는 데 이바지했을 따름이다. 리즈와 스펜밸리 직물업지역의 소규모 직물업자들은 끈질겼고, 그래서 그들의 몰락은 그로부터 50년이나 더 늦추어졌다. 선대제가 1820년대까지 가장 발달한 지역은 브래드퍼드와 핼리팩스의 소모사공업 지역과 허더스필드 남부의 특종(特種) 방모사 공업 지역이었다. 그리고 면직에서와 마찬가지로 직조공들은 임금절하와 값을 내린 물건들을 창고에 쟁여둔 '도살장 주인'

---

23) 이 책 하권 제14장 119~24면을 보라.

(slaughter-house man)들의 희생자들이었다.

　전모공들이 방모사공업의 엘리뜨 장인이었던 것과 마찬가지로 소모공은 소모사공업의 엘리뜨 노동자였다. 그들은 제조과정의 길목을 통제함으로써 다른 사람이 그들의 직종에 들어오는 것을 제한할 수 있는 한 그 지위를 유지할 만했다. 그리고 그들은 적어도 1740년대까지 거슬러올라가는 그들의 뛰어난 동직조합 조직 덕택에 이것을 어느정도 성공적으로 행할 수 있었다. 결사금지법에도 불구하고 19세기 초에 그들은 효율적인 전국조직과 지하조직 특유의 갖가지 장치를 갖춘 하나의 당당한 정관을 가지고 있었고 또 불복종과 느슨한 작업시간으로 명성이 드높았다.

　그들은 월요일 아침에 나와서 소모 도가니에 불을 지핀 후에 대개는 가 버린다. 그리고는 수요일이나 심지어는 목요일이 되어서야 되돌아온 다. … 작업장에는, 순회(tramp)중인 사람들이 쉴 수 있는 여분의 의자가 언제나 구비되어 있다. …[24]

　1825년 2월 브래드퍼드에서는 소모공의 수호성자인 블레이즈 주교 (Bishop Blaize, 4세기 초에 순교한 아르메니아 쎄바스터어의 주교. 중세에 널리 숭앙 받은 성자로서 특히 소모공들의 수호성자임. 축제일은 2월 3일―옮긴이)의 기념축제 가 엄청난 규모로 열렸다.[25] 6월에는 새로운 산업주의로의 이행을 중단시 키기라도 할 듯이 브래드퍼드 역사상 가장 치열했던 파업이 시작되었는데, 이 파업은 20,000명의 소모공과 직조공이 참여하여 23주나 계속되었으나 파업자들의 완전한 패배로 끝났다.[26] 결사금지법은 그 전년도에 폐지되었 다. 임금인상 및 합리화에 대한 요구로 시작된 파업은 노동조합의 인정을

---

24) *The Book of English Trades* (1818), 441면.
25) 이 책 제12장 581~82면을 보라.
26) 이 파업에 관한 서술은 J. Burney, *History of Wool and Woolcombing* (1889), 166면 이 하; J. James, *History of the Worsted Manufacture* (1857), 400면 이하; *Trades Newspaper*, 1826년 6~9월; W. Scruton, "The Great Strike of 1825," *Bradford Antiquary*, I (1888), 67~73면을 보라.

요구하는 투쟁으로 변모하였고, 고용주들은 조합을 부정하는 서류에 서명을 거부하는 부모의 아이들을 모두 방적공장에서 해고하는 데에까지 나아갔다. 이 싸움은 전국을 통틀어 가장 결정적인 싸움으로 간주되었고, 파업자금으로 20,000파운드에 달하는 기금이 모아졌다. 패배 후 소모공들은 그야말로 하루 만에 특권적 장인에서 무방비상태의 선대제 노동자로 전락하였다. 도제제도의 제한 규정은 이미 파기된 후였고, 그래서 1825년 이전 몇년간 수천명의 노동자들이 높은 임금에 끌려 이 직종으로 들어왔다. 일부 소모공들은 대규모 작업장에서 일했으나, 그 대부분은 서너명이 서로 분담하여 하나의 독립된 작업장을 운영하는 것이 관례였다. 이제 그들은 수백명의 신참 노동자들에 의해 보충되었던바, 신참 노동자들의 건강에 해로운 이 직종은 그들 자신의 집에서 수행되었다. 소모기는 1825년에 이미 존재했으나 그 기계는 정교한 소모작업에는 별로 소용되지 않았던 것 같으며, 소모공의 값싼 노동은 그들에게 그후 20년 이상이나 기계의 위협을 느끼지 않아도 되도록 만들었다. 이 시기 동안 소모공은 그들의 독립과 '민주적' 정책으로 인해 계속 유명했다. 조합은 1825년 브래드퍼드의 소모공 직종에 7,000 내지 8,000명이 고용된 것으로 추정하였다. 20년 후에도 그 지역에는 아직 10,000명의 소모공들이 있었다. 많은 사람들이 1820년대에 농촌지역에서 왔다.

그들은 켄들(Kendal), 노스 요크셔, 레스터, 데븐셔 그리고 심지어는 에머럴드(Emerald) 섬에서도 왔다. 그래서 술집에서 한 시간을 지내면 (소모작업은 갈증이 심한 작업이다) 마구 뒤섞인 여러가지 사투리를 듣게 될 것이다. … 농촌생활에 대한 소모공의 애착은 그들이 건초 저장기와 추수기에 그의 소모작업을 내팽개치고는 낫을 들고 … 추수를 하러 자기 고향으로 가는 습관을 가지고 있었다는 사실로 증명된다. 그들은 또한 새를 무척 좋아해서, 그들의 소모작업장은 종종 완전히 새장으로 바뀌곤 했다. … 일부 소모공들은 연설에 재능이 있었고, 그래서 놀라운 기억력으로 이야기의 줄거리를 암송하였다. … 또다른 사람들은 드라마 연기에 아주 재능이 있어서 그들끼리 극단을 만들기까지 했다. …

이상과 같이 브래드퍼드의 한 보고서에는 기록되어 있다.[27] 클렉히튼에서 나온 보고서는 이보다 한층 어두운 어투로 씌어 있다.

재래식 소모공보다 더 불쌍한 노동자계급은 아마 존재한 적이 없을 것이다. 작업은 모두 그들의 집에서 행해졌고, 그들의 농가 안은 거의 전부가 그 일에 이용되었다. 흔히 6~8명의 남녀로 구성된 전 가족은 목탄으로 가열하는 '소모 도가니' 주변에서 함께 일했으며, 목탄연기는 그들의 건강에 아주 나쁜 결과를 초래했다. 작업장이 동시에 침실로도 사용되었다는 사실을 덧붙일 때, 소모공들이 거의 예외없이 초췌한 모습을 하고 있었다는 것은 놀랄 일이 못 될 것이다. … 그들 중 다수는 정상적인 수명의 반밖에 살지 못했다. …

그들의 아내들도 "대개는 남편과 마찬가지로 '옷감에 매염제를 바르는 작업대'(pad-post)에 서서 새벽 6시부터 밤 10시까지 일해야 했다".

이들 소모공들에 관한 또다른 특성은 그들이 거의 예외없이 과격한 정치가들이었다는 것이다. … 차티스트 운동은 이들보다 더 열렬한 추종자를 보지 못했다. 『북방의 별』(Northern Star)은 그들이 열심히 읽는 책 중 하나였다.[28]

소모공들처럼 '지체가 높은' 상태에서 '지체가 낮은' 상태로 그렇게 급속히 전락한 집단도 아마 없을 것이다. 소모사 및 방모사 직조공들은 18세기의 소모공들처럼 그렇게 특권적인 지위를 누려본 일이 없다. 그러므로 처

---

27) W. Scruton, *Bradford Fifty Years Ago* (Bradford, 1897), 95~96면.
28) Frank Peel, 앞의 글. 1840년대 소모공들의 비참한 처지는 J. Burney, 앞의 책, 175~85면에 들어 있고, 1840년대 말 브래드퍼드의 개량된 소모기계에 의한 이들의 갑작스런 소멸과정은 C. R. Fay, *Round About Industrial Britain, 1830~1850* (1952), 123~28면에 들어 있는 E. Sigsworth의 글에 서술되어 있다. 1856년 핼리팩스에서의 그들의 소멸과정에 대해서는 E. Baines, *Yorkshire Past and Presnt*, II, 145면을 보라.

음에 이 직조공들은 임금이 하락하는 정도에 비해서는 훨씬 덜 저항하였다. 브래드퍼드에서 가장 많은 수직공을 고용하고 있던 한 고용주는 1830년에 이렇게 썼다.

직조공들은 우리가 필요로 하는 모든 계급들 중에서 가장 질서를 잘 지키고 의젓한 사람들로서 내가 아는 한 어떠한 시기에도 임금의 상승을 강요하지 않았고, 거의 다른 예를 찾아볼 수 없을 정도의 인내와 자제로 모든 궁핍과 고통을 감수하였다.[29]

2년 후 코벳은 말을 타고 핼리팩스 지역을 다니면서 이렇게 전하였다.

이전에 주당 20실링에서 30실링까지를 벌던 수천의 사람들이 지금은 5실링, 4실링, 혹은 그 이하로 먹고 살도록 강요당하고 있는 것을 지켜보는 것은 참으로 가슴 아픈 일이다. … 더욱 슬픈 일은 이러한 상태에 놓인 사람들이 그들이 독립을 누렸던 시기에 형성된 솔직하고 대담한 성격을 여전히 지니고 있다는 사실을 지켜보는 일이다.[30]

허더스필드의 '특종' 직물업 직종의 불황은 1825년 이후 중단없이 계속되었다. 1826년에 3,500가구가 쌔들워스(Saddleworth) 지역에 있는 델프(Delph)의 피구호민 명부에 올라 있었고, 거기에는 (랭커셔의 일부 면직업 지대에서 이미 작동하고 있던) '공업적 스피넘랜드' 제도가 어느정도 확대되어 있었기 때문에 직조공들은 노동을 하면서도 구빈세를 받았으며, 그래서 그들의 임금은 더욱 내려갔다. (주당 이틀간의 도로공사를 하는 대가로 쌔들워스의 직조공들은 일당 12파운드의 오우트밀을 받았다.) 허더스필드의 한 마스터 위원회는 1829년에 전체 인구 29,000명 중에서——임금을 전 가족이 나누어가질 때——1인당 하루 2페니로 생계를 유지하는 사람이

---

29) W. Cudworth, *Condition of the Industrial Classes of Bradford & District* (Bradford, 1887)에서 인용.

30) *Political Register*, 1832년 6월 20일자.

13,000명이 넘는다고 계산하였다. 그러나 이것은 기이한 '불황'이었으니, 이 불황기의 방모사의 실제 생산은 그 이전의 어느 시기보다도 더 많았던 것이다. 직조공들의 열악한 상태는 솔직히 말해서 "임금을 깎아내리는 그 가증스러운 제도" 때문이라고 생각되었다.[31]

다른 경우와 마찬가지로 쇠퇴는 역직기와의 치열한 경쟁이 일어나기 이전에 일어났다. 동력은 1820년대 말에 가서야 소모사 직조에 어느정도 도입되었고, '특종' 방모사 직조에 (그것도 단지 부분적으로) 도입된 것은 1830년대 말에 가서였다. 카펫 직조의 경우는 1851년까지도 역직기가 효율적으로 도입되지 못했다. 동력과의 직접적인 경쟁이 있었던 곳에서조차 역직기의 작업속도는 아주 느리게 상승하였으며, 수직기 생산량의 3, 4배를 생산하게 되기까지는 오랜 세월이 걸렸다.[32] 그러나 직조공들이 무지(無地) 면직물과 퍼스티언직으로부터 쫓겨나 고급 직물이나 견직 혹은 소모사 직물을 거쳐 다시 '특종' 방모사 직물이나 카펫으로 옮겨갈 수밖에 없게 됨에 따라 연쇄반응이 일어났음은 의심의 여지가 없다.[33] 사실 동력은 여러

---

31) W. B. Crump and G. Ghorbal, *History of Huddersfield Woollen Industry* (Huddersfield, 1935), 120~21면.

32) 이것은 어려운 기술적인 문제이다. '수직공들의 청원에 관한 의회특별위원회'(Select Committee on Hand-Loom Weavers' Petitions, 1834) 앞에서의 증언들은 무지 면직물에 있어서 역직기 대 수직기 생산량의 평균비율이 3:1인지 아니면 5:1인지에 관해 의견이 일치되지 않는다. 옷감이 직조기에 들어갔다 나오는 과정만이 기계화됨으로써, 직조공이 북을 손으로 직조기에 끼워넣는 작업이 훨씬 빨라지고 따라서 시간을 절약할 수 있게 만든 일종의 수직기인 댄디-직조기(dandy-loom)는 역직기와 맞먹는 작업속도를 유지했다고 주장되나 이것은 직조공의 건강에 큰 대가를 요구했다. 소모사의 경우, 1838년 브래드퍼드 지역에는 14,000대의 수직기가 있었다고 추정되는 것과는 대조적으로 1835년 웨스트 라이딩에는 2,768대의 역직기가 있었던 것으로 J. 제임즈(James)는 추정하였다. 1841년에 이르러 웨스트 라이딩에는 11,458대의 역직기가 있었다. *Leeds Times*(1835년 3월 28일자와 4월 11일자)의 추정치는 소모사 역직기 직조공(일반적으로 한명의 소녀 내지 성인여자가 두 대의 직조기를 보살폈다)은 수직공의 두 배 반 내지 세 배의 작업을 했다고 말한다. 그러나 그후 15년이 경과하면서 6쿼터 직조기(six-quarter loom)의 북의 운동속도는 2배 이상으로 증가하였다(H. Forbes, *Rise, Progress, and Present State of the Worsted Manufactures*, 1852, 318면). 1851년에 특허를 얻은 크로슬리 카펫(Crossley Carpet) 역직기는 수직기보다 12배 내지 14배의 작업속도를 냈다("Reminiscences of Fifty Years by a Workman," *Halifax Courier*, 1888년 7월 7일).

33) *Select Committee on Hand-Loom Weavers' Petitions* (1835), 148면(2066)을 보라.

직물업 분야에서 10년 혹은 15년, 아니 20년까지도 수직기에 의한 직조의 보조수단으로 사용되었다. 한 증인은 의회특별위원회에 (다소 비논리적이긴 하지만) 이렇게 보고하였다.

> 핼리팩스에는 두명의 아주 규모가 큰 제조업자인 두 형제(아크로이드 형제―필자)가 있는데, 한 사람은 역직기를 사용하고 다른 사람은 수직기를 사용한다. … 그들은 그들의 상품을 팔기 위해 서로 경쟁해야 하고, 따라서 그들이 이윤을 얻기 위해서는 … 그들의 임금을 가능한 한 비교될 수 있는 지점으로 근접시켜야 한다.[34]

여기서 역직기는 수직공들의 임금을 깎는 지렛대였던 것으로 보이며, 그 역 또한 사실이다. 다른 관점에서 볼 때 제조업자는 역직기를 설치한 헛간에서의 작업으로 꾸준히 사업을 안정시키되, 호황기에는 지대와 직조기 임대료 등의 고정비용을 스스로 부담하는 수직공들에게 더 많은 일감을 내주는 그런 운영방식에 대해 아주 만족하고 있었다. 1839년 웨스트 라이딩을 조사한 부위원은 '수요가 감소할 경우'에 관해서 이렇게 보고하였다.

> 수직기와 함께 역직기를 사용하는 제조업자는 말할 필요도 없이 그의 고정자본(역직기―옮긴이)을 가능한 한 오래 돌릴 것이다. 따라서 수직공들의 고용은 맨 먼저 배제된다.

1820년대로부터 1840년대와 그 이후까지의 대부분의 직조공의 상태는 흔히 '기술할 수 없다' 또는 '잘 알려져 있다'고 말해진다. 그러나 그것은 기술되어야 하며 더 잘 알려져야 한다. 반대로 특수한 기술 덕분에 1830년대까지 그들의 장인의 지위를 유지한 선택받은 몇그룹의 직조공들이 있었다. 리즈의 나사(羅紗) 직조공들은 대부분의 사람들보다 나은 위치에 있었고, 자꼬뱅과 동직조합의 전통이 유난히 강했던 노리치의 소모사 직조공들은

---

34) 같은 자료, 1835, 60면(465~66).

피케팅·마스터와 '불법'노동자들에 대한 협박·자치도시의 정략(政略)·기계도입에 대한 격렬한 반대 —— 이 모든 것들은 웨스트 라이딩의 공업이 노리치의 공업을 대체하는 데 기여했다 —— 등의 수단을 함께 사용함으로써 1830년대에 그들의 임금을 유지하는 데 성공했다.[35] 그러나 직조공의 절대다수는 기아의 한계선상, 때로는 거기에도 못 미치는 삶을 살았다. '이주에 관한 의회특별위원회'(Select Committee on Emigration, 1827)는 아일랜드의 감자기근의 예고편을 읽고 있는 듯한 느낌을 주는 랭커셔 일부 지역의 사정에 관한 증거를 입수했다.

헐튼 여사와 나는 가난한 사람들을 방문하다가 거의 굶어죽어가고 있는 어떤 여자의 요청으로 한 집에 들어가게 되었다. 거기서 우리는 난로 한쪽에서 거의 죽어가고 있는 아주 늙은 남자를 보았고, 다른 쪽에는 18살가량의 청년이 무릎에 어린애를 안고 앉아 있는 것을 보았는데 이 애의 어머니는 방금 죽어서 땅에 묻혔다. 우리가 그 집에서 나가려고 할 때 그 여자가 말했다. "나으리들이 본 게 전부가 아닙니다." 우리는 계단을 올라갔고 누더기 밑에서 또 한 사람의 젊은이, 즉 죽은 애 엄마의 남편을 발견했다. 그가 그 누더기를 끌어내릴 힘이 없어서 우리가 그를 덮은 누더기를 끌어내렸을 때 우리는 또 한 사람이 죽어가고 있는 것을 발견했는데 그 사람은 그날중에 실제로 죽었다. 그 가족이 그때 실제로 굶어죽어가고 있었다는 것을 나는 의심하지 않는다. …

이 증거는 5,000명의 주민 중 절반이 "전혀 침구를 가지고 있지 않고, 의복도 거의 가지고 있지 않았던" 웨스트 호튼(West Houghton)에서 나왔다. 6명이 실제로 굶어죽어가고 있던 것으로 기록되어 있는 것이다.

이 시기에 인용된 낮은 임금들(10~4실링)이 동일가족 내 몇몇 사람의

---

35) '적정가격보다 낮은 일(underprice work)이라고 불린 저 더러운 짓'에 대한 저항에 있어서 '노리치 직조공들의 위원회'(Norwich Weavers' Committee)가 보여준 힘에 관한 서술은 (마스터의 입장에서 씌어진) *First Report of the Constabulary Commissioners* (1839), 135~46면에 들어 있다. 또 J. H. Clapham, "The Transference of the Worsted Industry from Norfolk to the West Riding," *Economic Journal*, XX를 보라.

임금 중 오직 한 사람이 받은 임금을 표시했을 것이라는 점은 사실이다. 왜냐하면 아내와 딸과 어린애들도 제2, 제3의 직조기에서 일하고 있었으니까 말이다. 그러나 그러한 임금들은 부수적 비용과 임금삭감을 은폐하고 있다. 1835년 브래드퍼드의 소모사 직조공들은 평균임금 10실링에서 풀먹이기로 4페니, 직포를 베틀에 올리는 데 3페니, 씨실을 감는 데 $9\frac{1}{2}$페니, 등불에 $3\frac{1}{2}$페니의 비용이 들며 여기에다 낡고 망가진 직조기를 손보는 비용 4페니도 첨가되어야 한다고 주장했다. 만약 임대료(1실링 9페니)와, 연료비 및 세탁비(1실링 6페니)를 첨가하면 전체 삭감액은 5실링 3페니에 달하였다. 아내나 아들이 제2의 직조기에서 일하는 경우에는 이런 일반비는 두 사람의 임금에서 나누어 부담할 수는 있었지만 말이다.[36] 어떤 경우에는 직조공이 직조기 자체를 임대받았으며, 또 어떤 경우에는 직조공이 직접 소유하였지만, 그래도 무늬옷감을 짜는 데 필요한 연동장치와 바디는 마스터에게 빌려야 했다. 많은 직조공들은 '선대업자'에게 언제나 빚을 지고 있는 상태에서 그들의 작업으로 이 빚을 할부로 갚고 있었으므로 임금이 아무리 낮더라도 그들은 이를 거부할 수가 없었다.

그들의 상태가 악화됨에 따라 그들은 더욱더 많은 시간을 무임금노동 ─작업감을 가져오고 운반하는 일과 기타 10여 가지의 공정들─ 에 바쳐야 했다. 1844년에 한 관찰자는 "나는 이런 시절을 기억한다"고 썼다.

제조업자가 해당 지역에 방을 빌려주고 직조공들이 편리하게끔 말과 마차로 씨실과 날실을 운반해주고, 그리고 고용주가 피고용자들의 안부를 묻던 시절을. 그러나 이제 상황은 완전히 정반대가 되었으니, 노동자는 일감을 찾아 먼 길을 와야 했을 뿐만 아니라, 그는 번번이 실망할 수밖에 없었다.[37]

무임금의 이러한 부수적인 작업에 관한 훨씬 생생한 묘사는 퍼드시에서 나

---

36) *Leeds Times*, 1835년 3월 7일자.
37) R. Howard(외과의사), *History of the Typhus of Hepstonstall-Slack* (Hebden Bridge, 1844).

온 문서에서 찾아볼 수 있다.

불황이 아닐 때, 직조공들과 방적공들이 일감을 찾아 이곳에서 저곳으로 다니는 것을 보는 일은 아주 흔한 일이었다. … 그들이 일감을 찾는 데 성공했을 경우 그것은 대개 그들이 그 일에 소요되는 양모를 분류하는 작업을 거든다는 조건 아래에서였다. 즉, 포대를 뜯고 양털(fleece, 양 한 마리에서 깎은 양털—옮긴이)을 꺼내어 **궁둥이**(털)이라고 불리는 거친 부분을 걷어내고 그것을 납작하게 펴서 공장에 가지고 가 세탁을 한 후에 그것에 '물을 들이는' 즉 염색하는 일을 거들었다. … 이 모든 일은 간혹 약간의 맥주나 치즈와 빵이 수당으로 주어지는 경우를 제외하고는 모두 **거저이다**. … 초벌을 꼬아내는 시방기(始紡機)가 첫번째 시방사를 뽑아낼 경우 그것을 누가 가질 차례냐는 중대한 문제였고, 그래서 제비뽑기가 흔히 그것을 결정하는 방식이 되곤 하였다. … 날실타래에 날실을 걸 때 풀먹이는 과정을 거쳐야 했으며, 직조공들은 보통 자기 몫의 풀먹이기에는 값을 지불해야 했다. … 풀을 먹인 후에 모든 과정에서 가장 중요한 것 중 하나는 그것을 말리기 위해 문 밖으로 옮기는 일이었다. … 마땅한 장소가 정해지면 날실타래 받침대와 펼침대를 밖으로 내가고, 서리가 내린 경우엔 직물의 날실타래의 양끝을 붙잡아맬 기둥을 땅에 박기 위해 곡갱이로 구덩이를 판다. … 때때로 노동자와 그의 아내가 무릎까지 올라오는 눈 속에서 날실타래를 말리려고 밖으로 나가는 모습이 눈에 띄기도 할 것이다. …

이러고 나면 촛불과 기름램프를 켜고 밤늦게까지 직조일이 계속되는데, 이때 "소년이나 소녀 혹은 직조공의 아내는 직조기 한쪽 옆에 서서 실이 끊어지지 않는지를 지켜보고 직조공은 다른 쪽을 지켜보는데, 왜냐하면 날실 한 줄이 끊어진 데에다 '북실'을 던져넣으면 열두어 줄이 잇따라 끊어지기 때문이다". 그리고 직조 후에는 옷감이 운반꾼에 의해 리즈로 실려가기 전에 또다시 해야 할 대여섯 가지의 여분의 일이 남아 있었다.

이 모든 여분의 일은 무료로 행해졌다. … 또 일이 다 끝나도 어느정도 시간이 지나야만 임금을 받을 수 있는 것이 보통이었다. … 수직공이 '가 난뱅이'(poverty knocker)라고 불린 것은 놀랄 일이 아니다.[38]

이러한 관행 중 몇가지는 면직업에서는 행해지지 않았으며, 소모사에서 도 전문적인 작업공정에 도입되는 데에는 오랜 시간이 걸렸다. 이러한 관 행들은 소규모 방모사 직종의 쇠퇴 징조를 가리킨다. 그러나 소모사와 특 종 방모사 직조업 지역에는 마찬가지로 시간을 잡아먹는 삯일들이 있었다. 여기저기에 흩어져 있는 고지대의 작은 촌락에는 '인간 짐말'(human packhorse)이라 불리는 것이 있었는데, 이는 남자 혹은 여자가 완성된 무 거운 옷감을 운반해주기 위해 그것을 지고 5마일 내지 10마일의 험한 길을 걸어가는 것을 말한다. 극도로 가난한 선대제 노동자가 주민의 절대 다수 를 차지하고 있던 지역은 브래드퍼드, 키슬리(Keighley), 핼리팩스, 허더스 필드, 토드머든(Todmorden), 로치데일, 보울턴, 매클즈필드(Macclesfield) 와 같은 중심지를 둘러싼 직조업지역들이었다. 1834년의 특별위원회는 "저 수많은 소중한 사람들이 겪은 고통이 과장이 아닐 뿐만 아니라 좀처럼 믿 기도, 상상하기도 어려울 정도로 광범하고 격심하게 여러 해 동안 계속되 어왔음을 발견하였다"고 보고하였다. 존 필든은 1835년에 동일한 특별위원 회에 증거를 제출하면서 엄청나게 많은 수의 직조공들이 가장 흔하고 값싼 음식도 충분히 먹을 수 없고, 누더기 옷을 입고 있어서 자식들을 일요학교 에 보내지도 못하고, 가구도 없이 경우에 따라서는 짚더미 위에서 잠을 자 며, '하루에 보통 16시간씩' 일하고, 값싼 알코올로 몸을 망치고, 영양실조 와 건강부조(不調)로 허약해졌다고 언명하였다. '황금시기'에 획득한 소유 물은 직조공의 집에서 이미 사라지고 없었다. 보울턴의 한 목격자는 말한 다.

내가 기억하는 한 내가 아는 거의 모든 직조공은 자기 집에 서랍장과 시

---

38) J. Lawson, *Letters to the Young on Progress in Pudsey* (Stanningley, 1887), 26~30면.

계와 의자, 침대와 촛대 그리고 심지어는 그림들과 기호품들을 가지고 있었다. 그런데 이제는 이러한 것들이 사라졌음을 본다. 그것들은 숙련 직인의 집으로 가거나 혹은 상층계급 사람들의 집에 가 있다.

제조업자인 이 목격자는 "자신이 고용하고 있는 직조공 가운데 여러 해 동안 새 웃옷을 산 사람은 단 한 사람말고는 기억"할 수가 없었다. 새것일 때 2실링 6페니가 나가는 엉성한 홋이불이 흔히 이불로 사용되었다. "나는 가구라고는 단 두개 내지 세개의 세 발 걸상이 전부인 집을 많이 보았으며, 어떤 집에는 아예 의자나 걸상도 없이 차 상자 하나만 덜렁 있는데 여기에 그들의 옷을 넣거나 그 위에 걸터앉는 것이었다."

가난한 직조공과 그의 가족의 식단에 관해서는 이견이 없다. 오우트밀, 오우트케이크, 감자, 양파죽, 푸른빛 우유, 당밀이나 집에서 만든 에일 맥주, 기호품으로 차나 커피, 베이컨. "그들 중 많은 사람들은 1년이 다 가도록 신선한 고기 맛이 어떤지 알지 못한다. … 그리고 그들의 아이들은 때때로 허더스필드로 뛰어가서 구걸을 하는데 한 조각이라도 얻으면 그것은 아주 커다란 호사가 된다…"라고 리처드 오우스틀러는 말하였다. 이 모든 것이 확인을 필요로 했을 때, 1838년에 왕립조사위원회(Royal Commission)가 선임되고 그에 따라 부위원들이 조사차 전국을 여행하면서 상세한 조사를 했다. 가장 열악한 상태는 아마도 대도시 ──리즈와 맨체스터──의 지하실 방에서 발견되었는데, 여기에서 아일랜드인 실업자들은 직조기에 매달려 몇 실링을 벌어들이려 하였다.

그러나 농촌의 직조공들은 아름다운 페나인 고지대 ──콜더 밸리 위쪽이나 와프데일(Wharfedale), 쎄들워스나 클리더로우(Clitheroe)──의 직조 작업장 특유의 긴 창살을 단 창문이 있는 튼튼한 돌집 농가에서 그들의 가난을 보상해주는 쾌적한 생활을 누렸다고 생각하기 쉽다. 하지만 헤프턴스톨(내란 동안에 번영하던 작은 방모사 제조도시) 근처의 어느 작은 마을의 티푸스 전염병을 조사한 한 외과의사는 그같은 한 공동체의 죽음에 대한 끔찍한 묘사를 남겨놓았다. 황무지의 고지대에 위치하고 있었음에도 불구하고 급수시설은 오염되어 있었다. 한 도살장에 의해 오염된 넓은 개울은 여름철에는 '혐오스러운 동물의 사육장'이었다. 하수구는 직조공들이 사는 오두막집들 가운데 한 집의 포석(鋪石) 바로 밑을 곧바로 지나가고 있었다. 집들은 습하고 추웠으며 마룻바닥은 지표면 아래에 있었다. "그들의 생명을 부지시켜주는 것은" 오래된 우유, 당밀과 함께 "거의 언제나 오우트밀과 감자였다고 말해도 틀림이 없을 것이다". 차와 커피를 마실 여유는 없었지만 박하와 쑥이나 히숍(hyssop, 우슬초—옮긴이)에서 짜낸 즙은 마련되어 있었다. 하지만 이러한 식사조차도 "결코 충분치 않았으며 … 주민들의 건강은 급속히 악화되고 있었다". 의료비와 장례비는 보통 구빈세로 충당되었다. 열명 중 단 한명만이 어린애를 낳을 때 의술의 도움을 받았다.

수직공 아내의 분만시의 상황은 어떠한가? 그녀는 양옆의 부인들을 붙잡고 자기 발로 선다. 그녀의 팔은 그들의 목을 휘감는다. 그리고 산모의 통증이 다가옴에 따라 그녀는 그녀를 지탱해주는 사람들을 거의 마룻바닥에 주저앉힐 정도로 끌어당긴다. 그리고 이런 상태에서 분만이 이루어진다. … 그렇다면 왜 이런 일이 일어나는가? 그 대답은 이부자리를 새 것으로 갈 수가 없기 때문이다. …

"그들이 어떻게 생명을 부지하는가는 내 눈과 귀의 기능을 혼란스럽게 만든다"고 이 인도적인 외과의사는 소리쳤다.[39]

이 시기에 관한 이와같은 풍부한 사료들을 인용하면 곧바로 기존 학자들을 경멸하려는 의도에서 그러는 것이라고 비난받을 만큼, 오늘날 '해먼드 부부'에 대한 반발은 극심하다. 그러나 이러한 사료를 인용하는 것은 필요하다. 왜냐하면 그와같은 세부사항을 모르면 '수직공의 쇠퇴'라는 구절을 읽으면서 당시에 저질러진 비극의 규모를 전혀 깨닫지 못한 채 그냥 지나칠 가능성이 있기 때문이다. 직조공의 지역공동체들——300∼400년간 계속 존재해온 웨스트 컨트리와 페나인 고지대의 몇몇 촌락들, 그리고 훨씬 더 근자에 생겨났지만 그들 나름의 문화패턴과 전통을 지니고 있는 몇몇 촌

---

39) R. Howard, 앞의 책, 여러 곳을 보라.

락들——은 문자 그대로 소멸해가고 있었다. 헤프턴스톨-슬랙(Heptonstall-Slack)의 인구패턴은 아주 특이했다. 348명의 주민 가운데 절반 이상이 20세 미만이고(147명이 15세 미만), 단 30명만이 55세 이상이었다. 이것은 성장하는 사회를 나타내는 것이 아니라 사람들의 기대수명이 짧았다는 것을 말해준다. 역직기, 아일랜드인의 유입, 신빈민법 등등이 임금삭감이 이미 시작한 일을 끝마무리했던 1830년대와 1840년대의 파국적 시기에는 차티스트 직조공들의 봉기에 대한 희망과 더불어 더욱 끔찍한 이야기들이 있었다. 즉 어린이 매장클럽(이 클럽에서는 일요학교 학생들이 자기 자신이나 친구의 장례를 위해 주당 1페니씩 냈다), 유아살해를 주장하는 ('마커스'Marcus라는 사람이 쓴) 팸플릿의 유포와 그것에 대한 심각한 논의가 그것이다. 그러나 이것이 이야기의 전부는 아니다. 이러한 단말마의 고통이 밀어닥칠 때까지, 오래된 직조공동체들은 하나의 생활방식을 제공하였으며 직조공들은 공장도시의 높은 물질수준보다 자신들의 생활방식을 훨씬 더 좋아했다. 1820년대에 어린애였던, 헤프턴스톨 지역 출신의 한 직조공의 아들은 직조공들이 "좋은 시절을 보내고 있었다"고 회고하였다. "공기는 … 공장의 매연에 의해 더럽혀지지 않았다."

> 4시나 5시에 그들을 깨우는 종소리도 없었다. … 그들이 원하는 대로 일을 시작하고 그만둘 자유가 있었다. … 일요학교의 기념축제 기간에는 아직 작업중인 저녁에 젊은 남녀들이 직조기의 북에서 나는 음악적인 리듬에 박자를 맞춰 아주 열심히 찬송가를 함께 불렀다. …

일부 직조공들은 그들의 텃밭에서 과일과 채소와 꽃들을 땄다. "나는 직조기 옆에서 일을 했는데 실을 감지 않을 때 아버지는 내게 읽기, 쓰기 그리고 산수를 가르쳐주었다." 키슬리의 한 공장 어린이는 18세 때 공장을 떠나 수직기를 택했는데, 그는 쌔들러 조사위원회(Sadler's Committee, 1832)에 공장보다 직조기를 '훨씬 더' 좋아한다고 말하였다. "나는 훨씬 편하다. 나는 여기저기 돌아다닐 수 있었고, 밖에 나가 원기를 되찾을 수도 있었다." 브래드퍼드의 직조공들은 점심시간인 정오에 모이는 것을 습관으로 하고 있었다.

> … 그리고 다른 직조공 및 소모공들과 그때그때의 뉴스나 가십거리에 대
> 해 잡담을 나누었다. 어떤 모임에서는 돼지먹이주기, 닭키우기, 새잡기
> 에 관해 이야기하면서 한 시간을 보냈고 때때로 대가 없는 은총에 관해,
> 또는 유아세례나 성인침례가 옳고 성경에 맞는 방식인가에 관해 열띤 논
> 쟁이 벌어지기도 했다. 나는 많은 사람들이 이러한 … 문제에 관해 서로
> 언쟁하려는 것을 여러번 보았다.[40]

사회적 보수주의, 지역적 자부심 그리고 문화적 교양의 독특한 혼합이
요크셔나 랭커서 직조공동체의 생활방식을 구성하고 있었다. 어떤 점에서
이러한 지역공동체들은 분명히 '후진적'이었다——그들은 그들의 사투리와
지방적 관습 그리고 심한 의학적 무지와 미신 등등을 아주 끈질기게 고수
하였다. 그러나 그들의 생활방식을 자세히 들여다보면 볼수록 경제적 진보
와 '후진성'이라는 단순한 개념은 점점 더 부적절하게 보인다. 더욱이 독학
을 해서 상당히 교양을 쌓은 자기 생각이 분명한 북부지방의 직조공들에게
는 어떤 잠재력 같은 것이 분명히 있었다. 모든 직조업지역에는 직조공 시
인, 직조공 생물학자, 직조공 수학자, 직조공 음악가, 직조공 지질학자, 직
조공 식물학자 들이 있었다. 『메어리 바튼』에 나오는 늙은 직조공은 분명
히 실생활에서 끄집어낸 것이다. 북부의 박물관과 박물학협회들은 직조공
들이 건설한 것으로서 지금도 문서나 나비수집품을 보관하고 있다. 한편
자기들끼리 마룻바닥에다 분필로 기하를 가르치고 미적분학을 열렬히 논
하던 외딴 촌락들의 직조공들에 관한 이야기들도 있다.[41] 잘 끊어지지 않는

---

40) J. Greenwood, "Reminiscences," *Todmorden Advertiser*, 1909년 9월 10일자; J. Hartley,
    "Memorabilia," *Todmorden and District News*, 1903; W. Scruton, 앞의 책, 92면.

41) 또 J. F. C. Harrison, *Learning and Living* (1961), 45면을 보라. 또한 스피틀필즈의 직조
    공들에 대해서는 M. D. George, 앞의 책, 188면을 보라. 그와같은 전통이 강했던 것은 웨
    스트 컨트리, 노리치, 그리고 아주 유명했던 스코틀랜드 출신의 직조공들이었다. 스피틀필
    즈에서 견직공들은 수학협회, 역사연구협회, 화초재배협회, 곤충수집협회, 암송협회, 음악
    협회 들을 지원하였다. G. I. Stigler, *Five Lectures on Economic Problems* (1949), 26면.

실로 단순한 직조작업을 할 경우엔 실제로 직조기 위에 책을 얹어놓고 작업을 하면서 책을 읽었다.

또 직조공들의 시도 있는데 어떤 것들은 전통적이고 어떤 것들은 더 세련되어 있다. 랭커셔 지방의 '죠운 어 그린필트'(Jone o' Grinfilt) 발라드들은 (자꼬뱅의 반발라드들과 함께) 나뽈레옹전쟁 초기의 애국적인 시기를 가로지르고 차티스트 운동의 시기를 거쳐 끄리미아전쟁 시기까지 애송되었다. 가장 감동적인 것은 나뽈레옹전쟁 말기에 애송된 '죠운 어 그린필트 주니어'(Jone o' Grinfilt Junior)이다.

> 많은 사람들이 알다시피, 난 가난한 면직공,
> 집에 먹을 건 하나도 없고, 입성은 헐 대로 헐어,
> 당신들은 내가 먹고 살기도 어려운 겨우 6페니도 주려고 않네,
> 나막신과 장화는 구멍투성이고, 양말이라곤 가진 게 없다네,
>   당신들은 세상에 태어나 굶주리는 것은 힘드는 일이라면서
>   우리보고 최선을 다하라고 그러겠지.

> 교구의 목사님네는 우리에게 노상 장광설을 늘어놓지,
> 내가 입을 꼭 다물고만 있으면, 좋은 세상을 보게 된다고,
> 그래서 입을 꼭 다물걸랑 숨도 못 쉴 만큼,
> 맘속으로 나는 생각하지, 그자가 날 굶겨죽일 작정이라고,
>   나는 아네, 그자가 잘사는 걸, 뒷구멍에서 악마를 헐뜯는 것으로,
>   하지만 그는 일생 동안 착한 일이라곤 생각해본 적이 없지.

> 우린 매일 오늘이 마지막날이라고 생각하며 6주일이나 헤매다녔네,
> 머물렀다가 떠났다가, 하지만 이젠 갈 곳 없이 굶어죽게 되었네,
> 쐐기풀이 먹을 만한 동안에는 그걸 먹고 살았고,
> 웨이털루(Wayterloo)의 꿀꿀이죽이 우리에겐 그중 좋은 음식이었네,
>   거짓말하는 거 아녀, 나보다 못사는 사람도,
>   실컷 볼 수 있다고 …

집달리가 집 안에 쳐들어와서 한바탕 싸운 다음에 그들의 가구를 가져간다.

  나는 마룻바닥에 주저앉아 마게트(Marget)에게 말했지,
  "이 세상에서 우리보다 더 밑바닥 인생은 없을 것이여, 정말로…"

죠운(Jone)이 마스터에게 그가 짠 옷감을 가지고 가면, 지난번 옷감을 짤 때 받은 초과임금만큼 그가 빚지고 있다는 이야기를 듣는다. 그는 절망에 빠져 창고에서 나와 그의 아내에게 돌아간다.

  마게트는 말하지, 입을 옷만 있다면,
  런던에 올라가 높은 양반을 만나겠노라고,
  그러고도 거기 있는 동안에 사정이 바뀌지 않으면,
  죽기살기의 피나는 싸움을 시작하겠노라고,
    왕을 거역하지는 않지만, 그는 부당한 꼴은 못 본다네,
    피해를 당하면 말할 수 있다고 그는 말하네.[42]

  다른 종류의 직조공 시인은 독학자였다. 이 중 가장 주목할 만한 인물은 토드머든의 직조공인 쌔뮤얼 로(Samuel Law)였는데 그는 1772년에 톰슨(James Thomson, 1700~48. 시인, 영국 낭만주의의 선구자라 일컬어짐─옮긴이)의 『사계』(Seasons)라는 시를 모델로 한 편의 시를 발표하였다. 이 시는 문학적인 걸출함은 거의 없으나 베르길리우스(Vergilius, 고대로마의 시인─옮긴이), 오비디우스(Ovidius, 고대로마의 서정시인─옮긴이), 호메로스(Homeros)(등의 원전), 생물학과 천문학에 대한 지식을 보여준다.

  그래, 하루 온종일, 그리고 매일 저녁 무렵의 황혼 속에서,
  나는 생각에 잠겼지 직조기 소리에 묻혀…

---

42) J. Harland, *Ballads and Songs of Lancashire* (1865), 223~27면.

그러면서도 나는 꽃물결 무늬의 옷감을 짰지,
얼어붙은 땅보다도 더 차디찬 손가락으로,
그리고 내 온몸을 뚫고 자주,
황량하고 냉랭한 전율, 그리고 구역질이 지나갔지.[43]

그 이후의 직조공 시인들은 흔히 비애감(pathos) 이상의 것을 별로 표현하지 못한 채, 낯선 문학형식(특히 '자연시')을 모방하려고 애쓰고 있으나 그들의 시는 직조공의 진짜 체험을 거의 포착하지 못하고 있다. 1820년에서 1850년까지 수직공이었다가 그후 역직기 공장에 일자리를 얻은 한 수직공은 직업의 변화가 그의 시에 미친 영향을 다음과 같이 한탄했다.

나는 그때 러든든(Luddenden) 교회 마당이 건너다보이는 작은 방에서 일을 했다. 나는 … 때때로 식사시간에 밖으로 나가 들과 숲을 거닐었으며, 여름 새들의 노래를 듣고 러든(Luddon)강의 전율하는 물줄기를 지켜보았다. … 나는 간혹 사랑에 번민하는 어떤 버림받은 처녀가 불러일으키는 여러가지 환상에서 깨어나곤 했는데, 이 처녀는 자신의 비탄을 무정한 바람에 … 털어놓고 있었던 것이다. 그런 다음 나는 집으로 가서 글을 썼다. … 그러나 그 모든 것은 끝났다. 이제 나는 기계의 소음 속에서 계속해서 일하지 않으면 안된다.

수년간의 독학이 단지 고색창연한 상투어로 끝나고 말았다고들 이야기한다. 그러나 그것은 진짜 만족감을 가져다준 자기성취 그 자체였다. 1820년대 말 한 젊은이로서 그가 행한 자연에 대한 관찰은 사랑에 번민하는 처녀에 대한 그의 관찰보다 훨씬 더 건전한 기반을 지니고 있는 것처럼 보인다.

나는 마을의 여러 젊은이들과 함께 떼를 지어 곤충을 수집했다. 우리는 도서실을 만들었다. … 나는 나와 내 친구들이 … 큰 상자 22개 분량의

---

43) 토드머든 근처에 있는 베어와이즈(Barewise) 출신이었던 랭커셔 직조공인 쌔뮤얼 로 (Samuel Law)가 지은 *A Domestic Winter-piece...* (Leeds, 1772).

곤충, 120개의 서로 다른 종류의 영국 새들의 알을 수집한 것으로 알고 있다. 그밖에 엄청난 양의 (흙과 담수에서 찾아낸) 조개껍데기 이외에도 화석, 광물, 옛날과 요즈음의 동전 … 등을 수집했다.[44]

쌔뮤얼 뱀퍼드는 (다음 세기 늦게까지 오래 살아남았던) 18세기 지역공동체들의 민중적 전통과 19세기 초기 몇십년간에 걸쳐 이루어진 자기의식이 한층 뚜렷했던 지적 성취 사이에서 교량 역할을 하고 있다. 이 두 시기 사이에는 ――감리교와 정치적 급진주의라는―― 두개의 뿌리깊은 변형의 체험이 있었다.[45] 그러나 이러한 변형을 가져온 지적 발효소를 설명하려면 직조공의 지위로 떨어진 수많은 소규모 직물업자들의 존재를 우리는 기억해야만 하는데, 때로 이들 직조공은 교육을 통해 얻은 지식과 약간의 서적들을 그대로 지니고 있었다.[46]

직조공동체 가치들의 가장 완전한 표현은 차티스트 운동의 역사에 속한다. 북부와 미들랜즈 지방의 차티스트 지도자들은 대부분이 선대제 노동자였고, 그들의 성장기의 체험은 1810년과 1830년 사이에 이루어졌다. 이와 같은 부류에 속한 인물은 1785년에 태어나서 1832년에는 이미 '베테랑' 개혁가가 된 핼리팩스의 벤저민 러슈턴(Benjamin Rushton)이 있다. 또 1806년에 태어나서 1830년에 파업폭동에 가담했다고 해서 유배되었다가 1838년에 석방되어 동료 직조공들의 모금으로 오스트레일리아에서 되돌아와서 차티스트 운동의 주역을 담당하여 또다시 금고형을 받은 반즐리(Barnsley)의 린네르 직조공인 윌리엄 애슈턴(William Ashton), 수직공에서 역직기로 일자리를 옮겼고 랭커셔의 플러그 폭동의 '아버지'로 알려진 리처드 필링(Richard Pilling), 초기 감리교도들에게 설교를 하던 양말직조공이자 러프버러(Loughborough)의 차티스트 지도자였던 존 스케빙턴(John Skevington), 그리고 리즈의 나사 직조공 윌리엄 라이더(William Rider), 브래드퍼

---

44) W. Heaton, *The Old Soldier* (1857), xxiii, xix면.
45) 감리교와 직조공들에 관해서는 이 책 제11장을 보라. 전후 정치적 급진주의에 관해서는 이 책 하권 제15장 273~81면을 보라.
46) 존 필든은 1835년의 의회특별위원회 앞에서 다음과 같이 선언하였다. "내가 거주하는 지역에서 직물업자들의 적어도 4분의 3이 가난해졌다고 나는 생각한다."

드의 소모공인 죠지 화이트(George White) 등이 있다.[47]

　이러한 사람들의 일대기는 이 연구의 범위를 벗어날 것이다. 그러나 1816~20년의 랭커셔 급진주의는 대부분 직조공의 운동이었고, 이들 후기 지도자들을 만들어낸 것은 바로 이런 종류의 지역공동체 안에서였다. 이들이 초기 노동계급의 운동에 기여한 점은 아무리 과대평가해도 지나치다 하기 어려울 것이다. 그들은 도시의 장인과 마찬가지로 그들의 '황금기'에 대한 기억을 아주 오랫동안 간직하고 있었고, 그런만큼 신분적 상실감을 느끼고 있었다. 그리고 이와 함께 그들은 독립의 가치에 큰 의미를 두고 있었다. 이러한 점에서 그들은 1816년 코벳의 자연스러운 청중이 되었다. 실의 횡령이라고 하는 논란이 많은 문제를 제외하면 거의 모든 증인들이 직조공들의 정직성과 자립에 관해 말한다—"국왕의 신민들 중에서 어떤 단체 못지않게 성실하고 도덕적이고 신뢰할 수 있다…"고.[48] 그리고 그들은 도시의 장인보다도 더 뿌리깊은 사회적 평등주의 사상을 지니고 있었다. 호시절에 그들의 생활방식은 지역공동체에 의해 공유되어왔기 때문에 그들의 고통도 지역공동체 전체의 고통이었다. 그리고 그들은 지위가 매우 낮아졌기 때문에 그들이 경제적·사회적 보호장벽을 쳐야 할 그들보다 낮은 미숙련공이나 일용노동자들 계급은 존재하지 않았다. 이로 인해 그들의 저항——그 저항이 오웬의 언어로 표현되든 성경적인 언어로 표현되든 상관없이——은 각별한 도덕적 공명을 불러일으켰다. 그들은 파당적인 이익에 호소하기보다는 기본권과 인간의 우애와 행동에 관한 기본적인 개념들에 호소했다. 그들의 개선 요구는 전체 지역공동체의 이름으로 행해졌고, 그래서 단번에 사회를 새로 재구성해야 한다는 유토피아적 관념——오웬의 공동체, 전국적 총파업, 차티스트의 토지계획——은 요원의 불길처럼 그들을 휩쓸었다. 그러나 여러가지 형태로 표현된 그들의 꿈은 본질적으로 동

---

47) 러슈턴에 관해서는 이 책 제11장 549~51면을 보라. 윌리엄 애슈턴에 관해서는 반즐리 참고도서관에 다양한 자료가 있다. 리처드 필링에 관해서는 *Chartist Trials* (1843)를 보라. 존 스케빙턴에 관해서는 J. F. C. Harrison, "Chartism in Leicester," in ed. A. Briggs, *Chartist Studies* (1959), 130~31면을 보라. 죠지 화이트와 윌리엄 라이더에 관해서는 J. F. C. Harrison, "Chartism in Leeds," in ed. A. Briggs, 앞의 책, 70면 이하를 보라.
48) W. Radcliffe, 앞의 책, 107면.

일한 것, 즉 그들이 생산한 것을 마스터와 중간업자들에 의한 왜곡 없이 교환하는 독립한 소생산자의 공동체였다. 1848년에도 반즐리의 한 린네르 직조공(윌리엄 애슈턴과 함께 추방된 사람)은 차티스트 전국대회에서 헌장이 성취되면 "그들은 토지를 작은 농장으로 분할하고, 그리하여 모든 사람에게 자기가 흘린 땀으로 자기의 생계수단을 벌 수 있는 기회를 줄 것"이라고 선언했다.[49]

여기서 우리는 1830년대 직조공들의 실제 상태와 가능했던 치유방법들에 대해 좀더 엄밀하게 탐구해야만 한다. 그들의 어려움은 '병든' 혹은 '시대에 뒤떨어진' 직종에서 '질 수밖에 없는 싸움'을 벌인, 그리하여 '불가피한 쇠퇴'에 직면해 있던 '절망적인' 것이었다고 늘 묘사되고 있다. 한편, 1820년대 말까지 역직기는 그들의 쇠퇴의 다른 여러 원인들로부터 우리의 관심을 돌리는 하나의 구실로 이용되어왔다고 말할 수 있다.[50] 그러나 1820년까지는 역직기와 수직기 간의 직접적인 경쟁이 있었다는 사례를 확보하기 어렵다. 비록 면직업에서 역직기가 급증하고 있었을지라도 동시에 면의 소비가 급상승했다는 사실은 때로 망각되고 있다.[51] 이와같은 것은 1835년 이전

---

49) *Halifax Guardian*, 1848년 4월 8일자.

50) G. H. Wood, *History of Wages in the Cotton Trade* (1910), 112면은 면직공의 평균임금이 18실링 9페니(1797), 21실링(1802), 14실링(1809), 8실링 9페니(1817), 7실링 3페니(1828), 6실링(1832)으로 하락했다고 말한다. 그러나 이것은 아마도 임금하락을 과소평가한 것일 게다. 왜냐하면 1830년대가 되면 여러 지역에서 주당 평균임금이 4실링 6페니였음이 확실하게 나타나기 때문이다. 소모사와 방모사 공업의 대부분의 분야에서의 임금하락도 거의 마찬가지인바, 처음에는 조금씩 하락하다가 나중에는 극히 낮은 수준으로 하락하였다. 통계를 좋아하는 사람은 의회특별위원회와 부위원들의 보고서에 들어 있는 많은 양의 증거들을 살펴볼 수 있는데, 이에 관한 유용한 통계표들은 *Select Committee on Hand-Loom Weaver's Petitions* (1834), 432~33, 446면과 J. Fielden, *National Regeneration* (1834), 27~30면에 들어 있다.

51) 추정되고 있는 잉글랜드의 면직 역직기 수는 1820년에 12,150대, 1829년 55,000대, 1833년 85,000대이고 소비된 면사의 무게에 대한 추정치는 1820년에 870억 9,600만 파운드, 1829년 1,495억 7천만 파운드이며 영국의 면수직공의 추정치는 1801년에 164,000명, 1810년 200,000명, 1820년 240,000명, 1830년 240,000명, 1833년 213,000명, 1840년 123,000명이다. N.J. Smelser, *Social Change in the Industrial Revolution* (1959), 137, 148~49, 207면을 보라.

의 소모사공업에도 그대로 적용되며, 1840년대 이전의 다른 모직공업 분야에도 적용된다.[52] 이렇게 볼 때 수직공들의 쇠퇴에는 두 단계가 있었다고 할 수 있다. 첫번째 단계는 1830년 혹은 1835년에 이르는 시기로서 이때에는 동력이 심리적으로는 큰 영향을 미쳤겠지만(이런 점에서 그것은 임금을 낮추는 지렛대였다), 하나의 잠재적인 부수적 요인에 지나지 않았다. 두번째 단계는 동력이 실제로 수직 생산물들을 대체하던 시기였다. 주된 임금감소(말하자면 20실링에서 8실링으로의 감소)가 발생한 것은 첫번째 단계에서였다.

두 단계는 모두 불가피했는가? 대다수 역사가들의 판단을 보면 직조공들은 좀더 많은 도움과 지도를 받았으면 좋았을 것이라는 견해도 간혹 제시되고 있지만, 그것은 불가피했던 것 같다는 것이다. 그러나 직조공과 그들의 대표자들을 포함한 당대인 절대 다수의 판단은 불가피하지 않다는 것이었다. 쇠퇴의 첫번째 단계에는 나뽈레옹전쟁 이후의 10년간의 디플레이션이 미친 전반적 영향을 포함해서 10여 가지의 요인이 있었다. 그러나 저변에 깔린 원인들은 첫째 관습과 동직조합의 보호막이 모두 붕괴되었다는 것, 둘째 직조공들이 최악의 임금삭감 방식에 완전히 노출되어 있었다는 것, 셋째 직조업이 '불운한 자들의 마지막 은신처'가 됨으로써 실직자들에 의한 그 직종의 과잉생산이 초래되었다는 것 등으로 보인다. 보울턴의 한 제조업자는 그 원인을 다음과 같이 간략히 규정하였다.

… 나는 보울턴에 모슬린 제조공장이 생겨나면서부터 직조공들이 대단히 높은 비율로 시작된 자의적 임금삭감을 당해왔다는 사실을 알고 있다. 사람들은 노동의 대가가 적정수준을 스스로 찾아낼 것이라고 가정할 것이다. 그러나 임금삭감의 선례를 만드는 것은 처음부터 어느 한 제조업자의 권력 안에 있었다. 그리고 나는 그들이 의당 받아야 한다고 생각

---

52) 소모사가 지배적이었던 핼리팩스 교구에서 양모소비량은 1830년 3,657,000파운드에서 1850년 14,423,000파운드로 급증하였다. 같은 기간 동안 소모사 역직기는 수백 대에서 4,000대로 증가하였다. 브래드퍼드의 소모사 제조 부문에서 수직기 대 역직기의 비율은 여전히 대략 3,000대 대 14,000대였다.

한 상품가격을 받지 못할 때는 즉각 직조공들의 임금을 깎는 길을 택했다는 사실을 알고 있다.

그러나 이와 동시에 호황의 해였던 1834년에 보울턴에는 "고용되지 않은 직조공이 없고, 이 시기에는 어느 누구도 실직당할 위험이 없다"는 지적도 있다.[53]

관습과 노동조합주의의 붕괴는 국가의 간섭에 의해 직접적인 영향을 받았다. 이것은 우리가 이 시기의 지배이데올로기와 반혁명적 분위기를 당연시할 경우에만 '불가피'했다. 직조공들과 그들의 지지자들은 정반대의 분석과 정반대의 정책으로 이 이데올로기에 맞섰는데, 이들의 분석과 정책은 제조업자와 직조공으로 구성된 직종평의회(trade board)가 강제하는 규정된 최저임금에 대한 요구에 근거하고 있었다. 그들은 '수요와 공급'이라는 훈계를 정면으로 부정했다. 임금은 그 자체의 '적정수준'을 찾도록 방임되어야 하지 않겠는가라는 질문을 받은 맨체스터의 한 견직공은 '자본이라고 불리는 것과 노동' 사이에는 유사성이 없다고 답변하였다.

자본이란 다름아닌 노동의 산물의 축적이라고 나는 이해하고 있다. … 노동은 언제나 그것밖에는 가지고 있지 않거나 팔 것이 아무것도 없는, 따라서 그것을 즉각 내놓아야 하는 사람들에 의해 시장에 나온다. … 내가 이번 주에 할 수 있는 노동을 … 만약 내가 자본가를 본떠서 내게 제시된 가격이 부당하니까 내놓지 않겠다고 하더라도, 그것을 내가 병 속에 저장해둘 수 있는가? 그것을 소금에 절여둘 수 있는가? … 노동과 자본의 본질간의 이와같은 차이는 (즉 노동은 언제나 가난한 사람이 팔고 언제나 부자가 사며, 그리고 노동은 저장해둘 방법이 전혀 없고, 즉시즉시 팔거나 그렇지 않으면 상실할 수밖에 없다) 내게 노동과 자본이 같은 법을 따르는 것이 결코 정당하지 못하다는 것을 충분히 확신시켜준다. …[54]

53) *Select Committee on Hand-Loom Weavers' Petitions* (1834), 381면(4901), 408면(5217).
54) 같은 자료, 1835, 188면(2686).

리처드 오우스틀러가 입증하고 있듯이 직조공들은 "자본과 재산은 보호되고 있으나 그들의 노동은 우연에 내맡겨져 있다"는 사실을 명확히 알고 있었다. 특별위원회 앞에서 증언한 오우스틀러는 '정치경제학'의 한 추종자에게 질문공세를 받았을 때 사회적 책임이라는 대안적 견해를 다음과 같이 극적으로 표현하였다.

(오우스틀러—필자) 노동시간은 단축되어야 하며, 정부는 임금을 어떻게 규제할 것인가의 문제를 해결하기 위해 마스터와 노동자 중에서 선발된 … 자들로 평의회를 구성해야 한다.
문 당신은 노동의 자유를 종식시키려는 것인가?
답 나는 살인의 자유와, 정원 이상으로 노동자를 고용하는 자유를 종식시키고자 하는 것이다. 나는 가난한 사람이 정당하고 합리적인 노동으로 윤택한 생활을 해나가는 것을 방해하는 그 어떤 것이건 이를 종식시키려는 것이다. 그리고 나는 그것이 인간의 삶을 파괴하기 때문에 그것을 종식시키려는 것이다.
문 그것으로 당신이 바라는 결과가 나타나겠는가?
답 나는 자유로운 노동의 현재의 결과는 가난과 절망과 죽음이라고 확신한다. …
문 가격을 크게 올린다고 가정해보자, 그렇게 되면 … 당신의 상품을 수출할 수 없지 않겠는가?
답 우리는 그것을 국내에서 사용할 수 있다.
문 당신은 그렇게 많이 사용하지 않을 텐데?
답 세 배, 아니 그보다 훨씬 더 많이 사용할 것이다. 왜냐하면 노동자의 임금이 더 좋아지고 그렇게 되면 그들은 그것을 다 소비할 테니까. 자본가들은 상품을 사용하지 않는다. 그리고 바로 거기에 큰 잘못이 있다. … 만약 임금이 높아지면 노동자는 옷을 사입을 수 있고 … 사먹을 수 있고 … 따라서 결국 농산물과 공산품의 가장 큰 소비자는 저들 노동자이지 자본가가 아니다. 왜냐하면 자본가가 아무리 부자라도 한번에 옷 한 벌만을 입으며, 적어도 한꺼번에 두 벌을 입는 경우는 확실히 아주 드물기 때문이다. 그러나 1,000명의 노동자는 지금은 한 벌도 살 수 없지만 1천 벌을 살 수 있게 되면, 틀림없이 그 직종을 늘릴 것이다. …

중간위탁업자나 '도살장'에 대해 오우스틀러는 법의 직접적인 개입을 요구했다.

당신들은 이같은 곳을 규제하는 법을 결코 만들지 않고 있지만 그것은 자유를 저해한다. 당신들은 도둑질이 인간의 자유를 저해한다는 이유로 도둑질을 금지하는 법을 제정하고, 살인이 인간의 자유를 저해한다는 이유로 살인을 금지하는 법을 제정한다. … 내 말은 이들 도살장 주인들도 그런 짓을 해서는 안된다는 것이다. …

자본가들은 "마치 그들이 특권신분의 존재인 양 구는데 나는 그들이 왜 특권신분의 사람인지 도대체 모르겠다".[55]
"바로 거기에 큰 잘못이 있다"──옷감을 짤 때 자기 자신들은 누더기를 입고 있던 직조공들에게 정통 정치경제학의 유해한 오류가 강제적으로 주입되었다. 랭커셔의 직조공들이 그들의 슬픈 「비가」(Lament)를 노래했던 것은 동력과의 경쟁이 있기 이전──그래서 그들의 수가 여전히 증가하고 있던──시기였다.

당신들 젠틀먼과 직종인들은, 제멋대로 말 타고 돌아다니면서,
이 가난한 사람들을 내려다본다, 그만 거만을 떠시구려,
말 타고 왔다갔다하면서, 이 가난한 사람들을 내려다본다,
당신들의 자만심을 꺾을 하나님이 저 위에 계신다고 나는 생각해.

합창 당신들 잉글랜드의 폭군들이여, 당신 족속들은 곧 망하리라,

---

55) 같은 자료, 1834, 283~88면.

당신들이 저지른 혹독한 행위에 대해 심판을 받으리라.

당신들은 우리의 임금을 깎아내린다, 말하기도 창피스럽게,
당신들은 시장에 나가면 으레 물건이 팔리지 않는다고 말하지,
그리고 우리가 언제 이 어려운 시절이 나아질 것이냐고 물으면,
당신들은 즉각 대답하지, '전쟁이 끝날 때라고'.

직조공의 아이들은 누더기를 입지만 "당신들의 아이들은 구경거리 속에
나오는 원숭이처럼 빤질빤질한 체크무늬 옷을 입는다".

당신들은 일요일에 교회에 간다, 나는 그것이 순전히 자만심에 불과하
다고 확신한다,
인간애를 제쳐놓은 곳에 종교는 있을 수 없다,
주식거래소에서처럼 천국에도 좌석이 있다면,
우리의 가난한 영혼은 결코 그 근처에도 가서는 안된다, 길 잃은 양떼
처럼 구천을 헤매더라도.

최고급으로만 가려뽑은 맛있는 음식들로 당신들의 식탁은 그득하고,
고급 맥주와 독한 브랜디로 당신들의 얼굴은 붉어지고,
당신들은 손님들을 잔뜩 초대하고——당신들의 기쁨이 바로 그거지——
그리고 우리들의 얼굴을 창백하게 만들기 위해 당신들은 머리를 맞대
지.

당신들은 말하지, 보니파티* 그가 모든 것을 망쳐놓았다고,
그래서 우리는 그의 몰락을 기원해야 할 이유가 있다고,
이제 보니파티는 죽어 없어졌지만, 분명한 사실은
우리가 더 큰 폭군인 우리 자신의 보니들을 가지게 된 것이지.[56]

---

* Bonyparty, 나뽈레옹을 말함—옮긴이.
56) J. Harland, 앞의 책, 259~61면.

그들에 대한 착취의 노골성은 그들의 분노와 고통을 북돋웠다. 피털루에 군대를 파견하거나 그들의 마스터들이 제조업지역에 거대한 저택을 세울 수 있게 한 과정에는 그들에게 '자연스럽거나' '불가피하다'고 느껴진 것이 하나도 없었다.

임금규제(wage-regulation)가 '불가능했다'고 여기는 역사가들은 답변할 수 있는 구체적 사례를 제시하려는 수고를 한 적이 없다. 30년에 걸친 격렬한 소요와 그에 못지않은 반대가 있은 후에야 비로소 획득된 '10시간 법안'(10 Hours Bill)이 '불가능한' 것이 아니었던 것처럼, 각 지역에서 직종평의회가 정기적으로 검토한 최저임금제에 대한 존 필든의 제안은 '불가능한' 것이 아니었다. 필든은 직조공들뿐만 아니라 양심이 좀 모자란 마스터들과 '도살장들'을 통제하려 했던 다수 마스터들을 자기편으로 가지고 있었다. 문제는 (스멜서Smelser 교수가 말한 바와 같이) '당시의 지배적인 가치체계'에 있었던 것이 아니라 소수 마스터들의 강력한 반대와 의회의 분위기에 있었다(스멜서 교수는 의회가 직조공들의 '정당치 못한 소요의 징후들'을 '조절'하고 '유도'하는 데 성공했다고 의회를 칭송한다).[57] 1834년에 의회는 직조공들에게 동정적이었던 페이즐리(Paisley, 스코틀랜드 서남부의 도시—옮긴이)의 제조업인 존 맥스웰(John Maxwell)을 의장으로 하는 의회특별위원회를 선임하였다. 맥스웰과 (위원회의 일원이었던) 존 필든은 직조공에게 동정적인 증언들을 확보하는 데 성공했다. 위원회는 직조공들의 상태에 깊은 우려를 표명했지만 1834년에는 어떤 확실한 권고안 마련에까지 이르지는 않았다. 하지만 1835년에 이 위원회는 더 많은 증거들을 확보한 다음 필든의 최저임금법안(Minimum Wage Bill)을 지지하는 분명한 보고서를 내놓았다. "이러한 조치가 시행되면 임금을 아주 적게 지불하는 마스터들은 현재 그들이 가지고 있는 임금규제 권한을 빼앗기게 될 것이다." 이러

---

57) N. J. Smelser, 앞의 책, 247면을 보라. 스멜서 교수에게 공정을 기하기 위해서는 그의 책이 전반적인 논지에서는 답답할 정도로 둔감하지만, 거기에는 기술적인 변화가 면공업 노동자들의 가족관계에 끼친 영향력에 관한 몇가지 귀중한 통찰력이 들어 있다는 점이 추가되어야 한다.

한 조치의 시도는 긴요한 일이었으며, "그것은 적어도 의회가 그들의 고통에 동정적이며 구제를 요청하는 그들의 호소에 기꺼이 귀를 기울였다는 점을 보여주리라"는 것이었다.

이러한 성격의 문제에 의회는 간섭해서도 안되고 간섭할 수도 없다는 그러한 의견에 대해 위원회는 분명히 반대한다. 오히려 위원회는 상당수 영국 신민들의 안녕과 행복이 걸려 있는 경우 의회는 일순간도 조사를 늦춰서는 안되며, 가능하다면 구제책을 마련해야 한다는 생각이다.
　그러므로 위원회는 필든씨가 제안한 것과 같은 성격의 법안이 즉각 제출되어야 한다고 권고하는 바이다. ···[58]

이러한 권고에 따라 존 맥스웰이 1835년 7월 28일에 한 법안을 실제로 제출하였다. 반대의 강도는 풀렛 톰슨(Poulett Thomson)의 연설에서 잘 느껴진다.

나라의 정부가 임금액을 정한다는 것이 가능한 일이었는가? 인간의 노동이 자유롭지 못하다는 것이 가능한 일이었는가?

그와같은 조치는 '폭군적 행위'가 되리라는 것이었다. 보우링(Bowring) 박사와 (『리즈 머큐리』Leeds Mercury지의) 에드워드 베인즈(Edward Baines)는 직조공들더러 그들의 자식들에게 다른 일을 가르침으로써 '경쟁을 완화시키라'고 충고하였다. 의회 의사록은 존 필든의 발언을 '받아들일 수 없다'는 이유로 삭제하였다. 법안은 41 대 129로 부결되었다. 1836년 맥스웰에 의해 다시 상정된 이 법안에 대한 제2독회(讀會)는 계속 연기되었고 마침내 기각되었다. 그리고 1837년 5월에 맥스웰이 회기연장을 동의(動議)하면서 이 법안을 다시 제출하자, 법안제출의 허가는 39 대 82로 부결되었다.

---

58) *Select Committee on Hand-Loom Weavers' Petitions* (1835), xv면. 나는 N. J. Smelser, 앞의 책, 263~64면; J. H. Clapham, *Economic History of Modern Britain*, I, 552면에 있는 부정확한 서술을 수정하기 위해서 이 보고서의 이 부분을 인용하였다.

자유방임적 입법부에 맞서서 페이즐리와 토드머든(이 지역의 많은 주민들은 기아선상에 있었다)의 제조업자들은 싸움을 계속하였다. 존 필든은 1837년 12월 21일에 새로운 법안의 제출을 동의하였으나 11 대 73으로 부결되었다. 그러자 필든은 자기 의석에서 일어나 의회가 무언가 하기 전까지는 모든 재정(財政)법안을 거부하겠노라고 통고하였다. 이번에는 그의 발언이 '받아들일 수 있는' 것이 되었다. 그래서 왕립조사위원회가 선임되었는데, 이 위원회는 정통 '정치경제학'의 **원로**인 내소 씨니어(Nassau Senior)가 주도권을 확고하게 쥐고 있었고, 그래서 '조절과 유도'의 또 하나의 단계가 시작되었다. 부위원들은 1838년에 열악한 지역들을 순방했는데, 순방에 앞서 씨니어는 그들에게 "여러 인기있는 이론들과 맞서 싸워야 할 것이며, 그럼으로써 모호하거나 터무니없지만 오랫동안 간직되어온 수많은 기대들을 좌절시켜도 좋다"고 미리 경고하였다. 경우에 따라 그들은 직조공들의 환경을 상세히 캐묻는 인도적이고 지적인 사람들이었지만, 그럼에도 불구하고 자유방임의 이데올로그들이었다. 그들의 보고서들—그리고 왕립조사위원회의 최종보고서—은 1839년과 1840년에 간행되었다. 웨스트 라이딩에 대한 부위원의 무미건조한 보고서는—미래의 사회사가들이 이용하는 것을 제외하고는—그가 그러한 수고를 할 필요조차 없었다는 생각이 들게 한다.

내가 증명하려 애써온 일반적인 결론은 자본축적에 대한 모든 제한을 제거하고, 또 그렇게 함으로써 노동에 대한 **수요**를 증진시키는 것은 입법부가 할 일이지만, 노동의 **공급**에 대해서는 입법부가 할 일이 없다는 것이다.

그리고 이것은 또한 그의 가정이기도 했다. 그 보고서는 말하기를 "러시아의 짜르의 권한으로도",

그런 처지에 놓인 사람들의 임금을 올릴 수는 없을 것이다. … 그러므로 남아 있는 일이란 수직공들에게 그들의 실제 상황에 대해 일깨워주고 그 직종으로부터 벗어나라고, 그리고 마치 그들이 극악무도한 범행을 저지르지 않도록 조심하듯이 그들의 자식들이 그 직종에 발 들여놓지 않도록 조심하라고 경고하는 것이다.[59]

이와같은 '조절과 유도'는 적어도 두 가지 결과를 낳았다. 즉, 직조공들을 '물리적인 힘'에 호소하는 확고부동한 차티스트로 변모시켰으며, 또 면직분야에서만 1840년의 직조공 수는 1830년보다 100,000명이나 더 적었다. 필든의 법안이 통과되었을지라도 그것은 단지 부분적으로만 효력을 나타냈을 것이고, 역직기와의 경쟁이 증가함에 따라 1830년대에는 아주 사소한 구제책에 지나지 않았을 것이며, 늘어난 반(半)실업자들을 다른 공업 쪽으로 몰아넣었을 것이라는 점에는 의심의 여지가 없다. 그러나 우리는 말에 신중을 기해야 한다. 1830년대의 '사소한 구제책'은 죽음과 삶의 차이였을지도 모른다. 오우스틀러는 1834년의 의회특별위원회에 이렇게 말했다. "나는 이미 너무 오래 지연되었다고 생각한다. 나는 이 문제가 논의될 때마다 취해진 연기조치는 수백명의 영국의 직공들을 무덤으로 보냈다고 믿는다." 1830년대에 랭커셔에서 사라진 100,000명 중에서 소수만이 다른 직업을 얻었을 것이다. 나머지 다수 중 일부는 자기 수명을 다 살고 죽었지만 그외의 사람들은 일찍 "숨을 거두었다"[60] (일부는 공장에 들어간 자식들의 부양을 받았을 것이다). 그들에게 아무런 구제조치도 취할 수 없었던 입법부가 빈민법 수정안을 마련하여 그들의 상태에 직접적으로 그리고 적극적으로 개입한 것은 1834년이었다. 간혹 '스피넘랜드'와 같은 규모로 여러 지역공동체가 대비하고 있던 원외구호는 1830년대 말부터 '바스띠유'로 (적어도 이론상으로는) 대체되었다. 결과는 참으로 파국적이었다. 만일 스멜서 교수가 직조공들의 '지배적인 가치체계'를 검토해보면, 그들이 **모든** 빈

59) *Journals of House of Commons and Hansard*, 여러 곳; *Reports of Hand-Loom Weavers' Commissioners* (1840), 3부, 590면; A. Briggs, *Chartist Studies* (1959), 8~9면.
60) W. Bennett, *History of Burnley*, III (Burnley, 1948), 379~89면에 있는 직조공 W. 베어리(Varley)의 (1827년 2월의) 일기를 보라. "질병과 질환이 극도로 만연해 있고, 그래서 가난한 사람들이 지금 겪는 것은 입을 쳐닫고 굶주리면서 고된 노동을 하는 것뿐이다. … 천연두와 홍역이 한 집에 두세명의 아이들을 앗아간다."

민구호를 싫어했다는 것, 그러나 독립과 결혼에 대한 가치관에서 볼 때 맬서스적인 구빈원은 그들에게 절대적인 금지사항이었다는 것을 발견하게 될 것이다. 신빈민법은 직조공과 그의 가족들에게 구호를 거부하고, 그를 그의 직종에 끝까지 머물러 있게 하였을 뿐만 아니라 실제로 다른 사람들—가난한 아일랜드인 같은 사람들—을 그 직종 안으로 끌어들였다. "나는 이런 상태를 도저히 참을 수 없는 것으로 생각한다"고 보울턴의 한 모슬린 직조공은 1834년의 위원회에 말했다.

나는 이런 처지에 놓여 있습니다. 이 시점에서 나는 1년 안에 예순살이 됩니다. 그리고 8년 내로 비렁뱅이가 되리라고 생각합니다. 나는 아무리 노력해도 1실링을 벌 수 있는 데까지 이를 수가 없습니다. 그리고 건강할 때에도 나는 내 모든 노력을 기울여야만 몸과 마음을 유지할 수 있습니다. … 나는 이러한 처지에 놓인 한 사람으로서 당면문제에 대해 느낀 대로 말하는데, 나는 현재의 빈민법 수정안을 가난한 사람들에 대한 하나의 강압체계로 봅니다. 그리고 금방 나는 그 법의 무시무시한 운용 아래 놓이게 될 것입니다. 나는 이러한 대우를 받을 이유가 없습니다. 나는 내 나라의 제도에 강한 애착을 가지고 있는 충성스런 사람이고 또 내 나라를 사랑합니다. "너의 모든 결점에도 불구하고 잉글랜드여 나는 지금도 너를 사랑한다"고 나는 맹세할 수 있습니다. …[61]

신빈민법에 대한 저항이 격렬하고 오래 지속되고 또 강했던 곳은 애슈턴 (Ashton, 이곳에서는 차티스트 목사인 죠우지프 레이너 스티븐즈 Joseph Raynor Stephens가 폭동을 선동하는 연설을 하였다), 토드머든(이곳에서는 필든이 이 법안을 단호히 거부하였다), 허더스필드, 브래드퍼드 같은 지역이었다.

그런데 직조공들의 쇠퇴의 두번째 단계—즉 역직기와의 전면적인 경쟁시기—가 도래했을 때 어떤 구제책이 있었는가? "직조공들에 대한 국

---

61) *Select Committee on Hand-Loom Weaver's Petitions* (1834), 456~60면.

가의 보조금, 역직기의 사용금지, 수직기를 사용하는 직조에 관한 훈련 금지 이외에 어떤 입법조치가 조금이나마 취해졌는지 알기 어렵다"고 클래펌은 쓰고 있다.[62] 이런 것들은 직조공들 자신의 요구사항 중에 들어 있지도 않았다. 비록 다음과 같은 것들에 대해서는 반대했지만 말이다.

… 개량된 그리고 끊임없이 개량되고 있는 기계의 무제한 사용(아니, 차라리 남용) …

… 빵 한 쪼가리를 얻기 위해 잉글랜드의 노동시장으로 몰려들 수밖에 없는 아일랜드 빈민에게 일자리와 생존수단을 제공하지 않고 내버려두는 것.

… 기계를 개량할 때마다 노동을 해야 하는 사람들 — **남자들** — 을 제쳐놓고 어린아이와 **젊은이**와 여자들에게 맞도록 기계를 만드는 것.[63]

이러한 결의문이 보여주듯이, 기계에 대한 직조공들의 반응은 흔히 생각하는 것보다는 더 선별적이었다. 역직기에 대한 직접적인 파괴는 기계의 도입이 극단적인 고통과 실업을 동반한 경우(1812년의 웨스트 호튼, 1826년의 브래드퍼드)를 제외하고는 거의 발생하지 않았다. 1820년대 말부터 직조공들은 세 가지 제안을 꾸준히 밀고 나갔다.

첫째, 그들은 역직기에 대한 과세를 제안했는데, 이는 경쟁조건을 평등화하고 그 세금의 일부를 직조공들의 구호금으로 쓸 수도 있게 하기 위해서였다. 우리는 수직공들이 구빈세의 적용대상이 되었을 뿐 아니라 무거운 물품세 부담을 지고 있었다는 사실을 잊어서는 안된다.

그들은 역직기에 일거리를 빼앗겨버렸으나 그들의 빵에는 세금이 붙었고 맥아에도 세금이 붙었으며 그들의 설탕, 그들의 급여, 그들의 비누, 그리고 그들이 사용하고 소비하는 거의 모든 것에 세금이 붙었다. 그러

---

62) J. H. Clapham, 앞의 책, I, 552면.
63) *Report and Resolutions of a Meeting of Deputies from the Hand-Loom Worsted Weavers residing in and near Bradford, Leeds, Halifax, &c.* (1835).

나 역직기에는 세금이 붙지 않았다.

1835년, 리즈의 나사 직조공 편지에는 이렇게 씌어 있다.[64] 재정명세(明細)를 논할 때 우리는 ── 가난한 자들로부터 부유한 자들로의 ── 재분배 기능과 함께 전쟁 이후의 과세기준이 엄청나게 착취적이었음을 흔히 망각한다. 과세대상이 된 물품 가운데는 벽돌, (맥주 만드는 데 쓰는 ── 옮긴이) 호프, 식초, 창문, 종이, 개, 수지(獸脂), (가난한 어린이들의 호사품이었던) 오렌지 등이 있다. 1832년에 일상 소비재에 대해 주로 물품세로 징수된 약 5천만 파운드의 세입 가운데 2,800만 파운드 이상이 국채상환으로 소비되었고 민간 행정업무에 든 돈이 356,000파운드에 지나지 않았는 데 반해, 1,300만 파운드가 군비에 쓰였으며 217,000파운드가 경찰업무에 소비되었다. 1834년의 의회특별위원회에 증언한 한 증인은 매년 한 사람의 노동자에게 부과된 세금의 내용을 다음과 같이 요약하고 있다.

(1) 술에 대한 세금 4파운드 11실링 3페니, (2) 설탕 17실링 4페니, (3) 차 혹은 커피 1파운드 4실링, (4) 비누 13실링, (5) 주거비 12실링, (6) 음식 3파운드, (7) 의복 10실링, 노동자 1인당 연간 과세총액 11파운드 7실링 7페니. 노동자 한 사람의 벌이를 일당 1실링 6페니로 잡고 1년에 300일 일하는 것으로 치면(많은 사람들이 그러했다) 그의 소득은 22파운드 10실링이 된다. 따라서 적어도 100% 혹은 그의 소득의 절반이 … 그가 먹고 마시고 자는 데 대한 세금으로 징수되며 그는 이런저런 방식으로 세금을 낸다고 할 수 있다.[65]

이 요약문에는 수직공들로서는 그것을 살 만한 사람이 별로 없었던 품목들도 포함되어 있는데, 너무도 자주 빵이 포함되곤 하였다.

---

64) *Leeds Times*, 1835년 4월 25일자.
65) *Select Committee on Hand-Loom Weavers' Petitions* (1834), 293면 이하. 증언자인 R. M. Martin은 *Taxation of the British Empire* (1833)의 저자였다.

빵의 세금을 내는 직조공이여, 우리 모두는 안다
그 세금이 그대와 그대의 아이들에게 무슨 짓을 했는지,
길 위의 모든 돌들이
아이들의 헐벗은 작은 발에 치여 닳아질 때까지
치사한 빵을 구걸하러 노래부르며,
악의 길로 이끌려들어가는, 그대의 어린이들에게 무슨 짓을 했는지.

에비니저 엘리어트의 「곡물법 시가들」(Corn Law Rhymes) 중 하나는 이렇게 읊는다.[66]

공채소유자들에 대한 코벳의 공격이 호응을 불러일으킨 것과 퍼거스 오코너가 같은 의견을 피력함으로써 북부지방의 "퍼스티언직 재킷과 수염을 깎지 않은 턱들"(노동자들을 가리킴―옮긴이)로부터 열광적인 지지를 최초로 얻어냈음은 놀라운 일이 아니다.

당신들은 아무것도 지불하지 않는다고 생각한다. 천만에, 모든 것을 지불하는 것은 바로 당신들이다. 군대를 유지하기 위한 600만~800만 파운드의 세금을 지불하는 것은 바로 당신들이다. 무엇을 위해서? 바로 세금을 그대로 유지하기 위해서. …[67]

창문, 오렌지, 벽돌에 대한 과세가 '불가능'하지 않았던 것과 마찬가지로 역직기에 대한 과세 역시 분명히 불가능하지 않았다.

다른 두 가지 제안은 역직기를 사용하는 공장의 노동시간을 제한하자는 것과 성인남자 역직기 직조공의 고용 문제에 관한 것들이었다. 이 가운데 첫번째 제안은 다수의 수직공들이 10시간 노동을 지지하게끔 만드는 데 커다란 영향력을 발휘하였다. 1830년대로부터 오늘날에 이르기까지 이 제안은 남자들이 '여자의 스커트 뒤에 숨는 짓'이라거나, 자신들의 노동시간 단축을 요구하는 데 어린이들이 겪는 고통을 구실로 이용하는 비겁한 짓이라

---

66) E. Elliott, *The Splendid Village, &c.*, I (1834), 72면.
67) *Halifax Guardians*, 1836년 10월 8일자.

는 식의 비난을 받아왔다. 그러나 (노동시간 단축이라는—옮긴이) 이러한 목표는 사실 공장 직공들과 직조공들에 의해 공공연히 선포되었다. 공장에서의 노동시간 단축은 어린이노동을 줄이고, 성인노동자의 1일 노동시간을 단축시키며, 수작업노동자와 실업자들에게 더 많은 일감을 넘겨주는 일을 한꺼번에 동시에 하게 될 것이라는 것이 바로 기존 정치경제학에 대한 그들의 대안적 모델의 본질적 부분이었다. 두번째 제안의 경우, 뮬 방적업은 일반적으로 남자노동자에게 맡겨졌지만, 역직기를 돌본 것은 남자보다는 흔히 여자와 미성년자들이었다. 그러므로 여기서 우리는 한걸음 더 나아가 공장제에 대해서 수직공들이 반대했던 이유들까지도 살펴보지 않으면 안된다.

'이유'라는 말은 적절한 단어가 아니다. 왜냐하면 그 투쟁은 두개의 서로 다른 문화적 양식간의, 혹은 생활방식간의 투쟁이기 때문이다. 우리는 동력이 등장하기 전부터 방모사 직조공들이 수직기가 설치된 공장을 싫어했다는 사실을 이미 살펴보았다. 그들은 첫째, 규율——즉 공장의 벨소리나 싸이렌 소리 및 건강, 가정생활, 다양하게 일을 선택할 수 있는 자유 등을 짓밟아버리는 시간지키기——에 대해서 화를 냈다. 1806년의 '협회' (Institution)활동을 했다는 이유로 처벌당했던 직인 직조공 윌리엄 차일드 (William Child)는 "정확히 몇시 몇분에 가야 한다는 것과 거기에서 행해지는 더러운 짓 …"을 싫어하기 때문에 수직기를 사용하는 공장에 들어가기를 거부하였다.

몸이 약한 사람이 자기 집에서 일할 때에는 그 일을 한가한 때에 할 수 있다. 그러나 거기(공장—옮긴이)에서는 정해진 시간에 와 있어야 한다. 좋은 5시 반에 울리고 6시에 다시 울린다. 이때 10분 동안 문을 여는 것이 허용된다. 11분이 되면 문은 닫히고 남자건 여자건 어린이건간에 누구도 들어갈 수 없다. 그렇게 될 경우 8시까지 문 밖에서 서 있든지 아니면 집으로 되돌아와야 한다.[68]

68) *Committee on the Woollen Trade* (1806), 111면 및 여러 곳.

'황금시기'에는 직조공들이 '성(聖) 월요일' — 때로는 화요일까지 논다 — 을 지키고 금요일과 토요일에는 밤늦게까지 일을 한다고 고용주들이 자주 불평을 했다. 전해내려오는 말에 따르면, 직조기는 주초에는 "시간은 넉넉해, 시간은 넉넉해" 하면서 서서히 돌아갔지만 주말이 되면 "하루 늦었어, 하루 늦었어" 하면서 딸깍거렸다. 19세기에는 극소수의 직조공들만이 소토지보유 직조공과 같은 다채로운 삶을 영위했던 것 같은데, 1780년대의 소토지보유 직조공의 일기를 보면 그는 비오는 날에는 직조일을 하고 화창한 날에는 짐마차 운반, 도랑파기와 물빼기, 풀베기, 버터만들기 등등의 삯일을 했음을 알 수 있다.[69] 그러나 최악의 시절이 오기 전까지는 닭기르기, 채소밭가꾸기, '철야제'나 축일, 온종일 사냥개를 데리고 나가 돌아다니기 등 어느정도 다양한 생활이 있었을 것이다.

　　그러니, 당신네들 모든 면직공들은, 아주 일찍 일어나야 한다,
　　왜냐면 당신들은 아침부터 정오까지 공장에서 일해야 하니까.
　　당신들은 하루에 2~3시간씩 당신들의 채소밭으로 들어가서는 안된다,
　　왜냐면 당신들은 그들의 명령에 따라 당신들의 직조기의 북을 계속 작동시켜야 하니까.[70]

'그들의 명령에 따라' — 이것이 가장 큰 반감을 일으킨 치욕이었다. 왜냐하면 내심으로 그들은 자기 자신이야말로 진정한 **제조자**(maker)라고 느끼고 있었으니까(그리고 그의 부모들은 면직이나 모직을 다 같이 자기 집에서 짰던 시절을 기억하고 있었다). 공장이 피구호민 어린이들을 위한 일종의 구빈원으로 간주되던 시절이 있었다. 그리고 이러한 선입견이 사라진 후에도 공장에 들어가는 것은 비록 가난하지만 자기 일을 자기가 알아서 하는 사람으로부터 하인이나 '막일꾼'(hand)으로 신분이 낮아지는 것

69) T. W. Hanson, "Diary of a Grandfather," *Trans. Halifax Antiq. Soc.* (1916).
70) J. Harland, 앞의 책, 253면.

이었다.

다음으로 그들은 공장제가 가족관계에 미친 영향에 분개했다. 직조작업은 전가족에게 일거리를 제공하였는데, 이것은 방적작업이 가정으로부터 공장으로 빠져나갔을 때에도 마찬가지였다. 어린아이들은 실패에 실을 감고, 더 큰 아이들은 옷감에 흠집이 생기지 않도록 지켜보거나 옷감을 점검하거나 폭이 넓은 직조기에 북을 던져넣는 일을 도왔다. 사춘기의 아이들은 제2, 제3의 직조기에서 일했다. 그리고 아내는 집안일을 하면서 틈틈이 직조일을 했다. 가족은 함께 있었으며, 아무리 형편없는 식사일지라도 적어도 그들이 원하는 시간에 앉아서 할 수 있었다. 가족과 지역공동체의 전 생활패턴이 직조기가 있는 작업장 주변에 생겨났다. 작업은 대화나 노래부르는 것을 금지하지 않았다. 방적공장들 — 이것들은 오로지 그들의 어린 아이들에게만 일자리를 제공했다 — 과 그후에 출현한 역직기를 설치한 공장들 — 이것들은 일반적으로 아내와 사춘기 아이들만을 고용했다 — 은 가난이 모든 방어수단을 파괴하기 전까지는 거부되었다. 이러한 장소들은 성적 방종, 욕지거리, 무자비한 행동, 폭력사건, 이상한 태도 등을 키워내는 '부도덕한' 곳이라고 생각되었다.[71] 의회특별위원회 앞에 선 증인들은 공장에 대해 이런저런 반대를 전면에 내세웠다.

… 어느 누구도 역직기에서 일하려고 하지 않는다. 그들은 그것을 좋아하지 않는다. 그곳에는 사람을 미치게 만들 정도로 덜컹대는 소리와 소음이 아주 심하다. 다음으로 그들은 수직공으로서는 도저히 받아들이기 어려운 하나의 규율에 복종해야 한다.

… 역직기에서 일하는 사람들은 모두 억지로 일을 하고 있는데, 왜냐하면 그들은 살아나갈 다른 방도가 없기 때문이다. 그들은 대개 가족 전체가

---

71) 맨체스터 직조공(1823)의 진술을 보라. "공장생활의 폐악은 계산이 불가능할 정도이다. 거기에는 무식하고, 절제를 모르는 젊은 남녀가 뒤섞여 있고, 부모의 감시를 받지도 않는다. … 건강에 해로운 인공의 열기에 휩싸여 — 정신은 타락에 노출되고, 생활과 팔다리는 기계에 노출되어 있어서 — 40세까지 거기서 젊음을 보내면 신체적으로 60세가 된다." J. L. and B. Hammond, *The Town Labourer*, 300면.

어려움을 겪고 사업에 쫄딱 망한 사람들이다. … 그들은 소규모 식민집단을 이루어 이러한 공장들로 식민지생활을 하러 가는 경향이 있다. …

공장에서 발생한 사고로 아들을 잃은 맨체스터의 한 증인은 이렇게 언명했다.

나는 슬하에 7형제를 두었다. 그렇지만 자식이 77명이라 할지라도 한명도 면방직공장에 보내지 않겠다. … 이렇게 반대하는 가장 큰 이유는 공장의 도덕이 아주 문란하기 때문이다. … 그들은 아침 6시부터 밤 8시까지 공장에 있어야 하고, 따라서 교육받을 기회를 갖지 못한다. … 거기에는 배울 만한 본보기가 하나도 없다. …

"내 생각은 확고하다, 그러니 그들이 인간의 노동을 대체할 기계를 발명하고자 한다면 그 기계를 돌볼 강철소년들을 찾아야만 할 거다."[72]

끝으로, 우리는 공장제에 대한 이 모든 반대들을 별개의 것으로 분리해서 보지 않고 그들의 지역공동체의 '가치체계'를 나타내는 것으로 본다. 이것은 역사사회학 연구에 참으로 귀중한 연구자료가 될 수 있다. 왜냐하면 우리는 1830년대의 잉글랜드에서 서로 다른 전통과 규범과 기대를 가지고 서로 충돌하는 공장, 직조, 농촌의 공동체들로 구성된 하나의 '다원사회' (plural society)를 보기 때문이다. 1815에서 1840년까지의 역사는 부분적으로 앞의 둘(즉, 공장과 직조 공동체들—옮긴이)이 공통의 정치운동(급진주의, 1832년의 개혁, 오웬주의, 10시간 운동, 차티스트 운동) 안에서 하나로 합쳐지는 이야기이다. 반면, 차티스트 운동의 마지막 단계는 부분적으로 이 양자가 불편한 공존관계를 유지하다가 마침내는 결렬되는 이야기이다. 수직공들이 장인들과 여러 전통을 공유하고 그들과 통혼하고, 자녀들을 일찍부터 공장에 보냈던 맨체스터나 리즈 같은 대도시에서는 양자간의 차이가 가장 적게 나타났다. 고지대에 있는 직조업 촌락의 지역공동체들은 훨씬

---

72) *Select Committee on Hand-Loom Weavers' Petitions* (1834), 428면(5473), 440면 (5618), 189면(2643~46).

배타적이었다. 그들은 '도회지 사람들'—온통 '쓰레기조각과 부글대는 것들'로 이루어진—을 경멸하였다.[73] 쌔들워스, 클리더로우, 콜더 밸리 위쪽과 같은 지역에서 구릉지대의 작은 촌락들의 직조공들은 직조기에서 대를 이어갈 수 있도록 자식들을 훈련시키면서 다년간 계곡 밑의 방직공장과 관계를 끊고 살았다.

분명히 1830년이 되면 우리는 직조업을 '운이 다한' 직업이라고 말할 수 있게 되는데, 이렇게 된 것은 부분적으로 그들 자신의 사회적 보수주의로 인한 자기파멸 탓이기도 했다. 그러나 직조공들이 자신들의 운명을 받아들인 지역이라 할지라도 '직조업으로부터 벗어나라'는 왕립조사위원회의 충고는 종종 문제의 핵심에서 벗어나 있었다. 물론 직조공의 어린아이들이 공장에서 일자리를 얻을 수도 있고 자라나는 딸들이 역직기 쪽으로 옮겨갈 수도 있었을 것이다.

직조기가 서너 쎄트 설치되어 있는 직조작업장에 들어가보면,
그것들은 모두 텅 빈 채로 방안을 가득 채우고 있다오,
그래서 당신이 그 이유를 물으면 늙은 어머니는 당신에게 간단히 말할 거외다,
내 딸들이 저것들을 내버리고 증기를 사용하는 직조공장으로 갔다고.[74]

그러나 이것이 언제나 가능했던 것은 아니다. 대부분의 공장에서 방적공이나 기존의 노동자들은 그들의 자식들을 우선적으로 취직시켰다. 이런 일이 일어난 곳에서는 창피스럽게도 직조공이 아내나 자식들에게 의존해야 하는 상황, 다시 말해 가부장으로서의 전통적인 역할이 강제로 그리고 치욕적으로 뒤바뀌는 상황을 심화시켰다.

우리는 초기의 공장제가 성인과 미성년 노동 사이의 균형을 결여하고 있었다는 사실을 기억해야 한다. 1830년대 초 면방직공장 노동력(모든 종류

---

73) Edwin Waugh, *Lancashire Sketches* (1869), 128면.
74) J. Harland, 앞의 책, 253면.

의 노동)의 3분의 1과 2분의 1 사이는 21세 미만이었다. 소모사 직조 분야에서는 미성년자의 비율이 훨씬 더 높았다. 성인노동자 가운데서는 여자가 절반을 훨씬 넘었다. 1834년 공장감독관 보고서에서 유어 박사는 왕국의 모든 방직공장에서 일하는 성인노동자 191,671명 중 102,812명이 여자였고 단 88,859명만이 남자였다고 개산(槪算)하였다.[75] 남자의 고용 패턴은 아주 분명하다.

랭커셔의 면방직공장에서 가장 많은 수의 노동자가 고용된 1811~16년 시기의 남자의 임금은 주당 평균 4실링 10¾페니이다. 그러나 그 다음 5년간의 시기인 1816~21년의 평균임금은 주당 10실링 2½페니로 상승한다. 그래서 물론 제조업자들은 그 값을 지급해야 할 남자노동자를 가능한 한 적게 고용하려고 한다. … 그 다음 5년간인 1821~26년의 주당 평균임금은 17실링 2½페니이다. 실천 가능한 모든 방법을 써서 남자를 해고시키려는 한층 더 강력한 동기가 바로 여기에 있다. 다음 두 시기의 평균임금은 더욱 높아져서 첫 시기에는 20실링 4½페니 그리고 두번째 시기에는 22실링 8½페니가 된다. 그와같은 임금수준에서는 오직 엄청난 육체적 힘이나 어떤 예능, 수공업기술에서의 고도의 기술이나 비법을 요구하는 작업을 하는 데 꼭 필요한 사람들이나 … 혹은 신임이나 신뢰를 요구하는 자리에 고용된 사람들만이 고용될 수 있었다.[76]

이러한 고용패턴에 관해서는 명백하면서도 중요한 두 가지 점이 언급되어야 한다. 첫째, 우리는 공장의 '높은' 임금과 '시대에 뒤떨어진' 공업들의 낮은 임금을 우리 마음속에서 인위적으로 분리할 수 없다는 점이다——우리는 이것을 '지체가 낮은' 직종과 관련하여 이미 지적한 바 있다. '실천 가능한 모든 방법을 써서' 성인남자를 해고시키려는 체제에서는 숙련된 공장

---

75) A. Ure, *The Philosophy of Manufactures* (1835), 481면; J. James, 앞의 책, 619~20면; J. James, *Continuation of the History of Bradford* (1866), 227면. 이 보고서들은 미성년 노동력을 종종 과소평가한다.

76) A. Ure, 앞의 책, 474면.

노동자의 임금과 16살 혹은 21살에 공장에서 해고된 미숙련노동자의 임금은 동전의 양면에 불과한 것임에 틀림없다. 분명히 모직물공업에서는 공장에서 해고당한 미성년노동자들이 때로는 10대에 수직기로 되돌아가야만 했다. 둘째, 성인남자 수직공들은 생활고가 그들의 고정관념을 무너뜨렸을 때에도 공장에 고용될 기회가 농업노동자보다 별로 더 많지 않았다는 점이다. 그는 공장노동에 거의 적응하지 못했다. 그는 '엄청난 육체적 힘'도, 공장에서 요구하는 기술도 가지고 있지 않았다. 마음씨 좋은 마스터의 한 사람이었던 존 필든은 1835년을 이렇게 회고하였다.

> 매주 수십명의 수직공들이 내게 취직을 희망해왔는데, 그들은 처지가 매우 어려워서 그와같은 일을 찾지 않으면 안되었다. 그래서 일을 하겠다고 지원하는 많은 사람들을 거절할 수밖에 없는 것은 나와 내 동업자에게 적지 않은 고통을 안겨주었다.[77]

1830년대 초 랭커셔의 장인 직종의 임금은 꽤 높았다──철주물공, 엔지니어, 제화공, 양복제조공, 숙련된 건축노동자들은 15~25실링을 (금속기계 제작업에서는 그 이상을) 받았다. 그러나 이러한 임금은 결사의 힘에 의해서만 얻어졌는데, 이 결사의 한 목표는 공장에서 해고된 젊은이와 수직공을 자기 직종 안에 절대 들어오지 못하게 하는 것이었다. 직조공이 어떠한 장인의 직종으로든 직업을 바꿀 수 있었거나 혹은 그의 자식들에게 이런 직종에서 도제수업을 받게 할 수 있었다면 그들의 사회적 보수주의도 그렇게 하는 것을 방해하지는 않았을 것이다. 미숙련노동에 종사하는 것에 대해 심한 편견을 보였던 것은 확실히 이해할 만한 일이었다. 그것은 신분의 최종적인 상실로 여겨졌던 것이다.

> 하지만 나는 이 직종을 그만두고 삽질을 하거나,
> 도로에 나가 돌을 깨야지…

---

77) J. Fielden, *The Curse of the Factory System* (1836), 68면.

시련의 절정에서 '죠운 어 그린필트'는 이렇게 외친다.

그러나 여기서도 어려움은 있었다. 하원에 노동가치설의 기본원리를 설명했던 앞의 그 맨체스터 견직공은 짐꾼으로 일자리(임금 14~15실링)를 얻으려다 실패했다. 이 직조공의 몸은 힘이 드는 미숙련노동(벽돌쌓기공의 인부 노릇과 '삽질인부' 노릇을 하면 임금이 10실링 또는 12실링이었다)을 감당할 수 없었고, 그래서 그는 그보다 힘이 세면서도 적게 받고 기꺼이 일하려는 아일랜드 노동자들과 경쟁해야 했다.[78] 그리고 대도시의 직조공들이 여러 종류의 저임금 막노동일을 찾을 수 있었던 데 반해, 중년의 농촌 직조공은 집과 가족을 떠날 수 없었다.

그런 변화는 나이든 일부 수직공들의 마음을 쓰라리게 했다. … 우리는 퍼드시의 어떤 나이 먹은 직조공이 눈물을 흘리면서 … 자기 직조기의 장점들을 우리에게 열거하는 모습을 본 적이 있다. 그렇다, 그 직조기는 여느 직조기처럼 제대로 버팀목 위에 얹혀 있었고, 여느 직조기처럼 앞뒤로 잘 움직였으며, 앞으로 나간 부분은 쉽게 되돌아오고, 게다가 작업을 순조롭게 했으며, 씨실을 얼마든지 잘 물고 들어갔다. 그 직조기가 잉글랜드에서 가장 훌륭한 한 제조자로부터 처음 보내져왔을 때 … 이웃들은 모두 그것을 보러 왔으며, 그것을 칭찬하고 또 가지고 싶어했다. 그러나 얼마 전부터 이 직조기는 다른 직조기와 함께 … 모든 작동을 멈추었고, 그래서 먼지와 거미줄로 뒤덮이게 되었다. …[79]

수직공의 이야기는 산업혁명기의 생활수준이라는 일반적인 문제와 여러 가지 점에서 상충된다. 산업혁명의 첫 단계에서 그것은 '낙관주의적 견해' 입장에 유리한 증거를 제공하는 듯이 보인다. 즉 방적공장은 수천명의 선

---

78) 여기서 명시된 임금은 맨체스터 상업회의소가 1832년도의 평균임금이라고 기록한 것들이다. *First Annual Report of the Poor Law Commissioners* (1836), 331면; *British Almanac* (1834), 31~61면을 보라.

79) J. Lawson, 앞의 책, 89~90면.

대체 노동자들을 끌어모으고 그들의 생활수준을 높여주는 증폭요인 (multiplier)이었다. 그러나 그들의 생활수준이 높아짐에 따라 그들의 신분과 방어수단은 낮아진다. 그래서 1800~40년의 기록은 거의 한결같이 '비관주의적'이다. 이 시기의 생활수준을 '미래지향적' 시각이 아니라 그것을 체험한 당대인의 시각에서 평가한다면, 우리는 직조공들을 경제적 진보의 '혜택을 나누어갖지' 못했을 뿐만 아니라 급격히 쇠퇴한 집단으로 보아야 한다. 직물업은 산업혁명의 주(主)공업이었기 때문에, 그리고 직조업은 방적업 분야보다 훨씬 많은 성인들이 종사하고 있었기 때문에 이 집단이 겪은 경험은 무엇보다도 이 시기의 경험을 대표하는 것처럼 보일 것이다. 직조공에 대한 통상적인 설명이 그 극적인 형태로 인하여 증폭요인(물기, 공장, 증기기관)에 관심을 집중시키고 있는 데 대하여, 우리는 몇 갑절로 증폭된 사람들을 주목하여왔다.

'낙관주의자들'도 물론 직조공들이 어려움을 겪었다는 사실을 인정한다. 그들의 서술에는 언제나 '수직공과 같이 극소수의 특별히 불행했던 사람들' '번영하는 사회 속의 소수그룹' 혹은 '기술적으로 불완전고용된 예외집단' 따위의 유보조항이 들어 있다.[80] 그러나 클래펌이 잘 알고 있듯이 1840년대 후반 이전의 직조공들이 '소수'그룹이었다고는 결코 말할 수 없을 것이다. 직조공들은 잉글랜드의 공업노동자 가운데 가장 규모가 큰 단일 노동자그룹이었고 아마도 수백년 동안 그랬을 것이다. 그들은 우리의 주공업을 일군 사람들이었다. 1820년과 1840년 사이의 어느 시점에도 그들은 농업노동자와 하인 다음으로 수가 많은 제3의 직업집단이었고, 그밖의 다른 어떤 산업집단보다도 그 수가 훨씬 더 많았다. "그것들(왕국의 직조기—필자)에 대한 쎈서스는 행해진 적이 없지만, 500,000대보다 적었던 적은 없었고, 그보다 훨씬 더 많았을 가능성도 있다."[81] 영국 전체의 추산치는 면직, 모직, 견직, 린네르, 아마포 및 리본 직조 같은 전문분야(단 편물은 제외)에 사용

80) J. H. Clapham, 앞의 책, I, 565면; F. A. Hayek, ed., *Capitalism and the Historians*에 들어 있는 하이에크의 글, 28면; R. M. Hartwell, "The Rising Standard of Living in England, 1800~1850," *Economic History Review*, 2nd Series, XIII (1961년 4월).

81) J. H. Clapham, 앞의 책, I, 179면.

된 직조기를 망라할 때 약 740,000대까지 올라갔다. 그리고 많은 가정에 두 대, 세 대, 혹은 네 대의 직조기가 있었던 것 같다. 그러므로 800,000~840,000명이 완전히 직조기에 의존해서 살았다는 1834~35년의 의회특별위원회의 추정치는 우리가 얻을 수 있는 수치 중 가장 사실에 가까운 수치일 것이다.

입법부는 아무 일도 하지 말 것이며 따라서 '자연스러운' 경제적 힘들이 사회의 일부 사람들을 해쳐도 내버려두어야 한다는 것을 전적으로 옹호하는 것은 낡은 이데올로기의 형태로 아직도 온존되고 있는 자유의 신화이다. 역직기는 국가와 고용주 모두에게 아무런 책임이 없음을 입증해주는 확고한 알리바이를 마련해주었다. 그렇지만 우리는 직조공들의 이야기를 또한 산업혁명기에 벌어진 극히 비정상적인 상황의 표현으로 볼 수도 있을 것이다. 직조공의 역사에서 우리는 노동조합이라는 자체 방어수단을 가지지 못한 일부 노동자들에게 억압적이고 착취적인 체제가 행한 행동의 하나의 전형을 볼 수 있다. 정부는 그들의 정치조직과 노동조합에 적극적으로 간섭하는 데 그치지 않고, 아일랜드 기근의 희생자들에게 행했던 것과 같은 뻔뻔스러운 방법으로 자본의 자유라는 부정적 도그마를 직조공들에게 강요하였다.

이러한 도그마의 유령은 오늘날까지도 떠돌아다닌다. 애슈턴 교수는 재정적인 요인들이 역직기에 대한 투자를 지연시켰다고 안타까워한다.

산업혁명의 '죄악들'은 그것이 너무 급속히 진행되었기 때문이라고 흔히들 말한다. 그러나 가내 직물노동자의 경우는 이와 정반대임을 보여준다. 직조업에 아크라이트와 같은 유형의 사람이 있었다면, 이자율이 계속 낮았다면, 이민유입과 빈민구호 수당이 없었다면 공장으로의 이전은 신속히 행해졌을 것이고 직조공들의 고통도 적었을 것이다. 그러나 실제로는 많은 수의 직조공들이 한 세대 이상에 걸쳐 동력과 가망없는 싸움을 계속했던 것이다.[82]

---

82) T. S. Ashton, *The Industrial Revolution, 1760~1830* (1948), 117면.

그러나 우리가 앞에서 살펴보았듯이, 역직기를 사용하는 마스터들에게 그 것은 '싸움'이 아니라 엄청난 편리함, 즉 호경기에 대비한 예비군인 동시에 역직기를 돌볼 여자와 소녀들의 임금을 낮추는(1832년 맨체스터에서는 8 실링에서 12실링까지) 수단으로서 값싼 보조노동력을 가지고 있다는 엄청 난 편리함이었다. 게다가 '공장으로의 이전'이 없었던 적이 극히 드물었다. 동력의 도입이 좀더 신속했더라면 ——다른 모든 조건이 같다고 할 때—— 그 결과는 훨씬 더 파국적이었을 것이다.

일부 경제사가들은 (아마도 인간의 진보를 경제성장과 동일시하는 숨겨 진 '진보주의' 때문에) 산업혁명기의 기술혁신이 철도시대 이전까지는 (금 속공업을 제외하고는) 성인 숙련노동을 일자리에서 쫓아냈다는 명백한 사 실을 인정하려고 하지 않는 것 같다. 그렇게 쫓겨난 노동은 이 시대 내내 넘쳐흐른, 순전히 인간의 근육만을 사용하는 고된 작업에 값싼 노동력을 무한정 공급하였다. 광산, 부두, 벽돌 쌓는 작업, 가스작업, 건축, 운하 및 철도 건설, 짐마차 운반과 인력 운반 등에서는 기계화가 거의 혹은 전혀 이 루어지지 않았다. 석탄은 여전히 사람이 그것을 등에 지고 선창에서 긴 사 다리를 타고 배 위로 올라가는 방법으로 운반되었고, 1830년대 버밍엄에서 는 모래를 이륜차로 육로 9마일을 운반해주고 빈 이륜차를 끌고 다시 9마 일을 되돌아오는 일을 남자 1명당 일당 1실링에 여전히 고용할 수 있었다. 1832년의 엔지니어(26~30실링)나 목수(24실링)의 임금과 삽질인부 (10~15실링)나 직조공(예컨대 8실링)의 임금 간의 격차는 매우 커서 우리 는 그것을 사회적 보수주의만으로 설명할 수는 없다. 예외적인 것은 숙련 을 요하는 직종들이고, 그래서 미숙련 육체노동이나 선대제 노동 공업들의 상태는 '특별히 불행했던 것'이기는커녕, 온갖 방법으로 임금을 깎아내리기 위해 고용주들과 입법자들과 이데올로그들이 고안해낸 한 체제의 특징이 었다. 그리고 노동조건들이 급속히 악화되어가고 있을 때 직물업이 과잉공 급 상태가 되었다는 사실이 이를 웅변으로 확인시켜준다. 착취가 가장 '파 렴치하게' 행해진 곳은 선대제 노동 공업들에서였는데, "왜냐하면 근대 공 업과 농업에 의해 '남아돌게' 된 대중들이 마지막으로 찾아가는 이와같은

분야에서 일거리에 대한 경쟁이 극에 달하기 때문"이라고 맑스는 썼다.[83]

물론 주목할 만한 '미래지향적'인 주장도 있다. 사실 그것은 살아남아서 좀 나아진 시절을 보았던 여러 노동자들이 받아들였던 주장이기도 하다. 이와같은 노동자 하나는 다음과 같이 말한다. 즉 공장으로의 이행의 고통이 아무리 컸을지라도,

> … 역직기 직조공들은 직조기와 그것에 필요한 실을 잣는 제니 방적기를 구입할 필요가 없고 실패, 플래스킷(flasket, 양쪽에 손잡이가 있는 세탁물 바구니—옮긴이) 그리고 바구니도 살 필요가 없다. 또 정해진 방세와 세금을 낼 필요도 없으며, 작업장에 조명을 하고 불을 땔 양초와 가스와 석탄도 필요없다. 그들은 수리비나 닳고 망가진 것을 손볼 비용을 지불할 필요가 없으며 … 북, 북때리개, 싸이드-보드(side-board), 진열대, 북받침대, 보풀 뜯는 채 그리고 피대와 노끈도 구입할 필요가 없다. … 그들은 디딤판과 좌대 위에 버티고 있어야 할 필요도 없으며 … 손목에 힘을 주기 위해 밴드를 감을 필요도 없다. … 그들은 조방사를 뽑아낼 필요도 없으며 직조감에 날실을 끼워넣을 필요도, 직물 폭을 넓히고 풀을 먹이고 직조감을 밖으로 내가 말릴 필요도, 바디를 구하고 천을 늘여뜨리고 직물을 펴서 당기고 통에 물을 가득 채워 적셔주고 접어낼 필요도 없다. 그리고 특히 그들은 **또한 완전히 무보수로** 양모를 분류하고, 세척하고, 염색하는 일을 하지 않아도 된다.[84]

우리가 수직공의 작업을 이런 시각에서 보면 그것은 분명히 고통스럽고 시대에 뒤떨어진 것이며, 따라서 공장으로의 이전은 아무리 고통스러웠다 할지라도 정당화될 수 있을지 모른다. 그러나 이것은 뒤에 얻게 되는 이득을 감안해서 한 세대의 고통을 에누리하는 주장이며, 그런 고통을 겪은 사람들에게 이러한 회고적 위안은 달갑지 않은 일이다.

---

83) K. Marx, *Capital* (1938년판), 465면.
84) J. Lawson, 앞의 책, 91면.

10
생활수준과 실제의 경험들

1. 물 품

산업혁명기의 생활수준에 관한 논쟁은 가설적인 평균 노동자들의 임금수준을 따지는 다소 현실성이 결여된 연구로부터 식품·의복·주택 등 노동자들이 소비한 물품들로, 그리고 한걸음 더 나아가 건강과 사망률로까지 우리의 관심을 돌릴 때 아마 가장 큰 가치를 지니게 된다고 하겠다. 쟁점이 되고 있는 여러가지 문제들은 복잡하고 그래서 이 시점에서 우리가 무슨 일을 할 수 있다면, 그것은 계속되고 있는 논의에 대해 몇가지 논평을 하는 일일 것이다. 우리가 측정 가능한 양(quantity)들을 고려할 때, 1790~1840년에 걸쳐 국민생산이 인구보다 더 빠른 속도로 증가했다는 사실은 어느정도 확실한 것 같다. 그러나 이 생산물이 어떻게 분배되었는지를 평가하기란 지극히 어렵다. 우리가 다른 고려사항들(이러한 생산증가의 어느 만큼이 불리한 무역조건으로 외국에 수출되었는가? 어느 만큼이 개인 소비품으로 소비되지 않고 자본으로 투자되었는가?)을 제쳐둔다 하더라도, 이러한 증가가 인구의 각 부문에 어떻게 배당되었는가를 알기란 쉽지 않다.

산업혁명기 민중의 식생활에 관한 논의는 곡물, 육류, 감자, 맥주, 설탕 및 차 소비를 주로 문제삼는다. 19세기 첫 40년에 걸친 1인당 밀 소비는 18세기 말의 수준보다 줄어든 것 같다. 감자를 전문적으로 연구하는 역사가인 쌜러먼(Salaman)씨는 지주, 농장주, 교구목사, 제조업자 그리고 정부 자신이 노동자들의 식사 내용을 밀에서 감자로 바꾸려고 노력하였던 이른바 '빵전쟁'(battle of the loaf)에 관해 설득력있고 상세한 설명을 하고 있다. 결정적인 해는 1795년이었다. 그때 이후 전시의 불가피성을 내세우는 주장이 가난한 사람들의 식사 내용을 값싼 기본 식사로 낮추는 것이 이익이 된다고 하는 주장에 밀려났다. 전쟁기간중에 감자재배지가 증가한 까닭을 밀의 부족 현상으로만 돌릴 수는 없다. "어느 정도의 결핍이 있었던 것은 사실이다. 그러나 가격앙등으로 인한 서로 다른 사회계급간의 불평등한 분배가 훨씬 더 큰 요인이었다. …" 잉글랜드인의 대다수는, (산악지대인—옮긴이) 북부지방에서조차 1790년에 이르면 이미 잡곡으로부터 밀로 주식을 바꾼 뒤였다. 그리고 흰 빵은 그들의 신분을 나타내는 상징물로서 쉽게 양보할 수 없는 것으로 간주되고 있었다. 그래서 남부지방의 농업노동자들은 기아 선상에서 헤매고 있을 때조차 빵과 치즈로 이뤄진 식사를 포기하지 않았다. 그리하여 남부지방에서는 감자가 빵을 잠식해들어가고, 북부지방에서는 오우트밀과 감자가 빵을 잠식해들어가는 일상적인 식생활에서의 계급 전쟁이 무려 50년 동안에 걸쳐 일어났다. 실제로 쌜러먼씨는 알레비가 감리교에서 발견한 것보다 한층 더 효과적인 사회적 안정제를 감자에서 발견한다.

> … 노동자들이 극도로 낮은 임금에서도 생존할 수 있었던 것은 사실상 … 감자 때문이었다. 감자는 이후 100년 동안 잉글랜드 대중의 궁핍과 타락을 연장하고 부추긴 것이라고 할 수 있다. 확실히 유혈혁명을 제외하고는 대안이 없었다. 잉글랜드가 그와같은 격렬한 봉기를 19세기의 처음 몇십년 동안 피한 것은 … 대부분 감자 덕택이라고 아니할 수 없다.[1]

오늘날 영양학 전문가들은 감자는 확실히 장점이 많으며, 그것이 식단을

---

1) R. N. Salaman, *The History and Social Influence of the Potato* (Cambridge, 1949), 특히 480, 495, 506, 541~42면. *The Englishman's Food* (1939)의 공동 저자인 드러먼드(J. C. Drummond)와 윌브레이엄(A. Wilbraham)도 이 시기를 생활수준이 하락한 시기로 본다.

풍성하게 해주는 추가식품으로 이용될 만큼 생활수준이 상승했을 때에는 언제나 그것은 생활의 향상을 의미했다고 우리에게 일러준다. 그러나 빵이나 오우트밀 대신 감자를 먹는다는 것은 당대인들에게는 생활의 저하로 느껴졌다. 감자로 끼니를 때우던 아일랜드 이주민들[에비니저 엘리어트는 그들을 '풀뿌리를 먹고 사는 에린(Erin, 아일랜드—옮긴이)의 유랑민들'이라고 불렀다]은 그러한 사실을 증명하는 단적인 증거로 여겨졌으며, 대다수 잉글랜드인들이 '가난한 사람들은 그들을 아일랜드인 수준으로 떨어뜨리려는 음모의 희생자들'이라는 코벳의 주장에 공감하였다. 산업혁명기 전기간에 걸쳐 빵 (그리고 오우트밀) 값은 민중들의 평가에서 생활수준의 첫번째 지표였다. 1815년 곡물법이 통과되었을 때, 상·하원은 평민들의 공격 때문에 군대의 보호를 받아야 했다. '곡물법 폐지'(NO CORN LAWS)라는 깃발은 피털루 사건 당시에 휘날린 깃발 중 가장 많았으며, 1840년대의 반곡물법운동에 이르기까지 (특히 랭커셔에서) 그러한 상태는 계속되었다.

밀과 마찬가지로 육류는 그것이 음식으로서 지니는 가치 이상으로 신분의식과 연관을 맺고 있었다. 「그리운 잉글랜드의 로스트 비프」(The Roast Beef of Old England)는 장인의 자랑이자 노동자의 소망이었다. 로스트 비프의 1인당 소비량은 1790년과 1840년 사이에 감소된 듯하지만, 그 수치에 대해서는 논란중이다. 논쟁은 주로 런던의 도살장에서 잡은 가축의 수와 무게에 관심을 쏟는다. 그러나 이러한 수치가 확정된다 하더라도, 우리는 어떤 사람들이 육류를 먹었고 또 어떤 비율로 그랬는지에 관해 여전히 확인할 수 없다. 확실히 육류는 실질임금이 증가하면 가장 먼저 소비되는 품목의 하나이므로, 물질적인 생활수준의 민감한 지표임에 틀림없다. 계절노동자들은 쉰두 번의 일요일 정찬메뉴에 대해 꼼꼼하게 계획을 세우지 않았고, 대개는 일을 많이 할 때 돈을 쓰고 나머지 기간에는 되는 대로 살았다. 헨리 메이휴가 들은 바로는,

날씨가 좋은 여름날에, 작업중인 벽돌제조공의 어린 딸은 푸줏간 주인에게 "아저씨, 아버지께서 지금 가격은 문제가 아니구요, 질이 좋은 것을 잡수셔야 한대요. 아저씨, 제발 한 줄로 반듯이 자른 것, 그리고 연한 것

으로요 ─ 아버지는 벽돌제조공이니까요"라고 말하면서, 자른 고기 몇 점과 푸줏간 주인이 골라놓은 다른 맛있는 부위를 주문하곤 했다. 겨울철에는 이렇게 말했다, "아유, 아저씨, 여기 4페니 동전 하나가 있는데요, 뭐든지 싼 것을 주셔야 해요. 아버지는 값이 싸기만 하면, 무엇이든 상관않으세요. 겨울철이어서, 아버지는 일이 없으세요, 아저씨 ─ 아버지는 벽돌제조공이니까요".[2]

런던 사람들은 지방 노동자들보다 더 높은 생활수준을 기대하는 경향이 있었다. 1812년의 불황 한가운데서도, 런던의 가난한 사람들이 북부와 서부 지방의 가난한 사람들보다 더 잘 먹는다는 것이 한 관찰자가 받은 인상이었다.

수도의 가난한 사람들은 생활필수품 가격이 엄청나게 비싼데도 불구하고 비교적 잘살고 있는 게 사실이다. 여기서는 가장 보잘것없는 노동자도 식사 때 육류(살코기)를 먹고 언제나 약간의 맥주를 곁들여 빵과 치즈를 먹지만, 웨스트 컨트리의 농민은 자기 가족에게 그와같은 음식을 먹이지 못한다.[3]

물론 싸게 파는 다양한 하급 '육류들'이 있었다. 붉은색 청어와 훈제 고등어, 카우힐(cow-heel, 우족에 양파 따위의 양념을 넣어 젤리 모양으로 삶은 요리 ─ 옮긴이), 양 다리, 돼지 귀, 간, 내장, 검은 푸딩. 랭커셔의 농촌 직조공들은 도시 음식을 깔보았고, 그래서 '뭔가 바로 칼로 잡은 것' ─ 그들 자신이 돼지를 키우고 있었다는 것과 도시의 육류는 병든 것이라는 의구심을 동시에 나타내는 표현 ─ 을 좋아했으며, 도시에 와서 먹는 경우에는 "한입 넘어갈 때마다 이 짐승이 살아 있을 때는 상태가 어땠고, 무슨 이유로 이 세상을 하직했는지에 대해 괴로운 추측들을 해댔다".[4] 도시 주민들이 더럽고 불

2) H. Mayhew, *London Labour and the London Poor*, II (1884), 368면.
3) *Examiner*, 1812년 8월 16일자.
4) E. Waugh, *Lancashire Sketches* (1869), 128~29면.

순물이 섞인 음식에 노출되는 것은 새삼스러운 일이 아니었다. 그러나 도시노동자가 증가함에 따라 이러한 노출의 위험성은 그만큼 더 커졌다.[5]

1800년과 1830년 사이에 1인당 맥주소비량이 줄어들었다는 것은 의심의 여지가 없으며, 또 1인당 차와 설탕 소비량이 늘어났다는 것도 확실하다. 한편 1820년과 1840년 사이에는 진과 위스키의 소비가 두드러지게 증가하였다. 이것 또한 식생활의 문제임과 동시에 문화적인 문제였다. 맥주는——농업노동자, 석탄양륙인부, 광부 들에게——중노동의 ('땀을 보충해주는') 필수품으로 간주되었고, 북부 일부 지방에서는 '음료'와 동의어였다. 소량의 맥주를 집에서 담그는 일은 가족경제(household economy)에 필수적인 것이어서 "젊은 여자가 오우트케이크를 잘 만들고 맥주를 잘 담글 줄 알면, 그녀는 훌륭한 아내가 되리라고 생각할" 정도였다. 한편 "일부 감리교 교사들은 '머그잔'으로 맥주를 한잔 마시지 않고선 수업을 이끌어나갈 수 없다고 말할" 정도였다.[6] 소비량의 감소는 직접적으로 맥아세에 기인했던바, 이 세금에 대해서는 평들이 워낙 좋지 않아서 일부 당대인들은 그것을 혁명의 기폭제로 간주하였다. 맥아세를 없애라, 그러면 노동자는,

> 매일매일의 일을 기꺼이 하려 들고, 활력과 만족을 느끼면서 그 일을 해치울 것이며, 그의 집과 가족에 대해 그리고 **무엇보다도** 윗사람들과 함께 순하고 몸에 좋은 음료를 함께 마실 수 있도록 해준 그의 나라에 대해 애착심을 갖게 될 것인즉, 가난한 사람들이 영국 의회에 의해 그들에게 허용될 수 있는 그 어느 것보다도 더 절실히 바라는 것이 바로 이것이다.[7]

햄프셔의 한 성직자 치안관은 1816년에 이렇게 주장했다. 도수가 높은 맥주에 대한 부가세는 광범위한 탈세를 가져왔다. 그래서 '밀주집'이 곳곳에 생겨났는데, 쌔뮤얼 뱀퍼드가 물품세 징수원으로 의심받아 거의 맞아죽을

---

5) J. Burnett, "History of Food Adulteration in Great Britain in the Nineteenth Century," *Bulletin of Institution of Historical Research* (1959), 104~107면.

6) J. Lawson, *Letters to the Young on Progress in Pudsey* (Stanningley, 1887), 8, 10면.

7) Board of Agriculture, *Agricultural State of the Kingdom* (1816), 95면.

뻔했다가 한 술꾼이 그가 '경찰에 쫓기는' 진실한 급진주의자라는 사실을 확인해주어 목숨을 건진 술집도 바로 그같은 밀주집이었다.

의심할 바 없이 세금은 집에서 담근 술의 양과 집에서의 음주량을 엄청나게 감소시키는 동시에 음주를 정상적인 식생활의 일부로서보다는 '성문 밖의 행위'(도시 성문 밖의 술집에서는 주세가 붙지 않는 값싼 술을 팔았다—옮긴이)로 만드는 결과를 낳았다. (1830년에 도수가 높은 맥주에 대한 부가세가 폐지되고 맥주법Beer Act이 통과되자 5년 안에 마치 땅에서 솟아나듯이 맥주집 35,000개가 생겨났다.) 차 소비 증가는 부분적으로는 맥주, 그리고 아마도 부분적으로는 우유의 대체 현상이었다. 그리고 —코벳을 필두로 하여 —다시 한번 많은 당대인들은 이것이 생활수준 저하의 증거라고 생각하였다. 차는 형편없는 대체물로 간주되었으며, 또 알코올 소비의 증가와 더불어 불충분한 식사를 하며 장시간노동을 하는 데 필요한 자극제로 간주되었다. 그러나 1830년에 이르면 차는 생활필수품으로 여겨졌다. 그래서 차를 살 수 없을 정도로 가난한 가족들은 이웃들에게 한번 우려낸 차 잎사귀를 얻거나, 탄 빵껍질에 끓는 물을 부어 차 색깔을 흉내내기조차 하였다.[8]

이 모든 것들은 별로 주목할 만한 것이 없는 기록이다. 50년에 걸친 산업혁명기에, 국민생산 가운데 노동계급이 차지하는 몫이 재산소유계급과 전문직업인 계급이 차지하는 몫에 비해 상대적으로 감소되었다는 것은 거의 확실하다. 국부(national wealth)가 증가하고 있다는 증거를 도처에서 확인할 수 있고, 또 그 자신의 노동산물임이 분명한 국부의 대부분이 역시 분명한 방식으로 고용주들의 수중으로 넘어가고 있던 바로 그때에 '평균' 노동자는 최저생계 수준에 아주 가까운 상태에 머물러 있었다. 따라서 심리적으로 그것은 생활수준의 저하와 다름없는 것으로 느껴졌다. '경제적 진보의 혜택' 가운데서 그가 차지한 몫은 고작 더 많은 감자, 그의 가족을 위한 몇벌의 면직의류, 비누와 초, 약간의 차와 설탕, 그리고 『경제사평론』에 실린 그 엄청난 수의 논문들뿐이었다.

---

8) 여기에서 쟁점이 되는 몇가지 문제점에 대해서는 앞에서 인용한 애슈턴(T. S. Ashton), 하트웰(R. M. Hartwell), 홉스봄(E. Hobsbawm), 테일러(A. J. Taylor) 등이 쓴 생활수준에 관한 논문들을 보라.

2. 주 택

도시환경에 관한 증거 역시 해석하기가 더 쉽지는 않다. 18세기 말에는 지하의 습기 찬 단칸방 오막살이에서 가족들과 살았던 농업노동자들이 있었는데, 그와같은 상태는 50년 뒤에는 거의 없어졌다. 성장하는 공업도시에서 행해진 무계획적인 날림공사와 폭리취득에 관해서는 언급할 만한 것이 많지만, 주택 그 자체는 많은 농촌 이주민들이 살아왔던 주택들보다는 좋았다. 그러나 시간이 흐름에 따라 새로운 공업도시들의 급수, 위생, 인구 과밀 그리고 가정을 작업장으로 이용하는 문제 등이 급증했고 그래서 마침내 1840년대의 주택 및 위생 조사서들에 의해 밝혀진 끔찍한 상태에 이르게 된다. 농촌마을이나 작은 직조업 촌락의 주거상태가 프레스턴(Preston)이나 리즈의 주거상태만큼이나 열악했다는 것은 사실이다. 그러나 문제의 규모는 확실히 대도시에서 더 컸고, 열악한 조건들이 겹쳐짐에 따라 전염병이 쉽게 만연되었다.

더욱이 대도시의 조건들은 더욱 고약하고 불편했으며, 또 그렇게 느껴졌다. 묘지 옆에서 솟아나는 마을 우물물은 더러울지 모르나, 적어도 시골마을 사람들은 한밤중에 일어나 서너 거리에 하나밖에 없는 급수관에서 차례를 기다리기 위해 줄을 서거나 물값을 지불해야 할 필요는 없었다. 공업도시 주민들은 공업쓰레기와 노출된 시궁창에서 나는 악취를 피할 수 없었고, 그의 아이들은 쓰레기와 오물 더미 사이에서 놀았다. 지금도 북부와 미들랜즈 지방의 공업도시 풍경에는 그 증거의 일부가 남아 있다.

도시환경의 이러한 악화는 미적인 관점에서건 도시시설의 관점에서건 혹은 위생과 인구밀도의 관점에서건 산업혁명의 결과 중 가장 끔찍한 것의 하나로서, 그것은 많은 당대인들을 놀라게 했던 것과 마찬가지로 오늘날 우리를 놀라게 한다. 더욱이 그것은 생활수준이 향상하고 있다는 '낙관적'인 증거가 아주 유력한 근거를 가지고 있던 고임금 지역의 일부에서 가장 두드러진 형태로 발생하였다. 우리가 두 종류의 증거들(즉 환경의 악화를 나타내는 증거와 환경의 개선을 나타내는 증거—옮긴이)을 함께 고려해야만 한다는 것은 상식일 것이다. 그러나 실제로는 좀 완화된 여러가지 주장들이 제시되어 왔다. 그러한 예들은 피고용자들의 주택사정에 관심을 표명했던 개량적인 공장주들에게서 주로 볼 수 있다. 이러한 것들은 우리로 하여금 인간성에 대해 좀더 낙관적인 생각을 갖도록 만든다. 그러나 그것들은, 훌륭한 자선병원들이 사망률에 겨우 소수점 이하의 숫자만큼밖에 영향을 주지 못했던 것과 마찬가지로, 전반적인 문제의 변죽을 울리는 데 지나지 않았다. 더욱이 모범적인 지역공동체를 구현하기 위해 행해진 진지한 실험의 대부분은 (오웬의 뉴 래너크New Lanark를 제외하고는) 1840년 이후, 즉 노동계급들의 위생조건에 관한 조사(1842) 및 도시의 건강에 관한 조사(1884)들로 인해 여론이 환기되고 또 1831년과 1848년에 유행한 콜레라로 인해 여론이 바짝 긴장한 후에야 행해졌다. 터튼(Turton, 면제품을 생산하는 랭커셔주의 도시 지역—옮긴이)의 애슈워스(Ashworth) 일가의 실험과 같이, 1840년 이전에 행해진 실험은 자족적인 공장마을들에서 행해진 것들이었다.

또한 주거상태의 악화는 그것이 어느 누구의 잘못도 아니요, 무엇보다도 '자본가'의 잘못은 아니었기 때문에 어느 모로는 에누리해서 생각할 수도 있다는 식의 견해도 있다. 내가 '날림'공사를 한 장본인이라고 대답하는 악당은 어디에도 없다. 일부 조악한 건물은 소규모 중개업자나 투기적인 소직종인, 심지어는 자영 건축노동자들에 의해 청부되었다. 셰필드의 한 조사관은 그 책임 소재를 지주, (고리로 돈을 꾸어주는) 소자본가, 그리고 '기껏 300~400파운드만을 주무를 수 있을 뿐인' 그리고 그중 일부는 '실제로 자기 이름도 쓸 줄 모르는' 소규모 건축투기꾼에게 돌렸다.[9] 주택가격은 발트해산(産) 목재, 벽돌, 타일, 슬레이트 등에 붙는 세금으로 인해 계속 고가를 유지했다. 그래서 애슈턴 교수는 그같은 피고들 모두를 완전히 사면해줄 수 있었다. "잘못을 저지른 것은 결코 기계도, 산업혁명도, 심지어 투기적인 벽돌쌓기공이나 목수도 아니었다"는 것이다.[10] 이러한 모든 것들은

---

9) G. C. Holland, *The Vital Statistics of Sheffield* (1843), 56~58면.
10) T. S. Ashton, "The Treatment of Capitalism by Historians," in ed. F. A. Hayek, *Capitalism and the Historians*, 43~51면.

진실일 수도 있다. 즉 노동계급의 주택 문제가 벼룩은 '그들을 무는 더 작은 벼룩들'을 가지게 마련이라는 격언을 예증해준다는 것은 잘 알려진 사실이다. 랭커셔의 여러 직조공들이 집세 문제로 파업을 벌였던 1820년대에, 일부 오두막집 재산 소유자들은 구호금에 의존하는 처지가 되었다고 전해진다. 그리고 대도시의 슬럼가에 있는 모르타르가 부스러져내리고 있는 형편없는 '가축우리', 즉 인간 토끼장 소유자들이라고 언급된 자들 가운데는 술집 주인과 소상점주들이 포함되어 있었다. 그러나 이 어느 것도 실제 상태를 조금도 완화시켜주지는 않는다. 또한 책임을 어디에 돌리는 것이 합당한가에 대해 아무리 논쟁을 계속한다 하더라도 그것을 통해 일부 사람들이 다른 사람들의 생활필수품을 등쳐먹을 수 있었던 과정 자체가 무죄가 될 수도 없다.

좀더 가치있는 유보조건은 18세기에 일부 오래된 도시들의 도로포장, 조명, 하수시설, 슬럼가 철거 등 개량사업이 상당 정도로 행해졌다는 점을 강조하는 것이다. 그러나 흔히 인용되는 런던의 경우, 도시 중심부의 개량사업이 이스트 엔드와 선창지역에까지 확대되었는지, 그리고 전쟁기간중에 그것이 얼마만큼이나 지속되었는지는 전혀 분명하지 않다. 그래서 위생개혁가인 싸우스우드 스미스(Southwood Smith) 박사는 1839년의 런던에 대해 이런 보고를 하였다.

부유한 계급들이 거주하는 지역의 도로를 넓히고 … 배수시설과 하수시설을 확장하고 완성시키고자 하는 … 체계적인 노력이 대규모로 행해지는 동안, 가난한 사람들이 사는 지역의 상태를 개선하려는 그 어떤 일도 전혀 행해지지 않았다.[11]

이스트 엔드의 상태는 의사들과 교구 관리들이 그들의 임무를 수행하는 과정에서 목숨이 위태롭게 될 정도로 열악했다. 더욱이 해먼드 부부가 지적하듯이 최악의 상태는 산업혁명으로 인해 생겨난 신흥도시에서 발견되었

---

11) *Fifth Annual Report of the Poor Law Commissioners* (1839), 170면. 또한 *Fourth Annual Report of the Poor Law Commissioners* (1838), 부록 A, No.1을 보라.

으니, "런던이 〔상업혁명(Commercial Revolution, 15세기 말엽 신대륙·신항로의 발견과 더불어 대항해시대에 일어난 세계 무역구조의 대변혁―옮긴이)기에〕 겪었던 바를 랭커셔는 18세기 말과 19세기 초에 겪었다".[12] 숙련된 장인의 비율이 높고 비교적 번영하던 구도시 셰필드는 날림 건축업자들에도 불구하고 19세기 전반기에 주택사정이 개선된 것이 거의 확실한바, 1840년에는 한 집에 평균 5명이 살았고 대부분의 장인은 가족별로 거실 하나와 침실 두개가 있는 작은 집에 세들어 살고 있었다. 열악한 주택사정의 가장 끔찍한 증거―과밀, 지하실 방, 말할 수 없는 불결―가 발견되는 곳은 직물공업지대와 아일랜드 이주민이 가장 많이 살던 리버풀, 맨체스터, 리즈, 프레스턴, 보울턴, 브래드퍼드 등의 도시들이었다.[13]

끝으로 슬럼가, 악취가 풍기는 강물, 자연파괴, 형편없는 건축물 등은 모두가 높은 인구 압력 아래서 계획도 사전경험도 없는 가운데 급속히 그리고 무계획적으로 일어난 일이기 때문에 모두 용서될 수 있다는 견해가 지겹게 반복되고 있다. "흔히 빈곤의 원인은 탐욕이라기보다는 무지였다"[14]는 것이다. 사실을 말하자면 명백히 양자 모두가 원인이었다. 그리고 그중 어떤 것이 다른 것보다 더 온화한 특징인지는 아무래도 분간할 수 없다. 그런 주장은 어느 시점까지만 타당한데, 즉 대부분의 대도시에서 의사들과 위생개혁가들, 벤섬주의자들과 차티스트들이 재산소유자들의 타성과 '값싼 정부'를 외치는 납세자들의 선동에 대항하여 개량을 위한 끈질긴 싸움을 계속하던 1830년대 혹은 1840년대의 어느 시점까지만 타당하다. 이 시기에 이르면 노동자들은 사실상 악취가 나는 '별개의 지역들'(enclaves, 다른 나라 땅으로 둘러싸인 영토―옮긴이)에 격리되어 있었고, 중간계급들은 마차를 타고 다니는 것이 편리할 만큼 그 지역과 멀리 떨어짐으로써 공업도시

---

12) M. D. George, *London Life in the Eighteenth Century*, 2장; M. D. George, *England in Transition* (Penguin판, 1953), 72면; J. L. and B. Hammond, *The Town Labourer*, 3장과 제2판의 서문; Dr. R. Willan, "Observations on Disease in London," *Medical and Physical Journal* (1800), 299면을 보라.

13) G. C. Holland, 앞의 책, 46면과 여러 곳. 19세기 중엽 리즈 노동자의 도시환경에 대한 뛰어난 서술은 J. F. C. Harrison, *Learning and Living* (1961), 7~20면에 들어 있다.

14) R. M. Hartwell, "The Rising Standard of Living in England, 1800~1850," *Economic History Review*, 2nd Series, XIII (1961년 4월), 413면.

에 대한 그들의 속마음을 드러냈다. 심지어 비교적 잘 지어진 도시인 셰필드에서조차,

장인과 몹시 가난한 상점주들을 제외한 모든 계급들은 교외의 아늑함과 한적함에 매혹된다. 소송대리인, 제조업자, 잡화상, 포목상, 제화업자와 양복제조업자는 아름다운 장소에 전망 좋은 그들의 저택을 정한다.…

1841년 셰필드의 소송대리인 66명 가운데 41명이 교외에 살았고, 나머지 25명 중 10명은 이 도시에 새로 이주한 사람들이었다. 맨체스터의 골목길과 지하실 방에서 살고 있던 빈민들은,

줄줄이 이어진 수많은 상점·공장·창고·제조업 업체들에 가려 상층신분 사람들의 눈에 띄지 않았고, 주로 치텀(Cheetham)·브로우튼(Broughton)·촐튼(Chorlton) 같은 탁 트인 곳에 거주하는 그들의 부유한 이웃들에게 뉴질랜드나 캄차카의 주민들보다도 덜 알려져 있었다.

"부유한 사람들은 가난한 사람들을 보지 못했고, 떠돌이, 거지 혹은 범죄자가 된 그들을 보고 관심을 가질 수밖에 없게 되었을 때만이 겨우 그들을 인식한다." "우리는 '세상의 반은 나머지 반이 어떻게 사는지 모른다'는 격언을 '세상의 반은 나머지 반이 어떻게 사는지 도무지 개의치 않는다'로 바꿈으로써 그 격언의 의미를 개선하였다. 아드윅(Ardwick)은 중국에 대해서 아는 것보다 앤코우츠에 대해서 아는 게 더 적다. …"[15]

확실히, 전대미문의 인구증가율과 공업지역으로의 인구집중은 어떤 기존 사회에서도 중대한 문제들을 야기했을 것이고, 더욱이 이윤을 추구하고 계획에 반대하는 것을 그 사회의 기본원리로 삼고 있는 사회에서는 더더욱 그러했을 것이다. 우리는 이러한 것들을 자유방임적 자본주의의 약탈충동에 의해 더욱 악화된 공업주의의 문제들로 보아야 한다. 그러나 문제들이

---

15) G. C. Holland, 앞의 책, 51면; W. Cooke Taylor, *Notes of a Tour in the Manufacturing Districts of Lancashire* (1842), 12~13, 160면.

어떻게 규정되든 그런 규정들은 동일한 사건들을 서술하거나 해석하는 서로 다른 방식에 지나지 않는다. 그리고 1800년과 1840년 사이의 공업중심지들에 대한 어떠한 연구도 편의시설들이 눈에 보일 만큼 황폐해지고 파괴되었다는 증거들을 간과할 수 없다. 요컨대 바스를 재건한 세기(바스의 도시계획은 1727년에 이루어졌다—옮긴이)는 결코 미적인 감각이 결여되어 있지도, 공공의 책임에 대해 무지하지도 않았다. 산업혁명의 첫 단계들은 미적인 감각과 공공의 책임의식이 모두 쇠퇴했음을 보여주었다. 아니면 적어도 이러한 가치들이 노동자들에게까지 확대적용되지는 않게 마련이었다는 교훈을 보여주었다. 1750년 이전의 대도시 빈민들의 상태가 아무리 처참했을지라도 이전 몇세기 동안의 도시는 대개 상당한 도시적 가치들과 건축학적인 우아함, 직업들간의 가령 상품 제조와 유통과정 간의 일정한 균형, 그리고 상당 정도의 다양성을 가지고 있었다. '코우크타운들'(Coketowns, 광산도시들, 코우크타운은 디킨즈의 소설 『어려운 시절』의 무대가 된 도시명으로 철저한 공리주의자로서 '사실'만을 추구하는 학교 교장 토머스 그래드그라인드가 등장한다—옮긴이)은 아마도 역사상 존재했던 인구 10,000명 이상의 도시 가운데서 오로지 일(work)과 '사실'(fact)만을 염두에 두고 만들어진 최초의 도시였을 것이다.

3. 수 명

건강과 수명이라는 문제는 해석상 훨씬 더 큰 어려움을 제기한다. 최근에 이르기까지 1780년에서 1820년 사이의 영국의 인구'폭발'의 주요 원인은 사망률, 특히 유아사망률의 감소에 있다는 주장이 널리 인정되어왔다. 그래서 인구폭발을 의학지식, 영양(감자), 위생(비누와 면직 셔츠), 수돗물 공급과 주택 등의 개선 결과라고 추정하는 것은 그럴 법한 일이었다. 그러나 이러한 모든 추론은 이제 의심의 대상이 되고 있다. 인구'폭발'은 이러한 여러 요인들이 같은 정도로 작용하지 않았던 영국, 프랑스, 스페인, 아일랜드 등지에서 동시에 발생한 일종의 전 유럽적인 현상으로 볼 수 있다. 다음으로 인구학자들은 지금 그간 인정되어왔던 증거들을 논박하고 있으며, 인구폭발의 원인으로 사망률 감소보다는 출생률 증가를 새롭게 강조하는 유력한 주장들이 제시되기에 이르렀다.[16]

설령 우리가, 출생률은 1781년 이후에 증가했다가 1831년 이후에 감소했으며 "사망률에서는 큰 변화가 발견되지 않는다"는 크라우스(Krause) 박사의 견해를 받아들인다 하더라도, 그렇다고 이것이 결코 노동계급의 건강과 수명이 향상되었다는 증거는 되지 않는다. 다산율(fertility ratio, 즉 가임연령층 여성 1,000명에 대한 0~4세 유아의 수)이 가장 높았던 해는 1821년이었는데 첫번째는 산업혁명의 심장부(랭커셔, 웨스트 라이딩, 체셔 Cheshire, 스태퍼드셔)에서, 그리고 두번째는 산업혁명의 영향이 가장 적었던 남부지방의 '빈민법을 실시하는 주들'에서 그랬다는 사실을 보는 것은 흥미있는 일이다. 겉으로 보기에 이것은 스피넘랜드식의 빈민구제와 공장 취업 기회(어린이노동을 포함하여)가 출생률을 높였다는 맬서스의 주장 ─당시 아주 널리 주장되었으며, 코벳이 아주 싫어했던 주장─을 확인 해주는 것처럼 보일는지도 모른다. 그러나 우리는 부모들이 가외수입을 얻거나 구호금을 받기 위해 의식적으로 더 많은 자식들을 가지기로 작정했다고 가정할 필요는 없다. 출생률의 증가는 지역공동체와 전통적인 가족생활 패턴의 파괴(스피넘랜드 제도와 공장은 조혼과 '무분별한' 결혼을 금지해 온 터부를 약화시킬 수 있었다), 주인집에서 먹고 자는 농장의 하인과 도제 수의 감소, 전쟁의 영향, 신도시로의 인구집중, 심지어는 다산형질의 유전학적인 선택 등에 의해 설명될 수도 있을 것이다. 더욱이 출생률의 증가를 생활수준 향상의 증거로 볼 수 없다는 것은 분명하다.[17] 노동자들 가운데서 가장 가난하고 가장 '무분별한' 자들이 가족수가 가장 많았다는 것은 19세기 초반의 관찰자들이 반복해서 지적하는 테마였고, 한편 아일랜드에서 아일랜드 농민의 결혼패턴 전체가 바뀐 것은 대기근의 뼈저린 경험을 겪고

---

16) 특히 J. T. Kraus, "Changes in English Fertility and Mortality, 1781~1850," *Economic History Review*, 2nd Series, XI, No. 1 (1958년 8월); "Some Neglected Factors in the English Industrial Revolution," *Journal of Economic History*, XIX (1959년 12월 4일).

17) J. T. Krause, "Some Implications of Recent Work in Historical Demography," *Comparative Studies in Society and History*, I (1959년 1월 2일)을 보라.

나서부터였다.[18]

이 문제에 관한 논쟁은 복잡하기 때문에 당분간 인구학자들에게 맡겨두는 것이 최선이다. 그러나 우리는 사망률이 감소하고 있었다는 가정 아래 관습적으로 해석되어온 증거들은 새로운 눈으로 검토할 필요가 있는 시점에 와 있다. 1800년 이전에는 의술향상이 노동자들의 기대수명에 별다른 영향을 미치지 못했던 것 같다. 런던과 기타 오래된 '장인' 도시에서 사망률의 실질적인 저하는 18세기 중엽에 일어났으며, 진(gin) 소비량의 감소와 공중위생을 개선하고자 하는 초기의 노력과 계몽이 이에 기여했다고 생각할 수 있다. 또한 인구'폭발'은 18세기 중엽에 시작되었으며, "인간의 의식적인 노력이 전혀 영향을 주지 못한 (병균의—옮긴이) 전염성과 (인체의—옮긴이) 저항력의 변화"[19]가 초래한 전염병 감소에서 기인했다고 생각할 수도 있다. 최초의 인구증가는 오래 계속된 풍작에 의해, 그리고 산업혁명 후기가 아니라 초기에 일어난 생활수준의 향상에 의해 지탱되었다. 산업혁명이 진척되고 그리하여 뿌리뽑힌 이주민들이 대거 몰려듦에 따라 급성장한 대도시에 인구밀집과 도덕적 타락이라는 고전적 조건들이 나타남으로써, 도시주민의 건강은 크게 악화되었다. 19세기 초 30~40년간의 유아사망률은 농촌지역에서보다 신흥 공업도시에서 훨씬 더 높았으며, 때로는 두 배나 더 높았다. "대도시 주민의 10%도 충분한 건강을 누리지 못한다"고 리즈의 터너 새크라(Turner Thackrah) 박사는 언명하였다.[20] 그리고 노동자의 질병, 영양실조, 유아사망, 직업으로 인한 기형 등에 관한 풍부한 문헌적 증거가 있는데 그중 많은 것이 의학계 종사자들로부터 나온 것이다. 증거

---

18) K. H. Connell, "The Land Legislation and Irish Social Life," *Economic History Review*, XI (1958년 8월 1일).

19) T. McKeown and R. G. Brown, "Medical Evidence Related to English Population Changes in the Eighteenth Century," *Population Studies* (1955년 11월). 또한 J. H. Habakkuk, "English Population in the Eighteenth Century," *Economic History Review*, 2nd, Series, VI (1953); G. Kitson Clark, *The Making of Victorian England* (1962), 3장. 그리고 한 지역의 경제적·인구학적 데이터를 철저하게 검토한 것으로는 J. D. Chambers, *The Vale of Trent, 1670~1800* (Economic History Society, Supplement, 1957)이 있다.

20) Turner Thackrah, *The Effects of Arts, Trade and Professions... on Health and Longevity* (1832), ed. A. Meiklejohn (1957), 24면.

는 때때로 상호 모순되기도 하는바, 특히 공장의 어린이노동의 영향에 대한 것이 그러하다. 그것은 1830년대에 10시간 운동이 절정에 달했을 때, 의사들이 실태보고에 근거하여 상반된 주장을 내놓았기 때문이다. 그러나 이제는 '낙관주의적' 역사가들이, 고용주측에서 자신들의 입장을 뒷받침하기 위해 초청한 의사들의 증언은 '객관적'이고 권위적인 것으로 받아들이면서 개혁가들의 주장에 유리한 의사들의 증언은 '편향된' 것이라고 거부하는 경향은 종식되어야 할 때이다.[21]

런던의 호적등기소장(Registrar-General)의 제1차 보고서(1839)는 전체 사망률의 약 20%는 폐병 때문이었다는 것을 보여주었는데, 이 병은 도시와 농촌 지역에 널리 퍼져 있었던 것으로 대개 과밀과 결부되어 있었다. 1818~27년에 리즈의 한 모직물공장에서 사망한 성인과 미성년 노동자 92명 중 52명 이상이 폐병 또는 '쇠약' 때문이었고, 다음 두 범주는 '탈진' 혹은 '너무 늙었음'(9명) 그리고 천식(7명)이었다. 셰필드 공공진료소 의사였던 홀런드(Holland) 박사가 1837년과 1842년 사이의 5년간에 셰필드의 등록 구역 내에서 사망한 자들의 사망원인에 관해 제시한 좀더 상세한 수치들을 검토해보는 것은 흥미로운 일이다. 이 기간의 사망자(유아 포함) 11,944명 중 5년의 기간 동안 100명 이상의 사망자를 낸 원인으로 지적된 질병은 다음과 같다.

1. 폐병	1,604
2. 발작	919
3. 폐렴	874
4. 기력쇠퇴	800
5. (검시관에 의해 보고된) 사고	618
6. 성홍열	550

---

21) 증거를 이런 방식으로 읽는 것을 유일하게 지지하는 글이 F. A. Hayek, ed., *Capitalism and the Historians*, 166면 이하에 재수록된 W. H. Hutt, "The Factory System in the Early Nineteenth Century," *Economica* (1926년 3월)일 터인데 여기에서 허트는 어린이노동에 관한 의학적인 증거들을 아주 불만족스럽고 인상주의적인 방식으로 논의하고 있다. 이 책 이 장 465~66면을 보라.

진단이 분명히 부적절하다는 점을 굳이 지적할 필요는 없다(위의 항목에는 위장염과 디프테리아가 없다). 이 사망 보고는 "크게 믿을 게 못 된다"고 홀런드 박사는 논평하였다. 즉, '쇠약'과 대부분의 '천식'은 폐병 때문이었을 것이다. 또 '기아'로 사망한 단 **한명**의 기록에 관한 언급은 다음과 같다.

어느 한 의료종사자의 관찰 범위는 매우 제한되어 있었음에 틀림없고, 그래서 그는 이 도시에서의 수백명의 사망 원인을 생활필수품 결핍에서 찾아야 한다는 결론에 이르지 못한 것이다. 그들이 죽는 것은 질병 때문이겠지만, 그 질병은 고달픈 노동에 가난한 생활이 결합한 데서 비롯된 것이다.

그런데 셰필드의 수치를 보면 5년간의 출산시 사망(이 경우 오진은 거의 없을 것이다)은 단 64명이다. 이것은 그전의 100년과 비교할 때 두드러진 개선을 나타내는바, 산욕열 감소 및 위생의 개선과 산파 등이 이에 크게 기여했을 수 있다. 그러나 산모의 사망률이 모든 계급에서 감소되고 있었을지라도, 살아남은 노동계급 여성들이 낳은 많은 어린애들이 공업중심지에서 죽지 않고 살아남을 가능성은 줄어들고 있었다. 그리고 유아사망률이 높았을 경우 우리가 기억해야 할 일은 어린이들의 수명에서 결정적인 시기가 0~1세가 아니라 0~5세였다는 점이다. 예컨대 이 기간에 셰필드에서 사망한 11,944명에 대한 연령분포는 다음과 같다.

1세 미만	2,983
1세	1,511
2~4세	1,544

이것은 5세 미만의 사망자가 6,038명이고 나머지 5,906명은 다른 연령집단에 분산되어 있음을 보여준다. 따라서 유아(0~1세)의 사망률은 1,000명당 약 250명이고, 0~5세의 사망률은 1,000명당 506명이 된다. "가난한 사람의 자식 중 절반 이상은 … 채 5살이 되기도 전에 사망한다"(고 케이 박사가 말한), 그리고 0~5세 연령집단의 사망자는 1,000명당 517명이라고 호적등기소장의 보고서(1839)가 밝히고 있는 맨체스터에서도 사정은 거의 마찬가지다. 그러나 이러한 수치들은 실제의 유아사망률을 과소평가한—아마 크게 과소평가한—것인데, 왜냐하면 공업중심지에는 성인 이주민들이 끊임없이 몰려오고 있었기 때문이다. 예컨대 1851년의 (출생지를 기록한) 쎈서스는 '거의 모든 대도시에서 타지역 이주민들이 그 도시에서 태어난 사람들의 수를 크게 능가했음'을 보여준다. 그러므로 이주민들의 사망은 유아 사망의 참모습을 끊임없이 희석시키는 결과를 낳았을 것이다. 1840년 이전의 대도시의 인구증가는 농촌지역보다 인구의 자연증가가 더 높았던 데서 비롯된 것이 아니다. 전통적인 견해가 사실이라 할지라도, 오래된 중심지와 시장도시와 촌락들에서 대다수 주민들이 산업혁명의 생산물로 (그리고 위생에 대한 계몽으로) 인해 그들의 건강이 어느정도 향상되었을지라도, 그 상품들을 생산한 자들은 그렇지 못했다. 고임금의 공업중심지에

서 어린애들은 연년생으로 태어나되 그들 중 절반 이상이 말을 할 수 있기 이전에 사망한 반면, 저임금의 농촌에서는 어린애들이 구호금을 받으며 성장한 후 도시로 이주하여 다량의 도시 성인노동력을 보충해주었다는 생각이 떠오르게 된다.[22]

공장의 성인노동자들의 건강이 평균 이하였다고 생각할 근거는 없으며, 어떤 증거들은 노동시간이 제한되고 기계가 일정한 틀 안에 설치되고 작업공간이 넓어지고 환기와 난방이 개선됨에 따라 성인 면방적공의 건강이 1810년과 1830년 사이에 향상되었으며, 그 이후에는 더욱 급속히 향상되었다는 사실을 보여준다. 그러나 그들의 아이들은 다른 노동자들과 함께 고통을 겪었던 것으로 보인다. 1833년에 맨체스터의 고용주들을 위해 행해진 한 조사에 의하면, 결혼한 방적공들의 아이들은 총 3,166명인데(부부당 평균 4.5명), "이 아이들 중 1,922명 즉 전체의 60.5%는 살아남았으나, 1,244명 즉 39.5%는 죽었다".[23] 우리는 조사 당시 유아였던 어린애가 다섯살이 되었거나 혹은 다섯살이 채 안되어서 죽었을 때에는 이 39.5%가 50%로 증가하리라고 추론해도 좋을 것이다. 산업혁명의 수혜자라고 흔히 일컬어지는 노동자들의 아이들이 나타내는 이와같은 높은 사망률은 어느 면으로는 건강에 관련된 환경조건 전반에 기인한 것이라고 볼 수 있다. 그것은 또한 어릴 때부터 공장에서 일해온 처녀들의 골반이 특이하게 변형되고 좁아져서 출산을 어렵게 만들고,[24] 어머니가 임신 마지막 주까지 노동을 했기 때문에 태어난 아기가 허약하며, 그리고 무엇보다도 아기를 적절하게 보살펴주지 못한 데에서 기인한 것이었는지도 모른다. 어머니들은 일자리를 잃을까 봐 출산 후 3주일 혹은 그 이전에 공장으로 되돌아왔다. 게다가 1840

---

22) G. C. Holland, 앞의 책, 8장; J. P. Kay, *The Moral and Physical Condition of the Working Classes employed in the Cotton Manufacture of Manchester* (1832); *First Annual Report of the Registrar-General* (1839); A. Redford, *Labour Migration in England, 1800~1850* (1926), 16면.

23) W. Cook Taylor, 앞의 책, 261면.

24) *Poor Man's Advocate*, 1832년 5월 5일자에 들어 있는 리즈의 S. 스미스 박사의 증거를 보라. 어머니가 어린애를 낳다가 사망하는 일이 셰필드에서 적게 발생한 이유는 아마도 하루에 12 내지 14시간을 서서 일하는 직업에 고용된 처녀의 수가 적었다는 사실과 관련이 있을 것이다.

년대에 랭커셔의 일부와 웨스트 라이딩의 도시들에서 어머니들은 식사시간에 젖을 먹이기 위해 아기들을 공장으로 데리고 들어왔다. 아마 8~9세 때부터 공장에서 일해왔을 젊은 어머니들은 가정교육을 받지 못했고, 의학적인 무지는 끔찍할 정도였다. 부모들은 숙명론적인 미신의 희생자들이었다(교회는 때때로 미신을 부추겼다). 우는 아이를 조용히 하게 하기 위해 마취제, 특히 아편이 사용되곤 했다. 신생아와 유아들은 친척들, 애를 봐주는 노파, 혹은 너무 어려서 공장에서 일할 수 없는 아이들의 손에 맡겨졌다. 일부 갓난아기에게는 더러운 천으로 만든 인형을 주어 빨아먹게 했는데, "그 인형에는 우유와 물에 적신 빵조각이 매달려 있고", 두세살 된 어린 애들이 "공장 부근에서 입에 이러한 천조각을 물고 뛰어다니는" 모습을 볼 수 있었다.[25]

그 자신도 불구자인 어떤 사람은 다음과 같이 썼다. "공장노동자는",

길을 갈 때 아주 쉽게 식별된다. 그의 관절 일부는 거의 틀림없이 망가져 있다. 무릎이 푹 패어 있고, 발꿈치는 부풀어 있고, 한쪽 어깨는 다른 쪽보다 낮거나, 아니면 새우등이거나 새가슴이거나 혹은 다른 어디가 기형이다.[26]

그리고 공장 안에서 일을 하든 밖에서 일을 하든, 많은 공업 직종에서의 사정은 이와 마찬가지였다. 40세가 넘어서 면방적공으로 취업하고 있는 경우는 드물었지만(취업하고 있는 사람은 긴 선발과정을 거쳤는데 이 과정에서 몸이 약한 사람은 떨려나왔다), 나이든 광부나 칼제조공도 수가 아주 적었다. 새크라 박사는 쇼디(shoddy, 모직물 따위의 지스러기에서 회수한 재생털실—옮긴이)를 다루는 노동자와 넝마주이 가운데서 직업병에 걸린 사람이 많다는 사실을 발견했다. 한편, 홀런드 박사는 셰필드 연마공들의 질병과 사고에 관해 상세한 논문을 썼다. 우리는 가내소모공의 열악한 노동조건을 살펴본 바 있는데, 직조공들도 신체가 기형화되기 쉬웠다. 또한 멘딥스의

---

25) W. Dodd, *The Factory System Illustrated* (1842), 149면.
26) 같은 책, 112~13면.

유리제조공, 런던의 제빵업계 노동자와 많은 저임금 직종의 고한노동자들도 사정은 마찬가지였다. 양복제조공은 매일 장시간을 '널빤지 위에서 책상다리로' 앉아 있었기 때문에 어깨와 가슴이 특이하게 변형되었다.

터너 새크라 박사는 아주 열악한 가내노동과 면방직공장은 거의 차이가 없다는 사실을 알고 있었다. 맨체스터의 면방직공장에서 나오는 아이들은 그에게 이렇게 보였다.

… 거의 모두가 다 추하고, 작고, 병약하고, 맨발에다 누더기 옷을 입었다. 대부분은 7세가 채 안된 것처럼 보였다. 나이든 사람은 없고 보통 16세에서 24세까지의 남자들은 어린애들과 마찬가지로 핼쑥하고 말랐다. 그나마 여자들의 모양새가 그중 나은 편이었다. …

그는 이들을 웨스트 라이딩의 소규모 공장과 끝마무리 작업장의 노동자들 ──즉 '뚱뚱한 축융공, 팔팔한 시방공, 불결하지만 쾌활하고 혈색 좋은 실잇는 직공' ──과 이렇게 비교했다. 면직공에게서,

나는 퇴화한 인종 ──즉 발육이 중지되고 허약해지고 (정신적으로─옮긴이) 타락한 인간들 ──어른이라고 볼 수 없는 남자와 여자들 ──결코 건강한 어른이 될 수 없는 아이들을 보았거나 혹은 보았다고 생각한다.

그는 고용주들에 의해 수집된 건강에 관한 증거들을 의심했는데, 대부분의 남자노동자들은 성인 초년기에 해고되고, 기력이 떨어진 면방적공들은 다른 직종에 가서 죽게 되었을 것이기 때문이다. 새로운 공장과 오래된 가내수공업 직종의 대부분에서 나이든 노동자들은 "나이든 농민에 비해 기력과 외모가 상당히 형편없었던" 것 같았다.[27]

우리는 증폭요인(the multiplier)과 증폭된 사람들(the multiplied)을 동시에 보아야 한다. 우리는 공장의 엄청나게 많은 신체장애 어린이들의 수에

---

27) Turner Thackrah, 앞의 책, 특히 27~31, 146, 203~205면.

다가 직조공과 선대제 노동자의 아이들 가운데서 곱사가 된 아이들의 수를 추가해야 한다. 도시의 '평균' 공업노동자는 성장이 중지되었으며, 허약한 몸 때문에 아일랜드의 빈민들이 맡아 하던 고된 중노동에는 부적합하다는 것이 1830년에 이르러서는 당연한 사실로 받아들여졌다. 따라서 공장에서 쫓겨난 면방적공은 살아갈 방법이 없거나, 아니면 기껏해야 "심부름을 해주거나 시장에서 핀과 바늘, 발라드, 리본과 레이스, 오렌지, 생강 든 빵을 파는 일…"[28]에 고용되기를 바랄 뿐이었다.

기본적인 인구통계치가 논란의 대상이 되고 있는 한, 어떤 결론도 잠정적일 수밖에 없다. 어느 점을 보아도 진이 '역병처럼 유행한' 18세기 초에 런던의 사망률이 엄청났다는 것을 과소평가할 수는 없다. 그러나 18세기 후반의 장인과 일부 농업노동자의 생활 및 노동조건은 19세기 전반의 공장직공과 선대제 노동자의 그것보다 오히려 더 위생적이었던 것으로 보인다. 런던과 버밍엄의 사망률이 이 시기에 낮아졌다면, 그것은 그들이 상대적으로 높은 수준의 유아보호와 조금은 덜 비위생적인 노동조건을 지닌 고도의 '장인' 도시에 남아 있었기 때문일 것이다. 북부 공업지대, 포터리즈 지역 및 대부분의 광산지역에서는 유아사망률이 증가하고 수명이 짧아졌으며 삶은 더욱 고통스러워졌다. 그 결과 아마 알코올 소비와 아편 사용이 증가되어 직업병의 위험을 증대시켰을 것이다. 그리고 절대빈곤은 생식률을 증가시키는 데 기여했을 것이다. 홀런드 박사는 임금을 가장 적게 받고 조직화가 가장 적게 이루어진 셰필드의 노동자 가운데서 "가장 방탕하고 무모하고 무분별한 자들을" 발견했다. "조건이 열악한 장인일수록 결혼을 일찍한다는 우리의 주장은 광범위한 조사에 의거한 것이다."[29]

우리가 국민 전체의 사망률 ― 그리고 특히 유아사망률 ― 이 19세기 처음 40년간에 걸쳐 다소 낮아졌다는 것을 인정한다 할지라도, 우리는 임금과 소비물품에 관해 제기했던 것과 똑같은 질문을 이 통계수치에 대해서도 제기해야만 한다. 유아 사망과 질병이 옷이나 육류보다 더 공평하게 분포되었으리라고 가정해야 할 이유는 없다. 사실 그렇게 분포되어 있지 않다

---

28) W. Dodd, 앞의 책, 113면.
29) G. C. Holland, 앞의 책, 114~15면.

는 것을 우리는 잘 알고 있다. 돈 있는 사람이라고 해서——오우스틀러가 지적했듯이——한꺼번에 코트 두 벌을 입는 일은 아주 드물겠지만 그들의 가족이 의사의 진단, 약, 간호, 식사, 공간, 휴양을 가질 기회는 (가난한 사람들에 비해—옮긴이) 열 배나 더 많았다. 1842년에 여러 중심지에서 사회집단별 평균 사망연령을 측정하려는 시도들이 있었다.

	젠트리	직종인	노동자
러틀런드셔	52	41	38
트루어로우	40	33	28
다비	49	38	21
맨체스터	38	20	17
베스널 그린	45	26	16
리버풀	35	22	15

수치가 각각 44, 27, 19로 나타났던 리즈의 경우, 세 그룹을 합친 평균연령은 21세였다. 교구가 크게 분산되어 있어서 인구가 밀집된 다른 도시에 비해 사망률이 낮았던 핼리팩스의 경우, 그 지역의 한 개업의는 '젠트리와 제조업자 및 그들의 가족'의 평균 사망연령을 55세, 상점주는 24세, 직공은 22세로 계산했다.[30]

인구학자들은 이것을 통계학적 증거라기보다는 차라리 '문헌적' 증거로 간주해야 옳을 것이다. 그러나 이것은 수백만에 달하는 중간계급들과 노동귀족의 크게 감소된 유아사망률과 크게 증가된 기대수명이, 전국 평균치로 볼 때 악화되고 있던 노동계급의 상태를 일반적으로 은폐하리라는 점을 보여준다. 그리고 이런 관점에서 셰필드의 홀런드 박사는 우리의 견해와 같은 입장을 앞질러 제시한 바 있다.

---

30) *Report on the Sanitary Condition of the Labouring Classes* (1842), 153면; G. C. Holland, 앞의 책, 128면. 핼리팩스에 관해서는 W. Ranger, *Report on... Halifax* (1851), 100면 이하에 인용된 알렉산더(Alexander) 박사의 글을 보라. 그 이후의 수치에 관해서는 James Hole, *The Homes of the Working Classes* (1866), 18면 이하를 보라.

우리는 노동계급들의 고통과 그로 인한 사망률이 이전보다 더 높아졌다고 주장하는 데 주저하지 않는다. 사실, 대부분의 제조업지역에서 이 계급들의 사망률은, 전체 인구와 관련시키지 않고 그들만 따로 떼어 연구할 때 생각하기조차 끔찍할 정도이다. 추정된 수명 증가는 … 이전보다 훨씬 더 많은 수의 중간계급이 존재한다는 사실에 주로 기인한다. …

"총합된 통계보고서에 속아 그릇된 믿음을 갖게 될지도 모른다"고 그는 말을 잇는다.

사실 가장 수가 많은 계급은 정체되거나 혹은 악화되는 과정에 있는지도 모르는 시기에 사회의 물질적·사회적 조건 면에서 사회가 점점 향상되고 있다는 믿음을 … 갖게 될지도 모른다.[31]

4. 어린이들의 상태

우리는 어린이노동에 관해 이미 언급한 바 있지만 그것은 좀더 검토될 필요가 있다. 어떻게 보면 이 문제가 논란의 대상이 될 수 있다는 것 자체가 이상한 일이다. 1780년과 1840년 사이에 어린이노동에 대한 착취의 강도는 크게 증가했으며, 사료를 접한 모든 역사가들은 이것을 알고 있다. 이 것은 흔히 갱도가 너무 좁아서 어린이들만이 쉽게 지나갈 수 있었던 비효율적인 소규모 탄광과 ——석탄층의 표면이 수갱(竪坑)으로부터 점점 멀어짐에 따라——'운반꾼'으로 이용하거나 환기구를 작동하는 데 어린이들이 필요했던 몇몇 대규모 탄광지대 모두에서 사실이었다. 공장에서 어린이와 청소년 노동력은 매년 증가되었다. 그리고 일부 선대제 노동자나 '지체가 낮은' 직종에서 노동시간은 점점 길어지고 노동강도는 점점 높아졌다. 그

---

31) G. C. Holland, 앞의 책, 124면.

렇다면 무슨 논쟁거리가 아직도 남아 있다는 것인가?

그러나 '낙관주의자들'은 해먼드 부부 시대 이후로 이 문제에 하도 많은 유보조건을 달아놓고 있기 때문에 어린이노동에 관한 설명을 끝내버리려는 음모가 있지 않은가 의심이 들 지경이다. 어린이노동에 관해서는 '새로운 것이라고는 전혀' 없었다——새로운 공업에서와 마찬가지로 '재래의' 공업에서도 노동조건은 열악했다, 증거의 대부분은 당파적이고 과장된 것이라거나, 이 문제에 대해 강력한 항의가 제기된 1830년대 이전에 사태는 이미 개선되고 있었다거나, 어린이들을 가장 거칠게 다룬 것은 바로 노동자들 자신들이었다거나, (어린이노동에 대한—옮긴이) 항의는 '이해관계가 있는' 진영들 즉 제조업자들에게 적대적이었던 지주들·자기 자신을 위해 노동시간의 제한을 요구했던 성인 노동조합주의자들·그에 대해 아무것도 모르는 중간계급 지식인들로부터 나왔다거나, 혹은 (역설적이게도) 모든 문제는 고용계급들의 지독함이나 무감각을 드러내기는커녕 그들의 인간애가 커가는 것을 보여준다거나 하는 것 등등이었다. 개별적인 변명과 이데올로기가 멋대로 뒤섞이면서 역사에서 이처럼 실종되어버린 문제도 드물다.

어린이노동은 새로운 것이 아니었다. 어린이는 1780년 이전의 농업경제와 공업경제의 필수적인 부분이었고, 학교에 의해 구제되기 전까지 그런 상태는 계속되었다. 어떤 직업들——갱도에서 석탄을 운반하는 소년들이나 갑판에서 일하는 소년들——에서는 어린이들의 노동조건이 초기 공장의 최악의 조건을 제외하면 가장 열악했을 것이다. 교구에서 피터 그라임즈 (Peter Grimes, 죠지 크래브의 시집 『버러』에 나오는 주인공들 가운데 하나로 도제들을 학대하여 죽인다—옮긴이) 같은 뱃놈이나 소규모 '횡갱(橫坑)'에서 일하는 술취한 채탄부에게 '도제수업차' 보내진 고아들은 더더욱 끔찍한 고립상태에서 학대를 받게 마련이었을 것이다.[32] 그러나 (어린이에 대한—옮긴이) 산업혁명 이전의 일반적인 태도를 그와같은 극단적인 경우를 근거로 삼아 일반화하는 것은 잘못이다. 그리고 어쨌든 피터 그라임즈 이야기의 요점 중 하나는 그가 어민 지역공동체의 여자들에 의해 추방되었으며 또 지은 죄로 인

---

32) M. D. George, 앞의 책, 5장을 보라.

해 그가 무덤에 가게 되었다는 것이다.

어린이노동의 가장 일반적인 형태는 가정이나 가족경제 내의 것이었다. 걸음마를 면하자마자 어린이들은 일을 하거나 심부름을 했다. 크롬프턴 (Crompton)의 아들 중 하나는 '내가 걸을 수 있게 되자마자' 일을 시켰다고 회상했다.

> 나의 어머니는 철사 어레미 위에서 솜을 두들기곤 했다. 그러고는 그것을 진한 비눗물이 담긴 짙은 갈색 항아리에 집어넣었다. 그런 다음 어머니는 내 속옷을 허리 부분까지 걷어올린 다음, 나를 항아리 속에 집어넣어 바닥의 솜을 밟게 하였다. … 이러한 과정은 항아리가 솜으로 가득 차서 내가 더이상 그 안에서 안전하게 서 있을 수 없게 될 때까지 계속되었고, 그때가 되면 의자 하나가 통 옆에 놓여졌고, 나는 그 등받이를 붙잡았다. …

또다른 아들은 "일곱살 때 걸상 위에 올라가 실을 잣기 위한 준비로 솜틀에 솜을 펼쳐놓았고, 그러면 형은 바퀴를 돌려 기계를 작동시키는 일을 했다"고 회상하였다.[33] 그 다음엔 실패에 실을 감는 일을 하게 되었고, 10살이나 11살이 되면 방적일 혹은——발판에 닿을 만큼 다리가 길면——직조기 일을 하게 되었다. 이와같이 어린이노동은 직물공업에 깊이 뿌리를 내리고 있었기 때문에 직물공업은, 어린이들이 할 수 있는 일이 없고 그래서 가족의 수입에 보탬이 되지 않는 다른 직종 노동자들의 부러움의 대상이 되곤 했다. 한편 방모사공업의 초기 수직기 '공장들'은 어린이를 고용하지 않게 되리라는 이유로 반대에 부딪혔다. 한 증인은 1806년에 말하기를 공장제가 널리 퍼지게 되면,

> 가난한 모든 노동자들을 그들의 거주지와 가정에서 공장으로 불러내게 될 것이며, 또 공장에서는 … 그들이 집에서 얻어왔던 것과 같은 도움과

---

33) G. F. French, *Life of Samuel Crompton* (1859), 58~59, 72면. 또한 B. Brierley, *Home Memories* (Manchester, 1886), 19면을 보라.

이점을 누릴 수 없게 될 것이다. 내가 4, 5, 6명의 아이들을 가진 부모이고 아이들 중 하나가 14살, 다른 애가 12살, 또다른 애가 10살이라고 가정해보라. 내가 가족과 함께 집에서 일을 한다면 한 아이에게는 실패에 실을 감게 하고, 다른 애에게는 직조기에서 일하게 하고, 또다른 애에게는 제니 방적기에서 일하게 하는 식으로 그들에게 일거리를 줄 수 있을 것이다. 그러나 내가 공장으로 가면 그들은 내가 이 아이들을 데려올 수 없게 할 것이고, 그래서 나는 아이들을 이 넓은 세상에서 죽게 놔두지 않으면 안된다. …[34]

당시의 기준으로 볼 때, 이것은 하기 어려운 짓이요 심지어는 잔인한 짓이었다. 모든 가정에서 여자아이들은 빵을 굽고, 술을 담그고, 청소와 허드렛일을 했다. 또 농사를 짓는 과정에서 어린이들은 ──대개 헐벗은 채로 ──밭이나 농장에서 전천후로 일을 했다. 그러나 공장제와 비교할 때, 양자 사이에는 두드러진 차이가 있다. 집에서의 일은 어느정도 다양성이 있었다(단조로움은 어린이에게는 특히 잔인한 일이다). 평상시 노동은 간헐적이었다. 노동은 여러가지 일을 번갈아 하는 것이었고, 실패에 실을 감는 일과 같은 규칙적인 일조차도 특별한 경우(두명의 직조공을 한두 어린이가 도와주는 따위)가 아니면 하루 온종일이 걸리지는 않았다. 어떤 어린이도 매주 6일 하루 8시간씩 항아리 안에서 면화를 밟아야만 하지는 않았다. 한마디로 어린이의 능력과 나이에 따라 일을 등급별로 시켰으며, 일하는 도중에 심부름을 간다든지 나무딸기를 딴다든지 땔감을 줍는다든지 놀이를 했던 것으로 생각된다. 무엇보다도 노동은 가족경제 안에서 그리고 부모의 보살핌 아래서 행해졌다. 어린이에 대한 부모의 태도가 18세기에 유난히 엄격했다는 것은 사실이다. 그러나 어떤 경우를 보아도 전반적으로 가학적이었다든가 사랑이 결핍되어 있었음을 입증해주는 것은 없다.

이러한 해석은 다음 두 가지 정황에 의해 확인된다. 즉 18세기에는 어린이들이 공장시간에 얽매여 있었다면 거의 불가능했을 게임과 댄스와 스포

---

34) *Committee on the Woollen Trade* (1806), 49면.

츠가 존속했다는 사실과, 수작업노동자들이 그들의 자식들을 초기의 공장에 보내려고 하지 않았다는 점이다. 공장들이 피구호민 도제들을 고용했던 한 원인이 바로 여기에 있었다. 그러나 1780년과 1830년 사이에 어린이노동이 강화된 원인이 오로지 공장에만 있었던 것도 아니고 또 어쩌면 공장이 그것의 주된 원인이었던 것도 아니다. 그 첫번째 원인은 전문화되었다는 사실 그 자체, 경제적 역할의 점진적인 분화, 가족경제의 붕괴였다. 두번째 원인은 18세기 후반의 인도주의(humanitarianism)의 붕괴 및 전쟁으로 인한 반혁명적 분위기인데, 이러한 분위기가 고용계급의 무자비한 독단적 태도를 길러냈다.

우리는 앞으로 두번째 점에 대해 다루겠다. 첫번째 점에 관해 말하자면, 18세기에 있었던 거의 모든 악습들은 19세기 초에도 계속되었을 뿐 아니라 더욱 강화된 형태로 계속되었다. 디킨즈가 알고 있었듯이 피터 그라임즈는 죠지왕 시대(George I~IV세, 1714~1830)의 올더버러(Aldeburgh)에서와 같이, 빅토리아 여왕 치세(1837~1901) 초기의 런던에서도 볼 수 있었을 것 같다. 1842년의 '어린이 고용에 관한 의회위원회'(Children's Employment Commission)의 보고서들은 스태퍼드셔와 랭커셔와 요크셔의 새로운 민생위원국이 여전히 6, 7, 8세의 구빈원 원아들을 '옷값으로' 1기니를 주어 채탄부들의 도제로 보내버림으로써 그들을 구빈원에서 제거해버리고 있었음을 보여준다. 그 소년들은 "전적으로 감독들이 지배하였으며" 1페니의 임금도 받지 않았다. 예컨대 그의 마스터에게 얻어터지고 석탄덩이로 두들겨 맞은 핼리팩스의 한 소년은 도망을 쳐서 폐광에서 잠을 자고, "갱도에서 찾아낸 전날 밤에 채탄부들이 버리고 간 양초를 오랫동안 먹었다".[35] 이 간결한 보고서에는 체념과 공포로 얼룩진 어린이들의 증언들이 들어 있다. 8세의 한 여자어린이는 '하루에' 13시간 고용되어, 갱도의 통풍구를 열고 닫았다. "나는 등불도 없이 통풍구를 열고 닫아야만 하고, 그래서 나는 무섭다. … 등불이 있을 때 나는 때때로 노래를 부르지만, 어둠 속에서는 노래하지 않는다. 그때는 무서워서 노래를 부를 수가 없다." 그리고 17세의 폐

---

35) *Children's Employment Commission, Mines* (1842), 43면.

이션스 커쇼(Patience Kershaw)는 다른 일자리의 좋은 점을 다음과 같이
말했다.

… 석탄수레를 머리로 밀고 다니다 보니 내 머리에는 머리털이 훌렁 벗
어진 자리가 생겼다. 내 다리는 부은 적이 없지만, 공장으로 간 누나들의
다리는 부어 있다. 나는 지하에서 석탄수레를 1마일 이상 밀고 갔다가
되돌아온다. 석탄수레는 3헌드레드웨이트(336파운드—옮긴이)가 나간
다. … 내가 일을 돕는 채탄부는 모자 쓴 것말고는 벌거숭이다. … 때때
로 그들은 내가 빨리 운반하지 않는다고 나를 때린다. … 나는 탄갱보다
는 차라리 공장에서 일하고 싶다.[36]

이것은 가장 열악한 18세기의 상태가 가중된 것에 다름아니다. 그러나
전문화와 경제적 분화는 어린이들에게 공장 밖의 특수한 일거리를 제공했
는데, 그것은 10시간 혹은 12시간 이상 계속되는 단조로운 작업을 요구하
는 성과급 노동이었다. 우리는 이미 클렉히튼의 소모기가 설치된 촌락에
대해 언급한 바 있는데, 거기서는 "겨우 걸을 수 있는 네살박이 어린것들이
… 그들의 머리가 멍해지고, 눈은 충혈되어 쓰리고, 약한 애들은 허리가 굽
어 기형아가 될 정도로 그 작은 손가락으로 소모기에 철사를 끼워넣는 단
순작업을 수시간 계속하였다". 이러한 일은 여전히 집에서 행해질 수 있었
는데, 이러한 종류의 어린이 고한노동이 대부분의 선대제 공업과 농촌공업
(밀짚엮기, 레이스짜기)과 지체가 낮은 직종에서 19세기 초 수십년에 걸쳐
여하간 증가하고 있었음을 보여주는 증거가 있다.[37] 공장제가 저지른 범죄
는, 그나마 집안에서 베풀 수 있는 몇가지 보상적 이점을 빼버린 상태로 가
내수공업의 최악의 형태를 이어받은 것이었다. "그것(공장제—옮긴이)은 피
구호민 및 무임금 어린이노동을 체계화했고, 어린이노동을 끊임없이 혹독
하게 착취했다. …"[38] 가정에서 어린이가 처한 상황은 부모나 마스터의 성

---

36) 같은 자료, 71, 80면.
37) 맑스의 『자본론』에 들어 있는 가장 열악한 몇가지 예들이 1860년대의 Children's
Employment Commission.에서 인용한 것이라는 사실이 지적되어야 한다.

향에 따라 다양했을 것이다. 그리고 노동은 어느정도 능력에 따라 단계가 지어졌을 것이다. 그러나 공장에서는 몸이 약한 아이, 강한 아이를 가리지 않고 기계가 작업 환경, 규율, 속도, 규칙 그리고 작업시간을 지배했다.

우리는 피구호민 도제를 사용하던 초기의 공장들로부터 1830년대와 1840년대의 공장 소요(騷擾)에 이르기까지의 길고 참혹한 어린이에 관한 연대기를 되풀이할 필요는 없다. 그러나 당대인들과 역사가들이 '과장된' 이야기들을 해왔다는 식의 안이한 견해들이 오늘날 널리 퍼져 있는 이상, 우리는 그러한 견해들의 몇가지 한계점을 따져볼 필요가 있다. 그 대부분은 1926년 허트(Hutt) 교수가 발표한 도발적이고 거의 경박하다고 할 논문에서 발견된다. 한 스푼의 레몬주스는 때로는 몸에 유익하지만, 영원히 레몬주스만을 먹고 살 수는 없다. 사료의 뒷받침이 거의 없고 종종 직접적으로 오류를 불러일으키는 이 보잘것없는 논문은 오늘날까지 여러 각주에서 언급되어오다가, 『자본주의와 역사가들』에 재수록되었다.[39] 이 논문이 주장하는 논점들은 거의 모두 10시간 법안 주창자들의 주장에서, 특히 존 필든이 쓴 절제되고 사료의 뒷받침이 튼튼한 『공장제의 저주』(*The Curse of the Factory System*, 1836)에서 예견되고 답변된 것들이었다.

논점을 모두 살펴보는 것은 지루한 일이 될 것이다. 1832년의 쎄들러 조사위원회에 제시된 증거가 편향적이었다는 것은 사실이고, 이는 또한 자주 언급되고 있는 사실이다. 그리고 해먼드 부부 같은 역사가들과 허친즈(Hutchins), 해리슨(Harrison) 등이 지나치게 무비판적으로 그것을 인용했다는 이유로 비판받을 수 있다는 것도 사실이다(그러나 필든과 엥겔스는 아니다). 오우스틀러의 도움으로, 노동자들의 조업단축위원회(Short-Time Committee)들은 이 위원회에 제출하기 위한 (특히 웨스트 라이딩에서의) 증거 수집을 조직화하였는데, 이 위원회의 위원장인 마이클 쎄들러는 의회에서 10시간 법안을 주장하는 대표주자였다. 그리고 그 증거는 고용주들로부터 어떤 증언을 듣기 전에 출판되었다. 그러나 그렇다고 해서 쎄들러 조

---

38) H. L. Beales, *The Industrial Revolution* (1928), 60면.

39) W. H. Hutt, "THe Factory System of the Early Nineteenth Century," *Economica* (1926년 3월).

사위원회에 제출된 증거는 따라서 진실이 아니라고 상정될 수 있다는 이야기는 아니다. 사실, 그 방대한 증거를 읽어본 사람이라면 그것이 읽는 사람에게 신뢰감을 주는 신빙성있는 것임을 알게 될 것이다. 증언들을 잘 분간해내고, 또 면직공업 대도시의 대규모 공장들의 상태와 (예를 들면 키슬리와 듀즈버리Dewsbury 같은) 소도시 소규모 공장들의 열악한 상태들을 비교하면서 그 차이점들을 지적하는 데 세심한 주의를 기울여야 하지만 말이다. 마스터들의 요구에 따라 다음해에 선임된 '공장조사위원회'(Factory Commission)가 "(쌔들러―필자) 위원회에 제출된 거의 모든 고발에 효과적으로 답변하였다"는 허트 교수의 주장은 근거가 없다. 공장조사위원회에 제출된 상당수의 증거들은 그것과는 다른 결론으로 기우는 편이다. 더욱이 증거가 서로 상충될 경우에는 피고용자들의 증거 대신에 마스터들(과 그들의 감독들)이 제시한 증거를 주저없이 선택하라고 요구하는 그러한 논리를 우리가 과연 따라야 할 것인지 참으로 난감해진다.[40]

허트나 스멜서 교수와 같이 쌔들러 조사위원회의 증거와 상반되는 공장조사위원회(1833)의 증거를 찬미하는 자들은 해먼드 부부가 비난받고 있는 것과 동일한 오류를 범하고 있다. 옳든 그르든, 오우스틀러와 조업단축위원회 위원들은 이 공장조사위원회의 선임을 고의적인 지연조치로 보았고 그 위원들을 고용주들의 도구로 간주했다. 그래서 정책적으로 그들은 그들에게 증거를 제출하기를 거부했다. 그리고 공장지대의 부위원들의 움직임은 세밀하게 감시되었다. 그들(부위원들―옮긴이)은 공장주들과 식사를 하고, 그들과 한통속이며, 그들의 시간의 극히 일부만을 조사에 할애했다고 비난받았다. 공장들은 그들이 방문하기 전에 특별히 백색 도료를 칠하고 청소를 했으며, 미성년자들을 딴 곳으로 옮겨 눈에 띄지 않게 했다고 알려졌다. 노동자들은 점증하는 반대시위에 만족해하고 있었다.[41] 공장조사위

---

40) F. A. Hayek, ed., *Capitalism and the Historians*, 165~66면. 허트 교수는 심지어 마스터들과 유어 박사가 말한 뜬소문, 즉 존 도우어티가 어떤 부인에 대해 '음탕한 폭행'을 저지른 일로 기소되었다는 근거 없는 비난을 되풀이하기조차 한다.

41) *The Voice of the West Riding*, 1833년 6월 1일자를 보라. "리즈 사람들──노동계급들──은 그들의 할 일을 당당하게 해왔다. 그들은 조금의 양심도 없이 전제적인 공장주들이 더러운 짓을 저지르도록 허용하는 일단의 사람들과는 분노에 차 협력하기를 거부해왔다."

원회 위원들의 보고서는 쌔들러 조사위원회의 보고서가 고용주들로부터 받은 만큼의 비난을 노동자측으로부터 받았다.

"나는 이웃에 사는 한 사람으로부터 (다음과 같은—옮긴이) 요청을 받았다"고 쌔들러의 증인 한 사람은 말했다.

조사위원회에 아침 5시 반에 리즈 브리지(Leeds Bridge)로 오라고 권고하라, 그 시각에 가난한 공장 어린이들이 그곳을 지나가고 있을 텐데, 그들은 거기서 앞으로 7년간 조사할 수 있는 증거보다 더 많은 증거를 단 한 시간 만에 얻을 수 있으리라. 나는 몇몇 어린이들이 손에 빵조각을 들고 울면서 공장으로 뛰어내려가는 것을 보았는데, 그 빵은 그들이 정오 12시까지 먹을 수 있는 것의 전부였다. 그리고 우는 까닭은 공장에 지각할까 봐 두려워서였다.

가학적인 감독들의 이야기를 논외로 친다 하더라도, 수많은 어린이들이 하루를 시작하는 것이 그때(5시 반—옮긴이)였으며, 그 하루는 7시나 8시가 되어야 끝이 났다. 그리고 그 하루의 마지막 시간에 어린이들은 울거나 선 채로 잠에 빠져들었다. 그들의 손은 '실 잇는 작업'을 하다 실에 스쳐 피가 흘렀고, 감독들이 채찍을 들고 돌아다니는 동안 그들의 부모들조차도 그들이 잠들지 않도록 그들을 손바닥으로 쳤다. 수력에 의존하는 농촌 공장에서는 사람들이 '몰릴' 때, 야간작업과 하루 14시간 내지 16시간의 노동이 보통이었다. 허트 교수는 이것을 '체계화된 잔혹행위'로 간주하지 않았지만, 필든이나 우드(John Wood) 같은 인도주의적인 공장주들은 그렇다는 것을 의심하지 않았다.

그들 중 다수가 어린이들의 부모나 친척이었던 성인노동자들의 태도에도 아무 이상한 점이 없다. 스멜서 교수가 밝혔듯이,[42] 가내수공업제도의 가족경제가 공장에서도 계속되었다는 말은 일리가 있다. 어린이들의 벌이

또 같은 신문의 1833년 6월 15일과 22일자의 내용 및 C. Driver, *Tory Radical* (Oxford, 1946), 19장을 보라.

42) N. J. Smelser, *Social Change in the Industrial Revolution* (1959), 특히 9장과 10장.

는 가족 임금의 필수적인 구성요소였다. 그리고 다수는 아닐지라도 많은 경우 성인 방적공이나 노동자는 그들의 작업을 돕는 어린이의 친척일 수 있었다. 어린이와 성인의 작업시간을 함께 제한하자는 요구는 그들이 동일한 작업과정에서 일하고 있었다는 사실을 감안할 때 불가결한 일이었다. 어린이의 작업시간만 제한한다면, 교묘하게 규정을 빠져나가거나 어린이를 2교대로 일하게 하는 것(그럼으로써 성인의 작업시간을 연장시키는 것)을 막을 방법이 없게 된다. 공장의 기계를 실제로 정지시키는 것만이 노동시간 제한을 보장할 수 있었다. 따라서 성인노동자들도 노동시간 단축의 혜택을 누려야 한다고 주장했다고 해서, 그들이 어린이에 대한 인도적인 고려에 무관심했다는 것을 의미하지도 않으며, 공장 어린이를 위한 1830년대의 대규모 성지순례나 시위가 위선적인 것이었다는 모욕적인 주장을 정당화하지도 않는다.

부모들이 자식들의 벌이를 필요로 했을 뿐만 아니라, 그들이 일해주기를 기대했다는 것은 틀림없는 사실이다. 그러나 자기 자식에게까지 잔인하게 군 일부 공장 직공들이 있었다고 해도, 증거들은 공장의 지역공동체에서 인도주의적 원칙이 일정 수준 유지되고 있었음을 보여준다. 성질이 고약하고 어린이를 쇠막대기로 두들겨패는 것으로 악명이 높았던 듀즈버리 지역의 한 방적공은 "그를 위해 일을 하겠다는 사람을 그 도시 내 어디에서도 구할 수가 없어서 다른 곳으로 갔다". 그들의 자식들을 학대한 공장 직공에게 복수를 한 부모들의 이야기는 드물지 않다. 그래서 쌔들러 조사위원회 앞에서 증언한 한 증인은, 그가 어린이였을 때 시방기로 어떻게 두들겨맞았는지를 기술했다.

내가 두들겨맞자 '소모공 밑에서 일하던 한 젊은이가 밖으로 나가더니 내 어머니를 불러왔습니다.' 그녀는 들어와서 … 내가 무슨 도구로 맞았는지를 내게 물었으나 나는 감히 대답하지 못하였습니다. 거기 서 있던 몇사람이 그 도구를 가리키자 … 그녀는 그것을 집어 … 그것으로 그놈의 머리 부근을 때렸고, 그래서 그의 눈 한쪽인지 양쪽 모두인지에는 시커먼 멍자국이 생겼습니다.[43]

이것은 부모들이 아이들에 대해 전반적으로 무관심했다는 부정확한 진술들과 맞아떨어지지 않는다. 두 보고서의 증거들은 아이들에게 잔인하게 굴었던 원인은 기계 그 자체가 요구하는 규율과 그에 대한 감독관이나 (소규모 공장의) 마스터들의 끊임없는 재촉에 있었음을 보여준다. 전산업에 공통된 관행이 "마스터의 의지에 관계없이, 그리고 마스터들이 알지 못하는 사이에" 행해졌다고 말하는 것은 반박할 필요조차 없다. 많은 부모들이 1819년과 1833년에 제정된 법적 제한연령 미만의 자식들을 고용해도 모르는 척한 것은 분명하다. 인간의 존엄성을 상실한 사람들에게 존엄성을 회복시키고, 교육받지 못한 사람들에게 교육의 가치를 설명하면서 그와같은 악습에 반대하는 캠페인이 공장 직공들 사이에서 끈질기게 벌어졌던 것은 존 도우어티(John Doherty, 1783~1850. 아일랜드 출신 판사로서 영국의 하원에서 아일랜드 문제를 제기한 대표적 인물이며 1829년 약 150개의 노조로 구성된 전국노동보호협회를 결성하는 데 성공한 노동운동 지도자—옮긴이) 같은 사람들과 조업단축위원회들 덕분이다. 공장운동(Factory Movement)에도 공장 직공이 아닌 수천명의 사람들이 참여하였는데 그들은 '증기라는 괴물에게 재갈을 물리고자' 했던 직조공들, 청소년에 의해 공장에서 밀려나 자식들의 벌이에 의존하던 부모들이었다. 개스컬은 1833년에 노동자들의 불만은 단순한 임금문제에서 비롯되었다기보다는 오히려 다음과 같은 점에서 비롯되었다고 보았다.

가족의 분해, 가정의 분열, 사람의 마음을 인간성의 더욱 선량한 부분 즉 그의 본능과 사회적 애착에 연결시켜주는 모든 유대의 붕괴….[44]

초창기의 공장운동은 중간계급의 인도주의가 성장했음을 보여주기보다는

---

43) 우리는 이러한 이야기와 대조가 되는, 전쟁기간중에 (공장의—옮긴이) 성인노동자들이 피구호민 도제들에게 가한 끔찍한 가학증적인 기록들을 비교해볼 필요가 있다. J. Brown, *Memoir of Robert Blincoe* (Manchester, 1832), 40~41면을 보라.
44) P. Gaskell, *The Manufacturing Population of England* (1833), 7면.

오히려 노동자들 스스로가 인권을 지켰음을 보여준다.

실상, 18세기에 어린이노동은 무제한으로 허용되었으나 새롭고 좀더 강화된 형태의 어린이노동은 1830년대에 이르러 규제되었던바, 이는 '그 시대'에 인도주의가 성장하고 있었음을 보여주는 또다른 징표라고 내세우는 주장처럼 허울좋은 주장은 별로 없다. 하이에크 교수는 '이러한 사회적 양심의 각성', 즉 이전에는 무심코 지나쳤던 사실들에 대한 자각의 증가에 대해 언급한 바 있다.

> … 경제적 고통은 전반적인 복지가 이전보다 빠르게 증진되었기 때문에 더 눈에 띄고 더욱더 부당하게 보였다.

애슈턴 교수는 이러한 주장을 다소 변형된 형태로 제시한다. 19세기 초의 왕립조사위원회와 의회의 위원회들은,

> 초기 빅토리아시대의 자랑 가운데 하나이다. 그것들은 다른 시대나 다른 나라에서는 찾아볼 수 없는 사회적 양심의 활성화, 즉 타인의 고통에 대한 감수성을 보여주는 것이었다.

그리고 그는 의회의 조사자들을 옹호하면서 난데없이 격렬한 감정을 드러냈다.

> … 사실들을 수집하는 부지런함과 진취적인 정신, 그것들을 밝히는 정직성 그리고 개혁작업을 시작하는 행동력을 지녔던 한 세대가 지금까지는 청서들(Blue Books, 영국 의회나 정부당국 발행의 보고서─옮긴이)의 저자로서가 아니라, 악습들을 만들어낸 장본인이라고 비난받아왔다.[45]

19세기 초의 청서들은 여러가지 목적을 위해 작성되었지만, 개혁은 우선

---

45) F. A. Hayek, ed., 앞의 책, 18~19, 35~36면.

순위에서 뒤켠으로 밀려나 있었다. 의회의 조사는 청원서에 대한 판에 박힌 응답이었다. 즉, 의회 조사는 불만을 '조절하고 유도하는' 수단, 지연수단이나 고약하게 구는 하원의원들에게 쓸데없는 일거리를 떠넘기는 수단, 혹은 순전히 지나친 공리주의적 참견행위였다. 아일랜드가 계속되는 궁핍으로 인해 마침내 대기근이라는 피할 수 없게 보이는 막바지 지경에 다다랐으나, 그동안 의회는 어떠한 실질적인 구제조치도 취하지 않았다. 그러면서도 의회 조사는 매년 평균 5번씩이나 행해졌다.[46] 수직공들과 편직기 편물공들은 그들이 굶주릴 때 때마침 조사를 받았다. 그러나 10년에 걸쳐 8번의 조사가 실시되고 나서야 경찰제도가 수립되었다. 〔행동이 후자(경찰제도—옮긴이)를 가져왔지 전자(조사활동—옮긴이)를 가져오지 않았다는 사실은 매우 교훈적이다.〕 1815년 이후 그래드그라인드(Thomas Gradgrind)씨가 여기저기에 생겨난 것은 거의 확실하지만, 디킨즈가 속속들이 알고 있었듯이 그는 '사회적 양심의 각성'이나 '타인의 고통에 대한 감수성'을 대변하는 것이 아니라 효율, 중앙집권화된 값싼 정부, 자유방임, 그리고 건전한 '정치경제학'을 대변하고 있었던 것이다.

청서들은 (적어도 대규모 위생 조사에 이르기 전까지는) '한 시대'의 산물이나 '한 세대'의 업적이 아니라, 의회 내의 개혁가들과 그들의 방해자들이 싸운 하나의 싸움터였다. 그리고 그 싸움터에서 인도주의적 주장은 매장되기 일쑤였다. 상층계급들로 말하자면, 1830년대에 벌어진 일은 새로운 '양심의 각성'이 아니라 나뽈레옹전쟁 기간 동안 내내 침묵하던 사회적 양심이 여러 장소와 사람들에게서 거의 화산처럼 분출한 것이었다. 이러한 양심은 18세기 후반에는 분명히 존재하고 있었다. 핸웨이가 참여했던 굴뚝청소 소년들을 보호하자는 캠페인은 별다른 반대 없이 1788년에 법으로 결실을 맺었다. 모든 악폐는 전쟁중에 되살아났으며, 새로운 보호입법을 마련하고자 하는 그후의 시도는 직접적인 반대에 부딪혔고 상원에서 기각되었다 ─ 왜냐하면 소년들을 사용하지 않는다면 각하들께서는 그들의 굴뚝

---

46) E. Strauss, *Irish Nationalism and British Democracy* (1951), 80면 및 다음과 같은 스트라우스씨의 언급 ─ "사실들에 대한 무지는 19세기 아일랜드인이 겪은 비참함의 원인이 아니었다" ─ 을 보라.

을 모두 개조해야 할 것이었기 때문이다.[47] 죄수들을 위한 하워드의 모든 훌륭한 노력은 그가 죽은 뒤 조건이 역전되자 지속적인 효과를 거의 발휘하지 못하였다. 우리는 계급적인 증오와 공포가 인도주의적인 양심을 어떻게 타락시키는지를 이미 살펴본 바 있다. 1802년에 필(Sir Robert Peel, 1778~1850. 토리당의 정치가로 후에 수상이 되었음―옮긴이)이 제정한 법(도제의 건강과 도덕에 관한 법률―옮긴이)이 이러한 어두움에 대항하여 끝까지 버티고 있는 것은 사실이다. 그러나 그 법의 적용은 피구호민 도제에 국한되었으며, 또한 그것은 새로운 입법을 예고하는 것이라기보다는 도제제도라는 전통적인 보호장치를 새로운 맥락에서 연장시키려는 시도에 지나지 않았다. 더욱 중요한 것은――그리고 공장 어린이들에게 더욱 치명적이었던 것은――가난한 사람들을 보호해야 할 전통적인 의무 내지 권위를 지닌 유일한 사람들인 지방 젠트리의 양심이 위축되었다는 사실이다.

실제로 '각성'이 일어났을 때, 그 각성방식보다 더 분명하게 지방 젠트리의 양심의 위축과 깊은 도덕적인 소외를 확인시켜주는 것도 없다. 1830년대와 1840년대에 인도주의적인 대의명분을 어느정도 지지했던 수십명의 젠틀먼과 전문직업인들은, 1820년대에는 인구가 밀집된 제조업지역의 한복판에 살면서도 그들이 사는 집의 대문에서 불과 100~200야드 떨어진 곳에서 일어나고 있는 악폐들을 알지 못했다. 리처드 오우스틀러 자신은 허더스필드 변두리에 살았지만, 브래드퍼드의 제조업자인 존 우드가 말해주어서야 비로소 어린이노동에 대해 알게 되었다. 소녀들이 반벌거숭이 상태로 갱도에서 나왔을 때, 이 지역의 유지들은 참으로 놀랐던 것 같다.

사무변호사인 홀로이드(Holroyd)씨와 스테인런드(Stainland)에서 개업하고 있는 외과의사인 브루크(Brook)씨가 그 자리에 있었는데, 그들은 몇마일 거리 안에 살고 있으면서도 그와같이 비기독교적인 잔혹한 체계가 존재할 수 있다는 사실을 믿을 수 없어 했다.[48]

---

47) J. L. and B. Hammond, 앞의 책, 176~93면을 보라.
48) *Children's Employment Commission, Mines* (1842), 80면.

우리는 악폐들이 구체적으로 드러나기 전까지는 그것이 얼마나 '알려지지 않고' 오래 지속될 수 있는지, 다시 말해 가난이 스스로 들고일어나지 않으면 사람들이 가난을 지켜보면서도 어느 정도로 그것을 알아차리지 못하는지를 잊어버린다. 1790년과 1830년 사이의 부자들의 눈에 공장의 어린이들은 '바쁘고' '부지런하고' '유용했다'. 어린이들은 그들의 정원과 과수원 밖에 머물러 있었고 또 값이 쌌다. 양심의 가책이 일어나더라도 그러한 가책은 대개 종교적인 반성이 잠재울 수 있었다. 예컨대 어떤 하원의원이 1819년에 갱도에서 석탄을 운반하는 소년들에 대해 "이 직업에 고용된 소년들은 가난한 사람들의 자식들이 아니라 일반적으로 부도덕하게 태어난 부자들의 자식들이다"[49]라고 했던 것처럼 말이다. 이러한 말은 계급적 편견이 전혀 없다는 사실과 아울러 도덕적인 올바름에 대한 탁월한 감각을 보여준 것이다.

그러나 이 시기의 '부자들'의 양심은 아주 복잡하다. 쌔들러, 샤프츠베리 (Shaftesbury), 오우스틀러, 디즈레일리(Disraeil) 같은 사람들이 대변한, 산업주의의 악폐들에 대한 1830년대 '토리'의 격렬한 공격은 제조업자들과 그들의 반곡물법연맹(Anti-Corn Law League)에 대한 토지소유자들의 복수에 지나지 않았다는 주장은 '정당정치적'인 견지에서는 일리있는 주장이다. 부유한 중간계급의 증대되는 권력과 혁신에 직면하여 그들이 전통주의자들의 가슴속 깊은 곳에 담겨 있는 적의와 불안감을 드러냈다는 것은 사실이다. 그러나 『씨빌』(Sybil)이나, 샤프츠베리의 생애에 대한 해먼드의 기록이나, 오우스틀러의 감동적인 생애에 대한 쎄실 드라이버(Cecil Driver)의 기록을 대충 읽어만 봐도 이런 측면에만 국한시킨 판단이 얼마나 천박한 것인지는 금방 드러난다. 우리는 일종의 문화적 전환을 목격하는 것 같다. 아니면 18세기 입헌주의의 경우처럼, 개개인의 마음속에서 사려 깊으면서도 열렬한 믿음으로 불타올랐던 겉보기에 공허하고 틀에 박힌 언변들을 목격하는 것 같다.

더욱이 낡은 토리의 온정주의적 주장과 더불어 우리는 좌절된 낭만주의

---

49) J. L. and B. Hammond, 앞의 책, 190면에서 인용.

의 새로운 영향을 발견할 수 있다. 계몽주의에 반발한 워즈워스, 코울리지, 싸우디 등은 전통적인 고결함 즉 '자연적이고 사회적인 인간의 본성'을 재확인하였다. 질서, 권위, 의무 등에 복귀하는 가운데서도 그들은 어린이에 대한 루쏘의 가르침을 잊지 않았다. 워즈워스가 공장제를 재래식 농촌 가족경제와 대비해가면서 비난했던 것은 『소요』제8권에서이다.

> 집들은 텅 비었다! 아니 어쩌면
> 어머니만 홀로 남아 있다—도와줄 일손이 없다
> 우는 아이의 요람을 흔들어줄,
> 그녀 곁에는 물레를 돌리거나,
> 매일매일 생겨나는 집안일을 해치우는 딸도 없다,
> 솜씨 좋은 바느질 기술도 없고,
> 한때 자랑스럽게 식사를 준비했던 부엌 불 앞의 법석도 없다,
> 하루를 빨리 지나가게 할 일도, 기분을 북돋아줄 일도 없다,
> 칭찬할 것도, 가르칠 것도, 명령할 것도 없다!
> 　어쩌다 여전히 옛 일거리를 가지고 있는 경우,
> 아버지는 들이나 숲으로 가지
> 더이상 아들들을 앞장세우거나 뒤쫓게 하지는 않는다,
> 그들은 빈둥거리는 것이었을지 모르지만, —그의 눈엔 결코 그렇지 않았다,
> 신선한 공기를 마시고 푸르른 대지를 걷는 것,
> 다시 못 올 짧은 유년기의 휴일이 끝날 때까지,
> 그러한 생득권은 이제 사라지고 없다.

오늘날 우리가 이러한 온정주의적 감정을 어느편에도 치우치지 않은 공평하고 겸허한 것이었다고 상정한다면 그것은 잘못이다. 그러한 감정은 열렬하고 현실참여적인 것일 수 있다. 워즈워스와 싸우디로부터 칼라일을 거쳐 그 다음에까지 이르는 이러한 전통주의적인 사회적 급진주의의 흐름은, 그것의 기원과 성장과정에서 혁명적 결론들을 끊임없이 자극하는 일종의

변증법을 자체 안에 간직하고 있는 듯하다. 전통주의자들과 자꼬뱅의 출발점은 동일했다. "거대한 제조공장은 불행한 다수에게는 방탕과 중노동의 선고를 내리고, 한 개인에게는 엄청난 풍요를 가져다주는 집단감옥에 지나지 않는다"고 셸월은 외쳤다.[50] "나는 공장체제를 증오한다"고 랭커셔 산업혁명의 초기단계를 경험한 그의 자꼬뱅 친구인 토머스 쿠퍼는 선언했다.

이 체제에서는 다수의 사람들이 무지하고, 타락하고, 잔인한 단순한 기계로 바뀌지 않을 수 없으며, 그럼으로써 하루 12시간이나 14시간의 그들의 노동이 낳은 잉여가치는 부유한 상업 및 제조업 자본가들의 주머니로 들어가 그들에게 사치품을 공급하게 된다.[51]

싸우디는 공장체제를 "정치체제로부터 생겨난 하나의 종기, 지저분한 일종의 혹"[52]이라고 더욱 신랄하게 비난함으로써 제조업의 '철학자'인 앤드류 유어 박사를 격분케 했다. 자꼬뱅과 토리는 정치적으로 상극임에도 불구하고, 그들 사이에서는 감정과 주장의 불꽃이 끊임없이 교환되고 있다. '지성의 행진'(march of intellect)의 예언자들——브룸, 채드윅, 유어——은 다른 세계에 속해 있는 것 같다. 전통주의적인 토리가 공장제에 대한 반사적인 주장을 넘어서서 그의 감정을 행동으로 표출하려 할 때마다 그는 노동조합주의자들이나 노동계급 출신 급진주의자들과 마음내키지 않는 연대를 할 수밖에 없었다. 중간계급의 자유주의자들은 이것을 단지 토리적 위선의 증거로 보았다. 쌔들러가 1832년의 선거법 개혁에 의한 선거에서 패배하여 의원직을 잃었을 때, 한 상점주는 일기에 이렇게 썼다.

… 전제정치의 멍에 아래 놓여 있었던 소수의 사람들과 최하층의 소수

---

50) *Monthly Magazine*, 1799년 11월 1일. 이 참고문헌을 알게 된 것은 D. V. 에드먼 (Erdman) 박사 덕분이었다.

51) T. Cooper, *Some Information Respecting America* (1794), 77~78면.

52) R. Southey, *Sir Thomas More: or, Colloquies...*, I (1829), 711면; A. Ure, *The Philosophy of Manufactures* (1835), 277~78면. 또한 Raymond Williams, *Culture and Society* (Penguin판, 1961), 39면 이하를 보라.

급진주의자들을 제외하고 아무도 그를 지지하지 않자, 낡은 토리당이 그들의 체제를 유지하기 위해서라면 무슨 일이건 모든 일에 관해 급진적 태도를 취하지 않을 수 없었던 것은 하나의 고육지책이었다.[53]

2년 후, 맬서스적이고 채드윅적인 조항으로 모든 '자연적이고 사회적인 인간의 본성'을 유린했던 신빈민법은 소수의 토리 급진주의자들에게 질서와 인간애라는 두 가치 가운데서 궁극적으로 하나를 선택할 것을 요구하였다. 그러자 그들 중 대다수는 뒤로 물러서서 인도주의적 개선을 위한 여러가지 종류의 계획(1833년 휘그당의 지도자인 올소프Althorp경의 온건한 개혁안들을 말함— 옮긴이)으로 만족해하였다. 그러나 소수 의원들은 코벳의 추종자들뿐만 아니라 오웬주의자들, 자유사상가들(free-thinkers), 그리고 차티스트들과도 기꺼이 연대를 맺었다. 죠우지프 레이너 스티븐즈는 실제로 '바스띠유'를 방화할 것을 요구했고, 오우스틀러는 시민의 — 때로는 아주 비시민적인 — 불복종을 선동했으며 공장 어린이들의 보호자로서의 역할을 내세우면서 심지어는 법을 어긴 공장주들에 대해 공업 싸보따주의 수단을 사용하라고 촉구하였다.

그럴 경우 나는 적절하고 매우 분명한 지침을 적어놓은 **바늘**과 **모래**와 녹슨 못에 관한 조그만 카드를 발간하겠는데, 이 카드는 이들 법의 위반자들로 하여금 주변을 돌아보게 하고, 그들이 법률과 국왕을 조롱할 만큼 정신이 나갔던 일을 후회하도록 만들 것이다. 내가 발간한 이 카드들은 공장 어린이들의 교리문답이 될 것이다.[54]

10년간 오우스틀러는 혁명의 문턱을 넘나들었다. 그러나 그가 발행한 정기 간행물의 명칭은 『가정, 제단, 왕좌, 그리고 소농가』(The Home, the Altar, the Throne, and the Cottage)였다.

우리는 여간해서는 이러한 열정의 분출을, 스티븐즈마저도 감옥으로 보

---

53) MS. Diary of Robert Ayrey, 리즈 참고도서관 소장 원고.
54) C. Driver, 앞의 책, 327~28면.

내고 오우스틀러를 헐뜯은 한 '시대'의 탓으로 돌릴 수는 없다. 초창기에 공장 어린이들을 위해 실제로 모든 노력을 경주했던 많은 사람들은 욕을 먹고 그들의 계급으로부터 추방당했으며, 때로는 개인적 손실을 입었다. 그리고 드라이브 박사가 밝혀냈듯이, 오우스틀러의 인생에서 결정적인 순간은 어린이노동이라는 현실에 대해 그가 의식을 갖게 된 때가 아니라 그와 급진적인 노동조합주의자들 사이에 '픽스비 홀 협약'(Fixby Hall Compact, '공장 왕'the factory king으로 불린 오우스틀러가 1831년에 허더스필드의 노동자들과 함께 정치적 파벌이나 종교적 파벌에 관계없이 노동시간 단축을 위해 다 함께 노력하자고 결의한 협약. 오우스틀러는 그의 부친의 뒤를 이어 집사로서 부재지주인 토머스 손힐 Thomas Thornhill의 대농장을 관리해주고 있었는데 이 대농장의 중심 건물의 명칭이 '픽스비 홀'임ㅡ옮긴이)이 체결된 때였다. 이러한 각성은 어쨌든 토리주의 전체의 특성은 아니었다. 1800년이나 1830년의 토리적 양심을 해부해보고자 한다면, 고용 노동자들에 대한 스콰이어의 태도부터 먼저 살펴보아야 한다. 1830년대의 인도주의는 토리의 온정주의 속에, 그리고 자유주의적 반국교도의 봉사와 '선행'이라는 좀더 희미한 전통 속에 문화적 조상을 가지고 있었음을 분명하게 발견할 수 있다. 그러나 현실 세력으로서는 단지 이곳저곳에서, 몇몇 개별적 남녀에게서 나타나고 있다. 필든과 개스컬(C. E. Gaskell) 여사가 자유주의적 반국교도의 양심의 대표자가 아닌 것과 마찬가지로, 오우스틀러와 불(Bull)은 토리의 대표자가 아니었다.

어린이와 가난에 대한 처방이 '사회철학의 진정한 성격'을 보여주는 두 개의 '시금석'이라는 토니의 말이 옳다면,[55] 1830년에 이러한 시금석을 통한 시험으로 가장 큰 어려움을 겪은 것은 자유주의적이고 반국교도적인 전통이다. 반쯤은 회의적이고 반쯤은 반국교도적인 소박한 박명(薄明)의 세계가 있으며, 초기 빅토리아조의 지적·정신적 삶에서 발견되는 최상의 것 중 많은 부분이 이 세계로부터 오게 마련이었다는 것은 사실이다. 그러나 1790년과 1830년 사이의 시기에 반국교도의 사회적 양심이 형편없이 오그라든 것 또한 사실이다. 그리고 무엇보다도, 감리교도 감독관들을 거느리

---

55) R. H. Tawney, *Religion and the Rise of Capitalism* (Penguin판), 239면.

고서 토요일 밤 자정 5분 전까지 그들의 공장을 가동해 어린이들을 주중에 마구 부려먹으면서도 안식일에는 공장 어린이들에게 일요학교에 나갈 것을 강요하는 악명 높은 반국교도 공장주들이 있다.

이러한 이야기는 부분적으로 프랜시스 트롤로프(Frances Trollope)의 『공장 소년 마이클 암스트롱』에서 도출된 것인데, 이 책에서 "공장을 소유한 근엄한 젠틀먼인 로버트 톰린스와 죠우지프 톰린스는 … 일요일 아침마다 몸소 예배에 참석해 마스터와 어린이들 모두가 시간을 지켜 이득을 보도록 감독했다". 이것은 소설상의 윤색된 이야기로서, 아마도 1840년보다는 1820년에 속하는, 그리고 대규모 면직공업 도시보다는 교구-도제제도가 존속하고 있던 외떨어진 농촌 공장에 더 잘 들어맞는 이야기일 것이다. 그러나 트롤로프 여사의 다비셔에 있는 '디프 데일'(Deep Dale)에 묘사된 상태는, 1830년대에도 여전히 페나인 산맥의 랭커셔와 요크셔 쪽 여러 외딴 계곡에서 발견될 수 있다. 어떤 10시간 운동 선전가는 각 지역의 목사들이 이 운동에 어떤 반응을 보이는지에 관해 각별한 관심을 기울이면서 사실을 수집하기 위해 콜더 밸리 위쪽을 여행했는데, 그 결과는 일반화를 하기 어려울 정도로 복잡한 것이었다. 리폰든의 교구목사는 운동을 지지하지 않았으나, 10시간 운동을 위한 모임에 감리교 예배당을 빌려주었다. 헵든 브리지의 어떤 늙은 감리교 평신도 설교사는 자기는 언제나 공장제에 반대하는 설교를 해왔다고 언명하면서 "그것은 우리가 혓바닥이 닳아 없어지도록 설교를 하더라도, 그 제도가 현재와 같은 형태로 계속 유지되는 한, 우리는 어떤 좋은 일도 할 수 없을 것이기 때문!"이라고 말한다. 그러나 그는 크게 미움을 사서, 마이덤로이드(Mytholmroyd)에 공장을 가지고 있는 그 지역의 감리교도 공장주는 그가 설교할 차례가 되기만 하면 언제나 예배당 문을 걸어잠갔다. 싸우어비 브리지(Sowerby Bridge)의 반국교도인 불(Bull) 목사는 바이어리(Bierley)의 교구목사인 불(10시간 운동에 참여한 오우스틀러의 유명한 동지)의 형인데, 지지를 거부했고 마스터들의 자비심보다 '나은 것은 없다'는 확신을 가지고 있었다. 한 그룹의 공장 직공들은 공장주의 하나인 써트클리프(Sutcliffe)씨가 세운 감리교회를 지나가면서, "예배당 쪽을 바라다보며 지옥으로 떨어져라, 그리고 써트클리프씨도 같이 지옥으로 떨어지라고 기원하였다".

나는 써트클리프씨가 그들의 행복을 위해 예배당을 세웠는데, 너무 지나치지 않냐고 말했다. "지옥에나 가라"고 또 한 사람이 말했다. "나는 그를 알아요, 나는 그의 공장에서 일하면서 천조각이나 얻어왔고, 따라서 저 예배당 한모퉁이는 내 것이오, 그리고 예배당은 모두 그의 노동자들의 것이오"라고 다른 사람이 말했다.[56]

콜더 밸리의 외딴 지역인 크래그 데일(Cragg Dale)은 현실로 존재하는 '디프 데일'이었다. 소속이 불분명한 어떤 목사는 선언하였다.

잉글랜드에서 법의 간섭이 필요한 지역이 하나 있다면 여기가 바로 그곳인데, 왜냐하면 그들은 하루에 흔히 15시간 내지 16시간 그리고 때로는 밤새도록 일하기 때문이다——오! 그것은 살인적인 제도이다, 그리고 공장주들은 사회의 페스트이자 수치이다. 인간과 신의 법은 그들을 제어하기에는 불충분하다. 그들은 홉하우스(John Cam Hobhouse)의 법안(급진적 휘그당 의원 홉하우스가 1825년에 제안한 연소자 11시간 노동 법안을 말함—옮긴이)에 신경을 쓰지 않으며, "정부로 하여금 그들이 적절하다고 생각하는 법들을 제정하도록 놔두어라, 이 계곡에서는 얼마든지 법망을 뚫고 활개칠 수 있으니까"라고 그들은 말한다.

그는 자신이 최근에 매장한 한 소년의 이야기를 했는데, 이 소년은 양팔에 양모를 가득 끌어안은 채로 서서 잠을 자고, 매를 맞아가면서 잠에서 깨어나는 생활을 해왔다는 것이었다. 그날 그는 17시간을 일하고서, 아버지가 안고 집으로 갔으나, 저녁밥도 넘기지 못했고, 다음날 새벽 4시에 깨어나

---

56) 많은 공장주들은 그들의 노동자들에게서 거둔 벌금을 모아서 만든 특별기금을 가지고 있었으며, 그 기금을 자선이나 예배당 건축 목적에 사용하였다고 믿어지고 있었다. 듀즈버리의 한 커다란 예배당은 아직까지도 나이든 세대에게는 실이 끊길 때마다 과해진 벌금으로 지어진 '끊어진 실로 지은 예배당'(brokken shoit chapel)으로 알려져 있다.

늘을까 두려워 동생들에게 공장의 불빛이 보이느냐고 물은 뒤 숨겼다는 것이다. (9살 난 그의 동생은 이전에 죽었다. 그의 아버지는 '착실하고 부지런했으며' 일요학교 선생이었다.) 다음의 국교도 목사보는 어린이노동의 제한을 무조건 지지하였다.

> 나는 이 계곡의 가난한 사람들이 억압당하는 것을 보아왔으며, 나는 그 사실을 폭로하는 것이 나의 임무라고 생각해왔다. … 나의 직책에 따른 책임감으로 인해, 나는 그것을 관대하고 친절한 복음의 진리와 대비시키지 않을 수 없다. … 그리고 억압이 가해질 때 그것은 흔히 가장 견뎌낼 수 없는 자들에게 가장 무겁게 가해지는데 … 과부는 남편이 없고, 그녀의 아이들은 육신의 아버지가 없기 때문이다. … 우리는 그들이 가장 심하게 다루어지는 것을 종종 본다. …

그가 한 설교는──그리고 마스터들에 대한 그의 개인적인 항의는──공장주들로 하여금 그와 그의 딸들을 거리에서 욕하고 무례하게 대하는 결과를 낳았다. 이 일이 밝혀지자 사람들은 계곡에서 항의집회를 가졌고, 그곳에는 오우스틀러의 독특한 필치로 씌어진 플래카드가 나붙었다.

> … 당신들은 서인도제도의 노예감독보다도 더 전제적이고 더 위선적이다. … 당신들이 자랑하는 관대함(Liberality)은 … 전제정치(Tyranny)임을 나는 증명할 것이며──당신들이 자랑하는 경건(Piety)은 … 다름아닌 바로 불경행위(Blasphemy)이다. … 당신들의 '채찍질'제도─'벌금'제도, '시간 엄수'(Innings up Time)제도, '현물급여'제도, '식사시간에 기계를 청소하게 하는' 제도─'일요일 작업'(Sunday Workings)제도, '저임금'제도는 … 모두 '공개심사'(Public Examination)의 심판을 받게 될 것이다. …

오우스틀러는 말하기를 "그 모임에서 돌아오던 바로 그 토요일 밤에",

> 나는 두개의 공장이 계곡에서 마치 악령처럼 불을 내뿜고 있는 것을 보

왔다. 거기에 수용되어 고통받고 있는 가난한 어린것들은 11시 30분까지 거기에 남아 있어야 했으며, 그리고 공장주 중 한 사람은 탄식과 기도와 점잖은 말투로 유명한 교인이라는 사실을 나는 발견하였다. …[57]

우리는 앞으로 감리교도를 다룰 것이고, 왜 그들이 어린이노동의 옹호자로서 행동하는 것을 특별한 사명으로 생각하고 있었는지를 살펴볼 것이다.[58] 교구목사인 불이 마스터라는 '인종'을 공격할 때 주로 염두에 두고 있었던 것이 바로 반국교도 공장주들이었다는 것은 의심의 여지가 없다.

… 가장 어린 노동자들로부터 될 수 있는 대로 최대의 노동력을, 될 수 있는 대로 짧은 시간 안에 될 수 있는 대로 최소의 임금으로 도출해낼 수 있는 될 수 있는 대로 가장 값싼 방법을 고안해내는 데 그들의 모든 지혜를 동원하는 교활한 인종 … 에이거(Agur)가 다음과 같이 말했을 인종, "아! 거만한 눈! 그리고 위로 치켜올라가 있는 눈꺼풀을 지닌 한 세대의 사람들이 있다. 이 땅의 가난한 사람들을 집어삼키기 위해, 검과 같은 이빨과 칼과 같은 턱니를 가지고 있는, 한 세대의 사람들이 있다".[59]

한편, 공식적인 비국교측이 사실상 전원일치나 다름없이 모두 연루(공모—옮긴이)됨으로써 불과 오우스틀러가 조업단축위원회의 노동자들(그들 중 일부는 공장주의 일요학교에서 그들이 인용할 성경 구절을 처음으로 알게 되었다)과 함께 전개한 성경에 입각한 공격을 받게 되었지만, 그렇다고 해서 곧바로 국교회가 어린이들을 위해 하나로 통합되어 쉴 새 없이 일했다고 생각해서는 결코 안된다. 실로 우리는 샤프츠베리 자신에게서 ──그는 만일 그게 타당하기만 하다면 틀림없이 국교회에 공로를 돌렸을 사람이다

---

57) G. Crabtree(직공), *Brief Description of a Tour through Calder Dale* (1833); *Voice of the West Riding*, 1833년 7월 20, 27일; *Account of a Public Meeting Held at Hebden Bridge*, 1833년 8월 24일.

58) 그렇지만 C. Driver, 앞의 책, 110면에서 초기 감리교도들은 그들의 예배당을 리처드 오우스틀러에게 자주 빌려주었다고 말한 것에 주목하는 것은 흥미로운 일이다.

59) *Manchester and Salford Advertiser*, 1835년 11월 29일자.

──증언을 들을 수 있는데, 저명한 불을 예외로 하고 국교회 성직자는 "집단으로서는 … 아무 일도 하려 들지 않는다"는 것이다.[60]

그렇다면 '양심의 각성'이 전반적으로 일어났다는 주장은 잘못된 것이다. 양심의 각성이 행한 바는 오히려 어린이들을 보호해야 한다는 대의명분을 지지하고 나선 몇십명의 북부지방 전문직업인들의 동정어린 분노의 물결을 경시한 것이고, 그들에 대한 폭력적인 반대를 경시한 것이었는데, 그러한 폭력적인 반대는 때로 그들로 하여금 거의 혁명적인 길로 나아가도록 몰아댔던 것이다. 그리고 인도주의적 역사가들이 그런 경향을 보여왔듯이, 그것은 존 도우어티 같은 사람들과 노동자들 자신의 조업단축위원회가 20여 년 이상의 세월에 걸쳐 분투하며 전개한 운동에서 행한 역할을 과소평가하는 것이다. 좀더 최근에 한 저술가는 핵무기시대의 넉넉한 양심에나 걸맞은 아주 지겨운 어조로 이 문제를 개관한 바 있다. "강제수용소에 대해 많이 듣고 보아서 훈련이 잘되어 있는" 현대의 독자들은 어린이노동의 광경에 "별로 마음의 동요를 느끼지 않는다"고 그는 말한다.[61] 이제 우리는 더욱 전통적인 견해를 재확인할 수 있을 것 같다. 그러한 규모와 강도로 작은 어린이들을 착취한 것은 우리의 역사에서 가장 수치스러운 사건의 하나였다는 견해를.

---

60) E. Hodder, *Life of Shaftesbury* (1887년판), 175, 378면.
61) R. M. Hartwell, "Interpretations of the Industrial Revolution in England," *Journal of Economic History*, XIX (1959년 6월 2일자).

11
개조하는 힘을 지닌 십자가

1. 도덕적 장치

청교주의—반국교—비국교, 힘이 쇠약해지다가 드디어 굴복하고 만다. 반국교는 아직도 아폴리언과 바빌론의 창녀에 대한 항거의 목소리를 지니고 있다. 비국교는 앞에 나서지 않고 곧잘 변명을 늘어놓으며, 혼자 내버려두기를 청한다. 19세기 비국교의 참담한 내부 역사를 알고 있는 단 몇 사람 중 하나이면서도 그 자신이 어떻게든 살아남은 가치들의 증인인 마크 러더퍼드(Mark Rutherford)는 자신의 젊은 시절에 늘 하던 예배 형태를 그의 『자서전』에서 다음과 같이 적고 있다.

예배는 대개 우리 모두가 죄인이라고 고백하는 것으로 시작되었으나 아무도 자기 자신의 죄를 고백한 적은 없었다. 그 다음은 하나님과의 대화로 이어졌는데, 그것은 훗날 내가 하원 개원식에서 국왕에게 드리는 주청을 처음 제의하는 자들과 재청하는 자들에게서 들어왔던 연설과 매우 흡사했다.

이 예는 깔뱅주의적 독립교회(Calvinistic Independents)의 글에서 인용한 것이지만 세속의 권위 앞에서의 감리교의 자세도 잘 표현하고 있다. 이러한 굴복은 감리교의 기원 속에, 즉 창시자의 토리적 사상과 국교회에 대한 이중적 태도 속에 이미 내재해 있었다. 웨즐리파는 시초부터 반국교와 국교회 사이에서 모호한 태도를 취했으며, 또 당국의 옹호자 노릇을 함으로써 반국교파와 국교회 양쪽 세계에 막대한 해를 입혔는데, 당국의 눈에는 웨즐리파는 조롱의 대상이거나 아니면 겸손한 척 상대할 대상일 뿐 결코 신임의 대상으로 보이지 않았다. 프랑스혁명 이후 계속 열린 연례협의회에서 웨즐리파는 그들의 순종과 기존 질서의 적들을 타도하려는 그들의 열성을 한결같이 공언했으며, "공중도덕의 수준을 높이고 사회 하층민들의 복종심과 근면성뿐 아니라 중간층의 충성심까지도 증진시키려는 그들의 활동은 세인의 이목을 끌었다".[1] 그러나 감리교도들이 국교회 예배 참여를 허용받는 경우는 매우 드물었으며, 설령 허용된 경우라도 겨우 뒷문으로나 들어올 수 있었고, 또 그들은 신분의 명예를 표시하는 어떠한 휘장도 결코 달 수 없었다. 그리고 만약 감리교도들이 수훈보고서(공훈록)에 이름이 오르는 경우가 있었다면, 그것은 필경 다른 교도들의 품행을 제보하는 따위의 그들에게 딱 맞는 행위를 수행하는 데 방해가 되었을 것이다.

나뽈레옹전쟁 기간에 감리교 신도의 수는 괄목할 만큼 증가했다.[2] 전쟁기간은 또한 모든 비국교 교파 사이에서 (알레비의 표현을 빌리면) "혁명적 정신이 걷잡을 길 없이 퇴조하는" 시기였다. 전쟁기간중의 감리교는 다음 두 가지 점에서 특히 놀랍다. 첫째, 새로운 공업 노동계급 사이에서 그 수가 가장 많이 늘었다. 둘째, 웨즐리 사망 후 몇년 사이에 목사들의 새로운 관료화가 강화되었는데 그들은 신도들의 복종심을 조작하는 것과 교회의 권위를 모욕할 수 있는 모든 일탈현상의 출현을 제재하는 것을 그들의 의무로 여겼다.

---

1) E. Halévy, *A History of the English People in 1815*, III (Penguin판), 53면에서 인용. 이 기간의 감리교의 정치적 입장에 대한 기술로는 E. R. Taylor, *Methodism and Politics, 1791~1850* (Cambridge, 1935); R. F. Wearmouth, *Methodism and the Working-Class Movements of England, 1800~1850* (1937), 특히 "The Methodist Loyalty"와 "The Methodist Neutrality"에 관한 장을 보라. 또한 J. L. and B. Hammond, *The Town Labourer*, 13장 "The Defences of the Poor"를 보라.
2) 이 책 이 장의 535면을 보라.

이 점에서 그들은 큰 성과를 거두었다. 수세기 동안 복종의 의무를 빈민들에게 설교해온 것은 국교회였다. 그러나 국교회는 빈민들과는 너무 먼 거리에 있었고 그 거리감은 부재(不在)성직자와 복수(複數)성직록이 판친 이 시기에 그 어느 때보다 더 심했기 때문에 국교회의 설교는 더이상 효력이 없게 되었다. 시골사람들이 국교회를 존중하는 것은 스콰이어층의 권세로 쓰라린 경험을 겪었기 때문이지 마음속으로 회개해서가 아니었다. 또 국교회 내부의 복음운동이 뚜렷하게 성공했다고 볼 증거도 거의 없다. 해너 모어의 반페니짜리 소책자들은 흔히 대저택의 하인들 방에서 나뒹굴었다. 그러나 감리교도들, 적어도 그들 중 많은 사람은 **분명히** 빈민이었다. 그들의 수많은 소책자들은 빈민 출신으로 속죄받은 죄인들의 고백이었다. 감리교 지방설교사들 가운데 많은 사람은 (누가 말했듯이) '나의 제니 방적기 뒤에서' 연설문안을 궁리하던 미천한 사람들이었다. 그리고 1790년 이후 교세의 일대 확장은 광산업과 제조업 지역에서 일어났다. 오래된 쎄이럼(Salem) 예배당과 베설(Bethel) 예배당 옆에 벽돌로 신축한 브런즈윅 예배당과 하노버 예배당이 감리교에 대한 충성을 공언했다. "저는 리버풀에 있는 선생의 반원형 교회의 대단한 것들에 관해 이야기를 듣고 있습니다"라고 1811년에 한 목사는 제비즈 번팅(Jabez Bunting) 목사에게 써보냈다.

이 끝에서 저 끝까지 그의 말이 들리게 하려면 강한 폐가 필요하겠습니다. 브래드퍼드와 키슬리에서도 셰필드의 카버(Carver)가에 있는 교회만큼 큰 교회를 짓고 있습니다. 한두 해 뒤에 감리교는 어떤 모습이 될까요?[3]

꼬박 반세기간이나 현직 목사였던 제비즈 번팅은 러다이트 운동의 시대로부터 차티스트 운동의 마지막 시기까지 정통 웨슬리파를 주도한 인물이었다. 맨체스터의 양복제조공이던 그의 아버지는 "초기 프랑스 혁명가들의 대의를 열렬히 지지했던" "철저한 급진파"였다. 그러나 그것 때문에 감리

---

3) T. P. Bunting, *Life of Jabez Bunting*, D.D. (1887), 338면.

교도로서의 투철함이 덜했던 것은 아니다.[4] 1790년대 말에 킬럼의 신종파가 분리해나온 이후에 젊은 목사들 한 그룹이 대두했으며 그들 중 하나가 번팅이었고, 그들의 주된 관심사는 무엇보다도 감리교에서 자꼬뱅적 색채를 제거하는 것이었다. 1812년에 번팅은 자기는 감리교도 러다이트 운동가들과 무관하다고 공언함으로써 유명해졌으며, 이듬해에는 "고루한 토리계 치안관들 몇명과 '교회와 국왕'파 사람들을 그의 고정된 청중으로 삼게 되었는데 그들은 전에는 비국교도 집회장의 문턱을 넘어본 적이 없는 사람들이었을 것이다".[5] 그와 그의 동료 목사들은 무엇보다도 종파간의 계략을 꾸미고 지나치게 열성적으로 규율을 세우기에 바쁜 조직자이자 행정가들이었으며, 그중에서 가장 미움받은 사람이 에드먼드 그린드로드(Edmund Grindrod) 목사였다. 웨즐리의 후계자들은 구반국교도의 자치적인 무질서상태에 대한 그(웨즐리—옮긴이)의 혐오를 계속 이어나갔으며, 연례협의회(웨즐리가 직접 임명한 목사들에게 그 힘든 일이 맡겨졌다)와 그것(연례협의회—옮긴이)의 특권위원회(Committee of Privileges, 1803)에 권위가 부여되었다. 초기 감리교도들은 추방되었는데 그것은 그들의 천막 집회가 종국에는 '소요'를 일으키고 그것이 정치적 선례가 될 것이 (실제로 그런 일이벌어졌다) 두려웠기 때문이다. '천막 감리교도'(Tent Methodists)와, '성경 그리스도교도' 또는 브라이언파[Bible Christians·Bryanites, 윌리엄 오브라이언(William O'Bryan, 1778~1868)은 성경에 대해 완전히 무지한 데븐과 콘월 지방 주민들에게 복음을 전파하는 일에 전념하여 지방 웨즐리파 교회와 대립하게 되었다. 그를 따르는 감리교 분파를 성경 그리스도교도 혹은 브라이언파라고 불렀다—옮긴이] 역시 같은 방식으로 규율에 길들여졌다. 여성의 설교는 금지되었다. 협의회와 순회감독관의 권력이 강화되었다. 각기 상대방의 도덕적 흠집을 캐내서 고발하는 것이 장려되었다. 분반회합에서는 규율이 바짝 죄어졌다. 그리고 1815년 이후에는 지방설교사들 중에 종교적 '과오' 때문에 추방되거나 '실

---

4) 같은 책, 11면. 리즈의 직물업자이던 오우스틀러의 아버지 역시 감리교도이면서 '톰 페인 주의자'였음은 흥미로운 일이다. 오우스틀러가 성인이 된 후 감리교에 대해 품은 견해는 코벳의 경우처럼 그리 감리교를 찬양하는 것도 아니었다.

5) J. Wray, "Methodism in Leeds," 리즈 참고도서관 소장 원고.

천계획'에서 배제된 사람 못지않게 정치적 '과오' 때문에 그렇게 된 사람이 많았다. 우리는 핼리팩스의 지방설교사 기록부(1816년 12월 16일자)에서 "M교우가 그의 분반회합에 나와 있어야만 했던 시간에 정치집회에 참석했기 때문에 문책당함"이라고 기재되어 있는 것을 볼 수 있다. 또 거기에는 어느 교신자가 뉴카슬에서 번팅에게 보낸 다음과 같은 우려의 서신도 들어 있다.

> … 우리 지역 설교사 중 (노스 실즈 출신인) 두 사람이 대대적인 급진적 개혁 집회에 참석했다는 가슴 아프고 근심스런 일에 관한 건 … 나는 우리 형제들 가운데 급진파들 속에 끼여 있는 사람이 그렇게 많지 않기를 바랍니다. 그러나 우리 지도자들 가운데 몇몇 소수의 사람들이 그들의 정신과 의도를 아주 확고하게 따르는 친구들 사이에 들어 있습니다. … 그리고 정말로 신앙심이 두터운 자매들 중 일부가 잘못 인도되어 그들의 깃발 만드는 일을 도와주고 있습니다. 그러나 그중 몇사람이 충고의 말을 듣고 그들의 분반회합 참석을 그만두게 되었다고 말씀드릴 수 있게 되어 기쁘게 생각합니다. 〔그렇게 (분반회합이라고—옮긴이) 말씀드린 까닭은 '분반지도자들' '지구회합' 등등의 용어들이 그들 사이에 그대로 통용되고 있을 정도로, 그들은 감리교회의 조직을 거의 모두 채택하고 있기 때문입니다.〕만약 사람들이 선교와 성경 회합들에서 훈련받은 기억을 되새기면서 군중을 대하고, 또 거기서 연설솜씨를 익히고, 그리고 나서 그렇게 획득한 강력한 도덕적 무기를 이 나라 정부 자체의 존립을 위태롭게 하는 데 쓰기 시작한다면 **우리는 틀림없이 전율을 느끼게 될 것입니다.** …

이 서신은 1819년 피털루 사건이 일어난 해에 씌어진 것이다. 이 해의 사건들에 대한 감리교 특권위원회의 대응은 다음과 같은 회람으로 나타났고 이 회람은 번팅이 작성한 것임을 보여주는 '뚜렷한 흔적을 담고 있다'. 거기에 나타나 있는 것은,

> 이 나라 여러 곳에서 최근에 목격된 몇몇 소란스런 집회에 대한 강력하

고도 단호한 비난이다. 그 집회에는 많은 대중을 무질서하게 모아놓았고 (흔히는 매우 충격적이고 불경스런 문안을 새겨넣은 깃발 아래) … 이단적 원리, 난잡하고 기만적인 정치이론 그리고 과격하고 선동적인 변설을 통해 모든 정부를 경멸케 하고 전면적인 불만과 불복종과 무정부상태를 초래하려는 속셈이 깔려 있었다.[6]

적어도 웨즐리는 고결한 심성을 지닌 군마(軍馬)였다. 그는 자기 자신의 수고를 아낀 적이 전혀 없었다. 그는 시장터의 십자가에 버티고 서서 돌팔매질을 당하는 열렬한 신앙의 소유자였다. "딱딱하고 빈틈없이 정확하게 연설하는" 번팅은 그보다는 덜 감탄할 만한 인물이다. "긴급한 상황이면 원칙을 적응시키라"는 것이 그가 자신에게 주는 조언이었다. 번팅의 초기 목사 시절의 한 친구는 그(번팅—옮긴이)의 아들에게 다음과 같이 알려주었다.

우리가 가족끼리 서로 사귀고 있었을 때 자네 부친은 늘 진지하고 교훈적이셨네. 연단에서 강론하는 때와 다름없이 단어 하나하나를 알맞은 자리에 쓰셨고 말 한마디라도 사전에 충분히 음미하신 것 같았지. 가끔 자네 모친께서 참지 못하고 재치를 부리는 바람에 우리의 엄숙한 분위기가 흔들렸지. 그러나 그분은 한번도 그리스도의 복음을 전하는 목사로서 취해야 할 합당한 자세에서 벗어난 적이 없으셨네.

번팅의 완고한 안식일 엄수(Sabbatarianism)는 그 자신에게 편리한 순간에는 갑자기 중단되었다. "그는 목사직에 필요한 철저한 직무수행을 위해서는 짐승과 같은 사람들을 고용하는 것도 서슴지 않았다. 비록 언제나 자제해서 삼가기는 했지만…" 그러나 어린이들에게는 사정이 전혀 달랐다. 감리교가 일요학교를 통해 최소한 어린이와 성인에게 기초교육을 실시했던 점을 상기하면 우리는 흔히 감리교의 죄악을 어느정도는 용서하고 싶은 마음이 든다. 그리고 '다 큰 채탄부 녀석들과 그들의 누이들이' 또 위틀

---

6) T. P. Bunting, 앞의 책, 527~28면.

(Whittle), 보울러(Bowlee), 점보(Jumbo) 및 화이트 모스(White Moss)에서 온 직조공과 노동자의 아이들이 다니는 1790년대 말 미들턴 학교의 행복한 정경을 그린 뱀퍼드의 그림을 때때로 회상하게 된다. 그러나 번팅이 용서할 수 없었던 것은 초기 감리교도들의 느슨함을 보여주는 바로 이러한 정경이다. 그는 1808년 셰필드의 목사로 재직시 일요학교의 아동들이 글쓰기를 배우고 있는 것을 목도했을 때 분노를 억제할 수 없었다. 여기에서는 '안식일의 끔찍스런 악용'이 행해지고 있었다. 그것이 신학적으로 부당함은 의심의 여지가 없었다——어린이들이 성경을 읽고 배우는 것은 '영적인 선행'이지만, 글쓰기는 그로부터 '세속적 이익'이 생길 수도 있는 '세속적인 기교'였기 때문이다. (예전 '자꼬뱅'인 제임스 몽고메리가 『셰필드 아이리스』지를 통해 어린이 편을 옹호하면서부터) 셰필드에서 싸움이 시작되었는데, 이 싸움에서 번팅은 승자로 등장했다. 다음해(1809) 리버풀에서 다시 시작된 싸움 역시 같은 결과로 끝났다. 번팅은 주님의 날의 이와같은 교묘한 '위반'을 근절시키는 운동의 선봉에 나서서 1840년대까지는 커다란 성공을 거두었다. 사실 이것이 바로 번팅이 전국적인 박차(명성—옮긴이)를 얻게 된 한가지 방식이었다.[7]

이러한 박차는 아마도 1주 6일간 어린이들의 옆구리를 찍어대기 위해 필요했을 것이다. 우리는 번팅과 그의 동료들에게서 그들이 어린이노동을 용인한 공장에서 일하는 어린이들의 기형적 신체와 짝을 이루는 그들 자신의 기형적 감각을 보게 된다. 공업중심지(1804~15년의 맨체스터, 리버풀, 셰필드, 핼리팩스, 리즈)에서 그가 초기 목사직을 수행할 때의 수많은 통신문을 살펴보면 끊임없는 교파간의 사소한 분쟁과 도덕적인 속임수와 또 젊은 여성의 개인적 품행에 관한 시시콜콜한 신문들이 있었음을 알 수 있는데, 그런 중에도 번팅이나 그의 동료들 중 누구 하나 산업주의의 결과에 대해서는 단 한번의 양심의 가책도 느끼지 않았던 것 같다.[8] 그러나 젊은 감리

---

7) 같은 책, 295~97, 312~14, 322~23면; S. Bamford, *Early Days* (1893년판), 100~101면. 국교회와 다른 비국교 교파들 역시 일요일에 글쓰기를 배우지 못하도록 금했음을 말해야 공정하다.

8) 번팅 같은 감리교도들이 일관해서 지지했던 유일한 인도주의적 대의는 노예제 반대운동이

교 지도자들은 태만으로 어린이노동이라는 범행에 공모하는 죄만 지었던 것이 아니다. 그들은 빈민들에게 복종이란 활성분(活性分)을 주입시킴으로써 빈민들을 내부에서부터 약화시켰다. 그리고서 그들은 기업가들이 절실히 필요로 하는 작업규율이라는 심리적 성분의 조성에 가장 적합한 요소들을 감리교 안에서 길러냈던 것이다.

일찍이 1787년에 제1대 로버트 필(Sir Robert Peel, 1750~1830. 수상이 된 유명한 써 로버트 필의 아버지—옮긴이)은 이렇게 썼다. "나는 랭커셔에 있는 나의 주요 사업체들의 경영을 감리교도들에게 맡겼는데 그들은 훌륭하게 나를 도와주었다."[9] 베버와 토니가 자본주의 생산양식과 청교도 윤리 간의 상호침투를 너무도 철저하게 해부했으므로 더이상 덧붙일 사항은 거의 없는 것 같다. 감리교는 단순히, 변화하고 있는 사회환경 속에서 이 윤리를 확대한 것으로 볼 수도 있다. 또한 번팅의 시대에 감리교가 규율과 질서의 가치를 고양시키고 아울러 모호한 도덕성을 보인 덕분에, 자수성가한 공장주와 제조업자와 십장과 감독관과 하층 관리집단에 다 같이 썩 잘 적응했다는 점에서 '경제주의적인' 주장이 와닿는 점이 있다. 그리고 감리교가 제조업 마스터들과 그들의 들러리들을 위한 자기정당화의 이념으로 쓰였다는 이러한 주장은 상당한 진실을 포함하고 있다. 흔히 인용되는 다음의 대목에서 존 웨즐리는 그 점을 예견도 했고 탄식도 했다.

… 신앙은 필연적으로 근면과 절약을 낳게 되고 이는 다시 부(富)를 만들 수밖에 없다. 그러나 부가 늘어날수록 자만심과 분노와 세속에 대한 애착이 늘게 될 것이다. … 감리교가 지금은 푸른 월계수처럼 무성하지만, 그렇게 되면 이 마음의 종교가 그런 상태로 어떻게 지속될 수 있을 것인가? 감리교도들은 어디서나 점점 더 부지런하고 절검하니, 그 결과 그들은 재화를 늘릴 것이다. 따라서 그에 비례하여 자만심과 분노와 육

었다. 그러나 해가 가면서 쟁점이 되풀이될수록 그들이 이 대의를 지지했던 것은 사회적 양심이 남아 있어서라기보다는 비판을 물리치려는 욕망에서 그랬다는 의심이 들게 된다.

9) L. Tyerman, *John Wesley*, III (1870), 499면; J. Sutcliff, *A Review of Methodism* (York, 1805), 37면.

490

욕과 눈의 욕망과 삶의 오만을 늘릴 것이다. 그래서 비록 종교의 외형은 남아 있더라도 영혼은 급속하게 사라져가고 있는 것이다.

아마 많은 수의 감리교도 공장주들이 ──그리고 실은 번팅 자신이 ──19 세기 초에 이 사실을 확인시켜주는 증거가 될 것이다.[10] 그렇지만 이 주장은 결정적인 점에서 비틀거린다. 왜냐하면 바로 이 시기에 감리교는 산업부르주아지의 종교임과 **동시에** (산업부르주아지 중에는 다른 비국교 교파 신도들도 있었지만) 광범한 프롤레타리아 계층의 종교로서도 커다란 성공을 거두었기 때문이다. 또한 많은 노동계급 공동체들이 (광부, 직조공, 공장노동자, 선원, 도자기공과 농업노동자들 사이에서도 마찬가지로) 감리교회에 대해 뿌리깊은 충성심을 지녔던 것은 전혀 의심할 여지가 없다. 감리교는 어떻게 해서 이렇듯 놀라운 활력을 가지고 이 이중(二重)의 직분을 수행할 수 있었는가?

이는 베버나 토니가 다루지 않았던 문제이다. 두 사람은 대체로 16세기와 17세기의 청교주의 및 상업자본주의의 발생 문제에 몰두하였다. 두 사람은 주로 중간계급의 심리적·사회적 발전에 관해 언급하여 전자는 청교도의 '소명'(calling)의식을, 후자는 자유와 자발적 규율·개인주의·획득의 욕구들의 가치를 강조했다. 그러나 두 주장이 함께 동의하는 것은 스스로 '소명'을 받았거나 '선택되었다'고 느끼고 (어느정도 성공적으로) 이익추구 활동에 종사한 중간계급 집단들의 심리적 에너지와 사회적 응집력에 청교주의가 공헌했다는 점이다. 그렇다면 그러한 종교가 보기 드문 곤경의 시기에 형성되어가고 있던 프롤레타리아트에게 어떻게 해서 호소력을 갖게 되었는가? 그들은 수가 많았기 때문에 자신들이 선택된 집단이라고는 전혀 느낄 수 없었고, 그들의 노동조건과 생존경험은 개인적 가치보다는 집단적 가치들을 지지하게 했으며, 그들의 절약이나 규율이나 획득욕구는 자신에게 성공을 가져다주는 것이 아니라 그들의 마스터에게 이익을 초래하고 있었는데도 말이다.

---

10) W. J. Warner, *The Wesleyan Movement in the Industrial Revolution* (1930), 168~80면을 보라.

사실 고용주의 관점에서 청교도적 또는 의사(擬似)청교도적 가치를 노동계급에게 전파시키는 것이 유용한 점에 관해서는 베버와 토니가 설득력 있게 논증했다. 토니는 노동자에게서 보이는 게으름과 앞일을 대비하지 않는 태도를 비난하면서 성공이 선택된 것의 징후라면 빈곤 그 자체는 정신적인 타락의 증거[11]라는 편리한 신념을 담고 있는 '빈곤에 대한 새로운 치료약'을 세밀하게 검토하였다. 베버는 노동계급에게 결정적인 의미를 지닌 문제 즉 노동규율을 더욱 강조했다. "근대 자본주의가 인간 노동의 강도를 증대시킴으로써 그 생산성을 증가시키기 시작한 곳이면 어디서든지 그것은 전(前)자본주의적 노동의 … 엄청나게 완강한 저항에 직면했다."

오늘날의 자본주의 경제는 그 속에서 개인이 태어나고, 또 그 개인에게 그가 그 안에서 살아갈 수밖에 없는 변경 불가인 사물의 질서로 드러나는 거대한 우주이다. 그것은 개인이 시장경제체제에 편입되어 있는 한 자본주의적 행동규칙에 따르도록 강제한다.

그러나 산업자본주의가 대두하면서 이 행동규칙들은 부자연스럽고 혐오스러운 제약으로 드러났다. 울타리치기를 하지 않은 촌락의 농민과 농업노동자, 심지어는 도시의 장인이나 도제도 노동의 대가를 오직 현금소득(money-earnings)으로만 측정하지는 않았으며, 엄격한 규율 아래 매주 계속해서 노동해야 한다는 관념에 대해 반항했다. 베버가 (만족스런 표현은 아니지만) '전통주의'라고 묘사한 생활방식 안에서는 "한 인간은 '본성적으로' 더욱더 많은 돈을 벌고자 하는 것이 아니라 다만 여태껏 살아온 대로 살고자 하고 또 그러기 위해서 필요한 만큼만 벌고자 할 뿐이다". 성과급 및 다른 장려금도 내적인 강제성이 없다면 어느 한도에 달했을 때는 효력을 상실한다. 벌이가 충분하다고 생각되면 농민은 그만 공장을 나와 마을로 돌아오며 장인은 주막을 찾는다. 그러나 이와 동시에 숙련과 주의력, 어쩌면 책임감이 요구되는 작업에서 저임금으로 규율을 잡으려는 것은 비효

---

11) R. H. Tawney, *Religion and the Rise of Capitalism* (Penguin판), 227면 이하.

율적이다. 정작 요구되는 것 ─ 프롬(Fromm)은 베버의 이 주장을 상세히 설명한다 ─ 은 어떠한 "외적 강제성이 기할 수 있는 것보다 훨씬 더 효율적으로 노동할 에너지를 쥐어짤" 수 있는 '내적 강제성'이다.

외적 강제성에 대해서는 항시 일정 정도의 저항이 있게 마련이다. 이 저항감은 작업의 효율성을 방해하거나, 아니면 지적인 능력과 창의적인 주도력과 책임감을 요구하는 특정한 작업에 사람들이 적응하지 못하도록 만든다. ··· 의심할 바 없이 인간 에너지의 최대의 부분이 노동의 방향으로 흐르지 않았더라면 자본주의는 발전할 수 없었을 것이다.

노동자들은 "그 자신의 노예감독(혹독한 감시인 ─ 옮긴이)"으로 전환되어야만 하는 것이다.[12]

이러한 강제의 구성요소는 새로운 것이 아니었다.[13] 베버는 17세기의 '선대제' 공업 ─ 특히 직조업 부문 ─ 에서 술에 취하고 방사를 떼어먹는 등 노동자들의 산만한 작업습관 때문에 고용주들이 겪었던 곤경에 주목했다. 장로교 목사인 리처드 백스터(Richard Baxter)가 목사 직무를 통해 노동관계에 현저한 변화를 초래한 것은 잉글랜드 서부의 모직물공업지대 ─ 키더민스터(Kidderminster) ─ 였으며, 따라서 그가 작성한 1673년도의 『그리스도교도 지침서』(*Christian Directory*)에서는 감리교의 작업규율을 예시하는 여러 요소들을 상세하게 찾아볼 수 있다.[14] 18세기 내내 광산주와 북부의 모직 및 면직 제조업자들은 비슷한 어려움을 겪었다. 채탄부들은 대체로 임금을 월급으로 받았는데 "천성이 소란스럽고 격렬하며 태도와 성격이 상스럽다"는 개탄의 소리를 들었다.

---

12) M. Weber, *The Protestant Ethic and the Spirit of Capitalism* (1930), 특히 54, 60~67, 160~61, 178면을 보라. 또한 E. Fromm, *The Fear of Freedom* (1960년판), 80면.
13) 이 노동규율이 결코 감리교에만 있던 것도 아니다. 여기서는 사태전개의 주도적 사례로서 감리교를 논하는 것이다. 그것은 산업혁명기에 등장한 복음주의파와 대부분의 비국교주의 분파들의 역사에서도 마찬가지였다.
14) M. Weber, 앞의 책, 66~67, 282면; R. H. Tawney, 앞의 책, 198면 이하. 리처드 백스터의 저술은 초기 감리교도들이 즐겨 읽던 것으로 꼽히며 19세기 초의 수십년간에 자주 재간행되었다.

그들의 수입은 꽤 많지만 불확실한데다, 도급제 노동이어서 그런 일로 얼마가 남을 것인지를 미리 알기란 아주 힘들다. 이런 상황 때문에 그들에겐 노름꾼처럼 낭비하는 습관이 몸에 배어 있다. …

　　채탄부들의 성격의 또다른 특징은 일자리를 곧잘 바꾼다는 점이다. … 작업철이 돌아오면 탄갱부들은 해마다 갱을 바꾸는 것이 거의 예사가 되어 있다. … 그들은 전에 어떤 좋은 대우를 받았더라도 단 한번만 그들의 요구사항이 거부되면 그전의 것은 모두 상쇄된다고 생각하는 기질이 있다.[15]

소토지보유농인 직조공들은 농가에 무슨 일이고 긴급한 일이 생기면 일을 집어치우는 것으로 악명이 높았다. 18세기의 노동자들은 대부분이 단 한 달 동안의 수확일을 하느라고 두말없이 그들의 일자리를 내놓았다. 또 초기의 면방직공장의 성인 직공들은 "마음이 해이한데다 어슬렁거리는 습관이 있고 장시간 공장에서 배기지를 못했다".[16] 웨지우드(Josiah Wedgwood, 1730~95. 트렌트의 스턱 부근인 에트루리아 마을에 도자기작업장을 세운 사람. 유명한 웨지우드 제품들이 여기에서 유래한다—옮긴이)의 에트루리아(Etruria) 작업장의 벌금목록은 초기의 기업들이 당면했던 몇가지 경영상의 문제들을 보여주고 있다.

　… 파업을 하거나 감독관에게 욕설을 하는 노동자는 해고.
　작업시간에 맥주 또는 일반 주류를 공장 안으로 들여오는 노동자는 벌금 2실링.

---

15) *Report of the Society for Bettering the Condition of the Poor*, I (1798), 238면 이하, (맨체스터 근처)의 브리지워터(Bridgewater) 공작의 채탄부에 대한 기술. 공작의 채탄부들은 대부분의 다른 채탄부들보다 '훨씬 품행이 방정'하다고 여겨졌고 "공작의 몇몇 관리인들은 신앙심이 있는 사람들이라 일요학교들을 개설했다".

16) A. Redford, *Labour Migration in England, 1800~1850* (1926), 19~20면. 1830년대가 되어서도, 쌔뮤얼 그레그(Samuel Greg)는 제조업 종사자들의 유난한 성격인 "안정을 못 하고 이리저리 옮겨다니는 기질"에 대해 불평하고 있었다.

유리창 벽을 향해 크리켓 공놀이를 하는 자는 벌금 2실링. ……[17]

산업혁명기의 제조업 마스터는 그의 노동자들이 공장에 고용되었건 노동자들의 집에서 일하건 이러한 규율문제에 항시 시달렸다. 선대제 노동자들은 (고용주의 관점에서 볼 때) '질서정연한' 습관을 몸에 붙이고, 지시사항을 엄히 따르며, 정해진 시간을 철저히 지키고, 물자를 횡령하면 죄악이라는 의식을 갖도록 교육받을 필요가 있었다. 1820년대가 되면 (당대인의 말로는) '다수의 직조공들'에게 '감리교 교리가 깊이 배어' 있었다. 자수성가한 끝에 이제는 그 직조공들의 고용주가 되어 있는 어떤 인사들은 감리교도든 비국교도든——웨즐리가 예견했듯이——검약에 의해 부를 이룩했다. 그 인사들은 자신들과 같은 교파의 신도들은 틀림없이 '행실이 단정할 것이고' 또 '훌륭한 인품이 지니는 가치를 자각하고 있다'고 보고 그들을 좋아하는 경향이 있었다.[18] 직조공들은 자립의 가치를 강조한 '장인'의 전통을 물려받았기 때문에 이미 청교도 교의와 유사한 어떤 교의를 받아들일 마음의 준비가 되어 있었다.[19] 그러면 공장의 직공들은 어떠했는가?

앤드류 유어 박사의 『매뉴팩처들의 철학』(*The Philosophy of Manufactures*, 1835)은 그 사탄과도 같은 주장으로 맑스와 엥겔스에게 상당한 영향을 주었는데, 그 책에서 우리는 종교의 기능을 노동규율에 두는 '경제주의적' 주장의 하나의 완벽한 선례를 본다. **공장**(factory)이란 용어는 유어에게,

여러가지의 기계적이고 지적인 기관으로 구성되어, 공동의 목적을 가진 생산을 위해 쉬지 않고 협조하여 움직이며, 그 모든 기관이 자율적으로 조절되는 동력에 복종하는 거대한 자동장치라는 개념을 담고 있다.

---

17) V. W. Bladen, "The Potteries in the Industrial Revolution," *Economic Journal* (Supplement), I (1926~29), 130면. 또한 M. Mckendrick, "Josiah Wedgwood and Factory Disciple," *History Journal*, IV, I (1961), 30면. "인간이라는 기계들이 과오를 범하지 않도록 만드는 것"이 웨지우드의 목적이었다.
18) R. Guest, *A Compendious History of the Cotton Manufacture* (1823), 38, 43면.
19) 17세기에 청교도의 여러 분파는 많은 직조공 신도들을 가지고 있었다. 그러나 영국 서부 지방을 제외하면 이 전통은 18세기 초에는 거의 남아 있지 않았다.

공장제의 '주된 어려움'은 기술적인 것에 있었다기보다는 "이 기구의 서로 다른 구성원들을 하나의 협동체 안에 배열하는" 데 있었다. 그리고 무엇보다도 "산만한 작업습관을 버리고, 복잡한 자동장치의 변함없는 규칙적 작동에 자기 자신을 맞추도록 인간을 훈련시키는 데 있었다".

공장작업을 해낼 수 있는 성공적인 노동규율 규정을 고안하고 적용시킨다는 것은 헤라클레스적인 힘이 필요한 일이었는데, 아크라이트가 그 일을 훌륭히 해냈다. 심지어는 체제가 완전히 정비되고 노동이 지극히 가벼워진 오늘날에도 사춘기를 지난 성인을 농촌 출신이든 기왕에 수공업 직종에 종사했든간에 쓸 만한 공장의 일손으로 바꿔놓는다는 것은 거의 불가능한 일로 밝혀지고 있다. 그들은 일하려 하지 않거나, 혹은 대드는 습관을 억제하기 위해 한동안 애를 쓴 후에는 자진해서 일자리를 그만두든지 아니면 감독관에 의해 부주의하다는 이유로 해고된다.

"불현듯이 생각이 나야 부지런히 일하는 버릇이 있는 노동대중의 고집센 기질을 온순하게 만들려면 실로 나뽈레옹 같은 강심장과 강한 의지가 있어야 했다. … 아크라이트가 그런 인물이었다." 더구나 노동자란 숙련된 기술을 가지고 있으면 있을수록 더욱더 규율을 지키도록 만들기가 힘들었고, "더 고집을 부리고 … 기계체제에는 더욱더 적합하지 않게 되었는데, 기계체제하에서는 노동자의 우발적인 불규칙한 행동이 체제 전체에 중대한 손해를 입힐 수도 있다". 그래서 제조업자들은 "각별히 섬세하고 꾸준한 손놀림이 요구되는 공정을 재간있는 노동자에게서 … 떼어내어" "자동적인 기계장치가 그 일을 맡도록 하여 어린아이라도 그 일을 돌볼 수 있게" 하려 하였다. "따라서 근대적 제조업자의 웅대한 목적은 자본과 과학의 결합을 통하여 그의 노동자들의 어려운 과업을 감시의 시행과 민첩한 손놀림으로 단순화시키는 것이었는데, 이런 능력은 … 어린 나이에도 금방 완벽하게 익힐 수 있는 것이었다."[20]
어린아이들에게는 감독관과 기계장치로 충분히 규율을 세울 수 있었을 것이다. 그러나 '사춘기를 지난' 이들에게는 내적인 강제가 필요했다. 따라서 유어는 그의 책의 한 절(節)을 '공장제의 도덕경제'(Moral Economy of the Factory System)에 할애하고 종교를 별도의 장(章)으로 다루게 되었던 것이다. 유어의 눈에는 속죄받지 못한 직공은 끔찍한 인간이었다. 그런 노동자는 '간교한 선동가들'의 먹이가 되고, 상습적으로 비밀결사와 음모에 가담하며, 마스터들에게 어떠한 잔인한 짓이라도 할 수 있는 사람이었다. 면방적공은 높은 임금을 받는 결과 "그들의 실내작업을 위해서는 영양분이 과하고 자극적인 식사를 하게 되고 그 때문에 신경성 질병에 걸리기" 쉬웠다.

제조업자들은 당연히 비좁고 꽉 막힌 공간에 수많은 사람을 꽉꽉 채워 넣는다. 그들은 은밀한 음모를 꾸밀 제반 여건을 조성해준다. … 그들은 저속한 정신에다가 지능과 활력을 전달한다. 그들이 주는 후한 임금은 투쟁을 위한 자금을 제공한다. …

이와같은 상황에서 일요학교들은 '숭고한 광경'을 보여주었다. 1805년에 설립된 어느 스톡포트 일요학교의 위원회는 1832년에 다른 지역에서는 '정치적 소동'이 벌어졌으나 이 도시에서는 '단정한 예절'이 유지되고 있음을 자축하였다. "도시에 가까이 가려면 … 저 고요한 요새들을 적어도 한두 곳 이상 만나게 되게 마련이다. 악과 무지의 침입에 대비하여 지혜로운 자선가가 세워놓은 곳들이다." 그리고 유어는 이로부터 일반적인 정치적 복종뿐 아니라 바로 공장 내에서의 행동에 관한 하나의 가르침(moral)을 도출해냈다.

---

20) A. Ure, *The Philosophy of Manufactures* (1835), 13~21면. 23면도 참조. "사실 남자의 노력을 여성과 어린이의 노력으로 대신하거나 또는 숙련된 장인의 노동력을 단순노동자의 그것으로 대신함으로써 노동자의 인간노동을 전적으로 면하게 하거나 노동비용을 절감시키려는 것은 모든 기계장치 개량의 끊임없는 목적이고 경향이었다." 공장주의 의도를 표현하는 것으로는 이 말이 흥미있으며, 이는 직물공업에 해당된다. 그러나 자본주의 발전의 '법칙'을 말하는 표현으로서는 맑스와 엥겔스가 유어의 주장에 지나친 신뢰를 부여한 것 같다.

어떤 공장에서든지 노련한 눈이라면 체제 전반의 무질서, 기계 하나하나의 반칙, 시간과 물자의 낭비 … 등 공장 안의 도덕적 규율이 소홀해지고 있는 것을 쉽게 탐지할 수 있을 것이다.

임금지불만으로는 결코 '열성적인 근무'를 확보할 수 없었다. 도덕적 고려 사항들을 소홀히하고 또 "복음의 극기의 은총을 깨닫지 못한" 고용주는,

> 자기가 직공들의 꾀에 넘어가는 것을 막지 못하는 껍데기 감시자인 것을 스스로 알 것이며, 따라서 아무리 지겹게 직공들을 감시하더라도 헛일일 것이다 ── 직공들이란 하나같이 천성이 그러하므로 그와같은 마스터를 모반하게 마련이다. 그런 마스터는 아무리 수고를 하더라도 우수한 양질의 노동력을 결코 얻을 수 없을 것이다. …
> 그러므로 그의 기계장치를 조직할 때 적용하는 것과 똑같은 정확한 원칙을 가지고 그의 도덕적 장치를 조직하는 것은 모든 공장주에게 특히 중요한 관심사인 것이다. 그렇지 않고서는 우수한 생산품을 만들어내는 데 필수조건인 안정된 일손, 주의 깊은 감시의 눈, 신속한 협동을 결코 얻을 수 없을 것이기 때문이다. … 사실 '신앙심 깊은 것이 커다란 이득이다'라는 복음서의 진리가 대규모 공장 운영에서처럼 잘 들어맞는 경우도 없다.[21]

주장은 이렇게 해서 완결된다. 공장제는 인간성의 개조를 요구한다. 장인이나 선대제 노동자의 '발작적인 노동행태'(working paroxysms)는 인간이 기계의 규율에 적응할 때까지 규격화(methodized)되어야 한다.[22] 그러나 이렇게 규율을 지키는 미덕이 신앙심 깊은 사람들에게 (그들이 감독관이 되지 않는 한) 전혀 세속적 이득을 가져다줄 것 같지 않을 때, 어떻게 그

---

21) 같은 책, III, 1장과 3장. 강조는 필자.
22) D. H. 로렌스(Lawrence)의 장편소설 『무지개』(*The Rainbow*)의 다음 구절을 참조하라. "그들은 갱과 작업위치에 맞게끔 자신들을 바꾸어야만 하지 그들에게 맞게끔 갱과 작업위치를 바꿀 수가 없다고 믿고 있다. 그렇게 하는 편이 수월하다."

미덕을 그들에게 주입시킬 수 있겠는가? 그것은 오직 "인간은 마땅히 그의 으뜸가는 행복을 현재의 상태가 아니라 미래의 상태에 기약해야 한다는 … 무엇보다도 우선하는 중요한 교훈"이 주입됨으로써만 가능하다. 노동은 반 드시 "초월적 존재의 사랑에 의해 … 우리의 의지와 애정 위에 고취된 … 하나의 **순수한 덕행**"으로서 수행되어야만 한다.

그렇다면 인류는 이 개조하는 힘(transforming power)을 어디서 찾아야 하는가? ——그리스도의 십자가 안에서이다. 죄를 범하는 것에서 벗어나 게 하는 것은 그(십자가의—옮긴이) 희생이며, 죄에 끌리는 마음을 없애는 것은 그 동기이다. 십자가는 그와같은 끔찍한 속죄가 아니고서는 비열한 죄가 씻기지 않음을 보여줌으로써 죄를 극복한다. 십자가는 불복종의 죄 에 대한 보상을 치르며, 순종을 고무하며, 순종하는 힘을 얻게 해주며, 순종을 실행 가능케 하며, 순종을 받아들일 만한 것으로 만든다. 십자가 는 순종하도록 강제하기 때문에 어떤 의미에서는 순종을 불가피한 것으 로 만든다. 결국 십자가는 순종을 부추기는 동기일 뿐만 아니라 순종의 기본틀(pattern)이다.[23]

그렇다면 유어는 면화나라(Cottonopolis)의 리처드 백스터인 것이다. 그 러나 우리는 여기서 세속을 초월한 유어의 높은 자리에서 내려와 한층 간 단하게 신학의 세속사항들을 고찰해볼 수 있을 것이다. 1800년에 문을 열 고 있던 영국의 모든 교회들에서 제조업자의 도덕적 자부심을 강화하기에 충분한 궤변의 신학이 존재했던 것은 분명하다. 그가 계서제적인 신앙을 고수하고 있었든, 그 자신이 선택받았다고 느끼고 있었든, 혹은 그의 성공 에서 은총이나 깊은 신앙심의 증거를 보았든간에 그는 브래드퍼드 공장 옆 에 있는 그의 저택을 바드지(Bardsey) 섬의 수도원 단칸방과 바꾸어야겠다 는 충동을 느낀 적은 거의 없었다. 그러나 감리교 신학은 이것저것 뒤섞은 그 혼성적인 기회주의 덕분에, 사회적 경험으로 보아 자신이 '선택'받았다

---

23) A. Ure, 앞의 책, 423~25면.

고 느낄 이유가 거의 없는 사람들인 프롤레타리아트의 종교가 되기에 다른 어느 신학보다도 더 적합했다. 웨즐리는 자신의 신학에서 청교주의가 지닌 가장 좋은 요소는 버리고 더욱 나쁜 요소들은 서슴없이 선택했던 것 같다. 즉 감리교는 계급적인 면에서 자웅동체였다면 교리 면에서는 잡종이었다. 우리는 이미 감리교가 구반국교의 지적이고 민주주의적인 전통과 결별한 것에 주목한 바 있다. 반면 권위에 순종하라는 루터(Luther)의 교리들은 1789년 이후 어떤 웨즐리파 협의회에서나 교본으로 사용된 것으로 보인다.

설령 권좌에 앉은 자들이 사악하거나 신앙이 없다고 할지라도, 그렇더라도 그 권위와 권세는 선한 것이고 또 신에게서 나온 것이다. …

신은 아무리 사악한 정부라 할지라도, 어중이떠중이들이 폭동을 일으키는 것을 허용하는 것보다는 그 정부가 존재하도록 하는 편을 택할 것이다. 그들이 폭동을 일으키는 짓이 아무리 정당할지라도 말이다. …

(그러나 루터와 달리 제비즈 번팅은 그 어중이떠중이들이 어쩌다 '정당'할 수도 있다는 견해를 결코 용납할 수 없었다.) 웨즐리파가 일반적으로 지닌 루터파적 편향은 종종 지적을 받아왔다.[24] 웨즐리가 은총의 보편성 교의를 신봉한 것은 깔뱅주의적인 '선택'(election)의 개념과 양립할 수 없었다. 만약 은총이 보편적이라면 죄악도 보편적이었다. 죄악을 깊이 깨닫게 된 자라면 누구에게나 은총이 찾아오게 될 것이고, 그리스도의 피에 의해 속죄 받음을 깨달을 것이다. 여기까지는 영적(靈的) 평등주의의 교의이다. 적어도 부자에게나 가난한 자에게나 죄와 은총의 기회는 평등하다. 그리고 지식의 종교이기보다 '마음'의 종교로서, 아무리 소박하고 아무리 교육받지

---

24) 베버는 그의 *The Protestant Ethic and the Spirit of Capitalism* 중 감리교에 관한 간단한 논의에서 그 신학 내의 깔뱅주의적 요소를 과장하고 있고, 그럼으로써 그것이 프롤레타리아 종교로서 특수한 적응성을 지닌 것을 통찰하지 못한다. 따라서 그는 웨즐리 신도 사이의 '소명'에 대한 감각을 지나치게 주장하게 되고, 특히 그 감각을 노동자의 '소명'에 적용하려고 들 때 그처럼 강조한다. 그러나 영국에서는 그것은 순종과 복종보다는 덜 중요하다.

못한 자라도 은총에 도달하리라는 희망을 가질 수 있었다. 이런 의미에서 감리교는 모든 교리적이고 사회적인 장벽을 허물고 노동계급에게 문을 활짝 열어놓았다. 그리고 이것은 루터교 역시 빈민의 종교였다는 점, 그리고 뮌쩌(Münzer)가 공언했고 루터가 대가를 치르고서 배웠듯이 영적인 평등주의는 제방을 부수고 세속의 수로(水路)로 흘러들어가는 경향을 가졌으며 그럼으로써 그것은 루터파의 교의에 꾸준한 긴장을 불러일으켰고 그 긴장이 감리교에서 재생되었다는 점을 상기시킨다.

그러나 그리스도의 속죄는 다만 임시적이었다. 웨슬리의 교리는 이 점에 관해 정립되지 않았다. 그는 일단 은총이 참회자를 찾아오면 그것은 영속된다는 개념을 희롱했다. 또 그래서 ('선택된 자'가 이제는 '구원받은 자'라는) 맥빠진 깔뱅주의가 뒷문을 통해 재입장했다. 그러나 18세기가 지나갔을 때 신앙에 의한 의인화(義人化)의 교의는 굳건해졌는데, 그 이유는 아마 부흥회 동안 '구원받았던' 수많은 사람들이 몇해 또는 단 몇달만 지나면 그들의 예전 방식으로 슬쩍 되돌아가버리는 현상이 너무나 뚜렷했기 때문이었을 것이다. 그래서 죄의 사함은 고해자가 더이상 죄를 짓지 않을 때까지만 지속된다는 것이 교리가 되었다. '구원받은' 형제 자매는 조건부이고 임시적인 선택의 상태에 있었다. '뒷걸음질치는'(backslide, 교리를 어기는— 옮긴이) 것은 언제라도 가능했다. 또 인간의 나약함으로 미루어 신의 눈에나 제비즈 번팅의 눈에나 그럴 가능성은 매우 높았다. 더구나 번팅은 다음과 같은 신의 관점을 힘들여 지적했다.

죄는 … 그 본질이 변하지 않는 것이고, 죄지은 자의 사함을 통해 … '극단적으로 죄 많은' 정도가 덜해질 뿐이다. 벌은 면제되고 그 벌의 고통을 겪을 의무는 해제된다. 그러나 비록 은총을 받아 벌이 경감되더라도 응당 받아야 할 벌은 아직도 남아 있다. 그러므로 사함을 받은 죄에 대해서도 죄를 고해하고 애통해할 범절과 의무가 나타난다. 신의 자비라는 행위에 의해 벌받는 결과는 면제되더라도 우리는 여전히 티끌처럼 자신을 낮추는 것이 신 앞에서 우리의 적절한 위치라는 사실을 기억해야 한다. …[25]

그러나 이 교리에는 좀더 복잡한 점들이 있다. 사람이 자신의 의지에 따른 행동으로 스스로를 구원할 수 있다고 가정하는 것은 주제넘은 짓일 것이다. 구원은 신의 전권(專權, prerogative)이었으며, 사람이 할 수 있는 것은 극도로 스스로를 낮춤으로써 속죄를 준비하는 것이었다. 그렇지만 일단 은총을 확신하고, 일단 감리교의 형제애 안에 철저하게 들어오면 노동하는 남자나 여자나 '교리를 어기는 것'(backsliding)은 결코 가벼운 일이 아니었다. 그것은 거친 산업세계에서 그들이 아는 유일한 공동체 집단으로부터 축출당함을 의미했을 것이다. 그것은 또 이제 맞게 될 저 영원히 계속될 벌에 대한 끊임없는 두려움을 의미했다.

> 무서운 지옥과
>   영원한 고통이 있도다,
> 죄지은 자들이 어둠과 불과 사슬 속에서
>   악마와 더불어 살아야만 하는.

그렇다면 어떻게 은총을 유지할 것인가? 선행에 의해서는 아니다. 웨슬리는 신앙을 선행보다 높이 두었기 때문이다. "너희들은 오직 영혼을 구제해야 할 뿐이다." 선행은 자만심의 덫이었으며, 아무리 훌륭한 선행에도 죄의 찌꺼기가 뒤섞여 있었다. 비록 또다른 기회주의적 위장에 의해 선행이 은총의 한 **징표**일 수 있을지라도. (공장주와 상점주들을 위한 깔뱅주의의 흔적이 여기에 있다.) 이 세상은 영원으로 가는 대기실인만큼 부와 가난 같은 세속사는 아주 하찮은 것이다. 부자는 교회에 봉사함으로써 (특히 그들 자신의 노동대중을 위해 예배당을 지음으로써) 은총의 증거를 보여줄 수 있을 것이다. 가난한 자들은 '육신의 욕망, 눈의 욕망, 그리고 자만심'의 유혹을 덜 받는다는 점에서 행운이었다. 그들은 계속해서 은총을 입고 있을 가

---

25) Jabez Bunting, *Sermon on Justification by Faith* (Leeds, 1813), 11면. 번팅의 상상은 같은 해(1813)의 1월에 어떤 러다이트들은 교수대에서 '벌받는 일'을 꼼짝없이 감수했으나 다른 이들은 '은총을 받아' 14년간의 유배형으로 감면되었음을 환기시킨다.

망성이 한결 많았는데, 그것은 그들의 '소명'(직업—옮긴이) 때문이 아니라 '다시 죄를 지을'(backslide) 유혹을 덜 받았기 때문이다.

은총을 계속 입고 있을 세 가지의 분명한 방안이 제시되었다. 첫째는 분반회합의 지도자나 지방설교사가 되거나 아니면 좀더 낮은 일로는 교회 자체에 봉사하는 것이다. 둘째는 종교행사에 몰두하거나, 종교에 관한 소책자를 읽거나, 무엇보다도 개종에 따르는 감정의 고양·죄의 자각·참회·은총내림을 재생하려고 시도함으로써 자신의 영혼을 고양하는 것이다. 세번째로는 생활의 모든 면에 체계적인(methodical) 규율을 세우는 것이다. 무엇보다도 노동 자체가 (노동은 비천하고 불유쾌한 것이기 때문에 선행과 혼동되어서는 안된다) 다른 어떤 숨은 동기에 의해서가 아니라 (유어 박사가 그랬듯이) '순수한 덕행'으로 행해질 때 거기에 은총의 명백한 징표가 있다. 더욱이 아담이 에덴동산에서 쫓겨날 때 신이 내린 저주는, '사는 동안 하루도 그침 없을' 고된 노동과 가난과 설움이 축복이라는 데 대해 반박할 수 없는 교리적 근거를 마련해주었다.

우리는 이제 감리교가 노동계급에게 주입한 덕성과 중간계급의 공리주의가 바라는 것들 사이에 현저한 상응관계가 있음을 볼 수 있다.[26] 공장주에게 '그의 기계장치를 조직할 때 적용하는 것과 똑같은 정확한 원칙을 가지고 그의 도덕적 장치를 조직'하라고 한 유어 박사의 조언은 그 양자의 접합점을 가리킨다. 이 점에서 보면 감리교는 산업자본주의의 노동규율로 이행하는 시기에 보여준 공리주의의 비정한 내부 풍경이었다. 수작업노동자들의 '발작적인 노동행태'가 체계화되고(methodized) 또한 그들의 게으름피우려는 충동이 통제받을수록 그들의 감정적이고 정신적인 발작은 늘어난다. 한심한 고해 책자들이 에드윈 채드윅과 케이 박사의 산문 스타일과 동전의 양면을 이룬다. '지성의 행진'과 마음의 억압은 동행한다.

그러나 감리교는 무엇보다도 '마음의 종교'(religion of the heart)라는 것

---

26) 물론 베버나 토니는 청교주의와 공리주의의 교리가 평행해서 발전했음에 주의를 돌리고 있다. R. H. Tawney, 앞의 책, 219면 참조. "공리주의적 쇠줄로 된 갑옷의 어떤 교리들은 … 17세기의 청교주의적 신학자들에 의해 만들어졌다." 어떻든 프롤레타리아를 비끌어맨 마지막 공리주의의 사슬고리를 만들었던 것은 감리교이다.

이 웨즐리의 주장이었다. 감리교가 예전의 청교도 분파들과 가장 뚜렷하게 다른 점은 그 '열광'과 감정적인 황홀경에 있었다.[27] 우리는, 1790년대에 일반적으로 잘 알려져 있는 종교적 경험의 몇가지 단계들을 선원 조슈어 마즈든(Joshua Marsden)의 개종을 묘사한 특유한 한 소책자에서 인용하여 기술할 수 있다. 이같은 책자들은 대개 관례적인 양식을 따르고 있다. 첫째 욕설, 도박, 음주, 게으름, 성적 방종 또는 그저 '육욕(肉慾)' 등 수많은 죄를 지은 젊은이에 관한 묘사가 있다.[28] 이어서 죄지은 이가 (불치의 병을 기적적으로 고친다든가, 파선 또는 아내나 자식의 죽음을 맞는다든가 하는 식으로) 죽음을 일깨우는 어떤 극적인 경험을 하거나, 아니면 신의 말씀을 우연히 듣게 된 경우에 처음엔 이를 조롱하지만 구원으로 가는 길을 마침내 배우게 된다. 선원은 이 모든 경험을 다 겪었다. 배가 난파했을 때 홀로 남겨진 그는 "소용돌이치는 물과 불 곁에서 공포에 떨고 있는데 … 지난날 그가 지은 죄의 유령이 소름끼치는 형상으로 그의 눈앞을 배회했다". 중병이 들자 "찢어지는 심정으로 흐느끼며 은총의 옥좌 앞에 나아가곤 하는데", "힘은 쇠진하고 육욕도 다 불타 없어졌으며", 그래서 "그리스도를 모른 채 죽는 끔찍한 모습을 보게 되었다". 어느 친구에게 이끌려 감리교도의 집회에 나간 "그의 마음은 어린아이와 같은 울음 속에 녹아내렸다. … 눈물이 냇물이 되어 그의 두 뺨에 흘러내렸다". 그 다음으로는 용서받으려는 긴 기도와 예전의 죄짓는 생활로 다시 빠지려는 유혹에 대항하는 싸움의 시련이 따른다. 오직 은총만이 "무지와 자만심, 무신앙, 적의, 고집, 탐욕 그리고 시샘의 일곱 봉인이 죄인의 마음을 묶어놓은 것을" 풀어줄 수 있다. 이렇게 회개한 죄인은 처음의 '수련기'에는 몽롱하게 지시되는 '유혹'에 다시 또다시 굴복한다.[29]

---

27) 물론 침례교도들——특히 웨일즈의——을 제외하고서.

28) 이 소책자에서 뽑은 한 보기로는 이 책 제3장 83~84면을 보라.

29) 이 말은 '죄'의 객관적인 요소가 흔히 수음(手淫)이었음을 시사한다. 이는 다음의 세 가지 사실로 충분히 추론될 수 있을 것이다. (1) 참회자의 자기도취의 내면적인 상태, (2) 성 기관을 죄악시하는 감리교의 집요한 가르침, (3) 감리교도의 자식은 사춘기에 이르면 으레 죄의식을 지녔다는 사실. G. R. Taylor, *The Angel-Makers* (1958), 326면을 보면 이 기간에 이 문제에 관한 문헌이 늘고 있음을 알 수 있다.

이 모든 노력에도 불구하고 그는 때로는 난폭함과 유혹의 격한 충동에 사로잡혔고 그것은 찢긴 영혼이 받는 모든 근심을 그에게 불러일으켰다. 그렇게 죄가 그를 휘몰아친 후면 그는 더욱더 기도드리곤 했다. … 어떤 때는 용서받지 못한 상태로 죽으리라는 두려움이 그의 정신을 심히 뒤흔들었고, 또한 영겁의 세계에서 깨어 있으리라는 두려움 때문에 잠들지 못하게 했다.

'육신의 욕망'이 어느정도 수그러들게 되면 '적'은 참회자의 가는 길에 더 교묘한 정신적 유혹을 배치해놓는다. 그중 주요한 유혹은 '마음'을 무감각하게 만드는 '모든' 기질 즉 경박함, 자만심, 그러나 무엇보다도 "피 흘리는 화해자의 무한한 공덕을 통한 신의 무상의 선물로서 구원을 받는" 날을 참을성있게 기다리는 것이 아니라 선행으로 "구원을 사려는" 시도이다. 선행의 교의는 "인간의 공덕에 관한 헤브루적·교황적 교의"이다. 이리하여 '무감각한 마음'은 순종을 거역하는 모든 성질로 이루어져 있는 것이다.

신은 … 대가 없이 우리를 의롭게 하기 전에 … 반드시 우리의 조롱박을 말라빠지게 하고, 건방진 희망의 꽃을 시들게 하고, 우리가 의지하고 있는 자기신뢰의 기둥을 뽑아버리고, 그리스도를 통하지 않는 의로움의 번지르르한 의복을 우리에게서 벗겨버리고, 말뿐으로 자족하는 허풍을 그치게 하고, 그러고는 미천해지고, 자괴하고, 얼굴 붉히고, 자포자기한 죄인을 십자가 아래로 데리고 온다.

이렇게 스스로를 낮추는 시점에서 "그의 모든 앞날의 전망은 황폐하고 쓸쓸한 황야처럼 보였다". 그러나 "이제 구원의 때가 임박했다". 감리교 예배당의 애찬식(愛餐式)에서 그 참회자는 교회석에 무릎꿇고 "영혼의 고뇌 속에서 신과 겨루기 시작했다". 비록 "적이 홍수처럼 밀어닥쳐 그를 덮쳤"지만,

지도자들 몇사람이 신앙심 깊은 여인들 몇명과 함께 계랑(階廊)으로 들어왔다. 그리고는 모두 함께 은총의 옥좌 앞에서 그를 위하여 기도를 드렸다. 그들이 기도를 하면 할수록 그의 참담함과 무거운 짐은 더욱 커져 갔으며 마침내 그는 거의 기진맥진하여 땀에 흥건히 젖었다. … 그리고서 그는 움직일 기운을 잃고 좌석 바닥에 엎드렸다. 그러나 이것이 구원의 순간이었다. … 그는 형언할 수 없는 무엇을 감지했다. 무엇인가가 신의 현존처럼 그에게 깃들여 그의 온몸을 관통했다. 그는 두 발로 벌떡 일어났고 믿음으로 그리스도에 기댈 수 있다고 느꼈다.

이 순간부터 "죄의 짐은 떨어져나갔다". "새로운 창조가 새로운 도덕적 아름다움들 ─ 사랑, 기쁨, 희망, 평안, 효성스런 외경, 예수 안에 든 환희, 여린 믿음, 더욱 긴밀한 영교(靈交)를 바라는 소망, 더욱 충만한 신앙 등으로 명시되었다. … 의로움의 새 왕국이 마음속에 심어졌다." 신의 영광이 '모든 행위의 목적'이 되었다. 그러나 구원은 조건부였다. 은총에 대한 확신을 얻는 데는 인간이 "가련하고 눈멀었고 타락했으며 사악하고 비참하고 (은총 없이는) 오갈 데 없는 죄인"이라는 것에 대한 인식이 함께 있어야 했다.[30]

　　우리의 죄인은 이제 "사탄의 손아귀로부터 하나님의 고귀한 아들의 왕국으로 옮겨졌고, 그 아들의 모습으로 바뀌었다". 그런데 실은 그 무시무시한 비유적 표현 안에서 우리는 전(前)산업기의 저항적인 노동자나 장인의 성격구조가 공업노동자의 순종적인 성격구조로 난폭하게 재주조되는 영적 시련을 볼 수 있다. 실로 여기에 유어가 말한 '개조하는 힘'이 있는 것이다. 그것은 인간의 개성(human personality)의 바로 원천에 침투하여 정서적이고 정신적인 에너지를 억압하려는 악마적인 현상이다. 그러나 '억압'이란 잘못된 낱말이다. 이러한 에너지의 표출은 금지되었다기보다는, 개인생활과 사회생활에서 표출되지 않고 오직 교회를 위해서만 사용되도록 징발되었다. 시커멓게 그을린 궤짝 같은 예배당이 마치 인간의 영혼을 채가려는

---

30) Joshua Marsden, *Sketches of the Early Life of a Sailor...*(3인칭으로 씌어진 자전기) (Hull, 발간연도 불명, 1812?), 여러 곳.

커다란 덫처럼 공업지대에 서 있었다. 바로 그 교회 안에는 신앙을 버린 자, 고해, 사탄에 대한 공격, 길 잃은 양들로 이루어진 감동적인 드라마가 끊임없이 존재하였다. 특히 신앙심 깊은 자매들이 이 안에서 종교가 주는 가장 위대한 '위안'의 하나를 찾지 않았는가 싶다. 더 지적인 사람에게는 다음과 같은 정신의 드라마가 있었다.

시련, 유혹, 침울, 회의, 싸움, 마음 무거움, 현시(顯示), 승리, 냉정, 방황, 당황, 구원, 조력, 희망, 기도에 대한 답, 간섭, 안도, 불평 … 마음의 작용, 믿음의 역사(役事), 어두운 섭리의 미로를 뚫고 지나가는 길잡이 … 불의 심판, 그리고 나락으로 떨어져가는 순간의 구원.[31]

그러나 강조해야만 하는 것은 웨즐리식 감정고양이 지닌 **간헐적 성격**이다. 감리교도의 일상적인 성격이나 그 가정생활에 관한 당대인들의 언급 중에서, 그들의 체계적이고(methodical) 규율있고 절제된 성향보다 더 자주 지적된 것은 없다. 그 교파가 자발성을 일체 금하는 것으로 악명 높았던 것은 '마음의 종교'로서는 자기모순이다. 감리교는 다만 교회의 일에 관해서만 '마음의 작용'을 인정했다. 감리교도들은 찬송가를 작사하였지만 이렇다 할 만한 세속적 시구는 짓지 않았다. 이 시기의 감리교도에게는 열렬한 애인이란 생각조차가 말도 안되었다. ("일체의 열렬한 태도를 피하라"고 웨즐리는 충고했던 것이다.) 이런 단어를 쓰는 것은 유쾌하지 않지만, 이 기간의 감리교에서 의식화(儀式化)된 형태의 심리적 수음(psychic masturbation)을 보지 않으려야 않을 수가 없다. 사회질서를 위태롭게 하는 에너지와 감정, 다시 말해서 (유어 박사가 말한 의미에서) 오직 비생산적인 에너지와 감정은 산발적인 애찬, 밤샘, 분반회합 또는 부흥회 같은 무해한 형태로 마음껏 분출되었다. 이같은 애찬식에서 찬송가를 부르고 케이크나 사순절 비스킷을 자르는 의례(儀禮) 후 설교사는 상스럽고 선정적인 말투로 그의 영적인 경험, 유혹 그리고 죄와의 싸움에 관해 말했다.

---

31) 같은 책, 104, 111면.

설교사가 그렇게 열중하는 동안 한숨, 신음, 깊은 믿음의 열망 그리고 …
기도나 찬양의 부르짖음이 청중들 사이 여기저기서 터져나오고 있다.

그에 따른 숨막히는 분위기 속에서 집회에 모인 개개인은 벌떡 일어나 그
의 죄 또는 유혹을 고백했는데, 그것은 흔히 성적인 뜻을 담고 있었다. 한
관찰자는 일단의 젊은 여성들이 일어서서 말하기 직전에 "부끄러워하는
태도, 분명히 내적인 동요가 일어난 징표"를 드러내는 것에 주목했다.[32]

감리교도들은 종교를 "동정과 자극을 끊임없이 갈구하는 선정적이고 열
정적인 일"로 만들었다(고 싸우디는 쓰고 있다).[33] 안식일에 이렇듯 감정적
오르가슴을 겪고 나면 평일에는 이 에너지가 한층 더 외곬으로 생산노동의
완수를 향해 나아갈 수 있었다. 더구나 구원은 결코 보장된 것이 아니었고
유혹은 도처에서 혀를 날름거렸으므로, 한날 한시도 빠짐없이 은총의 가시
적 표현인 '진지하고 근면한' 행동을 할 수 있도록 지속적인 내면의 자극이
있어야 했다. 일하면서 규율을 어기면, 그 결과는 '쫓겨나는 것'일 뿐 아니
라 지옥의 불길일 수도 있었다. 하나님은 누구보다 철저한 감시자였다. 굴
뚝 위에도 "주께서 나를 보고 계신다"는 표지가 걸려 있었다. 감리교도는
빈곤과 굴욕이라는 '그의 십자가를 지도록' 배운 것만이 아니었다. (유어가
보았듯이) 십자가에 못박히는 것이 바로 그의 순종방식이었다. "우리의 피
흘리는 양의 진실한 종인 우리는 이제 매일매일 당신의 십자가 위에서 죽
는다. …"[34] 노동은 '개조된' 공업노동자가 못박히는 십자가였다.

그러나 충동의 방향을 그처럼 원천적으로 바꿔놓는 일은 인간의 품성을
근본적으로 무너뜨리지 않고서는 이루어질 수 없었다. 우리는 해즐릿이 왜

32) Joseph Nightingale, *Portraiture of Methodism* (1807), 203면 이하.
33) R. Southey, *Life of Wesley and Rise and Progress of Methodism* (1890년판), 381면 이하.
34) J. E. Rattenbury, *The Eucharistic Hymns of John and Charles Wesley* (1948), 240면.
　　우리는 우리 죄를 불속에 집어던지네
　　　당신의 희생이 그 죄를 다 태워없애는 불속에,
　　그리고 모든 천하고 헛된 욕망을
　　　매일 매일 십자가에 매다네.

감리교도들을 '종교적 병자들의 집합체'라고 묘사했는지 알 수 있다.[35] 웨즐리가 루터에게서 권위주의를 차용했다면, 감리교는 깔뱅주의 및 17세기 영국의 청교도 신학자들로부터 즐거움을 모르는 태도를 계승했다. 그래서 철저하게 규율을 지키는 생활과 "자연발생적인 즐거움을 엄히 피하는 태도와 금욕"이 결합했다.[36] 감리교는 양자로부터 인간적 타락에 대한 거의 마니교(Manichaeism, 3~7세기경에 번성한 이원교二元敎로서 선과 신의 상징인 광명과 악의 상징인 암흑의 대립을 설교했음—옮긴이)적인 죄의식을 물려받았다. 게다가 웨즐리교도들은 18세기 초의 기이한 현상인 시체애호증과 모라비아파의 전승 중 가장 기분 나쁜 측면인 비틀린 이미지를 받아들이고 자신들의 찬송가와 글을 통해 이를 전수하는 쓸데없는 짓까지 했다. 베버는, 백스터와 같은 신학자의 가르침 속에서 성적인 억압과 노동규율이 연관되어 있음에 주목한 바 있다.

청교주의의 성적 금욕은 수도원 생활의 그것과 정도만 다를 뿐 근본 원리는 다르지 않다. 청교도의 결혼 관념 때문에 그것이 실제로 미친 영향력은 후자보다도 훨씬 더 컸다. 왜냐하면 성교는 결혼 안에서조차도 '열매맺고 번식하라'는 신의 명령에 따라 신의 영광을 높이기 위한, 신이 바라는 수단으로서만 허용되었기 때문이다. 종교적인 의심에 빠지고 도덕적으로 무가치함이 느껴질 때 사용되는 '네 소명 안에서 열심히 노동하라'는 처방이 검소한 채식 및 냉수욕과 함께 모든 성적인 유혹에 대해 주어졌다.[37]

감리교에는 성애(性愛)를 죄악시하고 성 기관을 극도로 죄악시하는 가르침이 스며 있다. 이러한 성 기관들은, 그리고 (여성은 '육욕'을 느낄 수 없다는 것이 점차 통념화되었으므로) 특히 남성의 성 기관은 눈에 보이는 사탄

---

35) W. Hazlitt, "On the Causes of Methodism," *The Round Table* (1817), *Works*, IV, 57면 이하.
36) M. Weber, 앞의 책, 53면.
37) 같은 책, 158~59면.

의 육욕의 성채이자 영속적인 유혹의 원천이며 말할 수 없이 고도로 비조직적이고 그리고 (의도적이고 신앙심 깊은 번식이 아닌 한) 비생산적인 충동의 원천이었다.[38] 그러나 감리교가 성에 대한 강박관념에 사로잡혀 있음은 감리교도 이미지의 도착된 호색성(eroticism)에 드러나 있다. 우리는 이미 존 넬슨이 개종할 때 사탄을 자신의 남근과 동일시하는 것에 유의했다. 신은 대개 복수심 많고 권위주의적이며 금압적인 단순한 아버지의 상이며, 그리스도는 그 신에게 탄원해야만 한다. 희생양은 "만백성의 영혼을 위하여 아직도 피 흘리며 은총을 간청한다". 그렇지만 여성의 —아니 더 빈번하게는 양성(兩性)의 —성적 이미지를 그리스도와 연결하는 것은 더욱 당혹스럽고 불유쾌한 일이다.

우리는 여기서 겹겹으로 쌓여 서로 상충하는 상징에 직면한다. 웨즐리파의 찬송가들이 수없이 봉헌된 '사랑'(Love)의 화신인 그리스도는 번갈아가면서 모성적이기도 하고, 오이디푸스적이기도 하고, 성적이며 가학적-피학적 성도착증을 보이기도 한다. 모라비아파 전통에서 상처와 성적인 이미지가 유난히 융합되어 있었다는 사실은 종종 지적되어왔다. 죄지은 '벌레'인 인간은 마땅히 "양의 상처 안에서 쉴 곳과 침상과 숙소"를 찾아야 한다. 그러나 성적인 이미지는 쉽게 자궁의 이미지로 이전한다. "거룩한 자의 가장 소중한 작은 열림, 귀중하고 기막히게 아름다운 작은 옆구리"는 또한 "다시 태어난 자들이 안식하고 그 안에서 호흡할" 은신처이다.

> 오 귀중한 옆구리의 구멍이여
> 그대 안에서 내 삶을 보내기 원하니. …
> 거기 옆구멍의 거룩한 즐거움 안에서,
> 내 모든 미래의 날들을 보내리.
> 그렇고말고, 나는 영원토록 앉아 있으리라
> 그대의 옆이 갈라진 곳, 그곳에.[39]

---

38) 이 강박관념이 영국 문화, 특히 노동계급 문화에 얼마나 깊이 침투되었던가를 인정해야 로렌스가 왜 『채털리 부인의 연인』(*Chatterley's Lover*)을 써야만 했는가를 이해하게 된다.
39) R. A. Knox, *Enthusiasm* (Oxford, 1950), 408~17면; G. R. Taylor, 앞의 책, 166~67면.

성적 이미지와 '자궁회귀'의 이미지가 여기서 융합되는 것 같다. 그러나 웨즐리파가 모라비아파 형제들과 결별한 후에는 그들의 찬송가 말투 그리고 모라비아파 내의 도덕률폐기론적 이단에 대한 집요한 고발은 공공연한 망신거리가 되었다. 존 웨즐리와 찰즈 웨즐리의 찬송가들에서는 노골적인 성적 비유가 의식적으로 억눌러졌고 자궁과 내장의 비유에 자리를 내줬다.

오라, 오 나의 죄많은 형제들.
　저의 짐 아래 신음하는 형제들이여, 오라!
그분의 피 흘리시는 심장이 그대들에게 방을 주고,
　그분의 찔린 옆구리가 그대들을 받아들이리니 …

그렇지만 이 이미지는 피의 희생이라는 압도적인 이미지에 종속되어 있다. 마치 초기 그리스도교를 난처하게 한 미트라교(Mithra, 고대 페르시아와 인도의 태양신을 섬기는 종교. 알렉산더 대왕 시기에 전파되었고 로마 병사 사이에 인기가 있었는데 4세기에 그리스도교에 의해 압도당했다. 초기 그리스도교의 개념 및 의식과 상당한 유사성이 있다—옮긴이)의 지하전통인 피의 제사가 18세기 감리교의 찬송가 속에서 갑자기 분출한 것 같다. 여기에 그리스도의 '피 흘리는 사랑', 죄지은 자들이 몸을 담가야 하는 희생양의 피, 참회자의 죄와 희생의 연결 등이 있다. "그의 옆구리에서 솟아오르는/누구나 그 안으로 들어올 수 있도록 열려 있는" '샘'이 여기에 있는 것이다.

당신의 피의 샘이 아직
　죄인들을 위해 활짝 열려 있네,
지금, 지금이라도, 내 하나님,
　당신의 옆구리 안에서 내 몸 씻네.

그리고서 희생적이고 자학적·성도착적이고 관능적인 언어들 모두가 똑같은 피의 상징 속에서 공통된 연결점을 찾는다.

우리는 당신의 귀한 피 마시기를 목말라 하네,
　　우리는 당신의 상처 속에서 안식하기를 애타게 바라네,
그리고 불멸의 양식에 굶주려 있네,
　　그리고 당신의 온갖 애찬을 고대하네.

특히 성찬식의 '결혼축연'(교인들은 이 자리에서 "그리스도의 몸을 신에게 봉헌함으로써" 집단적으로 "자신을 신에게 봉헌한다")[40]에서 일어나는 그리스도의 사랑과의 결합은, 스스로를 괴롭히는 고행과 자궁 속에서 망각에 빠지려는 열망, 그리고 "구주의 품안에서 몸을 누이려는" 괴로운 성적 욕망의 결합이다.

내 언제건 편히 쉴 곳이,
　　그리고 어느 한순간도 떠나지 않을 곳이 거기이니,
당신 옆구리의 갈라진 틈에 숨어,
　　영원토록 당신 가슴에 안겨.[41]

이보다 더 본질적인 인간 삶의 해체, 인격의 모든 면에 반영될 수밖에 없는 자발성의 원천들의 오염을 상정하기 힘들다. 즐거움은 죄와 죄책감과 맺어졌고, (그리스도의 상처인) 고통은 선함과 사랑에 맺어졌기 때문에 모든 충동이 비틀려 뒤집어졌고 또 어른이든 아이든 오직 고통스럽거나 힘든 임무 아니면 금욕의 임무를 다할 때에만 신에게서 은총을 찾으리라고 상정하는 것이 당연해졌다. 애써 일하고 슬퍼하는 것이 기쁨을 찾는 것이었으

---

40) J. E. Rattenbury, 앞의 책, 132면.
41) 같은 책, 109~11, 202~204, 224~34면; J. E. Rattenbury, *The Evangelical Doctrines of Charles Wesley's Hymns* (1941), 184면. 이 주제는 새롭고 좀더 전문적인 주목을 받을 만하다. 테일러(G. R. Taylor)의 『천사제조인들』(*The Angel-Makers*)의 연구는 시사적이다. 그러나 어린이의 부계지향과 모계지향의 역사적 변화를 '성적인' 설명에서 찾으려는 그의 시도는 부조리한 방향으로 나아갔다.

며, 피학적 성도착이 바로 '사랑'이었다.

이 야릇한 연상작용은 산업혁명기에 감리교의 찬송가뿐만 아니라 설교와 신앙고백의 수사 속에서 항시 등장했다. 이 또한 눈에 띄지 않은 채 넘어가지 않았다. "신성(神性)은 가장 비속한 이미지로 인격화되고 구체화되었다"고 리 헌트는 「감리교의 외설과 불경한 황홀경에 대해」(On the Indecencies and Profane Rapture of Methodism)라는 소론에서 논평했다. "만약 신에게 세속적 애정의 언어로 말해야 한다면 왜 신을 연인이기보다는 부모처럼 대하지 않는가?"[42] 그러나 18세기 말에 이르면 감리교의 전통은 음울한 변화를 겪고 있었다. 사랑의 부정(否定)이나 승화는 그 반대인 죽음의 경배를 향해 기울어지고 있었다. 찰즈 웨즐리 자신이 이러한 변화를 예견하는 찬송가를 한 편 이상 작사했다.

> 아, 사랑스런 사자(死者)의 출현이여!
>   지상의 어떤 정경인들 그처럼 어여쁘리.
>   **살아 숨쉬는** 유쾌한 장관(壯觀) 모두를 모아도
>   한 구의 시신에 비할 수 없으리.

감리교의 전통은 이 점에서 이중적이다. 한편으로 감리교 설교사들은 죽음의 공포와 끝없는 지옥의 고통에 대한 발작을 불러일으키는 기술을 완벽하게 터득했다. 어린아이들은 말을 할 수 있게 되면서부터, 아무리 가벼운 잘못도 영원히 벌받는다는 연상으로 무서워했다. 어린아이들의 밤은 폭스(Foxe)의 『순교자열전』(Book of Martyrs)이나 그 비슷한 읽을거리로 으스스했다.[43] 그러나 이와 동시에 19세기 내내, 글을 읽을 줄 아는 사람들은

---

42) The Editor of the *Examiner* (Leigh Hunt), *An Attempt to Shew the Folly and Danger of Methodism* (1809), 특히 54~64, 89~97면. 그 언어적 표현이, 또한 애찬식, 밤샘하기, 부흥회의 열광이 난잡한 성관계의 기회가 되었다는 비난을 감리교가 받게끔 했다. 소박한 비판자들 중에서는 나이팅게일(J. Nightingale)이 이 비난을 기각했으며 리 헌트는 지지했고 싸우디는 판단을 유보했다. A Professor, *Confessions of a Methodist* (1810) 같은 천박한 글을 보라.

43) W. E. H. Lecky, *History of England in the Eighteenth Century*, II (1891년판), 585면. "끊

'거룩한' 죽음을 찬양하는 수많은 소책자들의 홍수에 휩쓸렸다. 성인용, 아동용을 가리지 않고 감리교 잡지나 복음주의적 잡지에는 시신이 누워 있는 장면이 빠지지 않았는데, 거기서는 초조하게 초야를 기다리는 신랑이나 신부의 말 속에 (리 헌트도 주목했듯이) 죽음이 기다려졌다. 죽음만이 죄의식 없이 소망할 수 있는 유일한 목표이고, 평생에 걸친 고통과 노고 후에 얻어지는 평화라는 보상이었다.

최근 들어 감리교 옹호론자들이나 아니면 제대로 이해할 수는 없어도 웬만하면 인정해보려고 노력하는 세속사가들이 숱한 감리교 역사를 써왔기 때문에, 오늘날의 독자는 19세기 말의 다음과 같은 레키(Lecky)의 판단에 충격을 받게 된다.

> 비틀거리는 지성을 혼란시키고 섬세한 본성을 음침하게 만들고 괴롭히기에 딱 알맞은, 이보다 더 몸서리쳐지는 종교적 테러리즘의 체계는 이제까지 거의 존재한 적이 없다.[44]

산업혁명의 전과정에 걸쳐 제비즈 브랜더럼(Jabez Branderham) 목사의 모습이 떠나지 않고 내려덮고 있었는데(그가 제비즈 번팅을 모델로 한 인물이리라는 것은 거의 틀림없는 사실이다), 그는 『폭풍의 언덕』(Wuthering Heights)의 첫 장면에서 럭우드(Lockwood)가 꾸는 음산한 악몽에 이렇게 나타난다. "하나님 맙소사! 무슨 설교가 이렇담. 490개로 쪼개져 있다니. … 게다가 각 설교마다 별개의 죄를 논하고!" 우리가 윌리엄 블레이크의 업적을 높이 평가하는 것은 이 기간의 모든 종교적 설법에 다양한 정도로 배어 있던 이 모든 것에 걸친 '금단의 벽'(Thou Shalt Not!)에 그가 대항했기 때문이다. 블레이크가 비유로 가득 찬 그의 예언서들로부터 나와 『영원한 복음』(The Everlasting Gospel)에서 최후의 격언적 명료성의 단계로 들

임없이 환기되는 소름끼치는 인물들(감리교 설교사들)은 그들의 상상을 망쳤고, 그들이 약해지고 침울한 때마다 나타나서 그들을 괴롭혔고, 세상에 대한 그들의 모든 판단을 변색시켰고, 묘지의 어둠을 열 배나 더 무섭게 했다."
44) 같은 책, III, 77~78면.

어선 것은 1818년이었다. 여기서 그는 그의 초기 시가들에 나타났던 성의 희열에 대한 거의 신앙지상주의적인 긍정, 그리고 천진무구함에 대한 긍정 같은 여러 가치들을 다시금 주장했다. 거의 매 구절을 감리교와 복음주의에 대한 '정신적 전쟁'의 선언문으로 볼 수 있다.[45] 그들의 '그리스도상'은 그 자신의 상(像)의 '최대의 적'이었다. 무엇보다도 블레이크는 겸손과 복종이란 가르침을 겨냥해서 활을 당겼다.

> 매장된 영혼과 그 모든 보석들을
> 가시와 줄기에다 뿌리째로 덮으며

"해와 달을 시커멓게 지우고" "이 극에서 저 극으로 하늘을 뒤트는" 것이 이 부정적 겸손이다.

2. 절망의 천년왕국

감리교가 노동규율로서 쓸모있었음은 분명하다. 그러나 이해하기가 그리 쉽지 않은 것은 그토록 많은 근로인민이 어떤 이유로 이런 형태의 심리적 착취에 기꺼이 순종했는가 하는 점이다. 감리교가 착취자의 종교이면서 피착취자의 종교라는 이중의 역할을 그토록 성공적으로 수행할 수 있었던 것은 어떤 연유에서인가?

1790년에서 1830년 사이의 기간에 대해서는[46] 세 가지 이유를 제시할 수

---

45) W. Wilberforce, *A Practical View of Christianity*, 437면. "우리 모두는 죄 속에서 태어나 당연히 사악해진 타락한 피조물임을 기억하라. 그리스도교는 마음의 정결이나 선함을 인정하지 않는다."

46) 이 기간에 제비즈 번팅과 그의 써클이 등장했고 지배적이게 되었다. 1830년대 이후로는 감리교단 내에서 자유화의 경향이 작동하는 것을 볼 수 있다. 번팅이 단단히 후위에서 활동하긴 했어도 1840년대에 이르면 감리교는 새롭고 어느정도 유연한 단계로 들어갔다. 한편 공장주나 고용주는 2대나 3대째에 오면 감리교를 떠나 사회적 위신이 있는 국교회로 들어갔다. 다른 한편 감리교는 소상점주나 사무원 혹은 하급관리자들 상당수의 종교가 되었는데 이들에게서 숨죽인 급진주의가 '자조(自助)'의 이념과 합류했다. E. R. Taylor, 앞의

있겠는데 그것은 첫째 직접적인 교리의 주입, 둘째 감리교도의 공동체적 감각, 그리고 셋째 반혁명이 낳은 심리적 결과 등이다.

첫번째 이유인 교리주입에 대해서는 아무리 말해도 지나치지 않는다. 복음파 일요학교들의 활동 내용이 얼마나 '교육적'이었는지는 말하기 어렵지만 어떻든 그 학교들은 늘 활동적이었다. 웨즐리교도들은 그 교파의 창시자로부터 어린이는 원래 죄악으로 가득 차 있다는 유난히 강한 확신을 물려받았다. 그리고 그것은——웨즐리의 경우——예수회 회원들조차도 주춤거릴 정도로 강하게 표명되었다.

늦기 전에 그들의 의지를 꺾어놓아라. 이 일은 아이들이 혼자 달려나가기 전에, 또렷이 말할 수 있기 전에, 어쩌면 말을 한마디라도 할 수 있기 전에 시작해야 한다. 아이를 그르치고 싶지 않다면 아무리 힘이 들더라도 그 아이의 의지를 꺾어라. 아이가 한살이면 벌써 매를 무서워하고 조용히 울도록 하라. 효과가 있도록 하기 위해 열 번이라도 매질을 해서라도, 그 나이 때부터 명령받는 대로 행하게 하라. … 지금 그의 의지를 꺾어놓아라. 그러면 그의 영혼은 구원받을 것이며 아마도 평생토록 당신을 축복하리라.[47]

웨즐리의 킹즈우드(Kingswood)학교에서는 장작패기나 땅파기같이 아주 힘든 '여가활동'만이 허용되었다. 왜냐하면 게임과 놀이는 "그리스도교도 어린이답지 못한" 것이었기 때문이다. (웨즐리는 "나는 죽이든가 고치든가 하겠다"고 말했는데, 그는 작정하지 않은 일은 좀체 입에 담지 않는 사람이었다. 그러므로 그것은 "나는 일도양단을 내렸다. 그리스도교다운 학교를 갖든가 아니면 아예 학교를 갖지 않겠다"는 말이었다. 19세기의 첫 몇십년

책, 5, 6장; W. J. Warner, 앞의 책, 122~35면을 보라.
47) R. Southey, 앞의 책, 561면. 예를 들어 1790년대에 관한 뱀퍼드의 회고록이나 토머스 쿠퍼의 전기에서 우리는 웨즐리의 가르침이 18세기 말이나 19세기 초에는 여러 제자들에 의해 인간적으로 변했다는 것을 볼 수 있다. 쿠퍼는 1820년대에 감리교 교사로 있으면서 그의 생도들을 때리지 않아도 된다는 것을 은총의 표시로 보았다. 그러나 Jabez Bunting, *Sermon on a great work described* (1805)에서의 정통적인 공리주의적 주장을 보라.

간 일요학교에서 흔히 쓰이던 '교육'자료를 얼핏 보기만 해도 그들의 진짜 의도가 드러난다. 성인 예배에서 불리던 웨즐리 작사의 섬뜩한 찬송가 대신에 아이적 와츠(Isaac Watts)가 지은 「어린이 성가」(Divine Songs of Children)나 후대의 작자들이 교훈조로 바꿔 지은 노래들이 불렸다. 이제 막 걸음마를 시작하는 아이들이 자신들은 "천성이나 행실이 다 같이 더러운 죄의 노예"라고 노래부르도록 가르침받았다. 모든 것을 굽어살피시는 하나님의 '형안(炯眼)'이 그들이 제아무리 '남몰래 하는 짓'이라도 내려다보았다.

우리가 저지르는 죄 어느 한가지도,
　우리가 하는 못된 말 어느 한마디도,
심판의 그날에 대비한,
　당신의 저 무서운 책에 씌어 있지 않은 것은 없네.

당시의 특징적인 어느 훈화는 이러한 '가르침'의 일반적인 경향을 잘 보여준다.[48] 존 와이즈(John Wise)는 "자식이 여럿이고 고되게 일해도 아이들에게 다 돌아갈 빵을 얻기 어려운 아주 가난한 사람"의 자식이었다. "그는 주중에는 날마다 있는 힘을 다해서 일하고 귀리빵이나 아니면 물 타서 멀겋게 끓인 오우트밀로 연명했다." 그런데도 그의 아버지는 '신앙심 깊은' 착한 사람이어서, 가령 "우리들 중 몇이 죽더라도 우리는 모두 영원한 삶의 나라에 함께 있다"는 식으로, 그에게 베풀어진 은혜에 대해 감사드리기를 되풀이했다. 존의 어머니는 그에게 노동규율이 바로잡힌 태양에 관한 와츠의 찬송가를 가르쳐주었다.

동녘의 방에서
　그의 아침행로 시작하면,
그는 전혀 지치지도 않고 멈춰 쉬지도 않고,

---

48) *The History of John Wise, a Poor Boy: intended for the Instruction of Children* (Halifax, 1810).

그가 비치는 온 세상을 돌고 있네.

그러니, 태양처럼 나 또한
　오늘 내 할 일을 다하리라,
때맞춰 내 일을 시작하여,
　말없이 하늘나라를 향한 내 길을 가리라.

존의 양친은 그에게 안식일의 신성함을 가르치고 의무, 복종, 근면에 대한 여러 훈화를 들려준다. 그러고는 존의 악독한 누이 베티에 관한 끔찍스러운 이야기가 나오는데, 그녀는 일요일에 산책을 나가서 비에 젖어 흙탕을 묻히고 신발 한 짝마저 잃고 돌아온다. 아버지는 그녀를 책망하고 나서, 안식일에 나뭇단을 모아온 사람을 돌로 쳐죽이라는 모세의 명령을 가족들에게 낭독한다. 베티의 죄는 그 사람보다도 더 나쁜 것이지만, 이번만큼은 용서를 받는다. 그러나 그보다 더 나쁜 죄가 이어지니 어떤 아이들이 일요학교에 가지 않고 **축구**를 한 것이다! 다음 일요일에 이 아이들은 훈계를 듣고, 늙은 엘리샤를 놀렸다가 갈기갈기 찢어진 마흔두명의 아이들에 관한 이야기를 자비로운 하나님의 명령에 따라 듣는다. 그리고 나서 아이들은 와츠의 찬송가 중 다른 하나를 부른다.

아이들이 방자한 놀이에서,
　늙은 엘리샤를 그렇게 놀리고,
그러고는 '꺼져버려, 이 대머리야, 꺼지라고',
　이렇게 선지자에게 갈 길을 가라고 말했을 때,

하나님은 당장에 그들의 사악한 숨통을 끊고,
　사나운 곰 두 마리를 보내,
그들의 사지가 찢겨,
　피 흘리고 신음하고 눈물 흘리며 죽게 하셨네.

마침내 존과 그의 아버지의 신심(信心)은 어떤 낯선 이가 그들의 인내심과 가난에의 순종에 깊이 감동하여 유산을 물려줌으로써 보상받는다.

　사람들은 이 이야기에 웃고 말겠지만, 어린이들에게 가해진 그같은 심리적 잔학행위는 그들에게는 끔찍할 만큼 현실적인 것이었다. 그 논점은 부정할 수 없지만, 청교도들이 행했던 (포대기를 꽉 죄는) 어린이 결박이나 배설훈련의 억압적인 효과를 매우 강조한 최근의 어느 저자의 견해에는 의문의 여지가 있다.[49] 그러나 이 시기에 교회가 '교육의 주도권'을 쥐고 있었다는 그 모든 진부한 이야기를 대부분의 교과서들이 되풀이하고 있음에도 불구하고, 일요학교는 마을의 부인학교(dame school, 보통 나이든 부인이 개인적으로 운영한 초등학교—옮긴이)만큼의 구실도 할 수 없을 정도로 형편없는 학교였다. 18세기에 빈민교육을 위해 제공된 것이——사실 부적절하고 엉성하기는 하였지만——비록 (셴스턴의 여교장이 그랬듯이) 겨우 꽃이나 약초 이름을 늘어놓는 정도에 불과했을지라도 그래도 어떤 종류의 **교육**을 위해 제공된 것이기는 하였다. 그런데 반혁명의 시기에 와서는 교육의 기능이란 어디까지나 빈민 자녀의 '도덕적 구원'에 있다는 복음운동가들의 위압적인 태도 때문에 이것이 망쳐졌다.[50] 글쓰기를 가르치지 못했을 뿐 아니라 수많은 일요학교 학생들이 글을 읽지도 못한 채 학교를 떠났으며 가장 교훈적이라고 생각된 구약성경의 대목에 비춰볼 때 이것은 적어도 축복이었다. 다른 사람들도 광산 어린이노동 조사위원회 위원에게 다음과 같이 말한 어린 소녀보다 별로 더 얻은 것이 없었다. "내가 착한 소녀로 죽는다면 하늘나라로 갈 거예요. 내가 나쁜 여자라면 유황불 속에서 불태워져야 하겠지요. 어제 학교에서 배웠어요. 전에는 그걸 몰랐어요."[51] 사춘기가 되기 훨씬 전부터 아이들은 일요학교와 (부모가 신앙심이 깊은 경우에는) 집에서 죄를 고백하고 구원받았다는 느낌을 갖도록 더없이 고약한 감정적 괴롭힘을 당하였다. 그리하여 많은 사람들이 젊은 토머스 쿠퍼처럼 "용서를 빌기 위해 하루에 스무 번씩 은밀한 장소로 갔다. …"[52]

---

49) G. R. Taylor, 앞의 책.
50) Raymond Williams, *The Long Revolution* (1961), 135~36면을 보라.
51) J. L. and B. Hammond, *Lord Shaftesbury* (Penguin판), 74면.

빈민 자녀들을 위한 교육의 대안을 마련하지 못한 사회에다 레키가 붙인 '종교적 테러리즘'이란 딱지는 결코 지나친 말이 아니다. 적어도 랭커스터 (Lancaster)의 자선학교운동이 일어나서, 진정한 교육의지와 또 어린이들에게 공장일을 준비시키려는 공리주의적 배려로 '도덕적 구원'의 개념이 달라지기 전까지는 그러했다.[53] 그러나──그리고 여기서 우리는 두번째 이유에 생각이 미치게 되는데──일요학교의 소(小)기도서나 번팅과 같은 인물들의 교리들을 근거삼아 복음파 교회들을 너무 황량하고 형편없는 모습으로 그려내서는 안된다. 정통파 감리교 목사가 의도했던 것과 많은 공동체에서 실제로 일어났던 일은 다른 것일 수 있다. 구'아르미니우스파'의 감리교도들은 일요학교 교육에 대해서 훨씬 너그러운 태도를 지니고 있었으며, '신종파' 감리교도들은 정통파 웨슬리교도들보다 언제나 좀더 지성적인 접근방식을 취했다. (『셰필드 아이리스』의) 제임즈 몽고메리가 일요학교의 교과과정에 쓰기교육을 계속 유지하기 위해 셰필드 비국교도들 사이에서 벌어진 싸움을 이끌었던 것을 우리는 이미 보았다. 자원봉사로 나선 평신도 교사들은 교조적인 경향이 덜했으며, 그래서 계속적인 긴장이 감돌았고 때때로 예기치 않은 결과를 초래할 수도 있었다. 1798년, 보울턴의 한 목사는 포틀런드 공작에게 이렇게 써보냈다.

우리 일요학교들조차 어떤 경우에는 분파주의의 온상이 되고 있습니다. 우리는 두 사람까지는 아니더라도 한 사람은 '잉글랜드인 연맹의 서약'(Oaths of United Englishmen)에 서명했음을 알아냈는데, 그는 교감 자격으로 무보수 활동을 하고 있습니다. …[54]

유어 박사가 1830년대에 그렇게도 칭찬한 스톡포트 일요학교들의 '고요한 요새들'도 1817년에서 1820년 사이에는 호된 포위공격을 받았으며(또 어느

---

52) T. Cooper, *Life*, 37면.
53) 요즘의 저술가들이 커뮤니케이션 매체의 상업적 오용으로 빚어지는 인간경시 풍조는 정확히 폭로하면서 이전 시기에 일어난 대중 교조화(敎條化)의 범위와 성격은 간과해버린다면 이 문제를 균형있게 취급하지 못하는 것이라고 생각된다.
54) Rev. Thomas Bancroft, 1798년 2월 12일자, *Privy Council Papers*(*P.C.*), A. 152.

정도는 실제로 쫓겨났다), 이 시기는 바로 죠우지프 해리슨(Joseph Harrison) 목사와 '스톡포트 정치동맹'이 급진적 일요학교 운동을 후원하고 있었던 때였고, 이 운동에서는 틀림없이 정통파 학교들의 전직 교사와 학생들이 일부 간부직을 담당했을 것이다.[55]

그리고 이런 현상은 비단 학교 안의 일로만 볼 것이 아니라 감리교 교회들의 전반적인 영향과도 관련해서 보아야 할 것이다. 감리교는 교리로서는 가차없는 노동이데올로기로 보인다. 그러나 실제로는 그 교리가 자리잡게 된 공동체 내의 필요나 가치관이나 사회관계에 의해서 각기 그 정도는 다르지만 나름대로 유연해지고, 인간화되고, 변경되었다. 요컨대 교회는 하나의 건물 이상의 것이었고, 목사의 설교나 가르침 이상의 그 무엇이었다. 교회는 또한 분반회합, 바느질 모임, 기금모집 활동, 그리고 목사들이 찾아오는 일이라고는 거의 없는 외진 작은 마을에서의 사소한 예식에 참석하기 위해 일을 마치고 난 후 수마일을 터벅터벅 걸어오는 지방설교사들의 모습으로 구체화되었다. 으레 제시되는 감리교도들의 동료애상은 너무 자기도취적이다. 그 면이 너무 강조된 나머지 교회가 지닌 다른 모든 특징들은 잊혀져왔다.[56] 그러나 사실인 동시에 또한 중요한 것은 감리교가 늘 교회 문을 열어둠으로써 산업혁명기에 뿌리뽑히고 버림받은 사람들에게 사라져가고 있던 예전의 공동체적 생활방식을 대신할 만한 어떤 종류의 공동체를 제공했다는 점이다. 이 교회는 (비록 비민주적이기는 하지만) 아직 기성의 교회가 아니라는 점에서, 근로인민이 어떤 의미에서는 이를 자신들의 교회로 만들 수 있었다. 그리고 (광산촌, 어촌, 직조업 촌락처럼) 감리교가 뿌리내린 그 공동체가 긴밀하게 짜여졌을수록 이 점은 더욱 뚜렷했다.

사실 이 시기의 많은 사람에게 감리교회의 교우라는 '티켓'은 주술적인 중요한 가치를 지니고 있었다. 철 따라 이동하는 노동자들에게 그것은 이 도시에서 저 도시로 옮길 때 새로운 공동체로 들어가는 입장권이 될 수 있

---

55) D. Read, *Peterloo* (Manchester, 1957), 51면 이하를 보라. 또한 이 책 하권 제16장 374면을 보라.

56) 교회가 지녔던 이 초기의 동료애는 L. F. Church, *The Early Methodist People* (1948)에서 공감을 사며 표현되고 있다. 이에 대한 또다른 여러 저술들 중에서는 물론 위어머스 박사의 책들을 들 수 있다.

었다. 이 종교공동체 내에는 (우리가 이미 보았듯이) 자체의 드라마, 자체의 지위와 비중의 등급, 자체의 화젯거리가 있었으며 많은 상부상조가 이루어지고 있었다. 심지어는, 프롤레타리아 출신의 목사는 별로 없었지만 약간의 사회적 신분이동도 있었다. 남녀를 불문하고 사람들은 교회 안에 들어오면, 그렇지 않으면 적대적이기만 한 이 세상에서도 어떤 자리를 차지하고 있다는 느낌을 받았다. 그 사람들은 필경 그들이 지닌 소박함, 정결함 또는 경건함 때문에 인정을 받았던 것이다. 또한 가족과 가정의 안정에 기여한 것 같은 다른 긍정적인 요소들도 있었는데 이 문제는 다시 살필 것이다. 더구나 청교도적인 성격구조는 오직 교회나 고용주에게 봉사하는 데에만 쓰일 수 있는 그런 성질의 것이 아니었다. 그런 성격구조의 전이가 일단 일어나게 되면 이같은 역할들을 사람들이 수행할 수 있게 한 그 헌신적 태도는, 동직조합들과 햄프든 클럽들의 간부직을 맡고 밤늦도록까지 독학하고 그리고 노동계급 조직의 지도를 책임진 사람들에게서도 나타나게 될 것이다. 감리교의 이념을 분석하면서 우리는 그것의 지적인 모습을 제시한 바 있다. 그러나 거침없이 흘러가는 사회생활 속에서는 평범한 상식, 동정하는 마음, 예전 공동체의 전통이 지닌 끈질긴 생명력, 이 모든 것들이 함께 어울려 근접을 불허하는 감리교 이념의 윤곽을 부드럽게 만들어준다.

그러나 나뽈레옹전쟁기에 왜 특히 근로인민이 감리교의 침투를 당할 수밖에 없었는지에는 세번째 이유가 있다. 그것은 다른 무엇보다도 흥미있는 이유일 것이나 지금까지는 거의 주목받지 않았다. 감리교와 침례교 및 그보다 작은 다른 분파들의 히스테리적인 부흥회를 되돌아보는 것이 이 문제에 대한 최선의 접근방법일 것이다. 산업혁명의 최악의 시기에는 제조업지역에서 진짜 아편이 상당히 광범하게 사용되었다. 그러므로 찰즈 킹즐리(Charles Kingsley, 1819~75. 성직자이자 소설가, 그리스도교 사회주의 운동의 제창자 —옮긴이)가 붙인 '대중의 아편'이라는 명칭은, 비록 감리교 교리에 의해 고취된 꿈들이 행복을 가져다주는 것은 거의 아니었어도, 많은 노동자들이 '위안'을 찾아 종교에 기울었다는 사실을 우리에게 환기시켜준다. 부흥회 설교사들의 특징적인 방식은 숨막히는 시작, 돌연한 죽음과 파멸에 대한 생생한 묘사, 엄청난 죄에 대한 구름 잡는 듯한 수사법, 극적인 구원 등 그들의 격렬한 감정표현으로 명성이 자자했다. 감리교의 야외 군중과 이른 새벽의 집회 또한 졸도, 신음소리, 울부짖음, 눈물을 흘리고 발작을 일으키는 등 맹렬한 '열광'으로 유명했다. 과연 싸우디는 부흥회가 최면술에 흡사하다고 시사했다. 웨즐리는 "새로운 병을 만들어냈으며 그것을 신체이론이 아니라 신학이론으로" 설명했다는 것이다.[57] 때로 이 징후는 격렬한 대중적 히스테리의 형태를 띠었는데 1788년 3월에 웨즐리가 『일지』에 기록한 브리스틀 사건에서 나타난 것이 그 예이다.

> 격정의 함성이 … 마치 벽력처럼 온 군중을 강타했을 때 무서움과 혼란은 이루 말로 다할 수 없었다. 그것은 마치 폭풍우에 휩쓸린 한 도시와도 같았다. 사람들이 아주 거세게 서로 밀어닥쳐 나무의자들이 산산조각나며 부서져나갔으며, 회중의 10분의 9가 이 공포에 똑같이 사로잡힌 것 같았다.

그가 기록했듯이 1786년에 채플-엔-르-프리스(Chapel-en-le-Frith)에서는 이 히스테리가 이미 습관을 이루게 되었다.

> 그들 중 일부, 아니 다수는 목청껏 큰소리로 비명을 질렀다. 그들 중 어떤 이는 기도중에 야비한, 정말이지 고상하지 못한 표현을 썼다. 여러 명이 죽은 듯이 쓰러져서 꼼짝 않고 시체처럼 움직이지 않았다. 그러나 잠시 후에 그들은 비명을 내지르기 시작했다, 영광, 영광….

웨즐리는 그와같은 지나친 히스테리는 "진짜 역사(役事)를 욕되게 하는 것"이라고 비난했다.[58] 그러나 산업혁명기 내내 그보다는 좀더 소리가 약한 히스테리는 감리교 부흥회에 본질적인 것이었다. 단단히 뭉쳐진 공동체들, 광부들, 고지대 농부들 또는 직조공들은 처음에는 자기네들 사이의 야외설교와 기도회 모임 운동을 거부했을지도 모른다. 그러다가 "빼빼 마른

---

57) R. Southey, 앞의 책, 382면 이하.
58) R. A. Knox, 앞의 책, 520~35면에서 '광신'(enthusiasm)에 관한 논의를 보라.

이들 사이에서 약간의 흔들림이 일어났고", 이윽고 "불길이 치솟았는데, 그 것은 마치 공유지의 가시금작화 덤불에 불이 붙은 것과도(요원의 불길과도—옮긴이) 같았다——그것은 찬란히 불타올랐다".[59]

이 사례는 1799년에서 1801년 사이에 나온 웨스트 라이딩 직조업 촌락들 의 선전문에서 인용한 것인데 이때 마을 전체가——적어도 일시적으로는 ——자신들이 '구원받았다'고 선언했다. 그러나 전쟁기간중 감리교가 특히 북부지방의 노동계급 사이에서 최대로 확대되었을 뿐 아니라 히스테리의 재발사례들이 이에 수반했다는 점은 거의 주목받지 않고 있다. 예컨대 1805~1806년에 브래드퍼드에서 감리교도들이 운집했을 때, "기도문을 낭 독하자마자 비탄에 쌓였던 사람들의 절규가 설교사의 말을 가로막아, 예배 가 … 당장에 모든 이의 간절한 기도로 바뀌었다".[60] 데번의 한 성경 그리스 도교의 설교사는 1816년의 일기에서, "내가 강연하는 동안 세명이 쓰러졌 다. 우리가 기도를 올리자 곧 몇명이 더 쓰러졌다. 내 생각에 여섯명이 평 안을 찾은 것 같다"고 흡족한 듯이 적고 있다. 황무지의 농부와 노동자들 사이에서 이 교파가 수행한 목회 업무에는 흔히 고뇌에 찬 비명, 엎드림, '찬양의 외침' 그리고 "높은 소리로 애처롭게 회개하는 울음소리" 등이 수 반했다.[61]

감리교는 아마 혁명의 과정을 제지했을 것이다. 그러나 전시에 일어난 감리교의 급속한 성장은 다름아닌 반혁명의 심리적 구성요소였다는 점을 우리는 확신을 갖고 말할 수 있다. 내세를 무척 강조하는 종교는 어떤 종교 나 다 패배하고 희망을 잃은 사람의 천년왕국 신앙(chiliasm)이라는 견해는 일리가 있다. "유토피아적 전망은 그와 배치된 전망을 불러일으켰다. 혁명 론자들의 천년왕국적인 낙관주의는 궁극적으로 체념이라는 보수적 태도를 탄생시켰다. …"——이것은 다른 또 하나의 운동에 관한 서술에서 칼 만하 임(Karl Mannheim)이 한 말이다. 그런데 그는 또한 그 심리적 과정의 본성 을 이해하는 하나의 실마리를 우리에게 제시하고 있다.

59) F. A. West, *Memoirs of Jonathan Saville* (Halifax, 1844).
60) W. M. Stamp, *Historical Notices of Wesleyan Methodism in Bradford* (1841), 85면.
61) F. W. Bourne, *The Bible Christians* (1905), 36~42면.

천년왕국 신앙은 언제나 혁명적인 폭발들을 수반했으며, 그러한 폭발들에 정신을 불어넣었다. 그 정신이 썰물처럼 빠져나가 이러한 운동을 버릴 때, 세상에 남는 것은 벌거벗은 대중의 광란과 정신나간 분노(despiritualized fury)이다.[62]

1790년대의 잉글랜드에서 혁명의 충동은 '폭발'점에 도달하기 전에 꺼져버렸기 때문에 그러한 정신이 물러갈 때에도 반동이 광란에까지 이르지는 않았다. 그렇긴 해도 이 시대에, 달리는 설명할 수 없는 많은 현상이 벌어졌다. 진정한 천년왕국 신앙은 잉글랜드의 자꼬뱅주의가 패배하고 전쟁이 발발하고 또 리처드 브러더즈가 정신병원에 감금되는 1790년대 말에 끝이 난다. 하지만 다음 15년 동안 '새 예루살렘파'의 수많은 교파가 번성했다.[63] 예언자들이 연달아 나타났다. 다비셔 피크(Derbyshire Peak)에 있는 한 외딴 마을(허클로우 Hucklow)의 유니테리언파 목사인 에비니저 올드레드(Ebenezer Aldred)가 그런 예언자였다.

그곳에서 그는 은거하듯 살다가 몽환적이며 야생적으로 되어 예언의 능력을 갖게 되었고, 계시록 안에서 나뽈레옹을 보았으며, 종내는 자신은 뭍에도 물에도 발이 닿지 않게 서서 큰 도시의 파괴를 선언하는 예언자라는 환상을 갖게 되었다. …

그래서 흰옷을 입고 어깨 위로 은발을 늘어뜨린 채 배를 타고 템즈강을 지나가면서 소책자를 나누어주고 최후의 심판을 예언했다.[64] 급진주의자, 신

---

62) K. Mannheim, *Ideology and Utopia* (1960년판), 192~96면.
63) 1801년 3월, 피츠윌리엄 백작은 브러더즈 추종자들이 브래드퍼드에서 벌인 활동을 조사했다. 이 활동을 이끈 직조공인 재커스 로빈슨(Zacchaus Robinson)은 "여러 해 동안 굳건한 감리교도였다. 여기서는 분반지도자로 불린다". *Fitzwilliam Papers*, F. 45 (a), 셰필드 참고도서관(Sheffield Reference Library).
64) T. A. Ward의 셰필드 일기인 *Peeps into the Past*, ed. A. B. Bell (1909), 188~89면; Eben-Eser, *The Little Book* (1811).

비주의자, 군사연구자들이 계시록의 흰옷을 놓고 서로 다투었다. 길 잃은 이스라엘 부족들이 버밍엄과 워핑에서 발견되었고 "대영제국은 메시아의 특별 소유지이고 약속된 해상령(海上領)"이라는 '증거'가 나타났다.[65)]

그러나 '정신나간 분노'의 가장 놀라운 증거는, 누구보다도 위대한 여자 예언자인 죠우애너 싸우스컷 주변에서 일어나, 그녀의 사후까지 살아남은 여러 운동에서 발견될 수 있다. 그녀의 최초의 까다로운 예언서『신앙의 기이한 효력』(*The Strange Effects of Faith*)이 출판된 것은 1801년이었다. 데븐의 농부 딸이며 하녀인 그녀의 명성이 전국에 그렇게 급속하게 퍼진 것으로 광란이 예견되는 전반적인 분위기를 알 수 있다. 그녀의 호소력에는 여러 요소들이 기묘하게 복합되어 있다. 거기엔 더 오랜 옛 잉글랜드에 관한 생생한 미신적인 환상이 들어 있으며 이러한 환상은 특히 그녀의 출신지인 웨스트 컨트리에서 끈기있게 유지되었다.『톤튼 쿠리어』(*Taunton Courier*)는 1811년에 이렇게 썼다. "초자연적인 권능에 대한 믿음은",

서부 주들 전체에 퍼져 있어서, 마을 주민들이 의지할 수 있는 '지옥의 마법서'(Hell's Black Grammar)에 정통한 사람이 단 한명도 없는 그런 마을은 극히 드물었다. 쌤퍼드가(家)의 유령(Samford Ghost)은 한동안 수천의 신도를 얻었다. …[66)]

감리교 교파에는 무시무시한 이미지와 열기가 있었으며, (싸우디에 의하면) 죠우애너는 여기에 "미친 듯이 집착했다".[67)] 거기에는 죠우애너 특유의 스타일이 기묘하게 혼합되어 있었다. 즉 밀교적인 서툰 시 같은 것이 낭송되었는가 하면 이와 나란히 어린날의 기억들, 불행했던 연애, 고집스런 농부의 딸과 신앙심 없는 목사와 젠트리의 만남 등에 관한 재치있는 혹은 고지식한 자서전적인 긴 이야기가 이어지기도 했다. 무엇보다도 거기에는 이

---

65) R. Wedgwood, *The Book of Remembrance* (1814).

66) *Alfred*, 1811년 8월 24일자에서 인용. 또한 F. W. Bourne, 앞의 책, 55, 64~65면에 귀신들린 여인들과 '자신이 바로 그리스도라고 언명한' 여인에 대한 설명이 있다.

67) R. Southey, *Letters from England*, III (제2판, 1808), 238면.

시절의 참상, 전쟁에 대한 염증, 그리고 천년왕국에 대한 기대 등이 있었다. 이때는 아직 브러더즈의 추종자들이 날마다 새로운 계시에 대한 희망을 안고 살고 있던 시기 즉,

어떤 미친 사람은 그의 꿈을, 또다른 사람은 그의 백일몽을 인쇄했던 시기이자 한 사람은 천사가 칼을 빼들고 태양에서 나오는 것을 보았고, 다른 한 사람은 공중에서 불을 뿜는 용들, 그리고 전열(戰列)을 가다듬고 있는 한 무리의 천사들을 보았던 시기였다. … 하층계급 사람들은 … 일곱 봉인(封印)이 열리려 하고 있다고 믿기 시작했다. …[68]

죠우애너는 결코 잔느 다르끄(Jeanne d'Arc)가 아니었다. 그러나 잔느 다르끄가 가난한 사람들에게 지녔던 호소력 한가지는 공유했으니 그것은 계시는 왕에게 내리는 것과 마찬가지로 농부의 딸에게도 쉽게 내릴 수 있다는 생각이었다. 그녀는 브러더즈의 진정한 후계자로 칭송받았으며, 교육받은 남녀 수명을 비롯한 일단의 측근들을 주변에 모아들였다. (블레이크의 예언서가 당시 팽배해 있던 예언적 분위기와는 부분적으로 좀 다른 그 특유의 에세이라고 볼 수 있다면, 블레이크의 친구이고 역시 판화공이며 이전의 '자꼬뱅'인 윌리엄 샤프는 죠우애너에게 충성을 다했다.) 그러나 죠우애너의 호소력은 서부와 북부 즉 브리스틀, 남부 랭커셔, 웨스트 라이딩, 스톡튼-온-티즈(Stockton-on-Tees) 등지의 노동대중 사이에서 가장 강력하게 느껴졌다.

오 잉글랜드여! 오 잉글랜드여! 잉글랜드여! 도끼를 나무에 대었으니, 이제 그것을 찍어내려야 하며 또 찍어내려지리라. 너희는 너희가 맞을 천벌의 날들을 알지 못하도다. … 심야의 시간이 너희 모두에게 다가오고 있으며, 불꽃처럼 너희 위에 터지리라. 모든 일이 다 이루어질 시간이 바로 가까이 왔으니, 지금 너희 앞에 도사린 위험을 경고하노라. '보즈라

---

68) 같은 책, III, 232면.

(Bozrah)의 물들인 옷을 입고 에돔(Edom, 에돔은 성경에서 야곱의 형으로서 여기서는 에돔 자손의 왕국을 말함—옮긴이)에서 오는 이는 누구이며, 그를 믿는 모든 자를 구원할 수 있는 의로움과 권능으로 말하는 이는 누구이뇨. 그러나 나의 원수들은 분노하여 짓밟고 격노하여 짓이기리라. 복수의 날짜가 내 가슴에 새겨 있고 구원받을 자들을 위한 해가 다가와 있기 때문이로다.'

죠우애너의 예언은 대개가 묵시록적인 분위기를 전달하는 정도를 별로 넘어서지 않은 것이고, 재앙의 전조들은 아주 희미하여 나뽈레옹시대 유럽의 위기와 격변에 쉽사리 적용되었고, 보나빠르뜨 자신이 **짐승**(THE BEAST, 요한계시록 제13장에 나오는 그리스도의 적—옮긴이)의 모습으로 나타나곤 하였다. 그녀의 언급에는 브러더즈에게서 볼 수 있는 것 같은 혁명적 구체성은 없었다. 그러나 그녀의 계시는 양은 염소 무리와는 절대로 섞이지 않도록 완전히 분리되어야 한다는 그런 계시였음에 거의 틀림이 없다. 주님은 죠우애너의 입을 통해 이렇게 말씀한다. "이 세상은 나의 선함으로 충만할 것이며, 지옥은 내가 내리는 공포로 덮이리라. … 나의 격노는 계속되리라——그리고 나의 자애로움은 이제부터 **내**게로 오는 모든 사람을 최대한으로 구제하리라."

깨어나라, 깨어나라, 오 시온이여, 그대의 아름다운 의복을 걸쳐라, 오 예루살렘이여. 주님의 날이 가까이 오고 있으니 … 나는 높은 자리에 있는 자의 자만심을 깨뜨리고 온유한 자의 영혼을 찬양하리라. …

구원받은 자에게는 어렴풋한 유토피아가 제공되었다.

내가 나의 백성을
지옥과 또 죄악의 모든 권능에서 건져낼 때,
너희 집들을 새로이 지으면서,
궁전들을 너희 눈앞에 가져오리라,

이는 내가 금광들을 쌓아놓았기 때문이니라.
포말(泡沫) 치는 파도는 해안으로
그 속에 숨겼던 수도 없는 보석을 실어보내리라,
그리고 금강석의 광맥이 드러나리라 …
나는 오빌의 금*을 가졌느니
그로써 예루살렘을 다시 세우리라,
첫번으로 구원받은 자들은 말하리라
이 약속의 이행을 우리는 요구하노라고 …

거기에는 심지어 페인의 '불한당과 그의 무장패거리'(Bastard and his armed banditti)를 생각나게 하는 내용까지도 있으며, 토지가 일하는 사람들에게 되돌아가리라는 암시도 있었다.

그러나 이제 나는 상속자들을 풀어줄 터이며,
이 모든 농노들을 내보내리라,
그래서 진정한 상속자는 조금도 의심할 바 없을지니,
내가 서출의 종자들을 몰아내고,
그 자리에 진정한 상속인을 앉혀
바로 그 땅을 차지하게 하리라는 것을 …

죠우애너 싸우스컷은 아무리 봐도 사기꾼은 아니었던 것 같고 단지 소박하고 그리고 때로는 스스로를 의심하는 여인이었으며 자신의 불안정과 쉽게 믿는 기질의 희생자였던 것 같다. (그녀를 '후원했던' 써커스의 몇몇 단원에 대한 우리의 판단은 좀더 가혹해야 할 것 같다.) 그녀가 들은 '음성들'(Voices)을 곧이곧대로 옮겨놓은 것에는 어떤 파토스가 담겨 있다. 주님이 그녀에게 전하도록 지시했던 그 긴 메시지에는 죠우애너 자신의 능력을 고도로 증언하는 이야기들이 가득 차 있다.

---

* 오빌(Ophir, 오피르)은 솔로몬의 무역선들이 금, 비단, 보석 등을 수입한 지역으로 그 지역의 금은 순도가 매우 높아 오빌의 금이란 말은 최상품의 금을 일컫는 말이다―옮긴이.

지상에 새로운 어떤 것이 출현하리니.
너에게 이르는 바이지만 지구의 주춧돌이 놓인 이래,
그와같이 놀라운 여인은 일찍이 없었노라 …

모든 심판관 중 최고의 심판관이 이렇게 치켜세움으로써 그녀는 그녀를 믿는 사람들에게 지옥의 불을 설교하는 설교사 못지않은 끔찍한 심리적 협박을 행사할 수 있었다. 어느 날 어떤 팔린 집을 치우다가 "그녀는 주님의 뜻에 따라 마치 우연인 듯 평범한 한개의 인장(印章)을 발견하게 되었다". 그후로 '죠우애너파' 혹은 싸우스컷주의자들이라고 불린 그녀의 추종자들은 그녀로부터 특별한 인(印)을 얻을 수가 있었다. 일종의 약속증서인 이것을 지닌 자들은 "생명의 나무를 상속받아 하나님의 상속자와 예수 그리스도의 공동상속자들이 될" 것이었다. 천년왕국의 기약은 오직 **인을 받은 사람들**(THE SEALED PEOPLE)만이 가능했으며 반면에 이를 비웃는 자들은 더욱더 두려운 협박을 받았다.

너희에게 이르니, 그래서 이제 적들이 늘어나면,
그들의 모든 근심이 삽시간에 늘 것이며,
전쟁과 그 격란이 도무지 그치지 않으리라
저들의 마음이 내게 돌아와
너희를 박해하는 분노를 버릴 때까지.

수천 수만명이 (어떤 추정에 의하면 100,000명이) 이런 식으로 '인을 받았다'. 실제로 중세 말기의 십자가 성물(聖物)시장과 유사한 인(印)시장이 있었다. 당시의 정서적인 불안정은 '죠우애너파'의 열광뿐 아니라, 때로 그녀의 부하 예언자들을 공격하는 대중들이 보인 난폭한 감정에서도 분명하게 드러난다. 싸우스컷주의는 혁명적인 천년왕국의 형태와는 사뭇 다른 것이었다. 그것은 사람들에게 실제 사회활동을 고취하지 않았으며, 현실세계에 도전하는 일도 매우 드물었다. 그 묵시록적 열광은 감리교의 열광과 아주 흡사해서 개인적인 구원을 받으려는 소망을 히스테릭할 정도로까지 강력하게 밀고 나갔다. 하지만 그것은 분명히 가난한 자의 종교였다. 죠우애너의 하나님은 빵값 인상의 음모를 꾸미는 잉글랜드의 그릇된 '양치기들'(지주와 통치자들)을 저주했다.

> 만약 그들이 풍요의 한가운데서 빈민을 굶주리게 한다면 나의 책망은 무거울 것이며 나의 심판은 지상에서 엄중하리라. … 내가 니네베(Nineveh, 아시리아 제국의 수도로 기원전 612년에 메디아인 및 바빌로니아인에게 멸망했음―옮긴이)와 소돔과 고모라에 대해 말했던 것, 내가 투로와 시돈(Túros·Sidon, 둘 다 고대 페니키아의 항구도시로 성경에서는 부와 악덕의 도시로 유명함―옮긴이)을 놓고 말했던 것, 내가 갈릴리 사람들에 관해 말했던 것은 이제 잉글랜드의 양치기에 대한 고발이다.

'바빌론의 창녀'라는 옛 이미지가 무성하리만큼 어지럽게 되살아났고, "나라 안의 모든 목사들은" "음탕한 남자가 음탕한 여자와 정을 통하듯 나의 성경을 더럽히는" 이세벨(Izebhel, 성경에 나오는 북왕국 이스라엘 왕 아하브의 사악한 아내―옮긴이)의 "애인과 간부(奸夫)들"로 지목되었다. 가난한 자의 종교들에서 으레 그렇듯이, 그들의 곤경과 이스라엘 후손들의 간난(艱難) 사이에는 바로 동일시되는 점들이 있었다. "파라오가 이스라엘의 후손을 바짝 추적하듯, 사탄은 속으로 유혹하고 겉으로 박해하면서 인 받은 사람들을 바짝 추적할 것이다. …" 이처럼 이미지들이 범람하는 속에서는 때때로 모든 감각조직이 사라져버리며 그런 경우에는 구약에 나오는 고유명사들이 옛날의 피스톨(Ancient Pistol)처럼 맥박치며 힘을 겨눈다.

> 밖으로 나오라! 밖으로 나오라! 소돔이 마지막 심판을 느끼게 하라. 롯(Lot, 아브라함의 조카로 그의 처가 소돔에서 도망쳐나올 때 뒤돌아보아서 소금기둥이 되었음―옮긴이)은 지금 어디에 있는가? 소알(Soar, 롯과 그의 자식들이 소돔에서 피난을 간 곳―옮긴이)에 안전하니라! 그의 아내는 어디에 있는가? 그녀는 온몸이 소금으로 변해 있지 않은가? 벽에 글자가 이렇게 씌어 있다

─너희는 하나님의 잔으로 음탕하게 흥청거린다. … 벨(Bel, 벨로스 Belos의 영어명으로 고대 바빌로니아인 및 아시리아인의 하늘과 땅의 신—옮긴이)이 갈기갈기 찢겨지게 하라! … 이제는 성자들이 세상을 심판한다. 여기 전능한 자가 권세를 가지고 있으며, 성령이 말씀 속에 깃들여 있다─칼, 백마, 그리고 왕 중의 왕이 불 뿜는 칼을 빼들었다! 기뻐하라, 그대 성자들이여, 기뻐하라! … 힘센 오그(Og)와 아가그(Agag), 그대들은 어디 있느냐! 너희는 여리고(Jericho, 팔레스타인의 고대도시—옮긴이)의 성벽이니, 무너져내린다! 여호수아의 양의 뿔들, 일곱과 열둘이 요단강을 건넌다. … 주님의 기름부음 받은 자가 다스리신다─에브라임(Ephraim, 성경에 나오는 요셉의 차남—옮긴이)의 지팡이와 법은 열개가 하나로 합쳐, 유다의 옷자락에 의해 쥐여 있다─인자(Son of Man)가 이스라엘을 다스린다─메마른 뼈들이 이제 일어난다. … 신부(新婦)가 왔다─신랑이 이제 혼인의 인(印)을 받는다. 법과 복음이 이제 하나가 된다─달과 해가 떠오른다─갈렙(Caleb, 모세가 가나안에 스파이로 보낸 헤브라이인의 지도자—옮긴이)과 여호수아는 땅을 회복하기 위하여 의기양양하게 강을 건넌다─그대 가나안인들이여, 그대들은 지금 어디에 있는가? 너희의 정신나간 선원들은 모두 어디에 있는가?─

히타이트(Hittite)인들은 가거라! 이제는 다시 나타나 해치거나 괴롭히지 말라,
이제 이스라엘의 아들들은 평화리에 대를 잇고 가나안의 땅을 누린다.
보라, 피에 젖은 옷을 입고 내가 에돔에서 나오며,
나의 아들들은 해방되고, 구원받고, 자줏빛 강물의 복판에서 씻긴다
…[69]

---

69) 이 마지막 구절은 죠우애너의 것이 아니고 어느 추종자인 "대단히 존경받은 한 신사"의 "사고의 편린"이다. 다른 모든 구절들은 죠우애너의 저술이다. *Strange Effects of Faith*, 5th Book, 235면; 6th Book, 275면; *A Continuation of Prophecies* (1802), 15, 48~49면; *A Word in Season* (1803), 17면; *A Word to the Wise* (1803), 32면; *Sound an Alarm in My Holy Mountain* (1804), 31, 45면; *A Warning to the World* (1804), 8면; *Copies and Parts*

이 종파의 발작적인 열광은 1801~1804년에 처음 일어났다. 그러다가 1814년에 노년의 죠우애너가 히스테릭한 임신을 하고 하나님의 아들인 '실로'(Shiloh, 창세기 49장 10절에서 메시아를 일컫는 말─옮긴이)를 출산한다고 약속했을 때가 두번째 절정이었다. 웨스트 라이딩에서는 "전지역에서 수염 기른 예언자들이 떼를 지어 다녔는가 하면" 랭커셔의 애슈턴은 후에 북부 '죠우애너파'의 '수도'처럼 되었다.[70] 1814년의 마지막 주간에 이 여자 예언자가 자신의 '음성'에 대한 환상에서 깨어나 비극적으로 사망했을 때, 이 종파가 예외적으로 깊숙이 뿌리를 박았음이 드러났다. 그녀의 예언의 망또를 물려받겠다는 후계자들이 연이어 나타났는데, 그중에서 가장 유명한 이는 브래드퍼드의 소모공인 존 로우(John Wroe)였다. 싸우스컷주의자의 여러 분파들은 원래의 길에서 계속 일탈하는 과정에서도 19세기의 마지막 몇년에 이르기까지 메시아적인 활력이 갑작스레 불타오를 수 있다는 것을 보여주었다.[71]

싸우스컷의 종파가 감리교 진영, 특히 브리스틀, 랭커셔, 요크셔의 감리교파를 크게 때려부수었음은 의심의 여지가 없다. 사실 신학논쟁을 다룬 죠우애너의 몇편의 글들은 감리교도들을 겨냥한 것이었고 그녀는 감리교도들이 '깔뱅주의적'인 신조를 지니고 있다고 비난했다. 즉 감리교도들은 그럼으로써,

---

of Copies, &c. (1804), 49면; *Letters and Communications* (1804), 44~45면; *Answer to Five Charges in the Leeds Mercury* (1805), 20~21면; *Divine and Spiritual Communications* (1809), 20, 39면을 보라. 또한 G. R. Balleine, *Past Finding Out* (1956), 1~7장; William Sharp, *An Answer to the World* (1806)를 보라.

70) 이 종파의 추종자들은 반드시 수염을 길러야 했다. 싸우스컷주의자들의 북부 침투에 대해서는 J. Crossley, *Remarks and Inquiries on a Sermon Preached by the Rev. J. Cockin* (Leeds, 1806); G. Turner, *A Vindication for the Honour of God* (Leeds, 1807); W. Cooke Taylor, *Notes of a Tour in the Manufacturing Districts of Lancashire* (1842), 230면; Frank Peel, *Nonconformity in the Spen Valley* (Heckmondwike, 1891), 187~88면을 보라.

71) G. R. Balleine, 앞의 책, 8~14장; W. H. G. Armytage, *Heavens Below* (1961), 274~76면을 보라. 또한 이 책 하권 제16장 484~89면을 보라.

위대한 만물의 창조주요 아버지를, 그의 **사랑**이 도처에 있고 그의 **자비**가 그의 모든 **역사**(役事) 위에 깃들인, 그러한 **존재**로 만들지 않고 ── 필설로 형용할 수 없는 무자비한 존재로 만들고 있다.[72]

감리교도들은 물론 싸우스컷파에 비해 안정된 조직과 돈, 당국의 관대한 태도 등 여러 이점을 갖고 있었다. 감리교는 그 종파(싸우스컷파─옮긴이)에 빼앗겼던 신자들을 곧 되찾았던 것 같다. 그러나 그렇다고 해서 그 종파를 일정한 노선을 따르는 사회발달과 무관한 한낱 '변덕'으로 치워버릴 수 있다는 뜻은 아니다. 오히려 우리는 이 시기의 '죠우애너파'와 감리교의 부흥이 긴밀한 관계에 있었음을 알아차려야 한다. 전쟁기간은 평신도 순회설교사들이 "신앙심의 분출, 천상의 신음소리, 천사 같은 졸도"[73]를 일으키던 그들의 전성기, 즉 코벳을 그토록 격노시킨 '진짜 허튼소리'가 판치던 시기였다.

그들의 천부적 재능, 그들의 호소, 영감, 그들 내면에서 은총이 역사하고 있다는 느낌 그리고 위선적인 말투로 늘어놓는 그밖의 헛소리들은 참으로 지나치게 상식을 모독하는 것이며 이 나라의 커다란 수칫거리이다. 이와같은 교파가 매일 늘어나고 있다면, 우리의 **개명한 국가**를 우리가 자랑해보아야 헛일이다.[74]

정통 웨즐리파가 번성한 것처럼 '랜터파'의 여러 분파들인 웨일즈의 '점퍼파'(Jumpers, 이는 미국의 '셰이커'파의 사촌 격이다), 초기 감리교파, '천막 감리교파', 황홀경에 빠지거나 '환상'을 보는 델레미어 포리스트(Delemere Forest)의 '마술 감리교파'(Magic Methodists), 브라이언파 또는 성경 그리스도교도, 워링턴(Warrington)의 '퀘이커 감리교파', 매클즈필드의 '독립 감리교파'(Independent Methodists) 등도 또한 번창했다. 전시와 전후의 잉글

72) *Divine and Spiritual Communications* (1809), 33면.
73) Halifax Theatre Royal playbill, 1793.
74) *Political Register*, 1813년 6월 12일자.

랜드 거리에는 "주님께 와서 구원받으라!"고 고함치는 부흥회 선교사들이 돌아다녔다.

인상적인 것은 그러한 불안정한 느낌만이 아니라 감리교로의 개종 현상이 영속적이지 않았다는 점이다. 교회 성원이 늘어났음을 보여주는 그래프는 잘못된 것이다. 사실은 오히려 부흥회운동의 맥박운동, 즉 희망의 시기와 절망 및 정신적 불안의 시기 사이의 진동(振動)이 있었다. 1795년 이후 빈자들은 또다시 굴욕의 골짜기에 들어섰다. 그러나 그들은 뒤돌아보고 또 뒤돌아보며 내키지 않는 걸음으로 들어섰던 것이다. 그리고 희망이 되살아날 때는 언제나 종교적 부흥운동은 옆으로 밀려났으며, 그것은 오직 패배한 정치적 메시아주의의 잔해 위에서만 새로운 열정으로 다시 출현할 수 있었다. 이러한 의미에서 1790년과 1830년 사이 감리교의 대규모 교도 모집은 절망의 천년왕국(the chiliasm of despair)으로 볼 수 있을 것이다.

이것은 이 시기에 대한 통상적인 해석은 아니며, 한층 세밀한 조사를 요하는 하나의 가설로서 제시된 것이다. 프랑스혁명 전야에 감리교도들은 그레이트 브리튼에서 약 60,000의 신자를 갖고 있다고 주장했다. 그 수치는 감리교가 오직 공업지대 한두 곳에서만 다 합쳐보아야 기껏 발디딜 곳 정도를 가지고 있었음을 가리킨다. 그후 이 숫자는 다음과 같이 상승했다는 것이다. 1800년 90,619, 1810년 137,997, 1820년 191,217, 1830년 248,592.[75] 부흥회의 참가인원이 특히 두드러졌던 해는 1797~1800, 1805~1807, 1813~18, 1823~24, 1831~34년이었다. 이 해들은 최대의 정치적 각성과 활동이 일어났던 해들과 너무도 근접해 있기 때문에 홉스봄 박사가 "종교적·사회적·정치적 의식화 운동들 사이의 뚜렷한 평행"에 주목한 것은 타당하다.[76] 그러나 정치적 흥분과 종교적 흥분 사이의 관계가 긴밀하다는 것

---

75) Census of Religious Worship, England and Wales, 1851 (1853), lxxviii면. 1815년에 1,000명 이상의 신자를 가진 교구로는 런던, 브리스틀, 레드루스(Redruth), 쎄인트 아이브즈(St. Ives), 버밍엄, 버즐럼(Burslem), 매클즈필드, 맨체스터, 보울턴, 리버풀, 코운(Colne), 노팅엄, 셰필드, 리즈, 버스틀(Birstal), 브래드퍼드, 핼리팩스, 먼(Man) 섬, 썬덜런드, 웨이크필드, 듀즈버리, 에프워스(Epworth), 요크, 헐(Hull), 달링턴(Darlington), 버나드 카슬, 뉴카슬, 실즈 등이었다. M. E. Edwards, "The Social and Political Influence of Methodism in the Napoleonic Period" (London, Ph. D. Thesis, 1934), 244면.

은 분명하지만 정작 그 관계의 성격은 아직도 불분명하다. 즉 "급진주의가 성장했을 때 감리교도 성장했고, 급진주의가 약해졌을 때 감리교도 성장하지 않았다"는 결론이 반드시 뒤따르는 것은 아니다.[77] 반대로 '정치적' 또는 세속적 열망이 패배를 당한 바로 그 시점에 종교적 부흥운동의 열망이 뒤를 이었을 수도 있다. 그러므로 우리는 프랑스혁명 및 『인간의 권리』 출간과 결부된 긴 정서적 불안과 더불어 시작되는 정신의 그래프를 제시할 수도 있을 듯싶다. 우리는 1790년대 초에는 세속적인 자꼬뱅주의와 리처드 브러더즈의 천년왕국적인 희망들을 보게 된다. 1790년대 말기와 1800년대 초기에 와서는 감리교 부흥운동과 '죠우애너파'의 광기를 보게 되는데, 당대의 몇몇 증인들은 이것이 같은 줄기에서 나온 가지였으며 같은 청중에게 호소하고 있다고 보았다.[78] (1811~12년의) 러다이트 운동의 여파 속에서 새로운 부흥운동이 일어났으나 이것은 1816~17년 겨울의 정치부활에 의해 밀려났다. 이 나중 2년 사이에 초기 감리교파는 노팅엄셔, 다비셔, 레스터셔의 편직기편물업 마을들로 뚫고 들어갔으며, 이때의 부흥운동과 정치적 급진주의의 관계는 유난히 가까웠던 것으로 보인다. 1816년의 성령강림제에는 12,000명이 노팅엄 숲에서 열린 천막집회에 모여들었다고 한다. 1816년 가을부터 1817년 여름까지에 민중의 에너지는 급진파 정치운동에 흡수되었던 것으로 보이며, 그 정점이 1817년 6월의 펜트리지 '봉기'였고, 적어도 지방설교사 한명이 여기서 주도적 역할을 맡았다. 그러나 1817년과 1818년에 이 주들에서 일어난 초기 감리교도의 ("지금까지 겪었던 중 … 가장 두드러진 것의 하나였던") 대대적인 부흥회는 펜트리지의 재난 이후에 불붙었던 것 같다.[79] 전후 10년 동안에 정치활동이 극에 달했던 해는

---

76) E. J. Hobsbawm, *Primitive Rebels* (1959), 129~30면.

77) E. J. Hobsbawm, "Methodism and the Threat of Revolution," *History Today*, VII (1957년 2월), 124면.

78) 예컨대 Leigh Hunt, 앞의 책, xiv면을 보라.

79) H. B. Kendall, *History of the Primitive Methodist Church* (1919), 7~8, 31면. 부흥운동의 역할은 켄들이 기록한 1817년의 한 '러다이트'의 전설적 사건에 의해 그 인상이 고정될 법한데, 그 러다이트는 암살을 계획하고 실행하려던 도중에 습격당하여 오히려 예배당에 끌려왔다.

1819년인데 이 해는 부흥운동으로서는 괄목할 만한 해가 아니다. 반면에 1831~34년의 부흥운동의 열정은 '최후의 노동자 반란'의 후유증 속에 남부와 동부의 농촌 주에서 일어난 운동에 일부 기인한 것으로 볼 수 있을 것이다.[80]

이러한 제의는 시안적인 것이다. 이를 더 발전시키려면 부흥회가 열린 해가 아니라 달을, 주(州)가 아니라 도시와 촌락 등, 더 많은 것에 관해서 알아야 한다. 더욱이 초기 감리교도 및 성경 그리스도교도와 정치운동의 관계는 정통 웨슬리파와 정치운동의 관계와는 크게 달랐다. 그러나 부흥운동을 겪은 교회들을 모두 다 면밀히 관찰해보면, 그들의 발전이 꾸준한 상승운동을 나타내지는 않았고, 많은 사람들의 개종이 일어났을 때에만 급격한 상승현상이 가끔 나타났음을 알 수 있다. 그것은 한번 앞으로 치솟고 나면 뒤로 물러나는 맥박운동과 같은 성격을 더 많이 지니고 있었다. 토머스 쿠퍼가 1820년대에 겪은 자기 자신의 개종에 관한 설명은 특징적이라고 볼 수 있다. 그가 보기에는 "놀랍도록 전염성이 강했다. 이 마을(게인즈버러 Gainsborough—필자)과 순회교구 안의 수백명이 거룩한 마음을 얻기 위해 기도를 시작했다. …" 몇주 동안 그는 "거룩한 땅 위의 천국" 안에서 변신을 느꼈다. 그러다가 마침내는 지상으로 돌아와서 그가 가르치고 있던 학교의 아이들에게 화를 내자 그 변신의 느낌은 사라졌다.

나의 경험과 비슷한 경험을 이 도시와 또 순회교구 내의 여러 마을에 사는 수십명이 겪었다. 또 인접한 모든 순회교구 내에서의 경험도 그러했다. 흔히 '부흥'이란 것은 어떤 한 사람 또는 몇몇이 거룩함을 갈구하면서 시작된다. 이 주제는 다른 사람들 속의 갈망에 불을 지펴서 … 때로는 한 순회교구에 몇달씩이나 타는 듯한 흥분이 넘치게 한다. 그러나 어디서나 똑같이 퇴조가 일어난다. …[81]

---

80) 이와 유사하게 아미티지(Armytage) 교수는 1840년대에 공업지역으로부터 시온의 모르몬(Mormon)시로 가장 많이 이주한 연도들은 차티스트 운동이 비활동적이던 시기였음을 알아냈다. 이 책 하권 제16장 489면을 보라.
81) T. Cooper, 앞의 책, 85~86면.

쿠퍼는 그러한 경험을 들려준다. 그러나 이 경험을 사회적 맥락에서 본다면, 음극(陰極)에 있는 종교적 부흥운동과 양극(陽極)에 있는 (혁명적 천년왕국설에 물든) 급진주의 정치 사이의 진동 같은 그 무엇을 상정해볼 수 있다. 그 사이를 잇는 연결 개념은 언제나 '이스라엘의 자손들'이란 개념이다. 한쪽 극에서는 절망의 천년왕국 사상이 감리교도인 노동자를 인간 중의 가장 비천한 자로 만들 수 있었다. 그(노동자—옮긴이)는 목사들에게서, '벨리알(Belial, 성경에서 악마, 악인, 불량자, 타락한 자 등 다양한 뜻으로 사용되는 말. 사무엘서 1장 16절, 고린도후서 6장 15절 참조—옮긴이)의 아들들'인 개혁주의자들을 멀리하라는 경고를 끊임없이 받았다. "우리는 … 마땅히 조용하게 주님의 구원을 기다려야 한다. 때가 오면 주님은 그 자신이 특별히 사랑하는 사람들을 구해내실 것이다."[82] 그와같은 '특별한 사람'이라고 해서 감리교도 노동자는 때로는 작업도구를 파괴당했고, 고용주의 '끄나풀'이라는 의심을 받아 동직조합 가입이 거부당하기도 했다. 코벳은 감리교도들에 대한 공격을 한층 강화했다. "그들은 북부인들 사이에서 스파이 노릇과 사형수 고발로 돈을 받는 자 노릇을 해왔다"는 것이다.[83]

다른 한편으로는 마치 예상을 뒤엎기라도 하겠다는 듯이 19세기에는 감리교도 노동자들과 실상은 지방설교사들이 —여기저기서 여러 명씩— 여러 분야의 노동계급 정치운동에서 적극적인 활동자로 등장했다. 그들 중에는 소수의 감리교도 자꼬뱅파가 있었고, 감리교도 러다이트는 그보다 좀 더 많았으며, 그리고 피털루에서 시위를 했던 많은 수의 감리교도 직조공과 감리교도 노동조합주의자와 감리교도 차티스트들이 있었다. (탄광의 노동조합주의에서, 그리고 나중에는 농업부문의 노동조합주의에서 예외가 있었긴 하지만) 그들이 선도자로 나서는 경우는 매우 드물었다. 선도자의 역할은 흔히 오웬주의자들과 각기 다른 도덕론을 설파하는 자유사상가들

---

82) 이 말들은 *A Dialogue between a Methodist Preacher and a Reformer* (Newcastle, 1819)라는 급진주의 소책자에서 감리교 목사의 입을 통해 나오지만 당시 감리교의 설교를 충실히 대변한다.

83) *Political Register*, 1824년 1월 3일자.

이 많았다. 그러나 그들은 흔히 헌신적인 연설가이자 조직가로 밝혀졌으며, 심지어는 감리교회에서 추방된 이후에도 그들의 공동체에서 여전히 신망이 두터웠다.

이렇게 된 이유 중 하나는 웨즐리교의 심장부에 있는 여러가지 긴장들 속에 놓여 있다. 성(性)의 억압적 금지가 — 전형적인 청교도 반란의 형태(로렌스Lawrence의 선구자), 아니면 도덕률폐기론의 형태로 — 정반대의 것을 자극하는 위험성을 계속 지니고 있었던 것과 똑같이, 감리교의 권위주의적 교리는 때로 자유방임적인 반(反)명제를 낳았다. 감리교는 (그리고 그 복음주의적 분파들은) 고도의 정치적 의식을 가진 종교들이었다. 1789년 이전의 100년간 반국교도는 민중적 수사 속에서 죄와 교황이라는 두 주요한 적수를 가지고 있었다. 그러다가 1790년대에 증오의 방향이 완전히 바뀌었다. 교황은 저주의 대상 자리에서 물러났고 그 자리에 톰 페인이 올라앉혀졌다. "감리교는 죄를 미워하는 것만큼이나 민주주의를 미워한다"고 번팅은 언명했다. 하지만 자꼬뱅주의에 반대하는 설교를 쉬지 않고 들려주는 것은 또한 대중이 늘 이 문제를 첨예하게 의식하도록 만들기도 했다. 곤경의 시절이 닥치고 정치적인 흥분이 고조되는 때에는 감리교도 노동자의 가슴속에 "억눌려 있던 적개심"[84]이 남김없이 터져나올 수도 있었으며, 그래서 부흥운동이 급속히 퍼져가면서 자꼬뱅주의 또는 급진주의 사상이 '가시금작화 덤불에 불붙듯이' 확산될 수도 있었다.

더구나 우리는 루터교에서 특징적으로 나타나 있는 영적 평등주의와 현세적 평등주의 사이의 긴장을 기억해야만 한다. 근로인민은 구약성경에서 복수심이 강한 권위주의적인 신 이상의 것을 찾아냈다. 그들은 자신들이 겪는 시련에 대한 비유를 또한 발견했다. 천년왕국론자, '죠우애너파', '점퍼파'들과 정통 웨즐리파가 공유하고 있던 것이 (『천로역정』과 함께) 바로 이 일련의 상징체계이다. 어떠한 이념이라 해도 그 신봉자들이 그것을 전체적으로 다 받아들이는 것은 아니다. 이념은 실제로는 충동과 경험에 의해 비판을 받아 수천 갈래로 분해된다. 노동계급의 공동체는 그들의 예배

---

84) E. Fromm, 앞의 책, 81~83면을 보라.

당에 자신들이 지닌 가치 관념들 즉 상호부조, 이웃간의 정의(情誼), 연대감 등을 주입하였다. 더구나 우리는 저 헤브루의 가계보들, 저주받은 것들, 연대기 등이 직조공이나 광부의 일상의 경험에 비해 얼마나 믿을 수 없게 휘황찬란해 보였을 것인가를 이해해야 한다. (구약성경의—옮긴이) 이곳저곳에서 거의 어느 상황에나 적용될 수 있는 구절들이 눈에 띨 것이며, 그리고 그것들은 영적 순례의 비유이면서 또 계급투쟁의 비유로 보일 만도 하였다. 1801년의 '지하운동조직'(underground)이 바로 그러한 사례로서, 랭커셔의 모의자들이 다음과 같은 에스겔서의 구절에 근거한 서약을 했다는 믿을 만한 보고가 있다.

> 너 극악하여 중상을 당할 이스라엘 왕아, 네 날이 이르렀느니 곧 죄악의 끝날 때니라,
> 나 주 여호수아가 말하노라, 관을 제거하며 면류관을 벗길지라, 그대로 두지 못하리니, 낮은 자를 높이고 높은 자를 낮출 것이니라.
> 내가 엎어뜨리고 엎어뜨리고 엎어뜨리려니와 이것도 다시 있지 못하리라. 마땅히 얻을 자가 이르면 그에게 주리라 …
> 칼이 뽑히도다, 칼이 뽑히도다, 살육하며 멸절하며 번개같이 되기 위하여 마광(磨光) 되었도다.[85]

우리는 이것을 또 뉴카슬 지구의 독립 감리교파 무보수 목사들 중 한 사람의 다음과 같은 발언에서도 볼 수 있으니, 그들은 1819년에 급진파인 평신도 설교사들이 축출된 이후 떨어져나간 집단이다.

> 불평등한 법률, 편파적인 행정은 모든 사람의 가슴에 가시를 박으며, 또 모든 사람의 표정을 그늘지게 한다. … 그러한 지배자에 대해서는 이렇

---

85) R. F. Wearmouth, 앞의 책, 61면: 에스겔서 21장, 25~28절. 이 문장이 잉글랜드 수평파에 의해서도 이용되었다는 것은 주목할 만하다. Gerrard Winstanley, *Fire in the Bush* (1650). "너 세상의 억압적인 힘이여 … 너는 잊지 않고 있는가? 너를 뒤집고 뒤집고 뒤집을 일이 네게 닥치도다."

게 말해도 될 것이다. 그들의 포도나무는 소돔의 포도나무이며, 그들의 포도밭은 고모라의 포도밭이다. 그들의 포도는 담즙 같은 포도요, 그들의 포도송이 맛은 쓰디쓰다. 그들의 포도주는 용의 독물이며 독사의 잔인한 독약이다. 그러나 메시아의 왕국에서는 평화가 강물처럼 흐른다. … 시온에서 오는 하나님의 힘의 권표는 억압의 권표가 아니다.[86]

이렇게 해서 일요학교의 '요새들'조차 반란을 일으킬 수 있었다. 토드머든에서 작성된 19세기 초의 한 모금자 명단에는[87] 파업기금을 낸 모든 기부자들의 이름이 가명(假名)으로 적혀 있고 이 명단은 공업위기에 당면하여 교회와 술집이 공동전선을 폈던 이 시기의 분위기를 느끼게 해준다.

	파운드	실링	페니
오래된 은제 외투를 두른 사람이 잠언 27장 22절의 솔로몬의 진리를 확증하는 것을 보고 유감스러워하는 사람	0	2	6
나귀를 가진 짠 놈	0	0	2
진실을 지켜라	0	0	6
토끼와 사냥개 주막	0	0	6
자비를 사랑하고 정의를 행하라	0	0	4
늙은 놈을 목매달아라	0	0	2
텀이라는 자의 마누라를 짓눌러라	0	0	2
친구	0	1	0
로열 죠지 주점	0	1	0
옛 친구 로버트쇼에게 예레미아서 22장 13절을 읽으라고 일러라	0	0	6

---

86) Hugh Kelly, *The Stone Cut Out of the Mountain* (Newcastle, 1821), 13면; H. Kelly, *An Impartial History of Independent Methodism* (Newcastle, 1824).

87) 저자 소유인 게시문. 예레미아서에서 추천된 읽을 부분은 다음과 같다. "부당하게 그의 집을 세우고 잘못되게 그의 방을 짓는 자에게 앙화 있으라. 이웃의 봉사를 임금 없이 이용하고 그의 노동에 대가를 지불하지 않는 자에게 재앙 있으라."

이스트우드 직조공들	0	5	4

만약 죠스의 딕의 마누라가 보고서를 태우기를 중지
하지 않는다면 나이든 벼락 같은 나막신들(가난한 사
람들—옮긴이)은 그녀가 썬데이 버슬(Sunday Bustle)

의 반 크라운짜리 은화를 지니고 있었다고 말하리라	0	4	3½
윗저고리 없는 놈	0	0	2
벌로 그의 꼬리를 끊었다가 다시 꿰매라	0	0	4

그러나 1790년과 1830년 사이에 반항적인 감리교 평신도 설교사들과 그
밖의 사람들이 극단적인 급진주의자들의 소요에 참가한 것을 노동계급 운
동에 대한 '감리교의 공헌'이라고 서술한다면, 그것은 마치 극단적인 도덕
률폐기론자들 사이에서의 자유연애의 실천을 성해방에 대한 '청교도의 공
헌'이라고 서술하는 것만큼이나 우스운 일일 것이다. 양자는 다 반동적인
문화의 패턴이다. 그러나 (로렌스와 같은) 청교도인 성적 반도(叛徒)가 여
전히 남성과 여성 사이의 '올바른 관계'에 깊은 관심을 가진 '청교도'이듯이,
감리교도인 정치적 반도는 그의 급진적 또는 혁명적인 활동 안에서 깊은
도덕적 성실성, 정의와 '소명'에 대한 의식, 지속적으로 조직에 헌신하는
'감리교도적' 능력, 그리고 (가장 바람직하게는) 고도의 개인적 책임감 등
을 꾸준히 보여주었다. 우리는 이 점을 펜트리지 봉기에 참가한 감리교도
들에게서 보며, 다비에서 대역죄로 처형된 그중 한명은 "이 순회교구에서
가장 유능한 지방설교사였다".[88] 우리는 이 점을 쌔뮤얼 뱀퍼드의 더욱 훌
륭한 자질과, 또 그가 1819년의 시위참가자들에게 불어넣은 자기수련에서
도 본다. 우리는 또 그것을 도체스터(Dorchester)의 노동자이자 '톨퍼들 순
교자'인 러블리스에게서도 본다. 민중소요의 강도가 높아질 때면 언제나
이러한 형태의 '이단'이 뚜렷해졌다. 실로 1830년대에 이르렀을 때, 번팅의
보수파가 파문과 축출이란 방법을 동원하여 지위를 유지하려고 온갖 시도
를 했음에도 불구하고 모든 공동체들, 특히 직조공과 양말제조공의 공동체

---

88) Benjamin Gregory, *Autobiographical Recollections* (1903), 126~29면.

는 그들의 감리교와 그들의 차티스트 운동을 결합하기에 이르렀다.

이 결합작용에 영향을 미친 것으로는 또다른 요인들이 있었다. 19세기 초가 되었을 때 유급(有給) 목사의 직업화된 웨즐리교와 평신도 설교사의 자발성(voluntarism) 사이에는 뚜렷한 긴장이 감돌았다. 킬럼의 신종파가 떨어져나가기는 했어도 이로써 정통 감리교의 최고집행권이 자의적으로 지명된 소수의 목사집단에 넘어간 것에 대해 다수의 평신도들이 느끼는 분노가 사라진 것은 결코 아니었다. 코벳은 여러번 되풀이하여 감리교 협의회를 **교황선출회의**(CONCLAVE)로 풍자했다. 그는 이것을, 자신들의 세속적 이익을 보전하고 새로운 목사직을 영구히 세습화함으로써 가난한 이들이 한푼 두푼 바친 돈으로 안락하게 살아가려는 저의를 가진 "지상에서 가장 바쁘고 보수적인 일단의 사람들"로 구성된 새 관료제로 제시했다. 그는 킹즈우드의 웨즐리 학교에서 새로운 엘리뜨층을 영속화하려는 장치를 보았다.[89] 코벳이 "잉글랜드의 자유의 가장 원한 맺힌 적"이라고 비난했던 자들은 지방설교사가 아니라 직업적인 목사였다.

… 기성교회의 성직자들이 아무리 자유에 적대적이었다 하더라도, 그들의 적의는 그 사악한 정도가 이들 악당 같은 분리파들(sectarians)의 그것에 비하면 아무것도 아니었다. … 이들은 책을 연이어 쓴다. 소책자를 쓰고 또 쓴다. 독을 품은 설교를 쉬지 않고 계속한다. 그들은 … 서인도의 노예주들에 대해서는 욕설을 퍼붓지만, 랭커셔나 아일랜드의 노예주들에 대해서 그들이 반대하는 말을 단 한마디라도 들어본 적이 있는가. 오히려 그들은 이곳 사람들에게 주님께 마땅히 감사해야 한다고 줄곧 이야기한다. … 배부르고 등 따뜻한 데 대한 감사가 아니라, 그들이 충만한 은총을 입은 자들이며 그 은총을 위해 1주에 단 1페니만 부담하는 데 대한 감사이다.[90]

---

89) "이 종교회의의 구성원은 킹즈우드에 한 학교를 갖고 있는데 여기서 (그들의 교구인들의 아들들은 아니고) **그들의** … 아들들이 교육받는다. … 이 역시 교구인들의 희생으로 유지되고 있다. 이렇게 교육받은 자식들은 때가 되면 신사가 되어 나간다. 즉 … 물품세 징수원, 세금징수원, 여러 직종의 사무원과 관리가 된다." *Political Register*, 1820년 1월 27일자.

코벳의 공격이 완전히 사심없는 것은 아니었다. 그는 그의 토리 시절에 데스파드 대령의 동료 여럿이 감리교도임을 알게 되었을 때 이와 똑같이 과도하게 감리교도들을 공격했는데 그것은 앞의 경우와는 정반대였다.[91] 그것은 그의 집요한 편견들 중 하나였다. 그리고 1820년대 초반에 그는 번 팅의 거만한 토리주의와 **교황선출회의**에 대해서 분노했을 뿐 아니라, 감리 교회가 급진적 시위에 참가한 바로 그 사람들의 푼돈을 뜯어내는 그 약삭 빠른 재간에 대해서도 분노했다. 하지만 많은 평신도 설교사들과 분반지도 자들이 코벳과 마찬가지로 교회좌석제, 부자들이 누리는 특권 같은 관례, 또 전임목사제를 혐오한 것은 틀림없다. 코벳은 이 혐오감을 널리 퍼뜨리 려 애썼다. "한 주 내내 신발을 만들어온 사람이라고 해서 일요일에 더 서 툰 설교를 하지는 않을 것이다"라고 그는 썼다.

수천 수만명의 노동자와 장인과 제조업자들이 아직까지 설교를 해보려 고 시도한 적이 없지만, 그들은 협의회의 구성원들보다 더 나은 설교를 할 수 있다. 그 구성원들의 대부분이 전에는 노동자와 장인이었으나, 일 하기보다는 **설교하기**가 더 즐겁기 때문에 설교사가 된 것이다.

(코벳의 그림 속에 있는) "경건하고 사심없는" 무보수의 지방설교사들이 "협의회의 오만한 과두정"에 의해 "견제당하고" 있었다.

협의회의 명사들은 그들을 노려보고, 무면허 영업꾼으로 다루며, 그들을 작은 마을들로 보내 대여섯명 혹은 열두어명의 청중을 놓고 설교하도록 하고서, 자신들은 수천명 앞에서 설교한다. 이제 온 왕국의 감리교도들

---

90) 같은 신문, 1824년 1월 3일자.
91) 같은 신문, 1803년 7월 23일자. "데스파드와 함께 처형된 … 6명의 반역자 중 … 3명이 감 리교도였으며 그들의 마지막 순간을 돌봐준 감리교도 교사가 있었다. … 이 분파는 주로 대도시 및 공장지대와 그 주변의 상스럽고 불우한 사람들로 구성되어 있다." T. E. Owen, *Methodism Unmasked* (1802).

이 오직 이 사심없는 사람들의 설교만을 들으러 가야 하는 시점에 다다른 것이다. 그리고 만약 협의회가 그들을 예배당 밖으로 쫓아버린다면, 사람들은 그들의 설교를 듣기 위해 설교사의 집으로 가거나 아니면 헛간이든가 나무 밑으로 그들을 따라가야 할 것이다.

코벳이 감리교도들에게 제의했던 또다른 '처방'은 푼돈을 꼭 쥐고 놓지 않는 것, 아니면 적어도 개혁주의자가 아닌 모든 목사들에게는 그 돈을 내놓지 않는 것이었다.[92]

많은 감리교도들이 코벳의 조언을 따랐는지, 또는 그것이 이미 받아들여진 것이었기 때문에 그가 그런 조언을 한 것인지 여부는 분명치 않다. 그러나 그는 분명히 19세기의 첫 수십년간 여러 이탈 분파, 특히 초기 감리교파와 성경 그리스도교도의 성격이 어떠했는가를 이해하는 데 도움을 준다. 킬럼파의 분리가 교회 내의 좀더 지적인 구성원들이 떨어져나간 수직적 분열을 보여주었던 반면, 이 시기의 분열은 무엇보다도 수평적 분열이었다. 즉 평신도 설교사와 그들의 회중이 스스로 직업적 목사에게서 떨어져나간 것이었다. 성경 그리스도교파가 일어난 것은 열광적인 평신도인 윌리엄 오브라이언이, 기성 감리교회가 자신의 소명을 인정하지 않으려는 것을 알았기 때문이다. 그는 데번 북부에서 그 사회의 엄격한 제약들을 무시한 채 어느 종파에도 매이지 않은 자유로운 입장에서 설교했으며, 그러다가 '유랑 걸인'이라고 해서 축출당했다. 그는 일단의 개종자들을 데리고 다녔다. 성실한 공장기계설치공이면서 소목장이로서 초기 감리교를 창설한 휴 본 (Hugh Bourne, 그는 스태퍼드셔의 탄갱이나 '고지대 농장'에 불려가서 기계 등속을 설치하고 목재공구를 수리하거나 철공일을 하였다)의 전기와 함께 번팅의 전기를 읽는 것은 서로 다른 두 세계 사이를 통과하는 것이다. 본은 이렇게 회상했다. "우리의 예배당은 탄광의 갱구든가 다른 어느 곳이었다. 우리는 서로 이야기를 나누면서 걸어가는 가운데 착한 사람이든 악한 사람이든, 거친 사람이든 온순한 사람이든 누구에게나 복음을 설교했

---

92) *Political Register*, 1820년 1월 27일, 1821년 1월 13일자.

다."[93] 지방의 기성 웨즐리 교회는 탄광이든가 도자기 굽는 작은 도시에서 본이나 클라우즈(William Clowes)가 개종시키고 있는 사람들에게 거의 관심이 없었다. (1807년과 1808년에) 마우 콥(Mow Cop)에서 처음으로 천막 집회를 열게 했던 복음운동적 열기는 즉각 부정되었다.

번팅은 교파적 술책이라는 고지에서 노동자들을 내려다보았고, 본과 클라우즈는 근로인민 가운데 있었다. 번팅은 감리교를 국교회의 바로 오른팔의 자리로 안내하려고 의도했던 반면, 초기 감리교도들은 웨즐리의 감리교가 초기에 겪은 고난과 박해 속에 아직도 살고 있었다. 이 두 교회를 같은 맥락에 놓고서 논하기란 아무래도 불가능할 것 같다. 초기 감리교도들의 설교는 그들의 회중의 삶이 힘겨웠던 만큼이나 힘겨웠다. 그것은 (홉스봄 박사가 말했듯이) "구원받은 자의 황금빛과 저주받은 자의 불에 탄 검은색 사이의" 날카로운 대비를 요구했다. 그러나 이것은 가난한 자에 대해서가 아니라 가난한 자에 의해서 설교되었다. 이 분파 저 분파들에서 지방설교사들은 교회를 그들의 것으로 만들었으며, 이런 연유로 해서 이런 분파들은 노동조합주의와 정치적 급진주의의 역사에 정통 교파보다 훨씬 더 직접적으로 기여했다.[94]

어떻게 변형된 감리교든 감리교에는 어쩔 수 없이 한층 더 계급의식적인 형태를 띠게 되는 다른 또 하나의 정황이 있었으니, 그것은 농촌지역에서였다. 농촌에서 감리교 예배당은 교구목사와 지방 스콰이어층에게는 모욕일 수밖에 없었으나 노동자들에게는 독립성과 자존심을 얻게 되는 중심지였던 것이다. 이번에도 대단히 놀라운 것은 초기 감리교도들의 ──특히 이스트 앵글리어의 ──영향력이었다. 그런데 우리는 일이 이렇게 돌아간 전후 맥락을 초기 감리교회가 창설되기 몇해 전인 1805년에 어느 시골 목사가 격노하여 작성한 팸플릿을 통해 알 수 있다.[95] 감리교에 귀의한 농업노동자들은 온갖 종류의 소요기도 죄로 고발되었다. "땅 위의 곡식과 다른 모

---

93) J. T. Wilkinson, *Hugh Bourne, 1772~1852* (1952), 21~32면. 같은 저자의 윌리엄 클라우즈(William Clowes)의 생애도 보라.

94) E. J. Hobsbawm, *Primitive Rebels*, 8장을 보라. 초기 감리교도들은 1811년에 200명, 1820년에 7,842명이었다. H. B. Kendall, 앞의 책, 31면을 보라.

95) *A Letter to a County Gentleman on the Subject of Methodism* (Ipswich, 1805).

든 과실은 부자를 위해서만큼이나 가난한 자를 위해서도 키워지는 것이며, 그것이 신의 섭리가 바라는 것이다"라고 그들은 말한다. 그들은 그들이 받는 임금에 만족하지 않았으며, "마스터가 긴박한 사정에 따라 요구할 수 있는 시간만큼의 가외작업을 할" 태세가 덜 되어 있었다. 더욱 나쁜 것은, 그들은 다음주의 노동을 위해서 일요일에 기운을 회복하는 것이 아니라, 설교사의 말을 들으러 수마일씩 걸어감으로써 지쳐 떨어졌다. 주중에는 밤에 곧바로 잠자리에 들지 않고 찬송가를 부르느라고 불과 양초를 낭비했다 ──어느 (국교회─옮긴이) 목사는 "겨울 저녁 … 9시가 다된 한밤중에 우리의 빈한하기 짝이 없는 마을 몇군데에서" 이 광경을 보고 소름끼치는 반감을 느낀 적이 있다. 여러 해가 지난 후 죠지 하우얼(George Howell)은 도체스터 노동자들의 사건에 대해 언급하면서, 그와같은 태도가 젠트리들 사이에 지속되었음을 강조했다. 감리교는 "당시의 많은 마을에서, 특히 도싯과 다른 서부 주에서 충격적인 범죄행위였다. 그것은 실로 밀렵 다음으로 무거운 범죄였다".

이와같은 모든 방식으로, 순종과 노동의 신성화를 신학적 교의로 삼고 있던 한 종교의 심장부에서 여러가지 긴장상태가 계속해서 발생했다. 이러한 반동적인 논리가 최고도로 발전한 것은 훗날 그 광부들과 농업노동자들 사이에서 일어난 노동조합 운동의 역사와 차티스트 운동의 역사에 속한다. 하지만 그 발전의 기원은 1810~30년의 20년 동안에서 찾을 수 있는데, 이 기간에 핼리팩스의 벤저민 러슈턴이나 러프버러의 존 스케빙턴 같은 차티스트 지도자들이 형성기를 거쳐나갔던 것이다. 1785년에 출생한 수직공이며 감리교 신종파의 지방설교사였던 러슈턴은 피털루 사건의 시기에 급진주의 정치에 활발히 참여했으며, 아마도 감옥에 갔혔다가, 코벳이 감리교도에게 헌금을 내지 말도록 호소하던 시기에 이 교파에서 쫓겨났거나 아니면 스스로 물러났다. 그는 1830년대 초의 빈민법 소요에서 수직공들을 위하여 다시 활동에 나섰다. 1839년 대대적인 차티스트의 첫 천막집회들 (그 자체가 초기 감리교도들을 본으로 삼았다) 중 한 집회에서는 여러 명의 지방설교사가 러슈턴과 함께 연설했다. 그들 중 한 사람인 윌리엄 손턴은── "사악한 자의 사악함이 끝나게 되리라"는──기도로 예배를 시작했으며,

그러자 퍼거스 오코너는 그의 어깨를 치며 말했다. "잘했네, 손턴, 우리가 인민헌장을 성취하게 되면 자네가 요크의 대주교가 되도록 주선하겠네." 또다른 사람은 "예배의 집행이 시민의 자유에 적대적인 곳이라면 어떤 예배에도 참석하지 말 것이며 … 앞으로는 상황에 따라 지역별로 우리만의 별도의 장소에서 집회를 열도록" 하자는 결의안을 동의(動議)했다. 벤저민 러슈턴이 다음과 같이 언명하면서 이 결의안을 재청했다. "1821년 이래 그가 스스로 교구목사들에게 내놓은 것은 아무것도 없으며 다음에라도 그들이 그에게서 한푼이라도 받아낸다면 그들에게 도움이 될 것이다." 또다른 지방설교사인 죠우지프 핸슨은 여기에다 목사직에 대한 비난을 추가했다.

그들은 그리스도와 함께 빵껍질을, 수동적인 순종과 함께 무저항을 설교하였습니다. 사람들이 그런 교회와 예배당에 가지 않도록 하십시오 ("그렇게 하겠소!"). 그 사람들이, 그리스도와 배불리 먹은 배, 그리스도와 좋은 옷을 걸친 등 ― 그리스도와 살 만한 집 ― 그리스도와 보통선거권을 설교하는 사람들에게 가도록 하십시오.[96]

러슈턴, 손턴, 핸슨 같은 사람들이 차티스트 운동에 공헌한 바는 아무리 높이 평가해도 여전히 부족하다. 우리는 그 의의를 천막집회의 특징과 「빈곤의 아들들이여 뭉쳐라」(Sons of Poverty Assemble) 같은 차티스트 찬가의 열기 속에서 보게 된다.

그대 낙담한 자여, 저 용감한 이들을 보라,
　　그대의 의로운 대의를 떠받치는 이들을.
　그들을 헐뜯지 않은 자 그 누구인고?
　　그들은 바로 예수께서 박해받았듯이,
　　　박해받았도다
　악한 인간과 사악한 법에 의해.

---

96) B. Wilson, *The Struggles of an Old Chartist* (Halifax, 1887), 3면; *Halifax Guardian*, 1839년 5월 25일자. 핸슨은 이 연설 때문에 감리교도들에 의해 쫓겨났다.

비단결 같은 잠에 빠진 그들을 일깨워라,
　자만하고 있는 그들을 뒤흔들어라,
그대의 대오를 불리고 그대의 수를 늘려라,
　현장을 멀리멀리 퍼뜨려라.
　　진리는 우리와 함께 있고,
하나님은 우리 편에 서 계시도다.[97]

우리는 「올드 헌드레드스」(Old Hundredth, '세상 모든 사람들은 …'으로 시작되는 윌리엄 케이스William Kethe 작사의 찬송가―옮긴이)를 노래부르며 핼리팩스로 행진해가는 플러그 폭동자들에게서 그것을 확인한다. 우리는 오븐든 (Ovenden)에 있는 러슈턴의 마을의 직조공들이 차티스트 운동 시위 때 들고 다닌 커다란 깃발에 적힌 구호에서 그것을 본다. "너는 저들을 두려워 말라, 주님을 기억하라, 그분은 위대하고 무서운 분이시니, 너희의 형제, 너희의 아들과 딸들, 너희의 아내와 집을 위해 싸우시도다."[98] 우리는 그것을 차티스트의 예배당에서 본다. 스펜 밸리에서, 프리스틀리 집사가 '그리스도의 빈민들'에게 밀을 나누어주었으며 존 넬슨이 고머설 언덕 꼭대기에서 사탄을 보았으며 싸우스컷주의자와 도덕률폐기론자와 감리교도 러다이트들이 19세기 벽두에 출현하게 되어 있었던 바로 그 계곡에서, 1840년대에 그와같은 예배당 하나를 만나게 되는데 그 예배당에서 우리는 "가난한 자와 너는 항시 함께 있으라"고 설교하는 러슈턴에 관한 기록을 보게 된다. 그는 빈민을 세 층으로 나누었다. "'하나님의 불쌍한 사람들'인 절름발이와 눈먼 이들, 스스로 자신을 돌보도록 놔두는 것이 마땅한 게으르고 분별없는 자들",

　그리고 세번째로 일평생을 살려고 애쓰고 고되게 일했으나, 다른 사람들

---

97) *National Chartist Hymn Book.*
98) *Halifax Guardian*, 1848년 4월 21일자. 또한 이 책 하권 제15장 340~41면의 1819년의 슬로건들을 보라.

의 나쁜 짓과 억압으로 가난해지거나 가난을 면치 못한 빈민이 있다. …
그는 불 같은 웅변으로, 이웃에게 정치적인 정의를 거부하는 사람들, 또
그 이웃의 한평생이 오로지 살아남기 위한 긴 필사의 투쟁이 될 때까지
그들을 억누르는 사람들을 계속해서 비난했다.

그의 웅변과 분노가 힘을 더해가면서 "청중의 감정은 격렬한 탄성으로 분
출했다. … 마침내 한 사람이 러슈턴씨의 강력한 억압자 고발에 넋을 잃고
서 '옳소, 저주받아라, 그놈들은, 저주받아라, 그놈들은' 하고 외쳐댔다".[99]
러슈턴 같은 사람들이 많은 지역의 운동에 보기 드문 도덕적 열기를 불
러일으키기는 했지만, 그렇다고 해서 그들이 차티스트 운동의 내부에서
('물리적 힘'에 맞서서) '도덕적 힘'의 편을 드는 기질을 지니고 있었다고 상
정한다면 이보다 더 큰 잘못은 없을 것이다. 오히려 그들은 신형군(新型軍,
New Model Army, 1645년 청교도혁명 당시 왕당군을 누르고 의회군이 승리하는 데 기
여한 크롬웰의 군대—옮긴이)의 군인들이라면 이해했을 법한 전투의 신을 모
셨다. 또한 적지 않은 수의 전직 평신도 설교사들이 다음과 같은 성경 구절
을 인용하여 이야기하기를 좋아했다. "칼이 없는 자는 그의 옷을 팔아 칼을
사게 하라." 한 친구가 "일찍이 잉글랜드의 연단에 섰던 정치가 중 그 누구
보다도 침착하고 겁없고 정직한 정치가"로 묘사한 러슈턴은 플러그 폭동
자들을 이끄는 일을 기꺼이 맡으려 (그래서 다시 한차례 감옥에 들어가더
라도) 하였다. 60대에도 그는 여전히 어니스트 조운즈(Ernest Jones,
1819~69. 차티스트 운동 지도자이자 시인—옮긴이)를 위해 선전활동과 연설활동
을 벌였다. 이 직조공 설교사는 죽는 날까지 사람들에게 필요한 사람이었
다. 우리는 다 해진 옷과 나막신을 신은 그가 어느 외딴 직조업 촌락의 기
념일 예배에서 "그들 나름대로는 잘 차려입은, 즉 나막신과 작업복에 긴 바
지와 헐렁한 소매 달린 옷(brats or bishops)을 걸친" 회중을 앞에 두고 설
교하는 것을 본다. 우리는 또 그가 투쟁하고 있는 차티스트 운동 지부들의
사기를 북돋우려고 매일 밤 수마일씩 터벅터벅 걷고 있는 것을 본다. (한번

---

99) Frank Peel, *Spen Valley: Past and Present* (Heckmondwike, 1893), 317~19면.

은 한 젊은 동료가 러슈턴의 나막신 바닥이 구멍이 뻥 뚫릴 정도로 닳았다고 일러주었다. 그러자 이 노인은 그의 정치담론을 한순간만 그치고서 말했다. "그렇군요, 그러나 이 다음에 받을 보상을 생각해보시오.") 1853년의 그의 죽음은 차티스트들이 대대적인 장례를 치르게 된 기회였다. 러슈턴이 유급 목사는 장례의 사회를 맡지 못하도록 못박았기 때문에 추도연설은 가미지(Robert Gammage, 1815~88. 노샘프턴에서 태어나 마차제조공의 도제로 출발하였으며, 후에 차티스트 운동의 지도자이자 역사가가 됨—옮긴이)와 어니스트 조운즈가 했다.[100]

그러나 제비즈 번팅과 벤저민 러슈턴은 같은 세계에 속해 있지 않았다. 차티스트 직조공과 권위있는 목사가 한번이라도 공동의 '운동' 안에서 연결되어 있었다고 상정하는 것은 상상을 초월하는 무모한 짓이다. 러슈턴은 바로 번팅의 하나님이 저주했던 그 아담이 아니고 누구였단 말인가?

---

100) *Commonwealth*, 1866년 11월 16일자; *People's Paper*, 1853년 7월 2일자; *History of Luddenden Dean Chapel* (1928), 5면. 초기 감리교도들 가운데서 이와 유사한 역량과 순진함을 가진 인물로는 러프버러의 존 스케빙턴이 있다. Harrison, "Chartism in Leicester," in A. Briggs, *Chartist Studies* (1959), 70면 이하를 보라.

12
공동체

1. 여가와 인간관계

　전쟁기간중 일어난 감리교 부흥이 산업주의(산업사회—옮긴이)의 노동규율을 중개했다. 감리교 부흥은 어떤 면에서는 노동인구 사이에 퍼진 절망감의 반영이기도 하였다. 감리교는 공리주의와 하나가 되어 산업혁명의 지배이데올로기를 만들어내고 있다. 그러나 감리교에서 우리가 보는 것은 하나의 사회 전체 내부에서 작동하고 있는 여러 방식 중 가장 명료하게 나타난 것일 뿐이다. 그 사회의 여러 특징들은 모든 교회의 복음화 운동과 몇몇 공리주의자 및 이신론자의 사회적 가르침 안에서 재생되었다. 해너 모어는 웨즐리와 마찬가지로, "어린이를 타락한 천성과 악한 기질"을 가진 존재로 보지 않고, "순진무구한 존재로 보는 것은 근본적인 오류"라는 견해를 아주 굳건히 견지하고 있었다.[1] 그리고 1790년대와 1800년대에 국교회가 여러 마을에 세운 일요학교들에서 우리는 스톡포트나 핼리팩스의 학교들에서 본 것과 똑같은 규율과 억압의 강조를 (비록 때로는 한결 온정주의적인 어조를 띠고 있었지만) 보게 된다. 일요학교의 기능은 빈민 아동들에게 '근면과 절약과 경건의 정신'을 길러주는 것이라고 어디서나 똑같이 기술되고

---

1) H. More, *Strictures on the Modern System of Female Education* (1799), 44면.

있다. (링컨셔에 있는) 캐스터 일요학교 교사들은 다음과 같은 지침을 받았다.

… 그들의 굴레 벗은 사나운 정념을 길들이고, 지나치게 거친 그들의 태도를 억누르고, 혐오스럽고 음란한 그들의 상스런 말씨를 정화시키고, 완강한 저항의지를 고분고분하게 만들고, 그들을 정직하고 순종하고 예의바르고 근면하고 유순하고 얌전하게 만들 것….[2]

규율과 질서를 지키도록 만들겠다는 압력은 한편으로는 공장, 다른 한편으로는 일요학교에서 시작하여 여가, 인간관계, 말씨, 태도 등 삶의 모든 면에까지 미치게 되었다. 공장, 교회, 학교, 그리고 치안관들과 군대 등의 규율기구와 함께 도덕적인 품행을 지키게 할 목적을 지닌 준공식적인 기구들이 설치되었다. 감리교의 윤리를 국교회의 성사(聖事)와 결합시키고 1790년에서 1810년 사이에 그러한 주장을 위해 대단히 적극적으로 활동한 인물이 다름아닌 피트의 윤리담당 보좌관인 윌버포스였다. 1797년에 그는 '대(大)순종법'을 상세히 설명하고 빈민을 관리하기 위한 조항들을 내놓았다.

… 그들이 걸어갈 더 낮은 길은 하나님의 손에 의해서 그들에게 배정되었다는 것, 충실히 그 의무를 이행하고 기꺼이 그 불편함을 감내하는 것이 그들의 몫이라는 것, 모든 사물의 현재상태는 매우 짧다는 것, 이 세상 사람들이 그처럼 격렬하게 다투는 대상들은 싸울 만한 가치가 없다는 것 등등이다. …[3]

1809년이 되자 그는 공공연한 자꼬뱅주의는 더이상 위험한 것이 아니란 점

---

2) R. C. Russell, *History of Elementary Schools & Adult Education in Nettleton and Caistor* (Caistor, 1960), 5, 7면.

3) W. Wilberforce, *A Practical View of the Prevailing Religious System of Professed Christians* (1797), 405~406면.

에 만족했다. 하지만 그는 도덕적 문란 현상이 나타날 때마다 자꼬뱅주의가 소생할 위험성을 느꼈다. "우리는 정치적인 범죄에 대해서는 민감하지만, 도덕적인 죄에 대해서는 전혀 무감각한 것 같다"고 그는 썼다.

이 점에서 그는 지나치게 겸손했다. 왜냐하면 그가 만든 악덕퇴치 종교부흥 협회는 1801년과 1802년 단 두 해에 안식일 법(Sabbath Laws) 위반죄로 623건의 기소실적을 기록했던 것이다.[4] 하층계급 사람들에서 도덕적인 경망함과 정치적 교란행위 사이에는 긴밀한 상호관련이 있다는 그의 신념은 그가 속한 계급에 특징적이다. 음주와 음란행위에 대한 기소 건수가 증가했다. 블레이크의 숙적(宿敵)인 랜더프의 왓슨 주교는 1804년에 행한 한 설교에서, 평신도 제보자의 역할은 "종교적 관점이나, 정치적 관점에서 볼 때 다 같이 … 신의 고귀한 의도"에 따른 것이라고 설교했다. 빈민의 오락행위는 모조리 설교와 입법의 대상이 되어 아무리 무해한 것이라도 무시무시한 것으로 여겨졌다. 악덕퇴치 종교부흥 협회는 "2페니짜리(하층민들의 —옮긴이) 춤판, 생강 든 빵(싸구려 물건—옮긴이)을 파는 정기시, 음란한 그림들"에까지 간섭의 손길을 뻗쳤다.[5] 나체로 해수욕하는 사람들은 마치 사형수 호송차나 단두대의 선두인 양 박해를 받았다. "간통에 관해서는, 그것이 유대법에 의해 사형에 처해졌듯이 … 우리들에게서도 당연히 그래야 한다고 생각하는 사람들이 있다"고 존 바우들러는 험악한 이야기를 썼다. 복음운동가들은 상류층을 향해 빈민의 모범이 되게끔 자신들의 태도를 고치라고 훈계했다. '협회' 자체 내에서는 혁명 후 여러 해 동안 "점점 자제하는 태도가 늘어나 … 흥겨워하고 농담하는 일이 사라져버렸다".[6]

사회규율을 세우는 과정에 대한 반대가 없었던 것은 아니다. 바우들러 박사 지지자들은 간음자의 투옥을 규정한 새 법안을 통과시키려고 했으나 하원에서 좌절되었다. 평민층의 안식일 위반자, 유랑인, 땜장이, 무대 무희,

---

4) L. Radzinowicz, *History of the English Criminal Law*, III (1948~56), 504~506면과 3, 4장 여러 곳을 보라. G. R. Taylor, *The Angel-Makers* (1958), 36면. "… 도덕적 변화의 결정적인 시기는 빅토리아 재위시기가 아니다. 아예 19세기가 아니라 1790~1800년의 10년간이다."

5) *Gorgon*, 1819년 4월 24일자.

6) T. Moore, *Life of Sheridan* (1825), 217면.

공중제비 곡예사, 발라드 가수, 자유사상가, 나체 해수욕자에게 부과된 형벌과는 달리 간음을 규제하는 입법은 빈민만이 아니라 부자의 도락까지도 함께 냉대한다는 반대에 부딪혔다. 그리고 민중의 여가생활을 억압하려는 또다른 시도들은 하원에서 근소한 표차로 기각되었는데, 그 다수 표는 자유방임의 타성, 신민의 자유에 대한 폭스파의 옹호, 또 '빵과 써커스'를 요구하는 소리에 대한 토리의 전통적 관용, 감리교의 '광신'에 대한 그들의 혐오감 등으로 구성되어 있었다. 〔이 시대가 보인 하나의 역설은 국방장관인 윈덤이 복음운동가와 개혁가들에 맞서 황소괴롭히기 놀이(bull-baiting)는 옹호한 것이었다. 이러한 옹호로 인해 악마의 성채들로부터 '윈덤과 자유!'(Windham and Liberty!)를 외치는 소리(18세기의 저명한 인권운동가 존 윌크스를 지지하는 사람들이 외치고 다녔던 '윌크스와 자유!'(Wilkes and Liberty!)라는 구호를 본뜬 것—옮긴이)가 터져나오게 되었던 것이다.〕

그러나 규율론자들은 입법을 둘러싼 몇차례의 소규모 접전에서는 패배했어도 산업혁명이라는 전투에서는 승리했다. 그리고 이 과정에서 도시와 농촌에서 흔히 18세기 잉글랜드 빈민의 속성으로 일컬어지던 '아일랜드인' 기질이 산업자본주의에 걸맞은 규칙적인 생활방식으로 바뀌었다. 이 점은 시골지역에서는 우발적이고 '비경제적'인 농민식 반(半)생존경제의 리듬을 누르고 화폐경제가 승리한 점에서 무엇보다 뚜렷하게 볼 수 있다. 또한 공업지대에서는 작업시간과 휴식시간, 평일과 안식일을 알리는 공장의 종소리나 시계소리가 의미하는 규율의 확장, 그리고 '구두수선공의 월요일'(Cobbler's Monday, 구두수선공들이 월요일인데도 일하지 않고 빈둥거리는 것을 지칭한 말인데, 이것은 다른 직종의 노동자들에게서도 볼 수 있는 현상이었다—옮긴이) 및 전통적인 축제일과 정기시에 대한 공격에서 볼 수 있다.

연간 '고용계약 맺기', 우마시장, 잡동사니 방물시장 등——18세기 정기시의 경제적 기능은 여전히 매우 중요했으나, 정기시가 빈민들의 문화생활에도 마찬가지로 중요했다는 점을 잊어서는 안된다. 산업혁명 초기에도 노동자의 한해살이는 여전히 주기적인 곤궁과 식량부족으로 이루어져 있었는데, 간간이 고기와 마실 것이 좀더 풍부하고 아이들에게 오렌지와 리본 같은 사치품을 사줄 수도 있으며 춤과 구혼과 흥겨운 상호방문과 스포츠

행사 등이 벌어졌던 '축제날'이 끼여 있었다. 19세기 마지막 무렵까지도 아직 전국에 걸친 정기시의 그물망이 있었는데(당국은 이 중의 여러 곳을 제한하거나 금지하려 했으나 허사였다) 거기에는 도부상, 트럼프 야바위꾼, 진짜 또는 가짜 집시, 발라드 시인, 마차 행상인 등의 무리가 모여들었다.[7] 노섬벌런드에서 작성된 어떤 일기는 성령강림제 다음의 월요일을 이렇게 묘사하고 있다.

… 카튼 경기(Carton Sports, 말을 몰면서 과녁을 맞추는 경기—옮긴이)를 하러 갔다. 안장, 고삐, 채찍 등 모든 것이 경품으로 나와 있다. … 많은 젊은 남녀들이 이곳에서 게임과 놀이에 정신을 잃고 있었는데 사람들은 이런 것들을 저녁밥 잃기 놀이라고 불렀다. … 그러다가 종내는 맥주집에 가서 술을 흠씬 처마시고 흥청거리는 것으로 그들의 레크리에이션을 끝냈으며, 사내들은 온 밤을 그들의 애인과 입맞추고 희롱하면서 지샜다. …

3주일 후 레버스튼 경기(Lebberston Sport)가 있었다 ——"쇠고리 던지기에는 구리 프라이팬이 걸려 있었다. … 또 깨끗하게 차리고 색색 리본과 여러 가지 멋진 장식으로 치장한 비둘기도 있었고, 시골 처녀들이 춤솜씨를 통해서 서로 차지하려고 하였다."[8] 1783년에 보울턴의 한 치안관은 다음과 같은 불평을 터뜨렸다. 즉 오우트밀 한 짐이 2기니에 팔리고 있던 때에,

… 이 읍에서는 도무지 부족한 것이 없어 보였다. 나는 어느 날 저녁, 깽깽이와 꽃다발을 들고 시골풍의 아름다운 차림새를 뽐내면서 큰길에서 모리스 춤(Morris dance, 보통 로빈 후드 전설의 인물로 가장하고 추는 영국의 옛날 춤—옮긴이)을 추는 젊은 남녀들의 긴 행렬과 마주쳤다. 그들은 하잘것 없는 어떤 기념일을 축하하고 있었는데 그 기념일이란 것이 근처 공유지

---

7) 독자는 토머스 하디(Thomas Hardy, 1840~1928. 영국의 소설가, 시인—옮긴이)의 웨식스(Wessex) 소설들을 환기할 것이다. 1830년대의 정기시에 관한 몇가지 기술로는 *First Report of the Constabulary Commission* (1839), 30~42면을 보라.
8) Beswick MS. Diary, G. R. Taylor, 앞의 책, 16면에서 인용.

에 있는 초라한 초가 맥주집에서 열리는, 기껏 1, 2년 전부터 곧잘 정기
시라고 불려온 그런 것이었다.[9]

우리는 전래의 놀이와 축제가 쇠퇴한 것을 '농촌적' 가치가 '도시적' 가치
로 대체된 것이라는 식으로만 설명하기 쉽다. 하지만 그것은 자칫 오해를
불러일으키기 쉽다. 18세기의 런던이나 큰 도회지들에서는 짐승곯리기나
권투 같은 추악한 형태건 좀더 흥겨운 축제형태건간에 더욱 건강한 오락행
사들이 시골지역에서처럼 자주, 혹은 시골에서보다 더 자주 열렸다. 그러
한 오락행사들은 19세기까지도 활발하게 계속되었는데 이것은 튜더시대
(1485~1603)의 런던 도제들의 분방한 전통, 그리고 19세기의 런던 시민 가
운데 농촌에서 이주해온 사람들이 아주 많았다는 점을 상기시킨다. 그중에
서도 가장 성대한 축제는 바솔로뮤 정기시(Bartholomew Fair, 8월 24일의 성
바솔로뮤 축제일에 런던에서 열린 정기시 — 옮긴이)였는데 거기에는 동물구경, 소
매치기, 할러퀸(Harlequin, 무언극에 등장하는 인물로 보통 가면을 쓰고 얼룩덜룩한
무늬 옷을 입고 나온다. 팬털룬Pantaloon의 하인이며, 콜럼바인Columbine을 놓고 어릿
광대Clown와 대립하는데 어릿광대와 팬털룬의 눈에는 할러퀸이 보이지 않는다 — 옮긴
이)과 파우스투스(Faustus)의 무언극, 트럼프 야바위꾼, 연극, 힘센 사내들
과 승마술의 장기자랑 등이 있었다. 1825년에 『직종신문』은 다음과 같은
불평을 털어놓았다.

지난 몇주 동안 그것은 교회와 신문의 비난을 받아왔으며 올곧은 삶의
길에서 벗어난 도제들, 몸을 버린 잡역부들, 얻어터진 머리와 싸움박질
등에 관한 이야기들이 자자하게 들려온다. …[10]

지난 10년 동안 당국은 정기시가 "대규모 소요의 총집합장이 되고 봉기의
신호"가 될까 봐 두려워해왔다.[11]

---

9) B. T. Barton, *Historical Gleanings of Bolton*, I (Bolton, 1881), 263면.
10) *Trades Newspaper*, 1825년 9월 11일자.
11) T. Sherwin의 *Weekly Political Register*, 1817년 9월 15일자.

다른 한편 농촌에 존재하던 공업의 일부를 빼내버리고 농촌생활과 도시생활 사이의 균형을 무너뜨려버린 산업혁명은 우리 자신의 마음속에 농촌이란 고립되어 있고 '무지'하다는 상(像)을 또한 만들어냈다. 18세기 잉글랜드의 도시문화는 우리가 흔히 생각하는 것보다 한층 더 (이 말이 지니고 있는 통상적인 의미에서) '농촌적'이었던 반면, 농촌문화는 우리가 흔히 생각하는 것보다 더 풍요로웠다. "사람들이 늘 한곳에 그대로 있으면 어리석어진다고 생각하는 것은 중대한 오류"라고 코벳은 주장하였다. 또한 대부분의 신흥 공업도시들은 농촌을 밀어냈다기보다 농촌 위에서 성장하였다. 19세기 초에 가장 일반적인 공업배치 상황을 보면, 흩어져 있는 공업 촌락들이 하나의 원을 이루고 있는 가운데 상업과 제조업 중심지가 그 원의 중심축 노릇을 하고 있었다. 그 촌락들이 교외지대가 되어가고 농토들이 벽돌로 뒤덮여감에 따라 19세기 후기의 대규모 도시권이 형성되었던 것이다.

그러나 이 과정에서 오랜 전통의 해체를 가져올 만큼 난폭한 일은 아무것도 없었다. 남부 랭커셔, 포터리즈, 웨스트 라이딩과 블랙 컨트리의 고유한 관습과 미신과 방언들은 단절되지도 않았고 딴 곳으로 옮겨지지도 않았다. 뱀퍼드는 그가 쓴 『어린 시절』에서 세기의 전환기에 랭커셔의 직조업 촌락들에는 전통이 고스란히 살아 있었음을 증언했다. 마녀, 도깨비, '요정' 이야기, 사나운 권투와 수탉싸움, 또 (부활절의) '계란 색칠하기'나 '흉악한 젊은이 말태우기'(Riding the Black Lad)가 있었다. 예전부터 내려온 축일인 성탄절, 참회계절(Shrove-Tide, 사순절의 첫날인 성회일 Ash Wednesday 전의 3일간—옮긴이), '씸벌린의 일요일'(Cymbalin Sunday, 일요일에 정숙해야 할 교회의 규범을 어기고 꽹과리 치고 야단스럽게 놀던 풍속을 가리킴—옮긴이), 그리고 8월의 '교회건립제'(Rushbearing)가 있었는데 이때면 미들턴, 오울덤, 로치데일에서는 모리스 춤꾼들의 모습이 보였다.

    내 새 구두는 너무 좋아,
    내 하려고만 하면 모리스 춤을 출 수 있지,
    또 모자와 셔츠로 차려입으면,

난 최고 멋쟁이와 모리스 춤을 출 거야.

또 5월 1일에는 '장난치기 밤'(Mischief-neet)이 있었는데 이날 밤에 사내녀석들은 마을의 여자들 집 문 앞 계단에 여러가지 표지를 놓아두곤 하였다.

가시금작화 덤불은 악명 높게 음란한 여인임을 가리켰다. 또 호랑가시나무는 남모르게 사랑하는 여인을 뜻하였으며, 숫양의 뿔은 이 남자 또는 이 여자가 결혼하기에는 불성실하다는 것을 암시하였고, 어린 나뭇가지는 진실한 사랑을, 자작나무 잔가지는 예쁜 소녀를 의미했다.[12]

우리는 뱀퍼드가 그린 1790년대의 그림 곁에, 신구의 생활방식이 공존하는 1820년대의 이행기에 웨스트 라이딩의 '낙후한' 직물업 촌락인 퍼드시에 관해서 서술한 죠우지프 로슨(Joseph Lawson)의 회상기를 나란히 비교해볼 만하다. 가옥들은 "마치 무심히 뿌린 씨앗에서 솟아난 듯이" 아무렇게나 흩어져 있었고, 길은 불빛도 없고 포장도 안되었으며, 집들이 옹기종기 모인 곳으로 가려면 구부러진 골목길을 지나야 했다. 방은 낮고 조그만 창에는 창틀이 없다.

위생에 관한 지식은 형편없이 모자랐다. 열병 환자가 있는 어느 집으로 의사가 오면 그는 먼저 지팡이로 유리 한 장을 깨뜨린다. 신선한 공기가 그가 우선 내리는 약 처방인 것이다.

대부분의 집에는 오븐이 없고 '빵 굽는 돌'이 있을 뿐이다. 돌 바닥에는 모래가 깔려 있고 가구는 간단하며 그나마 있는 경우가 드물다. "어떤 집에는 대물림의 참나무 옷장이나 궤짝이 있기도 하다. 혹은 조그마한 찬장이 한 구석에 달라붙어 있고, 항아리와 접시를 담는 델프 오지 그릇이 있다." 물이 귀해서 세탁날이 되면 스무명, 서른명이 우물가에 줄을 선다. 석탄과 양

---

12) S. Bamford, *Early Days* (1893년판), 13~16장.

초 값이 비싸서 겨울이면 이웃들이 서로 모여 한 집의 불을 함께 쪼인다. 빵굽기와 술빚기는 집에서 행해진다. 흰 빵과 쇠고기는 사치품으로 여겨진다. "귀리로 만든 비스킷과 검은 빵, 오우트밀 푸딩, 크림을 떠낸 우유, 감자, 그리고 '음료'라고 늘 말하는 집에서 빚은 맥주가 주된 음식품들이다."

변화가 드문, 틀에 박힌 일상생활을 깨뜨리는 것은 때때로 찾아오는 '축제 연휴일'(tides)이나 축제날이다. 그때면 '쇠고기 한 점'을 사고, 모두들 정기시에 나가는데, 장에서는 생강 넣은 빵·과일·장난감 들을 팔고 워털루 전투 장면을 보여주는 요지경 쇼·퓨니(Puneh)와 주디(Judy)의 인형쇼·도박장·그네 등이 있다. 또 으레 '사랑시장'이 열려 젊은 녀석들이 브랜디 과자와 호두에 관한 '소식'을 전하며 여자를 꼬신다. 신문을 읽을 수 있을 만큼 글을 아는 노동자는 아주 적다. 그래도 대장간과 이발소와 몇군데 술집에서는 신문을 구독하며 (그래서 큰소리로 읽는다), 새로운 소식들은 아직도 대부분 벽보 행상인과 유랑가수를 통해 전해진다. 케케묵은 미신이 늙은이에게나 젊은이에게나 섬뜩한 공포감을 불러일으킨다. 점블(Jumble)의 우물, 베일리의 교수대, 보가드 레인(Boggard Lane, 유령 거리—옮긴이)에는 유령들이 출몰한다. 부모들은 흔히 "지하실이든가 다른 어두컴컴한 장소에 가두어 흑도깨비가 잡아가게 한다고" 겁주는 식으로 아이들을 길들인다. "도처에 널리 퍼져 있던 또 하나의 매우 심각하고 재앙 같은 미신은, 어린아이가 사망하면 그리되는 것이 주의 뜻이라는 믿음이었다." 위생개혁가들은 '신앙심이 없는 자'로 간주되었다. 개싸움과 닭싸움이 흔했다. 또 흔한 것은 축제 때에 "몇군데 시합장이 만들어지고, 그 안에서 남자들이 맨살이 드러나게 벌거벗고서는 상대방을 알아볼 수 없는 지경이 되도록까지 두들겨패는 싸움이 시간제로 벌어지는 광경이었다." 술주정이 다반사였다. 특히 휴일과 '구두수선공의 월요일'에 그랬는데, 이 구두수선공의 월요일은 구두수선공들만이 아니라 직조공이나 직물마무리공들도 지켰다. 그러나 나무공치기 놀이(knur and spell, 공놀이의 일종으로 나무공knur을 공채spell로 쳐 다른 곳에 있는 공에 맞추는 놀이로서 트랩볼trapball 경기와 유사한 놀이—옮긴이), '오리 대가리'(duck knop) 경기(18세기에 오리쫓기 경기가 유행했다—옮긴이), 길거리 축구 등 덜 난폭한 놀이도 많이 있었다. 촌락은 외부에 대해서 배타적인, 단 2,3마일 떨어진 곳에 사는 외부인도 배척하는 폐쇄된 공동체였다. '막대타기'(Riding the Stang, 두 사람이 어깨에 멘 막대에 올려태우고 거리를 끌고 다니면서 관중들의 조롱을 받게 하는 것―옮긴이) 같은 아주 오래된 일부 전통도 남아 있었는데, 막대타기란 만약 어느 집 남자가 아내를 학대했다고 알려지거나 또는 여자가 음탕하다고 생각되면 군중이 짚으로 만든 그 사람의 허수아비를 끌고 다니면서 야유를 퍼붓고, 그러고 나서는 그 죄인의 집 문전에서 그것을 불태웠던 관습을 일컫는 것이었다.[13]

이렇듯 지방색을 띤 전통이 소멸하기는커녕, 지방적 자부심과 자의식은 산업혁명 초기에 오히려 성장했다. 남부 랭커셔와 웨스트 라이딩은 1780년 이전에도 황무지 같은 농촌이 아니었다. 그곳은 두 세기 동안 가내공업의 중심지였다. 새로운 공장규율이 수작업노동자들의 생활방식 속으로 잠식해들어오고 옙-퍼우드(Yep-fowd)와 프로그 홀(Frogg Hole) 및 트홀린즈(T'Hollins) 등지에 자치시 거리(Corporation Street)와 대관식 거리(Coronation Street) 등이 들어서게 되면서 상실감으로 인해 자의식은 첨예해졌고, (옛 관습에 맞선 신식 기계, 지방 직물업자에 맞선 런던의 횡포나 '외국'자본, 본토 직조공의 임금을 깎아먹는 아일랜드인 노동력 등) 공업노동자들의 문화에서는 준 민족주의적인 감정이 계급감정과 뒤섞이게 되었다. 10시간 운동의 중요한 선전가였던 죠지 콘디(George Condy)는 로비(Roby)의 저작 『랭커셔의 전통』(*Traditons of Lancashire*, 1830)에 서문을 썼으며, 뱀퍼드는 18세기의 여러 도정에서 지방 관습과 지방어를 찬양하고 이상화한 '팀 보빈'(Tim Bobbin)을 추종했던 한 20명 가량의 평민 저술가들 가운데 한 사람이었을 뿐이다.

그러나 그것은 예전의 생활방식이 사라지는 데 대한 의식적인 저항이었고 또 그것은 빈번하게 정치적 급진주의와 연결되었다.[14] 이와같은 예전 생활방식의 사라짐에서 중요했던 것은 비단 눈에 보이는 공유지와 '놀이터'

---

13) J. Lawson, *Progress in Pudsey* (Stanningley, 1887), 여러 곳.
14) 코벳이 연상된다. 그러나 옛 관습을 기록하는 데 그보다 더 많은 일을 한 이는 *Date Book*, *Every-Day Book*, *Table Book*을 쓴 윌리엄 호운(William Hone)이겠고 또한 스트러트 (Strutt)의 *Sports and Pastimes*가 있다. 이 책들은 모두 1820년대에 출판되었다.

의[15] 사라짐만이 아니라, 그 안에서 즐겼던 여가의 상실이었으며 놀고 싶어하는 충동의 억압이었다. 번연이나 백스터의 청교도적 가르침이 웨즐리에 의해 고스란히 전해졌다. "지옥의 불을 피하듯이 모든 경박한 짓을 피하라. 그리고 욕하고 거짓 맹세 하는 것을 피하듯이 어리석은 짓을 피하라. 여자에 손대지 말라." 카드놀이, 색깔 있는 옷, 장신구, 연극——이 모든 것이 감리교의 금기사항 속에 들어가게 되었다. '비속한' 노래와 춤을 반대하는 소책자들이 씌어졌으며[16] 경건한 의미가 담겨 있지 않은 문학과 예술은 아주 수상쩍게 생각되었다. 끔찍스러운 '빅토리아시대의' 안식일이 빅토리아 여왕이 출생하기도 전에 강요되기 시작했던 것이다.

전형적인 소책자 한 권은 제조업지역에서 전(前)산업적 전통을 뿌리뽑으려는 감리교도의 결의가 어느 정도였는가를 잘 보여준다.[17] 1799년에 열린 셰필드의 계간집회에서, 일부 신도들은 연례축제가 열릴 때면 누구를 방문하거나 또는 방문객을 접대하는 습관을 깨끗이 버리지 못하고 있다는 지적을 받았다. 그러한 축제는 (다비셔와 스태퍼드셔에서는) '철야제', (랭커셔에서는) '교회건립제', (서부 잉글랜드에서는) '잔치' 등 다양한 이름들로 알려졌는데, 애초에는 아마도 허용할 만한 정도였을 것이나 이윽고 "극히 사악한 목적을 위해 끔찍스럽게 악용하게" 되었다. "절제 없이 먹고 마시고, 저속하거나 기껏해야 아무 쓸데 없는 이야기를 지껄이고, 웃고 시시덕거리고, 사통하고 간음하는 데…" 시간을 보냈던 것이다. 가장 미미한 참여는 "무지로 인해 무익한 행동에 동참하는" 것이었다. 저축으로 돌려질 수도 있는 돈이 가난한 이들의 수중에서 낭비되었다. 많은 사람들이 빚을 졌다. 그러한 축제행사에 어울린 감리교도들은 비개종자의 세속적인 생활방식에

---

15) J. L. and B. Hammond, *The Black Age*, 6장을 보라.
16) 변호자들은 전도서에 '춤출 시간'이 언급되어 있는 점 때문에 얼마간 난처했다. 그러나 이성(異性)이 어울려 몸을 움직이는 춤에 관한 사례는 어떤 성경구절에도 보이지 않는 이상 다만 평일의 주간인 신성한 시간에만, (이성이 아닌) 동성인 회원에게만 춤이 허용된다고 주장했다. (그러나 그 시간에 춤을 춘 사례는 전혀 기록이 남아 있지 않았다.) A. Young, *A Time to Dance* (Glasgow, 발간연도 미상); R. Southey, 앞의 책, 546~49면.
17) Rev. James Wood, *An Address to the Members of the Methodist Societies* (1799), 여러 곳.

이끌릴 위험에 노출되어 있었으며——그렇게 해서 생긴 일반적인 결과는 타락이었다. 그들은 설령 친구와 친척들의 방문을 받더라도 (그 사람들이 비개종자일 경우에는) 의당 접대하지 말고 되돌려보내야 할 것이었다. 만약 그러한 방문객들을 문전에서 퇴박할 수 없으면 오직 성경낭독과 경건한 대화와 찬송으로만 영접해야 할 것이었다.

오, 형제여, 우리는 무엇을 하고 있는가! 죽음이 눈앞에 있다. 역병이 시작되었다. 허언(虛言)하는 고백자에게는 신의 분노가 솟구친다. 죄악의 졸음이 우리를 뒤덮는다.

장례 철야에서의 육식과 음주 같은, 아직도 살아남아 있던 관습들 역시 비난의 도마에 올랐다. 심지어는 평상적인 안식일의 친척 방문조차도 갑작스런 병환인 경우 외에는 용인되지 않았다.[18]

이렇게 열렬한 주장을 보면, 뱀퍼드가 살던 미들턴과 같은 여러 지역에서 예전의 생활방식과 새 규율 간에 투쟁이 격렬했고 또 오래 지속되었을 것이라는 생각이 든다. 또 퍼드시 마을에 관해 로슨이 쓴 것을 보면, '예배당에 나가는 사람들'(chapel folk, 비국교도—옮긴이)은 그들의 엄숙한 태도로 인하여 공동체로부터 떨려난 집단이었음을 알게 된다. 윌리엄 러벳처럼 신앙심 깊은 가정에서 자라 자신들이 받은 양육방식에 강력히 반발했던 사람들이 많았다.

… 일요일에는 반드시 세 번을 예배 보러 가야 하고, 성경과 기도서 외에

---

18) 철야제는 중요한 가족행사로서 이때 도시민이 시골의 친척을 찾았으며 "시집간 딸이 아이들을 데리고 친정나들이를 했다". 이러한 철야제가 "기계처럼 쉬임없이 돌아가는 노역 속에 잠시 한숨돌리기"라고 묘사한 W. 하우잇(Howitt)은 마을의 노인들에게 도시로 떠난 아들딸이 어떻게 지내느냐고 누가 물으면 "우린 철야제 때 만날 거요. 그렇고말고" 하고 노인들이 늘 대답했음을 회상했다. 규율이 엄중했던 웨지우드조차도 철야제에는 두손들었다. 철야제는 "하다가 세상이 끝나더라도 지켜야 하는 행사였다". R. E. Leader, *Reminiscences of Old Sheffield* (Sheffield, 1876), 200~202면; W. Howitt, *Rural Life of England*, I (1838), 59, 245~54면; M. McKendrick, "Josiah Wedgwood and Factory Disciple," *History Journal*, IV, I (1961), 46면.

는 책은 철저히 금지당하며, 예배당에 가는 길이 아니면 산책조차 허용되지 않은 것을 볼 때 … 그들 소년기의 감정이 어떤 것인지 충분히 헤아릴 수 있다. 가엾은 우리 어머니는 … 쾌활하고 활동적이고 노래하는 수많은 하늘과 땅 위의 사물들을 만들어낸 위대한 힘은 무엇보다도 인간들의 엄숙한 얼굴, 깔끔한 옷차림, 반 조는 듯한 조용한 거동에 의해 찬미되어야 하고, 또한 참된 신앙은 인간의 타락에 관한 이야기를 되풀이해서 경청하는 데 있다고 생각했다. …[19]

러벳 같은 많은 전후세대 사람들이 보기에는 감리교도란 야만스럽고 뒤처진 사람들이었다. 그리고 이것은 산업혁명기 노동계급 공동체의 도덕적 기풍과 태도를 일반화하기가 매우 어려운 일임을 우리에게 일깨워준다. 1780년에서 1830년 사이에 중대한 변화가 일어났음은 분명하다. '평균적인' 잉글랜드 노동자는 규율을 더욱더 잘 지키게 되고, '시계'에 따른 생산박자에 더욱더 매이게 되고, 더욱더 자제력있고 규칙적으로 되고 덜 난폭하고 덜 자발적으로 되었다. 전래의 스포츠는 점점 더 앉아서 하는 취미활동으로 바뀌었다.

고리던지기, 레슬링, 축구, 사람 잡아 가두기 놀이(Prison-bars), 그리고 장궁 활쏘기 같은 체력단련 경기는 폐물이 되어가고 있다. … 그들은 이제 비둘기 애호가, 카나리아 양육자, 튤립 재배자 등등인 것이다.

랭커셔의 한 문필가는 1823년에 위와 같은 불평을 했다.[20] 프랜시스 플레이스는 변화에 대해 종종 논평했는데, 이러한 변화를 그는 자존심이 늘어나고 '노동자의 인격'이 높아지는 것으로 보았다. 피털루 사건이 있고 나서 한 달이 지났을 때 그는 다음과 같이 썼다. 랭커셔만 들여다보아도,

---

19) W. Lovett, *Life and Struggles in Pursuit of Bread, Knowledge, and Freedom*, I (1920년 판), 8면.
20) R. Guest, *A Compendious History of the Cotton Manufacture* (1823), 38~39면.

불과 한두 해 사이에, 낯선 사람이 자기들 도시를 지나가면 사람들은 그 사람을 '붙들고 귀찮게 굴며' 즉 놀려댔으며, 그래서 '외지에서 온 놈'은 돌팔매질을 당하는 일도 있었다. '짐승 같은 랭커셔 놈'(Lancashire brute)이란 말이 흔히 쓰인 딱 맞는 호칭이었다. 아주 최근까지도 어떤 경우에든 이들 500명이 모이는 것은 위험스러웠을 것이다. 아무리 못해도 빵가게와 푸줏간은 약탈을 당했을 것이다. 그런데 이제는 100,000명이 한자리에 운집하더라도 소란은 일어나지 않는다.[21]

평가를 내리기가 가장 힘든 것이 바로 이 대목이다. 코벳에서 엥겔스까지 당대의 많은 저술가들이 잉글랜드의 옛 관습의 사라져감을 탄식했지만, 그렇다고 문제를 오직 목가적인 관점에서만 파악하는 것은 어리석다. 이러한 관습들 모두가 무해하거나 흥취있는 것은 아니었다. 미혼모가 브라이드웰에서 처벌을 받고 또 마땅히 그녀를 구호해야 할 해당 교구에서 어쩌면 쫓겨나는 상황에서, 그녀가 '즐거운 잉글랜드'(merrie England)를 찬미할 이유는 별로 없었다. 진 레인(Gin Lane, 주세 없는 싸구려 술인 진을 마시고 하층민이 난장판을 벌이는 모습을 뜻함. 18세기 풍속화가 호가스William Hogarth의 그림 제목에서 유래했다―옮긴이), 타이번 정기시(Tyburn Fair), 시끌벅적한 주정, 동물의 교접, 징 박은 나막신을 신고 벌이는 상금내기의 목숨 건 싸움이 사라졌다고 해서 개탄할 것은 전혀 없다.

그러나 낡은 미신과 새로운 광신 사이에서 복음운동가들이 지적 계몽기구 역할을 해왔다는 주장은 신중하게 대하는 것이 옳다. 우리는 이미 감리교도들이 하나의 분파로 굳어지는 경향, 비개종자들에 물들지 않도록 그들이 교인들을 분리시키는 경향, 그리고 자신들이 맥주집 및 사탄의 성채의 주민들과 내전중이라고 보는 경향이 있음을 지적한 바 있다. 감리교도들이 공동체 내에서 소수 집단이었던 곳에서는 태도들이 양 측면에서 굳어져갔다. 그들이 취한 실제 행동보다도 미덕을 공언하고 죄악을 매도하는 것 등이 사무친 적개심의 정도를 더 잘 보여준다. 더구나 19세기 초의 분위기는

---

21) G. Wallas, *Life of Francis Place* (1918), 145~46면.

갖가지 주장과 반대주장으로 가득 차 혼란스럽다. 수작업노동자와 공장노동자의 가치, 또는 어린이노동 반대자와 옹호자의 가치가 충돌을 일으킨 곳에서는 특히 그렇다. 공장제 비판론자들은 공장이 가정생활의 파괴자라고 보고, 저속한 성적 부도덕의 진원지가 바로 공장이라고 끊임없이 비난했다. 개스컬은, 이교도처럼 자유롭게 젊은날을 보내고 임신이 되는 경우에만 결혼의 의무를 지는 가내노동자들의 목가적인 천진함과 일부 고용주들이 여공들과 소동을 벌인 열병 같은 공장의 혼음을 대비했다. 그것은,

음란한 로마인의 사투르날리아(Saturnalia, 로마의 농업신 사투르누스Saturnus 날의 잔치로서 진탕 마시고 노는 일종의 추수감사제―옮긴이)와 인도의 파고다 처녀들의 의식(儀式)과 한없이 욕정적인 오토만(Ottoman)의 하렘(Harem) 생활을 무색케 했다.[22]

이와같은 원색적인 이야기에 대해서는 당연히 고용주뿐 아니라 공장노동자 자신들도 분개했다. 그들은 농촌 여러 지역의 사생아 출산율이 공장지대보다 높다는 것을 지적했다. 최대의 단정한 예의범절이 지켜진 공장들이 많이 있었다. 공장주들 중에 '오토만들'이 있었다면, 도덕적 타락이 입증된 여자는 모조리 해고하는 가부장적 온정주의자들도 있었다.

대차대조표를 작성하기란 쉽지 않다. 한편에서 보면, 산업혁명이 여성의 지위를 상승시켰다는 주장은 많은 초과노동시간, 비좁은 주거, 과도한 출산횟수와 끔찍한 영아사망률 등에 관한 기록과 대비해볼 때 별로 의미가 없는 것 같다. 다른 한편에서 보면, 직물업지역에서 여성을 고용할 기회가 많았던 것은 여성에게 독립적인 임금노동자의 지위를 부여했다. 노처녀나 과부는 친척이나 교구의 구호에 더이상 의존하지 않게 되었다. 미혼모조차도 여기저기 공장에서 '도덕적 규율'이 완화됨에 따라 전에는 몰랐던 독립을 성취할 수도 있었다. 매클즈필드 최대의 견직공장지대에서는 똑바른 고용주들이 단 한번이라도 '헛발'을 내디딘 여자는 해고해버리는 것을 자랑으

---

22) P. Gaskell, *The Manufacturing Population of England* (1833), 64면.

로 삼았다. 이같은 조치를 맨체스터의 안이한 자세와 대비시킨 바 있는 한 증인은 도덕론자를 혼란케 하는 다음과 같은 관찰기록을 내놓았다.

나는 다음과 같은 일이 아주 널리 일어나고 있는 현상이라고 생각한다. … 크고 작은 공장들에서 사생아를 낳은 어머니들이 거의 없는 곳에서는 길거리에 매춘녀들이 득실거린다. 이와 반대로 여자들이 어린아이를 낳은 후에 공장으로 다시 돌아가도록 허용된 곳에서는 거리에 오히려 그러한 불행한 존재들의 모습이 비교적 없다.[23]

이 시기는 그와같은 역설들을 많이 보여준다. 전시에는 '자꼬뱅주의'와 결합된 여성의 권리 주장을 제한하거나 반박하는 설교조이자 경고조의 소책자들이 엄청나게 쏟아져나왔다. 결혼생활에서의 여성의 순종이 아주 매서운 어조로 명령되었다. 페일리(William Paley, 1743~1805. 신학자이며 공리주의 철학자로서 『도덕철학과 정치철학』Moral and Political Philosophy의 저자—옮긴이)는 이렇게 언명했다. "그리스도교의 성경구절들은 너무도 단호하고 절대적인 어조로 결혼생활에서의 아내의 순종을 명령하고 있는 것으로 보아, 그것은 범죄가 아닌 또는 여성의 행복에 완전히 위배되지 않는 모든 일에 확대적용되는 것 같다."[24] 그러나 동일한 이 시기는 또한 주로 대도시들의 전문직업인과 급진적인 장인들이 신봉한 소수의 끈질긴 전통을 보여주며, 이 전통은 프랑스혁명 이전의 그 어떤 주장보다도 더 원대한 영향을 미친 주장을 제시했다. 1790년대에 메어리 울스턴크라프트, 윌리엄 블레이크, 토머스 스펜스 등이 제시한 주장들은 결코 완전히 포기된 적이 없었으며, 그것들은 셸리의 친교모임뿐만 아니라 전후의 급진주의 간행물에서도 반복되었다. 그것들은 『검은 난쟁이』(Black Dwarf)에서는 자기반성적으로, 리처드 칼라일의 간행물에서는 좀더 귀에 거슬리게, 그리고 애너 휠러(Anna

23) W. Dodd, The Factory System Illustrated (1842), 194면. 마거릿 휴잇(Margaret Hewitt) 은 Wives and Mothers in Victorian Industry (1958), 특히 5장에서 주로 1840년대 이후의 자료를 근거로 하여 이와같은 증거를 논하고 있다.
24) W. Paley, Concise Admonitions for Youth (1809), 68면. 또한 T. Gisborne, Enquiry into the Duties of the Female Sex (1797), 특히 226~29면을 보라.

Wheeler)와 윌리엄 톰슨 및 오웬주의 운동에서는 대단히 강렬하게 표명되었다.[25] 그러나 여성의 경제적 지위가 변화하면서 정치적·사회적 항의운동에 근로여성이 처음으로 광범하게 참가했던 곳은 직물공업지대였다. 18세기 말의 여성 공제조합들과 여성 감리교 분반회합들이 이들에게 경험과 자신감을 심어주었을 것이다——여성이 지방설교사로 활동해야 한다는 것은 집요한 웨즐리파의 '이단설'이었다. 그러나 전시에 방적공장뿐 아니라 수직기에서도 노동수요가 증가하면서 이 과정은 더욱 촉진되었다.[26] 1818년과 1819년에 블랙번(Blackburn), 프레스턴, 보울턴, 맨체스터, 애슈턴-언더-라인(Ashton-under-Lyne)에서 최초의 여성개혁협회(Female Reform Society)들이 창설되었다. 쌔뮤얼 뱀퍼드의 글은——우리가 그것을 믿어도 좋다면——의식(意識)에 돌연한 도약이 일어났음을 시사한다. 랭커셔와 요크셔의 경계에 있는 쌔들워스의 한 집회에서,

나는 연설 도중에, 그러한 집회에 출석한 여성이 결의안에 대해 거수로 찬반을 표시할 권리가 있고 또한 그것이 정당함을 주장했다. 이는 새로운 사상이었다. 그래서 찬바람 부는 밭이랑에 운집해 있던 여자들은 이 말을 듣고 무척 기뻐했다. 남자들도 반대자가 없었으므로 결의안이 제출되자 여자들은 한바탕 웃음 속에 그들의 손을 들었다. 그리고 그때부터 여자들은 급진주의자들의 집회에서 늘 남자와 함께 투표했다. … 그것은 관행이 되었으며 여성 의장, 여성 위원회 및 기타 여성 간부진을 둔 여성 정치동맹들이 형성되었다. 그리고 이 관행을 종교 및 자선 단체들이 … 우리에게서 곧 빌려갔다.[27]

(같은 시기에 뉴카슬에서는 제비즈 번팅의 교신자 가운데 한 사람이 '경건한 자매'들이 개혁깃발을 수놓고 있기 때문에 회합에 참석하지 못한 것을

25) *Black Dwarf*, 1818년 9월 9, 30일자. 칼라일과 오웬주의자들에 관해서는 이 책 하권 제16장을 보라.
26) 전쟁중의 여성직조공 수의 증가에 관해서는 Ivy Pinchbeck, *Women Workers and the Industrial Revolution* (1930), 164~66면을 보라.
27) S. Bamford, *Passages in the Life of a Radical* (1893년판), 141~42면.

안타까워했다.) 1815년에서 1835년 사이의 20년 동안에도 여성노동자들 사이에서 독자적인 노동조합 활동이 있었음을 보여주는 최초의 징표들이 있다. 존 웨이드는 1835년에 웨스트 라이딩에서 일어난 1,500명의 여성 소모기부착공들의 파업에 관해 논평하면서 다음과 같이 그것의 교훈적인 면을 지적했다. "부질없는 걱정으로 세상을 소란케 하는 자들은 이러한 여성 독립의 징표들을 '하층신분들의 교육'보다도 더 기존 체제를 위협하는 것으로 볼지도 모른다."[28]

그러나 이 진전 속에서조차 어떤 역설적인 느낌이 있다. 북부 여성노동자의 급진주의에는 잃어버린 지위에 대한 향수와 새로 발견한 권리에 대한 주장이 복합되어 있었다. 뿌리깊게 느껴지던 관습에 의하면 여성의 지위는 빵굽기와 술빚기, 청결과 육아를 맡아 현명하게 집안일을 처리하고 가사를 관리하고 염려하면서 가족경제 내의 주부로서 성공하는 데 달려 있었다. 공장에서 또는 직조기 앞에 앉아서 하는 풀-타임(full-time) 노동으로 획득한 새로운 독립성은 새로운 주장을 가능케 하였지만 이와 동시에 그것은 지위나 개인적 독립 면에서 상실감을 느끼게도 했다. 여성은 고용주와 노동시장에 점점 더 종속되어갔고 그래서 방적, 가금기르기 등등으로 자기 집 주변에서 소득을 올릴 수 있었던 '좋았던' 옛날을 되돌아보았다. 그 좋았던 옛날에는 가족경제가 농촌경제처럼 가정중심의 생활양식을 뒷받침했으며 가정에서는 내적인 욕구와 억제가 외적인 규율보다 더 뚜렷했다. 산업이 분화되고 전문화되어가는 각 단계는 또한 가족경제를 강타하여 남편과 아내, 부모와 자식 간의 관례적 관계에 혼란을 일으키고 '노동'과 '삶' 사이를 한층 날카롭게 분리시켰다. 이러한 분리는 꼬박 100년이 지나고 난 뒤에야 비로소 노동하는 여성들의 가정에 어떤 이득을 가져다주었으며, 그러한 이득은 노동절약장치의 형태로 주어졌다. 그동안에는 가족들은 아침마다 공장 종소리에 의해 사납게 찢겼으며 또한 한 사람의 임금노동자였던 어머니는 흔히 자신이 가정과 산업의 두 세계 모두에서 가장 열악한 처지에 있다고 느꼈다.

---

28) J. Wade, *History of the Middle and Working Classes* (제5판, 1835), 570~71면.

"예전 같았으면 우리가 열심히 일해서 번 소득으로 잉글랜드인다운 푸짐한 식탁을 차려 당신을 대접할 수 있었겠지요"라고 보울턴의 여성개혁론자들은 1819년에 윌리엄 코벳에게 말했다. "예전 같았으면 잉글랜드 여성다운 장밋빛 얼굴로 당신을 영접할 수 있었겠지요. … 우리 국왕님의 궁전과도 견줄 만큼 깨끗하고 정돈된 우리의 오두막을 당신께 보여드릴 수도 있었겠지요." 블랙번의 여성개혁론자들도 같은 주제를 들고 나왔다——그들의 집은 "장식품을 죄다 빼앗겼고", 침상은 "냉혹한 세금쟁이의 가차없는 손에 의해 … 뜯겨나가" 그들의 가족이 짚더미 위에 웅크리고 있는데 "도시의 상인인 폭군들은" "새털 침대"에서 편히 쉴 수 있었다. 그들은 무엇보다도 자녀를 위해 호소했다. "우리는 매일 우리 아이들이 어떤 집에선 돼지에게도 던져주지 않을 험한 음식을 게걸스럽게 집어삼키는 모습에 가슴이 찢어진다." 그 여자들이 코벳에 호응한 것은 당연했으며, 코벳은 곧 그의 『소농경제』(*Cottage Economy*)를 출간하여 그 여자들의 지지를 받을 만함을 확실하게 하였다. 그들은 또한 '가정'을 강조한 오우스틀러에 대해서도 지지를 보냈다. 코벳이나 오우스틀러는 여성참정권 개념을 지지할 생각이 없었다. 여성개혁협회들도 그들 독자적으로 그런 요구를 내놓지는 않았다. 그들의 역할은 개혁시위를 벌일 때 의식용으로 쓰이는 자유의 깃발과 모자를 만들고, 결의문과 건의문을 통과시키고, 집회참가 인원수를 늘림으로써 남자들을 정신적으로 지원하는 데 국한되었다.[29] 그러나 이러한 형태의 참여조차도 적대자들의 비난을 불러일으켰다. 맨체스터의 '페티코트 개혁자들'은 『쿠리어』에서 "가장 나쁜 성적 매춘, 즉 마음의 매춘"의 죄를 저지른, "소란과 불경의 불온한 죄악을 위해" "그들이 지켜야 할 자리를 떠나" 아내와 어머니로서의 "신성한 역할"을 저버린 "타락한 여성"으로 묘사되었다. 여성참정권에 대한 코벳의 견해가 어떠했든간에 그가 여성개혁론자들을 돕는다는 것은 재고의 여지가 없었다.

---

29) 이와는 다른 전통이 시작된 것도 1819년 11월 17일의 맨체스터 정치동맹에 관한 어느 제보자의 보고에서 알 수 있다. "이 동맹은 정말로 가난하다. 자력으로는 회비를 충당할 수가 없어서 여성동맹의 원조를 간청해야 한다." *Home Office Papers*(*H. O.*), 42집, 198.

마치 여자들은 오직 오우트밀이나 만들고 방 청소나 하도록 만들어져 있기라도 한 것처럼! 마치 여자들은 아무런 생각도 가지고 있지 않은 것처럼! 마치 해너 모어와 '소책자를 쓴 젠트리'(Tract Gentry)가 잉글랜드의 여자들을 아프리카 흑인 여자의 수준으로 떨어뜨리기라도 한 것처럼! 마치 잉글랜드가 한번도 여왕을 가져본 적이 없는 것처럼! …[30]

2. 상호부조의 의례(儀禮)

'정다운 잉글랜드의 사라짐'은 아무리 해도 제대로 분석하기 어렵다. 산업혁명이 정립된 사회관계가 아니라 두 가지 생활양식 사이의 과도기적 국면임을 상기해야 변화의 윤곽을 좀더 분명히 파악할 수 있을 것이다. 또한 우리는 (미들턴이나 퍼드시 같은) '전형적인' 공동체 하나만이 아니라 상호 공존하고 있던 다른 많은 공동체들을 살펴야 한다. 동남부 랭커셔만 보더라도, 서로간에 겨우 몇 마일 떨어진 거리 안에 왕국의 도처에서 이주민들이 모여든 세계적 도시인 맨체스터, (브리지워터Bridgewater공의 탄갱같이) 반(半)봉건제에서 생겨난 탄광촌들, (터튼 같은) 온정주의적인 모범촌락들, (보울턴 같은) 신흥 공장도시, 그리고 좀더 오래된 작은 직조업 촌락들을 두루 찾아볼 수 있었다. 이 모든 공동체 내에 한곳으로 집중되는 많은 영향력들이 작용하고 있었는데 그 모두는 노동계급의 의식에 규율이 서게 하고 또 그 의식을 성장케 했다.

19세기 초의 노동계급의 공동체는 온정주의나 감리교의 산물이 아니라 노동계급의 고도로 의식적인 노력의 산물이었다. 맨체스터나 뉴카슬에서는 자체 규율과 공동체적 목적을 강조하는 노동조합과 공제조합의 전통이 멀리 18세기로까지 거슬러올라간다. 아직까지 남아 있는 1750년대의 맨체스터 소품 직조공들의 규칙들을 보면 이미 그들이 의사진행 절차와 제도적인 범절에 세심한 주의를 기울였음을 알 수 있다. 위원회 위원들은 일정한

---

30) *Political Register*, 1819년 10월 23일, 12월 29일자; *Courier*, 1819년 7월 15일자.

배열로 착석해야 한다. 문은 반드시 잠가야 한다. '금고'(box, 기금—옮긴이)의 안전한 보관을 위한 세세한 규정들이 있다. 회원들은 "무절제와 악의와 저속함은 협회 전체의 생명력을 갉아먹는 페스트이며 해충"이라는 주의를 받는다.

우리가 이 협회를 술과 담배를 즐기면서 온갖 주제들에 관해 되는 대로 지껄이기 위해 만나는 사람들의 모임이 아니라, 수백명의 인민이 … 의지해 살아가는 하나의 직종의 권리와 특권을 보호하기 위해 모이는 협회로 생각한다면 … 회원들이 서로 뒤섞여서 온갖 주제들에 관해 되는 대로 지껄이는 모습을 보는 것은 얼마나 꼴사나울까….

'품위와 질서정연'(Decency and Regularity)이 표어였다. '젠틀먼과 치안관들'이 그같이 정연한 질서를 목도할 때, "그들은 그러한 협회를 처벌하기보다는 오히려 존경하리라"는 기대감까지도 갖게 된다.[31]

이것은 자존심이 강한 장인의 규범을 나타낸다. 비록 그같은 절제가 당국의 지지를 받을 수 있으리란 기대는 대체로 실망으로 끝나버렸지만. 하디와 플레이스 같은 사람들이 런던에서 교육받은 곳이 바로 이와 비슷한 학교였던 것이다. 그러나 산업혁명이 진전하면서 바로 이러한 규범은 (때로는 규칙의 본보기 형태로) 점점 더 많은 부문의 근로인민들에게 확대적용되었다. 소직종인들, 장인들, 노동자들——이 모두가 '상조회'(box clubs)나 공제조합에 가입함으로써 질병과 실업 또는 장례비용에[32] 대한 보장책을 스스로 강구했다. 그러나 기금의 안전한 보관을 위해 긴요한 규율과, 질

---

31) A. P. Wadsworth and J. de L. Mann, *The Cotton Trade and Industrial Lancashire* (Manchester, 1931), 345~47면.

32) 근로인민은 장례식에 각별한 가치를 두었다. 구휼민으로서 장례를 치르는 것은 최대의 사회적 불명예였다. 장례절차는 반드시 전해오는 예법에 따라야 했으며, 그것은 죽음을 앞둔 사람들의 마음을 사로잡는 문제였다. "나는 존 로슨, 존 로버츠, 그리고 존 로퍼가 내 관을 운구하기 바라오. 사랑하는 아내여, 다른 세 사람은 당신이 선정하시오" 하고 이제 처형받을 러다이트는 썼다. *The Surprising... History of 'General Ludd'* (Nottingham, 발간 연도 미상), 239면.

서있는 집회활동 및 분쟁사건의 해결 등에는 새로운 작업규율을 확립하는 일만큼이나 커다란 자치적 노력이 필요했다. 나뽈레옹전쟁 기간중 뉴카슬과 제조업지역에 존재한 공제조합들의 규칙과 규정들을 검토해보면 보울턴의 면직업 마스터가 정한 것보다 더 가혹한 벌금과 처벌 목록이 있다. 어느 일반 공제조합(General Society)은 질병치료비를 받은 다른 회원을 '비방하거나', 안식일에 술에 취하거나, 남을 구타하거나, '서로 별명을 부르거나', 술 마시고 클럽 회의장에 들어오거나, 하나님 이름을 함부로 일컫는 모든 회원에 대해서 벌금을 부과했다. 맥아제조업자 조합은 어느 때를 막론하고 술주정을 하는 경우, 또 동료나 동료 부인의 장례식에 불참하는 경우 벌금을 부과했다. (일찍이 1755년에 세워진) 유리제조업자 조합은 회합에 결석하는 것, 또는 윤번제인 간부직을 거부하는 행위, 정숙하라는 지시를 받고도 떠드는 것, 서로 잡담하는 것, 간사에게 말대꾸하는 것, 클럽에서 내기 거는 것, 또는 (어디서나 규정으로 삼은) 조합의 기밀을 외부에 누설하는 것 등에 벌금을 부과했다. 한걸음 더 나아가,

> 악명 높고, 성격 나쁘고, 다투기 좋아하고, 난잡한 사람은 이 조합에 가입할 수 없다. … 탄갱부, 채탄부, 우물 파는 자, 뱃사공은 가입할 수 없다.

뱃사공들도 이에 지지 않으려고 "부정한 여자와 동침해서 얻은 어떤 병, 즉 임질이나 매독에 걸린 동료는 혜택을 받지 못한다"는 규정을 추가했다. 상호간에 조롱하거나 누구를 성나게 하는 동료들도 벌금을 물어야만 했다. 만장일치조합(The Unanimous Society)의 질병치료비를 받은 회원이 '맥주집이나 도박장에서 또는 술 취한 상태로' 발견되는 경우 혜택을 박탈당해야만 했다. 이 조합은 만장일치의 특성을 유지하기 위해서 정치나 교회에 관한 사항, 또는 정부와 통치기관에 관한 담론과 논의를 제의하는 회원에게 벌금을 부과했다. 전(全)직종공제조합(The Friendly Society of All Trades)에는, 드라프츠(draughts, 서양장기의 일종으로 체스판 위에서 양쪽이 각각 12개의 말을 써서 하는 놀이—옮긴이)에서의 '허핑'(huffing, 의당 뛰어넘을 수 있는

말을 그렇게 하지 않았을 때 상대방이 그 말을 판에서 치워버리는 것—옮긴이)과 흡사한 규칙이 있어서, '만약 어느 회원이 다른 동료에게 벌금을 물릴 기회가 있는데도 그렇게 하지 않는 경우' 그에게 벌금이 부과되었다. 구두직공들은, 간사들의 허가 없이 음주나 흡연을 청하는 행위에 벌금을 부과했다. 대목수와 소목장이들은 '불충한 감정표현'이나 '정치적 노래'를 금지사항에 포함시켰다.[33]

이 규칙들 중에 정치적 담론과 노래의 금지 같은 몇몇 규칙들은 에누리해서 받아들여야 할 것이다. 이러한 조합들 중 어떤 것들은 스무명이나 서른명 정도밖에 안되는 장인들이 술집에서 회합한 '질병대책클럽'(sick-clubs)이었던 반면, 다른 것들은 노동조합 활동을 은폐했을 것이다. 셰필드에서와 마찬가지로 뉴카슬에서도 '두 법'(Two Acts) 이후 공제조합의 결성이 자꼬뱅 조직의 엄호물로 이용되었을 수 있다. (한 '회사' 공제조합은 1816년에 많은 뉴카슬 조합들이 "충성스럽고 애국적이고 온건한 규정들"을 갖고 있다고 증언하면서도 이 규정들이 "열띤 토론과 격한 언사"를 막아내기에는 역부족이기 일쑤였다고 불평했다.[34]) 당국은 전쟁기간중 이 조합들에 대해 깊은 의구심을 품고 있었으므로, 이런 규정들이 지닌 목적 중 하나는 자신들의 조합들을 반드시 지방 치안관에게 등록시키려는 것이었다. 그러나 오늘날의 몇몇 노동조합이나 노동자클럽에서 행하는 사무절차와 에티켓을 익히 알고 있는 사람은 누구나 지금도 남아 있는 관행이 그때의 몇가지 규정들에 기원을 두고 있음을 알아챌 것이다. 모든 점을 감안컨대 그것들은 자체 규율의 획득과 참으로 인상적인 질서에 대한 경험의 확

---

33) *Laws and Orders of the Friendly Society who meet at the House of Mr. Wm Forster...* (N. Shields, 1795), 11면; *Rules and Orders of the Brotherhood of Maltsters* (Newcastle, 1796), 6면; *Articles, Laws and Rules of the Glass-makers Friendly Society* (Newcastle, 1800), 5, 11, 15면; *Articles... of the Friendly Society of Watermen* (Newcastle, 1804), 11 면; *Articles of the Unanimous Society* (Newcastle, 1804), 11면; *Articles... of the Friendly Society of All Trades* (Newcastle, 1804), 9면; *Articles... of the Society of Cordwainers* (Hexham, 1806), 8면; *Rules of the Philanthropic Society of House-Carpenters and Joiners* (Newcastle, 1812), 7면; *Articles... of the Miners Society* (Newcastle, 1817).

34) *A Short Account of the Benevolent Society... at Messrs Angus Manufactory* (Newcastle, 1816).

산을 보여준다.[35]

공제조합 회원수는 1793년에 648,000명, 1803년에 704,350명, 1815년에 925,429명으로 추산된다. 1793년의 최초의 '공제조합 법'(Friendly Society Act)에 따라 치안관에게 등록을 하면 간부가 직무유기를 했을 경우에 기금을 법적으로 보호받을 수 있었음에도 불구하고 숫자는 알 수 없으나 많은 클럽들이 등록을 하지 않았다. 그 이유는 당국에 대한 적대감이나 편협한 지방적 타성 또는 철저한 비밀엄수 태도에 있었는데, 홀런드 박사는 1840년대 초에 그가 셰필드에서 벌인 질문조사활동을 좌절시킬 정도로 이 비밀엄수 태도가 여전히 강하다는 사실을 발견했다. 1815년 이전의 조합들은 거의 모두 철저하게 지방적이고 자치적인 성격을 띠고 있었으며, 또 질병보험의 기능과 함께 클럽의 야간연회와 연례적인 '야유회' 혹은 축제의 기능까지도 맡고 있었다. 한 관찰자는 1805년에 매틀록(Matlock) 부근에서 다음과 같은 일을 목격했다.

··· 흥겨운 가락을 연주하는 한 사람의 바이올린 연주자 뒤를 쉰명 가량의 여자들이 따라갔다. 이들은 어느 여성공제조합의 회원들로서 아임(Eyam)에서 설교를 들은 후 다 함께 식사하러 가는 길이었는데 그것은 셰필드에 있는 우리 여성공제조합으로서는 감히 바라지 못할 호사였다. 우리는 겨우 차나 마시고, 대개 노래하고 춤추고 담배 피고 니거스술(negus, 포도주, 더운물, 설탕, 레몬 따위를 넣은 술 —옮긴이)을 맛보는 정도다.[36]

공제조합 회원은 사무원이나 소직종인 이상가는 높은 사회적 지위를 가진 사람이 별로 없었으며 대부분이 장인들이었다. 모든 동료가 조합기금의 출자자였기 때문에 회원수가 안정되어 있었고 또 주의 깊고 열성적인 자치참여가 이루어졌다. 공제조합들은 중간계급 회원을 거의 두지 않았으며,

---

35) 당시 공제조합들의 법적 지위에 관해서는 P. H. J. H. Gosden, *The Friendly Societies in England* (Manchester, 1961), 5면을 보라. 셰필드 협회들의 사회적 구성에 대해서는 G. C. Holland, *The Vital Statistics of Sheffield* (1843), 17장을 보라.

36) T. A. Ward의 셰필드 일기인 *Peeps into the Past*, ed. A.B. Bell (1909), 78면. 또한 J. H. Priestley, "Ripponden Female Society," *Trans. Halifax Antiq. Soc.* (1943)을 보라.

그래서 일부 고용주들이 공제조합을 호의적으로 바라본 반면에 그들의 실제 행동에 온정주의적인 통제가 작용할 여지는 없었다. 보험통계에 대한 경험부족으로 낭패를 보는 일이 다반사였고 간부들의 근무태만도 드물지 않았다. 전국 도처에 퍼져 있던 공제조합은 (흔히는 가슴 아픈) 경험을 쌓는 학교였다.

우리는 공제조합의 바로 그 비밀주의 안에서, 그리고 상층계급의 탐색적인 눈초리 아래서도 그 정체를 드러내지 않는 불투명성 안에서 독자적인 노동계급 문화와 제도의 성장을 말해주는 확실한 증거를 본다. 이같은 기층문화로부터 아직은 그리 튼튼하지 못한 노동조합들이 성장한 것이며 또한 그 속에서 노동조합 간부들이 양성된 것이다.[37] 조합의 규정들은 많은 경우에 질병대책클럽의 것과 동일한 행동규범을 좀더 정교하게 각색한 것이었다. 소모공들의 사례에서 보듯이 때로는 여기에 프리메이슨적인 행동절차가 보충되었다.

> 낯선 이들이여, 우리의 모든 조합 지부들의 의도는 사랑과 단합,
> 그리고 형평의 법 위에 세워진 자기보호라오,
> 그대가 우리의 비전(秘傳)의 권리들을 모두 알고 날 때,
> 우리의 모든 비밀은 그대에게 드러날 것이오.[38]

1790년대 이후로 자꼬뱅의 정치선동의 영향을 받아 공제조합 규정의 전문(前文)에 새로운 메아리가 울리게 된다. 계몽철학의 '사회적 인간'(social man)이란 언어가 낳은 가장 기이한 결과 중 하나는 공업적 잉글랜드의 선술집이나 '지하작업장'에서 회동하는 무명 클럽들의 규칙에서 그것이 되살아났다는 사실이다. 타인사이드(Tyneside) 거리에서는 '사회적'이고 '박애주의적'인 조합들이, "확실하고 영속적이고 사랑하는 조합" "우정과 진정한

---

37) 공제조합이 파업시에는 회원들이 기금을 인출하도록 허용한 것에 대해 당국은 계속 불평했다. 매클즈필드는 1812년에 "불법단체의 온상" "혁명의 싹인 질병과 장례 협회로 가득하다"고 묘사되었다. C. S. Davies, *History of Macclesfield* (Manchester, 1961), 180면.
38) (E. C. Tuffnell), *The Character, Objects and Effects of Trades' Unions* (1834, 1934년에 재판 발행), 42면 이하.

그리스도교적 자비심을 증진하기 위하여" "인간은 자신만을 위해 태어나지 않았다" 등 아무렇게나 적은 문구에서 시작하여 다음과 같은 한층 요란한 철학적 주장으로 그들의 열망을 표현했다.

인간은 신체의 구조와 정신의 기질상 사회를 위해 만들어진 창조물이다.

이 협회의 회원들인 우리는, 인간이란 … 항시 상호간의 협력과 지지를 필요로 하며, 동료인간 중 그 누구라도 고통을 당했을 때 우리가 언제나 느끼는 저 인간적이고 동정심 깊은 애정이 우리의 체질 속에 담겨 있는 그러한 사회적 존재로 만들어져 있음을 진지하게 숙고하니…[39]

이토록 다양한 여러 공동체에서 발견되는 공제조합들은 하나의 통합을 이루어내는 문화적 영향력이었다. 비록 재정적이고 법적인 이유로 공제조합 자체의 연맹 결성은 지체되었어도 공제조합들은 지역적 노동조합연맹과 전국적인 노동조합연맹의 설립을 촉진시켰다. 그들이 사용한 '사회적 인간'의 언어는 또한 노동계급의 의식을 성장시키는 방향으로 나아갔다. 그것은 그리스도교적 자비의 언어와 감리교의 (그리고 모라비아교파의) 전통에 희미하게 들어 있는 '형제애'의 이미지를 오웬주의적 사회주의의 사회적 주장과 결합시켰다. 초기의 많은 오웬주의 공제조합과 상점들이 이사야서의 (41장 6절) "각기 이웃을 도우며 그 형제에게 이르기를 너는 담대하라"는 구절을 그들의 규정 모두(冒頭)에 내세웠다. 그러나 1830년대에는 이 주제를 정교하게 다듬은 스무 편 가량의 공제조합 및 노동조합 송가와 노래들이 나돌았다.

레이먼드 윌리엄즈(Raymond Williams)는 "산업혁명 이래 잉글랜드인의 생활에서 결정적인 특징적 요소는 … 사회관계의 성격에 대한 양자택일의

---

39) *Rules... of the Sociable Society* (Newcastle, 1812); *Articles of the Friendly Society at West Bolden* (Sunderland, 1811); *Rules of the Good Intent Society* (Newcastle, 1815); *Articles of the Unanimous Society* (Newcastle, 1804). 또한 감리교회의 영향을 받은 규정의 사례에 관해서는 H. J. Maltby, "Early Bradford Friendly Societies," *Bradford Antiquary*, VII (1933)을 보라.

개념들에 있다"고 제의했다. 개인주의 또는 (기껏해야) 봉사(service)라는 중간계급의 사고방식과는 대조적으로, "'노동계급의 문화'라는 말의 올바른 의미는 ··· 기본적으로 집단적인 개념이며, 또 여기에서 유래하는 제도·태도·사고의 관습·의도 등이다".[40] 공제조합들은 어떤 '개념'으로부터 '도출된' 것이 아니었다. 공제조합의 개념들과 제도들은 어떤 공통적 경험들에 대한 응답 속에서 생겨났던 것이다. 그러나 그러한 차별이 중요한 것이다. 상부상조라는 일상적인 윤리를 지닌 공제조합들의 단순 세포 같은 구조에서 우리는 노동조합, 협동조합, 햄프든 클럽, 정치동맹과 차티스트 지부들에서 좀더 정교하고 복합적인 형태로 재생된 많은 특징들을 볼 수 있다. 동시에 그 조합들이, 가정과 노동장소에서 근로인민의 '긴밀하고' '구체적인' 개별적 인간관계 안에 훨씬 더 광범하게 확산되어 있던 상호부조 윤리의 결정(結晶)이라고 볼 수 있다. 19세기 전반기를 산 온갖 종류의 증인들 — 성직자, 공장감독관, 급진주의 저술가 등 — 은 가장 가난한 사람들의 지역에서 상부상조가 널리 퍼져 있는 사실을 지적하였다. 실업, 파업, 질병, 출산 등 비상시에 처했을 때 '모든 이웃을 도운' 것은 가난한 사람들이었다. 플레이스가 랭커셔 사람들의 태도 변화에 대해 논평한 지 20년 후에, 쿠크 테일러는 랭커셔의 노동자들이 "지독히도 비참한 상태"를 견뎌내는 방식에 대해 경탄했다.

고매한 도덕적 위엄, 뛰어난 예절감각, 고상함, 청결함, 그리고 질서의식 ··· 이런 것들로 볼 때 내가 목격한 이 참담한 고통을 그들이 당해야 할 이유가 없다. 나는 일찍이 이 나라 또는 하늘 아래, 다른 어느 나라에 존재했던 사람들보다도 더없이 고상하고 더없이 가치있는 사람들이 점차적으로 희생되어가고 있는 것을 목격하고 있었다.

"내가 맨체스터 북부에서 만난 고통받는 노동자들은 거의 모두가 ··· 교구의 구호를 받을 수밖에 없으리란 것을 몹시도 두려워했다."[41]

---

40) R. Williams, *Culture and Society* (Penguin판, 1961), 312~14면.

이것을 '노동계급'의 유일한 실제 윤리로 보는 것은 잘못이다. 장인들과 숙련직인의 '귀족적'인 열망과 '자조(自助)'의 가치관, 또는 범죄행위와 타락현상도 마찬가지로 널리 퍼져 있었다. 양자택일적 생활방식 사이의 갈등은 중간계급과 노동계급 사이에서만이 아니라 노동계급 공동체 자체 안에서도 벌어지고 있었다. 그렇지만 19세기 초면 많은 공업적 공동체 안에서 집단주의적 가치관이 우세하다고 말할 수 있다. 즉 파업 이탈자, 고용주의 '앞잡이'나 이웃답지 않게 구는 자들에게 제재를 가하고, 혼자 별나게 굴거나 개인주의적인 자를 용납하지 않는 확고한 도덕규범이 있다. 집단주의적 가치는 의식적으로 견지되고 또 그것은 정치이론과 노동조합의 의례적·도덕적인 수사 속에 전파되어 있다. 18세기의 어중이떠중이 군중과 19세기의 노동계급을 구분하는 것은 실로 이 집단적 자각인데, 그러한 자각은 그에 상응하는 이론·제도·규율·공동체적 가치를 지니고 있다.

정치적 급진주의와 오웬주의 양자 모두가 이 '기본적으로 집단주의적인 개념'에서 도출되었고, 또 그 개념을 풍요하게 만들었다. 프랜시스 플레이스가 1819년에 랭커셔 군중의 달라진 행태를 보고는 이는 "입헌협회와 교신협회가 1792년에 활동하기 시작한 이래 전국적으로 확산된" 정치의식의 발전에 따른 것으로 파악한 점은 아주 정확했던 것 같다.

> 지금은 100,000명이 모여도 아무 소동이 일어나지 않는다. 왜 그런가? … 사람들은 목적이 있고 그 목적을 추구하는 것이 그들 스스로를 중요하게 여기게 하고, 높은 수준의 자기 의견을 갖도록 만들며, 그렇게 해서 소요의 지도자들이 되었을 바로 그 사람들이 평화의 보존자가 되고 있는 것이다.[42]

또다른 관찰자는 랭커셔의 변화가 코벳과 일요학교 모두의 영향을 받은 것이라고 파악하고 노동계급의 성격에 일어난 '전반적이고 급격한 변화'에 주

---

41) W. Cooke Taylor, *Notes of a Tour in the Manufacturing Districts of Lancashire* (1842), 37~39면. 테일러는 1842년 면직업 불황기에 이 글을 썼다.
42) G. Wallas, 앞의 책, 146면.

목했다.

> 가난한 사람들은 고통스럽고 불만스러운 때에도 더이상 소요를 일으키
> 지 않고 집회를 연다——그들의 이웃을 공격하는 대신에 정부 부처를 규
> 탄한다.[43]

이러한 자존심과 정치의식의 성장은 산업혁명이 낳은 하나의 실질적인
소득이었다. 그것은 몇가지 형태의 미신과 복종심을 쫓아냈고, 또 어떤 종
류의 억압을 더이상 참을 수 없는 것으로 만들었다. 우리는 결사금지법이
폐지되면서 반(半)합법상태에서 부상한 조합과 동직클럽들의 활력과 의례
(儀禮)에 대한 자부심에서 상부상조의 윤리가 착실히 성장하고 있다는 많
은 증거를 찾을 수 있다.[44] 1825년 브래드퍼드 소모공들의 파업시에 공제조
합이 아주 잘 뿌리내리고 있었던 뉴카슬에서 브래드퍼드의 파업자금에 헌
금한 조합들 중에는 대장장이, 공장기계설치공, 소목장이, 제화공, 모로코
가죽무두질공, 가구제조공, 조선공, 톱질꾼, 양복제조공, 소모공, 모자제조
공, 무두장이, 직조공, 도자기공과 광부들이 포함되어 있었던 것을 우리는
본다.[45] 더 나아가 공제조합들은 마땅하게도 의식(儀式)을 좋아하고 높은
신분의식을 지닌 수공업기술자 길드의 속성을 본떠서 이를 노동조합주의
에 도입하도록 기여했다. 사실 이러한 전통들은 19세기 초에도 아직 일부
의 구 특허회사들 또는 마스터들과 수공업기술자 마스터들의 길드에서 놀
랄 만한 활력을 갖고 있었으며 이들의 정기적인 의식은 '해당 직종' 안에서
마스터들과 이들에 속한 직인들 양측 모두가 가진 자부심을 표현했다. 예
를 들어 1802년에 프레스턴 '길드'의 대규모 창립기념 축하행사가 있었다.
1주일 동안 거행된 행진과 전시(展示)에는 귀족, 젠트리, 도매상인, 상점
주, 제조업자 등 모두가 참가했고[46] 직인들에게는 중요한 자리가 주어졌다.

---

43) A Member of the Manchester Committee for relieving the Sufferings of the 16th of
August, 1819, (J. E. Taylor), *Notes and Observations Critical and Explanatory on the
Papers relative to the Internal State of the Country...* (1820).

44) 이 책 제8장 335면 참조.

45) *Trades Newspaper*, 1825년 9월 11일자.

소모공과 면직 노동자들 앞으로 … 스물네명의 한창 피어나는 말쑥한 젊은 여자들이 손에 손에 면화나무 한 가지씩을 들고 가며, 그 뒤를 어깨에 방적기를 멘 남자들이 따르고, 그 다음으로 썰매 위에 직조기를 싣고 끌고 갔는데 각 기계마다 바쁘게 일하는 노동자들이 딸려 있었다.

브래드퍼드에서는 1825년의 대파업 전야에 소모공들의 블레이즈 주교 축제가 휘황찬란하게 벌어졌다.

기를 든 선두.
말 탄 24명의 양모상인들, 말마다 양털로 성장(盛裝)하고 있다.
말 탄 38명의 소모사 방적업자들과 제조업자들, 흰 나사 조끼를 입고 각자 어깨에는 긴 양모를 걸치고, 흰 천의 어깨띠를 두르고 있다. 말 목에는 두꺼운 실로 짠 뜨개 그물이 덮여 있다.

이런 식으로 이어진 끝에 마침내,

블레이즈 주교.
양치기 남자와 양치기 여자.
양치는 시골 젊은이들.
장식모자를 쓰고 갖가지 색깔의 은사(銀絲)를 두르고 앉은 160명의 양모분류공.
30명의 소모빗제조공.
화부.
소모공의 깃발들.
악대.

---

46) 대표로 나간 직종에는 무두장이, 피혁공, 장갑제조공, 구두직공, 목수, 푸주한, 포도주상인, 양복제조공, 대장장이, 직물상, 포목상 등이 있다. *Leeds Mercury*, 1802년 9월 4일자를 보라.

양모 가발을 쓰고, 그밖의 몇가지 장식을 단 470명의 소모공들.

악대.

붉은 모자깃 장식을 꽂고 푸른 앞치마에 붉고 푸른 은사를 십자로 두른 40명의 염색공들.[47]

대파업 후에는 이와같은 의식은 되풀이될 수 없었다.

'직종'의 이같은 구질서로부터 한편으로는 마스터들의 조직으로, 또 한편으로는 노동조합으로 이행하는 것이 산업혁명의 경험의 심장부로 우리를 인도한다.[48] 그러나 공제조합과 노동조합들도 마스터들의 조직 못지않게 의례와 구전통에 대한 자부심을 지키려고 하였다. 장인들(또는 여전히 그렇게 불리고 있듯이 직종인들)은 자기들이야말로 **생산자**들이고 마스터들은 그들의 기술에 기대는 기생자라고 느꼈기 때문에 더욱더 전통을 강조했다. 결사금지법이 폐지되면서 그들의 깃발은 공개적으로 거리로 나왔다. 1825년 런던에서 템즈선박누수방지공조합(Thames Ship Caulkers Union, 1794년에 설립)은 조합의 구호인 '손과 가슴'(Main et Cœur), '활력(Vigueur) 진실(Vérité) 화합(Concorde) 신속(Dépêche)'을 내걸었는데 이는 중세적 직인의 자긍심을 드러낸 것이었다. 밧줄제조공은 벌집 주위에 가득 모인 벌들의 그림에다 '산업의 아들들이여! 조합(Union)은 힘을 준다'고 쓴 흰색 깃발을 들고 행진했다. (그들은 임금인상을 수락한 마스터들의 집 앞에 멈춰서서 경례를 했다.) 런던의 여러 '직종들'간의 조정자였던 존 가스트(John Gast)의 템즈조선공공제조합(Thames Shipwrights Provident Union)은 '용사들이 노인을 보호한다'는 구호를 써넣은 비단 깃발을 가지고 다른 모든 직종들을 압도하는 행진을 벌였다. 적갈색 말 여섯 필이 끄는 멋진 배, 청색 상의를 입은 세명의 기수, 악대, 행사위원회, 더 많은 표지와 깃발

---

47) J. James, *History of Bradford* (1866), 164~67면; J. Burnley, *Yorkshire Stories Retold* (Leeds, 발간연도 미상), 165~75면.

48) 1780년에서 1846년 사이의 '중간계급의 의식' 형성에 대해서는 A. 브릭즈(Briggs) 교수의 같은 제목의 논문, "Middle-Class Consciousness," *Past and Present* (1956년 4월)을 보라. 러다이트 운동에서의 '직종'이라는 개념의 주요성에 관해서는 이 책 하권 제14장 145~48면을 보라.

을 든 회원들, 실즈·썬덜런드·뉴카슬의 직종을 대표하는 대의원들이 행렬을 따랐다. 회원들은 푸른색의 장미꽃 매듭과 어린 참나무 가지를 달고 있었고, 배 안에는 스테프니(Stepney)의 조합 구빈원에 살고 있는 늙은 조선공들이 있었다.[49] 1832년 낸트위치(Nantwich)에서 제화공들은 깃발 외에 "비밀조직 기장(旗章)을 가득 달고 흰 제복, 가장자리에 수놓은 앞치마 … 또 크리스핀 왕(King Crispin, 구두장이의 수호성인—옮긴이)을 위한 왕관과 복장"으로 장인의 수공업조합이 가지고 있는 모든 신분의식을 그대로 유지했다. 1833년에 크리스핀 왕은, 옷자락을 받드는 이의 수행에다 "시여물(施與物), 성경, 커다란 장갑 한 벌과 미려한 여성용 및 신사용 부츠와 구두 견본"을 든 간부들을 거느리고서 말을 타고 거리를 돌았다.

> 500명이나 되는 사람이 이 행진에 참가했는데, 모두가 가장자리를 박음질한 깨끗한 흰 앞치마를 두르고 있었다. 행렬 후미는 어깨에 연장 꾸러미를 메고 손에는 지팡이를 들고 터벅터벅 걸어가는 한 작업장 동료로 끝이 났다.[50]

노동자들의 태도에 나타난 이 분명한 변화를 이해하기 위해서는 어느 한 가지 설명만으로는 충분치 않을 것이다.[51] 우리는 또 그 변화의 정도를 과장해서도 안될 것이다. 술주정과 고함이 아직도 거리에서 흔하게 보였다. 그러나 대부분의 노동자들이 진지하게 그들의 권리를 확보하고자 애썼던 전후 20년 동안은 노동자들이 특히 술을 삼가고 규율있는 모습을 흔히 나타낸 것이 사실이다. 그러므로 우리는 술 안 마시는 것이 오직 복음교회 선교의 결과라거나 또는 주로 그 덕분이라는 주장을 받아들일 수가 없다. 또한 동전을 뒤집어 이면을 들여다보면 이 사실을 알 수 있다. 1830년께면 대

---

49) *Trades Newspaper*, 1825년 8월 14일, 21일, 28일자. 선박누수방지직에는 300명의 회원, 밧줄제조공직에는 200명, 조선공은 약 1,500명의 회원이 있었다.

50) "Reminiscences of Thomas Dunning," ed. W.H. Chaloner, *Trans. Lancs. & Cheshire Antiq. Soc.*, LIX (1947). 이 화려한 힘의 전시에 이어 1834년의 조합에 대한 총공격 때 낸트위치의 간부들은 체포되었다.

51) '장인문화'에 관한 좀더 자세한 논의에 대해서는 이 책 하권 제16장 제1절 참조.

부분의 노동계급 구역에서 국교회의 부활뿐 아니라 감리교의 부활이 자유주의 사상가, 오웬주의자, 비종파 그리스도 교인들로부터 날카로운 반대를 받았다. 런던, 버밍엄, 남동부 랭커셔, 뉴카슬, 리즈 및 기타 도시들에서 칼라일이나 오웬의 이신론자들은 대단히 많은 추종자를 가지고 있었다. 감리교도들은 그들의 지위를 공고히하였으나 점점 더 직종인들과 특권적인 노동자집단을 대변하는 경향을 띠었고 윤리적으로 노동계급의 공동생활에서 떨어져나갔다. 부흥운동의 일부 옛 중심지는 '이교(異敎)'로 빠져들었다. 한때는 "술 마시기 못지않게 기도 드리기로, 욕하기 못지않게 찬송가 부르기로 눈길을 끌었던" 뉴카슬의 쌘드게이트에서 감리교도들은 1840년대에 이르자 가난한 이들 사이에 있던 추종자들을 모두 잃어버렸다. 랭커셔의 일부 지역에서는 공장 직공들과 마찬가지로 직조업 지역공동체들도 예배당에서 대거 이탈하여 오웬주의와 자유사상의 물결에 휩쓸렸다.

> 만약 일요학교가 없었더라면 사회는 지금보다 더 일찍 끔찍한 상태에 빠져들었을 것이다. … 무신앙이 놀랍도록 늘고 있다. … 성경이나 다른 어떤 책보다도 칼라일과 테일러(Robert Taylor) 및 다른 무신앙자의 저술이 더 읽히고 있다. … 나는 몇주간이나 연달아, 400명의 인원을 수용할 만한 방에 직조공들이 모여서, 신은 없다는 것을 확언하고 논증하는 인사에게 박수갈채를 보내는 것을 보았다. … 나는 내가 예배드리는 예배당 주위의 오두막집들에 들어가보았는데, 20여 명이 모여 무신앙의 간행물을 읽고 있는 것을 발견했다.[52]

오웬주의적이고 세속적인 운동은 마치 부흥운동이 전에 그러했듯이 '공유지의 가시금작화 덤불처럼' 불타오르곤 하였다.

엥겔스는 1844년에 랭커셔에서 겪은 경험을 토대로 쓴 글에서 노동자들은, 아일랜드인 "몇몇 연장자, 반(半)부르주아, 감독자들, 십장 등"말고는 신앙심이 없으며 또 교회에 나가지도 않는다고 주장하였다. "대중들에게는

---

52) 'Evidence' of a Bolton employer, *Secrecy of Committee on Hand-Loom Weavers' Petitions* (1834), 419면.

종교에 대한 완전한 무관심이 거의 보편적으로 팽배해 있거나, 아니면 기껏해야 이신론의 흔적이 조금 있을 정도다." 엥겔스는 이를 과장함으로써 그의 주장을 약화시켰다. 그러나 쿠크 테일러가 1842년에 정통 그리스도교에 반대한 랭커셔 노동자들이 보여준 활기와 성경에 대한 지식에 놀라고 있었던 반면, 도드(Dodd)는 열 중 아홉은 아무 교회에도 나가지 않는 스톡포트 공장의 경우를 인용하였다. "만약 주님이 내 주위에서 보는 이 모든 비참함의 원인이라는 생각이 들게 되면, 나는 그를 섬기지 않겠으며, 내가 생각하는 주님은 그가 아니라고 말하겠소"라고 이같은 무신앙자 한 사람이 감리교 설교사에게 언명했다. 이와 비슷하게 차티스트 운동 기간 동안 뉴카슬에서는 수천명의 장인들과 엔지니어들이 확고한 자유사상가들이었다. 200명을 고용한 어느 공장에서 "예배의 장소에 나가는 사람은 많아야 예닐곱이다". 어느 노동자는 말하기를 '노동계급들은',

지식을 축적하고 있으며 그들이 그렇게 할수록 그들과 다른 분파들 사이의 틈은 더욱 커진다. 이는 그들이 성경을 모르기 때문이 아니다. 나 자신은 성경을 경외하고 … 또 성경을 들여다볼 때 … 나는 선지자가 압박자와 피압박자 사이에 서 있으며, 그리고 제아무리 부유하고 권세있는 자라 하더라도 악한 짓을 한 사람은 힐난했음을 발견한다. … 설교사들이 그 오래된 책(성경—옮긴이)으로 되돌아갈 때, 나 또한 그들의 설교를 들으러 되돌아가겠지만, 그러나 그러기 전에는 되돌아가지 않을 것이다. …

일요학교들은 예기치 않은 수확을 거두고 있었던 것이다.[53]

교회의 영향력이 약화되었다고 해서 계급의 자존심과 규율이 부식되었던 것은 전혀 아니었다. 오히려 반대로, 산업조직과 정치조직의 오랜 전통을 지닌 맨체스터와 뉴카슬은 차티스트 운동 기간에 대규모 시위를 절도있

---

53) F. Engels, *Condition of the Working Class in England in 1844* (1958), 125~26면; W. Cooke Taylor, 앞의 책, 153~55면; *Newcastle Chronicle, Inquiry into the Condition of the Poor* (Newcastle, 1850), 32, 56면. 또한 W. Dodd, 앞의 책, 181, 186면을 보라.

게 벌인 것으로 이름을 날렸다. 한때는 '두렵고 난폭한 탄갱부'들이 단 몇명 만 뉴카슬에 들어와도 주민들과 상점주들이 비상 경보체제로 들어갔던 그 곳에서 이제는 탄광주들이 파업 광부들을 쫓아낼 '사탕장수'나 넝마주이들 을 구하기 위해 그 도시의 빈민가들을 뒤지고 다녀야만 하게 되었다. 1838 년과 1839년에 수만명의 장인들과 광부들과 노동자들은 몇주일간 계속해 서 거리를 질서있게 행진했으며, 종종 군인들과 지척에서 지나치면서도 도 발행위를 일체 삼갔다. "우리가 원한 것은 소요가 아니라 혁명이었다는 것 을 우리 인민은 배워서 잘 알고 있었다"고 그들의 지도자 중 한 사람은 회 상했다.[54]

3. 아일랜드 사람들

이상의 분석에서는 새로운 노동계급 공동체의 한가지 구성요소가 어쩔 수 없이 빠졌는데, 그것은 아일랜드 이주민 문제이다. 1841년에 그레이트 브리튼 주민 중 400,000명 이상이 아일랜드 출생으로 추정되었고, 또 여기 에 다시 수만명이 아일랜드인을 부모로 하여 그레이트 브리튼에서 태어났 다. 이들 중 절대 다수는 카톨릭이었으며 최저의 보수를 받는 노동자층이 었고, 대부분은 런던과 공업도시에서 살았다. 리버풀과 맨체스터에서는 노 동인구의 5분의 1에서 3분의 1 사이의 어느 비율이 아일랜드인이었다.

여기서 19세기 전반기 아일랜드인들의 빈곤에 관한 처참한 이야기들을 반복하자는 것은 아니다. 그러나 아일랜드에 고통을 가한 재난은 감자 말 라죽는 병보다는 '아일랜드인 연맹'의 반란(1798)에 대한 무자비한 탄압 다 음에 이어진 반혁명의 후유증에 기인했는데, 이때의 탄압은 잉글랜드에서 행해졌던 그 어떤 탄압보다도 더 잔인한 것이었다. 또한 재난은 '합병 법'(Act of Union, 1800. 이 법으로 아일랜드인은 상업적 양도와 재판권을 약속받고, 웨

---

54) R. Fynes, *The Miners of Northumberland and Durham* (1923년판), 19면; Thomas Burt, *Autobiography* (1924), 34면; T. A. Devyr, *The Odd Book of the Nineteenth Century* (New York, 1882), 184~85면.

스트민스터에서 4명의 성직자와 24명의 세속귀족이 상원의석을, 100명이 하원의석을 얻었다—옮긴이)에 따른 정치적·경제적·사회적 결과에서 비롯되기도 했다. 1794년에 윌리엄 잭슨(William Jackson)이란 아일랜드 교회의 한 성직자는 '아일랜드 연맹'측의 윌리엄 해밀턴 로우언(William Hamilton Rowan)과 프랑스인 사이의 중재자로 활동하고 있던 사람으로, 그는 프랑스의 침공이 있는 경우 아일랜드에서의 거점 및 그 지원 전망을 요약한 문서를 몸에 지닌 채 더블린에서 검거되었다. 이 문서에서 아일랜드 인구는 4,500,000명으로 (잘못) 추산되어 있었으며[55] 그중에서 450,000명이 영국국교회 교도로, 900,000명이 반국교도로, 그리고 3,150,000명이 카톨릭교도로 추산되어 있었다. ("전국민 중 가장 계몽된 집단")인 반국교도에 관해서는 이렇게 씌어 있었다.

그들은 충실한 공화주의자로서 자유에 헌신하며 프랑스혁명의 어느 국면에서나 혁명의 대의에 대해 극진한 애착심을 견지해왔다. 민중의 절대다수인 카톨릭교도로 말하면 극도의 무지와 궁핍에 처해 있으며 어떠한 변화라도 받아들일 태세인데, 그것은 어떤 변화도 그들을 더 나쁜 상태로 만들 수는 없기 때문이다. 유럽에서 가장 억압받고 비참한 사람들인 아일랜드의 농민 전체가 카톨릭교도라고 말해도 될 것이다.

잉글랜드인의 반(反)프랑스적 선입견은 "모든 층의 사람들로 하여금 침공자들에 대항하여 단합하도록" 하겠지만, "정복당하고 억압받고 모욕당한 나라인" 아일랜드에서는 "잉글랜드라는 이름과 그 권력은 만인에게 혐오스럽다".

반국교도들은 이성과 성찰을 통해 잉글랜드의 힘에 적대하고, 카톨릭 교도들은 잉글랜드라는 이름에 대한 증오심에서 그 힘에 적대한다. …
한마디로 성찰, 이해관계, 편견, 변화의 정신, 국민 다수의 빈곤, 그리

---

55) 1821년의 첫 쎈서스에는 6,803,000명으로 나타났다.

고 무엇보다도 근 700년 동안의 폭정에서 비롯된 잉글랜드라는 이름에 대한 증오심으로 볼 때 침공만 하면 민중의 지원을 받으리라는 점에는 거의 의심할 여지가 없어 보인다.[56]

프랑스인들이 유럽을 상실한 것은 모스끄바 문턱에서가 아니라, 1797년에 항명을 일으킨 영국 해군 단 일개 함대가 반란 전야의 아일랜드와 프랑스인들 사이에 있었던 때였다는 주장도 할 만하다[57](1797년 4월 스피트헤드에 정박중이던 브리드포트Bridport경 휘하의 해협함대가 급료문제로 반란을 일으켜 바다로 나갈 것을 거부하면서도 적이 나타나면 출전할 것을 선언하였는데, 이것이 오히려 프랑스군과 아일랜드 사이의 연락을 방지했음을 말한다—옮긴이). 그러나 정작 닥쳐온 침공은 전혀 다른 종류의 것이었다. 즉, 그것은 아일랜드 빈민에 의한 잉글랜드와 스코틀랜드 침공이었다. 그리고 잭슨의 보고서는 아일랜드 이주민들 상호간에 흔히 생각하는 것보다 더 차이가 많았음을 우리에게 상기시켜준다. 1798년 이전 수년과 이후 수년 동안에 가장 공업화된 지방이었던 얼스터(Ulster)의 반국교도들은 아일랜드인 중에서 가장 충성스런 사람들이 아니라 가장 '자꼬뱅'적인 사람들이었다. 한편 반란에 대한 탄압 이후에야 비로소 '오린지당원들'(Orangeman, 오린지공 윌리엄William of Orange의 이름을 따라 1795년 북아일랜드의 개신교도들이 조직한 비밀결사 오린지당의 멤버들. 개신교도에 의한 왕위계승을 주장하고 아일랜드에서의 브리튼의 지배권을 옹호하였다—옮긴이)과 '교황파'(Papists) 사이의 반목이 권력유지를 위한 수단으로 더블린 성(the Castle, 아일랜드 총독의 정청政廳—옮긴이)에 의해 의도적으로 키워졌던 것이다. 이민자들 중에는 코노트(Connaught)에서 온 계절 수확노동자, 정처가 없는 웩스퍼드(Wexford) 소토지보유농, 얼스터의 장인들이 있었는데 그들 서로간에는 콘월의 막노동자들과 맨체스터의 면방적공들이 서로 다른 것만큼이나 큰 차이가 있었다. (악명 높은 토요일 밤의 싸움박질은 아일랜드인과 영국인 사이의 싸움보다는 아일랜드인 자신들끼리의 싸움인 경우가

---

56) *Treasury Solicitor's Papers*(*T.S.*), 11. 3510 A (2); *The Trial of the Rev. Wm. Jackson* (1795), 80~81면.
57) E. H. S. Jones, *The Invasion that Failed* (Oxford, 1950)를 보라.

더 빈번했고, 또 그 싸움이 항상 종교적 전쟁인 것도 아니었다 ── 렌스터 Leinster, 먼스터Munster, 코노트 간의 적대관계는 프레스턴과 배틀리 Batley의 교회와 법정에서도 재연되었다.) 이민의 물결은 끝없이 이어졌다.[58] 1790년에서 1810년까지 사이에는 아직도 개신교도들과 얼스터인들이 서로 상당히 섞여 있었는데 그중 많은 사람이 직종인, 장인, 직조공, 면직 직공이었으며 그중에는 『인간의 권리』 신봉자도 있었다. 합병하에서 불평등한 경제적 경쟁의 효과를 실감하게 되자 견직공과 린네르 직조공과 면직 노동자들은 쇠퇴해가는 그들의 공업을 버리고 맨체스터, 글라스고우, 반즐리, 보울턴, 매클즈필드로 향했다. 이 물결 속에 미드(Meath)에 있는 한 면방직공장에서 10대에 일을 한 적이 있는 젊은 존 도우어티가 있었고, 그는 전쟁 말기쯤 맨체스터에 도착한 후 몇년 지나지 않아 랭커셔 면직 노동자들의 지도자들 가운데 가장 탁월한 사람이 되었다.

이 시기 이후에는 어느 때보다도 더 많은 카톨릭교도들과 농민들의 이주가 있었다. 한 지방 신문은 1811년에, 링컨셔의 요우먼들이 "여러 해 동안 줄곧 공개광고를 통해서 그들을 끌어오는 것이 예사가 되었다"고 지적하였다. 이는 계절 이주자들 즉 수확노동자에 관한 언급으로서, 다음과 같은 '욕심 많은' 링컨셔 노동자에 대비하여 이들 계절 이주자들의 '부지런한 근로정신'을 칭찬한 것이었다.

그(링컨셔 노동자 ─ 옮긴이)는 농민의 불가피한 사정을 기화로 지나치게 높은 임금을 벌려고 하며 한창 일이 밀릴 때는 하루에 반 기니로도 만족을 하지 않는다.

게다가 그(링컨셔 노동자 ─ 옮긴이)는 '아일랜드인 보조일꾼들'을 질투심 가득한 눈으로 바라본다는 비난까지도 받았다.[59] 여러가지 이주경로가 널리 알려짐에 따라 더 많은 이주민들이 들어와 정착했다. 계속된 감자의 흉작, 특

---

58) 18세기 런던에 상당히 많았던 아일랜드인 거주지에 관해서는 M. D. George, *London Life in the Eighteenth Century*, 113면 이하.

59) *Boston Gazette*, in *Alfred*, 1811년 9월 21일자.

히 1821~22년의 기근은 이민에 박차를 가했다.

1828년에서 1830년 사이에 일어난 '자유토지보유자'들의 대규모 축출은 리버풀과 브리스틀로 가는 만원 보트를 타려는 사람들의 수를 불려놓았다. 하지만 잉글랜드는 "그들의 메카이기에는 너무나 다른 곳이었으며 실상 그들에게는 가고 싶은 마음이 전혀 내키지 않는 곳이었다". 뱃삯을 모을 수 있을 만큼 운이 좋은 사람들은 아메리카나 캐나다로 이민갔고, 잉글랜드에 오게 된 사람들은 더할 나위 없이 빈한한 사람들이었다. 그들은 일단 이곳에 와서 일자리를 찾게 되면 아일랜드로의 송금을 위해, 또 흔히는 바다를 건너 친척들을 데려와서 잉글랜드에서 가족들이 재결합하는 데 필요한 약간의 돈을 벌기 위해 영웅적인 노력을 했다.[60]

전후에 이민 나온 대다수 사람들의 아일랜드에서의 생활조건은, 청서의 표현을 빌리면, "아주 기본적인 생활필수품"조차도 갖추지 못할 정도였다.

> 그들의 주거지는 비참한 움집이며 한 가족 중 여러 식구가 짚단이나 맨바닥에서 함께 잠잔다. … 그들의 음식은 보통 마른 감자인데, 이렇게 먹으면서도 그들은 … 하루 한끼를 거를 정도로 절약해야 했다. … 청어 한 마리나 우유를 조금 얻을 때도 더러 있지만 고기라고는 성탄절, 부활절, 그리고 참회계절이 아니면 전혀 먹어보지 못한다.[61]

서유럽의 가장 값싼 노동력으로서의 그들에 관한 이러한 이야기는 우리 귀에 익숙하다. 청서는 매 장마다 위생조건, 범죄, 주택, 수직공에 대해 관심을 표명했으며 또한 아일랜드인이 잉글랜드에 들여온 불결함 즉 그들의 지하실 주거, 가구와 침구의 부족, 문 앞에 버린 쓰레기, 지나친 밀집, 잉글랜드 노동력의 임금 절하 등에 대한 기술로 가득 차 있다. 마지막 항목에 있어서 그들이 고용주에게 유용했음은 새삼 강조할 필요도 없다. 맨체스터의

---

60) 이민문제 전반에 관해서는 A. Redford, *Labour Migration in England, 1800~1850* (1926), 114면 이하; 이민의 경제적·사회적 원인에 관한 뛰어난 요약은 E. Strauss, *Irish Nationalism and British Democracy* (1951), 특히 9, 10장을 보라.

61) *Third Report of the Commissioners for Inquiring into the Condition of the Poorer Classes in Ireland* (1836), 3면.

어느 견직 제조업자는, "나는 파업을 당해서 일손이 모자라게 되면 곧 아일랜드로 사람을 보내 열, 열다섯, 스무 가족을 마구 데려온다"고 언명하였다.[62]

그러나 아일랜드 이민이 미친 영향은 이보다 더 양면적이며 또 더 흥미롭다. 역설적이게도 공업적 노동규율로 인해 어떤 틀에 박힌 것이 아닌 보충 노동력을 필요하게 만든 것은, 여러 압력들이 작용하여 잉글랜드 노동자의 성격구조를 바꾸어놓는 데 성공했다는 바로 그 점에 있었다. 이미 보았듯이, 이 규율에는 항시 체제에 맞추려는 근면, 술을 안 마시려는 내적 동기, 사려 깊음, 꼼꼼한 계약준수가 요구되었다. 한마디로 숙련 또는 반숙련 고용에서는 에너지 지출의 조절이 필요했던 것이다. 이와 대조적으로 산업사회 밑바닥에 있는 무거운 육체노동직은 순전한 육체적 에너지를 마구 써댈 것을 요구했고, 전(前)산업노동 리듬에 속하는 강도 높은 노동과 질탕한 휴식의 교대가 필요했는데 잉글랜드의 장인이나 직조공은 그의 약화된 육체적 힘과 청교도적 기질이라는 두 가지 이유로 해서 이같은 노동에는 적합치가 않았던 것이다.

그러므로 아일랜드의 노동력이 산업혁명에 불가결했던 것은 오직 그것이 '값쌌기' 때문만이 아니라(분명히 잉글랜드 직조공과 농업노동자의 노동력은 충분히 값싼 것이었다) ──또 그것이 주된 이유도 아니었겠지만 ──, 아일랜드 농민층이 백스터와 웨즐리의 영향권에서 벗어나 있었기 때문이기도 하였다. 아일랜드에서 생존경제보다도 더 낮은 경제 또는 코네이커 제도(conacre system, 미리 씨뿌리기와 모종심기를 해둔 밭의 일부를 한 철만 하청 주는 방식─옮긴이)로 인해서 사기가 떨어진 그들은 무기력하고 허약하다는 평판을 얻었다. (이 제도에 의해 그들은 감자밭을 이용하는 대가로 농장주들의 준노예로 전락했다.) 유능한 차지인이면 오히려 지대를 두 배로 내야 하는 형벌의 땅에서는 에너지는 전혀 재산이 아니었던 것이다. 잉글랜드에서 그들은 다음과 같은 특성을 보여줌으로써 놀라운 업적을 이룩할 수 있었다.

---

62) *Report on the State of the Irish Poor in Great Britain* (1836), vii면.

… 예를 들면 석공·벽돌쌓기공·미장이 들의 시중들기, 항구·부두·운하·도로 등의 건설을 위한 땅파기, 무거운 물건 운반하기, 배의 선적과 하역 작업같이 혹심하고 매우 귀찮고 아주 불유쾌한 천한 노동에서 일하려는 용의와 민첩함과 인내심.

1835년에 랭커셔의 고용주들 사이에서 아일랜드 노동력이 갖고 있던 가치를 조사한 바 있는 케이 박사는, 잉글랜드 노동자들은 "공장고용이 각별히 요구하는 꾸준한 인내심을" 갖고 있기 때문에 숙련직 분야 전반에서 선호되고 있음을 보았다. "잉글랜드인들은 더욱 견실하고 청결하고 숙련된 노동자이며, 주인과 하인 간의 계약을 더욱 충실하게 이행한다." 면직공업에 아일랜드인이 수천명씩 고용되고는 있지만 "상급공정에 채용되는 일은 없고, 설령 있다 하더라도 겨우 몇명에 불과하며 … 거의 모두가 송풍실에서 일하도록 되어 있다". 그들이 '책임있는 직책'에 앉는 경우는 거의 없고, '방적공 자리에 올라가는' 사람도 몇명 되지 않았다. 반면 미숙련 직책에서는 그 위치가 뒤바뀌었다. 버밍엄의 한 고용주는 1836년에 다음과 같이 증언했다.

아일랜드 노동자는 어느 때나 일할 것이다. … 나는 그들을 매우 가치있는 노동자라고 생각하며, 우리는 그들이 없으면 해나가지 못할 것이다. 친절하게 다루면 그들은 어떤 수고도 불사할 것이다. … 잉글랜드인은 그들이 하는 일을 하지 못할 것이다. 그들은 밀어주면 선선히 그 값을 하려고 하지만 잉글랜드인은 그렇지 않다. 그들은 남에게 지느니 차라리 목숨을 내놓으려 든다. 다른 누군가가 그들을 능가하는 것을 보느니 차라리 자신들이 쓰러질 때까지 고된 노동을 계속하려고 든다. …

"그들은 한층 더 잘 살펴볼 필요가 있다. 그들은 작업중에 말을 많이 한다"──흔히 경제적인 자극을 주는 것보다 개인적으로 북돋아주는 것이 훨씬 효과가 있는 것으로 알려져 있다. 그들 자신이 싹싹한 기질을 가지고 있기 때문에 그들 상호간의 경쟁을 부추기는 싹싹한 고용주를 위해서는 최선을 다해서 일한다. "아일랜드인은 한결 과격하고 성을 잘 낸다. 그러나 잉글랜드인처럼 고집스럽고 부루퉁하고 제멋대로 굴지는 않는다." 그들의 너그러움과 충동심은 쉽게 이용할 수가 있다. 그들이 '지느니 차라리 목숨을 내놓'겠다고 하는 것은 글자 그대로 사실이다. "자기 나라에서는 악명 높도록 게으르고 극도로 부주의하지만 해협을 건넌 후에는 수고를 아끼지 않고 무엇이든 해보려는 자세의 본보기가 되었다." 그들은 부두일이나 토역일을 하면서 성과급이나 조별 급료를 받는데 "자진해서 초과노동을 하기 십상이고, 그래서 몇해만 지나면 건강과 체력을 망치기 일쑤다. 짐꾼, 석탄운반부 그리고 런던의 많은 막노동자들이 그런 경우로서" 그들 중 높은 비율을 차지한 것이 아일랜드인이었다. 그들이 리버풀 부두에서 귀리포대를 선적하는 모습을 한 관찰자는 이렇게 기록하였다.

(주로 아일랜드인인) 이 남자들은 크레인의 당김줄이 풀려 포대가 그들의 어깨 위에 내려지면 그 가득한 포대를 받아 길 건너로 운반했다. 그들은 여름날의 하루 작업시간 동안 내내 한결같이 쉬지 않고 1시간에 최소한 5마일의 빠른 걸음으로 그 고역을 계속했다. 배에서 창고까지의 거리는 꼬박 50야드였다. … 이 작업에 익숙한 노동자는 100포대당 16페니로 하루 10실링을 버는데, 그러기 위해서는 결국 750번을 왕복해야 했으며 … 그 거리의 반은 귀리가 가득 든 포대자루를 어깨에 메고 걸었고 … 43마일의 거리를 보행한 것이다. …

1830년대가 되면 이와같은 종류의 노동 전체가 거의 전적으로 아일랜드인 수중으로 넘어갔다. 잉글랜드인은 미천하고 불유쾌한 작업은 거부했거나 그러한 보조를 따라갈 수 없었기 때문이다.[63]

63) *Report on the State of the Irish Poor in Great Britain* (1836), v, vii~ix, xxx~xxxi면; E. Strauss, 앞의 책, 14장, "The Irish in Great Britain"; *First Annual Report of the Poor Law Commissioners* (1836), 305~306면; G. C. Lewis, *Remarks on the Third Report of the Irish Poor Inquiry Commissioners* (1837), 24면; J. Wade, 앞의 책, 242~43면; Sir G. Head, *A Home Tour of Great Britain* (1835), 190~91면.

이래서 고용주들은 전(前)산업세계와 산업세계 양쪽으로부터 노동력을 공급받아 엄청난 이득을 얻었던 것이다. 훈련받은 노동자는 내심 그(아일랜드인―옮긴이)의 노동을 혐오했다. 자발적 근면성과 숙련기술을 쌓으려고 노력해온 바로 그러한 성격구조는 또한 자부심이라는 장벽을 세워, 더럽거나 품위가 없는 노역에는 종사하지 않도록 만들었다. 어느 건축주는 아일랜드인이 왜 힘든 잡역만 맡게 되었는가를 설명하면서 다음과 같은 증거를 들었다.

그들은 우수한 숙련직인이 되는 일이 거의 없다. 그들은 문제를 깊이 살피지 않는다. 재빨리 알아내긴 하지만 피상적이다. 그들은 훌륭한 공장 기계설치공이든가 엔지니어든가 또는 사고력이 필요한 그런 어떤 직종인이 되지 못한다. … 만약 어떤 일을 아일랜드인의 손에 건네주고 나면 그를 끊임없이 지켜봐야 한다. 그렇지 않으면 일을 그르치거나 혹은 필경 일을 진척시키지 못할 것이다.

이 점은 "원래의 무능력"보다는 "자발적 근면성의 결여"의 결과였다. 그것은 "도덕적"인 결함이었지 "지적"인 결함은 아니었다.

내일에 대해서는 도무지 생각이 없고 단지 이 순간만을 위해서 사는 사람은 엄격한 훈련을 감당할 수 없고, 우수한 숙련직인 양성에 필요한 참을성있게 일에 진력하는 정신자세를 갖추지 못한다.[64]

1830년대의 청서 가운데 매우 인상적인 사회학 평론의 하나인 『그레이트 브리튼의 아일랜드 빈민상태에 관한 보고서』(*Report on the State of the Irish Poor in Great Britain*)는 다음과 같은 결론에 도달했다.

브리튼에 들어온 아일랜드 이민은 일종의 기층민(基層民)으로서 더욱

---

64) *Report on the State of the Irish Poor in Great Britain*, ix, xxx~xxxi면.

문명화된 사회의 밑바닥에서 확산되어가고 있는 문명화 정도가 더 낮은 사람들의 한 보기이다. 그들은 어느 한 산업분야에서도 뛰어나지 못하면서 최하층의 육체노동에서는 전부문을 다 차지하고 있다.

고용주들은 이 점을 '이롭다'고 보았는데, 그것은 "본토인들이 더 창의적이며 더 기술이 요구되는 작업에 완전히 고용되어 있기 때문"이라고 포터리즈의 한 마스터는 지적했다. 그렇지만 많은 고용주들이 보기에는 이민이 "오직 이득만 가져다주는 것은 아니었다". 아일랜드인은 일할 때의 원기왕성하고 무절제한 기질을 휴식을 취할 때에도 그대로 드러냈기 때문이다. "제조업 도시에 있는 많은 아일랜드인 노동자들은 … 번 돈을 다음과 같이 쓰고 있다."

토요일 밤에 임금을 받으면 그들은 먼저 상점에 가서 외상 그어놓은 것을 갚고 … 집세를 내고 … 그렇게 빚을 다 갚고 나면, 술집으로 가서 나머지 돈이 바닥날 때까지 마신다. 월요일 아침이 되면 그들은 무일푼이 된다.

"자기 나라에서 본 것보다 별반 나을 것도 없는 밑바닥 생활수준"을 유지하는 그들에게는 절약과 절주, 자발적 근면성과 앞일에 대비하는 사려 깊음 등의 청교도적 미덕이 결여되어 있었다. 토요일 밤만 되면 맨체스터와 리버풀 및 다른 제조업 도시의 거리들은 술 취하고 싸움질하는 수백명의 아일랜드인들에게 점령당했다.

게다가 아일랜드인이 지닌 장단점은 규율있는 잉글랜드인 장인의 장단점과는 여러 면에서 대비되었다. 아일랜드인은 때로는 난폭하게, 때로는 상냥하게 잉글랜드의 권위를 비웃었다. 지배자의 법과 종교가 그들에게는 생소할 뿐만 아니라, 잉글랜드의 법정에서 기소당하는 것을 수치로 여기는 공동체의 규제가 그들에게는 없었다. 어떤 고용주는 아일랜드인을 잘 다루면 믿을 만하다고 말했다. "만약 그들 사이에서 누군가가 좀도둑질을 했다고 밝혀지면 주위에서 그를 멀리할 것이다." 그러나 만약 그 아일랜드인이 평판 나쁜 고용주나 농장주들의 물건을 훔쳤거나 지대납부를 거부한 것으로 밝혀지면, 그는 그들의 동향인이란 특전뿐 아니라 집단적 물리력에 의해서도 지지를 받았다. 맨체스터의 한 면직업 마스터는 "그들은 때때로 온갖 터무니없는 짓을 다 저지른다"고 언명했다. 그들끼리는 끊임없이 싸우면서도 누군가가 외부의 공격을 받았다 하면 그들은 마치 한 사람인 양 바뀌었다. 불법 술증류기를 압수하려고 들면 단검과 벽돌조각을 휘두르는 전쟁판이 벌어졌는데, 이때는 아일랜드 여자들도 뒷전에 물러나 있지만은 않았다. 맨체스터의 리틀 아일랜드(Little Ireland) 지역에서 집세나 채무 또는 세금에 관해 법집행을 하려 하면 전투태세에 나선 주민들과, 소규모 군사작전을 방불케 하는 장면을 치러야 했다. 맨체스터의 경찰 부국장은 1836년에 "아일랜드인이 많이 고용된 공장에서 영장을 집행하는 것은 매우 위험하다. 그들은 경관이 계단을 올라갈 때에 그 경관의 머리를 향해 벽돌과 돌멩이를 집어던진다"고 말했다. 또한 맨체스터 경찰대의 대장은 다음과 같이 증언했다.

> … 이 도시의 아일랜드인 구역에서 아일랜드인 한명을 체포하기 위해서는 열명, 스무명 또는 그 이상의 경비원을 데려가야만 한다. 이웃사람들 전체가 무기를 들고 나오고, 여자들조차도 반란의 차림으로 남자들에게 벽돌조각과 돌멩이를 날라다주어 던지게 한다. 누가 혼자 있을 때는 저항하고 기를 쓰고 싸워서 친구들이 힘을 합쳐 구원해줄 때까지 시간을 번다. …[65]

이같은 아일랜드인들은 바보도 아니었고 야만인도 아니었다. 메이휴는 종종 그들의 관대함과 '능변과 기민한 이해력'을 지적했다. 그들은 잉글랜드 장인들의 가치체계와는 다른 가치체계를 신봉했다. 잉글랜드인의 예의범절을 깔아뭉개는 일에서 그들은 흔히 스스로 즐기면서 완벽한 연기를 해냈다는 느낌마저 든다. 보울턴의 한 소송대리인은 이렇게 회상했다. 종종

---

65) *Report on the State of the Irish Poor in Great Britain*, x, xvi~xvii, x면; *First Report of the Constabulary Commissioners* (1839), 167~69면.

그들은 일단의 동향인을 '성품 진술 증인'으로 제시하고, 어눌한 말 속에서도 법절차에 관한 예민한 지식을 보이고, 치안관들을 감언으로 현혹시키면서, 피고석에서 어릿광대 짓을 했다. 진실성을 무시하는 바로 이같은 자세는 많은 아일랜드인들을 알거지로 만들기도 하였다. 그들 상호간에는 아낌이 없었으며, 만약 그들이 돈을 모은다면 그것은 캐나다로의 이민이나 결혼 같은 어떤 뚜렷한 목적을 위해서였다. 처자식과 형제자매를 잉글랜드로 데려오기 위해서 그들은 여러 해 동안 "한푼 한푼 계속 모아나가려" 했지만, "그들 자신이나 자식들이 구빈원으로 떨어지는 것을 막기 위해서는 저축하려 하지 않는다". 그들은 행상인이나 넝마주이로서, 노점상으로서 여전히 극빈상태에 머물러 있었다. 메이휴의 냉담한 논평에 의하면, 그들의 기질은 "가장 싼 값에 사서 가장 비싼 값에 파는" 일에는 걸맞지 않았다. 잉글랜드의 빈민법에 대해 그들은 줄곧 유쾌한 약탈자 같은 태도를 보였다. 그들은 사문화된 정주법(Settlement Laws)을 그들 나름으로 이용하여 교구 비용으로 시골을 이곳저곳 신나게 유랑했으며, 〔맨체스터가 패디 매과이어 (Paddy M'Guire, Peddy는 행상인peddler의 별칭이고 M'Guire는 아일랜드 출신 이주민을 가리킨다—옮긴이)의 출신 교구인지 아닌지를 누가 알겠는가?〕 정차한 곳이 마음에 맞으면 감시관의 마차에서 슬쩍 빠져나왔다. 그들은 "수치심이라고는 눈곱만큼도 없이" 교구의 구호를 받아들이는 것이었다.[66]

이것은 형성기에 있는 노동계급의 공동체를 어지럽히는 요소였으며— 사탄의 성채의 흉벽을 지키는 부대에 무진장의 병력을 증강시켜주는 것이나 다름없는 일이었다. 어떤 도시에서는 아일랜드인은 부분적으로 자신의 거리와 구역 안에 따로 격리되었다. 1850년 런던에서 메이휴는 그들이 로우즈머리-레인(Rosemary-lane) 끝의 미로 같은 골목에 살고 있는 것을 보았는데, 그 움푹 꺼진 땅에 "헝클어진 머리를 하고 맨발로 진흙탕 속을 뛰어가는 개구쟁이들, 보닛도 안 쓰고 너절한 숄을 걸치고서 문기둥에 기대 빈둥거리고 있는 계집아이들"을 볼 수 있었다. 맨체스터와 리즈의 지하실에도 비슷한 격리현상이 있었다. 그리고 종교의 격리도 있었다. 1800년에

---

66) H. M. Richardson, *Reminiscences of Forty Years in Bolton* (Bolton, 1885), 129~31면; H. Mayhew, *London Labour and the London Poor*, I (1884), 109, 121면.

카톨릭교를 믿는 본토의 노동계급 인구는 극소수였다. 아일랜드 이민이 들어옴으로써 카톨릭교회는 잉글랜드에서 신앙을 회복하라는 신의 뜻의 증거를 보았다. 그래서 아일랜드인이 가는 곳이면 어디나 신부가 바짝 뒤를 따랐다. 게다가 아일랜드 신부는 유럽의 어느 곳에서보다도 더 가난했고 더 농민층과 가까웠다. 평균해서 연간 65파운드쯤인 수입이었으니, 그들은 교구민의 가정에서 식사를 하고 교구민의 호의에 기대면서 문자 그대로 신도들을 벗겨먹고 살았다. 워터퍼드(Waterford)의 개신교 주교는 이렇게 말했다.

신부는 대중적 물결의 충동에 따라야만 한다. 그렇지 않으면 바닷가에 내버려져서 죽고 만다. … "나와 함께 살고 내가 사는 식대로 사시오. 더 배웠다거나 세련되었다고 해서 나를 누르지 말고, 내가 당신에게 주려고 고른 것을 감사하게 받으시오. 그리고 나의 정치적 신조나 처신에 맞춤으로써 그것을 얻으시오." 이같은 것이 … 아일랜드의 영세농이 그의 신부에게 하는 말이다.

워터퍼드의 카톨릭 주교는 1797년에 그의 성직자들에게 격한 비난을 가함으로써 이 점을 확인해주었다.

세상 부자들의 앞잡이가 되도록 스스로를 허용치 마시오. 그들은 자신의 세속적 목적을 위해 가난한 이들을 다루는 앞잡이로 당신을 이용하려 들 것이오. … 가난한 사람들은 언제나 당신의 친구였습니다—그들은 더 없이 험난한 때에도 굽힘 없이 당신과 신앙에 매달렸습니다. 빈약한 끼니를 당신과 나누었고 또한 당신의 전임자들과도 나누었습니다. … 만약 그들이 당신 등뒤로 문을 쾅 닫을 뿐 아니라 들짐승 쫓듯이 당신을 쫓는 일이 드물지 않은 저 부자들의 하는 짓을 흉내냈더라면 … 지금 나는 내 영적 관할하의 존경하는 사제단에게 강론할 수가 없을 것입니다. …

한 신부는 웩스퍼드에서 일어난 봉기자들의 선두에서 말을 달리고, 또 다른 신부(오코일리)는 잉글랜드의 교수대에서 사라져간 것을 목격했던 교회는 영세농층의 민족적 열망과 깊이 얽혀 있었다. 1810년 이후 30년간 대니얼 오코널(Daniel O'Connell)은 (주로 카톨릭협회를 통해서) 신부를 정치운동가의 보조원으로 이용하려 하였다. 아일랜드 빈민이 잉글랜드에 건너오면 사제들은 (어떤 잉글랜드의 목사도 그럴 수 없을 만큼 교구민의 심경을 잘 간파하면서 행하는) 헌신적인 목회활동, 심리적인 공포감, 재정적 원조와 재정적 징수, 친척에 대한 압력, 고난에 처했을 때의 위로 등 갖은 방법을 다 동원해서 신자들을 계속 장악했다. 그리고 그들은 개신교의 잉글랜드에서 이로써 승리할 수 있으리라고 본 복음운동의 유일한 형태, 즉 출산율에 대한 신뢰를 견지했다. 잉글랜드인들인 석탄양륙인부, 토역꾼, 행상인 중 많은 사람이 '이교도'였으나, 같은 직업의 아일랜드인들은 미사에 참례했다. 신부는 아일랜드 노동자가 경의를 표하는 유일한 권위였다. 보울턴에서 벌어지는 토요일 밤의 소동을 치안관은 진정시킬 수 없었지만, 카톨릭 성당 참사회원이라면 진정시킬 수 있었다. 메이휴가 신도들을 순방하면서 한 신부와 동행했을 때,

> 곳곳에서 사람들이 신부를 만나려고 달려나왔다. … 여인네들이 단지 신부에게 인사를 하기 위해서 문 앞 층계에 몰려 있었고, 뚜껑 문을 열고 지하실에서 기어올라왔다. … 신부가 거리에서 걸어갈 때조차 남자아이들은 전속력으로 달려가서 그를 따라잡아 그들의 머리카락이라도 대보려는 것이었다. …[67]

실제로 많은 이주민들에게 신부의 힘은 점점 높아갔다. 뿌리째 뽑혀나온 그들에게 신부는 예전의 생활방식을 지향하는 최후의 거점이었다. 글은 읽을 줄 알았어도 사회계급으로 보면 그다지 큰 차이가 없었고, 잉글랜드인 고용주나 당국자와는 전혀 딴사람이면서 때로는 게일어(Gaelic, 아일랜드인

---

67) 같은 책, I, 12면; E. G. Wakefield, *An Account of Ireland*, II (1812), 557면; E. Halévy, *A History of the English People in 1815*, III (Penguin판), 93~95면; Dr. Hussey, *Pastoral Letter to the Catholic Clergy* (Waterford, 1797).

의 조상인 켈트인의 언어—옮긴이)를 알고 있던 신부는 매우 빈번히 잉글랜드와 아일랜드 사이를 왕복했고, 그래서 집안소식이나 어떤 때는 친척의 안부도 전했는가 하면 송금이나 저금, 전언도 마음놓고 신부에게 부탁할 수가 있었다. 그리하여 아일랜드 농민층이 잉글랜드에 가지고 온 문화적 전통으로서 3대, 4대에 가도록 전해진 것이 반(半)봉건적인 민족교회의 전통이 된 것이다. 누추하기 짝이 없는 지하실에서 아직도 카톨릭교회의 부적, 촛대, 십자가, '해방자'인 오코널의 지문과 함께 '성자와 순교자들의 현란한 채색 지문'을 찾아볼 수 있는 것이다. 아일랜드의 노래와 민요 같은 엄청나게 풍부한 유산은 이와는 대조적으로 흔히 한 세대만으로 사라졌다. 이민자들은 서로의 거주지를 찾아다니면서 '미친 듯이 지그 춤과 릴 춤을 추던' 그들의 마을 관습을 한동안 지속할 수 있었는지도 모른다. 그러나 그들의 자식대에 오자, 바이올린과 피리와 게일어는 치워졌다.

아일랜드인은 몇몇 도시에서 분리된 주거지에 있기는 했지만 결코 게토(ghetto, 원래는 유대인의 강제 거주지역으로 여기서는 분리되어 있던 아일랜드인의 거주지역을 말함—옮긴이)로 다시 밀려들어가지는 않았다. 동일한 언어를 사용하고 합병법 아래 영국 시민이 된 민족을 소수의 예속민으로 만들기는 어려웠을 것이다. 상호간의 결혼이 많았다. 그리고 아일랜드인들이 갈등을 일으키지 않고 비교적 편안하게 노동계급의 공동체에 흡수된 사실은 주목할 만한 점이다. 물론 소요사건이 많이 있었다. 건축업이나 부두에서처럼 아일랜드인과 잉글랜드인의 비숙련노동이 직접 경쟁한 부문에서는 특히 그랬다. 1830년대와 1840년대에 사상자를 낸 치열한 싸움이 철도공사장의 토역꾼들 사이에서 벌어졌다. 반카톨릭, 반아일랜드 감정은 특히 런던에서 강하게 지속되었다. 카톨릭해방(1800~29)을 둘러싸고 의회에서 벌어진 장기간의 논쟁의 각 국면은 야비한 반(反)교황 인쇄물과 발라드들을 배경으로 벌어졌다. 한편 1850년까지도 카톨릭 주교가 임명되면 그 초상화가 불태워지고, '교황의 침공'이란 외침이 터져나왔다. 메이휴는 '재담꾼'들과 '노래꾼'들이 교황을 야유하는 익살에 능하면 살인에 능한 것만큼이나 돈벌이가 된다고 생각하고 있는 것을 보았다.

세상에 널려 있는 수도사와 수녀와 바보들아,
　우리는 결코 엉터리 교서를 목구멍으로 밀어넣지는 않을 것이다,
힘을 내어 교황을 성토하러 가자,
　그리고 그의 추기경 와이즈먼(Wiseman)도.

　그러나 메이휴가 기록한 노래나 연도(連禱, 영국국교회나 카톨릭교회의 예배
에서 사회자가 선창하고 회중이 화창하는 형식의 기도―옮긴이)에는 아일랜드인에
관한 언급이 전혀 없다. 그것들은 대개 스미스필드(Smithfield, 원래는 런던성
밖에 위치한 노천시장, 16세기에는 이단의 화형장―옮긴이)의 화형에 관한 민요와,
'로마의 교황 교서(Papal Bull)에 대한 정다운 잉글랜드인 존 불(John Bull,
존 아버스넛 John Arbuthnet의 소설 *The History of John Bull*의 주인공으로 전형적인 잉
글랜드인이다. 이로부터 존 불은 잉글랜드인을 이르는 별칭이 되었다―옮긴이)의 응답'
이라는 노랫가사에 나타난 것과 같은 민족적 감정으로 되돌아가고 있었다.
로우즈머리-레인 끝의 지하실 주민들은 여간해서는 외국의 침략이라는 민
간전승에 친숙해질 수 없었던 것이다.[68]
　이와는 반대로 영국 급진주의 또는 차티스트 운동과 아일랜드 민족주의
가 왜 공동전선을 펴야 했던가에는 여러 이유들이 있다. 물론 이 제휴에도
결코 긴장이 없었던 것은 아니지만. 육군이나 해군에서 또는 북부 공업도
시에서 적대감이 인종주의의 형태를 띠는 일은 거의 없었는데, 이런 곳에
서는 아일랜드인이 잉글랜드인인 동료 희생자와 나란히 일하거나 함께 싸
웠기 때문이다. '아일랜드인 연맹'의 시기로부터 ―그리고 아일랜드인이
그들의 곤봉을 들고서 토머스 하디 집의 방어를 도왔을 때부터― 의식적
인 정치적 동맹이 유지되어왔다. 잉글랜드의 개혁론자들은 대체로 카톨
릭해방의 대의를 지지했다. 몇해 동안이나 써 프랜시스 버뎃은 이 주장을
옹호하는 의회 내 지지파의 선봉이었다. 반면 코벳은『정치평론』뿐 아니라
그의 신화적인『잉글랜드에서의 프로테스탄트 개혁의 역사』(*History of the
Protestant Reformation in England*, 1823)를 통해 이 주장을 더욱 강조했는

---

68) H. Mayhew, 앞의 책, I, 243, 252~53면.

데, 이 책에서는 낡은 부패세력과 그같은 '의회'의 기원을 튜더왕조기의 수도원 및 자선단체의 약탈로까지 추적했다. 급진파 선전가들은 1798년의 야만적인 탄압에 대한 기억을 생생히 되살렸고, 호운(William Hone, 정치적 풍자가, *Every-Day Book*을 펴냄—옮긴이), 크루크섕크(George Cruikshank, 삽화가이자 만화가, 호운의 풍자평론에 삽화를 그렸다—옮긴이), 울러(『검은 난쟁이』를 펴냄—옮긴이)는 카슬레이(Castlereagh, 3인조 발라드 시인)경이 고문과 태형에 가담한 점을 사정없이 추궁했다. 퍼거스 오코너의 부친인 로저 오코너(Roger O'Connor)는 버넷과 가까운 친구였고, 한번은 버넷의 웨스트민스터 동료회원이라고 해서 말썽거리가 되었다. 1828년에 런던의 급진적이며 반(反)오코널적인 아일랜드인들이 '시민적 · 정치적 자유 협회'(Association for Civil and Political Liberty)를 결성했는데, 이 단체는 헌트와 코벳의 지지를 받았고, 진취적인 잉글랜드 급진파와 긴밀히 협력했으며, 전국노동계급연맹(National Union of the Working Classes, 1830)의 선봉 가운데 하나였다——이 연맹 자체는 후에 '런던 차티스트 노동자협회'(Chartist London Working Men's Association, 1836)의 선구가 되었다.[69]

그러므로 1790년부터 1850년 사이에 아일랜드 민족주의와 잉글랜드 급진주의 간에는 분명히 지속적인 동맹관계가 있던 것인데, 이것은 오코너 가문의 성쇠에 따라 때로는 활력을 얻고 때로는 혼란에 빠졌다. 그러나 미들랜즈와 북부에서의 아일랜드 이민의 영향은 그다지 분명치 않았다. 1798년 이후 20년 이상이나 농촌소요가 아일랜드의 여러 주를 휩쓸었으며, 그런 소요에서 '스레셔즈'(Threshers, 타작꾼들—옮긴이), '카라바트들', '샤나베스트들'(Caravats · Shanavests, 카라바트와 샤나베스트는 남부 아일랜드 농민들의 두

---

69) 예를 들어 T. Sherwin의 *Weekly Political Register*, 1817년 7월 19일과 26일자; W. Hone, *Reformist's Register*, 1817년 7월 19일자; W. Cobbett의 *Political Register*, 1818년 1월 17일자; *Cap of Liberty*, 1819년 9월 8일자; G. D. H. Cole, *Life of William Cobbett* (1924), 308~309면; D. Read and E. Glasgow, *Fergus O'Connor* (1961), 12~14, 19면을 보라. 로저 오코너와 잉글랜드의 운동 사이의 관련은 그가 적법한 아일랜드 왕이라는 주장으로 인해 복잡해졌다. (이 주장을 퍼거스가 상속받는다.) 로저 자신이 웨스트민스터의 상징이라는 주장을 코벳은 다음과 같은 근거로 물리쳤다. "아니다. 우리의 소망은 여러 왕가가 아니다. 우리가 갖고 있는 하나의 왕가만으로도 양심이 결핍되지 않은 국민이라면 어떤 국민이라도 만족시키기에 충분하다."

패로 갈라진 투쟁단체들의 명칭. 카라바트는 원래 크로아티아인들이 목에 두른 천인 크라바트cravat로서 교수형 집행자의 올가미를 뜻하기도 한다—옮긴이), '토미 다운셔즈'(Tommy Downshires), '카더즈'(Carders, 소모공들—옮긴이), '리본멘'(Ribbonmen, 북서부 아일랜드에서 개신교에 대항하기 위해 결성된 카톨릭 비밀단체 멤버들. 푸른 리본을 표지로 삼았다—옮긴이), 그리고 후에는 '몰리 매가이어즈'(Molly Maguires, 지대납부를 거부하기 위해 결성된 비밀결사 멤버들. 흔히 여장을 한 건장한 청년들이었다—옮긴이) 같은 비밀단체들이 차지인의 권리를 지키거나, 지대와 물가를 내리게 하거나, 십일조에 저항하거나, 또는 잉글랜드인 지주들을 몰아내기 위해서 여러가지 형태의 테러를 사용했다. 1806년에 스레져즈는 실질적으로 코노트를 지배했으며, 1810년에는 반목하고 있던 카라바트와 샤나베스트가 티퍼레어리(Tipperary), 케리(Kerry), 워터퍼드에서 활동하고 있었다. 1813년에 소요는 미드와 왕실 주와 리머릭(Limerick)으로 파급되었다. 한편, 1821~22년의 감자기근 시기에는 소요가 먼스터, 렌스터, 그리고 코노트의 일부 지역으로 확산되었다. 총기법, 쌍방이 처형할 인질을 붙들고 있는 행위, 지방적 분쟁, 무기탈취, 현금 강제징수 등으로 막혀 있던 농촌의 증오의 물결이, 어느 한곳에서 처형과 유형의 수단을 통해 가까스로 막아냈다 싶으면 다른 곳에서 금방 터져나왔다. 아일랜드의 검찰차장은 1811년에 농촌지역이 "무장한 농민과 무장을 해제당한 젠트리가 일으키는 가공할 결과"의 전시장이라고 탄식했다. 겨우 10대가 되었을까말까 한 소년에게 무기절도로 사형선고를 내리면서 재판장은 이렇게 언명했다.

주간에 일하고 있는 사람들이 야간에 법을 제정해야 한다는 일이, 주간에 밭을 가는 자들이 야간에 나라를 다스리기 위해 법을 집행한다는 일이 참을 수 있는 일인가?

차티스트 운동 북부 정치동맹의 간사가 된 도니골(Donegal)의 토머스 디바이어(Thomas Devyr) 같은 많은 아일랜드 이주민들은, 젊었을 때 밤중에 마을의 거리를 "군대처럼 열지어" 지나가는 남자들의 "무거운 발자국소리"

를 귀에 익도록 들어왔던 것이다.[70]

우리는 실제 전기를 인용할 수는 없지만(어떤 아일랜드인이 잉글랜드 법정에서 자기가 전에 '카더즈'나 '수평파'의 회원이었다고 고백했겠는가?), 이민 중의 일부는 이러한 비밀조직의 전통을 지닌 채 들어왔으리란 점은 의심의 여지가 없다.[71] 그들이 끼친 영향은 1800~1802년과 러다이트 운동기에 눈에 띄게 될 것이다. 얼굴을 시커멓게 칠한 남자들이 야간에 벌이는 민첩한 움직임, 무기탈취, 소와 말의 무릎 까기 ─ 이것들은 많은 아일랜드인이 수련을 쌓아온 일들이었다. 게다가 모든 제조업 도시들에 존재한 아일랜드인 거주지는 신속한 교신에 이바지했다. 그것은 권리를 박탈당한 사람들의 자연스런 비밀결사(freemasonry) 조직에 기여했다. 아일랜드인들이 싸우는 데 날쌨다면 그들은 서로를 돕는 데도 민첩했다.

농민층에서는 많은 수가 혁명적 유산을 지니고 들어왔지만, 신부들은 그렇지가 않았다. 국교회로서는 잉글랜드에서 소수인 카톨릭교도가 늘어나는 것에 주의를 기울이거나, 이 소수를 앞으로 더 무력하게 만들 의도가 없었다. 1830년대에 신부들의 정략은 오코널에게 충성하는 것 이상으로 나아가지 않았다. 그런데 그 오코널이 해방의 대가로 아일랜드의 40실링 자유토지보유자들을 저버리고, 10시간 법안에 반대 투표하고, 그의 자기중심주의와 왕당파적 언사, 그리고 휘그당과 제휴했다가 말았다가 하는 처신으로 잉글랜드 내의 더욱 비판적인 그의 동향인들을 혼란스럽고 난처하게 만든 것을 보면 이 시기에 아일랜드 민족주의와 잉글랜드 급진주의 간의 동맹관계는 가장 취약한 시점에 있었음을 알 수 있다. 그렇기 때문에 잉글랜드의 교회들 중에서 오직 카톨릭교회만이 전국적인 급진운동에서 이름을 떨칠 '이단자'를 배출하지 않았던 것이다. 그리고 비록 아일랜드인 노동자들이 결사에 가담하는 데는 빨랐지만, 그들 대부분은 조합운동이 가장 미약했던 비숙련업종에서 일했다. 그래서 그들은 잉글랜드의 노동운동에서 이렇다

---

70) E. Halévy, 앞의 책, II, 28~30면; E. G. Wakefield, 앞의 책, II, 763면 이하; E. Strauss, 앞의 책, 88~89면; Trials of the Caravats and Shanavests in Howell, *State Trials*, XXXI (1823), 419, 423, 464면; T. A. Devyr, 앞의 책, 93, 101면을 보라.

71) 이 책 하권, 특히 제14장 213~15면을 보라.

하게 딱 부러진 지도자를 별로 내놓지 못했던 것이다. 〔노동조합 조직에 끝까지 주목하고, 오코널이 취한 조직적 방법의 일부를 전국노동보호협회(National Association for the Protection of Labour, 1829)에 의식적으로 적용시킨 존 도우어티는 예외적인 경우였다.〕 아일랜드인의 영향은 무엇보다도 공동체와 일터에서의 반항적 기질 즉 권위에 도전하고, '물리적 힘'이라는 위협수단에 의지하고, 입헌주의적인 여러 금지조항들 앞에서 겁을 먹지 않는 기질에서 실감된다. 1836년에 한 카톨릭 신부는, 아일랜드인이 "노동조합과 결사와 비밀단체에 잉글랜드인보다 더욱 잘 가담하는 경향이 있다"는 사실을 인정했다. "그들은 무슨 일이 일어날 때마다 말을 많이 하는 사람이요 주동자들이다"라고 또 한 사람의 증인은 주장했다. 엥겔스는 "격정적이고 끓어오르는 아일랜드인의 기질"이 그들보다 한결 규율있고 자제하는 잉글랜드인 노동자들로 하여금 정치적 행동을 취하게 만드는 촉진제라고 보았다.

> … 더 많이 지껄이고 흥분하기 쉽고 격하기 쉬운 아일랜드인의 기질과 차분하고 논리적이고 참을성 많은 잉글랜드인의 기질의 혼합은 장기적으로 볼 때 양자 모두에게 이로운 것임에 틀림없다. 만일 잘못에 대해서 너그럽고 주로 감정에 좌우되는 아일랜드인의 본성이 일부는 인종의 혼합을 통해, 일부는 일상생활의 접촉을 통해 냉정하고 합리적인 잉글랜드인의 성격에 작용함으로써 그것을 완화시키지 않았더라면 잉글랜드 부르주아지의 악착스런 자기중심주의는 노동계급을 훨씬 더 확고하게 장악했을 것이다.[72]

우리는 '본성'(nature)과 '인종'(race)이라는 엥겔스의 말에 이의를 제기할 수 있다. 그러나 이 용어만 대체하면 그의 판단이 옳다는 것을 알게 된

---

72) *Report on the State of the Irish Poor in Great Britain*, xxiii면; E. Strauss, 앞의 책, 125~30면; F. Engels, 앞의 책, 124면을 보라. 또한 Rachel O'Higgins, "The Irish Influence in the Chartist Movement," *Past and Present*, XX (1961년 11월), 84~85면을 보라.

다. 정밀기계공업과 함께 삽과 곡괭이로 터널을 파는 형태의 노동이 공존하던 시기에 두 가지 형태의 노동에 의존할 수 있다는 것은 고용주에게 이득이 되었다. 그러나 그것에 대해 지불해야 했던 대가가, 세련된 정치적 급진주의와 더 원시적이고 흥분하기 쉬운 혁명정신의 합류였다. 이 합류가 차티스트 운동에 흘러들어왔다. 그리고 퍼거스 오코너가 오코널과 결별하고 또 브론테어 오브라이언(Bronterre O'Brien)이 토지국유화라는 사회주의를 영국의 상황에 적응시키자, 그것은 더 큰 위험을 초래할 기세를 나타냈다. 전에도 1790년대에 퍼거스 오코너의 삼촌인 아서 오코너가 메이드스턴에서 오코일리 및 빈즈와 함께 체포되었을 때, 잉글랜드의 자꼬뱅주의와 아일랜드의 민족주의가 공동의 혁명전략을 수행하는 것이 가능해 보였다. 만약 오코너가 북부 잉글랜드를 사로잡은 것만큼 아일랜드를 사로잡을 수 있었다면 차티스트들과 '청년 아일랜드' 운동은 공동의 봉기를 일으킬 인화점(引火点)을 찾았을지도 모른다. 그러나 '대기근'으로 인한 극심한 사기저하와 함께 한편으로는 '도덕주의파'(moral force) 차티스트들의 여러 유보조건들, 다른 한편으로는 오코널과 신부들의 영향력으로 인해 그러한 일은 실제로 일어나지 않았다. 그러나 이 문제는 본 연구의 한계를 벗어나는 사항이다.

4. 무수한 사람들의 영겁

이제 19세기 초의 노동계급 공동체들을 구성했던 여러 요소들을 좀더 명확히 인식할 수 있더라도, '생활수준' 논쟁에 대한 결정적인 답변은 여전히 가능하지 않다. '수준'이란 낱말에서 우리는 항상 사실의 문제뿐 아니라 가치판단을 찾아야 하기 때문이다. 우리는 이제까지의 논의로 가치란 '측정할 수 없는' 것이 아니며, 역사가는 그것이 측정의 대상이 아니기 때문에 어느 누구의 견해도 다 마찬가지로 타당하다는 견해를 치워버려도 무방하다는 것이 밝혀졌기를 바란다. 오히려 가치판단의 문제들은 인간의 욕구를 만족시켜주는 것들과 사회변화의 방향에 관한 문제들이기 때문에 역사학이 중요한 여러 인문학 가운데 한 자리를 요구하려면, 역사가는 마땅히 이러한 문제들을 깊숙이 고찰해야 한다.

역사가 또는 역사사회학자들은 사실, 두 가지 형태의 가치판단을 다루어야 한다. 역사가가 해야 하는 첫번째 단계의 일은 산업혁명을 겪어냈던 사람들이 실제로 간직했던 가치 관념을 다루는 것이다. 옛날의 생산양식과 좀더 새로운 생산양식은 각기 특징적 생활방식을 갖고 있는 상이한 공동체를 각각 지탱했다. 인간 욕구의 만족에 관한 양자택일적인 관습들과 개념들은 서로 갈등을 일으켰으며, 그 결과로 나타난 여러 긴장관계를 연구하려고 한다면 그에 관한 증거자료가 부족하지는 않다.

두번째 단계에서 역사가는 우리 자신이 그 최종산물인 산업혁명이 보여준 전체 과정에 대해 어떤 가치판단을 내리는 일에 관심을 갖고 있다. 판단을 어렵게 하는 것은 우리 자신이 거기에 개입되고 있다는 점이다. 그렇긴 하지만, 우리가 어느정도 거리를 두고 판단할 수 있도록 도와주는 두 가지 측면이 있다. 그 두 가지는 어느 한 면의 경험에서 나온 산업주의에 대한 '낭만적' 비판과, 수직공과 장인 또는 촌락의 수공업기술자가 그같은 경험에 맞서 하나의 대안적 문화를 지켜온 끈질긴 저항의 기록이다. 그들이 변화한 모습을 보면, 우리는 어떻게 해서 지금의 우리가 되었는가를 알게 된다. 잃어버린 것은 무엇인지, '지하'로 쫓겨들어간 것은 무엇인지, 아직도 해결되지 않은 것은 무엇인지를 우리는 좀더 명료하게 이해하게 된다.

삶의 질에 대한 평가에는 모름지기 관계된 민중의 총체적인 삶의 경험과 다양한 문화적 또는 물질적 충족감 또는 부족감에 대한 산정(算定)이 따라야만 한다. 이러한 관점에서 산업혁명을 '대격변'으로 보는 오래된 시각은 여전히 인정되어야 한다. 1780년에서 1840년 사이에 영국민은, 비록 물질적 조건에서는 통계적으로 약간의 개선을 보여줄 수 있을지 모르나 빈곤화를 체험했던 것이 사실이다. 써 찰즈 스노우(Sir Charles Snow)가 "보기 드물 정도로 한결같이 … 빈민들은 공장이 그들을 받아들일 수 있는 가장 빠른 속도로 토지를 떠나 공장으로 걸어들어갔다"고 말할 때, 우리는 리비스(Leavis) 박사가 말한 바와 같이 "인간의 모든 문제"에 관한 "실제 역사"는 "그와는 비교도 할 수 없으리만큼 힘들고 복잡한 것(이었다—필자)"고 응답해야 한다.[73] 어떤 사람들은 공업도시의 화려함과 유망한 임금에 끌려 시골을 떠났다. 그러나 그들 등뒤에서 오랜 촌락경제는 무너져내리고 있었다. 그들은 자신의 의지에 의해서 떠났다기보다는 그들이 제어할 수 없는 외적인 강제력 즉 인클로우저, 전쟁, 빈민법, 농촌공업의 쇠퇴, 지배자들의 반혁명적 자세 등의 지시에 따라서 떠났던 것이다.

공업화 과정은 필연적으로 고통스럽다. 그것은 전통적인 생활방식의 붕괴를 수반하지 않을 수 없다. 그렇더라도 그레이트 브리튼에서는 그 과정이 유난히도 난폭하게 수행되었다. 그 과정에서 고통은, 국민혁명을 치르는 나라들에서 볼 수 있는 것과 같은 공동노력에 대한 전국민적 참여의식에 의해 경감되지 않았다. 그 이데올로기는 오로지 주인들의 이데올로기였다. 그것의 메시아적인 예언자는 앤드류 유어 박사였는데, 그는 공장제도가 아직도 "죽음의 땅과 음지에" 놓여 있는 … "무수한 사람들에게 과학과 종교라는 생명의 피"를 확산시켜주는, "물과 땅의 이 지구에 보내진 문명의 대사절"이라고 보았다.[74] 그러나 그것을 섬긴 사람들은 그렇게 느끼지 않았으며, 그것의 섬김을 받은 '무수한 사람들'은 더구나 그런 '느낌을 갖지' 않았다. 빈곤화의 경험은 수백 가지 서로 다른 형태로 그들에게 다가왔다. 농업노동자에게는 공동권 및 남아 있는 촌락 민주주의의 지위 상실로, 장인에게는 수공업기술자 지위의 상실로, 직조공에게는 생계와 독립의 상실로, 어린아이에게는 집안에서의 일과 놀이의 상실로, 실질소득이 개선된 많은 노동자집단에게는 안정과 휴식의 상실 및 도시환경의 악화로 다가왔다. 1834년에 '수직공들의 청원에 관한 의회특별위원회'에서 증언한 R. M. 마틴(Martin)은 10년간 유럽에서 떠나 있다가 잉글랜드에 돌아온 후, 사람들의 신체적·정신적 상태가 악화된 증거들에 충격을 받았다고 말했다.

나는 그것을 공장지대뿐 아니라 시골의 농촌지역에서도 보았다. 그들은 생기와 쾌활함, 들놀이와 마을 스포츠를 잃어버린 것 같았고 건강이나

---

73) C. P. Snow, *The Two Cultures* (1959); F. R. Leavis, "The Significance of C.P. Snow," *Spectator*, 1962년 3월 9일자.

74) A. Ure, *The Philosophy of Manufactures* (1835), 18~19면.

즐거움 또는 행복은 없이 누추하고 불만스럽고 비참하고 불안해하고 몸부림치는 사람들이 되었다.

애슈턴 교수가 딱 알맞게 '지겨운' 어구라고 묘사했던, '자연'이나 '흙'으로부터의 인간의 '분리'에서 그 설명을 구하는 것은 잘못이다. 그만하면 자연과 꽤나 가까웠다고 할 수 있었던 윌트셔의 농업노동자들은 '최후의 노동자폭동' 이후, 랭커셔의 공장 여자들보다 훨씬 더 열악한 처지에 빠져들었다. 이같은 가해행위는 인간의 본성에 가해졌던 것이다. 어떤 관점에서, 그것은 생산수단 소유자의 탐욕이 예전의 제재에서는 벗어났으나 아직 새로운 사회적 통제수단에 의해서 제약받지 않고 있었던 시기가 낳은 이윤추구의 결과로 볼 수 있다. 이런 의미에서 우리는 아직도 그것을 맑스가 말했듯이 자본가계급의 폭력으로 보아도 좋을 것이다. 다른 관점에서, 그것은 노동과 삶 사이의 극단적인 기술적 분화로 볼 수 있다.

산업혁명 기간에 가장 어두운 그림자를 드리웠던 것은 빈곤이나 질병이 아니라 노동 그 자체였다. 다음과 같은 경험을 들려주는 것은 그 자신이 수련을 통해서 수공업기술자가 된 블레이크이다.

> 그러자 유리즌*의 아들들은 쟁기와 써레, 베틀,
> 망치와 정과 그리고 자와 컴퍼스를 버렸다 …
> 그리고 그들은 삶의 모든 기예를 죽음의 기예로 바꾸어버렸다.
> 모래시계는 얕보였다. 그것이 하는 단순한 일은
> 쟁기질꾼이 하는 일이나 다름없으니까. 그리고
> 물통에 물을 길어올리는 물방아는 부수뜨려 불속에 집어던져졌다
> 그것이 하는 일은 양치기 일과 매한가지였으니까
> 그 대신에 복잡한 바퀴들, 바퀴 없는 바퀴가 발명되어
> 젊은이들은 쓸 돈이 모자라 고통받고 밤낮 없는 노동으로 무한한 영겁에 묶여

---

*Urizen, 블레이크의 시에 나오는 음산한 늙은 거인으로, 인간의 행위를 제약하는 도덕률의 상징이자 감각에 지배받는 인간의 속성을 상징함―옮긴이.

놋쇠와 무쇠를 줄로 갈고 윤내는 힘겨운 일을 몇시간이고 계속해야만
한다,
　　무엇에 소용되는지도 모르는 채 지혜의 나날을 비탄의 고역 속에 허송
해야 한다
　　보잘것없는 빵조각을 얻기 위해,
　　한 작은 조각을 보고 모든 것을 본다고 믿는 무지 속에서,
　　모든 단순한 삶의 규칙들을 못 본 채 그것을 전시(展示)라고 부른다.

때때로 이 '무수한 사람들의 영겁'은 무덤과도 같이 그들의 노동 안에 봉인
되어 있었던 것같이 보인다. 평생 동안 아무리 노력하고 또 그들 자신의 공
제조합들이 지원해도, 그들이 그처럼 높은 가치를 두고 있던 '품위있는 장
례'는 그들에게 보장되지 않았다. 새로운 기술들이 등장하고 있었으며, 예
전에 욕구를 만족시켜준 것들이 남아 있었다. 그러나 전반적으로 우리는
알 수 없는 목적을 위해 가혹한 규율 밑에 행해지는 장시간의 불만스런 노
동의 짐이 얼마나 무거웠던가를 느낀다. 이것이 로렌스가 "19세기에 인간
의 정신을 배반했다"고 썼던 저 '추악함'(ugliness)의 근저에 놓여 있는 것
이었다.[75] 다른 모든 인상이 흐릿하게 사라진 뒤에도 그 한가지 인상은 남
아 있다. 그리고 그와 함께 근로인민이 그들이 공동체에서 느꼈던 그 어떤
결속력도 깨끗이 상실되었으나, 그들의 노동과 그들의 주인에 대항해서 그
들 자신을 위해 세웠던 것에 대한 인상은 남아 있다.

---

75) D. H. Lawrence, "Nottingham and the Mining Country," *Selected Essays* (Penguin판),
119, 122면.

문헌해설

　나는 필사본 자료를 선별적으로 이용하였다. 특히 기존의 정설을 재검토하는 것이 바람직하다고 생각되는 점들에 관해서 그랬다. 공공기록보관소(Public Record Office)에서 가장 가치있는 자료는 *Home Office Papers*(*H. O.*), 특히 40집과 42집 그리고 *Privy Council Papers*(*P. C.*) 안에 있는 런던교신협회(L.C.S.) 및 식량폭동 등에 관한 잡록철 그리고 *Treasury Solicitor's Papers*(*T. S.*)인데, 이 마지막 것에는 국사범 수감자들에 대한 국왕측 기소요지문 작성에 이용된 증빙문서들(정보원의 보고, 선서증언, 가로챈 편지 등)이 때때로 포함되어 있다. 나는 또한 대영박물관(British Museum)에 있는 *Place Collection*(Add. MSS.)도 참고하였는데 플레이스(Place)의 '자서전', L.C.S.의 세부사항철과 서한철, L.C.S.의 역사와 관련된 여러 사항에 대한 하디(Hardy)·리치터(Richter)·르메트르(Lemaitre)·옥슬레이드(Oxlade)의 메모들, 스펜스(Spence)의 생애에 관한 플레이스의 여러 자료와 1816~20년의 일에 대한 그의 메모, 그리고 전국노동계급연맹의 역사에 관한 러벳(Lovett)의 메모들이 가장 큰 도움이 되었다. 나는 플레이스의 사료는 조심해서 이용하는 것이 바람직하다는 몇가지 이유를 본문에서 설명한 바 있다.

　*Fitzwilliam Papers*는 셰필드 참고도서관(Sheffield Reference Library)이 소장하고 있는 방대한 Wentworth collection의 일부이다. 거기에는 공적 사항에 관한 피츠윌리엄 백작의 서한 일부가 그의 웨스트 라이딩 주장관 시

절의 요크셔주 치안판사들과 다른 보고자들의 보고와 함께 들어 있다. 나는 1790년대 초기와 1801~1803년 그리고 러다이트 운동에 관련된 F. 44, 45, 52집을 이용했다. 다른 두 자료가 러다이트 운동 연구에 쓸모있었다. *Radcliffe Papers*는 죠우지프 래드클리프(Joseph Radcliffe)경이 보관해온 몇몇 서신을 포함하고 있는데, 그는 지극히 활동적인 허더스필드 치안관으로서 요크셔 러다이트 운동의 지도자들을 재판에 회부한 공로가 인정되어 기사 작위를 받은 사람이다. 필사본들은 그의 후손인 J. B. E. 래드클리프 대위의 보관하에 해러기트(Harrogate)의 러딩 파크(Rudding Park)에 남아 있으며, National Register of Archives에 의해서 분류되어 있다. *Papers of the Framework-Knitters' Committee*는 1814년에 몰수되어 노팅엄시 고문서관에 남아 있다. 그것은 1812~14년을 다루고 있으며, 훌륭한 발췌가 *Records of the Borough of Nottingham, 1800~1832*(1952)로 출판되었다. 위와 같은 자료들이 내가 주요하게 참조한 필사본 자료들이다.

이 책에서 인용된 대부분의 희귀 팸플릿, 정기간행물 등은 대영박물관이나 존 라일런즈 도서관(John Rylands Library, 맨체스터)에 소장된 것들이다. 내 서술이 다루는 50년간의 신문을 세밀하게 추적하는 것은 불가능했으며, 따라서 거듭 말하지만 나는 특정 문제와 특정 시기를 밝히려고 시도하면서 신문이나 잡지를 선별적으로 참조하였다. 나는 종종 코벳(Cobbett)의 *Political Register, The Times, Leeds Mercury* 그리고 *Nottingham Review*를 참조했으며 때로는 다른 지방 신문들도 참조했다. 내가 참고한 자꼬뱅, 급진파, 노동조합주의 또는 오웬주의의 잡지들 중에는 다음과 같은 것들이 있다.

1790년대에 관해서는 Eaton의 *Politics for the People*; *The Patriot*(Sheffield); Thelwall의 *Tribune*; *The Cabinet*(Norwich); Perry의 *Argus*; *The Philanthropist*; *The Moral and Political Magazine*; *The Cambridge Intelligencer*; *The Sheffield Iris* 등이 있다. (그러나 1790년대의 가장 흥미있는 글은 정기간행물 형태보다는 오히려 팸플릿 형태의 글에서 찾아볼 수 있다.)

전쟁과 1816~20년에 관해서는 Flower의 *Political Review*; Bone의

Reasoner; *The Alfred*; *The Independent Whig*; Hone의 *Reformist's Register*; Sherwin의 *Republican*; Sherwin의 *Political Register*; *The Black Dwarf*; *The 'Forlorn Hope'*; *The Axe Laid to the Root*; *The People*; *The Political Observer*; *The Legislator*; *The Briton*; *Duckett's Despatch*; *The Gorgon*; *The Black Book*(원래 잡지에 연재되었다); *The Examiner*; *The Champion*; *The Cap of Liberty*; *The Medusa*; *The Manchester Observer*; *The White Hat*; *The Theological Comet*, 또는 *Free-Thinking Englishman*; *The Blanketteer*; Carlile 의 *Republican*; *The Birmingham Inspector*; *Hunt's Addresses to Radical Reformers* 등이 있다.

1820년대와 1830년대 초에 관해서는 *The Economist*; *The Mechanic's Magazine*; *The Trades Newspaper*; *The Artizan's London and Provincial Chronicle*; Carlile의 *Prompter*; Cobbett의 *Twopenny Trash*; *The Devil's Pulpit*; *The Voice of the People*; Dr. King의 *Cooperator*; *Common Sense*; *The Union Pilot*; *The Lancashire and Yorkshire Cooperator*; *The Poor Man's Advocate*; *The Voice of the West Riding*; *The Poor Man's Guardian*; *The Working Man's Friend*; *The Radical Reformer*; *The Cosmopolite*; *The Cracker*; *The Crisis*; *The Destructive*; *The People's Conservative*; *The Man*; *The Pioneer*; *The Herald of the Rights of Industry* 등이 있다. 또 (더 후기에 관해서) *Bronterre's National Reformer*; *The Social Pioneer*; *The Ten Hours' Advocate*; *The Labourer*; *The Northern Star*; *Notes to the People* 등도 있다.

제1부의 표제면에 런던교신협회가 발행한 한 기념주화의 양면이 복사되어 있다. 이같은 주화가 많이 발행되었는데(이것들은 예를 들면 하디, 투크와 셸월, 그리고 대니얼 아이적 이튼을 석방한 배심원들을 기념하여 주조된 것이다), 토머스 스펜스는 다른 주화를 많이 주조하였다. 제2부의 표제면에는 거칠게 목판 인쇄된 카드가 제시되어 있는데, 이것은 짐작컨대 랭커셔에서의 비밀 러다이트 집회(1812)의 티켓으로 사용된 것으로 보인다. 제3부의 표제면에는 피털루의 승리자들에 대한 크루크섕크의 풍자 기념상이 William Hone and George Cruikshank, *A Slap at Slop*(1822)에서 전재되어 있다.

마지막으로 언급해야만 할 몇가지 권위있는 2차 자료들이 있는데, (이 시기를 다룬 모든 연구자들과 마찬가지로) 나도 이것들로부터 아주 많은 도움을 받았다. A. Aspinall, *The Early English Trade Unions*(1949)는 결사금 지법 시행 당시에 관해서 내무부 문서의 훌륭한 사료선집을 제공하고 있다. G. D. H. Cole and A. W. Filson, *British Working Class Movements: Select Documents*(1951)는 좀더 광범한 원사료선집이며 M. Morris, *From Cobbett to the Chartists*(1948)는 좀더 간추린 자료집이다. Cobbett의 *Political Register*에 접할 수 있는 사람들은 (그의 *Rural Rides*는 Everyman판으로 이용할 수 있다) G. D. H. Cole and M. Cole, *The Opinions of William Cobbett*(1944) 및 W. Reitzel, *The Progress of a Ploughboy*(1933)에서 잘 편집된 발췌를 찾아볼 수 있을 것이다. H. L. Jephson, *The Platform*(1892)과 G. Wallas, *Life of Francis Place*(1898)는 양자가 다 플레이스의 필사본에서 광범하게 그리고 축어적으로 발췌한 것인데, 너무 무비판적으로 발췌한 경우가 매우 잦다. J. L. and B. Hammond, *The Skilled Labourer*(1919)는 지금도 여전히 매우 중요한 업적이며, *The Village Labourer*(1911) 역시 이에 못지않게 중요하다. (*The Town Labourer*(1917)는 좀더 인상주의적인 저작이다.) M. D. George, *London Life in the Eighteenth Century*(1930); J. H. Clapham, *Economic History of Modern Britain*(Cambridge, 1927); S. and B. Webb, *History of Trade Unionism*(1894, 개정판 1920); I. Pinchbeck, *Women Workers and the Industrial Revolution*(1930) 등은 모두 참고문헌으로서 제자리를 굳혀왔다. 초기의 민주주의 및 급진주의 역사에 관해서 이와 비견할 만한 무게를 지닌 책은 없다. 아마 가장 좋은 입문서는 여전히 G. S. Veitch, *The Genesis of Parliamentary Reform*(1913)이며 (베이치가 그려낸 잉글랜드 자꼬뱅들은 신앙 면에서 지나치게 경건주의적이며 입헌주의적이기는 하다), 후기에 관해서는 W. D. Wickwar, *The Struggle for the Freedom of the Press*(1928); J. R. M. Butler, *The Passing of the Great Reform Bill*(1914) 등이 있다. (S. Maccoby의 재미있는 책, *English Radicalism, 1786~1832*(1955)는 전반적으로 의회에서 일어난 일 쪽에 너무 기울어져 있기 때문에 이 책에서 검토된 유의 문제를 밝히는 데는 적절하지 않다.) Samuel Bamford, *Passages in* the Life of a Radical(Heywood, 1841); William Lovett, *Life and Struggles in Pursuit of Bread, Knowledge, and Freedom*(1876)(이 양자는 다 판이 거듭 되었다)은 영국인이라면 누구에게나 중요한 독서대상이다. 이러한 역사를 좀더 넓은 틀 속에 정립시키려는 연구자들은 E. Hobsbawm, *The Age of Revolution*(1962); Asa Briggs, *The Age of Improvement*(1959)에서 유럽적인 준거틀과 영국적 준거틀을 위한 자료를 찾아낼 수 있을 것이다. 한편 E. Halévy, *England in 1815*(1924)는 여전히 19세기 초 영국사회에 대한 탁월한 개관서이다.

이처럼 광범한 시기와 그처럼 많은 주제들을 다룬 한 권의 책에서 완전한 문헌소개를 시도한다는 것은 건방진 짓이 아니면 완벽하지 못한 일일 수밖에 없다. 이 책의 각 장의 각주 안에서 나는 가장 관련 깊은 2차적 전거들을 밝히려고 애썼다. 그리고 같은 곳에서 주요한 1차 사료에 대해서도 충분히 밝혔다고 생각한다. 그래서 나는 스피틀필즈의 어느 견직공이 지은 시의 결구(結句)(Samuel Sholl, *Historical Account of the Silk Manufacture*, 1811에서 인용)를 변명삼아 제시하면서 독자들의 양해를 구하고자 한다.

　　내 베틀은 온통 일그러졌고,
　　도투마리는 이제 벌레 먹었네.
　　쥠틀과 디딜판은 망가졌고,
　　바디집은 내려쳐지지 않네.
　　대접에는 먼지가 쌓이고,
　　가위와 북때리개는 녹슬었네.
　　바디와 잉아는 닳아빠졌고,
　　도롱테는 얼레를 돌리지 않네.
　　북은 망가지고 모래시계는 그쳐버렸는데,
　　말코는 너덜거리고 ─ 잉앗대마저 다되어버렸네!

용어해설

■ artisan 장인, craftsman 수공업기술자

artisan은 주로 수공업에 종사하는 숙련기술자를 가리킨다. 이들이 하는 일, 즉 art(기예)는 일반 노동자(labourer)들이 하는 막노동과는 달리 부르주아지 바로 밑의 신분의 사람들이 행하는 지체 높은(honourable) 일이다. 이들은 산업혁명을 겪지 않은 오랜 전통을 지닌 수작업 직종에 종사하는 사람들이며, 보통 자기 자신도 일을 하는 소마스터와 직인을 말하지만 넓은 의미로는 도제도 포함된다.

craftsman의 craft는 기예(art)나 기술(skill)을 가리키므로 craftsman은 사실상 artisan과 거의 같은 뜻으로 사용되지만, artisan이 그의 지체 높은 신분을 강조하는 용어라면 craftsman은 그가 지닌 기술의 의미를 강조한 용어라 할 수 있다.

■ Dissent(er) 반국교(도), Non-conformity(mist) 비국교(도)

Dissent(er)는 영국국교에 대한 반대(하는 자)를 지칭하며, 원래는 로마 카톨릭교(도)도 포함되어 있었으나, 실제로는 프로테스탄트에 한정해서 사용된다.

Non-conformity(mist)는 영국국교회의 교리, 체제, 규율에 대한 거부(하는 자)를 지칭한다. 처음에는 국교회의 교리는 따르되 그 규율이나 의식에 대해 반대했으나, 통일법(Act of Uniformity) 시행 이후 국교회에서 떨어져

616

나오면서 모든 Dissent(er)와 거의 같은 뜻으로 사용된다. 대체로 장로교파, 조합교회파, 감리교도, 퀘이커교도, 침례교도 등이 여기에 포함된다.

■ **farmer** 농장주, 농부

원래 정액지대(firma)를 지불하고 상당한 규모의 농지를 임차한 차지농을 지칭한 말인데, 자기 소유지나 임차지를 불문하고 농경과 목축 등 농장을 독립적으로 경영하는 농업경영자를 가리키는 용어로 사용된다. 경우에 따라서는 단순한 농부를 의미하기도 한다.

■ **gentleman** 젠틀먼, **gentry** 젠트리, **squire** 스콰이어, **yeoman** 요우먼

gentleman의 원어는 gentilis homo(고귀한 사람), 즉 손으로 하는 미천한 일을 하지 않는 사람을 의미하며 봉건시대에는 knight(기사)나 esquire(기사의 종자) 이상의 신분의 사람을 가리키므로 작위 귀족(peer)도 여기에 포함되었으나, 근대에 들어와 신분제가 무너지면서 귀족과 요우먼층 사이의 사회층 즉 구체적으로는 지주·대상인·법률가 등을 가리키는 말이 되었다. gentry는 이렇게 변화된 사회층의 신분을 나타내는 말이다.

squire는 원래 봉건시대에는 기사의 종자를 가리키는 말이었는데, 점차 시골의 중·대지주층을 지칭하는 용어로 사용되고 있다.

yeoman은 원래 시중드는 사람을 일컫는 말인데, 14~15세기경에는 연수입 40실링 정도의 freeholder(자유토지보유자)를 의미하였다. 장원제의 붕괴로 지위가 상승한 농민층도 여기에 포함되게 되어 gentry보다는 낮고 단순한 노동자보다는 높은 중산적 농민을 지칭하는 말이 되었다. 따라서 copyholder(등본보유농)나 leaseholder(차지보유농)도 여기에 포함된다.

■ **magistrate** 치안관, **Justice of Peace** 치안판사

magistrate는 원래 법을 관장하고 집행하는 권한을 가진 문관을 의미하지만 영국에서는 하급 사법권과 행정권을 지닌 주나 자치도시의 관리이며, 실제로는 치안판사나 경찰의 경범죄 심판관과 같은 업무를 수행하였다. (이 책에서는 치안판사 J.P.와 구별하기 위하여 '치안관'이라 옮겼으나 실제

업무는 치안판사의 업무와 거의 마찬가지이다.)

Justice of Peace는 14세기 후반 무렵에 자리잡게 된 제도로서 국왕의 평화(King's Peace)를 지키기 위한 하급재판의 업무 이외에 임금규정이나 빈민구제 등 일반 행정이나 경찰 업무도 관장한 하위의 magistrate이다. 이들은 지방의 젠트리층에서 충원되었으며 사실상 지방 정치의 담당자들이 었다.

■ **manufacture(r)** 제조업(자)

수공업자들이 각자의 집에서 작업하던 중세 길드제하에서의 선대제 수공업과는 달리 다수의 수공업자들이 하나의 공장에 모여 작업하되 여전히 재래의 도구를 사용한 수공업공장제를 말하며, 기계와 동력을 사용한 대규모 공장(factory)에 선행하는 제조업이다. 〔이 책에서는 그냥 제조업(자)이라고 옮겼으나 산업혁명을 거친 기계공업적 공장(factory)과는 구별해서 이해되어야 한다.〕

■ **master** 마스터, **journeyman** 직인

master는 일반적으로 고용주 또는 책임자를 말하며, 특히 독립된 자기 사업체를 가지고 있으면서 그 밑에 직인이나 도제(apprentice)를 거느린 사업주를 말한다.

journeyman은 도제수업을 통해 기술을 배운 전문화된, 그리고 대개는 오래된 직종의 구성원으로서 일한 대가로 마스터로부터 약간의 임금을 받았으며, 상당한 기간의 수련을 쌓은 후에 master로서의 자격을 취득하면 독립적인 가게(shop)를 가질 수 있었다.

■ **mechanic** 숙련직인, 숙련기계공

보통의 직종과는 다른 특정한 종류의 직종에 종사하는 숙련된 직인을 가리킨다. 이들은 대개 직종단체에 속해 있었으며 높은 임금을 받아 비교적 유복하였다. 기계를 제작하고 조작하고 수리하는 숙련공들이 높은 임금을 받게 됨에 따라 주로 이들을 mechanic(숙련기계공)이라고 부르게 되었다.

■ **Old Corruption** 낡은 부패의 관행(세력)

18세기 초부터 선거법 개정 시기까지 월폴(Walpole)과 펠럼(Pelham) 등 휘그파 정치가들이 반대자들, 특히 하원의 반대파 의원들에게 연금, 각종 이권, 한직 등을 부여함으로써 그들을 회유하고 매수하는 방식을 통해서 정치적 안정을 도모하였다. 그같은 부패한 관행을 의미한 이 말은 그러한 부패세력, 특히 부패한 하원 자체를 지칭하는 용어로도 사용된다.

■ **outwork(er)** 선대제 노동(자)

outwork는 장인들의 직종공동체(과거의 길드)에 속해 있는 작업장 밖에서 작업규율을 무시하고 행해지는 노동, 즉 선대제 노동을 말하며[out은 putting-out system(선대제)의 out과 같은 의미를 지닌다], outworker는 그러한 선대제 노동자를 지칭한다.

■ **trade** 직종, **tradesman** 직종인, **trade union** 동직조합·노동조합

trade는 수공업(craft)과 상업(commerce)을 합쳐놓은 것으로 이를 행하는 사람들은 일정한 신분과 안정된 직업을 가진 자로서 비천한 노동자들과 구별된다.

tradesman은 trade를 업으로 삼고 있는 사람들을 말한다. 이 가운데는 육체노동을 더 많이 하는 상대적으로 지체가 낮은 사람들(예컨대 수공업자)과 정신노동을 더 많이 하는 상대적으로 지체가 높은 사람들(예컨대 상인)이 모두 포함된다. 전자의 경우 tradesman에는 마스터(master)와 직인(journeyman)이 모두 포함된다. 특히 몰락해가는 직종에서는 마스터와 직인이 서로 가까워져서 마스터와 직인 간의 구별보다는 이들을 합친 직종인과 labourer 사이의 구별이 더 커졌다.

trade union은 trade를 조직의 단위 내지 기반으로 삼은 tradesmen(직종인들)의 조합(동직조합)을 말한다. 그러나 점차 이 조합에 tradesmen이 아닌 막노동자들도 가입하게 됨에 따라 노동자들(labourers)의 조합(labour union, 노동조합)으로 변모해갔다.

연 표

1795 '스피넘랜드' 제도 채택

1798 맬서스의 『인구론』 출간, 연수 200파운드 이상 소득자에 대한 10% 과세
      제도 도입

1799 동직조합 탄압

1801 아일랜드 합병, 영국 최초의 인구조사

1803 프랑스와의 전쟁, 일반 인클로우저법 제정

1805 트러팰거 해전(넬슨 제독 프랑스 및 스페인 해군 격파)

1811 불황, 노팅엄셔와 요크셔에서 러다이트 소요, 왕세자 조지 섭정위에 오름

1815 워털루 전투에서 나뽈레옹 패배, 곡물가격을 1퀴터당 80실링으로 고정하
      는 곡물법 통과

1817 불황, 블랭키티어 행진 및 기타 소요사태

1819 피털루 학살

1820 조지 3세 사망·조지 4세 즉위

1821~23 아일랜드 기근

1825 노동조합 합법화, 스톡튼과 달링턴 간 철도 개설, 불황

1829 카톨릭 해방법 제정

1830 조지 4세 사망·윌리엄 4세 왕위계승, 리버풀과 맨체스터 간 철도 개설

1830~32 최초의 콜레라 만연, 그레이 내각으로 휘그 집권

1831 농촌지역에서 농업기계화에 반대하는 '스윙' 폭동 발생

1832 제1차 선거법 개정안

1833 어린이노동을 제한하는 공장법 제정, 영국국교회에서 옥스퍼드 운동 시작

1834 대영제국에서 노예제 폐지, 교구별 구빈원 설치, 로버트 오웬 전국대연합
      노동조합(GNCTU) 결성(6명의 '톨퍼들 순교자' 유배형)

1837 윌리엄 4세 사망·빅토리아 여왕 왕위승계

1838 반곡물법연맹 결성, 인민헌장 성안

1839 차티스트 소요

1840 신문에 1페니 인지세 부과

1841 토리 집권, 필 내각

1844 은행법 제정, 로치데일 협동조합 설립

1844~45 아일랜드의 감자 기근

1846 곡물법 폐지, 휘그 집권

1851 대박람회

찾아보기

리즈 Leeds (상) 64, 96, 118, 147, 148, 312, 370, 379, 397, 400, 402, 423, 428, 446, 450, 458, 467, 486, 489 (하) 49, 54, 56~59, 63, 85, 90~92, 101, 104, 105, 118, 119, 205, 230, 232, 411, 485, 508, 510, 511, 517~21, 551

리치터, 존 John Richter (하) 42, 110

리폰든 Ripponden (상) 478 (하) 341, 478

링컨셔 Lincolnshire (상) 50, 188, 298, 307, 320, 589

ㅁ

마거롯, 모리스 Maurice Margarot (상) 174, 177~81, 217, 218

마즈든, 죠슈어(헐 선원) Joshua Marsden (Hull sailor) (상) 84, 504~506

마차제조공 Coach-makers (상) 330, 360

만, 제임즈(리즈 전모공) James Mann (Leeds cropper) (하) 205, 298, 307, 525

맑스, 칼 Karl Marx (상) 266, 273, 278, 283, 436, 495, 497, 609 (하) 155, 469, 470, 526

매점(과 사재기) Forestalling (and Regrating) (상) 92, 95~97

매춘 Prostitution (상) 80, 102, 116, 567 (하) 78, 392

매클즈필드 Macclesfield (상) 64, 401, 566, 576 (하) 392

맥스웰, 존(페이즐리의 하원의원) John Maxwell (M.P. for Paisley) (상) 417~19 (하) 113, 114

맨체스터 Manchester (상) 56, 64, 67, 68, 76, 271, 278, 279, 312, 377, 382, 387, 388, 402, 428, 446, 447, 453, 454, 456~58, 489, 567, 568, 570, 571, 585, 586, 595~97 (하) 49, 63, 79, 88, 142, 173~75, 192, 230, 326~31, 507, 508

맬서스(와 맬서스주의) Malthus (and Malthusianism) (상) 368, 371, 449, 476 (하) 246, 407, 435, 454~56, 463

머서 Merther (상) 107 (하) 85, 561

머컬러크 J. R. McCulloch (하) 112, 114, 446, 455, 456

머콜리, 토머스 배빙턴 Thomas Babington Macaulay (하) 517~20

메이휴, 헨리 Henry Mayhew (상) 337, 348, 349, 358, 364, 368, 370, 439, 596, 597, 599, 600, 601

멜러, 죠지(요크셔 러다이트 운동가) George Mellor (Yorkshire Luddite) (하) 167, 180, 181, 185, 195, 208, 218, 220, 551, 552

면방적공 Cotton-spinners (상) 270, 278~82, 287, 294, 333, 338, 341, 388, 454~57, 494, 497, 588, 589

53, 56, 58, 60, 61, 65, 78, 210

잉즈, 제임즈 James Ings (하) 354~57

ㅈ

자꼬뱅 Jacobin (상) 27, 85, 106, 108,
125, 144, 162, 189, 220, 475, 536,
539, 606 (하) 85, 86, 99, 215,
237, 238, 262, 265, 268, 284, 312,
408, 539, 541, 542

자꼬뱅주의(잉글랜드의) Jacobinism
(English) (상) 221~31, 245, 246,
256~61, 271 (하) 24~33, 41~
43, 66, 79, 85, 87, 204, 205, 208,
210, 215, 237, 238, 357

작업규율 Work-discipline → 규율, 감
리교

장인 Artisans (상) 35, 216, 220~22,
256, 322, 324, 328~67, 428, 431,
446, 457, 580~83 (하) 94, 95,
123, 143~51, 232, 281, 446,
502~506, 560

　과 오웬주의 and Owenism
(상) 364, 365 (하) 472~74,
482~84

　과 '지체가 낮은' 직종의 상태 and
'dishonourable' conditions
(상) 350~65

장인법(엘리자베스 5년 c.4법) Statute
of Artificers (5 Eliz., c. 4)
(상) 343, 352, 354, 382, 383
(하) 96, 109, 121~24, 143, 145

전국노동계급연맹 National Union of
Working Classes and Others
(상) 602 (하) 443, 444, 500, 502,
509, 513

전국노동보호협회 National Associa-
tion for the Protection of Labour
(상) 605 (하) 480, 482

전단공 Shearman → 전모공

전모공 Croppers (상) 147, 149, 262,
346, 391 (하) 89~92, 95, 115~
27, 145~47, 149, 150, 153
　또한 러다이트 운동(요크셔)을 보라.

점퍼파 Jumpers (하) 535, 537

정기시 Fairs (상) 83, 329, 554~57,
560, 562~65 (하) 342

정적주의 Quietism (상) 71 (하) 540

제럴드, 죠우지프 Joseph Gerrald
(상) 126, 172, 174, 175, 177~84,
209, 218, 253

제본공(업자) Bookbinders (상) 220,
334 (하) 279

제빵업 노동자 Bakery workers
(상) 329, 455

제혁공 Curriers (상) 332, 334

제화공 Shoemakers (상) 24, 28, 220,
259, 271, 280, 319, 320, 329, 334,
335, 350, 353, 355, 358~60, 362,
580, 583 (하) 38, 89, 97, 123,
145, 173, 202, 236, 279, 353, 357,
474

조선공 Shipwrights (상) 329, 335, 360,
366, 580 (하) 95, 452, 453

E

영국 노동계급의 형성 상

초판 1쇄 발행 / 2000년 1월 20일
초판 12쇄 발행 / 2023년 4월 19일

지은이 / E. P. 톰슨
옮긴이 / 나종일·노서경·김인중·유재건·김경옥·한정숙
펴낸이 / 강일우
편집 / 산글·강일우·김정혜·김미정
펴낸곳 / (주)창비
등록 / 1986년 8월 5일 제85호
주소 / 10881 경기도 파주시 회동길 184
전화 / 031-955-3333
팩시밀리 / 영업 031-955-3359 편집 031-955-3400
홈페이지 / www.changbi.com
전자우편 / human@changbi.com

한국어판 ⓒ 창비 2000
ISBN 978-89-364-8214-5 03920
ISBN 978-89-364-7994-7 (전2권)